极简
人类史

〔美〕海斯〔美〕穆恩〔美〕韦兰 著

李娟 译

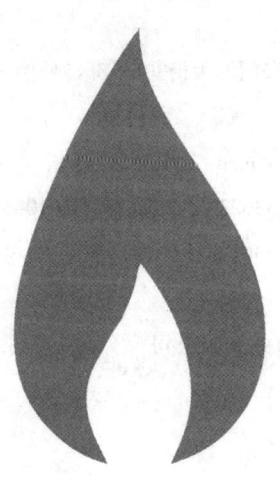

华文出版社
SINO-CULTURE PRESS

图书在版编目（CIP）数据

极简人类史 /（美）海斯,（美）穆恩,（美）韦兰著；李娟译. -- 北京：华文出版社，2020.7
ISBN 978-7-5075-5314-7

Ⅰ. ①极… Ⅱ. ①海… ②穆… ③韦… ④李… Ⅲ. ①文化人类学－通俗读物 Ⅳ. ①C912.4-49

中国版本图书馆CIP数据核字（2020）第090776号

极简人类史
JIJIAN RENLEI SHI

著　　者：	〔美〕海斯　〔美〕穆恩　〔美〕韦兰
出版策划：	春风化雨
责任编辑：	魏姗姗
出版发行：	华文出版社
社　　址：	北京市西城区广安门外大街305号8区2号楼
邮政编码：	100055
网　　址：	http://www.hwcbs.com.cn
电　　话：	总 编 室 010-58336239　　发 行 部 010-58336267　58336230
	责任编辑 010-58336195
经　　销：	新华书店
印　　刷：	北京柯蓝博泰印务有限公司
开　　本：	710×960　1/16
印　　张：	37.5
字　　数：	556千字
版　　次：	2020年7月第1版
印　　次：	2020年7月第1次印刷
书　　号：	ISBN 978-7-5075-5314-7
定　　价：	59.80元

版权所有　侵权必究

前　言

我们常说，每个人童年时代的经历，通常能解释他成年后的生活。同样的道理，人类早期的经历，也可以说明和解释人类的现在。我们现在所继承的巨大财富中包含了很多流传至今的发明创造、宗教信仰、政治制度、文学艺术和哲学思想等，这些东西有些在混沌初开的时期就已经存在，并随着历史一直流传下来。

那么，历史是什么？

历史是一面镜子，它记载着人类进程的每一步，清楚地铭刻着人类的过失，也彰显着人类的成就。历史对于整个人类的价值，犹如记忆对于每一个人的价值。历史是一部故事集，它展现了过去人类生活的轨迹，讲述了人类的起源和发展、人类的创造和发明、人类的宗教与艺术，以及人类的政治和战争。

历史闪耀着经验的光芒，它用这种光芒照亮了人类的未来。现在是过往历史的积淀，正因为有了历史，我们的生活才更加丰富多彩。

历史中所发生的每一件事情，都跟它之前发生的事有千丝万缕的联系，这些联系构成了历史的重要节点，我们不能视而不见，更无法将其割裂。所以，我们在看待历史的时候，必须用联系和发展的眼光。

书中，作者用简洁轻松的笔调，开阔豁达的视野，将自渔猎时代以来的人类历史有条不紊地展现出来，给读者提供了宏伟、宽广的视野。它不仅是一部历史著作，也是一部优秀的科普读物。

随着这本书中提及的古老遥远的时代旅程，我们可以看出人类是如何一步步走向现在的。起初人类如同一个婴儿一般，步伐缓慢，站立不稳，蹒跚学步。随着历史车轮滚滚向前，人类逐渐长大成人，步履越发沉稳坚实，历史时空的故事也由此更加完整，扣人心弦。

所谓"极简人类史"，顾名思义，并不是长篇大论记述历史事件，但它的知识含量极其丰富，其内容精练突出，它从人类文明的开端展开，一直到第二次世界大战和第二次工业革命之后，对其间所有的历史事件进行了概括性陈述。作者用独到的手法和严谨的态度，不但向我们叙述了古代埃及、古代希腊罗马文明、欧洲文艺复兴、宗教改革、法国大革命等一系列影响人类进程的重大历史事件，并阐述了中国的儒家、道家等东方文化。而本书最大的亮点在于它摆脱了欧洲中心论和民族主义的偏颇，它关注的是整个人类文明的历史遗产，如思想、艺术、文化、宗教、哲学等对人类发展极具价值的东西。

本书由哥伦比亚大学海斯、穆恩、韦兰三位历史学家共同完成，在世界历史领域，属于扛鼎之作，自问世以来，赞誉如潮，被译成多种语言流传于世，可谓影响全球的传世经典之作。

而我们的这个重译版本，相较于其他版本，也有全新的特点：

第一，以最大努力还原原作者对历史的客观描述，凸显书中那些深邃独到的见解，完美展现这三位历史学家撰写世界史的立意和观点，并将这些特色原汁原味地呈现给读者。

第二，本书译文尊重原作者的语言风格，脉络清晰、笔触鲜明、用词准确、通俗易懂。我们力求不仅向读者展示出清晰的历史发展脉络，更要由浅及深地展示出这个多层次、多元化的世界，在给读者带来知识性和趣味性的同时，打造出一本人人都能看懂的《极简人类史》，让每一位读者都热爱我们生存的这个世界，都热爱我们的历史。

"以史为镜，可以知兴替；以人为镜，可以明得失。"

《极简人类史》回顾历史，讲述历史，希望它可以成为读者朋友了解人类过去的一条路径，可以为人类的现在与未来提供一些值得借鉴的东西。不过，由于所处时代等原因，作者的部分观点或论述并一定"正确"，请读者批判地阅读、接受。

目 录
contents

第一部分 人类文明的曙光
第 1 章　渔猎时期 / 003

第 2 章　农业时代 / 013

第 3 章　近东诸国的艺术 / 022

第 4 章　远东与远西 / 041

第二部分 文明的起源与发展
第 5 章　希腊诸城邦的兴起 / 051

第 6 章　波斯战争和雅典胜利 / 063

第 7 章　希腊扩张与亚历山大 / 080

第 8 章　罗马城邦的兴起 / 097

第 9 章　罗马共和国的得与失 / 106

第 10 章　罗马帝国与希腊罗马文明 / 134

第 11 章　印度和印度圣人 / 152

第 12 章　中国的智者 / 160

第 13 章　历史文明的回顾 / 171

第 14 章　北方的蛮夷部族 / 177

01

第三部分　中世纪欧洲的文明与扩张

第15章　中世纪的生活 / 195

第16章　中世纪的政府 / 214

第17章　中世纪文化 / 236

第18章　古代文艺的复兴 / 251

第19章　新的发明 / 263

第20章　远方探险与贸易 / 271

第21章　专制政体的复活 / 286

第22章　新教起义 / 297

第23章　荷兰、英国对专制政体的攻击 / 311

第24章　大陆专制政体的盛行 / 319

第四部分　西方与东方的变革

第25章　美国革命 / 339

第26章　思想革命 / 346

第27章　法国革命 / 353

第28章　拉丁美洲革命 / 369

第29章　工业革命 / 379

第30章　动荡中的欧洲 / 396

第31章　英国的改革 / 403

第32章　英帝国的改革 / 411

第33章　美国的扩张和统一 / 417

第34章　意大利的解放和统一 / 424

第35章　德意志的统一 / 434

第36章　法兰西第三共和国 / 444

第37章　东欧 / 455

第38章　东方与西方 / 468

第39章　非洲的征服 / 477

第五部分　考验中的近代文明

第40章　国际无政府状态 / 487

第41章　第一次世界大战 / 496

第42章　新地图与新法律 / 509

第43章　战后问题，远东与近东 / 527

第44章　国际联盟与国际法庭／534

第45章　和平的岁月／541

第46章　危机的年头／554

第47章　第二次世界大战／559

第48章　第二次工业革命：全球性影响／567

第一部分
✕
人类文明的曙光

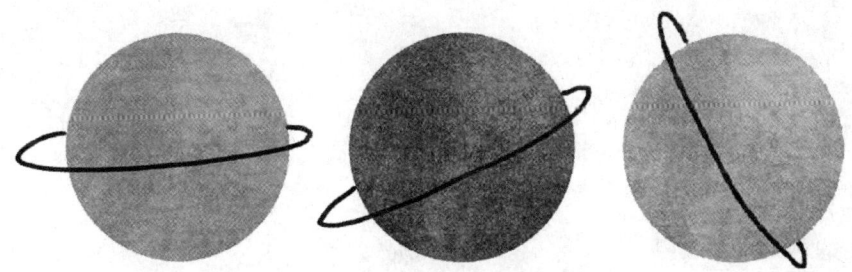

第1章 渔猎时期

一、石头的故事

粗石 在文字出现之前，人类就已经度过了一段漫长的时间，因为没有文字来记录这一段历史，我们只能从他们留下的那些石头来了解他们的生活究竟是什么样子。那时候石头是人类最重要的工具，当然，除了石头以外，肯定也有木棍、木矛、皮具等一类的工具，不过受材质影响，这些工具都已经在岁月的侵蚀下化为灰烬，我们再也无法一睹芳容，只有坚硬的石头经历了千万年的风雨保存到了现在。

对那时候的人类来说，石头是他们最重要的工具，也是他们的武器。石头不仅可以帮助他们砸开有着坚硬外壳的果实，还可以当成挖掘工具，挖出埋在土壤里的诸如马铃薯、胡萝卜之类的块茎，还可以被人类当作投掷武器，捕猎各种大大小小的野兽，甚至是空中的飞鸟。特别是在冬季和春季，因为自然界无法提供足够的野果，人类一旦捕猎不到足够的野兽，随时都有死亡的危险，这也就让他们学会了如何把石头投掷得更精准。石头同样也是人类自卫的武器。那时候人类通常都是生活在山洞里，他们会把大小适合的石头带回山洞，睡觉的时候就摆放在自己身边，万一有野兽因为饥饿闯入山洞，人们会毫不犹豫地用最大的力量把石头砸向野兽，以保证自己和族人的安全。

除了野兽之外，鱼类也是人类的主要食物之一，而且在相当长的一段时间之内都是如此，也正是因为这个原因，我们把这个时期叫作"渔猎时期"，这也是人类最初的时期。捕鱼的方式和捕猎野兽、鸟类大同小异，主要的工具也是石头和木棍。此外，各种野果和块茎也是人类食物的重要组成部分，在某种程度上甚至要比鱼类和野兽更重要。那时的人类还不知道如何驯养牲畜，也不知道如何种植农作物，所以人类的食谱上也就只有野兽、鱼类、野果和块茎这三大类。

早期的人类只能够把自然界赐予的石头作为工具和武器，而且我们也只有通过这些石头才能了解那一段历史，因此这一时期在历史学上被称为"石器时代"。石器时代按照时间先后可以分为旧石器时代和新石器时代，不过早期人类的大部分时间都是处于旧石器时代的。

成形石　在最初的时候，人类还没有学会如何把石头加工成自己需要的样子，只能从大堆大堆的石头里挑选最适合的石头。到了后来，人类从生活的实践中逐渐学会把石头加工成自己想要的形状，经过加工的石头叫作"成形石"。这种加工主要是打磨，人们先挑选出最符合希望形状的石头，然后把一端的棱角打掉，以便于用手握持，接着把石头的另一端打制得更加锋利，或者让石头的角更加锐利，这样就可以让他们在切割野兽肉和挖掘块茎的时候更省力气，有些石器甚至可以用来砍伐树木。当我们在原野上行走的时候，说不定某一块把我们绊倒的石头就是早期人类使用的武器，这种石头对历史学家和考古学家有着重要意义，遇到这样的石头对于他们来说是一件非常幸运的事情。因为这些经过加工的、具有某种形状的石器记载着人类早期活动的信息，历史学家和考古学家可以从它们身上推断我们的祖先是如何在那样恶劣的环境中苦苦求生的,而自然形成的石头显然并不具有这种作用。当然,这些带有人类加工痕迹的石头记载的信息并不多,无法告诉我们更多的真相。

受材质影响,石器时代的人类使用的其他材质的物品基本上荡然无存,能够保存下来的只有这些用石头加工成的石器,如果运气好的话,我们甚至还可以找到一些"精品"石器。在成形石集中的地方,我们一般会发现或多或少的人类和动物的骨骼,里面不乏那些很久以前就已经在地球上绝迹的动物的骨骼,这些骨骼都已经成为化石,有着极高的研究价值。在部分人类生活的山洞里,除了石器和骨骼之外,还会在墙壁上看到一些古老的雕刻、壁画、彩绘,虽然这些东西在艺术性上还很幼稚,但是对于我们了解石器时代的历史还是很有帮助的。

不管是成形石、化石还是那些简单的"艺术品",都记载着或多或少的信息,都可以让我们部分了解那时候的人类是如何生活的,甚至将某些物品称为文物也不为过。从这些资料中,我们可以知道我们的祖先制造了什么样的工具和武器、他们捕猎到了什么样的猎物、获得了什么样的食物、进行了什么样的活动,以及他们害怕什么、喜欢什么。但是我们还无法从这些资料中知道当时的人类有着什么样的想法、使用的语言是什么样子的,也不知道他们有着什么样的社会背景,只有文字性的记录才能告诉我们这些。

我们的历史也可以说是人类的故事,想要更多、更全面地了解人类的过去,在没有文字的情况下,我们就必须花费更多的精力去研究那时候人类所使用的石器。到现在,我们能够了解的历史只不过是人类历史的一小部分,不过我们会更加努力地去探索,力图发现更多的事实,让人类的历史更加清晰。历史学家和考古学家的工作显然是卓有成效的,每一年我们都会有新的发现,因此人类的历史也就越来越清晰了。

无记录的历史 某些历史学家认为,只有文字记载的历史才能称为人类的历史,这样一来,人类的历史也就只有五六千年了。我们对这个观点不予置评,但是在本书中,我们把整个人类的历史分成两段:无记录的历史(在文字出现之前,通过研究石器、化石和其他遗留物而拼凑的历史)

和有记录的历史（即用文字记录的历史）。

渔猎时期的历史当然是无记录的历史，因为石头、壁画、骨骼、工具和武器、庙宇、坟墓、山洞都是没有文字的，但是这些早期人类遗留下来的物品仍然记载着大量的信息，既丰富了我们的知识，也让我们了解了人类是如何度过那段艰难时期的，让我们对古人类的努力肃然起敬。从时间的长短来看，有记录的历史只有短短的五六千年，而无记录的历史则远远超过这个时间，可能要有几万甚至是几十万年之久。

由此可知：第一，人类已经在这个星球上生活了很长时间；第二，没有人知道这个时间究竟有多长。

年代的估计　虽然我们无法确定渔猎时期究竟持续了多长时间，从什么时候开始，又是什么时候结束的，但是我们可以用科学的方法大致测算出来，从而让我们对这个无记录的历史所持续的时间有一个大致的印象。这个测算的方法也是很有趣的，就拿测算尼罗河流域的历史为例：考古学家曾经在地面以下18米的地方挖掘出了人类使用过的工具，我们知道，最近3000年以来尼罗河大概每100年要沉积10厘米，按照这个数字推论，大概需要18000年的时间才可以沉积出18米来，这样也就可以知道，这些工具大概已经有18000年的历史了。

不过也有人对这种测算方法提出异议，他们认为，尼罗河流域的土壤不一定就保持着每100年沉积10厘米的速率，即使如此，如果这些工具是陷入原先就存在的淤泥中，又该如何去测算呢？因此他们倾向于把这个历史缩短6000年或者7000年。

这种测算方法当然不是测算历史年代的唯一方式，还有着其他种种方法可以测算。不过，对历史年代的测算必须慎之又慎，要考虑到问题的方方面面，要采用多种测算方法来测算，争取获得一个比较精确的数字。

曙石器和旧石器　在欧洲的某些地方，考古学家们曾经发现过一些燧石碎片，从外观上能够看到一些加工的痕迹，但是极其粗糙，史学界曾经一度认为这些碎片不能划到石器的范畴。但是后来又发现了一些有力的证据，证明这些燧石碎片是人类的曙期所制作的，于是这些燧石碎片就被称为"曙石器"。曙石器是人类最早使用的工具。

随着人类燧石打制技术的发展，人为加工的痕迹越来越明显，等到我们可以从一堆石头里一眼分辨出石器的时候，这些石器已经可以称为"旧石器"了，这也标志着人类进入了旧石器时代。在旧石器时代，石器的制作主要以打制为主。现在我们仍然无法确定旧石器时代持续了多长时间，有人说这个时代有 10 万年，也有人说有几十万年，但是无论是哪一种说法，我们都可以确定这个时代是人类历史中最漫长的一个时代。如果拿人类进入工业革命以来的这段时间与之比较，基本上也就是拿蚂蚁和大象进行比较了。

二、猎取巨兽的猎人

同野兽搏斗 在旧石器时代，人类想要获得猎物是极其艰难和危险的，很少有野兽能够让人类轻松地捕猎到。特别是那些大型的野兽，要么行动敏捷，要么皮粗肉厚，要么有着锋利的爪牙，虽然这些野兽在现代的步枪面前没有还手之力，但是对于只有简单加工的石器和木棍的古人类来说，想要捕猎它们无疑是一件极其艰难的事情。即使拿着钢铁制作的斧头，相信也没有人愿意去面对一头凶猛的剑齿虎，更不用说只有一把 10 厘米左右石斧的古人类了！如果是一个人的话，用这样的武器来对阵老虎、熊等猛兽，人类胜利的概率无疑接近于 0，要是遇到了犀牛和大象这样的庞然大物，能够逃出生天就足够他们庆幸了。因此在捕猎的时候，通常都是一群成年人围攻一头猛兽，用石头砸死或者用简单制作的木矛刺死它们，当然有时候也会用陷阱的方式来获得猎物，不过这种机会是非常稀少的。这种捕猎方式是很危险的，一般来说，在战胜一头猛兽的同时，古人类也会付出两三个人重伤或者牺牲的代价，在缺乏有效治疗手段的情况下，重伤基本上也就意味着死亡。因此，如果不是到了万不得已的情况，早期的人类是不会把那些凶猛的大型野兽作为狩猎对象的。

御寒 在渔猎时期，除了食物匮乏之外，寒冷的气候也是人类的主要敌人。在那个时候，整个地球的气候在一段时期内变得越来越寒冷，很多鸟类和犀牛、老虎、大象等动物纷纷迁移到了靠近赤道的地区，冰川从两极逐步向低纬度地区蔓延，很多植物也被冻死了，这些都使得人类的生存更加困难。那时人类还没有掌握更多的保暖方式，在严寒的冬季，人们只有躲在洞穴里，披着兽皮蜷缩在干草堆中，依偎在一起来抵御严寒，依靠秋季采集的野果维持着最低的消耗，试图支撑到春天的到来。这段寒冷的时期被称为"冰河时期"，对当时人类的生活产生了深远的影响。

聚居地和洞穴　河流的沿岸是发现石器最多的地方，从这一点我们可以推测，远古时代的人类应该都是聚居在河流的旁边。得出这个结论的依据有两点，一个是河流可以给人类提供足够的、稳定的水源，另一个则是动物也需要喝水，在河流旁边捕捉到猎物的机会要大于到丛林中去寻找。渔猎时期的人类还不会建造房子，为了抵御严寒和猛兽的侵袭，他们的聚居地必须是一个安全而又暖和的地方。好在许多山里都有着天然形成的洞穴，是这些洞穴拯救了人类，如果没有洞穴这样天然的避难所，或许人类的历史在渔猎时期就已经结束了。然而即使如此，还是有太多的人类丧生在严寒之中和猛兽之口。

火的发现　如果说洞穴在保护人类安全之余又帮助人类抵御了严寒的话，那么火的发现就是人类发展史上的一个里程碑。在有了驾驭"火"的能力之后，人类不仅可以用火来取暖，还可以用火烤熟食物、制造更加精良的工具和武器。总体来说，火的使用使人类的生活变得更加舒适，也增加了人类对抗自然、征服自然的能力。

因为没有文字记载，我们同样也不知道人类是从什么时候开始使用火的，但是我们可以肯定，人类早在远古时期就可以使用火了，这一点完全是不容置疑的，从远古人类生活的洞穴中发现的灰烬就是最好的证据。或许人类在沿河地区生活的时候就掌握了火的使用方法，但是那些灰烬无法在风雨的洗礼中存留到现在，所以我们对此只能存疑。

尼安德特人　考古学家曾经在一个洞穴中发现一具古人的遗骸。这具尸体安详地躺在泥土中，旁边有一把制作精良的石斧，身下还整整齐齐地摆放着一堆经过打制的燧石。考古学家推测，这些石器应该是死者的家人或者族人放的，或许当时的人们认为，死者在死后或者来生仍然需要这些石器作为工具和武器吧。这名死者的年龄不大，应该只是一个青年或者少年,是迄今为止我们发现的最早的人类,为我们了解远古时期人类的历史提供了很多的帮助。可惜的是死人是不会说话的,否则我们肯定可以从他的口中得到更多的信息,弄明白那时候的人类是如何生活的,又是如何狩猎的,它们是否会举行篝火晚会,之中有没有美好的爱情故事,以及不同的族群之间又是如何解决争端的。

在欧洲的德国、比利时、法国、西班牙也都发现了生活在同一时期的人类遗骨,他们都有着共同的特点,那就是体形比较宽大。因为这种骨骼最早是在德国的尼安德河谷发现的,所以人类学家把这种人类称为"尼安德特人"。

在这些人类居住的洞穴中,考古学家发现了许许多多的不同时期制作的石器,其数量成千上万,还有堆积如山的兽骨,这说明人类曾经在这个山洞中生活过较为漫长的时期。然而令人奇怪的是,虽然考古学家在洞穴中也发现了部分人类的骨骼,但是其数量和石器、兽骨相比,显然是少很多的。在骨骼、石器之外,人们还发现了大量的垃圾,这些垃圾是如何保存到现在的同样是一个不解之谜,不过这些垃圾本身也同样携带着一定数量的信息,可以让我们对尼安德特人的生活进行更加深入的了解。

克罗马农人 继尼安德特人之后,考古学家发现了另外一个族群的人类,因为这些人类是在法国的克罗马农洞穴中发现的,所以人类学家把他们称为"克罗马农人"。克罗马农人的身高在 1.55~1.84 米,和尼安德特人相比,他们更高,前额更突出,眉骨也没有那么明显。因为克罗马农人比尼安德特人的头颅大,也就说明他们比尼安德特人的脑容量更大(某些克罗马农人甚至比现代人的平均脑容量还要大),人类学家据此推测,克罗马农人要比尼安德特人更加聪明。

在一些洞穴中,考古学家们发现泥土的上层是克罗马农人,而下层则是尼安德特人,这说明克罗马农人要晚于尼安德特人,但或许有这种可能:高个子的克罗马农人侵略了尼安德特人,霸占了他们的洞穴后还把他们屠戮一空了。如果真的是这样的话,那么尼安德特人的孩子是不是被克罗马农人收养了?他们的妻女是不是成为了战胜者的女奴?要是我们知道究竟发生了什么，说不定还会以这个事件为原型，写出一部波澜壮阔的战争史书。

三、猎人的技能

火和石 火的发现应该是偶然的，人类最初应该是从雷电引起的大火中获得了火种，并且小心翼翼地保存了下来，火种一旦熄灭，那就只有寄希望于下一次的雷电了。后来人类发明了敲石取火和钻木取火，这才使取火变得不那么困难。火对于人类的帮助是极大的，有了火，人类脱离了茹毛饮血的生活，还可以用火把木棍的顶端烧成尖锐的形状，或者把巨木的中间烧空做成独木舟。当然，把石头加工成石斧、石刀、石矛，同样是一种了不起的技能，生活在石器时代的人类能够掌握这个技能更是了不起的。如果有人不相信这个论断，那么他完全可以自己试一下，看看不借助任何现代工具，只用双手制作出一件合格的石器是多么困难的事情。

相比之前的人类，尼安德特人制作的石器不管是外观还是质量都有着很大幅度的提高。他们专门挑选那些有着扁平边缘或者锐角的石块（有时还会把大块的石头砸碎以获得这样的石头），然后耐心地将其一点一点打制成锋利的刃或者尖，制成合适的工具和武器。在地中海沿岸，许多地方都有着这种石器的发现记录。

在尼安德特人制作的诸多石器中，人们还发现了一些类似于现代刮刀的石刀，其用途应该就是刮削毛皮上的残留物。如果这个推测能够成立，那么我们就可以确定，尼安德特人应该已经掌握把动物的毛皮做成衣服的技术了。

骨和角 大约距今15000年之前，克罗马农人进入了西欧，并在这里生活了七八千年之久，这个时候已经是旧石器时代的晚期了。和之前相比，这段时期的特征非常明显：石器的制作方法已经有了改进，骨头和兽角的使用量增加，人们已经可以把兽骨做成缝衣服的针，此外就是开始有了绘画并发明了弓箭等。

和同时期生活的其他人类一样，克罗马农人也以石制工具为主，并且对石器的制作进行了改良，使得石器更加锋利和锐利。在制作石器的时候，克罗马农人已经掌握了更加先进的做法：他们会把想要加工的石头放在另外一块坚硬的大石头上，把希望去掉的部分悬空，然后一只手紧紧按住放在大石头上的那一部分，另一只手用石块猛地敲击悬空的部分，这样就可以把悬空的部分整齐地敲下来。很明显，这种方法要比以前用另一块石头一点点地去敲要高明得多了。

除了石头，骨骼、兽角和象牙也成了克罗马农人的加工原料，他们用骨头制作出各种工具，大到长矛、凿子、锤子，小到簪子、缝衣针，中型的有汤匙、哨子、钻头等，甚至还可以用兽骨做成颜料管。当时的欧洲有着大量的驯鹿，这些威胁不大的驯鹿自然就成了人类最佳的捕猎对象，而鹿角也就成了最好的加工原料，所以这个时期也被人们称为"驯鹿时期"。人类学家则有着另外一种分类方式，因为这些石器是从旧石器时代土层的上层发现的，于是就称之为"上旧石器时代"，也就是旧石器时代晚期的意思。

洞画 当你走入一个古人类曾经生活过的洞穴里时，如果你的注意力仅仅集中在脚下，那么你很可能就会忽略掉一个很重要的东西，那就是洞画。洞画分为壁画和顶画两种，顾名思义，壁画是画在洞穴的墙壁上的，顶画是画在洞穴顶部的。这些洞画大多都是一些生活和狩猎的场景，上面有着各种各样的动物，对了解古代的人类生活有着极高的参考价值，当然，也为历史学家们开辟了一个研究古代艺术的新领域。

更好的武器 不知道是什么时候，有一个尼安德特人——也可能是克罗马农人——突发奇想，他把一根木棍的顶端劈开，然后把他的手斧塞进去并用绳子紧紧地绑住，于是人类历史上第一个长柄武器诞生了。有了这个新式武器，如果再遇到老虎或者熊这一类的猛兽，他就不用再匆匆忙忙地逃走了，或许还可以用它给予猛兽致命的一击。这个发明的价值不亚于长矛的价值，但是如果和弓箭的价值相比，就有些相形见绌了，毕竟弓箭是人类发明的第一个远程武器。自从弓箭被发明之后，人类征服自然的脚步明显加快了，在对付野兽的时候伤亡也大大减少了。在人类漫长的历史中，弓箭的应用不仅最为广泛，而且也持续了最长的时间，从旧石器时代晚期开始，弓箭一直都是人类狩猎和战争中最重要的武器之一，一直到了近代才被火药武器代替。从洞穴中发现的绘画中，我们可以找到一些人类手持弓箭进行狩猎的画面，这足以说明，至少在上万年之前，人类就可以熟练地使用弓箭了。

第2章 农业时代

一、最初的农人

一个新时代 大约在距今8000年之前,就是西欧的人类还生活在旧石器时代的时候,近东的人类却已经进入了一个新的时代。在这个时代,人类所使用的石制工具更加精细,他们已经懂得用打磨的方式来加工石头了,历史学家把人类使用打磨石器的时代叫作"新石器时代"。有了新的发现或者发明,自然也就有了新的技术,人类征服自然、改造自然的能力也就有了新的提高。这个时期的人类已经不再需要靠渔猎来维持生存了,开始有了农业的雏形,并且依靠原始的农业来提供食物。因为农业的开始是这个时期最显著的特征,所以新石器时代还拥有另外一个更加"高大上"的名字——农业时代。近东的农业应该不止是8000年前开始的,或许在更早的时候就已经开始了,并且即使到了现在也没有真正结束,所以我们在本章只介绍开端和早期的一些发展情况。

近东 近东是以欧洲为起点来称呼的,如果在世界地图上画出来的话,那么这个区域就是亚洲、欧洲、非洲的交汇处,基本上都在地中海东部的沿岸,包括埃及、美索不达米亚、小亚细亚、叙利亚、爱琴海诸岛、希腊半岛和克里特岛等地。这个区域曾经在历史上出现过几个伟大的文明,这与当地有着水量巨大的河流和储量丰富又易于开采的铜矿有关。例如埃及地区有尼罗河,而美索不达米亚平原有底格里斯河和幼发拉底河,这些河流在夏季会暴发洪水,洪水在淹没沿岸平原的同时,也会带来大量的腐殖物质,让沿岸的土壤更加肥沃,让植物结出更多的种子,这就使得当时的人类从事农业活动成为可能。而在小亚细亚和塞浦路斯以及近东的其他地区,都有着很容易就可以开采出来的富铜矿,这就给早期的金属冶炼提供了方便。同时,河流也是人类天然的交通途径,只需要一艘简陋的独木舟,人类就可以从此岸到达彼岸或者河流的上游、下游。地中海的作用就更大了,对于商人和水手来说,这里无疑是一个探险和贸易的黄金水域。

从目前出土的文物来看,当时近东的人类应该代表了人类发展的最高水平。我们可以肯定的是,在同一个时期,西欧和北美的人类仍然处于旧石器时代的晚期,依靠渔猎来维持生存,北非基本上也是处于类似的水平。至于非洲的中部和南部、亚洲的东部和南部,我们没有足够的证据来证明当时的人类处于什么样的发展水平,这里也就不再赘述了。

农作物的种植 早在渔猎时期,采集能够食用的野果、野菜以及各种种子都是人类的重要工作之一,当然,这些工作大部分是由体力较弱的妇女、儿童承担的。或许是在偶然的情况下,有人在居住地的附近或者洞口撒落了一些种子,并且种子被尘土掩盖了起来,到了第二年,这些种子悄悄地发芽了,然后又开花结果了。聪明的古人类从这里得到了启发,开始有意识地将种子种在空地上,希望来年能够获得更多的种子。我们可以想象,古人必然做过无数次各种各样的尝试,并且经历了无数次的失败,但是令人欣慰的是,他们最终还是成功了。在埃及、西亚等地区,早期的农业只有大麦、小麦、豌豆和扁豆等粮食作物,后来又增加了其他的谷物和各种水果、蔬菜，这也标志着真正的农业时代开始了。在长期的农业活动中，人类还摸索出了储存谷物的方法，甚至摸索出了把谷物粉碎并制作成无酵面包的方法，使面包从此成为人类最常见的食物。农业对人类的发展有着无可替代的意义，从此人类不再为了果腹而花费全部的人力和时间，而已经能够将部分人力和时间转移到其他方面，可以说农业是人类进入文明社会的基础。

驯养动物 几乎在人类开始农业活动的同时，畜牧业悄悄登上了历史的舞台。就像农业让采集野果的人变成了农夫那样，畜牧业也让猎人变成了牧人。在旧石器时代，如果捕捉不到猎物，也采集不到野果，人类就只有饿肚子了，有时候甚至整个部落的人都会饿死。人类学会种植和畜牧之后，就有了稳定的食物来源，再也没有了整个部落都被饿死的危险。

狗可能是人类最早驯化的动物。狗的祖先是野狗（也有人认为是狼），也许是和人的接触较多，这些野狗的野性慢慢地降低了，开始以人类的残羹剩饭为食，并且成为了人类的朋友，部分还成了人类狩猎的得力助手。

有了驯化狗的经验后，人类开始试着去驯化其他的动物。也有可能是人类获得的猎物太多，一次吃不完，于是就把那些活着的猎物喂养了起来，准备将来缺乏食物的时候再吃。不管是什么原因，原始的畜牧业就这样开始了。或许在最初的时候人类也畜养了老虎、狮子之类的猛兽，只是后来发现畜养这些猛兽的代价太高而放弃了。到了最后，牛、猪、山羊和绵羊这些性格比较温和的草食动物成了人们主要的畜养动物，它们也给人类提供了大量的肉类食物。在畜养动物的过程中，人类发现那些生了小动物的母兽——例如母牛和母羊——可以为人类提供奶，后来还有人把这些奶做成奶酪等食物。从某种程度上来说，这些奶制品比肉类更加重要。从现有的资料分析，西亚或者中亚是最早开始畜养牛羊的地区，但是在不久之后，世界各地都开始畜养牛羊了。

二、新的发明

磨石和斧头 前面我们说过，弓箭的发明为人类提供了很大的帮助，不过在新石器时代，还有更多的发明让人类受益匪浅，例如磨石这个不起眼的发明，就让人类从打制石器的旧石器时代进入了磨制石器的新石器时代。

人类应该很早就已经掌握了研磨和磨光的方法，这一点从那些经过磨制的骨质和角质的工具、武器就可以看出来了，不过这种方法用于石器应该是很久以后的事情了。很多人都难以想象，一个不起眼的磨石，竟然在人类的发展史上起到了如此重要的作用。但是事实就是如此，自从人类掌握了磨制石器的技术之后，就可以把石刀、石斧的刃磨得更加锋利，石矛的尖也更加锐利，这也使得他们的战斗力得到了提高，在同野兽的搏斗中胜利的概率也提高了，并且有效地减少了伤亡。不仅如此，磨制后的石器在其他方面也给人类带来了巨大的帮助，使人类的生活有了巨大的进步。

例如前面我们提到的那位突发奇想把手斧绑在木棍上的人，如果他有了磨制石器的技术，就可以把他的石斧磨制得更大、更厚、更锋利，让其成为一把真正意义上的斧子。有了这样的斧子，粗大的树木也就不再是人类的障碍，反而成为人类的助力。人类可以用斧子砍伐掉成片的森林，在下面的土地上种植谷物；粗大的树干可以用来建房、制作独木舟和各种用具，树枝可以用来取暖和烤熟食物。也正是有了磨石这种工具，人类才得以离开山洞走向平原，建立起一个个定居点、村庄、城镇，才能够做出巨舟在大海上迎风破浪。

轮和车 不管是什么时候，运输都是一个绕不过去的大问题。在远古时期，人类如果想要把猎物送回去，小的靠肩扛手提，大的靠众人一起抬回去，不管是哪一种方式，都是比较辛苦的。在人类成功地驯服了牲畜之后，利用牲畜替自己干活也就是顺理成章的事了，需要运输的物品就从人的肩头转移到了牲畜的背上。这样做虽然让人类省了力气，也提高了一些效率，但是从整体上来说，运输的效率还是比较低下的，特别是有了大宗物品需要运输的时候，这个问题就更让人头疼了。

令人庆幸的是，就在进入新石器时代不久，有一位聪明人发明了轮子，有了轮子，车子也随之出现了。我们都知道，使用同样的力气，用车子拉要比用背的东西多得多，轮子和车子的发明直接就让人类运输物品的效率提升了不止一个台阶。

车子出现之后立刻就显现出了它的魅力和威力：它可以让人们的出行更加方便；它可以让农民轻松地把地里的收成送到家里；它可以让商人随心所欲地把更多的货物运送到自己需要的地方……如果一辆车子是用马来拉动的，那就更上档次了，和牛车或者其他动物拉的车相比，那些有身份的人更喜欢乘坐马车，因为这样更能凸显他们高贵的身份；马车同样也是一种战略性的武器，在古时候的战场上，马拉动的战车基本上和现代的坦克有着同样的地位，当然，这已经是车子发明很久以后的事情了。

三、农人的技艺

织布机和亚麻布 亚洲的西部有一种叫作亚麻的长茎植物，开着蓝色的花朵。亚麻茎上的外皮中有一种十分坚韧的纤维，如果把亚麻的茎放在水里浸泡一段时间，就可以将纤维从亚麻茎上分离出来。这些纤维是非常好的纺织原料，用亚麻纤维纺织出来的布就是声名远扬的亚麻布。

亚麻布应该是人类历史上的第一种布匹。早在新石器时代，就已经有人发现了亚麻的作用，并且发展出了用亚麻纤维纺线、织布的技术。亚麻的作用是很大的，用亚麻纺成的细线不仅可以用来纺织保暖的布，还可以做出麻绳和渔网；如果把亚麻纤维纺成粗线，就可以制作成绳索和远航时所必需的船帆。

最初的纺织技术是很简单的。在纺线的时候，人们在纤维的下端系上一个名为"纺锤"的重物，纤维在重力的作用下成为一条直线，然后拨动纺锤使其旋转，于是亚麻纤维就被纺锤拧成了麻线。有了麻线后，下一步就可以织布了。织布当然也是很简单的，这就不得不让我们佩服古人的智慧，例如美洲的印第安人和生活在近东地区的人类，他们可以用一些木棍把麻线织成麻布，只是到了后来才发明出织布机来。和其他的发明一样，织布机对人类文明的发展也有着很重要的作用，从此人类的衣服再也不需要用兽皮、树叶来制作了。

陶器和图画 陶器也是人类进入农业时代的一个重要标志，如果我们在某个遗迹中发现了陶器碎片的话，那么几乎就可以肯定这个时代的人类已经脱离了渔猎时代，进入了农业时代。陶器好像是和农业同步发展的，或许这是因为人类需要这些坛坛罐罐来储存他们的收获吧。考古学家发现，许多陶器上面都有着种类繁多的雕饰和图案，而且不同地区的雕饰和图案都有着不同的风格，这应该是不同的民族有着不同的风俗所造成的。从这些雕饰和图案中，历史学家可以根据风格的不同分析出当时人类的生活是否富足，是否有贸易以及是否有过迁移，这些都是我们了解那个时代的关键。

这些雕饰和图案也说明了艺术的发展。人类制作陶器的初衷应该只是为了盛放东西，并不会在乎使用的陶器是否美观。随着陶器制作技术的发展，早期的制陶工匠会把某些事物、某些事件甚至是心中的想法刻到陶器上，希望能够用这种方式使这些东西传下去，这应该就是陶器上会出现雕饰和图案的原因。在制作陶器的时候，制陶工匠发现，如果在制陶的黏土中加入某种特殊的泥土，烧出来的陶器就会呈现出不同的颜色，会更加好看。

随着生产力的发展，当温饱不再是人类唯一的追求之后，人类对艺术的要求也提高了。于是制陶工匠开始精益求精，不仅把陶器制作得更加精致，还要在上面刻画各种花纹，使其更加美观。再发展下去，这些花纹就演化成了图画，一开始只有人物、动物、各种工具等简单的图画，接着有了狩猎、战争等叙事性的复杂图画，这些有着精致、复杂图画的陶器也就成了精品，为人类艺术的宝库奠定了坚实的基础。

四、房屋和船只

在斧子发明之后，人类已经可以用树木来建造房子、打造车辆和船只了，下面我们详细介绍一下人们是如何建造这些的。

房屋 在走出洞穴之后，由于当时猛兽横行，人类就必须建造房屋来保证自己的安全。当时房屋建造的位置也是五花八门的，有建在树上的，有建在平地上的，也有建造在水面上的。这些房屋各有优缺点，建在树上的可以避免陆地野兽的伤害，但是对于能够攀缘树木的兽类就无能为力了；建在平地上的必须在房屋的外面建造篱笆，但是篱笆也只能防御小型的野兽；建在水面上的最安全，但是也最费人力物力。

在近东的许多地方，为了方便建造，许多人家的房屋都只是一个用树枝和泥土混合建造的茅屋。在建造这种茅屋时，首先用树枝和柔软的枝条编织成一个大致的框架，然后在框架上敷上一层厚厚的泥巴，最后再用茅草做成房顶，等烈日把泥巴晒干之后，一个简陋的茅屋也就建成了。不过用于祭祀的庙宇和上层人物居住的宫殿就不是这么简陋了，这些建筑基本上都是用粗大的原木建成的，后来又改用更加坚固的石块、砖头作为建筑材料，这又促进了烧砖和垒砌技术的发展。

造船 最早的船只是非常简单的，人们先用藤条把木头绑成一个木框，然后蒙上大型的兽皮并捆扎结实，这样就算是一艘船了。还有一种更简单的做法：用坚韧的枝条或者藤条编成一个箩筐，然后再涂上一种类似沥青的树脂来防水。等火被人类使用之后，人们就用火把巨木烧成合适的长度，然后再用火把巨木烧成独木舟或者小船。当人类能够磨制锋利的石器乃至更加先进的青铜器时，制作独木舟已经不再是困难的事情了，人们开始尝试制造更大的用桨划动的木船，以及以风为动力的帆船。如果说车辆的发明让人类运输的效率上了几个台阶的话，那么船舶的出现则让运输效率有了质的变化。

五、铜和商业

铜应该是新石器时代晚期发现的。或许是有人将铜矿石扔进了火里，也可能是有人把铜矿石放到了火堆附近，但是不管是什么样的情况，最终的结果就是人们发现这种特殊的石头经过加热之后会流出一种红色的金属。早在6000年之前，生活在埃及和西亚一带的人类就已经发现了铜的存在，并且对铜有了一定的应用。纯铜的质地是偏软的，而且产量也很小，所以一般都被用来制作工艺品的装饰物，至于制作工具和武器的原料仍然是石头。尽管铜在刚开始的时候并没有引起人类的重视，但是我们仍然必须承认，铜的发现是人类发展史上的一个重大事件。随着更多的铜矿被发现，铜的产量越来越多，人类对它的研究也更加深入。

锡也是在这个时代被发现的，我们不知道是在什么样的情况下，人们发现铜锡合金比纯铜或者纯锡的硬度要高，而这种合金就是青铜。在青铜发明之后，铸造坚硬的金属器物就有了物质条件，技术上也不存在什么难题，于是用青铜制造的矛、刀、剑等武器出现了，用于生活的斧头等工具也都被改成用青铜制作。

在青铜得到广泛应用之后，人类对铜和铜矿的需求量也开始加大，这又促进了探矿、采矿的发展，使得商业交流更加兴盛。西奈和小亚细亚的铜矿应该是最早被发现并开采的，这些地方的铜矿不敷使用之后，大量的探矿人员开始转移到其他地区，试图找到更多的铜矿。

作为一种更加先进的工具和武器，铜器也迅速蔓延到了其他地区——从塞浦路斯传到了叙利亚，从西班牙又传到了西欧，总之，交易地区非常广泛，也促进了这些地区铜矿的勘探和开采。

六、家和市镇

猎人为了寻找猎物必须四处奔波，牧民为了让牲畜能够吃到足够的青草必须到处迁移，在他们的世界里，并没有我们现代人所拥有的"家"这个温馨的概念。但是当人类开始从事农业活动之后，因为种植在田地里的农作物是无法移动的，他们就必须在田地的附近定居下来，"家"这个概念也就慢慢形成了。当几个家庭把他们的房屋建在一起——不管是什么原因促使他们这样做的——村落也就形成了。如果这个村落位于交通方便的地方，并且能够保证居住在这里的人们的安全时，就会有更多的人到这里安家，于是村落也就慢慢成了城镇，进而又形成了城市。

随着居住在城镇里的人口越来越多，人们的需求也越来越多，为了满足人们的各种需求，贸易也开始兴盛起来。于是城镇的中心开始出现各种各样的商铺，售卖人们必需的食物、衣服、日用品、工具、武器等商品；为了提供这些商品，各种各样的作坊也开始兴建，这又促进了手工业的发展；为了管理城镇的居民，政权也出现了；为了保护居民，政权又组建了军队。当衣食不再是问题之后，改善居住条件也就提上了日程。于是人们开始建造华丽的房屋和庙宇；当物质得到满足之后，人们对精神生活提出了更高的要求，于是艺术得到了发展，精美的艺术品也开始流行起来。

我们可以这样说，正是由于农业和畜牧业的出现，人类才结束了渔猎的生活，才得以迅速地繁衍生息并成为地球上最大的族群，人类的文化和文明才得到成长起来的机会。现代的一个大型城市可以容纳上百万的人口，可是如果放在渔猎时期，同样大的地盘能够养活几千个猎人就很不错了。

文明的建立 在家庭建立之后，文明也开始萌芽并生长起来。家庭只是少数以亲缘关系为基础建立起来的小组织，也是他们生活、工作、祭祀的中心。在村落、城镇、城市等大型的人类聚集区，经常还会出现以血缘为纽带的大家族，这些地方同样也是这些大家族活动的主要区域。人口的增加使得商业活动增加，商业活动的兴盛又促进了思想、技术、制度的交流，人类的文明也就建立起来了。

时间和地点 农业时代（也就是新石器时代）可以看作人类文明发展的第一个阶段。地球上各个地方进入农业时代的时间是不同的，近东的美索不达米亚文明是在7000多年之前进入农业时代的，又过了1000多年，以青铜器的使用为标志而进入了人类文明的第二个阶段。美索不达米亚文明应该是地球上第一个人类文明，随后东亚、南亚也进入了农业时代。欧洲的文明应该比近东稍晚，目前还没有有力的资料说明欧洲的文明与东亚、南亚孰早孰晚，我们只知道，那些耕作技术和某些重大的发明都是从南欧开始的，随后才流传到中欧，最后才是北欧。由于太平洋和大西洋的阻隔，美洲的文明一直无法和其他大陆的文明进行交流，以至于成了世界文明中的孤独者，不过在赤道两侧的美洲也发展出了灿烂的农业文明，我们将在后面的篇章中进行详述。

第 3 章　近东诸国的艺术

一、伟大文明的摇篮

　　文字的发明是人类发展史上的一个分水岭，自从有了文字，人类就从远古的未知时代进入了有记录的文明时代。文字的发明不是一蹴而就的，它是人类在漫长的生活中一点一点积累而成的，不管是对于古人还是现代的我们而言，文字都有着不可替代的意义。

　　从公元前 3500 年（或许还要更早一些）到公元前 500 年之间的这一段历史，包括了整个铜器时代和青铜时代，一直到人类进入铁器时代。在这个时期，近东、两河流域、尼罗河流域，还有克里特岛和爱琴海中的岛屿上，都发现了文明的萌芽，不过这一章的重点仍然是近东。

　　由于这些文明基本上都是在同一个时间段开始的，所以也有着许多相似的地方。其原因就在于，这些地区的人类已经开始了商业活动，在进行商品交流的同时也有了思想和技术上的交流。如果我们把这些文明的历史总括成一个整体的话，那么我们可以从宏观的角度清楚地看到它们之间是如何互相影响的，它们之间又为什么会有这么多相似的地方。然而遗憾的是，如果采用这种方式，这本书就会显得杂乱无章，让人分不清它的头绪在哪里。为了让读者更容易理解，我们还是按照不同的地区和国家来讲述它们的历史，不过读者一定要记住这一点，就是这些文明都是处于同一个时间段内的。

尼罗河流域　尼罗河是古埃及的母亲河，它给下游的三角洲带来了肥沃的土壤，为居住在古埃及的早期人类进入文明时代打下了良好的基础。

中非东部的高原是由营养丰富的土壤形成的，全长几千公里的尼罗河就发源于此。在很久以前，这里的降水量非常大，各个支流的河水夹杂着泥沙汹涌汇入尼罗河的主河道，在下游漫过两岸的河滩，形成一年一度的洪水。等洪水消退之后，河滩上就会留下一层黑色的土壤。如此年复一年，就形成了入海口附近的尼罗河三角洲，古埃及人亲切地把这块土地称为"黑土"。因为这个区域肥沃多产，所以这里很早就开始了农业活动，并且和幼发拉底河流域并称为"古代世界粮仓"。在后面的介绍中我们还会了解到，这个早期人类的摇篮不仅农业发达，还在其他方面为人类历史的发展做出了贡献。

古埃及的文字　在古埃及，人类最初是用画图的方式来记录一些重要的东西，后来为了表达某些特殊的含义，又增加了一些特殊的符号，接着这些符号演化成了文字。古埃及人大概是在公元前3500年创造出文字的，或许还要更早一些，不过我们发现的最早的文字记录只有公元前3500年的。对古埃及人来说，文字的创造是历史上的一件大事，不仅对当时人们的思想产生了巨大的影响，还对当时的经济、政治有着重要的意义。有了文字之后，商人可以用文字来记录账本、签订合同，商业活动可以更加规范。文字对政府的帮助就更大了，国王可以用书面的形式命令各地的官员，各地的官员也可以用文字写成报告交给国王，国家的各种制度、法令也可以用文字写下来，不至于因为口口相传而产生歧义。

古埃及人最初是在石板上刻写文字的，不过后来他们发现尼罗河中有一种叫作"纸草"的植物,进行处理后可以做成纸,于是他们就开始用墨汁在纸上写字。在古埃及文字中,"纸"这个字就是从"纸草"这个词得来的。

古埃及的建筑 古代的埃及人堪称最伟大的建筑师,他们最杰出的建筑就是著名的金字塔。古代的埃及人和世界上其他绝大多数古代民族有着类似的想法,就是认为人并不会真的死去,在将来的某个时间还能复活。在这个信念的影响下,活着的人不仅会为死者准备好复活时所需要的食物,还会为死者准备好防身的武器。他们为死者准备的陪葬物品非常齐全,甚至连防止脸部皲裂的油膏都包含在内。为了避免死者的身体在复活前腐败,他们还会采取一切措施让死者的身体保持完整,为此古代的埃及人发明了木乃伊的制作技术,并且用石头建造出坚固、密闭的坟墓。

处于社会顶层的法老和国王,能够调集整个国家的人力、物力,为自己建造宏伟巨大的坟墓,这些坟墓就是我们现在看到的金字塔。金字塔的建造在公元前3000年前的时候达到了顶峰,当时的胡夫法老建造了迄今为止最大的金字塔,这座金字塔高146.59米(现高136.5米),占地约52900平方米,用230万块巨石堆砌而成,总重量约为684万吨。

古埃及的政府 在古埃及,国王是中央政府的最高统治者、军队的统帅,可以制定各种法律和制度。国王也是最终的审判者,地方法庭遇到无法处理的案件,就会交给国王来做最终判决。地方政府的最高长官叫作诺马克,整个古埃及大约有40名。这个职务相当于现代的州长或者省长,主要的职责就是在本地征税(主要是粮食和牲畜等实物税)并送到都城孟斐斯,同时还要负责指挥当地的民兵、审理案件、祭祀神灵。

古埃及政府是人类历史上的第一个政府,在人类的发展史上占据了重要地位。这个政府并不只是向它的子民收税,还会统计全国的纳税人信息、维护社会的安定,建造并维护着古埃及赖以生存的灌溉系统。历史学家将这个政府称作"古王国",不过到了大约公元前2000年的时候,这个政府被推翻了。最终该政权前后持续了将近1100年之久。

除了农业之外,古埃及人在木业、雕刻、石工、陶业、音乐、畜牧业、纺织业及其他领域也有所发展。

幼发拉底河流域　幼发拉底河位于尼罗河的东北方向，二者相距1000多公里。和尼罗河自南向北的流向相反，幼发拉底河是自北向南流淌的。不过幼发拉底河流域和尼罗河流域在很多方面极其相似，因此这两个地方基本上同时发展出了近似的文明。

在幼发拉底河的东面，还有一条名叫底格里斯河的河流，它们发源于同一个地方，又一起流入南方的波斯湾。在幼发拉底河和底格里斯河带来的泥沙的淤积下，两条河流之间形成了一片肥沃的平原，即美索不达米亚平原。在希腊语中，"美索不达米亚"这个单词的意思就是"两河之间的地区"，所以这里也被称作"两河流域"。

美索不达米亚平原土地肥沃，物产丰富，但是又无险可守，自古以来就是争战之地，政权更迭频繁，多个民族的语言也融合在了一起。由于篇幅所限，我们在这里只能简单介绍几个著名的词语和成就。

苏美尔人　苏美尔人是生活在美索不达米亚平原的一个民族，他们很早就掌握了种植和畜牧的技术。在这块有着良好灌溉系统的富饶土地上，他们种植庄稼、养殖牲畜、纺纱织布，还制作精美的陶器。他们的主要工具仍然是石器，不过到了公元前4000年（也有可能更早）的时候就开始使用铜器了。苏美尔人的文明在许多地方都和古埃及有着相似之处，就连文字也是如此，只不过古埃及人创造的是象形文字，苏美尔人创造的是楔形文字。

楔形文字已经非常成熟了，完全可以说是一个文字系统。苏美尔人最初把石板作为他们刻写文字的载体，遗憾的是美索不达米亚平原上缺少石头，更不要说平整的石板了，而且也不像古埃及那样从河里就可以捞出能够做纸的纸草，这迫使苏美尔人开始寻找另外的载体。苏美尔人无疑是一个非常聪明的种族，他们想出了一个好办法：用泥做成一个个规格一样的泥版，趁没干的时候赶快用尖笔在上面刻写上文字，然后将泥版烤干或者等它自然阴干。苏美尔人使用的尖笔形状和现代的铅笔类似，但是书写的方式不是"写"，而是"刻"，如果找不到尖笔的话，就用一根小木棍或者芦苇秆代替它的工作。因为"笔""纸"都比较特殊，"写"出来的每一个笔画都像是一端粗一端细的楔子，所以这种文字也被叫作"楔形文字"。

泥版或者泥砖比较沉重，携带当然很不方便，但是这种方式也有一个好处，那就是对储存条件的要求不高，只要不见水，就可以保存几千年之久。这一点对于考古学家和历史学家来说无疑是幸运的，因为他们在泥版上发现了书信、契约、文书、法律、制度等文字资料，通过这些资料可以确定当时苏美尔人的一部分历史。

闪米特人 苏美尔人曾经被闪米特人侵略过，他们的许多城市在很长时间内都是被闪米特人统治的。闪米特人来自西方，他们有一个叫作萨尔贡的伟大国王，萨尔贡建立了一个幅员辽阔的帝国。大约是在公元前2870年的时候，萨尔贡在美索不达米亚平原的北部（大致在现在的巴格达附近）定都，这个城市叫作阿卡德，所以他在历史上被称为"阿卡德的萨尔贡"，也有人叫他萨尔贡一世。

《汉穆拉比法典》 幼发拉底河的下游在很长一段时间里也被称作阿卡德，由于这里有著名的城市古巴比伦城，这里还被称为"巴比伦尼亚"。大约在公元前18世纪，古巴比伦出现了一位伟大的君主——汉穆拉比王。汉穆拉比王是古代美索不达米亚最出色的政治家、军事家，他统一了阿卡德和苏美尔的所有地区，又将侵略者伊拉姆人赶回了他们位于东部山区的老家，建立了一个南至波斯湾、东至底格里斯河、西至幼发拉底河、北达美索不达米亚平原北部的庞大国家。

尽管如此，汉穆拉比王并不因军事成就而自豪，他最引以为荣的是疏浚的灌溉大运河和建造的恢宏壮观的神庙。不过对于现代人来说，最熟悉的应该是汉穆拉比王主持编撰的法典——《汉穆拉比法典》。在20世纪初，人们在两河流域发现了一块碎裂成三部分的黑色石头，上面刻写着密密麻麻的楔形文字。经过破译后，人们发现这是一部法典，总共有282条，囊括了商业、婚姻、工资、谋杀、盗窃与债务等人们生活方方面面的内容。苏美尔人和古埃及人也制定了法典，而且可以确定比《汉穆拉比法典》更加古老，但是一直都没有找到它们的踪影，所以《汉穆拉比法典》被认为是人类发现的最早的法典，也是一部重要的法律文献。和现代的法律条文相比，《汉穆拉比法典》固然显得简陋，但是考虑当时的文明发展水平，它的伟大性仍然是不容置疑的。

巴比伦的商业 有了《汉穆拉比法典》，商业活动就有了可以依循的法则，于是城市很快就兴盛了起来，我们可以从出土的数量庞大的泥版中看到这一点。当时的巴比伦人把驴子当作运输工具，把大量的谷物、油、枣、皮革、陶罐等货物出口到其他国家，然后换回来金、银、铜、石头、木料、盐、奴隶，还有其他的货物。

汉穆拉比的后人继承了他的遗志，仍然致力于建造神庙、祭祀神灵、开凿运河，然而好战的赫梯人消灭了这个曾经辉煌一时的王朝，使其成为一个历史名词。关于赫梯人的情况，我们将在后面的篇章中详细讲述。

二、蛮族、马匹与帝国

简略的复习 我们在前面讲到了古埃及和巴比伦尼亚这两个伟大的文明是如何崛起的。史学界有个共同的观点，就是认为这两个地方都有着肥沃的土地，而且灌溉方便，属于最适合发展农业的地区。农业得到了发展，人口也就有了增长；有了大量的人口，也就形成了组织严密的国家。基本上也是在这个时候，近东其他地区也逐渐发展出了各自的文明，例如克里特岛与爱琴海各岛，我们将在以后一一讲述。

巴比伦尼亚的喀西特人 大约在公元前16世纪，喀西特人入侵了巴比伦尼亚。喀西特人原先的生活区域在底格里斯河以东的山区，他们主要以游牧为生。喀西特人的入侵是一个渐进的过程：最初他们是以被雇用的收割工人的身份进入巴比伦尼亚的，发现了这里富庶之后，他们就变成了强盗，接着就成了征服者。这是一个典型的落后民族征服先进民族的案例，类似情形在历史上的不同时间和不同地点一再出现。

喀西特人也知道自己是落后的，他们开始信仰被征服者的神灵，采用对方的风俗习惯，学习当地通用的巴比伦语，甚至还学习只有祭司和学者才会使用的苏美尔文字。依靠这些努力，喀西特人在巴比伦、阿卡德与苏美尔的一些城市维持了大约600年的统治，尽管如此，喀西特人的入侵还是打断了巴比伦尼亚文明的发展进程，内部混乱、各个地方政权征战不休，整个文明也一步步地走向衰落。

喜克索人在埃及　就在喀西特人入侵巴比伦的同时，埃及也遭到蛮族入侵，不过侵略者变成了喜克索人，也叫作"沙漠王子"。喜克索人来自叙利亚，通过西奈半岛来到了埃及。喜克索人也是游牧民族，他们拥有大量的马匹，而且还有战车这种重型武器，单兵武器是用青铜制作的弯刀；而埃及的军队主要是步兵，主要的武器只有弓箭、铜斧、青铜短剑和宽边的矛。可以说双方的战斗力根本就不是一个层次，埃及人毫无悬念地战败了。战争过后，埃及这个世代生活在尼罗河畔的先进民族成为蛮族的奴隶，财产、土地、神庙、宫殿都成了对方的战利品，在此后 200 多年的时间内埃及人都生活在屈辱和悲痛之中。

在喜克索人统治的后期，阿赫摩斯在尼罗河上游的底比斯竖起了反抗的旗帜，号召所有的埃及人团结起来，赶走外来的侵略者。这个时候埃及人应该也有了自己的骑兵，在这位王子的领导下，埃及人经过多年浴血奋战，终于约在公元前 1570 年获得了解放，将喜克索人赶到了巴勒斯坦与叙利亚一带。

马与战车　对于农耕民族来说，马是一种奢侈的物品，在遭到侵略之前，不管是古埃及人还是古巴比伦人，从来都没有想过将马这种动物用于战争和生活之中。当然，他们也没有足够的马匹。马的驯服在人类发展史上同样是一件大事，喀西特人与喜克索人都是游牧民族，自然拥有大量的马匹，这是他们能够横扫富庶的平原，并且占据这里几百年的根本原因。在马用于战争之前，所谓的征服和抢掠几乎毫无区别，因为距离的原因，当征服者带着大量的战利品返回之后，被征服者在事实上又重新独立了，即使他们宣布反叛，征服者也无法迅速派兵镇压。可是有了骑兵后，一旦有叛乱，中央政府就可以派出部队，及时地将叛乱镇压下去，有效地维护自己的统治。

当马匹和车辆结合在一起的时候，产生了一加一大于二的效果。马车既有马的速度，还有车的装载量，这为大宗商品的长途运输提供了物质基础，商业的交流也就更大、更广泛了。此外，马车也是一种重要的战争武器，在古代的战场上所发挥的作用不亚于现代的重型坦克。总之，自从马车出现之后，人类的交通工具产生了天翻地覆的变化，创建并统治一个疆域庞大的帝国也就成为了可能。

赫梯帝国 游牧民族也曾经创建了许多国家，赫梯人创建的赫梯帝国就是最早的一个，也是最伟大的一个。赫梯帝国位于小亚细亚，创建时间要比喀西特人与喜克索人征服古巴比伦、古埃及还要早。赫梯帝国的历代帝王都热衷于扩展帝国的领土，他们通过战争、联盟、条约等一切能够采用的方式，不遗余力地开疆拓土，终于使赫梯帝国成为一个名副其实的帝国。赫梯帝国在公元前1400—前1200年达到鼎盛，并成为近东地区的霸主。

以前人们对赫梯帝国所知不多，一直认为这个国家在人类历史上并没有占据什么地位。不过在几年前这种看法有了转变，随着赫梯文字被破译，人们发现这个国家有着组织严密的政府、系统的法律和传承清晰的历史。如果单从军事和政府层面来比较的话，赫梯人取得了不亚于古埃及人、古巴比伦人的成就，但是在总体上赫梯人对人类文明的贡献就不能和这两个民族相提并论了。

赫梯帝国大约存在了700年的时间，大约在公元前800年的时候，这个帝国遭到了入侵，一个曾经辉煌的帝国就此湮灭了。

三、埃及帝国

战争与征服 阿赫摩斯在成功驱逐喜克索人之后，大约在公元前1580年继位成为埃及法老，并且把底比斯定为国都，创立埃及第十八王朝。在长期的反抗侵略者的战争中，埃及拥有了一支勇猛善战的军队，并且从喜克索人身上学习到了如何用马拉战车进行作战，以及箭袋的使用方法。在士兵装备了箭袋之后，他们就可以携带更多的箭支，对敌人的杀伤力也就增加了。值得一提的是，埃及军队中有许多箭法超群的射手，这些射手可以精准地射击敌人的重要目标。

第十八王朝涌现出了好几个勇于进取的君主，其中最出名的就是图特摩斯一世与图特摩斯三世，这两个君主还把自己的功绩刻到了方尖碑和神庙上，以期后人记得自己对这个国家所做出的贡献。

严格来说，古埃及对外部的征服并不成功，这些地方都没有成为古埃及的国土，只是被迫承认法老的统治并向他缴纳贡品。被征服的地区经常发生叛乱，例如叙利亚就是这样，但是这些叛乱很快就会被古埃及军队再次镇压。然而这种征服对于古埃及来说也不是没有意义的，至少让古埃及获得了以下几个好处：

第一，让古埃及的疆域南达埃塞俄比亚，北到巴勒斯坦、叙利亚，成为世界历史上第一个帝国；

第二，让法老们获得了大量的财富，这些财富不仅包括从被征服地区获得的金银财宝，还包括从这些地区掳掠来的大量奴隶；

第三，在征服的过程中，古埃及人和其他民族的交往也在无形中得到了加强，对外部的文化、宗教、习俗都有了进一步的了解，在一定程度上对古埃及本民族的文化起到了反哺作用，也为人类文化的交流起到了促进作用。

艺术与建筑　古埃及人信奉的最高神叫阿蒙神，他们在首都底比斯为这个神灵建造了许多宏伟的神庙。其中最大的一个神庙叫作卡纳克神庙，支撑屋顶的巨大石柱都是用花岗岩制成的。在尼罗河畔的码头上有一条大路通向这座高大的建筑物，大路的两旁每隔不远就有一尊怪兽斯芬克斯的雕像。卡纳克神庙号称"一百个城门的城市"，世界上其他地区的建筑物几乎没有一个能够与之比肩的。

古埃及在这个时期的艺术和建筑有这样几个特点：

第一，所有的建筑和美术都是为法老和神灵服务的。我们可以发现，在所有的建筑中，祭祀神灵的庙宇和法老居住的宫殿是最庞大，也是最优美的。

第二，古埃及人不仅有着出色的雕刻技术，还有着非凡的处理巨大石块的能力。人们曾经在底比斯发现了一座高达27米的巨型石雕，它有1000吨重，而这块巨石的产地则是距此很远的一个采石场。这块石头如何运输到这里，又是如何挺立起来的，简直匪夷所思。

第三，古埃及人的绘画和雕刻有固定的规则，所有的作品都好像来自同一个模子。这些雕刻大师有着高超的技艺，能够把人像的面部雕刻得栩栩如生，使所有的雕像都有一种神秘感。

第四，神庙四周的墙壁上通常都画着各种绘画，或者雕刻着象形文字。当时雕刻文字和绘画的初衷应该是为了美观，到了现代这些都成了不可多得的、具有极大价值的历史资料。

第五，古埃及人的建筑、雕刻、绘画都具有时代先进水平，成为周边许多国家的效仿对象，对近东整个地区的艺术发展起到了促进作用。

宗教　古埃及人的神灵很多，有着多神信仰。不仅有着全国的最高神，各个地方也都有着自己的神灵，有男性的神灵，也有女性的神灵，总计大概有1000个。这些神灵有自己的分工，例如最高神是阿蒙，太阳神是拉，河神是奥西里斯，还有一些神则是动物，例如鹰神、豺神与鳄鱼神等。

最初的时候最高神并不是阿蒙，而是太阳神拉，法老则被称为"太阳神拉的儿子"。在阿赫摩斯创立第十八王朝之后，首都也从孟菲斯搬到了底比斯，于是太阳神拉就从原来的地方神升级成了最高神，拉和阿蒙也合二为一，最高神也就有了另外一个名字——"阿蒙-拉"，好像就是一个人一样。

古埃及的神话也很发达，流传着许多关于神灵的故事，内容都是那些男神和女神之间的爱情、婚姻、恩怨，以及其他的一些活动。从保存下来的神话和赞美诗来分析，古埃及人的高层有着系统的教育，笃信人会有来生，这也说明了为什么他们一直致力于制作木乃伊和建造精美的坟墓。

《亡灵书》　古埃及人认为，人死后会经过一道审判的程序，如果在死者的身边放上一些写有好话的纸张，就能够让他顺利地通过这场审判。如"我从不故意让其他人挨饿""我从不伤害奴仆""我从不偷吃祭祀神灵的贡品"这样的话，都是人们最喜欢写的。或许是为了方便大家，也可能只是个人爱好，不少人都喜欢将这样的话收集在一起并编成书，这样的书就叫作《亡灵书》。

图坦卡蒙　图坦卡蒙是古埃及第十八王朝时期的一位法老，大约在公元前1361—前1352年在位，去世时只有十八九岁。他的坟墓在1922年被人发现，里面藏有他的木乃伊，还有一些金器、几个精巧的瓶子、几件精美的衣服和其他王室的珍品。其中最著名的就是图坦卡蒙脸上的黄金面具，这个面具和图坦卡蒙的面貌一模一样。

在图坦卡蒙统治的时期及之后，祭司不仅拥有很大的权力，还拥有极大的财富。

经济生活 尼罗河流域的主要经济活动是农业，从理论上来说，只要灌溉系统能够正常地运转，农民能够辛勤地劳作，埃及就不会陷入饥荒和贫困。然而事实上，全国大部分的可耕地都被祭司、法老和贵族们所占据，普通人只拥有极少一部分土地，在土地上劳作的大部分都是那些奴隶、雇工、牧羊人与牧民。古埃及的手工业和作坊比较发达，凿石工人、石匠、陶匠、木匠、珠宝工人、画工、铜匠与金匠等有几万人之多。

古埃及早在公元前3000年就开始了对外贸易，当地盛产的纸草、亚麻布、珠宝、精致的花瓶等都大量出口。古埃及的贸易范围很广，他们用上述物品从欧洲换回黄金，从叙利亚换回牲畜、鱼类、酒、香、船舶和车辆，从南方的努比亚换回象牙、黄金和鸵鸟毛。到了公元前15世纪，埃及出现了第一个女法老，就是历史上鼎鼎有名的哈特舍普苏女王，她曾经派出一支拥有五艘船的船队，跨越红海向南一直行驶到了蓬特（应该就是现代的索马里）。而在此之前，古埃及人就已经开凿了一条连接尼罗河和红海北部的运河，这在当时来说无疑是一项巨大的工程。

衰败与伟大 到了公元前1200年的时候，兴盛一时的埃及帝国也走向了衰落。当时这个国家的军队大部分士兵都是奴隶，身上还要刺上法老的名字，还有一少部分则是来自其他国家的雇佣兵，这样的一支军队战斗力可想而知。先是国内各个地区内战不休，接着又在公元前670年和公元前525年分别被亚述人和波斯人两次灭国，此后还受到了其他民族的入侵。

然而，虽然古埃及的军队战斗力低下并且失去了独立，但如果有人认为它的重要性和影响力也随之下降的话，那绝对是一个错误的判断。古埃及之所以能够成为一个伟大的国度，其根本并不是军队的强大，而在于其发达的农业、手工业和领先世界的思想、艺术，即使是在亡国之后的很长时间里，古埃及在这些方面依然为人类的发展做出了杰出的贡献。例如古埃及的制陶术，不仅周边其他地区的制陶风格深受其影响，即使到了现代仍然被效仿；制造玻璃和给陶器上釉也是古埃及的发明；古埃及人建造柱廊的时间要早于古希腊人，发明拱门的时间也要早于古罗马人。此外，古埃及人在天文学方面也取得了不凡的成就，他们把一年分为12个月、365天，这种历法特点即使到了现代仍然还在使用，而在数学方面，古埃及人当时已经演算出了初步的算术和几何。

四、爱琴海文明与克里特海王

克里特与埃及的早期贸易 克里特岛坐落在地中海里面，位于希腊之南、埃及的西北，是一个多山的东西向的狭长岛屿。这个岛屿以前不为人知，一直到了20世纪初期，才有人发现这里也是人类的摇篮之一。从此大规模的考古活动开始了，许多深埋在地下的废墟也露出了面目，向世界人民讲述了一个强大帝国的兴盛和衰亡史。

克里特岛上的居民很早就掌握了铜的冶炼技术，这个时间要比金字塔的建造时间还要早，他们还可以烧制陶器，并且建立了村庄。克里特人还有一支强大的船队，不过我们无法得知他们是否到过埃及，也不知道埃及人是否到过这里，但是我们可以肯定的是，这两个国家必定有联系。让我们得出这个结论的证据并不是这两个国家都有能够航海的船舶和富有冒险精神的海员，而是克里特岛上的陶器、武器还有其他的一些金属器皿有着浓郁的埃及风格，明显是受到了埃及的影响。在吸收了埃及先进技术之后，克里特人又进行了改进和发展，让自己的技艺更加精湛。从地理位置上来说，克里特岛应该是埃及文化向北方传播的一个主要通道。

克里特的米诺斯时代 克里特王朝大约建立于公元前3400年，灭亡于公元前1200年，可能有2000多年的历史。在这段时间里，克里特也是古代最重要的文明中心之一。在古希腊传说中，克里特的国王名叫米诺斯，所以人们通常把这段时期称作"米诺斯时代"。和周边的文明横向比较的话，米诺斯时代大致相当于埃及从古王国的开端到帝国的灭亡，也相当于美索不达米亚从苏美尔各城邦时期开始到喀西特人统治结束。

克诺索斯的光荣 克里特文化最鼎盛的时代应该是在公元前2000—前

1400 年这段时间。从出土的资料来看，克里特岛上当时已经建立了多座城市，其中最大最富庶的城市就是克诺索斯了。从各种迹象判断，这座城市的统治者应该也是整个克里特岛的统治者，可能在希腊和其他的一些地方还有数目不详的殖民地。

在那些重见天日的克诺索斯宫殿的废墟上，发现了机匠、珠宝工匠、艺术家工作过的痕迹，还有一些地方应该是官员和普通办事员的办公室，这些都说明克诺索斯已经有了发达的手工业和艺术，还有一个有组织的政府机构。有一个地方应该是克诺索斯的仓库，里面发现了成排的装着橄榄油、酒、谷物的大罐子，说明克诺索斯人的物资也比较丰富。此外还发掘出了许多刻有神秘文字的泥版，应该是克诺索斯政府的档案和文件，如果有人能够破解这些神秘的文字，无疑会让我们知道更多关于克诺索斯的秘密。

艺术、贸易与海权 克里特人已经掌握了极其精湛的金属制造和制陶工艺。他们将来自塞浦路斯的铜和来自欧洲的锡冶炼成青铜，然后打造出精美的长剑、短剑和其他东西。克里特人已经会用陶轮制作陶器，并在陶器上描绘出华丽的图案，他们的陶器在整个近东都很出名。克里特人在建筑方面也取得了一些成就，例如他们在王宫里使用的给水排水技术，不过他们不会建造宏伟的建筑，也雕刻不出巨大的石像，但克里特人在艺术方面展现出了过人的才华，克里特岛上出土的壁画、陶罐上的绘画，以及金属制品上的装饰都有着独到的地方。

虽然不知道克里特人是否到过埃及，但是他们肯定到过地中海东部的沿岸，因为在塞浦路斯、希腊、西西里岛等地，都发现了这些地方成为克里特殖民地的证据。由于克里特人将自己的文化传播到了爱琴海的周边区域，所以克里特人文化也被称为"爱琴海文明"。不过，克里特对希腊的影响最应该引起我们的重视，从克里特人能够在希腊的迈锡尼、梯林斯与其他一些地方建立殖民地这一点来看，我们可以得出这样一个结论：当时的希腊文明是比不上克里特文明的。关于希腊的这些殖民地，我们将在"希腊诸城邦的兴起"这一章进行详细讲述。

克诺索斯的灭亡 在公元前 1400 年左右，克诺索斯遭受了神秘的灭顶之灾。仿佛在一夜之间，耸立在克诺索斯的宏伟宫殿被抢掠后焚毁，克诺索斯的其他城市也没有逃脱这个悲惨的命运。我们不知道究竟是什么原因造成了这个灾难，有可能是叛乱，也可能是地震，不过最大的可能是来自迈锡尼或者希腊半岛的海盗。这些海盗在击败（也可能是绕过）克里特强大的海军后，登陆并横扫了岛上所有的城市，在抢走了大量的财富之后又把这些城市付之一炬。

五、叙利亚与闪米特人

民族的迁徙 克诺索斯被毁灭后，居住在爱琴海一带的居民开始大规模南迁。造成这种迁移的原因是当地出现了大量的强盗，在自己的家园被摧毁后，人们不得不漂泊到异地他乡，试图找到一个能够安身的地方。有些人以船只为工具准备在大海的对岸重建家园，也有人用笨重的两轮车载着家人和寒酸的家当横穿小亚细亚和叙利亚。最初的几批迁移者遇到了埃及军队，结果被埃及人屠戮一空，不过后来的几批就比这些先行者要幸运了，他们躲过了埃及军队的截杀，成功地到达了叙利亚和巴勒斯坦，并在那里定居了下来。

叙利亚这个国家位于地中海东岸的山区，北至托罗斯山脉，南至西奈半岛。巴勒斯坦当时只是叙利亚南部的一个地区，和埃及离得比较近。尽管叙利亚的东、南两个方向都是沙漠，但是并没有影响这个国家的贸易。叙利亚盛产牛、羊、酒、蜂蜜、橄榄油，还有储量巨大的铜矿，而黎巴嫩的山地则长满了柏树这种优质的木材。

从地理位置上来看，叙利亚的南面是埃及、北面是小亚细亚、东北方向是两河流域。叙利亚既是这些地区的贸易通道，也是这些地区征战的舞台，可以说叙利亚就是古时候近东地区的一个动荡的熔炉。叙利亚是一个多民族的国家，这些民族来自不同的地方，例如腓力斯丁人来自克里特岛与小亚细亚，赫梯人来自小亚细亚等。和民族成分复杂不同，叙利亚人的语言都有一个共同的祖先，来自一个名叫"闪米特语"的语族，所有以这种语言为母语的人都被称为"闪米特人"。如果从语言上划分的话，希伯来人、阿拉伯人还有附近的一些部落都属于闪米特人，就连腓力斯丁人也学会了闪米特语，并把它当作自己的语言。

希伯来人 希伯来人是现代犹太人的祖先，属于游牧民族，一直四处奔波。大约在公元前1500年之前，希伯来人因为饥荒而旅居埃及，在这里生活了将近300年的时间，其间备受埃及法老的压迫。后来希伯来人中出现了一个名叫摩西的英雄，他带着希伯来人冲破重重险阻，花费了几十年的时间又重新回到了巴勒斯坦，这一段历史被记载在《旧约全书》中的《出埃及记》中。《旧约全书》既是犹太人的圣书，也是基督教的《圣经》。

回到巴勒斯坦的希伯来人建立了以色列联合王国（又名犹太王国），建都于耶路撒冷，后来又出现了大卫和所罗门两个伟大的帝王。所罗门在位时间为公元前960—前930年，在他的统治下，军队强大，商业繁荣，以色列联合王国进入了鼎盛时期。不过所罗门对此并不看重，他最引以为荣的是把耶路撒冷建成了犹太人心目中的圣城，并且在这里为耶和华建造了一座华丽的神庙。所罗门在晚年时期变得穷奢极欲、沉湎女色，激起了人民的不满，致使国家每况愈下，在他死后不久，以色列联合王国就分裂成了两个部分，后来分别被巴比伦人和亚述人征服。

宗教的教师 古以色列对人类的贡献应该就是宗教了。希伯来人的先知告诫世人不得崇拜偶像，不得有多神信仰，只能崇拜和祭祀唯一的、至高无上的耶和华。有些希伯来人认为耶和华应该是自己这个民族和国家独有的神灵，但是那些伟大的先知则认为耶和华是至圣与至公的，他应该是属于全人类的最高神。先知们的这个观点和《十诫》以及其他一些崇高的教义，成为世界人民关于宗教和道德的新标准，也为后来基督教成为世界性的宗教打下了良好的基础。在当时世界上所有的宗教中，不乏把人作为祭品、举行邪恶祭祀仪式的宗教，还有一些宗教的信仰是低俗无比的，如果知道了这些，我们就会明白，作为现代宗教和道德方面的教师，希伯来人对人类的贡献是多么大了。

腓尼基人 腓尼基人居住于叙利亚西部的地中海沿岸，和闪米特人、希伯来人为邻。腓尼基人建立的城市主要是提尔、西顿与俾布罗斯，对于提尔、西顿与俾布罗斯来说，最重要的就是商业和殖民。当克里特灭亡和埃及衰败之后，腓尼基人抓住了这个千载难逢的良机，迅速在非洲北部、西西里岛、塞浦路斯（或许还有希腊）建立了自己的殖民地。在这些殖民地中，最大的就是迦太基（也就是现在的突尼斯）。腓尼基人实力强劲，在相当长的一段时间内都是罗马人的有力对手。

腓尼基人是最早用字母来书写文字的，正是因为这个原因，腓尼基人通常被认为是英文文字系统的发明者。他们把这种文字方式教给了其他民族，例如古希腊人就是从腓尼基人那里学会了字母，然后又把字母传授到了欧洲各地的。字母的使用是腓尼基人对世界人类做出的最大贡献，其重要性和深远意义远远要比历史上的某个战役或者发现了一个宝藏要大得多。

六、铁器时代的帝国

铁器时代　在早期的近东地区，人类建立的各个国家在相当长的时间之内，都只能采用青铜这种合金来制造工具和武器。后来人们发现了铁矿，并摸索出了冶铁的技术，人们意识到，铁的性能要比青铜高得多，可以用来铸造更轻便、更锋利的武器和工具。人类掌握冶铁技术的时间不晚于公元前1100年，作为一种新型的更先进的金属，对于任何一个国家或者地区而言，铁都是一种重要的战略物资。为了获得更多的铁，各个国家发起了很多争夺铁矿的战争。

早期的亚述　亚述在巴比伦的西北方向，位于底格里斯河的上游。亚述早在人类进入铁器时代之前就是一个非常重要的国家了。

亚述人在建筑、艺术方面都有一定的水平。尼尼微王家图书馆藏有大量泥版书籍，记载了亚述的宗教神话、艺术作品、天文、医学等。

不过亚述人最强大的地方是军队，他们的强弩、骑兵、战车都有着极高的战斗力。亚述人还有一支出色的步兵，有长矛兵、剑兵、弓箭兵等兵种，作战的时候这些兵种会组合成不同的阵型，在防御方面有着很好的效果。大概是在公元前11世纪的时候，亚述人开始在军队中装备铁制的武器。

扩张和帝国　自从军队装备铁制武器后，亚述人的心态膨胀了，亚述连续出现了好几个侵略成性的国王，这些国王几乎每一年都会把农民集结起来，组成军队发起一场短促的侵略战争，国王也会亲自上阵厮杀。这些国王对外残忍，对内也很残暴，他们的暴政可以说罄竹难书。我们简单列举几场亚述历代国王发起的对外侵略战争：公元前9世纪，沙尔马奈塞三世为了银矿征服了西里西亚，又逼迫叙利亚的几个小国家向他进贡；公元前8世纪，提格拉·帕拉萨三世和萨尔贡二世发起侵略亚美尼亚的战争，占有了亚美尼亚的铁矿和铜矿；公元前7世纪，巴比伦尼亚和伊拉姆掀起了反抗亚述的起义，当时的亚述国王辛那赫里布在平定叛乱之后又随手灭掉了叙利亚；辛那赫里布的儿子阿萨尔哈东继位之后，又在公元前675年开始远征埃及，随后在公元前671年征服了包括孟斐斯在内的整个埃及北部，此后他自称为"上下埃及和努比亚之王"。这时候的亚述在近东地区是名副其实的超级大国。

近东的古罗马人　在很多方面，亚述人和古罗马人都很接近。例如，他们都是好战分子，依靠武力征服建立了一个强大的帝国；他们虽然用武力建立、统治国家，但是在内政方面采取了灵活的手腕；他们对交通都很重视，修建了能够快速调动部队的道路。

亚述人一开始也是实行小农经济的，但是因为不抑制土地兼并，最后大部分土地都落入了贵族和富人的手里，耕种土地的人则变成了奴隶。他们对制造业和商业并不重视，掌握这些经济命脉的都是外国人。

亚述的文化　和古罗马人一样，亚述人也是依靠其他民族的文化才传承下去的，可以说他们在文化方面并没有做出什么贡献。不过在某些方面——譬如建筑——亚述人就不仅仅是一个模仿者了，每一代的亚述王都想建造一座能够超越前人的宫殿，他们也确实做到了。亚述的亚述巴尼拔还是一名渊博的学者，他仅仅依靠一部字典，就学会了古苏美尔人的文字，他在位期间也是亚述帝国的巅峰时期。

然而就在亚述巴尼拔去世之后，亚述帝国就走上了下坡路，内战、叛乱、被侵略此起彼伏。在公元前612年，巴比伦人、米底人与斯基泰人组成了联军，攻陷了亚述的首都尼尼微并摧毁了这座城市。当时的一个学者这样写道："他们抢走了不计其数的财富，然后又将这座美丽的城市变成了废墟。"

亚述帝国衰落之后，巴比伦兴起了。著名的尼布甲尼撒王在位的时候，领导巴比伦发起了对外侵略战争，他率军攻占并烧毁了犹太人的圣城耶路撒冷，并将大量的犹太人当成俘虏带回了巴比伦，其中就有犹太人四大先知之一的但以理。

尼布甲尼撒王为了彰显自己的文治武功，下令重修了巴比伦城，并且修复、新建了许多宗教建筑和其他建筑，其中最有名的就是"空中花园"，它被誉为"世界七大奇迹"之一。

巴比伦的兴盛并没有保持多长时间，就在尼布甲尼撒王去世后不久，也就是公元前538年，被波斯人征服了。

七、波斯的崛起

古时候的波斯并不大，只占据伊朗高原南到波斯湾、北至里海的一部分，而且还大多都是山区。占据伊朗高原其他区域的是米底人，这片区域也叫作米底亚。米底人和波斯人的关系很密切，二者不仅生活在同一个时代，还生活在同一个地区，而且都自称是伊朗人，所以后世的学者都认为二者有亲缘关系。

米底人 米底人从前一直都是亚述人的手下败将，到了公元前7世纪的时候，米底人伟大的国王奇阿克萨上台了，他训练了一支骁勇的骑兵，从此好战的亚述人再也不是他们的对手了。这支骑兵作战技能娴熟，可以在飞驰的战马上拉弓射箭并百发百中，他们最擅长的战术就是依靠高机动性包围敌人某支落单的队伍。米底人最大的战绩也是奇阿克萨王取得的，他带领米底人和巴比伦人与斯基泰人一起摧毁了亚述人的尼尼微城。

波斯人 公元前550年，波斯王居鲁士征服了米底亚，从此米底亚就成了波斯的一部分，米底人也融入了波斯人之中。居鲁士是一个野心勃勃的皇帝，也是一个军事大家，他把自己的一生都奉献给了征战，好像他人生的意义就是征服、掠夺、战争。在他的率领下,波斯人征服了整个小亚细亚,到了公元前538年,巴比伦也成了波斯的附属国。此外,美索不达米亚和巴比伦在叙利亚的属地也被囊括在了居鲁士的帝国之中。

波斯是继巴比伦和亚述之后的又一个新兴帝国,它掠夺并继承了被征服者先进的文化。波斯文化中的许多元素都在其他地方出现过,例如波斯人使用的楔形文字是来自古代美索不达米亚的,他们的建筑术、军队的组成方式和管理国家的模式是从亚述人那里学来的。

琐罗亚斯德　虽然波斯人的文化是从其他国家学来的,但是他们有自己的宗教,这也是波斯人对人类文明的一个贡献。波斯人也有自己的先知,他们称其为查拉图斯特拉,不过人们更熟悉该先知的希腊语称呼——琐罗亚斯德。琐罗亚斯德在年轻的时候就信奉生命与光明之神阿胡拉·玛兹达,阿胡拉·玛兹达的身上曾经出现过很多不可思议的事件,这就让他的一些箴言更有说服力了。在古代波斯人的"圣经"《阿维斯陀》里,就记载了许多琐罗亚斯德的箴言,此外还有一些格言和赞美诗。

琐罗亚斯德认为,生命就是一场永不停息的战争,这场战争的一方是善神阿胡拉·玛兹达和所有的善人,他们的对手则是恶神阿利曼和所有的恶人。当然,最后的胜利者肯定是善神阿胡拉·玛兹达和所有的善人。琐罗亚斯德还告诉世人,每个人在死后都被审判,如果这个人活着的时候做的善事比坏事多,那么他就可以进入天堂,否则就会被审判者交给阿利曼,堕入地狱中接受无尽的惩罚。

刚开始的时候并没有多少人认同琐罗亚斯德的教义,后来他的信众越来越多。琐罗亚斯德在77岁的时候被反对者派出的刺客杀死在神庙里,但是他所创立的琐罗亚斯德教(在中国被称为拜火教或者袄教)成为波斯的国教。

第4章 远东与远西

我们必须牢记近东这个人类文明的摇篮，因为这里是"旧世界的心脏"，但是我们也不能忽略远东和远西。在远东的中国、印度还有其他一些地区，都曾经出现过非常古老的文明；而处于远西的美洲，虽然人们发现这块大陆的时间比较短，但是在一些地方仍然出现过拥有几千年历史的文明。沙漠和高山横亘在近东和远东之间，辽阔的大西洋使近东和远西隔海相望，但是不管怎么说，这三个地方在远古的时候应该有过某种接触，并且都为人类的发展做出了重要的贡献。

一、古代中国

中国的传说 到了近代之后，许多学者开始研究中国的历史，试图解释古代中国的技术起源在哪里，并且提出了许多假说。有些学者认为中国古代的技术是中亚的商人或者移民带去的，也有人认为是近东的那些探矿者教给中国人的，而中国本身也有着各种技术起源的传说。早在中国人的祖先还生活在中国西北部黄河上游的时候，就有了许多这样的传说。在这些类似于神话故事的传说中，中国人认为黄河的上游就是中华民族的摇篮，这里诞生了许多有名的帝王，那些好的帝王发明了许多有用的工具或者技术，而坏的帝王则穷奢极欲残民以逞。而出土的石器和陶器上所"讲述"的故事就不那么传奇了，不过这些东西能够证明古代的中国和近东、欧洲一样也经历过旧石器时代和新石器时代，随后又进入了铜和青铜时代，然后进入农业社会。从出土的青铜器来判断，中国人的青铜器和近东地区的同类产品有一定的相似之处。

周朝 中国古代的历史一直到了周朝才有了清晰的文字记载。周朝的历史从公元前1046年开始，到公元前256年才结束，总共统治了中国将近800年。在这段漫长的历史中，周朝一直在扩张着它的疆域，最终它东面的边界到了大海，南面则到达长江北岸。在此之间中国的文明也一直在进步，中国人能够用青铜制作出精美的花瓶，最后还可以用铁来打制工具和武器。当时的中国人已经掌握了精耕细作的农业技术，还修建了灌溉设施。文化也很发达，有些学者已经可以用文字来记载历史和撰写优美的诗篇。

边疆诸侯国与蛮夷 当时的中国人将自己的国土称为"中国"，而边疆的土地则分封给公、侯等不同爵位的贵族，建立起一个个的诸侯国或者附属国，试图依靠这些诸侯国或者附属国来抵御外界蛮夷的侵略。这个国家建筑了遍布全国的烽火台，一旦有蛮夷入侵，烽火就会从这个烽火台传到下一个，很快就会将这个消息传到中央政府。在收到蛮夷入侵的消息后，所有临近入侵方向的诸侯国和附属国都要派出兵力去打击蛮夷。为了防御蛮夷，古代的中国人还创造了一个历史奇迹——万里长城。

到了公元前6世纪的时候，中华帝国的中央政府对各个诸侯国和附属国的控制力就不足了，这些诸侯国或者附属国已经形同独立，只是名义上还在接受中央政府的领导，而且几个实力比较强大的诸侯国为了争夺"雄长"的地位而攻伐不休。

中国文字 中国人也有着自己独特的文字，这种文字和古巴比伦的楔形文字、古埃及的象形文字有着本质的区别。中国的文字大致可以分为这几个类型：第一种是象形文字，用符号来代表某种事物，其实就是简化了的图画；第二种是会意文字，用一个或者数个简化的图画来表达某种见解；第三种是谐音文字，也就是用符号来代替某种声音。

这个复杂的文字系统是中国文化发展的一个很大阻力，因为这个系统足有几万个汉字，对于任何一个人来说想要全部学会都是一个非常困难的事情。直到后来人们发现了古代的一些文献，才知道还有比汉字更为简单的字母，但是当他们知道的时候，他们已经不愿意放弃自己已经熟悉并尊重的这套文字了。由于中国和近东之间有沙漠和山脉这些天然形成的障碍，所以双方并没有频繁联系，否则中国或许也会采用相对简单的字母体系。不过也正因为如此，中国人的思想和习俗也没有受到外界太多的影响。

孔子　周朝的晚期出现了一个伟大的哲人，他就是孔子。孔子在宗教、政治、伦理等方面都有着极高的建树，他在这方面的言论对后世的中国人产生了极大的影响，在以后几千年的时间里都被称为"圣人"。孔子对后人诸多影响中的一个就是让他们保守，要坚持那些旧有的事物，复杂的汉字能够生存这么长的时间，无疑这就是其中的一个原因。孔子的详细情况我们在以后的篇章中会详细讲述。

朝鲜和日本　朝鲜是一个半岛，位于中国的东北方向，在陆地上与中国接壤，近些年来在国际上逐渐发出了自己的声音。在中国的史料中关于朝鲜的记载不绝于书，历史上朝鲜一度成为中国的藩属国。朝鲜的文明很可能是从中国传来的。

日本和中国之间隔着辽阔的海洋，而早期的中国似乎对大海有一种恐惧感，所以航海技术并不发达，因此中国的文化想要传播到日本是很困难的。早期的日本没有可信的历史，从公元元年之后才有了可信的历史，同样是这个时期，中国在航海方面取得了一定的成就，日本和中国的交流开始频繁起来，和朝鲜人一样，日本人从中国人那里学习到了更加先进的文化和技术。

二、古代印度

印度的孤立　从地图上看，印度就像是一个倒立的三角形，上面的底边是由喜马拉雅山和兴都库什山脉组成的山区，下面的顶角深入到印度洋之中，是一片呈不规则楔形的热带平原。由于印度北部几乎被沙漠和高山阻断了和欧亚大陆的联系，东、南、西都是海洋，自身几乎形成了一个独立的大陆，所以这里也被称为"印度次大陆"。

　　远古时期的印度已经有了可以沿着海岸线行驶的船舶，可以偶尔和西面的美索不达米亚平原进行一定的贸易，有证据表明印度人就是在美索不达米亚人那里学会的腓尼基字母，而且他们的冶铁技术应该也是从西方学来的。沙漠和高山并没有完全隔绝印度和欧亚大陆的联系，在印度的西北部有一个通道，后来来自北方的侵略者就是从这个通道进入了印度，掠夺并占领了富饶的印度河流域与恒河流域。

　　印度的白人和黑人　　印度的本土居民是黑人，在远古时期，来自欧洲的白人通过我们前面提到的通道来到了印度，他们征服了本土的黑人，成为这片土地新的主人，并且骄傲地宣称自己是"雅利安人"。这个词语的意思是自己是一个善良的人，或者自己是一个出身高贵的人。

　　《梨俱吠陀》　　《梨俱吠陀》是印度的一部著名诗集，也是一部记载印度历史的史书，全书由1000首古诗组成。这部诗集最初是由祭司们口口相传的，不知道什么时候用文字记录了下来。有些研究《梨俱吠陀》的学者认为，这部诗集记载的最早的历史事件是在公元前1200年发生的，如果这个说法正确的话，那么印度的历史就应该是从埃及帝国后期开始的，或者换个说法，是从克里特国王的宫殿被焚毁的时候开始的。

　　不过本书并不认可这个说法，并且我们也有着充足而有力的证据来支持我们的这个观点。在1931年，考古学家在印度河附近的地下深处发掘出了一个有5000年历史的古城遗址，在这里发现了结构坚固的砖砌的房子、雕像、陶器、铜牌等。这个发现证明，早在公元前3000年印度就有了发达的文明，而且是和古埃及、苏美尔同时期的文明。

　　梵文　　《梨俱吠陀》是用梵文记载的，这种文字和古代的希腊文、拉丁文、波斯文如出一辙，并且这四种文字和现代的法文、德文等一些文字一起被称为"印欧"语言。显然这些语言是有着密切联系的，不然也不会共同组成一个语系。既然是同一个语系，那么使用这些语言的民族也应该有着某种血缘或者种族方面的关系，当然这只是一个推测，我们还没有足够的证据来证明这一点。

肤色与种姓　印度有一个种姓制度，这个制度体现了严格的社会等级区分，每个人从生下来就有了固定的种姓，此后也没有任何办法来改变自己的种姓。种姓是和肤色有关的，肤色越白，种姓等级越高，肤色越黑，种姓等级越低。形成种姓制度的原因应该和前面说过的印度本土曾被白人征服有关。按照《梨俱吠陀》上的记载，当白色皮肤的雅利安人征服本土的黑人之后，黑人就成为白人的奴隶，自然也就有着最低的社会地位，而白人作为征服者，社会地位必然是最高的。即使到了现代，印度仍然在遵循着种姓制度，例如不同的种姓之间是不能通婚的。印度的种姓主要分为四个等级：第一等是婆罗门，主要是僧侣或者僧侣的后代；第二等是刹帝利，主要是贵族以及他们的后代；第三等是吠舍，主要是自由民；最低的等级是首陀罗，主要由奴隶构成。

公元前1200—前600年的印度　雅利安人在征服印度之后，开始逐渐向南方和东方迁移，他们主要的经济活动就是从事农业生产和喂养牲畜，不过在城镇里也慢慢发展起一定规模的手工业和商业，此外黄金也取代了牛成为主要货币。不过这时候的印度基本上可以说是一盘散沙，中央政府对各地并没有很强的控制力，根本无法抵御外来的侵略。

佛陀　印度是佛教的诞生地，可能与印度严格的种姓制度有关。印度人是相信轮回的，每个人都担心自己在下一世会变成一个低种姓的人，甚至变成一个畜生；每个人都希望自己在来世变成一个高种姓的人，这样自己在来生就可以不再承受各种痛苦。当然，他们最大的愿望就是能够和印度传说中的造物主婆罗贺摩合为一体，从此永远不再轮回。佛教的创始人叫乔达摩，是一位王子，后来被称为佛陀。"佛陀"的意思是大智慧者、大觉悟者。乔达摩对印度的影响很大，和琐罗亚斯德对波斯的影响、孔子对中国的影响差不多。在后面的篇章中我们会详细介绍他的事迹。

三、古代美洲

印第安人的来源　"印第安人"这个称呼来自哥伦布，在他远航到美洲的时候，他以为自己已经到了印度，于是就把这些美洲的土著叫作印第安人。1492年，在哥伦布到达美洲时，印第安人还是一群处于石器时代的原始人，不过有些部落也发展出了相对先进的文明。

美洲的原住民和生活在亚洲的各个民族有很多相似的地方，由此人类学家推测，他们应该是从西伯利亚迁移到美洲的。西伯利亚和北美洲的阿拉斯加之间只隔着一条几十公里宽的白令海峡。在很久以前，天气是相当寒冷的，白令海峡到了冬季就会结上厚厚的一层冰，当时亚洲的人类应该就是从白令海峡的冰面上来到了阿拉斯加，并且从这里一直向南迁移，在美洲的许多地区定居并开枝散叶。人类到达美洲的时间应该是距今10000年之前，不过有一些历史学家认为还要更早一些。

农业与水利　石器时代的各个印第安人部落的发展水平是参差不齐的。虽然这些部落都掌握了制造石器、钻木取火的技术，甚至有些部落还可以用枝条编织出精美的篮筐，但是大部分印第安人对农耕、畜牧、制陶、文字和金属一无所知。也有一些部落，例如，现代美国西南部、墨西哥、中美洲和秘鲁等地的印第安人，已经进入了农耕时代。不过这些地方种植的农作物并不是欧洲常见的大麦或者小麦，也不是东南亚的主要农作物水稻，而是一种叫作玉米的新作物。玉米原来是一种很普通的野生植物，后来经过印第安人的选种和培育才成为一种高产的农作物，并且成为人类的主食之一。除了玉米，印第安人还培育出了薯类，例如墨西哥地区的甜薯和秘鲁地区的白薯。

谷物的生长是离不开水的，对于种植在高原和山坡上的庄稼来说，如果不建设水利工程，根本就不要指望能够有好收成。而水利工程的建设不仅需要大量的人力物力，还需要一定的技术，因此不管是在美洲还是在古埃及，抑或是在美索不达米亚，水利工程的出现都代表着当地的文明已经达到了一个新的高度。为了建设这些水利工程，大批的印第安人改变了原来游猎的习惯，开始在固定的地方定居，村庄就这样出现了，继而又发展成了城镇和城市，接着是建造各种庙宇、宫殿和要塞，艺术也得到了发展。

开矿和建筑　美洲的农业文明最早是在中美洲或者墨西哥的南部产生的，随后又分别向南方和北方传播了出去。这时候的印第安人已经掌握了制陶和纺织技术，而且似乎发展得还不错；他们还掌握了铜、金、银、锡的冶炼技术，到处都可以看到制铜的作坊，但是印第安人一直没有想到用金属来制作工具和武器，只是用它们制造一些工艺品。后来墨西哥、中美洲与秘鲁的古代人类才发展出了从各方面来讲都算得上丰富的文化，他们建造的庙宇和雕刻的雕像美轮美奂，可以和古埃及、古巴比伦的同类作品相媲美。在公元前1000年到公元元年这段时间，玛雅人还建立了壮观的城市、庙宇和宫殿。

玛雅人 玛雅人主要生活在中美洲的低地，他们烧掉大片的森林，然后在开辟出的空地上种植玉米，这使他们获得了比高原上更大的收成。有了更多的食物，也就意味着能够养活更多的人，能够让更多的人去从事脑力劳动，于是玛雅人自己的文字系统出现了。玛雅人的数学水平很高，对天文学也很有研究，曾经编制了自己的历法。尽管玛雅人不会用金属制作工具，但是他们会用一种我们不知道的方法加工巨石，他们会用这种巨石来建造华丽的宫殿和神庙、城市。

托尔特克人 托尔特克人的故乡应该是北方的某个地方，后来他们从科罗拉多河一带南迁到了墨西哥高原的南部，和玛雅人比邻而居。托尔特克人可能从玛雅人那里学习到了很多技术，他们建造的宫殿和顶部带有神庙的金字塔都有强烈的玛雅风格。托尔特克人建造的金字塔和古埃及的金字塔不同，例如他们在乔卢拉建造的那座，底部比胡夫金字塔的还要大，但是高度不足后者的一半。

阿兹特克人 阿兹特克人也是从北方迁来的，他们的故乡可能在现代的加利福尼亚一带。当他们来到托尔特克人居住的地方后，鸠占鹊巢，成为这片土地新的主人，原住民则成为他们的奴隶。和所有入侵先进民族的蛮族一样，阿兹特克人也承认自己的不足，甘心向被征服者学习先进的知识和技术。后来阿兹特克人在现代的墨西哥城附近找到了一个湖中岛，他们发现这里是一个能够避免外来侵略的地方，于是就在这里定居了下来，随着人口的繁衍，村落也慢慢变成了城市。这个城市堪称美洲的威尼斯，只不过海拔高了一点，有2133米之高！与玛雅人和托尔特克人一样，阿兹特克人也信仰蛇神，并且把活人作为祭品祭祀他们的神灵，这足以说明这三个民族都是没有开化的野蛮人。

印加人 印加人居住在现代的秘鲁一带，可能是所有早期美洲原住民之中最文明的一个民族，因为他们不像其他民族那样残忍好杀，也没有那么低俗的信仰。印加人在农业、建筑、政治方面都有着长足的发展，例如，他们曾经用石板修建了一条长达1000多公里的军用公路，这说明他们已经掌握了相当高水平的工程技术。印加帝国的首都库斯科是一座奇特的城市，有许多高大精美的建筑物，还有富丽堂皇的太阳神庙。

我们所受到的恩惠 世界上所有的民族都给我们留下了丰厚的遗产。不管是东方还是西方的民族，哪怕是美洲的印第安人，都为人类文明的发展做出了自己独有的贡献。当然，不同的民族做出的贡献也是不一样的。例如中国人，他们的贡献主要集中在发明和技术方面，比如火药、丝绸、瓷器等；而美洲的印第安人的贡献则是在农作物方面，例如玉米、马铃薯、番茄、南瓜、草莓、菠萝与花生等。

公元前与公元后 信仰基督教的国家通常把耶稣降生的那一年当作元年，之前的年份称为"耶诞前"，之后的年份称为"耶诞后"。后来这种纪年方式成为国际上的共识，名字也就改成了"公元前"和"公元"。采用公元纪年可以让我们迅速地计算出某个事件发生到另外一个事件发生之间相隔了多长时间，只需要将这两个数字相加或者相减就可以了。需要提出的是，如果两个时间分别是公元前和公元后，就需要将这两个数字加起来；如果两个时间都是公元元年之后，那么就用较大的数字减去较小的数字。

由于这种纪年方式是耶稣去世之后很久才开始使用的，各地对耶稣究竟是哪一年诞生的有着不同的认识，这就造成了"元年"在不同的地方有着3~4年的误差。不过这种误差对于我们来说并不会发生困扰，毕竟不管是哪一种，时间是不会改变的。

第二部分
✕
文明的起源与发展

第5章　希腊诸城邦的兴起

一、希腊继承的文化遗产

各时代的继承者　希腊人不仅从不同的民族那里学会了很多知识，还在这些知识的基础上发扬光大，给后人也留下了更多的知识。在远古时期，希腊人从自己的祖先那里继承了语言、取火、制造工具和武器的技术；到了旧石器时代，他们学会了缝纫、绘画和雕刻，制作出许多精美的饰品；进入新石器时代，他们又学会了种植谷物、畜养和使用牲畜、磨制石器、盖房、制陶、纺线、织布，以及制造轮车。

希腊人不仅学习本民族留下的知识和技术，还从他们的邻居那里虚心学习比自己更先进的技术。近东的克里特人、腓尼基人、埃及人和亚述人等都有着比较高的文明，能够建造宏伟的神庙、雕刻巨大的石像、制造并使用青铜工具、用木材制造能够远航的船舶、建立组织严密的政府、用文字书写命令和法律……既然这些邻居已经有了成熟的技术，那么希腊人根本就不用劳心费力地去自己创造，只要从他们那里学习就可以了。

多样性和进步　希腊文明之所以能够进步，是因为周边有着多种多样的选择可以供他们挑选。这个因素是不可忽视的。就拿文字来说，当时可以供希腊人选择的有埃及的象形文字、巴比伦人的楔形文字、闪米特人的表音字母等，聪明的希腊人把既简单又好用的字母作为自己的文字，并以此为基础发展出了音调优美的语言。不仅在文字上是这样，希腊人还挑选出最先进的技术，学会、吃透之后再进行改进，反过来又超过了他们的老师。克里特人的文化和技术应该是希腊人借鉴最多的。

"亚该亚时代"和"荷马时代"　从公元前1600—前1200年这段时间里，克里特人中的一些实力强大的首领占领了希腊的迈锡尼一带，并且建立了比较发达的文明。有学者认为迈锡尼的统治范围一度扩张很广，于是就把这段时期叫作"迈锡尼时代"。不过后期的"迈锡尼时代"还有另外两个名字：一个是"亚该亚时代"，这个名字的来源是因为亚该亚人是我们熟悉的最早的古希腊人，而且这个部落的实力也是当时最强大的；第二个名字是"荷马时代"，叫这个名字是因为《荷马史诗》，我们对亚该亚人的印象大多都是从这本书中获得的。

《荷马史诗》包括《伊利亚特》和《奥德赛》两部分，传说这部伟大的诗歌集是由一个名叫荷马的双眼失明的诗人写的。《伊利亚特》这个名字来源于古希腊的一个名为伊利翁或特洛伊的城市，而《奥德赛》则是用夺取特洛伊城的一个英雄奥德修斯的名字命名的。有些学者认为，《荷马史诗》中的内容早在公元前9世纪的时候就有行吟诗人传唱了，荷马只不过是这本书的整理者；也有一些学者认为《荷马史诗》是集体创作的产物，荷马只是作者之一。但不管是哪一种说法，都无损于这部鸿篇巨制的伟大，当我们读到里面那一个个描写爱情和战争的动人故事时，都会对它的作者钦佩不已。

诗中有画　诗歌应该是人类最早的文学形式，几乎每个民族的早期都有自己的诗歌作品。古希腊人的《荷马史诗》不仅是一部文学作品，还是以诗歌形式记载历史的史书。一直以来,人们都认为诗歌是最古老的文学作品,所有民族的幼年时期都是在传唱诗篇中度过的。雅利安人的作品《梨俱吠陀》和古希腊人的作品《荷马史诗》,都是早期人们书写他们久远历史的诗歌。

《荷马史诗》中记载了古希腊诸神的故事,讲述了许多男神和女神的故事,例如神和人共同的父亲、最高神宙斯和他的妻子赫拉,爱神阿佛洛狄忒,还有海神波塞冬和女武神雅典娜之间的恩怨等。尽管诸神的行为显得那样荒诞不经,有时候还会像凡人那样小心眼儿,但是我们读起来却感觉这些神灵是如此的有血有肉,非常亲切。

《荷马史诗》对普通民众的描写不多,却花费了大量的笔墨来描绘国王和贵族们狩猎、宴会、欣赏歌舞的场景。按照亚该亚人的风俗,家里来了客人(不管是认识很久的朋友还是萍水相逢的人)就要倾尽全力地招待,要让客人睡最好的房间、吃最好的食物,临走的时候还要重重地赠送一笔路费,这样才能体现出主人的慷慨好客。如果主人怠慢了客人,就会招致神灵的愤怒,让自己陷入某种灾殃之中,更不用说将客人拒之门外了,而特洛伊战争的爆发可能就有这方面的原因。

特洛伊战争 麦尼劳斯是斯巴达王国的国王,他的妻子海伦是闻名遐迩的美女。这一天,年轻英俊的特洛伊王子帕里斯来到了斯巴达,麦尼劳斯用王室的礼节盛情款待了他,并且介绍自己美丽的妻子和他认识。然而无耻的帕里斯却勾引海伦私奔到了特洛伊。麦尼劳斯知道后暴跳如雷,和他的兄弟迈锡尼国王阿伽门农一起召集亚该亚帝国的其他国王,组织了一支联军征讨特洛伊。

在这场战争中,大规模的战役并不多,基本上都是双方各出一个勇士进行决斗。在一次决斗中,特洛伊的英雄赫克托耳被希腊骁勇善战的阿喀琉斯击败后死去,随后特洛伊方面又打听到了阿喀琉斯的弱点并杀死了他。该死的战争就这样持续了10年的时间,联军被拖得精疲力竭,许多将领都要求退军。这时奥德修斯提出了一个计划:在营地中制作一个巨大的木马并留在这里,从全军选拔出武艺最高的勇士藏在里面,然后其他所有的部队上船伪装撤离。

特洛伊人在看到亚该亚人撤退后喜出望外，就把木马拖进了城中。当天晚上，就在特洛伊人摆酒庆功的时候，藏在木马里的亚该亚人悄悄地溜了出来，此时佯装撤退的联军也去而复返，在里应外合下，原本铜墙铁壁般的特洛伊城陷落了。

我们不用费劲去考证就可以确定，这个故事固然有一部分是历史上发生过的事件，但是绝大部分肯定是经过艺术加工的虚构故事。不过近年来人们在爱琴海的东北岸发掘出了一个被焚毁的古城遗址，城墙的厚度有4.5米，有些历史学家言之凿凿地认为，这里就是3000多年前的特洛伊城。

铁制刀剑　　不管《荷马史诗》里记载的麦尼劳斯、阿伽门农和奥德修斯是多么智慧和英勇，他们的子孙还是被来自北方的多利安人打败了，从此亚该亚人一蹶不振，开始了他们从未想象过的悲惨生活。多利安人说的也是古希腊语，但是属于一种地方方言。在多利安人进入希腊半岛后，古希腊人进入了铁器时代，不再用青铜制造工具和武器，开始改用铁制的刀剑。不过古希腊人在金属精细加工方面的技术却退步了，各种金属饰物上不再有繁复精美的花纹，而变得简单明了，或许这就是文明进步应该付出的代价。

古希腊人的智慧　　虽然古希腊人一直认为自己是赫伦的子孙，并自称"赫伦人"，还把自己生活的这片土地称为"赫拉斯"，但是史学界一直都不认同这个说法，而且也无法确定他们究竟是什么民族。唯一能够让我们肯定的是，这是一个由多种族群混合而成的民族，并且这些不同的族群还各自生活在不同的地方。此外由于希腊语和雅利安人说的梵语、伊朗人说的波斯语有直接联系，我们还可以假设他们之间有着一定的亲缘关系。

虽然"赫伦"和"海伦"在古希腊语中是一个单词，但是一定不能把这个"赫伦"和特洛伊的"海伦"当成一个人，二者在古希腊人心目中的地位是截然不同的。当古希腊人谈到赫伦的时候，就会像犹太人说亚伯拉罕那样恭恭敬敬，由此可见赫伦在古希腊人心目中有着什么样的地位。

古希腊对人类的文明做出了巨大的贡献：现代关于诗歌、哲学、戏剧的理念都是古希腊制定的；古希腊的字母稍加变化就是现代仍在使用的字母；我们仍在使用的几何定理许多都是古希腊学者推理和演算出来的；民主政治、心理学等古希腊创造的词语到了现代仍在沿用,"马拉松""奥林匹克运动会"这些体育活动也是从古希腊流传下来的。

二、商业文化与殖民地

通常人们认为古希腊就是现代的希腊半岛这个区域,其实这个观念是不对的。早在公元前1000年之前,古希腊人就把他们的势力范围拓展到了特洛伊和小亚细亚一带;接下来在公元前750—前550年间,希腊人又在黑海的沿岸建立了自己的城市。此外,地中海南部沿岸和法国、西班牙、意大利的西部也都有他们的殖民地,随着殖民地的扩张,他们的文化和商业也得到了发展。

东希腊　东希腊的领土不仅有希腊半岛,还包括爱琴海及附属岛屿、小亚细亚临近海岸的区域。这里的居民主要是爱奥尼亚人、埃俄利斯人、多利安人,虽然这些人都是希腊人,但是爱奥尼亚人显然处于主导地位,他们的城市代表了希腊商业和文化的先进水平。

爱奥尼亚人的伟大城市　爱奥尼亚人在小亚细亚一共建立了十座城市,附近像萨摩斯和开俄斯这些岛屿也是他们的领土。这两个岛屿都在小亚细亚的西海岸,萨摩斯岛在米安德河入海口的对面,而正对着赫耳墨斯河入海口的开俄斯岛在萨摩斯岛的西北方向,二者相距不到100公里。爱奥尼亚人的城市发展为古希腊文明做出了极为重要的贡献,他们的城市如此发达的原因有两个:首先是地势,当地属于平原地区,境内遍布河流,还有着温暖的气候,这些都是发展种植业得天独厚的条件;其次是爱奥尼亚人的好学精神,他们孜孜不倦地从周围的邻居和被征服者那里学习一切有用的、先进的知识,把本土的希腊文化和外来文化完美地融合在一起,发展出了更先进的文化。爱奥尼亚人的文化是如此灿烂,使得爱琴海、希腊半岛地区也深受影响,同样发展出不同程度的城市文明,其中最有名的就是雅典。

卓越的米利都　在所有爱奥尼亚人在小亚细亚建立的城市中,米利都是其中最杰出的代表。米利都位于小亚细亚西部米安德河口附近,早在希腊人占领之前就已经相当繁荣了。在公元前1200—前1000年之间，渡海而来的爱奥尼亚人登陆并占领了这里，他们杀光了这里的男人，让这里的女人为他们传宗接代。随后爱奥尼亚人在这里建立了一个新的城市，并命名为米利都。虽然米利都沦为了殖民地，但是很快这个城市就成为近东地区的贸易中心，当地的经济和文化也很快发展起来。

到了公元前8世纪，米利都在航海方面又取得了进步，他们的船队已经可以在黑海从事贸易活动和殖民活动，而且和埃及也有了贸易往来。又过了100年，他们甚至在埃及的尼罗河入海口的附近建立了一个贸易货栈。即便如此，米利都人也没有停下殖民的脚步，他们的领土已经扩张到了亚平宁半岛（现代意大利南部地区），并在那里建立了许多城市，锡巴里斯就是其中的代表。锡巴里斯是一个富裕繁荣的城市，这个城市出名的原因是这里的居民喜欢精美的食物和舒适安逸的生活，即使到了现代，人们仍然认为锡巴里斯人比较崇尚奢华。锡巴里斯也是米利都人的一个贸易中转站，来自埃及和希腊的货物一般都是从这里转运到意大利西海岸的。

米利都之所以能够成为一个伟大的城市，并不仅仅因为它的富庶，还在于它有着繁荣的文化、高尚的艺术和强大的海军。古希腊人曾经将希腊历史上出现的七个著名人物称为"七贤"，占据首位的泰勒斯（约前624—约前547）就是米利都人。泰勒斯曾经在古埃及学习过几何学，回国后又将这门学问教给了古希腊人，然后古希腊人又将几何学传播到了整个世界。米利都还是一个哲学和科学之都，泰勒斯的学生们在这里为雅典哲学思想的发展奠定了坚实基础。这里还是艺术的中心，古代的米利都随时都可以看到极为出色的雕刻和建筑。

为了方便贸易，古希腊人开始在爱奥尼亚建立铸币工坊。对于一个国家的经济来说，货币的出现和使用具有何等意义是不言而喻的。

爱奥尼亚人和埃俄利斯人建立的这些城市也是古希腊文学的摇篮。古希腊历史上最伟大的女诗人萨福就居住在勒斯波斯岛上，柏拉图曾经把她称作"第十个缪斯"，可见她的名气有多大。

优卑亚和科林斯 然而，米利都也不是天下无敌的，不管是在商业方面还是在殖民地的争夺方面，优卑亚和科林斯都是它强有力的对手。希腊半岛附近有一个名叫科林斯的海峡城市,这里的居民主要是多利安人,西西里岛上的叙拉古就是他们最大的殖民地。居住在优卑亚岛上的爱奥尼亚人则建立了卡尔西斯和厄立特里亚两座城市,他们都是多面手,既可以进行陆战也可以进行海战。陆战的时候他们会排成一个方阵,用盾牌组成一个盾墙,长矛就摆在盾墙上面,如果敌人没有特别出色的战术和战斗力,是不可能击败他们的。

西希腊 西希腊指的是希腊本土以外的殖民地,包括意大利南部、法兰西及西班牙沿岸和周围诸如西西里、撒丁、科西嘉岛这些岛屿。由于这些殖民地的面积比希腊本土还要大,所以有人把这些地方称为"更大的希腊"。

在古希腊最鼎盛的时候,整个黑海都成为它的内海。米利都人认为,正是有了自己的城市,才有了黑海南岸的这70多个城市。

三、斯巴达和它的军队

一个对比 在大家的印象中,爱奥尼亚是一座先进的以贸易为主的城市,而斯巴达则像是一个令人压抑的军事训练基地,二者的对比是如此明显和尖锐。从历史的角度来说,斯巴达这个不幸的城市是军国主义和寡头政治的产物:军国主义使整个国家的人民都热衷于战争,而寡头政治则让权力成为少数特权者的工具。

在特洛伊战争中,多利安人摧毁了希腊的城市,还掠走了大量的财宝。战后有一部分多利安战士并没有回去,而是来到了欧洛塔斯河流域定居下来,成为当地的征服者和新的主人。这些多利安军人占有了当地最肥沃的土地,原住民则成了他们的仆役或农奴。他们在这里建立了一个由多个乡村组成的新城市,这个城市不像其他的城市那样有着高大坚固的城墙,为它提供保护的是居住在城里的手持刀剑的军事贵族。这个城市就是斯巴达。

斯巴达的"好人" 随着斯巴达的人口越来越多,斯巴达的贵族政府也开始征用越来越多的土地。这个政府对于属民来说是"最好的人","最好的人"这个词语是一个用于统治阶级的词语。这种好人政治和寡头政治从根本上来说是一样的，都是由少数人统治大多数人。和寡头政治不同的是，好人政治组成的政府里都是出身贵族的人，这些人看不起一切非贵族的人，认为自己是"最好的人"。

征服并抢夺土地 当人口越来越多，原来的土地无法养活这么多人的时候，米利都和其他的一些城市都会把一些人送到殖民地去。而斯巴达的贵族们——也就是斯巴达的领主们——却不想这么做，他们会向邻国发起战争，掠夺更多的土地来缓解自己的压力。麦西尼亚人曾经誓死抵抗他们的入侵，然而这些可怜人最后不但没有保住自己的土地，还失去了自己的自由，成为斯巴达人的农奴。

斯巴达的上层曾经兴起过一段时间的奢靡之风，诗会、宴会、狩猎以及醇酒美人闻名遐迩。到了公元前 7 世纪，沦为农奴的麦西尼亚人联合其他几个城邦揭竿而起，用铁和血来反抗斯巴达的统治。虽然这次起义失败了，但是给了斯巴达的上层重重一击，让斯巴达的统治基础也彻底动摇了。在此后相当长的一段时间里，人民的反抗此起彼伏，为了应对这种严峻的局面，斯巴达采取了全民皆兵的措施，军事训练成了所有人生活的一部分。

斯巴达人的训练 当一个婴儿出生的时候，长老们就会过来检查这个婴儿的身体状况。如果发现婴儿身体羸弱或者有残疾，就会毫不留情地将他抛弃到山上，任他自生自灭；如果是一个健康强壮的男婴，以后的岁月里等待他的就是无尽的训练和残酷的鞭笞，斯巴达人用这些方式来提高他承受痛苦的能力。这些男孩子成年之后不能回家住，必须时刻在营房里待命，迎接随时可能到来的战争。女孩子在小的时候也必须接受严格的体育训练，以期让她们有强壮的身体，将来能够生出健康的孩子。

希洛人和庇里阿西 希洛人就是种植农作物的农奴，他们居住在城市里，同时将家安在耕地附近。领主是这些希洛人的主人，虽然不能将他们卖给另外一个领主，但是他们的人身自由掌握在领主的手里。当有外来侵略的时候，希洛人会服从斯巴达人的征召去协同作战。斯巴达人核心居住区周围有大约 100 个城镇，它们属于斯巴达的卫星城。居住在这里的人叫作"庇里阿西人",意思是"住在周围的人们"。庇里阿西人有着一定的自由,可以经商,也可以采矿,但是不能进入政府做公职人员,而且当斯巴达人需要的时候必须无条件地给予帮助。庇里阿西人主要有两个职责:对内要看守好希洛人,对外要协助斯巴达人抵御侵略。

对于文明的影响 因为有着严格的制度和训练,斯巴达人成了希腊最重要的战斗力量,到了后来,"斯巴达"这个名词也成了"严格的纪律"和"坚强地承受痛苦"的代名词。然而斯巴达一直都不重视文化的发展,有位国王曾经傲慢地宣称"斯巴达不需要从邻居那里学习任何东西",这种重武轻文的态度最终导致了斯巴达走向停滞、衰退、消亡的道路。

伯罗奔尼撒同盟 在城邦制度解体之前,斯巴达军事力量和影响力达到了顶峰。到了公元前6世纪的晚期,斯巴达开始谋取在希腊南部的霸主地位,并且和这里的大部分城邦一起建立了一个以斯巴达为主的军事同盟——伯罗奔尼撒同盟。

色雷斯,一个北方的斯巴达 这个同盟的实际对手就是希腊北方的色雷斯。色雷斯的贵族们拥有整个希腊最大、最肥沃的平原,在地理环境方面和斯巴达相比毫不逊色,而且色雷斯同样也有着自己的同盟。色雷斯和斯巴达类似,统治阶层也是由占有农奴的领主组成,同样也不重视文化,对人类的文明发展也没有做出什么贡献。在军事方面,色雷斯的骑兵要比斯巴达的步兵战斗力高。

四、雅典及其法律

另一个对照 斯巴达和爱奥尼亚两个城市的对比,很多方面也适用于斯巴达与雅典。古希腊有着众多的城邦,如果必须在所有的城邦中挑选出一个对人类文明贡献最大的,那无疑只有雅典符合这个要求。实际上,雅典不仅有较高的文明,军事力量也不能小视。

一个理想的城邦 如果有人问古希腊最理想的时代是什么时候,我们可以毫不犹豫地回答他:"就在古希腊施行城邦制度的时候,而雅典就是一个最理想的城邦。"古希腊最伟大的哲学家曾经说过这样一句话:"一个理想的城邦应该有多少人呢？应该就是一个演说家能够召集起来的民众数目！"许多古希腊学者都很认同这个说法，他们觉得，如果一个城邦中的所有居民都彼此相识，能够一起参加所有的典礼和宗教仪式，高高兴兴地去同一个剧院欣赏同一个节目，对城邦里的神庙和各种公共设施给予毫无保留的赞赏，发自内心地去热爱他们的城市，那么这个城市当然就是一个理想的城市。而雅典无疑非常符合这个观点。

或许有人已经注意到了，像雅典这样的城市都是围绕着峰峦山顶修建的，这是为什么呢？其实原因很简单：每一个山头都是一个易守难攻的天然要塞，可以比较轻松地修建起防御敌人的工事。正是这个原因，山顶或者坚固的城堡就成了最早的城市。后来随着人口的增加，占地面积也越来越大，城市也就超出了山地，扩展到更远的地方，而处于中心的最古老的那部分城市就有了一个"卫城"的名字。在古希腊语中，"卫城"的原意就是"城顶"或"城市里最高的地方"。

在古希腊时期，所谓的国家基本上就是一个城邦，而典型的城邦可以说只是一个弹丸之地，仅仅包括一座城池和周围的耕地。如果一个人站在卫城的高处，一眼就可以看到这个国家的边境线。在古希腊所有的城邦里，极少有半径超过15公里的。

典型的城邦是非常排外的，这可以算作一个特点。每个城邦的公民权都是世袭的，父传子、子传孙，从不授给来自其他城邦的人。外邦人无法参加当地的宗教仪式，即使他们信仰同一个神灵；不允许和当地的公民结婚；不允许在当地拥有自己的土地。对于任何一个城邦居民来说，公民权都是一种特权，是一种能够让他们自豪的资格。每个城邦都有自己的保护神，有的是男神，有的是女神。例如阿戈斯的保护神是女神赫拉，阿波罗尼亚的保护神是太阳神阿波罗，而雅典的保护神则是手持长矛头戴坚盔的美少女、智慧女神雅典娜。

早期的雅典　如今的雅典以卫城而名闻天下，可是谁又能够想到，当初的卫城只不过是建筑在阿提卡山岩上的一个小小的城堡呢？卫城的周围都是嶙峋的岩石，而且那里干旱少雨。

古希腊的城邦居民大多数都是多民族混居的，雅典也不例外，虽然这里的居民基本上都是爱奥尼亚人，可是他们都说着不同的语言。

在公元前8世纪之前，雅典只是阿提卡周边12个小城邦中的一个，而阿提卡的全部面积还不到2500平方公里。到了公元前700年，阿提卡的所有城邦都统一到了一起，所有的居民都迁移到了雅典，这些人就是后来雅典人的祖先。

德拉古的法律 一直到公元前621年，雅典才有了成文的法律，在此之前，雅典人都沿用惯例来处理问题，而这些惯例都是由贵族阶级来解释的。造成这种局面的原因是贵族阶级为了攫取权力赶走了以前的国王，这就形成了后来的贵族政治。

当时的工人和农民处于被压迫的地位，没有任何政治权力，所以他们迫切地要求变革，希望能够获得更多的权力。在公元前621年，德拉古成为执政官之一，他制定了满足工人和农民要求的法律。和当时其他国家的法律一样，德拉古的法典也是十分严酷的，但是这部法典至少在一定程度上保护了底层人们的利益，让公正和民主迈出了第一步，这无疑是社会的一个进步。

工业和贸易 随着工业和贸易迅速地发展，雅典的经济水平也有了极大的提升，最后不得不用金银铸币来满足贸易的需求。当时雅典的主要出口物资是酒、橄榄油以及制作精美的瓶子、瓮，从雅典出发的船队遍布黑海，最远到达过埃及和塞浦路斯，换回来大量的谷物和毛织斗篷、青铜器等奢侈品。当然，能够使用这些奢侈品的只有贵族和富人，穷人是没有这个资格和财力的。大量谷物的输入对雅典的农民来说无疑是一场灾难，因为谷物的数量超出了需求，农产品的价格大幅下降，阿提卡的许多农民因此而债台高筑，不得不将田地卖出去还债，自己成为富人的佃农。更悲惨的是那些还不起债务的人，他们只有将自己抵给债主，从此成为债务奴隶。

梭伦的改革 公元前594年，拥有极大威望的军事将领梭伦当选为执政官。梭伦出身于一个富裕家庭，但是他对贫民的悲惨境况十分同情，一直试图建立一个公平的社会。他上台之后，排除了很大的阻力进行改革，为穷人做了一些好事：废除了债务奴隶制度，让他们重获自由；取消了所有关于土地的抵押；明确宣布以后将禁止所有的债权制度。不过梭伦的改革并不彻底，虽然他的努力消除了许多矛盾，也让平民获得了一定的权力，但是并没有像贫民希望的那样给予平民彻底的支持，大部分权力仍然牢牢把持在贵族的手里，执政委员会和其他会议的组成人员也没有任何变化。

政党和独裁　尽管梭伦进行了改革，并且实行了一些好的政策，但是仍然无法彻底解决当时的社会矛盾，动乱还是在阿提卡发生了。当时的雅典有三个政党：一个是水手、渔民、制陶工人和其他行业的工人组成的"海岸党"，一个是由占据着最肥沃土地的贵族们组成的"平原党"，第三个就是由不甘于现状的牧羊人、牧民、小农们组成的"山地党"。

山地党的领袖是一个叫庇西特拉图的年轻人，自幼就胸怀大志。在取得山地党的领导权之后，他向追随者们许下了令人心动的诺言，随后就在这些追随者的支持下夺取了城邦的控制权，并自立为"僭主"。在之后的30年里，他和雅典一起经历了风风雨雨、起起落落。虽然庇西特拉图基本上算是一个军事独裁者，但是他在农业、文学、艺术等诸多方面做出了许多贡献。因为雅典人笃信宗教，于是他就在祭祀那些男神女神的时候，采取一定的措施让仪式更庄重、节日更欢庆，他也因此赢得了民众的支持。

庇西特拉图的几个儿子后来也继位成了僭主。庇西特拉图的儿子和他一样，也都有一颗大公无私的心，经常增加公众的福利。然而雅典的贵族们对此并不满意，他们勾结斯巴达人，在公元前510年驱逐了僭主，从此雅典又恢复了贵族政治。

克里斯提尼的改革　即便雅典又施行了贵族政治，民主精神仍然慢慢成长了起来。不久海岸党又获得了雅典的控制权，他们的领袖克里斯提尼获得了绝对的立法权，后世称之为"古希腊民主政治之父"。更多的雅典民众因为他的政策获得了公民权，各个民族也因为他获得了更为民主的安排；他还创立了一个代表会议，让雅典军队的建设更加符合民意。此外克里斯提尼还首创了"陶片放逐法"，这个做法和我们现代的"罢免"基本上是同样的意思，都是剥夺某个官员的权力，但是"陶片放逐法"要比"罢免"更为严厉。按照"陶片放逐法"，如果公民认为某个官员对城邦造成了危害，就可以用投票的方式决定是否把这个官员放逐到国外。

第6章 波斯战争和雅典胜利

一、波斯帝国

更多的对比 我们对比了斯巴达和雅典,这对我们了解希腊的城邦政治和波斯的帝国制度有一定的帮助,这二者之间同样也存在着差异。当时的波斯是西亚的一个前所未有的庞大军事帝国,雅典必须和其他的那些希腊城邦联合在一起同波斯进行殊死战斗,否则就没有生存之地。如果我们想要深入了解这些战争究竟有什么意义,首先就必须弄清楚希腊城邦和波斯帝国之间有什么区别,了解它们在制度上、地理环境上有什么不同。

希腊是一个善于吸收其他地区文明的国家,它的文明不仅借鉴了比较古老的克里特文明,还吸收了西亚文明和埃及文明中比较先进的因素。这种融合了诸民族优点的文明有着充足的活力,显得那样生机勃勃。希腊文明一直在完善文学和艺术，将它们的表现形式改进得更加完美；它还开始研究新的哲学命题，开创了新的科学领域。此外，雅典还组建了一个新型政府，走向了民主政治的坦途。最重要的是，希腊人心目中的完美城邦和波斯人的目标大相径庭；波斯人迷信武力的作用，而希腊人则更崇尚自由的民主政治。

和希腊人一样，波斯人也继承了许多远古的文明。他们在建筑和艺术上取得了极大的成就，很多作品在后世都成为精美的艺术品。波斯人在政治和军事的管理上有独到的地方，并且给后世留下了成功的管理经验。尽管波斯人也取得了不俗的成就，但是如果按照现在的标准来衡量的话，我们必须承认希腊人要比波斯人强、比波斯人聪明。就像二者都喜欢融合其他文明，但是波斯文明的融合好像分不清孰优孰劣，这就比不上希腊文明"取其精华，去其糟粕"的做法了。我们可以试着举两个例子：在艺术方面，他们宁愿吸收亚述艺术，也不愿意吸收更加先进的埃及艺术；在文字方面，他们宁愿使用烦琐的楔形文字，也不愿意使用西方通行的、更简单的字母文字。波斯文明在文学创作方面好像更没有什么才能，表达技巧也很粗劣；在国体制度上，波斯人最大的目标是建立一个军事独裁的帝国，好像这种制度能够让他们生活得更幸福，而并不追随强调自由的民主政治。

波斯的军事帝国主义　和历史上诸多的军事国家一样，波斯帝国也施行贵族政治，既蔑视工商业的发展又侵略成性，他们不愿意用贸易的方式去获得财富和奢侈品，更喜欢出动军队去邻国掠夺。或许在他们的意识中，战争是一种更有效、更迅速的贸易方式，通过对他国进行侵略，既可以得到大量的战利品和贡品，还能让他们获得崇高的荣誉，以及一大批驯服的臣民。

居鲁士大帝　想要知道波斯人和希腊人为什么会发生战争冲突，只要了解一下波斯人的野心和扩张的步伐就一目了然了。居鲁士大帝在公元前550年建立波斯帝国之后，就希望把吕底亚纳入帝国的版图，而他下一个目标就是占领亚美尼亚和安纳托利亚的东半部，因为这些地区都曾经归附过吕底亚帝国。为了实现这个雄心勃勃的目标，居鲁士大帝付出了巨大的努力,并且精心制订了一个长期的战略计划。在公元前546—前540年这段时间里,波斯先后征服了吕底亚和爱奥尼亚。吕底亚是小亚细亚西部的一个富裕国家,不过国王克罗伊斯是一个骄狂无知的人,试图挑战居鲁士的权威,然而随后他就遭到了居鲁士的羞辱,他的首都成为波斯小亚细亚总督的驻地,他的子民也成为居鲁士的子民。接着居鲁士就挥军进入爱奥尼亚,许多城市又被他征服。这些城市也曾经进行过顽强抵抗,但是最终都沦陷在波斯人的铁蹄之下。也有些城市后悔不已,如果他们当初能够按照泰勒斯的建议联合起来,或许能够阻挡居鲁士的兵锋,然而事到如今也只能逆来顺受了。这些城市必须向居鲁士缴纳贡品,还要按照波斯人的规定提供足额的壮丁,同时还要忍受波斯人的残酷统治。不过居鲁士也没有赶尽杀绝,允许他们保持一定程度上的自治。

如果说波斯帝国对外扩张的第一步是征服吕底亚,第二步是吞并爱奥尼亚各城市,那么第三步的目标就是巴比伦了。就在公元前538年,居鲁士宏伟计划的第三步也成功了,而且还俘虏了巴比伦的国王!接着他又兵临叙利亚和巴勒斯坦,把这些都收入囊中,紧接着又征服了腓尼基,获得了一支海军。

冈比西 如果让波斯这样一步步地走下去的话,它的下一个目标肯定就是埃及。从公元前651年埃及人赶走亚述人取得独立,到这时候已经有100多年了。此时的尼罗河流域再现了古埃及时代的繁荣,埃及又成了一个强大的国家。在埃及的复兴中,希腊人也起到了很大的推动作用:他们和埃及的谷物、油料、酒类的交易,使埃及获得了复兴的经济基础;希腊军队雇用了大批埃及人,相当于无偿为法老提供了一支训练有素的军队,并且带去了先进的军事思想和技术。之前埃及和吕底亚曾经有过军事同盟条约,虽然居鲁士入侵吕底亚的时候埃及并没有出兵帮助吕底亚,但是仅仅这个条约本身就足够让居鲁士找到侵略埃及的借口了。可是居鲁士还没有来得及惩罚埃及,就在征讨马萨格泰人的战争中阵亡了,随后他的儿子冈比西继承了王位,也继承了他的遗志。公元前526年,冈比西率领庞大的军队,用骆驼驮着水和食物穿过沙漠,进入埃及境内。第二年,他在贝鲁西亚战役中击败了埃及军队的主力,不久就占领了著名的底比斯。在征服埃及后，冈比西自封为法老，并在尼罗河畔停留了3年。他把埃及划分成了许多行省，并且一直向南进攻，最终又吞并了利比亚和埃塞俄比亚的北部。

大流士 公元前522年，波斯境内发生了叛乱，冈比西立刻率军回国平叛，然而就在回去的路上，冈比西神秘地去世了，有人说是自杀。冈比西去世后，他的禁卫军统领、王室旁支大流士联合一些贵族夺取了皇帝的宝座。大流士是一个雄心勃勃又英明神武的君王，继位后不久先后打了18次大战役，铲除了八大割据势力的首领。公元前513年，大流士率军横跨博斯普鲁斯海峡征服色雷斯和马萨格泰人，随后渡过多瑙河远征斯基泰人。虽然斯基泰人不敢迎击而转移到了其他地区，大流士也因为后勤不济被迫退军，但是这个事件仍然是波斯帝国开始进军欧洲的标志。这时候小亚细亚已经被大流士征服，成为波斯疆域的一部分，希腊本土也感受到了大流士的威胁，看清楚了他的野心。

大流士统治下的帝国 波斯帝国在占领了希腊的各个城邦之后，以武力将这些松散的城邦拧成了一个整体，并牢牢地控制着它们。波斯帝国也是世界上第一个超级大国，横跨亚、非、欧三大洲：在亚洲，它的疆域东到印度河，西到地中海和爱琴海，北边到了死海、里海和黑海一带；在非洲，埃及全境都是波斯的殖民地，利比亚和埃塞俄比亚的部分国土也在它的控制之中；在欧洲，色雷斯也在它的铁蹄之下。

为了方便管理，大流士将他庞大的帝国划分成了若干个行省，每个行省任命一个总督负责当地的事务，这些总督都是大流士的直属部下。大流士还建立了驿道制度，以首都苏萨为起点，然后在宽阔平坦的官道上每隔一段距离就设置一座驿站，里面喂养着备用的快马。无论白天还是黑夜，那些传递信息的使者都可以在驿站中获得吃饱喝足的马匹，用来替换身下筋疲力尽的马。这种制度和美洲某些地区的小马快邮差不多，让波斯帝国的信息传递有了极高的速度，中央政府能迅速知道千里之外发生的事件并及时做出回应。就像从苏萨到萨迪斯大概有2400公里，如果按照正常的速度，走完这段路程需要3个月的时间，但是有了大流士的驿站之后，使者只需要花费半个月的时间就能走完，如果是紧急消息的话，这个时间还可以更短一些。驿站的作用并不只有这一项，其他如去往各地进行监察、递送公文、战争时期的兵力调遣等，总而言之，所有通过官道进行的公务都离不开驿站的支持。

虽然波斯帝国要求被征服地的民众服兵役，而且还要缴纳贡品（包括金钱、谷物和其他物品），但是从其他方面来看，波斯的历代帝王还是宽大仁慈。波斯帝国从不要求所有的臣民都说波斯语，也不强迫他们改变原来的信仰，居鲁士甚至还允许被俘的犹太人返回他们的家乡，并且赐予大量的钱财帮助他们重建神殿。

二、希腊反抗波斯

从大流士时期开始，希腊和波斯帝国之间就一直存在着各种矛盾，到了公元前500年，双方的矛盾已经无法调和，冲突不可避免地发生并且升级了。在希腊，斯巴达领头组建了伯罗奔尼撒同盟，克里斯提尼在雅典正在进行民主改革；而波斯统治下的爱奥尼亚人在小亚细亚蠢蠢欲动，所有的城邦都不希望继续接受波斯的统治。战争在波斯和希腊之间爆发。

爱奥尼亚的反抗斗争 希腊诸城邦在被居鲁士征服之后，虽然需要交纳沉重的赋税，并且还要为波斯提供兵员作战，但在以后的40多年里一直表现得十分顺从。然而到了公元前500年，爱奥尼亚人突然联合起来发动了起义，反抗波斯人的统治，攻陷萨迪斯城并且焚毁了这座城市。波斯人当然不愿意让爱奥尼亚人脱离，马上就派出了大军前来平叛。爱奥尼亚人也不甘示弱，组织起军队奋起抵抗，战火同时在陆地和海洋上点燃。到了公元前494年，这场残酷的战争达到了高潮，希腊人在波斯人的猛烈攻势下节节败退，米利都被波斯人长期围困后陷落，城中的居民大部分被屠杀。

危难中的雅典 为了对抗波斯人，雅典和厄立特里亚在战争刚爆发的时候就派出了船队，直接出兵帮助爱奥尼亚人起义。然而雅典这时候却出了内奸，这个内奸名叫希庇亚斯，以前是雅典的一个领主，后来被政敌赶下了台。希庇亚斯认为这是一个复辟的良机，就偷偷地联系波斯人，告诉他们自己愿意帮助波斯占领雅典，条件是让他重新掌握雅典的政权。大流士同意了他的条件，让船队载着军队前往希腊，希庇亚斯也随军前行。

波斯军队派出了一支偏师登陆优卑亚岛，随后闪击厄立特里亚。雅典人闻讯后，立刻召集军队准备支援厄立特里亚，同时还派菲迪皮茨——这个人是雅典有名的"飞毛腿"——前往斯巴达，试图取得斯巴达人的帮助。从雅典到斯巴达有240公里，全部都是崎岖不平的道路，然而菲迪皮茨仍然只用不到48小时就来到了斯巴达。令人想不到的是，斯巴达人拒绝了雅典人出兵的请求，他们宣称在月圆之前无法完成军队的集结。

雅典人无奈之下只有独自出兵，准备派出1万重步兵去增援厄立特里亚。就在他们打算长驱直入的时候，一个噩耗传来了：波斯军队的主力即将在马拉松登陆，而这里距离雅典只有32公里！

米太亚得与马拉松战役 雅典人只好改变他们的战略计划，让这支仅有1万人的小部队转向前往马拉松。这支部队刚刚翻过马拉松旁边的山头，就看见波斯军队正在登陆的场景。当时波斯人大约有10万人，是雅典军队的10倍。波斯人一直宣称自己是最勇敢的战士，周边的国家也都认为波斯军队战力无双，此时的雅典人在人数上处于绝对的下风，和波斯相比他们就像站在巨人面前的孩子，因此他们怯战了，一直不敢迎战。

又有一个坏消息接踵而来：波斯人已经攻陷了厄立特里亚，城市被焚毁、人民被屠杀，这也就意味着波斯人的偏师已经完成了任务，随时都可以来攻打雅典。对于雅典人来说，多过一分钟就多一分钟的危险。有鉴于此，雅典将领米太亚得建议立刻出击。在他的鼓舞下，雅典人摆好密集的重步兵方阵，在盾牌的掩护下向波斯人进攻。波斯人的利箭如同瓢泼大雨般射向雅典人的方阵，但是在盾牌的阻拦下并没有取得多大的成绩。当雅典人推进到波斯人面前的时候，短兵相接的战斗开始了。波斯人因为刚刚下船，还没有穿上盔甲，所以被雅典人攻击得溃不成军，只好狼狈逃回停留在海边的船只上。雅典人取得了马拉松战役的胜利。

这场战役发生在公元前490年，对希波战争有着决定性的意义。战斗结束后，希腊军队不顾疲劳，又迅速回师雅典。这些士兵都是身经百战的精锐力量，终于在波斯大军登陆之前赶到了雅典旁边的海岸。当波斯人看到希腊军队严阵以待的时候，他们胆寒了，赶紧调转方向驶回他们在亚洲的大本营。

雅典得救了，但是战争还没有结束，希腊人还没有取得最后的胜利。马拉松战役之后不久，大流士就离开了人间，入侵希腊的计划也就暂时搁置了。不过在大流士的儿子薛西斯继位后，他又重启了这个计划。

地米斯托克利　薛西斯掌管下的波斯帝国幅员辽阔、物资充足，他厉兵秣马，准备再一次征讨希腊，为此打造了数以百计的船只，训练了成千上万的士兵。

希腊也没有坐以待毙，各个城邦都积极采取了相应的措施，准备在波斯人入侵的时候给予当头一击。然而希腊内部有着不同的声音，有些政治家建议投降，认为这样可以让希腊的城市免遭战火蹂躏，人民也少受一些苦难；还有一些人想要借波斯人的手打垮政敌，攫取更多、更高的权力。

在雅典城内就有这样的阴谋家，他们希望波斯人能够打进来，让希庇亚斯重新管理雅典。幸运的是，智慧的爱国主义领袖地米斯托克利这时候已经掌握了雅典的部分权力，他把这种可怕的言论压制了下去。在很早之前，地米斯托克利就提出了一个动议，希望雅典能够建立一支海军来保护商业的发展。在这个危急存亡的时刻，他认为海军是雅典最好的，也是最有效的防御力量。他使出了浑身解数，终于使雅典公民大会通过了他的提案，拨款100塔伦特白银，用来建造200艘拥有三层甲板的桨战船。

这种战船的主体都是用坚硬的木头制成的，大约有40米长，总共需要170名水手来划桨。战船的前端有用铁包裹的撞角，就像鸟的喙一样，战斗的时候可以用来撞击敌船，如果撞击战术没有奏效，搭载的士兵就会用长矛和长剑刺杀对方的有生力量。

为了团结更多的力量对抗波斯，雅典和斯巴达还一起组织了反波斯的"希腊同盟"，并且在科林斯召开了希腊各城邦代表参加的会议，商讨迎战波斯人的具体事宜。在这次会议上，大多数城邦都表示愿意参加这个同盟，斯巴达被推举为盟主。然而也有一些城邦不愿意参加，他们试图置身事外。这就让希腊的各个城邦产生了事实上的分裂，对于希腊来说，这是最严重的甚至可以说是致命的危险。

温泉关死亡战役 希腊城邦的分裂是一个危险的信号,预示着即将到来的第二次希波战争必将经历一个艰苦的过程。公元前480年,薛西斯兵分两路,从东面和北面呼啸而来,斯巴达的国王列奥尼达亲自上阵,率领1万勇士扼守温泉关天险。温泉关地势险要,如果波斯军队正面强攻的话,是绝对不可能打下这个地方的。但是意外发生了,一个希腊叛徒带着波斯军队通过一条小路绕过了温泉关,从背后偷袭列奥尼达,斯巴达军队陷入腹背受敌的局面。为了保住退路,列奥尼达不得不让军队掉头迎战背后的敌人,自己只带着300亲卫和1100名希腊雇佣兵留在温泉关的正面,誓死抵御波斯人的猛烈进攻。列奥尼达和他的亲卫坚守了三天三夜,杀死杀伤2万(一说7000)波斯人,薛西斯的两个弟弟也命丧于此,列奥尼达及守军最后全部壮烈殉国。"命运没有带给他们胜利,但却赐予他们永垂不朽的英名。"

雅典的灾难 温泉关战役结束后,薛西斯的军队所向披靡,底比斯、波奥提亚地区的一些希腊城邦慑于其兵威,全部投降并成为波斯的附庸。此时的雅典一片恐慌,有人去神庙请求神灵给予指点,德尔斐阿波罗神谕说"木墙将成为你们的依靠"。地米斯托克利解释说,"木墙"指的是战船上木制的女墙,民众应该上船去其他地方躲避。于是希腊人放弃了雅典和阿提卡,老弱妇孺都乘船转移到了附近的岛屿躲了起来,所有的战士都上船准备战斗。波斯人很快就进入了无人防守的阿提卡和雅典,只在雅典的神庙里面发现了少数试图保卫神庙的人,波斯人杀光了这些人,并且把所有的神庙付诸一炬。

萨拉米大捷 波斯在这次战争中也拥有一支强大的海军,他们把希腊舰队堵在了萨拉米岛和大陆之间的一个狭窄海峡里,所有的波斯将领都认为,如果这次希腊舰队不从海峡的另一端逃走,那就在劫难逃了。然而事实却不是他们想的这样简单,希腊舰队根本就不是被他们困在了这里,而是为了充分利用这里有利的地形,获得一次让希腊人扬眉吐气的胜利。公元前480年9月23日,在地米斯托克利的精心调配下,希腊舰队出其不意地发起了进攻,由于波斯舰队的船都比较大,转向困难,纷纷被对手船上的撞角撞中。当时薛西斯正在不远处的山头上观战,眼睁睁地看着自己花费重金打造的舰队一艘艘地沉入了海中。这场海战不仅证明了地米斯托克利决策的英明,还是第二次希波战争的转折点。

普拉提亚战役的胜利 萨拉米海战后,薛西斯带着他的陆军主力黯然回国,只在希腊留下了三分之一的军队,让他手下的大将马多尼乌斯负责希腊方面的战斗。马多尼乌斯试图用怀柔的手段诱降雅典,他提议说,只要雅典愿意成为波斯的一个自由盟邦,就归还雅典的所有土地,帮他们重修神庙,还不追究雅典人的反抗之罪。有一个政客认为这个条件不错,就建议雅典人接受。然而不肯屈膝投降的雅典人用私刑处死了这个政客,妇女们还用石头砸死了他的全家。听到这个消息后,恼羞成怒的马多尼乌斯下令烧掉雅典城。然而这个做法并没有吓倒雅典人,就在第二年,也就是公元前479年,希腊人和波斯人在普拉提亚展开了决战。在这场关系到希腊生死存亡的战役中,以斯巴达为首的希腊军队再次击败了马多尼乌斯率领的波斯军队。

三、叙拉古和迦太基

就在希腊半岛反抗波斯的入侵并取得胜利的同时,西希腊的叙拉古和阿克拉加斯也取得了反抗迦太基的胜利。

叙拉古和利基翁 西西里岛上有一个叫叙拉古城的城邦,以前是科林斯最大的殖民地。这个城邦面积不小,还十分富裕,但是这个城邦的人民无法享受到平静幸福的生活,曾经有一段时间,叙拉古发生了平民和富人的内战。叙拉古附近有一个叫盖拉的城邦,城主叫作格隆,他一直都在想方设法吞并叙拉古,这个好机会他当然不会错过,于是趁机介入了这场内战,随后又自封为叙拉古的城主。格隆并没有把叙拉古当成殖民地,一心想要把这里建成希腊最大的城邦,为此他在叙拉古建造了自己的宫殿,并且把盖拉和其他一些希腊城邦的贵族迁到了这儿。为了建设叙拉古,格隆大兴土木、巩固国防、奖励商业、扩充海军,还和西西里岛南岸的阿克拉加斯以联姻的方式结成了盟友。

利基翁位于亚平宁半岛南端,也是一个属于希腊的城邦,和叙拉古隔海相望。利基翁的领导者对格隆既忌妒又感到不安，于是打算建立一个更强大的同盟来对抗叙拉古和阿克拉加斯。然而利基翁人却无法在希腊找到足够多支持他们的城邦，于是他们不计后果地采取了一个极端的手段，就是寻找一个外部力量来对抗自己的同胞。

危险的迦太基　这个外部力量就是迦太基，也就是非洲海岸边的腓尼基大城（在现代的突尼斯境内），一个地中海南岸的商业中心。迦太基不仅有一个征服他国的野心，也有着和它的野心匹配的军事力量：一支由蛮族组成的凶猛军队、一支在地中海上最强大的舰队。这样的一个国家无疑是非常危险的。

希腊的胜利　公元前 480 年，迦太基的军队在西西里的北岸希墨拉登陆，考验叙拉古和阿克拉加斯联盟的时候到了。联盟的军队不负众望，在希墨拉几乎全歼了迦太基人，只有一艘战船得以逃生，将失败的消息送回了迦太基本土。

希墨拉战役和萨拉米战役发生在同一天，这场战役的意义不亚于萨拉米战役，从此，迦太基人整整 70 年不敢踏入西西里岛一步。

四、雅典帝国

胜利的结果　第二次希波战争结束了，但是它的影响还远远没有结束，我们必须注意这场战争的三个结果：

第一，希腊人将胜利的原因归结于神灵的保佑，特别是宙斯和雅典娜，希腊人对神灵们怀着深切的感激之情。这种感激在文学和艺术方面表现得特别突出。我们可以举出在艺术方面的例子，雅典人用胜利后缴获的物资重建卫城时，还熔化了缴获的武器，用来铸造一尊巨大的雅典娜神像，此外还创作了一幅描绘马拉松战役的图画。

第二，战争的胜利不仅让希腊人民获得了自由，也意味着希腊商业范围获得了扩展，希腊也因此再次繁荣起来。

第三，雅典的声望和影响力进一步提高。

我们将继续分析，这三个结果在之后的历史发展中会起到什么样的作用。

斯巴达的短视 在马拉松和萨拉米这两次战役中，雅典人有着突出的表现，并且在希腊人中间获得了极大的赞誉；在普拉提亚决战中，作为主力的斯巴达人也发挥了中流砥柱的作用，被誉为"希腊的宝剑"。这三场战役虽然拯救了希腊半岛的城邦，但是对于那些位于小亚细亚地区的城邦来说，它们的危机并没有缓解，它们依然被波斯威胁着。所以这些城邦迫切希望能够得到来自希腊半岛的支援，特别是斯巴达的支援。

但是斯巴达并没有拥有远见卓识的政治家，也没有出色的海军将领，没有人提出建议去支援并保护这些城邦。小亚细亚各城邦的人民对斯巴达的冷淡态度非常失望，甚至可以说感到恼怒，这就给了雅典一个很好的机会。于是雅典决定以保护者的身份出兵支援希腊的亚洲部分，以获得爱琴海一带的领导权。

提洛同盟 公元前478年，为了筹措出兵的军费，雅典和爱奥尼亚、一些坐落在岛屿上的城邦结成了同盟。因为集会的地点和仓库都在提洛岛上，这个同盟被称为提洛同盟。同盟规定：同盟内的每一个城邦都是独立的，大家都不能干涉其他城邦的内政；参加同盟的城邦共同出资建设一个拥有200艘三层桨战船的舰队；战舰和船员由雅典和几个较大的城邦提供，比较小的、没有造船能力的城邦提供一定的军费。

雅典帝国 为了减少麻烦，那些一开始提供船只和船员的城邦也渐渐变成了只提供军费，把艰苦而又危险的海上防务都甩给了雅典人。虽然看似这些城邦占了便宜，不再参加海上的战斗，也减少了伤亡，但是这样做的后果就是雅典人获得了舰队的绝对指挥权，这让雅典获得了一支强大的海军。虽然在某些特殊时期、特殊情况下也出现过某些提洛同盟成员不听从雅典指挥的现象，但是这些城邦最终还是屈服了，并且从原来平等的地位下降到了从属的地位。后来同盟的仓库从提洛岛搬到了雅典，提洛同盟的其他成员慢慢演变成了雅典的附庸，波涛浩渺的爱琴海也成了雅典的内湖。自此，雅典的制海权得到了极大的扩张，它的商业也得到了前所未有的发展。

雅典的设防和美化 雅典人为了更好地保卫雅典城，不但在它的四周筑起了坚固的城墙，就连它附属的港口比雷埃夫斯也同样修建了城墙；最后他们又在雅典和比雷埃夫斯之间修建了带有围墙的通港，而这两地之间足有8公里的海域！有了这条通港，只要雅典的海军还拥有制海权，那么源源不断的食物就可以从海上运到比雷埃夫斯，然后再从那里运到雅典。为了让雅典城更加美丽壮观，雅典人还花费了大量的银币来建造各种辉煌的建筑、制作精美的绘画、雕刻宏伟的雕像。我们可以肯定，雅典人在美化他们城市的时候，必定挪用了许多提洛同盟仓库中的资产。

四个人物 第一个是地米斯托克利，他原本只是一个海军的将领，在指挥萨拉米海战取得胜利后，又为雅典取得制海权做出了巨大的贡献，后来还成为雅典城修建防御工事的主要领导者。

第二个是阿里斯提德，这是一个正直的人，最初是地米斯托克利的反对者，不过在后来的合作中逐渐改变了自己的看法，尤其是地米斯托克利对提洛同盟的一些巧妙的操作，更是让他对地米斯托克利刮目相看。

第三个是西门，马拉松英雄米太亚得的儿子。他不仅是雅典最优秀的海军将领之一，也是一个深孚众望的政治家。他在担任政府要员的时候，推出了美化雅典的计划。例如他力主扩大卫城的面积，城内那个著名的雅典娜铜像也是在他的主持下建成的。

最后一个是伯里克利，克里斯提尼的孙子。伯里克利比以上三个人的年龄小得多。大约在公元前465年，伯里克利在政坛开始崭露头角，正好使这三个前辈的政治主张得到了延续。从他在政坛的杰出表现来看，他不仅继承了前面三个人的衣钵，还将其进一步发扬光大了。伯里克利仅仅领导了雅典30多年的时间，但是他对历史的影响是极其深远的，以至于后世的历史学家将这一段时间命名为"伯里克利时代"。

五、伯里克利时代

伯里克利 伯里克利可谓是少年得志，他在公元前461年成为雅典的领袖，那年他刚过30岁。和其他雅典的领袖一样，伯里克利这个民主领袖也是出身名门，而且继承了一笔丰厚的遗产。伯里克利在还是一个少年的时候就受过体育、音乐方面的训练，长大后又接受了文学、哲学、演说等高等教育，这使他有了杰出的个人才能。伯里克利的施政理念来源于西门，他继续雅典的海军建设，制定促进商业发展的具体政策，部分完成了克里斯提尼倡导的民主计划。伯里克利在演说上很有天赋，远远超过了其他的政治家，几乎没有一个政治家拥有像他那样强大的影响力。

伯里克利在一定程度上已经算是雅典的"政治首脑"了，但是他在雅典的地位并不仅限于此。虽然伯里克利是雅典统治阶层中的一员，但是他的力量并不是依靠这个政治地位获得的，而是来自他在公民大会的影响力，这种影响力又是依靠他的声望和口才获得的。伯里克利是一个敢作敢为的政治家，他不愿意做一个软弱的、只能按照贵族意愿行事的统治者，如果有必要，他也敢于反对贵族的提议，即使激怒他们也在所不惜。

雅典的民主政治　在现代，所谓的民主其实是代表制的民主政治，因为现代的国家一般都地域较大、人口较多，让所有的选民集中到某个地方直接选举是无法办到的，所以就先选出选民的代表，然后把这些代表集中起来，以议会的方式来处理大部分的公共事务。雅典的民主就不是这样的，它实行的是直接的民主政治，因为当时的雅典国土狭小、选民稀少，有实行这种直接民主的条件。当然这只是理论上的，当时雅典的公民有5万多人，不可能会发生全部公民参加某一个公共会议的事情，事实上几乎每一个会议都只有少数人到场。但是即便如此，这些公民在法律上是有参加这些会议的权利的，这也是雅典民众政治的一个进步、一个特色。

公民大会　"公民大会"应该说是雅典的最高权力机构，理论上是由全体公民组成的。公民大会可以决定是否和其他的城邦缔结条约，是否对某个敌对势力宣战，此外这个机构还可以罢免官员，甚至可以对官员判处死刑。公民大会负责的都是宏观方面的事务，那些具体的、细节性的事物都会交给一个小型的会议解决，例如500人议事会，这个议事会的成员通过抽签的方式来决定，成员每年都会有变化。不过500人议事会也不会做完所有的工作，它和公民大会一起把许多重要的工作交给某些委员会、陪审团处理。

陪审团　陪审团和委员会的成员也是通过抽签决定的。陪审团的规模通常都比较庞大,成员会有四五百人或者更多。任何一个雅典公民都有权利在公民大会上提交诉状,公民大会经过讨论后交给陪审团做最后的判决。被告的辩词可以自己写,也可以让律师写,而且有自我辩护的权利。

将军 雅典的最高军事机构是"十将军",顾名思义,这个机构是由10个军事将领组成的,不过这些成员不再是抽签决定,而是通过选举产生的,还可以连任,首席将军就是事实上的雅典统帅,伯里克利就曾经担任过15年的首席将军。这些将军不但负责雅典海军和陆军的事务,同时还要负责外交方面的工作。

大约在公元前430年的时候,在一次纪念阵亡将士的追悼会上,伯里克利进行了一次演讲,他的这篇名为《在葬礼上的演讲》的演讲词,在某种程度上来说建立了雅典在民主和思想上的一些准则。例如,法律虽然在私人争论中保证对每一个人都是公平的,但是也要考虑到道德标准;如果某个人在某些方面有着突出的贡献,那么优先给予他公职并不是滥用职权,而是对他所做贡献的肯定和回报;承认贫困、直面贫困没有什么耻辱的,真正的耻辱是不想办法改变贫困;如果一个人不愿意参加公共事务,那么这就是一个无用的人。

"希腊的学校" 伯里克利曾经说过,"雅典是希腊的学校"。在民主政治方面,雅典采取的运作方式在当时来说是比较认真有效的;在社会发展上,雅典采取了不同的方式,多管齐下、不遗余力地推动着社会的发展。事实上,希腊其他城邦的公民有很多都曾经到雅典参观、考察,从这里学习到了许多先进的经验,从这个角度来说,雅典的确无愧于"希腊的学校"这个称号。为了提高公民的个人素质和道德修养,每个雅典人在很小的时候就要接受成为良好公民的教育。即使到了今天,当我们研究希腊历史的时候,雅典也都是首选的研究对象,我们可以从它那里学到许多知识,也能够了解到更多的学习方式。

戏剧和音乐 传统的宗教节日是雅典的文学艺术能够辉煌的原因。在雅典,每年有60多个传统的节日,如果是一个重要的节日,庆祝的时候不但要有游行、体育比赛等方式,还要有戏剧表演、公众合唱等高雅的艺术节目。雅典的作家们有着高涨的创作激情,新的作品层出不穷,每个节日都会上演一个新的剧目。雅典的民众好像对戏剧情有独钟，雅典也涌现出了很多伟大的剧作家，例如埃斯库罗斯、索福克勒斯和欧里庇得斯在悲剧方面有着极高的建树，而阿里斯托芬则开创了喜剧的先河。值得注意的是，这些剧作大师都产生在伯里克利时代、伯里克利时代之前或者之后的一段时间。

艺术和艺术家　在雅典所有的建筑中，最好的建筑就是神庙；在所有的神庙里，最雍容典雅的就是帕提侬神庙。帕提侬神庙位于雅典的卫城，也叫雅典娜神庙，同样也是修建于伯里克利时代。我们现在看到的帕提侬神庙已经破败不堪了，但是从残留的墙壁上依然能够想象当初它是多么宏伟壮观！雅典不仅在建筑方面取得了丰硕的成果，在绘画和雕刻方面也有着不俗的成就。曾经有人说过，"古代的雅典其实就是一个围绕着卫城建造的艺术博物馆"，这句话一语道破了雅典在艺术上面的贡献。当时很多艺术家都来到了雅典，把这里当成工作和生活的地方，其中最著名的就是伯里克利的挚友和艺术顾问、宙斯巨像和雅典娜铜像的创作者菲狄亚斯。

历史和历史学家　在同一时期，聚集在雅典的不仅有希腊当地的艺术家，还有100多位外国学者，其中就有被称为"历史之父"的希罗多德。希罗多德有两部最出名的作品，一部是描写希波战争的，一部是描写希腊周围"蛮族"（在希腊人看来，除了希腊，剩下的都是"蛮族"）国家风俗习惯的。另外还有一个名叫修昔底德的历史学家，这个年轻人的声望几乎和希罗多德不相上下，和希罗多德外国人的身份不同，修昔底德就是雅典本地人。修昔底德最有名的作品描写的是雅典和斯巴达的战争历史，在这部作品里，他引用了伯里克利的《在葬礼上的演讲》。

品达的诗歌　著名的抒情诗人品达也是这个时期的人物。品达也是一个旅居雅典的外国人，来自底比斯。请注意，这个"底比斯"不是埃及的底比斯，而是希腊波奥提亚的一个城邦。底比斯是雅典的一个竞争者，两个城邦之间的关系很不融洽，甚至一度激化到了反目成仇的程度。品达来到雅典后，曾经拜在一个著名的老师门下学习音乐，不久就声名鹊起。他的诗歌用词优美，他可以娴熟地运用各种连雅典人都无法熟练驾驭的修辞手法。品达的作品有很多是赞美雅典的，这就使得雅典人对他的印象一直很好，于是选举他为雅典在底比斯的代表，还给了他很多经济上的帮助，甚至还为他在雅典修建了一座雕像。

雅典民主政治的缺陷 如果一个雅典人的父亲是公民，那么即使他穷困潦倒，也仍然可以享受公民的权利，可以作为公民代表参加公民大会，只不过不能担任比较高的职务罢了。但是雅典的民主政治是具有限度的，只有20岁以上的男性才有成为公民的资格，女性是没有资格的。雅典的奴隶虽然占据了总人口一半以上的数量，但是和雅典的妇女一样没有任何政治权利。其他城邦的人在雅典也无法获得政治权利，因为雅典的公民权是世袭的，这就使得外邦人不管在雅典生活多久，也不管他们如何富有、有着如何高超的技术、有着何等高深的学术造诣，都无法在雅典政府中担任任何职务、从事任何工作。

与其说雅典的民主政治是由一部分优秀的公民管理政府、统治城邦，不如说是由一部分优秀的贵族来管理、统治城邦。准确地说，雅典的民主政治是为贵族服务的，因为政府的首脑都是提倡民主政治的贵族。

雅典的扩张 在伯里克利时代，雅典将提洛同盟纳入帝国的统治，并且不停地向外扩张，它的统治范围已经到达了色雷斯、赫勒斯滂和黑海等区域。但是雅典帝国扩张的步伐仍然没有停下，希腊半岛也是它的目标，彼奥提亚、福西斯、洛克里、亚该亚以及其他一些城邦也都相继成为雅典的附庸。

伯罗奔尼撒战争 雅典扩张的目的就是对付斯巴达。一直以来，希腊各城邦中地位最高的就是斯巴达，这个城邦几乎就是希腊的领导者。可是雅典却对这个局面不甘心，总想找机会打压斯巴达，自己取而代之，如此一来，战争就是必然的结果了。战争的导火索是克基拉岛，一个属于科林斯的殖民地，当克基拉岛试图脱离科林斯的时候，雅典给予了帮助，当然，雅典的目的是吞下这座小岛。科林斯原本就是伯罗奔尼撒同盟的一员，于是就向盟主斯巴达控诉雅典的恶行，试图取得斯巴达的帮助。为了阻止雅典扩张的野心，斯巴达一口答应了科林斯的要求，并和科林斯还有其他的盟邦一起组成联军对抗雅典。虽然雅典的海军牢牢地控制着制海权，但是斯巴达有一支训练有素的陆军，死死地压制着雅典的陆军。

雅典的战败　伯罗奔尼撒战争爆发于公元前431年，结束于公元前404年，总共持续了27年的时间，最后以雅典战败而告终。雅典的战败其实在公元前429年就已经初露端倪了，在伯里克利去世后，雅典的很多殖民地开始掀起独立战争，而且斯巴达取得了波斯的支持。公元前415年，雅典又发动了西西里战争，派出了一支庞大的舰队远征科林斯最大的殖民地——叙拉古，结果铩羽而归。这是关系到雅典在伯罗奔尼撒战争胜败的一役，失利的雅典从此失去了制海权，也失去了和斯巴达争霸的资格。最后，雅典只有低下它高傲的头颅承认战败，无奈地接受斯巴达的苛刻条件：拆除雅典的城墙；缩小海军的规模，只能保留12艘战舰；承认斯巴达在希腊半岛的霸主地位，以后无论是和平年代还是战争时期，都必须永远承认斯巴达才是希腊的领袖。

帝国的延续　以战船和利剑称雄希腊的雅典帝国最终成为明日黄花。但是和失去的舰队、海上霸权还有城墙相比，雅典在其他方面的成就显得更重要、更出色。在公元前5世纪，雅典杰出的政治家将这个城邦建设成了一个思想上、精神上的强大帝国，虽然雅典最终因为战败成为斯巴达的附庸，但是在艺术、文学、哲学、科学等方面，雅典帝国仍然还在延续着它的辉煌，从这个意义上来说，雅典帝国仍然没有灭亡，仍然处于希腊的领头位置。这个帝国在艺术和哲学方面的成就，在古代世界的影响力远远超过以地米斯托克利、伯里克利两人为首的政治家们在政治、军事方面所取得的成就，也比他们的影响要持久得多。即使到了今天，雅典的艺术和哲学仍然是人类的无价之宝，并且还将继续流传下去。

第7章 希腊扩张与亚历山大

一、希腊世界墙垣的崩塌

希腊世界 "希腊世界"是一个比较宽泛的概念,这种宽泛不仅体现在成员上,也体现在疆域上。首先,希腊世界不仅有雅典和斯巴达,还包括希腊半岛和小亚细亚以及其他地区的上百个城邦;其次,除了本土,还有位于黑海沿岸、西西里岛、意大利南部,甚至地中海沿岸的法国和西班牙地区的殖民地。在所有的城邦中,我们之所以只把雅典当作研究的对象,是因为从各方面来讲,这个城邦都是最突出的,也是最优秀的。

崩溃中的墙垣 雅典的城墙因为雅典的战败在公元前404年被拆掉了,不过令很多人意外的是,希腊世界也因为雅典城墙的拆除慢慢地发生了变化。这种变化不是人为的,之前也没有人想到会发生这样的事,毕竟希腊的许多城邦都有着像雅典城这样的城墙。城墙是一个城市最坚固的防御设施，正是有了城墙的保护，居住在城市中的民众才有了安全感，才会更加爱护城邦，对城邦付出更多的感情。不过城墙在保护城市的同时，也对城市的发展有着一定的限制作用。在城墙的保护下，每一个城市都自成一体，民众的注意力只集中在卫城那里，他们的爱国心也仅限于居住的这个城市，城墙外面所发生的一切对于他们来说都是无关痛痒的。所以实体的城墙也是人们精神上的城墙，当雅典的城墙被拆除的时候，人们精神上的城墙也随之轰然倒塌，从此雅典的文化不再局限在一个小小的城市里，开始传播到更广阔的世界中。

从另外一个方面来看，拆除城墙的希腊文明从性质上也发生了改变，它已经不再是城邦文明，而是发展成了民族文明和世界文明，尤其是在公元前4世纪到前3世纪，这种变化特别明显，不管是政治方面还是其他方面，都能够感受到这种变化。

此外，和雅典因为外界的力量而拆除城墙相似，这种文明和精神上的扩张也同样是受到了来自外部的压力的结果。

走向联合 希腊的政治扩张开始于公元前4世纪，其起源就是希腊的若干个城邦联合组成一个同盟。早在希波战争之前，斯巴达就用军事手段和一些城邦组建了伯罗奔尼撒同盟；希波战争之后，雅典又统一了爱琴海一带的城邦，组建了提洛同盟。这让没有参加两个同盟的其他城邦感到恐惧，于是这些城邦开始了更加密切的合作，即使不能结成同盟也能抱团取暖，同时也希望能够以这种方式让两个同盟的紧张关系缓和下来，和他们共同找出一个能够让希腊维持相对和平状态的策略。

希腊人有实现联合的基础。在很早以前，希腊人在语言、宗教信仰、风俗文化方面就已经统一了，有了这些，希腊的联合就不是那么困难了。例如，所有的希腊人都非常崇拜宙斯，当雅典在奥林匹亚举办祭祀宙斯的活动时，不仅是其他城邦的人们，即使是偏远地区的希腊人也会赶过来参加，而在德尔菲举行皮托运动会纪念并祭祀阿波罗的时候，同样的情况也会发生。

联合的障碍 虽然这些相似之处完全可以作为各城邦联合的纽带，但是希腊的各个城邦有着各种顾虑，因为它们知道各自之间的差别有多大，所以一直都没有成为一个大一统的国家，特别是伯罗奔尼撒战争，更给了联合的前景一个灾难性的打击。

在古希腊，各个城邦各行其是，一直是城邦政治的最大问题，它们也因此吃了许多苦头。这些城邦之所以长期分裂并且经常发生冲突，根本原因有两个：一个是许多城邦都是雅典、斯巴达控制之下的伯罗奔尼撒同盟和提洛同盟的成员，表面看这些城邦的地位是平等的，但是那些实力较弱的城邦实际上经常受到雅典、斯巴达的控制和打压，这些城邦对它们的处境当然是不满意的，都希望能够摆脱雅典、斯巴达的控制，重新回到原来能够独立自主的时候；另一个原因则是各个城邦的野心，很多城邦不仅不希望被其他的城邦领导，还一直妄想能够领导其他的城邦。那些实力比较大的城邦有着大小不一、多少不同的附庸，而且互相牵制、互相争斗。例如雅典是事实上的提洛同盟的当家人，伯罗奔尼撒同盟的成员都以斯巴达为尊，而叙拉古是西西里岛大部分地区的领导者，但是这三个城邦之间一直都有着很深的矛盾，无论哪一个都无法完成统一希腊的重任。后来雅典在伯罗奔尼撒战争中一蹶不振，希腊由原来的三雄并立变成了双雄对峙，斯巴达、叙拉古分别成为东、西希腊的领导者。然而，这两个城邦的实力还没有大到足以统一整个希腊的地步：就斯巴达而言，不管是实力比它稍弱的雅典、底比斯、科林斯、阿哥斯还是实力更为强横的波斯，都不是它能够传檄而定的；西面的叙拉古同样如此，不仅当地有不少对它心怀不满的城邦，外部的迦太基也对它虎视眈眈。

内部抗衡 对于叙拉古来说，迦太基的存在如芒在背，如果没有这个国家，或许它在西希腊能够取得更高的成就。前面我们说过，迦太基在希墨拉战役惨败后，西西里地区的居民获得了 70 年的自由、和平，但是到了公元前 409 年，迦太基人又卷土重来了。这一次迦太基舰队更加庞大，目标也不再是西西里的北岸，而是西岸的两个城市。希腊人被打了个措手不及，两个城市被摧毁，男子被屠杀，女性被掠走，迦太基人获得了空前的胜利，还获得了成吨的战利品。又过了三年，迦太基人再次以偷袭的方式登陆，西岸的又一个希腊城市被摧毁，从此以后西西里的西岸就成了迦太基的后花园。

独裁者狄奥尼修斯 狄奥尼修斯在公元前405年的时候还只是一个年轻的军官，趁着当时迦太基入侵、叙拉古人心大乱的机会，自立为领袖。狄奥尼修斯有着极大的权力欲，他为自己确立了两个目标：一个是从迦太基的手中解放整个西西里岛，第二个就是领导叙拉古统一西希腊。在他的率领下，叙拉古的军队越战越勇，最后解放了除了西部顶端部分地区之外的整个西西里岛，他也成为这个岛屿的控制者。即使是在和迦太基作战的时候，他也没有忘记扩大地盘：意大利的西南部已经成了他的势力范围，接着他又把亚得里亚海沿岸纳入怀中，控制了这里的海上贸易，而且科西嘉岛、厄尔巴岛也被他拿下了。

在狄奥尼修斯的铁腕统治下，叙拉古成为西希腊的政治经济中心，但是他在很多方面的做法太过强势，例如，税收过于沉重、不尊重宗教和神庙、让外邦人进入军队等，这都引起了人们的不满。然而狄奥尼修斯对人们的抱怨置若罔闻，依然我行我素，在他的高压统治下，人们敢怒不敢言。狄奥尼修斯于公元前367年去世，就在他去世不久，原本被他强力压制的各种矛盾一下子就爆发了，曾经如日中天的帝国轰然倒塌，西希腊又回到了原来四分五裂的状态。

斯巴达的失败 东希腊的统一大业也没有成功。在伯罗奔尼撒战争后，长达30年的时间里斯巴达一直是东希腊最强大的城邦，也是最霸道、最蛮横的一个城邦。当时雅典和其他的一些城邦都是施行的民主政治，而斯巴达一直希望能够在这些城邦施行军事独裁政治，这种意识形态的分歧是最难弥合的，斯巴达的行为引起了诸多城邦的厌恶，而且它们对斯巴达粗暴的领导方式也颇有微词。后来斯巴达竟然开始和希腊的仇敌波斯联合，这就让它更不得人心了，它已经彻底失去了其他城邦的信任。我们完全可以这样说，在斯巴达领导下的希腊诸城邦已经是同床异梦、各怀鬼胎了。

有了不满，自然也就有了反抗。反抗的领导人是埃帕米农达斯，来自底比斯的一个军事天才。公元前371年，在他的带领下，底比斯的军队在琉克特拉一役中大败斯巴达，结束了斯巴达"陆上无敌"的神话。有了这次大胜，底比斯自然也就成了东希腊的领导者，然而好景不长，仅仅过了几年的时间，东希腊再次回到混乱的局面，叛乱、战争、分裂成为常态，和平和统一再次化为泡影。

外来的征服者 城邦之间的矛盾曾经是希腊文明发展的动力，因为互相不服气，各个城邦就在体育和艺术方面展开了较量，这种行为极大地刺激了希腊文明的发展和前进。但是当矛盾演变成仇恨、竞争变成了战争的时候，对于文明的发展来说就是灾难了。这是一场旷日持久的长期战争，希腊半岛上的各个城邦都耗尽了人力物力。马其顿的腓力二世注意到了希腊的虚弱，认为这是入侵希腊的良机，于是就在公元前338年悍然出兵希腊。不管是什么原因，希腊各个城邦之间的战争总算是结束了，人们终于可以享受和平了，可惜的是，和平并没有维持多长的时间。

政治和社会的变迁 如果我们想要明白马其顿是如何征服希腊的，就必须先说一下希腊在政治上、经济上、艺术上、思想上有了什么样的变化。

在公元前4世纪，希腊发生了一场天翻地覆的变革，不久，希腊世界的独立姿态也彻底终结了。我们可以用一个例子来说明：按照传统的观念，希腊城邦的军队只招收本城邦的公民，可是后来很多城邦改变了这种做法，因为很多城邦的兵员都是雇佣兵，这些人是没有该城邦的公民权的。政治方面也有所改变，最突出的表现是贵族阶层已经无法霸占政府的领导权，平民也可以成为领导人了，这就更好地代表了平民的利益。经济上的变迁更为重要，毕竟经济基础决定上层建筑。经济方面的变化主要是物价的上涨，富人们可以享受悠闲的时光，维持奢侈的生活，而贫民的生活却每况愈下。因为对悲惨的现状不满，贫民的反抗情绪与日俱增。造成物价上涨的原因有三个：首先是通货膨胀造成的购买力减小；其次是包括雅典在内的许多城邦更喜欢进口的货物，对进口的食物越来越依赖，人为地抬高了物价；第三个原因是商人的贪婪，大商人垄断了市场，为了高额的利润抬高了商品的价格。

还有一个变化也属于变革的重要方面，那就是奴隶制在不断地加强。当时奴隶已经是希腊人口的重要组成部分，例如雅典的奴隶数量就占了总人口的一半以上。

希腊文明包括了艺术、科学、哲学、建筑、演讲、政治和经济等方面，所有这些方面的变化，都是希腊生活变迁的体现。

二、公元前4世纪的希腊文化

艺术里的新精神　随着变革的出现，艺术表现得更加优雅和自由，不再像过去那样拘谨和严肃。神庙不再是雕刻师和建筑师唯一的客户，他们可以将精力和心血花在住宅、剧院、坟墓上面。雕刻师们的作品数量或许少了，但是他们雕刻的神像更加人性化，而且还诞生了许多为活人雕刻的雕像师。对于像普拉克西特勒斯这样的雕刻大师来说，他们宁愿雕刻代表两性美的、栩栩如生的赫耳墨斯和阿佛洛狄忒，也不愿意雕刻严肃的宙斯，或者死板地拿着武器的雅典娜。有些评论家认为，断臂的维纳斯——她的正式名字是米洛斯岛上的阿佛洛狄忒——就是这个时代的作品。

这个时代的建筑师有能力建造高耸的大厦。神庙在希腊早期并不多，而且式样还很简单，从外形上看就是一个单层的长方体，两面或者四面再树立几排方形或者圆形的柱子。我们前面提到的帕提侬神庙就是一座精美的建筑，代表了这个时代最高的建筑水平。神庙外面的柱子有三个样式，值得我们花费一些笔墨来说明：第一个是优美雅致的"多利安式"，也是公元前4世纪最常用的样式，特点是在重要的地方进行对称地勾勒，并且向顶部慢慢收尖，看起来简单而又庄重；第二个是"爱奥尼亚式"，起源于小亚细亚，是公元前4世纪建筑师们最喜欢采用的样式，这种柱子看起来修长纤细，顶部不收尖，用来承重的基石和顶部的柱冠都雕刻着花朵一样的纹路；第三个是"科林斯式"，也是之后几个世纪最流行的样式，特点是有着高高的圆柱，柱冠上雕刻着华丽的毛茛草叶图案。

艺术界有个观点，认为这个时代的画家已经达到了一个非常高的境界，之前的画家从来都没有他们这样的水平。遗憾的是这些画家流传到现代的作品太少了，只有一些器皿上面的雕刻，所以我们也没有足够的证据对他们进行评论。

过渡阶段的文学　雅典拥有埃斯库罗斯、索福克勒斯、欧里庇得斯这样的悲剧作家,还有阿里斯托芬这类喜剧作家,他们让雅典获得了"剧场之家"的称号。和之前相比,这个时期的剧本内容中的宗教成分大为减少,开始出现了讽刺政治人物和社会不良现象的情节,同时剧院不再是雅典的独有事物,希腊的其他城邦也都纷纷兴建了自己的剧院,从此去剧院欣赏戏剧成为希腊人的一个爱好。

演说术　演说术在希腊历史上最鼎盛的时期也是在公元前4世纪,也就是希腊各城邦被马其顿征服的前夕。由于政府机关、委员会、陪审团的设立,越来越多的人需要在大庭广众之下说出自己的主张或者要求,这就要求他们必须掌握一定的说话技巧,于是演说术也就越来越受到人们的重视。在当时的雅典、叙拉古或者任何一个城市,如果一个人想要出人头地,就会想尽一切办法、花费大量的时间和金钱参加法律和政治方面的培训班,学习的课程就包括了雄辩的演说术,另外还有政治、历史和文学方面的知识。当时希腊最著名的演说家就是狄摩西尼(前384—前322),他可能也是希腊历史上最著名的演说家。

狄摩西尼的前半生非常坎坷。他的家庭原本非常富有,可是他的父亲在他7岁的时候就去世了。他的监护人欺负他年幼,肆意地侵吞了原本属于他的财产,当他成年的时候,父亲留给他的财产只有原来的十二分之一了。狄摩西尼为了讨回自己的财产,向一个著名的演说家、律师伊赛学习演说和法律。据说狄摩西尼有些口吃,而且说话的声音较小,为了克服这些弱点,他每天早上都口含石子对着海浪大声演讲。最后狄摩西尼成功讨回了自己的财产,并在打赢官司后进入律师行业,专门为人撰写在法庭上的辩护词。狄摩西尼也是一个民主派的政治家,经常在演讲时用严密的逻辑和锋利的言辞提醒民众,要唤醒深埋在心中的主人公精神;他强烈地谴责当时政府中的腐败现象,并且告诫人们要警惕周围蛮族的侵略;他倡导并督促雅典成为希腊的领袖,带领希腊人勇敢地粉碎马其顿国王菲利普的侵略意图。

狄摩西尼曾经进行过一次名叫《痛斥腓力二世》的演讲,这篇演讲词或许不是他最出色的,却是最有名气的。他在演讲的时候痛斥了腓力二世的不良企图，并且号召所有的希腊人团结起来，共同抵抗腓力二世的入侵。然而腓力二世的铁蹄最终踏破了希腊所有的城邦，狄摩西尼也不得不远走他乡，从此再也没有回到过生养他的雅典。

科学 在公元前4世纪，希腊不仅在建筑、艺术方面得到了长足的发展，而且在科学、哲学、伦理学方面也有惊人的突破。造成这种突破的主要原因就是希腊文化吸收了更多的埃及和西亚的古老文化，形成了一种新的理论。这种理论的特点是尽量用通俗的、简单的事物来解释世界。例如这种理论认为，世界是由水、火、气、土四种元素构成的，而土又可以分成热、冷、湿、干四种形态，各种元素相生相克就组成了世间万物。

在天文学方面，希腊人已经知道了发生日食、月食这种天文现象的原因，并且可以计算出日食、月食发生的时间。在数学方面也涌现出了许多大师，其中的代表人物就是泰勒斯、毕达哥拉斯，他们发现、推导的几何定理、公理至今还是学生的必学内容。

在医学方面，被称为"医学之父"的希波克拉底和另外一些人为现代医学奠定了基础。希波克拉底的化学并不好，他也反对解剖尸体，但是他仍然发明了许多治病的药方、药剂，并且给卫生、饮食、药品和手术等制定了必需的原则和规矩。他认为："无论哪一种疾病，在所有导致这种疾病发生的原因中，必定有一种是自然原因。"

哲学和哲学家 在公元前4世纪，对于那些向人们传授演说、法律、道德、宗教知识的老师，人们通常称为"诡辩学者"（Sophists）。这个词语现在是贬义的，但是当时是一个褒义词，源自古希腊语的"智慧"（Sophia）一词。尽管这些诡辩学家实际上并没有获得什么利益和荣誉，但是他们都认为自己是学富五车的人。当然，有些诡辩学家也确实获得了人们的赞赏和殊荣，因为他们会四处游历，并且在游历中为大家讲解自己的学术理论，为提高当时人民的素质做出了莫大的贡献。这些诡辩学家的代表人物是苏格拉底、柏拉图、亚里士多德，这三个人被称为"古希腊三贤"，不过我们一般都把他们称为哲学家而不是诡辩学家。这三个人的关系非常密切，苏格拉底是柏拉图的老师，而亚里士多德又是柏拉图的学生，后世公认他们是西方哲学的奠基者。

苏格拉底（前469—前399）是一个时代的先锋，也是一个大胆追求真理的人。他讲学不是为了金钱，而是为了让更多的人知道真理；他秉持有教无类的原则，对富人和穷人一视同仁，不管是谁都可以获得他的教导。可惜的是他后来被人诬陷"侮辱雅典神和腐蚀雅典青年的思想"，法庭竟然也相信了这个罪名，最后判处他死刑，一代伟人含冤离世。

　　柏拉图（前427—前347）是苏格拉底最出色的学生，也是著名的教师和作家。柏拉图有一个很有意思的理论：世上所有的事物，不管是我们用眼睛看到的，还是我们用身体感受到的，都只是一个影子，而不是事物的本质。他认为宇宙是由神创造的，有了神才有宇宙的存在。柏拉图曾经在雅典的郊外创建了柏拉图学院，这是西方文明最早的有完整组织的高等学府之一，也是柏拉图的重要成就之一。

　　亚里士多德（前384—前322）是哲学家、科学家和教育家，堪称古希腊哲学的集大成者，是柏拉图最得意的门生。亚里士多德的故乡是马其顿的斯塔基拉，他也因此被人们称为"斯塔基拉人"。公元前335年，他在雅典办了一所叫吕克昂的学校，因为他喜欢在讲学的时候走来走去，所以他的学生被称为"逍遥学派"。亚里士多德的伟大并不仅仅是因为他有着渊博的知识，还因为他有着精密的调查研究方法和严密的逻辑思考能力，他曾经撰写了一本书，是关于逻辑思考能力和如何正确思考的，在这方面至今仍然没有能够超过他的作品。即使到了2000多年后的现代，当我们捧起他的作品的时候，仍然会怀着崇拜和敬仰的心情去阅读。

三、亚历山大的帝国

　　马其顿和腓力二世　征服希腊的马其顿又叫马其多尼亚，在公元前4世纪中叶之前只是一个名不见经传的小国。希腊人认为，马其顿是一个由"蛮族"建立的粗俗、落后的国家，然而真相并非如此，马其顿学到了希腊许多先进的知识，在马其顿占领希腊的过程中，这些知识发挥了无与伦比的作用。随着希腊文化在马其顿的盛行，马其顿后来也发展成为一个世界级的帝国。

腓力二世最初只是马其顿王国一个普通的王子，还曾作为人质在底比斯生活了3年。底比斯当时是希腊比较好战的一个城邦，腓力二世在这里的几年里，对底比斯的富有、文化感到深深的羡慕，认为埃帕米农达斯创造的步兵方阵有着极强的战斗力。在他当上马其顿的国王之后，他立刻训练步兵方阵，并且配备了长达7.3米的长矛。他还训练了一支骑兵用来配合步兵作战，其主要战术是：当敌人出现混乱后，以骑兵冲击侧翼击破敌人的方阵，随后再尾随追杀。

腓力二世和希腊 腓力二世率领他出色的军队侵入了希腊，在色雷斯获得了大量黄金，从而解决了给养问题。随后他又挥师南下，希腊的城邦一个接一个地臣服于他。雅典不甘心希腊成为腓力二世的附庸，联合其他城邦组建了一支联军，可惜仍然不是马其顿重装方阵和雷霆骑兵的对手，希腊于公元前338年在喀罗尼亚战役中以惨败收场，再也没有了还手之力。

喀罗尼亚战役对于希腊来说有着决定性的意义，从此希腊成为马其顿的臣属，但是希腊的民主政治和历史并没有就此断绝，部分城邦还有地方自治的权利，而且希腊的文化也通过马其顿传播向更远的地方。喀罗尼亚战役之后，在腓力二世的强迫下希腊各城邦组成了一个同盟，并且建立了一个联邦会议，每一个城邦都要派代表出席这个会议。这个会议让希腊结束了分裂的局面，而且希腊人也成为马其顿军队中最大的一股势力。就在腓力二世计划入侵小亚细亚的前夕，他被刺客夺去了生命。

亚历山大和世界 腓力二世的儿子亚历山大继承了他的王位，并统领军队。这时候亚历山大才20岁，是一个聪明勇敢的年轻人，后来成为一个传奇人物。亚历山大虽然是马其顿人，但是他接受的是希腊教育，他的老师是大名鼎鼎的希腊哲学家亚里士多德。亚历山大非常推崇希腊文化，他的梦想就是征服整个世界，然后让整个世界都接受希腊的文化。亚历山大可以说是一个冷漠无情的人，但是他对宗教和有名望的学者还是尊敬的，例如在镇压底比斯叛乱的时候，他摧毁了整个城市，还把底比斯人当作奴隶卖掉，却没有动神庙和著名诗人品达的故居。

小亚细亚和叙利亚 亚历山大亲自带领三四万士兵入侵小亚细亚，在经过特洛伊古城遗址的时候，他专门停下来去了一趟传说中的阿喀琉斯墓,并且献上了一个花圈。在小亚细亚战争中,亚历山大第一战就击溃了波斯总督们的联军,随后放弃了把爱奥尼亚等希腊城市、行省纳入版图的好机会,接着挥师南下直扑叙利亚。公元前333年,亚历山大在伊苏战役中又击败了波斯皇帝大流士三世。随后他又攻下了腓尼基的几个海港,这里原来都是波斯海军的军事基地。

埃及 在攻下叙利亚后,亚历山大并没有停下他的脚步,而是以这里为基地继续进军埃及。此时的埃及对波斯的统治早已不满,所以亚历山大轻松地进入了埃及。他在埃及自封为法老,埃及人还给他献上了尊号——太阳神的儿子,亚历山大对此也欣然接受。亚历山大还在尼罗河三角洲上建立了一座城市,以纪念他的功绩。这座城市至今还以他的名字来命名。

波斯 离开埃及,亚历山大率军穿过叙利亚后,继续东进。在底格里斯河畔的高加米拉,他遇到了大流士三世率领的新军。大流士三世的这支新军有20万人(一说100万),兵种包括战象、战车、骑兵、步兵(又分为弓箭手和长矛手),而亚历山大只有4.7万人,其中步兵4万人(含18000个重步兵)、骑兵7000人(2000人是亚历山大的亲卫)。虽然双方力量悬殊,但是亚历山大和他的军队还是勇敢地选择迎战。在战斗中,亚历山大凭借丰富的战场经验、超群的指挥才能、英勇顽强的斗志、惊人的战场把控能力,很快就控制了战场的局面,大流士三世再次战败并只身逃走。这次战役发生在公元前331年10月1日,随后亚历山大行军式地进入了波斯的圣地巴比伦,接着又攻下了苏萨和波斯的首都波斯波利斯,缴获了大量的白银并铸成了银币。在波斯波利斯,亚历山大亲手点燃了波斯的皇宫,这戏剧性的一幕宣告了波斯帝国的灭亡。

印度 击败波斯后,亚历山大又开始进军印度。他从波斯波利斯,经伊朗、帕提亚来到了印度的西北部,并在这里建立了一座城市作为前进基地。从他的这个举动我们可以看出,亚历山大对印度的财富是多么渴望,如果不是士兵们对当地炎热的气候不适应而怨声载道,或许他真的会征服印度全部的国土。由于军队厌战,在取得海达斯佩斯河会战的胜利并降服了印度国王波拉斯之后,亚历山大不得不率军西归。

英雄的离去 回国之后,亚历山大用了一年的时间对他的帝国和军队进行了改编,并且试图把希腊和波斯联合在一起,建立一个希腊波斯民族共和王国,由他来担任这个国家的元首。然而由于长年征战使他全身伤痕累累,加上他嗜酒如命,公元前323年6月,这个传奇的英雄病倒了,仅仅10天之后就撒手人寰,时年33岁。

亚历山大帝国的瓦解 如果亚历山大能够活得更长一点,或许他就可以把马其顿帝国组织得更加完美,让它支撑的时间更久,他的理想或许也会实现。然而事实却不是这样,就在他离世不久,他手下的将领们就产生了分歧,接着演变成内战,随后亚历山大花费12年时间打下的庞大疆域就四分五裂了。经过一系列的战争之后,亚历山大的帝国最终分成了三个部分:马其顿、埃及、西亚。由于西亚的这部分是塞琉古将军建立的,后世称之为塞琉古帝国。

四、希腊化的文明

希腊化的世界 据罗马帝国时期希腊传记作家普鲁塔克记载,当时的亚历山大帝国几乎都已经希腊化了,在亚历山大12年的征战中,他一共建立了70多个城市,这些城市后来都成为希腊文明的中心。这些城市的名字都和亚历山大有关,有些是用他的父亲腓力二世的名字命名的,有些是用他的名字命名的,而印度的那个名叫布克法拉的城市,则是为了亚历山大的爱马布塞法路斯建立的。

帝国的每一个城市都建立了神庙和剧院,希腊的商人和殖民者存在于帝国的每一个地方,希腊的文学和艺术充斥帝国的每一个角落。特别是希腊的科学和语言,对后世的影响显然要比著名的马其顿方阵更深远、更持久。希腊用武力建立的帝国早已经荡然无存,但是用文化建立的帝国仍然保存在人们心中,仍然在世界上占据着重要的地位。

虽然亚历山大帝国分裂了,但是分裂后的三个帝国都对希腊文明十分推崇,也都是在希腊-马其顿国王的统治之下。马其顿虽然沦落成了希腊的一个城邦,但是它仍然是希腊半岛的领袖和霸主,一直在维护这里的和平,领导着希腊人抵抗来自多瑙河流域的蛮族侵略者。而塞琉古帝国则统治着从印度到小亚细亚的庞大疆域,是希腊-马其顿所有城市的屏障,而这些城市恰恰就是希腊文明的载体。埃及的情况和马其顿、塞琉古比起来稍有不如,但是整个上层也都希腊化了。

新的文化中心 那些新兴的城市,还有小亚细亚海岸的罗得、小亚细亚地区的帕加马、叙利亚的安条克以及尼罗河畔的亚历山大,都是发展得比较好的希腊城市,已经逐渐成为希腊哲学、文学、艺术、戏剧方面的中心。

新艺术杰作 当时在艺术方面出现了许多杰出的作品。雕塑应该是后亚历山大时代最风行的艺术,各地都有不少著名的雕像,例如萨莫色雷斯岛上的胜利女神奈基、望楼上的太阳神阿波罗;在罗得地区,雕刻艺术家在公元1世纪这段时间创作了很多有名的雕像,其中的代表作就是拉奥孔群像,内容是两条蛇缠着拉奥孔和他的两个儿子,他们的脸上露出痛苦的表情。埃及的艺术家开始用彩色的石子镶嵌精美的图画,当时的绘画艺术空前繁荣起来。在文学方面,诗歌和戏剧开始走向生活,诗人和剧作家们开始更多地描写浪漫的爱情故事和历史悠久的传说。

新形容词"希腊化" 出现了新的领域,就必然出现新的形式;有了新的机遇,必然会做出新的成绩。文化的结合也是如此,融入了新的元素后,也必然会出现新的特征。在和东方文化的交流中,希腊文化在对东方文化产生影响的同时,自身的特性和文化也被对方影响了,产生了本质的变化。我们举一些例子:在亚历山大和他的1万名部下都娶了亚洲妻子之后,亚历山大开始喜欢穿比较细软的衣服;有使者进贡的时候,亚历山大会要求他跪下来亲吻脚下的土地。这两个做法西方原来是没有的,都是东方的专制君主的"专利"。亚历山大为希腊文化的传播不遗余力,他曾经命令3万个波斯男孩子学习希腊的语言和马其顿的军事,也正是有了他的努力,希腊文化得到了空前的发展:在埃及,希腊文化已经成为埃及文化的一个重要组成部分;在叙利亚,希腊文化和闪米特文化已经成为密不可分的整体。对于这些融合了的文化来说,历史上曾经出现了一个新词:"希腊化的文化"。在近代的东方,从亚历山大时期开始,一直到埃及被罗马人征服为止,这段时间被称为"希腊化的时代"。

埃及希腊化　埃及曾经长期被希腊-马其顿所控制，这段时间也是埃及经济发展最快的时期，因为希腊给这里带来了大量的先进文化、先进技术：希腊人带来了货币，改变了埃及人以物易物的习惯；希腊人带来科学的农业书籍，帮助埃及人改进了农业技术，让埃及成为名副其实的世界粮仓；希腊人在这里种植橄榄，并且把橄榄油出口到其他国家，为埃及的经济发展做出了贡献；希腊人带来了新品种的绵羊，改良了埃及的畜牧业；希腊人带来了玻璃、细麻布、香水的制作技术；希腊人带来了建造运河、堤坝、港口、灯塔的技术；希腊人带来了印刷技术，因为埃及盛产草纸，这里很快就成为印刷书籍的主要基地。

不过我们也必须注意到，埃及虽然看上去是如此繁荣富饶，但是贫富差距极大，大部分的财富都集中在王族、贵族、神职人员手里，普通人很贫穷，特别是那些附属于土地的农奴，日子更是苦不堪言。

即便如此，埃及的文化还是发展并繁荣了起来，因为贵族们对艺术有着狂热的追求。有一个叫缪斯（Muise）的王族，他在亚历山大建了一座图书馆，里面有50多万卷书。为了纪念他，人们又创作了一个新词——博物馆（Museum）。为了让学者们更好地研究，贵族们还在王宫设立了大学，这个做法在客观上对文化的发展有着极大的促进作用。书商们翻印、贩卖了许多有名的书籍，使知识的传播速度、范围都有了很大的提高。

地理学和天文学　在希腊化时代，最有意义也是最伟大的成就应该是自然科学领域的发展和扩大。亚历山大的远征、远航探险、商业的发展都使地理学得到了长足的发展。早在公元前3世纪，地理学家们就已经知道了大地的形状、大小，当时有一个名叫埃拉托色尼的希腊人，他采用在不同的地方测算太阳角度的方法，成功计算出地球的周长是39690公里。这个数字和地球实际的周长非常接近，考虑到当时的观测手段和计算方式，能够达到这样的精度是非常惊人的。埃拉托色尼断言，如果人们乘船一直向西航行，过了大西洋之后就可以到达印度。这个看法和哥伦布的观点一致，但是要比哥伦布早了1700多年。埃拉托色尼还第一次明确提出了"地理学"这个概念。

在天文学方面，当时的天文学家已经知道大地是球形的，但是大多数人都认为地球是静止不动的。萨摩斯人阿里斯塔克却不认同这个"常识"，他告诉人们：太阳要比地球大得多，地球以太阳为中心进行圆周运动，而且地球本身也在自转。这个观点就是日心说的始祖，但是阿里斯塔克的学说在当时而言实在是太超前了，以至于几乎没有人相信他的说法。

生物学和解剖学　在亚历山大时代，生物学这种研究有生命的东西的学说是一种时尚，据说亚历山大在远征的时候，每到一个地方就会捕捉当地特有的生物，然后命人将其送给他远在雅典的老师亚里士多德。埃及并不禁止解剖动物或者人的尸体，这就让埃及的科学家对生物的身体有了清晰的认识，如果这些人在禁止解剖的希腊，肯定无法获得这样的认识。生物学上最重大的发现发生于公元前3世纪的早期，亚历山大的赫洛菲路斯通过解剖发现：动脉输送的是血液而不是空气；人是用大脑进行思考的，感觉是靠神经来传达的；通过脉搏能够检查人的身体是否健康。赫洛菲路斯的这些发现有着重要的意义，为生物学的发展做出了重要的贡献。

数学和物理学　在同一时期，居住在亚历山大的希腊人欧几里得对当时的几何学进行了总结，一共汇总成了13章，因此名字就叫《十三章》；因为每一章的内容都是书写在一卷草纸上面的，所以还有一个《十三卷》的名字。欧几里得的这部著作是现代几何学的基础，2000多年来一直都在使用。同时代的另一个名人是阿基米德，他测算出了多项重要的几何、代数的定理，对圆周、球体、锥体也有着深入的研究。

阿基米德还是一位伟大的物理学家，重力和浮力的定理就是他创建的，据说这两项定理的发现与国王让他测定金制的王冠是否有假有关。阿基米德对杠杆原理也有很多心得，并且说过名言"给我一个支点，我就能撬动地球"。他还是一个发明家，曾经用齿轮、杠杆、螺旋器（后世螺旋桨的原型）做成一台能够驱动船舶的机器；在罗马人进攻叙拉古的时候，他发明了投石机，它可以把重物投向敌人。还有一个传说，当罗马人踏海而来的时候，阿基米德发动全城的妇孺，人手一面镜子，将阳光反射向敌人的船帆，最后船帆烧尽，解除了危机。

发明　阿基米德还有一些小发明，例如抽水机、水磨、洗漆器、开门器等，都是一些日常使用的东西。或许有人奇怪，为什么这些发明在当时都没有或者极少获得应用，仅仅只是存在于学者们的笔记里呢。造成这种情况的原因其实并不复杂：首先是学者们的态度问题，他们认为科学研究是"神圣""纯粹"的，应用于生活是对科学的亵渎；其次和生产力有关，当时的人力是极其廉价的，完全没有必要用机械来代替人力，从另一方面来说，机械的成本要比人高得多，用机械来代替人力是一件得不偿失的事情。

宗教 随着和其他民族在商业以及其他方面的接触增多，希腊人的宗教观念也不可避免地发生了变化，此外，自然科学的建立和发展，也影响到了希腊人对神灵的信仰。我们可以看到，在某些场合，希腊人也会供奉来自外国的神灵，甚至他们原本的信仰也和外国的信仰融合在了一起。这方面最好的例子就是埃及的塞拉皮斯崇拜，希腊和埃及的信仰竟然奇特而又完美地结合在了一起。

哲学 对于哲学家来说，探寻生命和世界的起源是他们最喜欢做的事情。他们发现：电闪雷鸣并不是宙斯造成的，海上的狂风也不能归咎于波塞冬，总而言之，这个世界上的所有奇迹都和那些神灵无关。他们更倾向于把整个宇宙看作一台机器，自然规律才是控制这台机器的大手。

不过哲学家们一直没有解决人类幸福的问题。对于一个人来说，究竟该怎样做才能够得到幸福呢？对此哲学家们众说纷纭，但是总体上可以分成三个学派，他们提出了三种不同的观点：

第一个学派是犬儒学派。这个学派的代表人物是第欧根尼，他总是穿着一身破破烂烂的衣服，把一个木桶当成自己的家。第欧根尼的名言是："人必须有自知之明，要按照自己的本性去生活。"

第二个学派是伊壁鸠鲁学派。他们的主张是从快乐中寻找幸福，没有痛苦，没有烦恼，也没有奢望，这种快乐不但包括身体上的快乐，还包括精神上的快乐。不过这个学派的观点是自私的，其实质就是让人们没有追求，如此一来人类也就没有了发展的动力。

第三个学派是斯多亚学派。斯多亚学派认为世界是神性的，神才是世界的主宰，人只不过是神的整体中的一分子。闪米特人芝诺是这个学派的代表人物，也是创始人和精神领袖。他的主张是"人的生活必须遵循理性和自然"，他认为"所有自然发生的事物都是合理的、美好的，所以我们不必为那些看起来不幸的事情而悲伤不已"。

第 8 章　罗马城邦的兴起

一、罗马兴起前的意大利

就在地中海的东岸风行希腊化文明的时候，一个新的强国也正在孕育之中。罗马，这个新兴的意大利城邦，将会带领意大利成为一个世界性的帝国。

意大利诸部落　早在公元前 1000 年的青铜时代末期，亚平宁山脉西南方向的肥沃平原上，生活着许多部落联盟，这些混居的民族就是现代意大利人的祖先。这里的人们以种植小麦、大豆等谷物为生，也发展了畜牧业，还掌握了用葡萄酿酒的技术，女性的工作主要是用亚麻纺织。手工业也有了一定的发展，人们可以用青铜铸造精美的器具和锋利的刀剑。大多数人都不识字，虽然也有了不同的分工，但是建筑业并不发达，房子都是用泥土和柳条建造的，哪怕是一座普通的神庙都设计不出来,就更谈不上用巨石建造宏伟的宫殿了。在台伯河畔的大山顶部,居住着拉丁人形成的古代民族,这个民族原来是拉提乌姆的一个部落,拉丁语和拉丁法律就是在这里诞生的,并且通过罗马传播到了全世界。

伊达拉里亚诸城市 大约在2000年前,一群冒险者——确切地说是一群海盗——从海上闯到了意大利的拉提乌姆地区,他们霸占了这块土地,在以后的日子里他们的亲人建立了十几个带城墙的城市。这些人和他们的后代在历史上被称为伊达拉里亚人,据说他们的故乡在小亚细亚。伊达拉里亚人在意大利建立的城邦就是现代的托斯卡纳。

伊达拉里亚人把东方古代文化和意大利的本地文化糅合在了一起,这个做法在历史上的意义要比他们本身重要得多,对人类文明的发展起到了促进作用。他们和希腊人在很久之前就开始了商业贸易,并且他们的商业贸易有着很大的规模,他们主要用铜和铁交换希腊人的陶器和布匹。和商品一起来到托斯卡纳的还有希腊的字母、盔甲、战术、绘画、雕刻艺术,然后又从这里传到了罗马。伊达拉里亚人不仅吸收了希腊人的文化,后来在他们的城市遗址中还发现,他们学会了巴比伦人的拱门技术和污水处理技术,另外还有一些世界上其他地区文明的技术被使用的痕迹。

希腊诸殖民地 就在伊达拉里亚人来到意大利之后,希腊的殖民者也接踵而至。希腊人占据的地盘主要是意大利的南部和西西里岛,其中殖民时间最长的是库迈。库迈位于台伯河的南岸、希腊在那不勒斯海湾的殖民地更北的地方,大约建成于公元前800年。希腊在意大利的南部和西西里拥有大量的殖民地,特别是在公元前7世纪到公元前8世纪这段时间,增长的速度是最快的,西西里岛东部的殖民地基本上都是在这个时期内占领的,叙拉古在当时是最大的殖民地。这些地区已经成为希腊的一个重要组成部分,并且被称为"大希腊"或者"更大的希腊",可见其对于希腊的重要性。到了公元前300年,人们才明白希腊的诸多城市比罗马更重要,也更有发展前途,可惜的是这时候希腊已经被罗马征服，原本辉煌的希腊文化后来也被罗马文化同化了。

二、罗马城

小国寡民的城邦 罗马有一个古老的传说，认为罗马人的祖先罗慕路斯和勒莫兄弟，是由一只母狼哺育长大的，后来两兄弟在公元前753年建立了罗马城。当然，这只是一个美丽的传说，没有一点历史依据。罗马在早期是一个小国寡民的国家，用城邦来称呼或许更加合适。这个国家非常好斗，经常和周边的邻居发生纠纷，而且最喜欢用战争的方式来解决这些纠纷。塔克文王朝是古罗马的最后一个朝代，在公元前6世纪的时候灭亡，到了公元前509年，罗马成立了共和国。

空前强大的共和国 古罗马在早期是一个农业国家，因为农业是这个国家的经济基础，种地的农民自然也就成了早期罗马地位最高的公民。当时的农民是令人羡慕的，他们的田地和牧场就在城墙的外面。农民不仅是这个国家的资源提供者，还是士兵的来源，肩负着保家卫国的重任。

古罗马很少有商业和物品的交换，自然也就不需要货币，交易的媒介只有牛和铜。因为罗马曾经产生过海洋文化，所以在相当长的时间内海边的城市都要比河边的先进，就像爱琴海一带的城市要比台伯河畔的城市要先进那样。那时候的罗马人文化程度普遍不高，还不懂得如何欣赏艺术和文学，当然也就无法诞生像菲狄亚斯、埃斯库罗斯、苏格拉底这样的艺术家、哲学家。

当时的罗马人建筑方面并不发达，他们的住所大多都是简陋的土墙茅屋。罗马人也供奉神灵，而且从伊达拉里亚人那里学会了建造神庙，不过他们使用的建材不是伊达拉里亚人所使用的大理石或者花岗岩，而是普通的粗石。当然，在装饰方面他们还必须去请伊达拉里亚人和希腊人来做。罗马人已经掌握了冶铁的技术，可以用铁打制农具、武器、甲胄。

优良的位置 虽然这些城市都属于大河文明，但是并不代表这里的人们就不懂得利用海洋资源，毕竟海洋资源对城市的发展是有利的。台伯河两岸的城市有着很好的地理位置，这条河流不仅提供了便利的内河交通，还是进行海洋贸易的通道，同时离海较远，又避免了海盗的侵扰。台伯河上有一座小木桥，使南北两岸可以很方便地进行联系；小桥的两端分布着七个小山丘，这些山丘不仅是建造神庙和宫殿的最佳位置，也是天然的防御工事。山丘之间是肥沃的平原，为城市的发展提供了良好的基础。

伊达拉里亚的影响 罗马最初只是一个土墙茅屋的村落，在它发展成为一个能够以方石为建材的国家的过程中，伊达拉里亚人功不可没。从公元前6世纪开始，伊达拉里亚在各方面都对罗马产生了极为深刻的影响，我们有理由相信，罗马最初的几个国王可能就是伊达拉里亚人。例如伊达拉里亚人从库迈学会了拼写，随后又把经过改良的希腊字母教给了罗马人。就算这件事不重要，罗马人通过伊达拉里亚人学会了希腊的军事技术，就不能说不重要。在此之前，和其他意大利的部落一样，罗马人在打仗的时候也是一哄而上，根本就不知道什么是队形和纪律，更不要提战略战术了。当罗马人学会了希腊的军种组成、步兵装备（如盔甲、长矛、盾牌等）、步兵方阵后，罗马军队就可以以密集队形攻击前进了，这种转变也让罗马军队成为一支令人生畏的队伍。

罗马的宗教 罗马人以前没有专门的神庙供奉神灵，他们进行祭祀或者其他宗教活动一般都是在自己的家里或者农场里。和希腊一样，罗马人也是多神信仰，不但每个城邦都有自己的保护神（例如罗马城的保护神是天神朱庇特），而且有着分工不同的神灵：战神是马尔斯，祖先的神灵是拉里，灶神是维斯太，妇女的保护者是地位最高的女神朱诺。后来有了神庙后，门神亚努斯的庙宇最有趣，他的庙门在打仗的时候一直敞开着，和平时期则一直保持关闭的状态。

三、罗马的贵族和平民

贵族 罗马的贵族都是世袭的，早期的贵族叫"帕特里契昂"。罗马是一个由贵族统治的共和国，如果不是贵族，就不能获得长老院的席位，不能担任国家的元首，也不能担任祭司和法官。

在罗马，贵族有很大的政治特权，社会普遍认为他们是比平民高一个等级的人；他们还是地主阶级中的一员，那些比较大的农场都是他们名下的，由佃户们来耕种。平民大多都是农民、工人、用人，称作"普勒布"或"普勒贝昂"。平民虽然名义上是自由民和公民，但是实际享有的权利是很少的，只能担任普通的政府职务；他们在经济上的地位也不高，需要承受高利贷的盘剥，公共设施、公共用地也都被贵族们巧立名目霸占着，所以平民一直对自己的处境十分不满。

罗马的主要官职 在罗马政府，最高的职务有两个，一个是分管行政的执政官，一个是军队的最高统帅。到了公元前5世纪的中期，罗马的政府机构开始增加了：财务官，负责管理仓库和档案，刚开始是两个人，后来是四个人；户籍官，负责统计人口、征税、公共工程的发包等；营造官，负责市场的监督、街道的管理、公共用水的供应等。到了公元前4世纪的时候，又添加了一个司法官，这个职务也是执政官的帮手，但是主要的工作还是担任法官和公布将要实施的法律。这个时候的罗马在政府机构和官员任命上已经有了成熟的制度，贵族们已经无法霸占所有的政府职务了，除了营造官之外，其他所有的职务都要经过公民大会选举产生，这就给了平民更多的参与政治的机会。

元老院和平民大会 罗马的最高权力机构是元老院，所有的成员都必须是贵族出身，主要工作是制定法律和审查所有职位候选人的资格。与之相对的就是平民大会，不过这个机构的形式一直在变化，在不同的时期有着不同的形式。在公元前5世纪，平民大会的名字是"平民集会"，从这个名字我们就可以看出它肯定不会有太大的权力，是无法和雅典的公民大会相比的。平民集会的作用就是批准由元老院起草并制定好的法律、公布元老院决定的候选人，完全是一个虚有其表、没有实际权力的机构。

平民的进步 平民对这种状况自然是不满意的，屡次威胁要甩开贵族，自己单独建立一个政府。他们的威胁当然是不会成功的，但是也取得了一定的效果，例如在公元前466年的时候，元老院不得不又设立了四个"保民官"的职位，专门负责保证平民的利益。不久之后法律的形式也发生了改变，开始制定成文的法律，从此贵族们再也无法随心所欲地解释法律，平民大会也变得更加民主了。

到了公元前 5 世纪的末期，平民已经可以担任财务官了。到了公元前 4 世纪，更多的改变发生了：第一个平民出身的执政官出现了，而且"两个执政官中必须有一个由平民担任"成为惯例；出现了第一个司法官、户籍官，后来平民也可以担任城邦的祭司了。这一切改变最终也影响到了元老院：当时有规定，高级官员退休之后，自动成为元老院的一员，所以担任高级职务的平民在退休后也进入了元老院，改变了元老院成员全部都是由贵族组成的局面。平民的政治权力虽然进步得很慢，但是始终都在一点点地增加。到了公元前 287 年，平民大会又获得了立法权，平民从贵族那里又夺回了一项重要的权力。

经过长期而又艰难的斗争，贵族和平民之间的鸿沟被填平了，有些平民变成了富人，有些平民成为高级官员并进入了元老院，而且贵族和平民之间不能通婚的规矩也被打破了。但是经济方面的对立仍然没有解决，那些已经成为富人的平民、上层的统治阶级，和贫苦的自由农、佃农、手工业工人之间仍然存在着无法调和的矛盾。为了缓和这个矛盾，为了提高声望，政客们许下了种种诺言，但是这些口头上的东西根本无法解决实际问题，土地兼并、高利贷依然存在，下层人民的生存状况一点也没有改善。

四、罗马统一意大利地区

在政治环境发生变革的同时，罗马也没有忘记开疆拓土。在公元前 350—前 265 年这段时间里，罗马发起了一系列的对外战争，夺取了从阿诺河到卢比孔河以南的全部意大利领土。

罗马的军队 罗马在几乎所有的对外战争中都是胜利者，这是因为它有一支能征善战的军队。罗马人的军队师从于伊达拉里亚人，在平原作战时使用方阵战术，在山地或者丘陵作战的时候则采用另外一种松散的阵形。在激烈的战斗中，能够灵活地集中、分散兵员是很重要的，可以让指挥官如臂使指地调动部队，罗马人为此发明了"军团"这个编制，并且在军中推行。一般来说，军团是由若干个小部队组成，这些小部队训练有素、装备精良，根据作战任务配备相应的武器，进可攻退可守；在必要的时候随时可以分散成小队进行作战，小队也可以随时组合成大型的战斗集体。罗马军队纪律严明，在行军的时候，每天的宿营地外面都要建设营垒，明岗暗哨远近林立，部队休息的同时也不放松警惕。

罗马的战士 罗马军队的战斗力来自严格的训练、精良的武器、灵活的阵形，这些都对后世的军事思想产生了重大的影响。从装备这点来说，每个士兵都要配备头盔、甲胄、盾牌等防御装备，进攻的武器则有重型标枪和短剑两种，标枪是远程武器，短剑是近战武器。但是罗马军队更看重的是人的因素，觉得人要比武器装备更重要，他们认为，每个士兵都是从血肉横飞的战场上成熟起来的，他们已经习惯了身陷重围以及为生存而战斗的生活，所以人才是军队最宝贵的财富。人口越来越多，罗马的资源显得越来越少，士兵们必须用他们手中的标枪和短剑为罗马人争取到更多的土地和资源。也正是因为这个原因，罗马人都崇拜英雄，而士兵们也愿意为荣誉奋勇作战。

罗马和维爱伊 罗马和维爱伊都是伊达拉里亚的城市，维爱伊就在罗马北面不到20公里的地方。虽然这两个城市很近，但是它们之间却是世仇的关系，你死我活的战争持续了很长时间，谁都不愿意向对方低头。在公元前396年的时候，来自北方的高卢人侵入了伊达拉里亚，罗马人趁此良机攻陷了维爱伊，随后又毁掉了这个城市。然而9年之后罗马城也面临了同样的命运：高卢人也攻下了罗马，并且烧毁了一部分城区。关于高卢人进攻罗马有着不同的说法：罗马人说高卢人是被他们赶走的，没有从他们这里得到任何便宜；然而也有部分历史资料能够证明，罗马人拿出了450公斤的黄金作为赎金，这才换来了高卢人的撤退。

拉丁姆的征服 高卢人的入侵应该没有对罗马造成太大的伤害，因为不久之后罗马就恢复了元气，建立了一个更强大的帝国。随后罗马帝国就攻占了埃魁和沃耳西，这是两个位于拉丁姆边境的意大利部落。其他的拉丁城市对罗马的成功非常羡慕，在100年之后和罗马联合建立了一个松散的同盟——拉丁同盟。然而这个同盟虽然维持100多年，最终还是用战争为它画上了句号。战争持续了2年的时间，经过反复的拉锯战之后，罗马成为最后的胜利者，当上了这片土地的主宰。

萨谟奈人的战争 亚平宁山脉位于罗马的东部、那不勒斯的北部，这里生活着凶悍的山地民族萨谟奈人。生活贫困的萨谟奈人对南面富饶的临海平原十分眼红，在他们有了一定的实力后就开始了入侵。那不勒斯和卡普亚无法抵挡萨谟奈人的攻击，急急忙忙地向罗马求援。罗马人清楚地知道，如果让萨谟奈人打下了这里，他们的下一个目标必然就是罗马，所以帮助那不勒斯和卡普亚也就是帮助自己，于是立刻答应出兵救援。萨谟奈人当然不愿意吐出已经吃到嘴里的肥肉，加上他们不肯服输的性格，战争自然也就持续了下来，并且愈演愈烈。这场战争一共打了35年，萨谟奈人最终还是没有赢得胜利，和他们的盟友一起都成了罗马人的附庸。

征服伊达拉里亚 到了公元前280年，包括维爱伊在内的所有伊达拉里亚城市都被罗马征服，成为罗马的"盟邦"。与此同时，高卢人也被罗马赶到了卢比孔河以北，他们的土地也成为罗马的土地。至此，罗马把它的国境线向北推到了卢比孔河和阿诺河。

大希腊 亚平宁半岛的南部也有一些文化比较发达的城市，例如利基翁、罗克里、赫拉克利亚、图里和塔兰托，当时这些地方被人们称为"大希腊"。这些城市的军队战斗力不高，因为它们的人民都已经失去了希腊人那种好战的因子。其实当时其他的希腊城邦也是这个样子，公民不参军，上战场打仗的主力是那些雇佣军。不光是这样，这些城市之间也很不团结，这些特点都说明它们已经被希腊的风格和特性所同化。在图里和塔兰托打仗的时候，图里向罗马求助，而塔兰托则是渡海去请求伊庇鲁斯帮忙，而当时伊庇鲁斯的国王就是年轻而又野心勃勃的皮洛士。

就像他的名字一样，皮洛士性格刚毅又精明强干。他的军队是当时意大利诸城邦中最有战斗力的，罗马人从来都没有和这样的军队作战过，此外他还有一群经过军事训练的战象。罗马的军队从台伯河七丘出发，但是第一仗就打败了，随后皮洛士乘胜追击，从意大利南部一直打到罗马城下。接着双方又在罗马城下大战，罗马人再次全军崩溃。然而罗马人却不愿意承认失败，又和迦太基结成了盟友，继续顽强地战斗下去。

皮洛士见无法让罗马屈服，就扩大了战争的范围，他把战场推进到了西西里岛，试图先把罗马的援军迦太基人打垮。然而他在西西里岛上的盟友却背叛了他，不但没有为他提供支持，还帮助迦太基人偷袭了他的舰队，结果皮洛士的海军全军覆没，他只好带着陆军回到了意大利。然而祸不单行,他的军队在归途中又被罗马人打败,皮洛士只剩下了残兵败将,随后他们逃回了伊庇鲁斯。战争的失利让皮洛士变得忧郁了,不过也让他认清了现实。不久塔兰托也投靠了罗马,全面开放了自己的领域。到了公元前270年的时候,整个意大利的南部都成为罗马的势力范围。

罗马人很注重实际利益,从战争中我们就可以看出这一点。例如他们通过战争缴获了很多战利品,为了让罗马人喝到山上的清水,他们就拨出了一部分战利品,建设了一条长达60公里的高架水渠。

宽大的政策 罗马人是很精明的,他们对被征服民族采取了灵活的措施,成功地赢得了他们的效忠。当对手臣服之后,罗马人只要少部分土地建立自己的殖民地,允许被征服者保留自己大部分的土地,让他们仍旧用自己的法律、习俗来管理自己的地盘。罗马人在每块殖民地上都迁移了3000名公民,每个公民都可以获得一小块属于自己的土地。这种做法不仅缓解了罗马国内日益增进的土地危机,让更多的罗马公民获得了土地,还加强了对被征服地区的统治。当被征服的人们真心认同罗马的统治并付诸行动的时候,罗马人对他们的统治就更宽松了,管理的政策也更宽厚了。总之,只要他们对罗马的忠心在加强,罗马人也不吝惜给予他们更多的权力。

罗马的道路 罗马对交通非常重视,在全国范围内修建了平坦宽阔的道路,可以随时应对偏远地区发生的意外。我们常说"条条大路通罗马",但是这句话反过来也证明了能够从罗马通过条条的大路走到各个地区。罗马人当初修建发达的道路系统的目的有两个:一个是服务于军事,一旦边境地区有变,驻扎在里面的军队可以通过便捷的道路迅速赶到事发地点;另外一个则是为了加强殖民地的管理。但是在客观上,这些道路极大地方便了商业的发展和内外的交流,成为罗马文化发展的大动脉。

当罗马征服了意大利南部地区之后,也得到了和希腊文化直接接触的机会。应该是在公元前269年的时候,罗马人开始了货币的铸造,随着罗马人道路的延长,他们的银币也传播到了四面八方,再次为商业的发展增加了动力。

道路的增加也意味着机遇的增加,罗马人敏锐地发现并抓住了这些机遇,也就无怪乎日渐兴盛了。就在亚历山大的马其顿帝国瓦解的同时,罗马帝国已经崭露头角,罗马的道路必将引领它走到世界之巅。

第9章 罗马共和国的得与失

一、入侵迦太基西部

"条条大路通罗马"这句话不仅仅说明了罗马道路系统的发达，也说明了罗马的强大。按照正常的情况分析，身处这样一个强大的国家，罗马的民众应该感到无上的自豪，并且愿意为了这个国家更加努力地奉献，但是罗马的农民和士兵显然没有这样的觉悟和意识。

贪婪和恐惧　罗马人入侵并占领迦太基，真实的原因就是他们感到了恐惧和发自内心的贪婪。恐惧的是迦太基的国力日渐强盛，担心它终有一天会吞并自己的国家；贪婪的是迦太基有着辽阔的土地和丰厚的资产，希望能够将这一切据为己有。

迦太基是布匿人（腓尼基人的拉丁名字）的骄傲，也是腓尼基人最大的殖民地，有着比罗马更为悠久的历史，也比罗马更富足。迦太基的海上贸易非常发达，海港里每天都会有大量的商船进出，将大量的商品运到迦太基，然后又满载当地的特产前往其他的国家。在迦太基的众多出口商品中，红色的丝织物是最出名的，也是最受欢迎的，行销整个地中海地区。对于迦太基来说，庞大的地中海只是它的一个内湖，它对地中海拥有绝对的控制权，曾经有一个船长骄傲地说："如果不经过我们的允许，罗马连在地中海洗手的资格都没有！"

有了强盛的国力和巨大的财富，也就有了更大的野心，再加上罗马的贪婪和恐惧，这就是发生布匿战争的最根本原因。

第一次布匿战争 伊庇鲁斯的皮洛士在西西里战役失败后，曾经仔细分析过自己战败的原因，他认为并不是自己的军队战斗力太弱，而是罗马和迦太基联合在一起的力量太大了，也就是"非战之罪"。接着他又分析西西里岛在自己离开后会发生什么，结果发现，罗马人和迦太基人都不可能放弃这个富裕的地方，也不会向对方让步，更不会与对方分享西西里岛，最后两国必然将以战争来解决这个问题。事实证明皮洛士的预测是正确的，西西里岛果然成为布匿战争的导火索，双方争夺的目标就是西西里岛的控制权。布匿战争开始于公元前264年，一直到公元前146年才最终结束，整整持续了119年的时间，给罗马、迦太基的人民都造成了极大的伤害。

在第一次布匿战争时，罗马人投入了一支规模庞大的舰队。有了这支舰队，罗马人既可以在西西里岛上和迦太基的陆军争锋，也可以在海面上对迦太基人进行打击。公元前260年，著名的米拉海战爆发了，这场战斗也是一个历史的转折点，罗马人用胜利向世人宣告，罗马军队不仅是陆地上的强者，也是一个海上的强者。据记载，第一次布匿战争打了24年的时间，有700条舰船沉没、20万人牺牲，其他的损失也不计其数。但是迦太基人损失比罗马人更大，到了公元前241年的时候，迦太基已经无力将战争继续下去了，只好接受了罗马人的停战条件，最后赔偿了大量的黄金，还放弃了在西西里岛上的所有权益。迦太基以巨大的代价获得了和平，然而和平的时间很短暂，充其量也就是一个中场休息，让大家都喘一口气。

罗马人获得了整个西西里岛，从这里获得了极大的利益，仅仅是西西里岛的税收，就给罗马的国库每年增加 100 万元的收入。随后的几年里罗马加大了海军投入，又从迦太基人手里抢走了科西嘉岛和撒丁岛，不过这两个小岛是填不满罗马的欲壑的，紧接着它又渡过亚得里亚海，占据了伊利里亚的一部分。罗马的这种"既得陇复望蜀"的做法让迦太基人极为不满，这就为第二次布匿战争的爆发埋下了伏笔。

第二次布匿战争 到了公元前 218 年，第二次布匿战争终于爆发了，这场持续了 17 年的战争可谓是"巨人之间的较量"，双方的统帅都是有名的将领，罗马方面是费边和大西庇阿，迦太基方面是哈斯德鲁拔和汉尼拔。汉尼拔的父亲叫哈米尔卡·巴卡，绰号巴尔卡（闪电的意思），是第一次布匿战争时迦太基军队的主要将领之一。据说汉尼拔从小就表现非凡，哈米尔卡尔对他抱有很大的期望，于是就让 9 岁的汉尼拔在神庙发下誓言，保证永远将罗马视为仇敌。或许是因为自己发下的这个誓言，成年后的汉尼拔和他的兄弟哈斯德鲁拔一起发动了第二次布匿战争。

作为一个杰出的战略家，汉尼拔清楚地知道迦太基不可能放弃地中海西北的控制权，罗马同样也不会把这里让给迦太基，双方必定会以战争的方式最终解决这个区域的归属问题。汉尼拔牢牢地记着自己幼年时代的誓言，一心要洗掉父亲失败的耻辱，于是故意对罗马挑衅，掀起了第二次布匿战争。公元前 219 年，汉尼拔占领了罗马属国西班牙的一个城市，罗马人暴跳如雷，要求迦太基交出罪魁祸首，结果被迦太基以强硬的态度拒绝了。于是罗马决定给这个不知天高地厚的家伙一个教训，准备兵分两路，一路兵临迦太基本土，断掉汉尼拔的后勤，一路直接攻打身在西班牙的汉尼拔，让他无法回援迦太基。然而汉尼拔看穿了罗马人的计划，率领军队避开罗马的主力横穿阿尔卑斯山，抵达罗马人的后院波河流域。在横穿阿尔卑斯山的时候，因为天气太冷，他损失了全部的战象和大量的战士，只剩下了 6000 个没有马的骑兵和不足 2 万的步兵。不过汉尼拔却不认为自己兵力单薄，因为他知道罗马同样也没有足够的兵力来围剿他。按照罗马的习惯做法，虽然他们有 28 万的后备兵员，并且可以从意大利的盟邦那里征召更多的士兵，但是通常只让 4 万人上阵，而且其中大部分人都因为长期的和平失去了作战意志。汉尼拔还乐观地认为，自己将会得到高卢人的援助,因为这里的高卢人在罗马人的盘剥下苦不堪言,早就想把罗马人赶出自己的家园。事实也正像汉尼拔分析的那样,当地的高卢人纷纷来投,仅仅几个月的时间就让他得到了25000名身高体壮的高卢士兵,这也让他有了和罗马人直接对阵的实力,于是他的进攻开始了。

汉尼拔在意大利征战了15年的时间,一次接一次地将罗马军队打败,但是一直没有办法让罗马人屈服。汉尼拔也知道,想要让罗马人投降就必须攻下罗马城,但是这个城市固若金汤,如果没有足够的攻城器械根本就没法打开,而他最缺乏的就是这些,仅仅依靠士兵的肉体和意志显然是无法完成这个任务的,如果强行攻打必定会让他铩羽而归。

在公元前216年,汉尼拔的军事生涯达到了辉煌的顶峰。当时罗马军队的统帅是名将费边,外号"拖延者",最擅长的战术就是侧翼突击。不过这次他采用的是坚壁清野的战术,一直不给汉尼拔找到罗马军队主力的机会,试图拖垮迦太基军队。然而罗马太需要一场胜利来鼓舞士兵日益低落的士气了,于是就免去了费边的职务,让瓦罗来指挥罗马军队。8月,双方在坎尼展开决战,汉尼拔再次创造了一个以少胜多的战例,击杀、俘虏罗马士兵将近7万人,而己方的损失还不到6000人。据保存到现在的古书记载,汉尼拔在战斗后获得了数量惊人的战利品,仅仅从战死的罗马骑士手上取下的戒指就有一斗多(有些书上写的是三斗)。迦太基人高兴地品尝胜利的果实,罗马人只有痛苦地吞下失败的苦果。不过罗马人有一个难能可贵的品质,那就是永不言输,他们迅速地从失败中恢复过来,调集更多的兵力围剿汉尼拔。

如此日复一日年复一年,汉尼拔在意大利的征战之路在罗马人的顽强抵抗下越来越窄。由于常年战斗,汉尼拔的军队伤亡很大,但是却一直得不到后方的补充,所以他的队伍越来越小,以前被征服的地盘也逐渐被罗马人夺走。哈斯德鲁拔知道他处境困难,就决定率领军队来支援他的哥哥。不幸的是,就在翻越阿尔卑斯山的时候,他遭到了罗马人的埋伏并被杀害,军队也溃散了。

公元前203年,罗马年轻的天才名将科尔内利乌斯·西庇阿闪亮登场,率领军队打下了位于西班牙的新迦太基,随后又从罗马出发远征北非的迦太基本土。迦太基无法阻挡大西庇阿的攻势，只好从意大利召回了汉尼拔，试图用他过人的军事才能挽救迦太基。此时的汉尼拔虽然在意大利的地盘越来越小，但是他的威望和影响力还在，不久就组建了一支新的军队，带领着他的人民继续同罗马人作战。然而，好像失败的结局早就已经注定，就在公元前202年，汉尼拔和大西庇阿在扎马的战场上相遇，他也第一次尝到了失败的滋味。扎马战役中迦太基损失了将近5万人，而罗马的损失只有微不足道的1500人，这次战役的失利预告了迦太基将会输掉第二次布匿战争。

大西庇阿用胜利洗掉了他父亲的耻辱（他的父亲曾是汉尼拔的手下败将），也洗掉了罗马人的耻辱，所以回国后迎接他的是盛大、热烈的欢迎仪式，而战败的汉尼拔获得了一个"非洲的西庇阿"的称号，这对他来说无疑是一个巨大的讽刺。

战败的迦太基只好又一次接受了罗马人苛刻的停战条件，再次把大量的黄金作为战争赔款；海军的战舰只能留下来10艘，剩余的都要交给罗马人；在西班牙的殖民地（包括这里储量丰富的银矿）全部割让给罗马；最后一条最屈辱，除非罗马同意，否则迦太基永远也不能挑起战争。

第三次布匿战争　此后双方又开始了安静平和的生活，但是他们对这样的状况都不满意：迦太基人因为受到了屈辱和不平等的待遇而愤愤不平，罗马人则还是因为心中的恐惧而忐忑不安。不过这时候的罗马人恐惧的已经不再是被迦太基征服，而是害怕迦太基人在农业和商业方面和他们进行竞争。在他们看来，迦太基的商人和农民必须受到限制，如果他们在这两方面超过罗马，就必然给罗马带来极大的灾难。当时在罗马有一个对迦太基极端仇恨的组织，领导人是一个性格狭隘的叫作卡托的老农，每次他在元老院或者其他的公共场合进行演讲的时候，不管演讲的内容是什么，结束词都是"迦太基必须毁灭"。但是罗马一直没有找到毁灭迦太基的借口，他的愿望也就一直停留在愿望这个阶段。

到了公元前149年，迦太基和它的邻国努曼提亚发生了矛盾，为了惩罚这个国家的国王，迦太基悍然出兵努米底亚。这件事情给了罗马一个很好的借口，罗马人将军队调到了迦太基，第三次布匿战争爆发了。慑于罗马的军威,迦太基人交出了自己的武器,同时把300多人送给罗马人当作人质。然而罗马人对此并不满足,罗马执政官冷酷地命令他们放弃自己的家园,搬到非洲的内陆。这个要求超出了迦太基人的底线,他们无法接受这样的条件,于是决定用武力来保卫自己的家园。所有的人都上了城墙,没有武器,他们贡献出了家里所有的铁器来打造;没有弓弦,妇女们剪下了她们美丽的长发。迦太基人众志成城,坚守了两年的时间,最后弹尽粮绝,迦太基城还是陷落了。罗马人进城后,几乎杀死了所有参加过抵抗的人,即使没有杀掉的也被当作奴隶卖掉。为了彻底毁掉这个城市,他们用犁翻起了城中所有的地面,还在城市周边的田地里撒上了盐,并且宣布这个城市永远都不得重建。腓尼基人最大的城市就这样变成了一片废墟,持续119年的布匿战争自此落下了帷幕,老农卡托的愿望也终于实现了。

布匿战争的结果 布匿战争的失败者迦太基人就此销声匿迹,然而作为胜利者的罗马人也付出了极大的代价,并且收获的也不全部都是甜美的果实,还有难以吞咽却又不得不吞下的苦果,例如罗马内部不同阶层之间的冲突越来越多、越来越严重,穷人反对富人、小自由农反对大农场主、底层民众反对政府,等等。但是从整体来讲更多的还是积极意义:

第一,布匿战争让地中海的古代文明传播到了更远的地方,而且这个过程的通道是欧洲而不是非洲;

第二,罗马占据了西西里岛、科西嘉岛、撒丁岛、西班牙和非洲的西北部,成为地中海西部名副其实的霸主;

第三,拥有强大陆海军的罗马出现在了历史的舞台之上,并且成为一个主角;

第四,对希腊精神的崇尚说明希腊文化已经征服了罗马人。

二、征服希腊化的东方世界

战后的罗马 罗马在征服西方国家的同时,也没有放过东方的世界。埃及和罗马有着相当友好的关系,原因是当年汉尼拔入侵罗马的时候,罗马发生了大面积的饥荒,而埃及及时伸出了援助之手,送去大量的谷物帮罗马渡过了这个难关。罗马对希腊文化非常推崇，希望自己的国家也能拥有希腊精神，而且这种热情和希望越来越强烈。此外罗马对马其顿有着强烈的恐惧感，因为当时的马其顿国王也是一个英明的君主，一心想要成为第二个亚历山大，并且对汉尼拔入侵罗马的战争提供了帮助。

崇尚希腊精神　在第一次布匿战争期间，罗马人在西西里岛直面了希腊文化，那些大理石建造的神庙、美轮美奂的雕像、充满艺术气息的绘画、演出各种剧目的剧院……总之，城市中有着希腊文明气息的一切事物都让他们惊叹不已，他们渴望用先进的希腊文化装点自己的生活，于是大量的希腊戏剧被翻译成拉丁语，然后在罗马各地巡回演出。

在第二次布匿战争的时候，因为叙拉古、卡普亚、塔兰托等城邦为迦太基人提供了帮助，罗马人对它们进行了严厉的惩罚，从这些地方掠走了大量金银财宝和来自希腊的顶级艺术品。于是来自希腊的奢侈品开始在罗马的上流社会中流传，民众对希腊的文化艺术也开始狂热地追求。前面说过的那个性格狭隘的老农卡托曾对这种现象嗤之以鼻，还和保守的人一起斥责那些崇拜希腊文化的罗马人，但是到了最后，他也不得不学习希腊文字。

希腊化的东方诸邦　马其顿帝国在亚历山大死后分裂成了三个部分，分别是安提柯家族统治的马其顿本土、托勒密家族统治的埃及和塞琉古家族统治的西亚。这三个国家都位于地中海的东部，在公元前3世纪到公元前2世纪之间的这段时间里都发展成为世界性的强国，而且君主们也对希腊的艺术和文化十分推崇，大力支持希腊文化在本国的发展，所以在这三个国家境内随时都可以看到教授希腊文化的老师和贩卖希腊商品的行商坐贾。

地中海地区当然不止这三个国家，还有另外一些小规模的城邦。例如希腊曾经的领军城邦雅典，虽然这时候走了下坡路，商业规模和经济实力大不如前，但是在艺术和哲学方面仍然保持着辉煌的状态，被人们誉为"艺术的圣地""哲学的故乡"；海岛城邦罗得也发展起来了，成为希腊的商业、文化、外交的中心；位于小亚细亚的帕加马也崛起了，并且迅速超越了雅典，成为希腊又一个繁荣的艺术中心，也成为一个超级大国的首都。这时候希腊在地中海周围的城市都已经是埃及的一分子了,其中大多数位于伯罗奔尼撒半岛的城邦结成了亚加亚同盟,而希腊北部、中部的城邦则结成了埃托里亚联盟。尽管有了这两个联盟,希腊人仍然把他们独立自主的古老传统保持了下来,这些城邦仍然拥有一定程度的独立性。

科林斯的欢庆 希腊在公元前196年召开了地峡运动会,许多城邦都派出运动员参加,还有很多民众不惜长途跋涉来观看这一盛况。就在这时,罗马的执政官宣布,科林斯和其他的一些希腊城邦脱离了马其顿的统治,让这个大会达到了高潮。

希腊人为什么这么高兴呢?原来,就在不久之前,继承了亚历山大遗志的马其顿国王悍然入侵希腊,试图成为希腊的主人。这个消息立刻震动了整个希腊世界,雅典、罗得、帕加马、埃及,以及埃托里亚同盟的成员都惊慌不已,因为自己没有抵抗的力量,只能把希望寄托在罗马的身上。而罗马因为一直都对希腊的文化很感兴趣,所以对希腊的这些城邦也都有着深厚的感情。简单商议后,罗马的政治家们一致认为应该出兵,帮助希腊反击马其顿的无耻的入侵行径。为此罗马人派出了一支庞大的、战力强横的军队,他们高举着描绘着金色飞鹰的旗帜,在库诺斯克法莱山(民间称为"狗头山")击败了马其顿的军队,粉碎了马其顿国王的企图。

虽然罗马人拯救了希腊,但是他们并没有提出任何过分的要求,和4年前罗马要求迦太基赔偿大量黄金、割让大片土地不同,这次罗马人显得如此仁慈、宽厚。从此罗马成为希腊的保姆、拥护者、保护人,并且为希腊人提供了更多的权利和自由。科林斯也是这场战争的一个赢家,战后成为罗马在希腊的执政中心。

安条克 公元前191年,叙利亚的国王安条克横渡爱琴海发动了入侵希腊的战争,罗马立刻"以其人之道还治其人之身",同样派出军队横渡爱琴海侧击安条克。安条克曾经希望能够像斯巴达人一样在温泉关挡住罗马军队,但是他显然高估了自己军队的战斗力,在这场战役中蒙受了巨大的损失。到了第二年,远在非洲的小西庇阿也率军赶到,将安条克一路追杀到了小亚细亚,最后在马格尼西亚彻底消灭了他的部队。安条克这个不自量力的行为其实是汉尼拔挑拨的,虽然这时候的汉尼拔已经被放逐,但是罗马不会忘记这个曾经强横无比的对手，而汉尼拔好像也没有忘记小时候的誓言。给了安条克致命一击的并不是小西庇阿，而是安条克的盟友。在战争之前，埃托里亚同盟承诺，只要安条克进攻希腊，就会给予他力所能及的帮助，可是当安条克挑起了战争之后，埃托里亚同盟却食言了，孤立无援的他除了失败再也没有了任何选择。在希腊人之间，这种背叛的现象是司空见惯的事情，他们没完没了地一再上演这样的节目，这不是第一次，也绝对不是最后一次。

这次战争还出现了一些迹象，我们必须予以一定的重视。战后罗马要求安条克割地，并纵容部队大肆抢掠，将大量的财物以战利品的名义带回了罗马。这个事件其实就是一个信号，说明罗马人以后将会发起一次次的对外战争，目的就是获得更多的财富。以老年卡托为代表的上层念念不忘的就是战利品，军队也是为了利益作战，当时的罗马民众普遍有这样一个认识：既然我们交税供养了军队，那么军队就必须用刀剑为我们抢来更多的领土和财富，让我们也能享受到战争的红利。在这种思想的驱使下，罗马人在公元前168年打败了马其顿国王佩尔修斯，而且改变了以往的做法：他们解散了马其顿政府，将王室全部送到了罗马；不再让军队抢掠，而是将马其顿分成了四部分，每一部分都建立了一个独立的共和国，这些共和国每年都要向罗马缴纳沉重的赋税。这个做法是罗马实际掌控马其顿的具有决定意义的第一步，从此马其顿不再以一个独立的国家的形式出现，这片土地也成了罗马人的提款机。虽然罗马的这个做法看起来非常"宽厚"，但是周围的国家也不是傻子，完全可以看到"宽厚"背后的冷酷无情。

科林斯的伤心日　又过了22年，也就是公元前146年，罗马人彻底撕下"宽厚"的面纱，露出了为了利益不择手段的狰狞面目：他们把科林斯洗劫得干干净净，然后又一把火烧掉了这个城市。和50年前的满城欢呼、鲜花满地相比，这个时刻的科林斯是血泪满城、遍地疮痍的，那个原本宽厚仁慈的保护者已经蜕变成了一个暴虐残忍的征服者。

这个结局虽然令人惋惜，但是科林斯在一定程度上讲也算是咎由自取。罗马人曾经指天画地地发誓说，要给包括科林斯在内的所有希腊城邦自由和民主的权利；但是同时他们也要求说，希腊的各个城邦必须服从罗马的领导，任何时候、任何事情都不能违背罗马的意志、伤害罗马的利益。另一方面，罗马人所说的"自治"也是不公平的，权力全部掌握在贵族那里，民主派没有得到丝毫的实际权力，这就让民主派极为不满，一直试图反抗贵族和罗马人的统治。不但民主派和贵族有矛盾，希腊的各个城邦之间也是矛盾重重。

在第三次布匿战争期间，罗马人的主力集中到了北非，国内兵力空虚，而希腊内部也是纷争不断。科林斯和亚加亚同盟认为这是一个千载难逢的良机，随即组织了一支联军入侵斯巴达。不过联军严重低估了罗马的实力，很快罗马的留守部队就把这个联盟打垮了，科林斯也就发生了上面所说的一幕人间惨剧。很显然这是罗马人杀鸡儆猴，给所有希腊人的一个严厉警告：任何人如果不服从罗马的统治、挑战罗马的权威，科林斯就是他们必然的、唯一的下场！

从时间上来说，科林斯和迦太基都是在公元前146年毁灭的，下手的也都是罗马人。我们有理由相信，除了政治和军事因素，经济因素应该也是罗马人毁灭这两个城市的重要原因，甚至是最主要的原因，抑或说是初衷，因为它们在经济上的发展已经足以对罗马形成威胁了。

罗马在维护权威方面一直是不遗余力的，就在前两年，马其顿的国王对此表示了蔑视，罗马人随即派兵灭掉了这个国家，把它当成一个行省并入了罗马。

米特拉达悌 东方国家的君主们都是一些野心勃勃的家伙，例如叙利亚的安条克和马其顿的国王，他们一再挑战罗马的底线，最终让罗马从一个保护者变成了一个征服者，他们的行为要比那些民主派喋喋不休的争吵要有效率得多了。此外，本都的米特拉达悌也是幕后推手之一，或许他的初衷并非如此，而且也不想得到这样一个下场，但是他的行为在客观上就是在挑战罗马的权威。

本都王国只是一个黑海南岸的小国家，原本没有什么名气。在公元前89年，罗马和它在意大利的盟邦发生了内战，看起来似乎无暇他顾，本都认为自己的机会来了，就袭击了罗马在小亚细亚地区的盟友。

罗马当时没有立刻采取行动，但是在解决了亚平宁半岛的纠纷之后，转身就派出了苏拉和庞培两员大将，不费吹灰之力就把本都给灭了。当时还有雅典以及其他几个希腊城邦参与了本都的行动，罗马也同样没有放过它们，给予了严厉的惩罚。就这样，米特拉达悌自己作死把本都变成了罗马的一个行省。

下一个被罗马变成行省的是叙利亚，而且是罗马最重要的行省之一。

就这样，位于小亚细亚的许多城邦要么被灭国，成为罗马的一个行省；要么丧失了主权，向罗马称臣纳贡，成为罗马的附属国或者附庸国。

三、经济和社会的变迁

阶级冲突 在布匿战争期间，因为所有的力量都要为战争服务，罗马的权力又被集中到了元老院，由这个机构负责管理包括军事和外交在内的所有事务，所以公民大会和保民官几乎没有任何权力。在这种情况下，罗马已经在事实上恢复了贵族政治，富人们也大发战争财，使自己的财富迅速增长；见利忘义的商人也不会放过这个良机，他们低买高卖、投机倒把、囤积居奇，导致贫富差距越来越大。而作为军队主力的士兵大多都来自农民，当他们回到家乡的时候，却悲哀地发现自己的田地已经成为别人的了，留给他们的只有满身伤疤。

元老阶级 在多年的征战中，获得利益最大的是那些贵族。这些贵族家中都有人在元老院、军队、政府身居高位，他们分享了大部分的战争红利，这使得原本就是富人的他们变得更富了。这些人的经济头脑也很好，并没有坐吃山空，而是把新增的这部分财富投入到了农业，试图以规模化生产来提高农业的效益。

在第二次布匿战争后，罗马从新征服的行省和意大利那里获得了大量的土地。这些土地被划分成大小不一的小块，按照一定的标准分配给那些无地的罗马农民。不过农民分到的那些土地是微不足道的，大部分都落到了大农场主和大牧场主的手里。从法律上来说，这些大农场主和大牧场主并不是土地的所有者,因此他们也就光明正大地不用交税了。这些人也不会亲自管理,而是派一个管家带着一些奴隶负责这些农场或者牧场的生产,他们自己则负责在罗马花天酒地,有兴致的时候来视察一下就可以了。不过说是视察,其实就是度假。他们在自己的土地上修建了豪华的乡间别墅,地面上铺着高级的地板,用大理石做成柱子,此外还有浴室、游泳池、人造喷泉、私人花园等。

随着罗马人接受了越来越多的希腊文化,他们的生活也越来越奢侈,古罗马流传下来的习俗和文化也逐渐消失。越来越多的人不再尊敬古老的传统,不再祭拜罗马人自己的神灵;离婚的人数日益增多,社会风气每况愈下。希腊文化对罗马的不利影响还不仅于此,它已经对这个国家的统治者元老阶级造成极大的影响,共和国的统治基础也被它侵蚀得越来越薄弱。

有产者 罗马的有产者也是布匿战争的得利者。"有产者"这个概念不包括元老院的那些贵族和地主,主要指的是那些居住在城市中的富裕商人,这些人还没有成为元老院元老的资格。罗马人还把这些有产者称为"骑士",确切地说他们都是罗马的资本家,属于先富起来的那一部分人。这些有产者也不都是罗马的原住民,有些是其他行省在这里的商人,也有一些是希腊人或者叙利亚人(之前是奴隶,后来被释放,成为自由民)。除了商人还有很多包税人(承包某个地区的税收)和承包商(承建政府批准的各种公共工程),这些人也有自己的政府代言人,例如庞培就是某个包税人的后台,能言善辩的西塞罗也是其中的一员。

农民 和元老、有产者的政治权力和经济利益不断增长相反,农民的日子却越来越难过了。在罗马,农民一般指的都是自己拥有田地的自耕农,他们曾经是这个国家的基础,既是供应粮食的人,也是军队的兵源,更是最拥护民主的一部分人。在战争期间,战士的大量伤亡让农民的数量大大减少,他们的田地也因为战争荒芜了,或者因为债务而被贵族吞并了。失去土地或者无力耕种的农民只好来到城市,靠打零工或者给贵族、富人当用人为生,但是他们仍然属于自由民的范畴。此外还有大量的佃农失业了,因为对于地主来说,使用奴隶耕种要比用佃农获得的利益更大。

对于罗马来说，农民进城最重要的意义就是让更多的贵族、富人成为与土地脱离的领主，这些领主有着大片的土地、大理石建造的豪华别墅和来自异国他乡的奴隶。如此一来，罗马的基础就已经不再是以农民为主的公民了，它已经蜕化成了一个为元老和有产者服务的暴力机构。

奴隶 罗马的奴隶来源有两个，一个是战争中的俘虏，一个是被海盗掳掠的平民。当时最大的奴隶市场就在罗德斯岛上，大量的奴隶从这里被卖到意大利，在农场、橄榄园、葡萄园、牧场或工厂里从事体力劳动。来自希腊的奴隶境况要好一些，如果某个奴隶有较高的文化素养，就可以从事抄书、教书的工作，甚至还可以成为某个贵族的门客或者顾问。如果这个贵族是军方的将领，还有庞大的资产——例如庞培这样的百万富翁，完全可以自己组织起一支私人军队。庞培就曾经说过："只要我愿意，一招手就可以集中成千上万的士兵。"

士兵 罗马的军队也发生了变化，大部分都是脱离劳动的职业军人。农民的工作就是种地，只有发生临时冲突的时候才会短暂地服一段时间的兵役。当然，如果是参加远征法国或者亚洲的战争，他们的身份就已经不是农民，而是一个士兵了。不管是将军还是士兵，为国家打仗就是他们存在的意义，也是他们要为之奉献鲜血乃至生命的事业。当然，他们也会从战争中得到荣誉和战利品，这也是他们应该获得的。

无产者 无产者指的是那些奴隶和一切不占有资产的人，他们没有能够让他们养家糊口的长期工作，只能靠短暂的体力劳动或者贩卖一些小商品为生。即使是那些正在工作的人，一旦失业或者破产，也会沦落为无产者。人们只看到了罗马城内金碧辉煌的高大建筑，却没有看到隐藏在背后的那些凄惨的贫民窟。这里的环境极端恶劣，很多家庭都拥挤在一间狭小低矮的棚户里，过着朝不保夕的生活。这些贫民窟是罗马的一个隐患，逐渐成为罗马安定生活的威胁。

值得注意的是，这些无产者仍然属于公民，也就是说他们并没有失去选举的权利，他们手中的选票仍然是有效的，他们仍然在罗马政治生活中扮演着重要的角色。如果一个候选人是有钱人，那么他就可以贿赂这些选民，用钱财换来他们的投票；如果这个候选人足够聪明，他就可以向这些无产者许下土地随便占、面包不要钱、借债不用还之类的诺言，同样也可以获得他们的拥护和支持。

四、煽动与独裁

罗马当时的政治环境是极其复杂的：无产者阶层不掌握生产资料，所以他们最经不起诱惑，不管是金钱、食物、土地还是权力，总有一样可以收买他们；有产者虽然有着一定的财富，但是他们更希望能够获得更多的政治权力以彰显自己的地位；掌握权力的是元老院的贵族，他们倒是不再追求更大的权力和更多的资产，但是他们害怕失去目前的一切；军队中的将领虽然有着赫赫的战功，但是他们仍然想要取得新的胜利，在为罗马开疆拓土的同时也获得更高、更多的荣誉。总之，罗马想要建立一个公平公正的政府越来越困难，那些满腹经纶又心怀大志的人越来越有成为煽动家、独裁者的可能。

格拉古兄弟　政客也不代表着就是坏人，大多数政客还是想为这个国家和老百姓做一些好事的，虽然有时候他们也会做出某些不理智的事，但是我们也不能以此就判定他们做得不对。格拉古兄弟就是这样的政治家，哥哥叫提比留·格拉古，弟弟叫盖约·格拉古，他们出身于非洲的一个贵族家庭，但是长大之后却成了无产者的代言人、支持者。

公元前133年，提比留·格拉古提出了一项土地改革的建议，受到了贫民的欢迎，也因此被选举为保民官。这个建议的主要内容就是：富人可以占有公共土地，可以把它们作为他们的牧场，但是面积不能超过1000犹格（合270公顷、2.7平方公里），剩下的土地分成一小块一小块的小型农场，分给那些没有土地的公民；如果分到土地的公民无力耕种，政府还可以提供一定数量的贷款，供他们购买农具和牲畜。

这个建议虽好，却严重损害了那些侵占公共土地的贵族的利益。就在提比留的这个建议付诸表决的时候，代表贵族利益的另一个保民官否决了它。提比留没有气馁，马上就发动了反击，敦促平民大会罢免了那个保民官，为他的那些土改方案的通过扫清了障碍。提比留的这种无视元老院利益、无视宪法的行为激怒了元老们，他也成了元老们的眼中钉肉中刺，元老们想要将其除之而后快。就在提比留参加连任保民官选举的时候，一群元老带着自己的武装奴隶刺杀了他，他所推行的政策也被废除了。

历史的车轮是无法阻止的，仅仅过了10年的时间，土地改革的提案再次出现在公众的面前。这次提出改革的是提比留的弟弟盖约·格拉古，他也是一个保民官。在平民大会上，格拉古提议重新制定、推行提比留的土地法案，并且提出、通过了一系列对无产者有利的措施：修整道路以改善运输条件，让外国的农产品能够更迅速、方便地进入罗马；号召无地的罗马人迁到迦太基、卡普亚、塔兰托等地的殖民地，并且取得更多的殖民地来安置他们；平衡物价，政府卖给贫民的谷物只有市场价格的一半。平衡物价的措施太激进了，严重损害了那些商人和富人的利益，使格拉古为自己树立了许多敌人。

因为经费不足，格拉古的这些措施无法真正地实施下去。于是格拉古就提议修改税法，提高罗马在亚洲地区的那些行省的税率，以获得启动资金。由于罗马帝国实行的是包税制度，这对亚洲地区的那些包税人来说无疑是一个好消息，所以得到了他们一致的支持。此外格拉古还提议扩大公民权的范围，让意大利地区的人民也成为罗马公民，虽然这个提议最终没有获得通过，但是对格拉古的声誉是一个极大的提高。

政治上的努力让格拉古成为一个风云人物，也成为无数无产者崇拜的偶像，他也顺理成章地再度当选为保民官，并且成为罗马政坛上的一个举足轻重的大人物。但是他的这些措施也开始让更多的人反对他，特别是元老院的那些元老。就在他竞选第三任保民官的时候，他的敌人用调虎离山计让他去迦太基建设一个新的殖民地，然后让他的竞争对手在竞选大会上发动暴乱，使他最终功亏一篑。当格拉古回到罗马的时候，恰好赶上城中发生的暴乱，元老们又指使自己的武装奴隶趁机在混乱中杀害了他，这件事情发生在公元前121年。又过了几年，格拉古土地法被修改得面目全非，小农场的分配工作被全面叫停，而贵族们霸占的公共用地一点也没有吐出来，格拉古兄弟的改革也无疾而终。

马略和军队 格拉古兄弟的改革之所以没有成功，就是因为他们只有无产者的支持，而没有掌握军权。不管是哪一个国家，也不管是什么时候，想要成为一个言出法随的政治家和独裁者，没有军队的支持是不可想象的，盖约·马略就用自己的经历对此进行了诠释。

盖约·马略出身行伍，退役后依靠承包工程变成了有产者，随后又走上政坛。公元前119年，他当选为保民官，接着又在公元前107年当选为执政官。在执政期间，马略击溃了努米底亚国王朱古达，同时还带着罗马军队打退了日耳曼部落辛布里人和条顿人的入侵，军事上的成功让马略在政坛上的地位如日中天。和格拉古相比，格拉古只掌权两年就身死政消，而马略却当了6年的执政官，两人最大的区别就是格拉古没有获得来自军方的任何支持，而马略却有一支愿意为他卖命的军队，一直支持他至退出政坛。

社会战争 在马略卸任之后，意大利人和罗马人产生了冲突，这次冲突在历史上被称为"社会战争"，但是我们觉得用"内战"这个词来命名更为恰当。内战的起因是罗马一直不肯实行格拉古提出的扩大公民权范围的提议，而意大利人也不愿意一直做二等公民，当矛盾无法调和的时候，那就只有用战争来解决了，于是内战终于无可挽回地爆发了。虽然双方战斗了3年，可是罗马最终也不是依靠武力取得胜利的，而是依靠外交手段。罗马先是用武力威慑住了所有的共和国，然后告诉这些国家的人民，如果投降就让他们获得公民权。意大利人要求的就是这个，哪里还有不同意的道理？自然都答应了罗马的条件。从此，意大利就是罗马，意大利人也成为罗马人。

苏拉和他的公敌宣言 卢奇乌斯·科涅利乌·苏拉是一个贵族，曾经向马略学习如何打仗。后来在意大利内战的时候他开始独自领军，并且取得了许多胜利，战绩甚至超过了马略。后来在罗马准备东征米特拉达梯的时候，他和马略都希望能够成为这支部队的统帅，以便建立更大的功勋。由于此时正值他的军队从意大利载誉归来，并且得到了元老院的支持，于是他顺利打败了马略和马略的拥护者，成为东征部队的统帅。

苏拉在米特拉达梯征战了4年的时间，当他在公元前83年取得胜利回到罗马的时候，得到的不是鲜花和荣誉，而是当头一棒：他原来的竞争对手——主要就是马略的朋友们，马略此时已经去世——没收了他所有的财产，还剥夺了他的公民权，他的支持者和朋友因为不肯投降而惨遭杀害。被激怒的苏拉马上开始了报复，他每天都会在罗马的广场上公布一份名单，上面所有的人都被宣布为公敌，意思就是说，名单上的所有人都将会被剥夺公民权、没收全部家产，而且也保不住性命。苏拉用这种方式杀死了几千个政敌，不少人都是富裕的有产者，然后他把他们的土地和房子作为奖励分给了他的士兵和支持者。

在公元前82—前79年的这段时间里，苏拉成为罗马的独裁者，当然主要原因就是他有军队和贵族的支持。这个时期的苏拉实际上已经可以被称为国王或者皇帝了，但是他并没有这样做，而是保持务实的作风。为了让罗马的政策更加符合一个帝国的需要，他对其进行了细微的改动，此举当然是为了恢复元老院的贵族政治。苏拉应该完全掌握了当时罗马的政局，因为不久之后就交出了全部的权力，回到他美丽的海滨别墅安享晚年了。第二年，也就是公元前78年，卢奇乌斯·科涅利乌·苏拉安详地离开了人间，享年61岁。

然而，人民总是健忘的，不久就忘记了他所制定的法律，因为还有更多的人希望能够做一个煽动家和独裁者，可以说苏拉为这些人树立了一个榜样。

克拉苏和庞培　马库斯·李锡尼·克拉苏和格涅乌斯·庞培都曾经是苏拉的部下，都希望能够在政治上做出超过苏拉的成绩。和苏拉一样，这两个人也是马略和民主派的反对者，但是后来他们和无产者达成了某种交易，获得了无产者的支持，随后在无产者、有产者、军队的三方支持下，威逼元老院同意提名他俩作为执政官的候选人，并且成功当选。庞培在任期间还获得了名将的称号，因为他不仅消灭了地中海的海盗，还再次击败了米特拉达梯并成功地让叙利亚成为罗马国土的一部分。而克拉苏则好像对发家致富更感兴趣，积极投身于贩卖奴隶、开采银矿和罗马的地产行业，拥有的资产越来越多。不过这些成绩并没有让他们满足，他们希望的是能够在政治上取得更多的成绩、更大的荣誉，所以他们一直在密切关注着罗马政坛的变化。

五、尤利乌斯·恺撒的独裁

和克拉苏的联合让庞培获得了成功，也让庞培意识到了联合的好处。但是庞培同样也知道，仅仅只有他和克拉苏的联合是不够的，他们应该联合更多的人，让自己这个团体的力量更大，才能取得更高的成就。之后果然第三个人出现了，他就是尤利乌斯·恺撒。当恺撒加入后，他们三个人果然取得了举世震惊的成就，也让罗马成为历史上最伟大的帝国之一。但是不管是庞培还是克拉苏都没有想到，这个叫恺撒的年轻人会如此成功，甚至让历史都铭记住了他。当庞培真正明白他把恺撒拉进来意味着什么的时候，已经无能为力了。

第一次的三头政治 庞培、克拉苏和恺撒三个人联合成立的政府被人们称为"三头政治"，意思就是三个人的政治团体。这三个人的联合可谓珠联璧合，庞培是一个军事天才，克拉苏擅长经济领域的事务，而恺撒就更不简单了，既是一个聪明能干的政治家，也是一个雄辩无双的演说家，还是一个能力出众的法律专家，同时还是一个有着丰富战斗经验的军官。当年苏拉曾经把自己称为"幸运的人"，把庞培称为"伟大的人"，把克拉苏称为"大富翁"，虽然这个时候的恺撒还没有任何称号，但是不久之后他就自己创作出一个前所未有的伟大称号。此时的恺撒正是年富力强的时候，作为政坛新星的他有着相当大的影响力。恺撒出身于名门望族，但是和家族中其他人都是保守派不同，他的政治观点比较倾向于民主派。恺撒的家族和罗马的其他大家族有着盘根错节的关系，例如他的外公担任过执政官，他的姑姑嫁给了马略，他第一个妻子的父亲是一位民主派的领袖，他第二个妻子是苏拉的女儿，他的女儿尤莉亚后来嫁给了庞培。

恺撒在高卢 公元前59年，恺撒的朋友用尽一切办法，终于把恺撒送上了执政官的宝座。恺撒为了报答这些人的帮助，在任职期间利用职权通过了很多对他们有利的法案。例如为庞培麾下的许多老兵分配了公共土地，允许庞培在亚洲的一切活动，他还答应那些和克拉苏关系比较好的包税人，将他们应该缴纳的特权税减少三分之一，类似这样的事情不胜枚举。

庞培、克拉苏、恺撒三个人划分了各自的势力范围，将整个罗马帝国瓜分得干干净净。克拉苏的地盘是罗马的东部，西部归了恺撒，剩下的中部和南部都属于庞培。在此期间，恺撒曾在高卢和其他地方出任总督；克拉苏曾率兵征讨波斯；庞培则一直待在罗马，作为意大利军队和地中海舰队的统帅，虎视眈眈地寻找合适的机会。

恺撒在高卢时取得了赫赫的战绩：征讨并"安抚"了一个个的部落；为了打击日耳曼人，他还在莱茵河上建造了一座横跨两岸的桥梁；为了征服不列颠，他曾两次率军渡过英吉利海峡。恺撒还是一位渊博的学者，曾经写过很多作品，其中一本用拉丁文写的名叫《高卢战记》的书，即使到了现在仍然是中学生最喜欢的书籍之一。恺撒的高卢总督的任期一再延长，从 5 年最后到了 10 年，他所率领的军队规模越来越大，战斗力也越来越强。在恺撒的征战下，罗马的边界北边到了莱茵河、西边到了大西洋，他所建立的阿尔卑斯北高卢行省，几乎是罗马面积最大的一个行省。作为一个杰出的政治家，他知道治下的百姓需要的是什么，他曾公开宣布，高卢士兵是罗马军团里出色的战士，高卢人也是合格的罗马公民。

恺撒和另外那些政治家、军事家使罗马成为地中海地区举足轻重的强国，但是他们也使得军国主义势力抬头，而且军国主义势力逐渐强大起来，已经能够左右罗马帝国的命运了。但是我们不能因为他们的错误而抹杀他们的功绩，功就是功，过就是过。

跨过卢比孔河 公元前 53 年，三巨头之一的克拉苏在和安息帝国的战斗中被俘身亡（也有说阵亡的），罗马的政权开始由庞培和恺撒两个人掌握。这时候恺撒和庞培之间的关系出现了一丝微妙的变化，他们原本亲密无间的关系逐渐变得疏远，就在庞培担任罗马唯一的执政官的时候，受元老院挑拨，他还试图解除恺撒的兵权，搞垮恺撒在高卢建立的庞大势力。后来他们之间的矛盾越来越大、越来越表面化，已经从政治对立演变成了军事对峙。对于罗马原本稳定的政局来说，这无疑是一件令人痛惜的事情。

公元前 49 年，元老院向恺撒送去了最后通牒，如果他不立刻返回罗马，就会宣布他为"国敌"。恺撒大怒，立刻带着他战力强横的军队返回罗马。庞培和元老院闻讯后，也立刻召集起军队，以应对恺撒随时可能发起的攻势。

就在恺撒到达罗马以前在北方的边界卢比孔河的时候，他有些犹豫了，因为他知道，一旦他跨过这条河流，就意味着罗马内战的开始，罗马将生灵涂炭，他可能成为历史的罪人。但是恺撒从来都不是一个优柔寡断的人，他更知道他和庞培之间必须有一个人退出罗马的政坛，才能彻底结束目前的局面。既然进有可能胜利、退则一败涂地，那他为什么不进呢？恺撒既然下定了决心，就纵马越过了卢比孔河，率军直扑罗马城。

听到恺撒过了卢比孔河的消息，庞培和元老院组织的军队一哄而散，原本气定神闲的庞培和元老院元老们立刻变得目瞪口呆。回过神来的庞培当机立断，带着金银细软逃离了意大利，没有了武力支持的元老院也只好黯然接受这个结局，打开了罗马的城门。于是恺撒兵不血刃，昂然进入了罗马，这一天是公元前 49 年的 1 月 7 日。

恺撒进入罗马后，立刻宣布自己成为罗马新的执政官，顺利掌控局面。第二年，恺撒为了剪除庞培的羽翼，最大程度地消减庞培的实力，派兵进入西班牙清剿庞培的支持者。在巨大的军事压力和政治压力下，庞培的支持者们纷纷改换门庭，又成了恺撒的支持者。完成这项准备工作后，恺撒又亲自率军东征庞培，在法尔萨拉一役重创庞培，从此庞培再也没有了东山再起的资本，只身逃亡埃及。就在庞培刚刚到达埃及的亚历山大的时候，恺撒派出的人接踵而至，将庞培暗杀了。至此，罗马再也没有了可以和恺撒抗衡的人物，恺撒实际上已经成为一个独裁者，罗马新的主人。

在随后的三年里，埃及和小亚细亚多次出现了反对恺撒独裁的暴动和叛乱，但都没有坚持多长时间就被恺撒镇压了，这些地方也都慢慢地服从了恺撒的领导。

恺撒的权力和称号　恺撒虽然已经是一个实际上的独裁者，但是他并没有解散元老院，仍然保留了这个机构，让它继续举行公民大会，但是他已经暗中控制了元老院。罗马的执政官还是两个人，但是所有的实权都在恺撒手里，另一个执政官只是一个傀儡，换句话说，只要是在罗马执政官的职权范围，恺撒都可以一言而决。保民官这个职位同样也没有幸免，所有的权力都被恺撒收回了，能保留的只有一个称呼和名誉。与此相反的是，恺撒将财务官、助理执政官以及另外一些部门的官员的人数增加了一倍以上，因为这些人都是恺撒的支持者和追随者。在罗马，从来没有人能够拥有像恺撒这样大的权力，他是军队的最高统帅，可以对外宣战，可以调停国内的一切矛盾，可以调动国库的所有资金，可以决定财政的支出，可以单独任免官员和将领。我们完全可以这样说，除了没有"皇帝"这个称呼，恺撒已经有了皇帝应该有的所有权力。也有人认为，恺撒不是不想当皇帝，只不过罗马人给了他"国父"的称号，这个头衔显然要比"皇帝"含金量更大，更让他自豪，所以他也就打消了当皇帝的念头。

恺撒的改革　恺撒为了这个国家做了很多事情，虽然他的目的是保证独裁，但是我们不能否认，他是一个有远见的人，他所颁布的法律、采取的措施为罗马的发展做出了贡献，使人民获得了更大的利益。

恺撒手握重兵，在高卢多次取得胜利，这就让他有了取得更多政治权力的野心，最终他也通过武力得到了他想要的东西。恺撒看起来更像是一个规则的破坏者，不过也正是有了武力的压制，恺撒才得以以不流血的方式进入罗马，稳定政局，为罗马争取更多的利益。

恺撒擅长内政管理。在恺撒上台之前，罗马的城市都无法摆脱脏、乱、差的面貌，恺撒为此专门制定了许多法规，让城市的管理有了标准，之后所有的城市都面貌一新了。包税制可谓是罗马的一个毒瘤，很多人都曾经被包税人逼得倾家荡产，恺撒掌权后制定了正规的赋税政策，取消了这个弊政。此外，恺撒的军队里没有种族歧视，任何民族的人都可以和意大利人一样进入军队；除了元老院，恺撒增加每一个阶层的政治权力；为了让地方政府有更多的权力，也为了公民之外的民众遵守罗马的法律，恺撒将公民权当作了奖品；恺撒建立了许多殖民地，遍及罗马的每一个行省，迦太基和科林斯就是其中比较著名的两个；随着人口增多，不务正业、游手好闲的人也多了起来，为了改变这种不良现象，恺撒采取了减少救济粮数量的措施，并且取得了一定的效果；恺撒还制定了一部新的律法，规定一年有365天，还增加了闰月的概念，一直沿用至今。

纵观恺撒的一生，虽然他也有着许多缺点和错误，但是他为罗马也做出了杰出的贡献，总体上还是瑕不掩瑜的。为了纪念这个罗马的"国父"，人们将他制定的历法称为"恺撒历"。

恺撒之死 不过恺撒的权力欲和改革的步伐太大了，这不仅伤害了他的敌人，也伤害了他的朋友。这些人知道，如果再让恺撒这样下去，总有一天他们将死无葬身之地。公元前44年3月15日，就在恺撒参加元老院的一个会议的时候，他的部下、朋友马可·布鲁图和盖约·卡西乌两人为首，带着另外60多个人趁他倒地而乱刀砍杀了他。据说恺撒被砍了23刀，至死都不相信他的这些曾经的朋友、战友会杀了他。而那些杀人凶手认为自己没有做错，因为恺撒正在带领着罗马走向毁灭，为了罗马人的利益，只有让恺撒做出牺牲了。莎士比亚曾经创作了一部剧本，写的就是恺撒之死的故事，剧本中的杀人者曾经宣称："我们爱恺撒，但是我们更爱罗马！"

六、奥古斯都帝国的君主政体

恺撒和庞培一样都掌握着极大的权力，也都没有称帝。但是他们也有不同的地方，例如恺撒为施行君主制做了很多工作，而庞培在这一点上是无法和恺撒相比的。虽然后来恺撒被暗杀了，但是这件事对恺撒的声誉没有任何影响，无法改变人民对恺撒的热爱，他在罗马人的心目中仍然有着崇高的地位，这件事甚至让他成了一个悲情英雄。西塞罗曾经用他雄辩无双的口才诋毁恺撒，但是没有取得一点成效。

第二次三头政治 恺撒被暗杀后，罗马的政坛再次产生了震荡，很多人开始争夺恺撒留下的权力和政治财产，马可·安东尼就是其中的一员。

安东尼是恺撒在高卢时手下的将领，在恺撒独裁的时候还担任过执政官的职务。他尽力让自己以恺撒的继承人的身份出现在公众面前，采用所有手段让人们记得恺撒曾经为这个国家做出的贡献。首先他串联了那些恺撒的老部下，让他们反对那些曾经参与暗杀恺撒的人，这就为他扫清了一部分政敌。接着他公布了恺撒的遗嘱，告诉罗马的公民，恺撒答应死后将会给每一个罗马公民一笔钱；另外还将他的私人花园贡献出来，作为所有罗马人休闲娱乐的公园，这样他就又获得了下层罗马公民的支持。

但是安东尼万万没有想到他会遇到屋大维这个强劲的对手。屋大维是恺撒的外甥，恺撒在遗嘱中说得很明白，屋大维是自己的养子，并且是他庞大财产的继承人。当时的屋大维只是一个18岁的毛头小子，既没有军队的支持，也对政治不感兴趣，所以安东尼虽然知道恺撒遗嘱的内容，却没有把屋大维当成威胁。估计谁也不会料到，这个年轻人会成为另外一个恺撒。

恺撒遇刺的时候屋大维还在行军途中，他知道这个消息之后立刻返回罗马，继承了恺撒的遗产并把自己的名字改为盖约·尤里乌·恺撒·屋大维安努。屋大维知道自己势单力薄，就通过讨好西塞罗（就是前面说过的诋毁恺撒的那个人，当时是元老院的领袖）得到了元老院的支持，并且被任命为一支部队的统帅。西塞罗本来是想把屋大维当成一个对付安东尼的棋子，用完之后就放弃了，但是很快他就知道了什么是"搬起石头砸了自己的脚"。穆提那战役后，屋大维立刻率领军队回师罗马，威逼元老院和平民大会将他选举为执政官。当初恺撒的一幕又重现了。

公元前43年，已经站稳脚的屋大维和安东尼这个曾经的对手，还有恺撒的老部下、现任骑兵统领李必达结成了同盟，三个人同进同退，一起成为罗马的主人，约定执政官的职位由他们三个轮流担任，任期为5年。这就是第二次"三头政治"，也叫"后三头同盟"。

决定性的战役 在这个三人团体中，虽然屋大维继承了恺撒巨额的财产，成了一个有钱人，但是他仍然是那个实力最小的人。那么他为什么又要和昔日的敌人安东尼联合呢？其实屋大维的真正目的就是利用安东尼的地位和权力。他也确实做到了，在和安东尼联合后，他们一起推翻了元老院中的共和党，并且打败了以布鲁图和卡西乌为首的共和党军队。屋大维的这个举动证明了他是一个政治天才，纵横捭阖之术用得炉火纯青。

在这次内战中，三巨头杀死了包括西塞罗在内的300多名元老院的元老，并且和他们的部下一起瓜分了这些元老的全部土地。卡西乌和布鲁图领导的共和党军队不甘心接受这个结果，决定起兵反抗三巨头的统治，就在公元前42年，著名的菲力比战役在马其顿打响。虽然共和党军队有8万人之众，但是最终还是失败了，卡西乌和布鲁图自杀。这场战役对三巨头有着重要的意义，标志着罗马再也没有势力能够阻挡他们的统治了。战后三巨头划定了自己的势力范围：实力最强的安东尼分到了高卢和东部的各个行省，这是最大的一份；屋大维其次，获得了西班牙和意大利；李必达分到的最少，只有非洲的一个行省。不久李必达辞去了自己的职务，他的地盘也落到了屋大维的手里，于是屋大维的势力范围又超过了安东尼，屋大维成为罗马西部实际上的主人。

掌控罗马东部地区的安东尼曾经也是一个有着雄心壮志的人，一度励精图治并试图征服波斯，然而最终他还是被智慧和美色打败了。智慧当然指的是屋大维，美色则指的是埃及艳后克娄巴特拉。和他的老上司恺撒一样，安东尼也陷入了情网，拜倒在这个"尼罗河巫女"的石榴裙下。但是他们两人的情况也有所不同，安东尼陷得太深了，已经到了抛妻弃子、无法自拔的地步。安东尼的妻子是屋大维的妹妹屋大维娅，被丈夫抛弃在了罗马，终日以泪洗面。屋大维对此当然很不高兴，于是和安东尼的关系也出现了裂痕，这也意味着罗马有了裂痕。

然而安东尼对此却毫不在意，终日沉溺在酒色之中，甚至希望自己能够像亚历山大一样，整日享受奢靡的生活。后来安东尼打算征服波斯，希望屋大维能够派出一支强劲的部队归他领导，但是被屋大维拒绝了。安东尼恼羞成怒，就带着自己庞大的军队和埃及艳后的海军转而攻击屋大维，屋大维也不甘示弱，马上提兵迎战，内战爆发了。

公元前31年，双方的海军在希腊西海岸的亚克兴展开了激战，这场战役的失败让安东尼最终输掉了战争，让屋大维成为罗马的主人。战争结束后，安东尼因兵败自杀，埃及艳后克娄巴特拉被俘后还试图以美色诱惑屋大维，遗憾的是屋大维对她没有一点兴趣，走投无路的她最后也用自杀结束了自己的生命。

公元前29年，全面掌握了罗马政权的屋大维在罗马用盛大的仪式来庆祝自己的胜利。他曾经说过，"我是所有事物的主宰"，事实也的确如此，不管是他的名字还是他所做的事情，他都无愧于"恺撒"这个称呼。

伪装的专制政体　从公元前27年开始，屋大维统治了罗马41年，一直到公元14年才寿终正寝。他的舅舅、义父恺撒和他相比就差多了，恺撒只统治了4年的时间，最后还被人暗杀了。屋大维能做到这些是因为他深深地明白，专制的君主制也是需要伪装的，他比恺撒高明的地方就在于，他给专制的君主制披上了共和制的外衣。和恺撒一样，屋大维也是执政官兼任大祭司，并且具有保民官的所有权力，还被称为将军和国父，但是他很聪明地没有实行执政官终身制，更没有把独裁公开化。屋大维的确接受了"奥古斯都"这个称号，也同意人们喊他"元首"（Princes），但是这个单词用到他身上仅仅是"第一公民"的意思，和英文的王子（Prince）没有任何关系，虽然"元首"是"王子"的来源。屋大维从来都不在乎称号这些表面上的东西，也不在意礼节，他更像是一个古老的贵族，而不像东方的那些残暴的君主。

权力　从表面上看，罗马是一个民主的共和国，但实际上并非如此，奥古斯都在罗马有着至高无上的地位和凌驾于一切之上的权力。在外交、宣战、媾和、财政等关键事务上，奥古斯都都能够一言而决，而且他还是军队的最高统帅和国家最高领导人。这些职务当然也有任期，一般都是5年或者10年，但是可以连任，而且连任的时候也从来没有出过岔子。

那么奥古斯都的最高权力是谁给的呢？难道是来自这个特殊的职务和称号吗？当然并非如此。屋大维用自己的钱修建神庙、高架渠、公共建筑、街道、公路，这些公共设施的修建让他获得了前所未有的声望，有了声望也就意味着获得了更多平民的支持，有了更多的支持也就让他的各种政策能够顺利地执行。当然，他灵活的手腕和控制着军权也是他能够获得最高权力的原因。如果一个人有了海量的金钱、崇高的声望、名正言顺的职务、灵活的手腕以及军队的支持，还有什么理由无法掌握最高权力呢？

和平　罗马人早就厌倦了战争，特别是发生在自己人之间的内战。公元前29年，在奥古斯都的努力下，罗马人经过200多年的战争之后终于迎来了和平，当亚努斯神庙的大门缓缓关闭的时候，在场的民众欢声雷动，庆祝自己又能够过上安静平和的生活。罗马人知道，奥古斯都是他们能够享受和平的关键,为了纪念他,人们在马提乌斯广场(阅兵广场)上修建了一座雕刻精美的圣坛,称之为"奥古斯都的和平"。

这种和平的生活一直维持了将近200年的时间,虽然其间也发生过几次不幸的冲突,不过很快就结束了。但是这并不是说罗马就没有了战争,在边疆地区,罗马的军队一直没有忘记用手中的刀剑让帝国的版图变得越来越大。

奥古斯都认为,罗马帝国现在的边界无险可守,应该把国境线放到海岸、大河或者崇山峻岭上,这样才更容易防守。为了达成这个心愿,奥古斯都一直率领罗马军队攻打周边的邻国,建立了一个又一个新的行省。到他去世的时候,罗马帝国的疆域已经变得庞大无比:北至莱茵河和多瑙河,南面到了撒哈拉沙漠;西至大西洋的东岸,东部直抵黑海、幼发拉底河和阿拉伯沙漠。

繁荣 有了和平,也就意味着商业和文化有了发展、繁荣的机会。虽然边疆地区战火纷飞,但是地中海周边的这片核心区域繁花似锦、歌舞升平,享受着前所未有的盛世。地中海此时已经成为罗马帝国的内湖,海面上航行的不再是战舰,而是满载着小麦、红酒、橄榄油、布匹、毛料、碗碟和金属器皿等商品的货船,这些货船将这些货物运输到罗马各地和周边的国家。我们一点都不怀疑,这是一个繁华的时代、一个富庶的时代,发掘出来的庞贝和其他一些城市的遗址完全可以作为证据。奥古斯都曾经自豪地说:"我到罗马的时候,它是一座砖砌的城市;当我离开的时候,它已经变成大理石砌的了。"奥古斯都的这番话当然言过其实了,如果"罗马城"指的只是神庙和公共建筑的话,那么我们不得不承认他说的是正确的,但是奥古斯都说这话的时候,好像并没有想到那些金碧辉煌的高大建筑后面还有大片贫民窟。

文学 奥古斯都时代应该是罗马文学史上的黄金时代。这个时期的代表作是维吉尔写的《埃涅阿斯纪》。这部伟大的作品的主人公叫埃涅阿斯,一个特洛伊的王子,讲的是他在特洛伊陷落后四处流浪的故事,和《奥德赛》中主人公的遭遇有异曲同工之妙。维吉尔的作品有着鲜明的时代特色,形式上与希腊的《荷马史诗》极为相似,只不过他采用的是拉丁文;

内容上是对希腊神话的深化和发展,并且将爱琴海世界和罗马文化有机地联系在了一起。这部作品也可以看作罗马和罗马统治者的赞美诗,据说当时的罗马统治者家族就是主人公埃涅阿斯的后代。

奥古斯都时代的另外一个著名诗人是贺拉斯,他因为创作了优美的抒情诗《颂歌》而名闻天下。还有一个叫奥维德的诗人,比较擅长描写爱情题材,他的作品通常取材于希腊的传说和罗马的神话,将那些神灵之间的爱情和其他一些故事结合在一起,用他超人的文字驾驭能力写成动人的诗篇。散文家李维也是一个历史学家,曾用长篇连载的方式编写过一部长篇《罗马史》,用词简练深沉。

除了文学方面的作家,另外的作家都集中在哲学、修辞学、建筑学等方面,总计有十几个学科,其中哲学方面的内容都和斯多亚学派和伊壁鸠鲁派有关。

梅切纳斯是一位在艺术和文学方面著名的评论家,他是奥古斯都的好朋友,也是他的御用文臣,对奥古斯都有一定的影响力。梅切纳斯也是一个慷慨的人,当时许多诗人都得到过他的接济,这就使得他的名声更好了。

这个时期不仅仅是罗马一地文学昌盛,文学还从罗马传播到了其他国家,在东方那些受希腊文明影响比较多的地方,也涌现出了大批的作家、诗人和学者。当时小亚细亚出现了一位伟大的地理学家,名叫斯特拉波,他曾旅居埃及的亚历山大;另外还有雅典这个文学的圣地,它的魅力从来就没有减弱,吸引着一批又一批的学者来到这里。不管是诗歌、戏剧、散文,还是建筑、雕刻、绘画,奥古斯都时代都算得上是一个繁荣昌盛的时代,都是值得我们去赞扬的。

宗教 随着希腊文明的影响日益增多,罗马的神和希腊的神已经合二为一了。然而随着经济发展,人们的精神反而堕落了,他们已经忘记了众神的教诲,丢弃了自己优良的风俗和传统。那些将自己的目标转移到哲学研究方面的人还算是好的,最令人遗憾的是那些沉溺于物质和美色享受的行为,而且这种现象还不是个例,整个罗马的上层都是如此,上行下效,罗马世风日下,轻浮的语言和淫荡的生活成了主流,通奸和背叛比比皆是，家庭破裂屡见不鲜。

奥古斯都对这种情况十分不满，决心要结束这种令人不安的风气，提倡和保护稳定的旧式家庭，让人们重新遵守那些昔日的传统美德。为此他采取了一系列的措施：敦促元老院制定有关婚姻的法律，保障家庭中男子的利益；因为作品中有赞扬、鼓励不正当的爱情观的内容，著名诗人奥维德被流放；因为私生活糜烂，给社会造成了极坏的影响，奥古斯都的女儿也被他赶走了。然而即便如此，奥古斯都的措施也没有取得多少成效，传统的社会美德和对神灵的崇拜仍然在一步步地离开罗马人。

这个时期还诞生了一位伟大的宗教人物，他就是耶稣，在以后的篇章里我们会详细介绍他和他的基督教。

黑暗的阴影 就在奥古斯都去世之前的公元9年，罗马军队和日耳曼人发生了一次激烈的冲突，罗马军队被昔日的手下败将打得溃不成军。这个悲剧对罗马来说是一个提醒和警告，告诉他们如果没有了往日的美德和尚武精神，那么罗马将会进入一个黑暗的年代。当初的日耳曼人被马略和恺撒一步步向北赶到莱茵河、多瑙河流域，他们不会甘心永远生活在这片苦寒的土地上，只要有合适的机会，必然会南下牧马，渡过莱茵河、多瑙河，翻过阿尔卑斯山脉，重新回到这个繁荣的庞大帝国，将这里的土地变成他们的牧场，将这里的人民变成他们的奴隶。

第 10 章　罗马帝国与希腊罗马文明

一、奥古斯都的继承者们

世袭的君主政体　按照罗马共和国的传统习惯，统治者是没有"皇帝"这种称号和"皇冠"这种象征物的，奥古斯都也严格遵守了这个传统，但是他留给后人的明显是一个君主制国家，后世的历史学家也不认为这是一个共和国，也更习惯称他为"皇帝"。此外，能够证明这个国家是君主制而不是共和国的证据还有一个，那就是这个国家的元首不是由元老院或者公民大会选举产生的，而是世袭的，也就是由元首本人在他的几个儿子或者养子之间挑出一个，让他来继承自己的位置。罗马帝国就是用这种方式来保证帝位传袭的，从奥古斯都到提比留、凯尤斯、喀劳狄一世和尼禄等，一直延续到了公元 68 年。

奥古斯都一直都在小心翼翼地掩盖他名为

共和、实为专制的事实，但是他的后人却直接揭开了这块遮羞布。他们直接修改法律并操控选举，让自己能够终身任职；平民大会已经没有了任何权力，元老院也成了橡皮图章，对于皇帝的任何建议或者提名只能说"赞成"，不能提出任何反对的意见；军队、财政、公共建设是政府中最重要的三个部门，它们全部都被皇帝牢牢地把控着。

面包和马戏　皇帝们虽然也会使用国库中的资金享受奢侈的生活，但是为了保证皇室有崇高的声望和人民的忠心，他们也会尽量满足民众对"面包和马戏"的需求。"面包"指的是民众的物质生活，政府用财政补贴的方式从埃及运来大量的谷物，免费送给那些罗马的无产者；"马戏"指的是民众的精神生活，政府建设剧院等各种公共娱乐设施，满足人们日益增长的精神需求。每当到了节庆的时候，整个罗马的人们都倾家而出，欣赏街头的游行、剧院的演出、运动场上的战车竞赛、竞技场里的格斗和搏杀。最让后世的我们无法想象的是，生命和鲜血完全无法唤醒他们的良知，只是他们的一个娱乐项目，当时的罗马人最喜爱的节目就是人和人之间的生死搏杀，人和狮子、老虎之类的猛兽的生死搏杀。

公共建设和宫殿　除了娱乐设施，在公共建设上皇帝们也毫不吝啬地进行大手笔的投入。在罗马和其他行省的重要城市里，皇帝们投入巨资兴建了用石头铺砌的宽阔道路、广场，兴建了大理石神庙，为了解决罗马民众的饮水问题，还用石头建设了高架渠。公元64年，一场大火烧毁了大半个罗马，在随后的重建工作中，当时的皇帝尼禄对城市布局重新做了规划：原来的木棚全部拆掉，取而代之的是坚固的房子，所有的街道都加宽取直；在大火焚毁的地方，他利用空地开辟了一个公园，里面用大理石砌成了巨大的宫殿，被人们称为"金宫"。为了让民众得到更刺激的娱乐，那些被指控为放火犯的基督徒被他像火炬一样当众烧死。

虽然奥古斯都仍然保持着罗马传统贵族那种不尚浮华的低调作风，但是他的后代显然不愿意这样，这些继承者们非常羡慕东方君主们的那种奢侈豪华的生活，认为这才是帝王应该过的生活。凯尤斯和尼禄不仅要享受奢侈的生活，还想要和埃及的国王一样，让他们的子民把自己当作神灵一样崇拜。

暴君和恐怖统治　　"暴君"这个词来自希腊，本义是"用暴力取得统治的君主"，后来成为表示"专制、嗜杀的君主"的专用词语。如果以专制和嗜杀为标准，那么所有的罗马皇帝和独裁者都可以用暴君来称呼，因为这些人都是依靠暴力来保证自己的统治地位，总是怀疑有人觊觎他的权力和地位，并且不惜以杀戮来消除这种怀疑。

奥古斯都之后的四个皇帝（提比留、凯尤斯、喀劳狄一世、尼禄）都是历史上有名的暴君。这四个皇帝不管看起来多么风光，生活是如何奢侈，但是他们在内心深处总有一种不安全感。这种不安全感来自多疑，对军队的怀疑、对大臣的怀疑等，所以他们会经常到他们的禁卫军中探望，目的就是获得禁卫军的忠心。有了禁卫军这支精锐部队的支持，他们就不用再担心元老院的反对、民众的反抗了，也不用担心有人造反、谋害自己了，可以说禁卫军就是皇帝手中最可靠的一把利器。但是新的问题又出现了：要是禁卫军造反了该怎么办？

毋庸置疑，这种多疑的心理和皇帝的酒色无度、视人命如草芥的生活态度有着密切的关系，知道了这一点，我们就更容易理解，提比留、凯尤斯、喀劳狄一世、尼禄这四个皇帝为什么会被称为怪物和嗜血的暴君了。

提比留担任过将军、财务官、大法官、执政官、保民官，做事勤勤恳恳，一直到继位之前都不是一个残忍的人。但是在当上皇帝之后，他为了权力杀死了许多他认为心怀不轨的人，这就让他戴上了暴君的帽子。凯尤斯继位的时候只有25岁，刚开始的时候也是一个深孚众望的皇帝，但是很快就变成了一个挥霍无度、残忍好杀的暴君。凯尤斯的外号是"卡里古拉"，就是"小军靴"的意思，因为他小时候喜欢穿着一双小军靴，像个大人一样走来走去，这个外号比他的名字更出名，有些史书干脆就把"卡里古拉"当作他的名字。喀劳狄一世不像是一个皇帝，更像是一个浑身散发着书卷气息的文人，但是他宠信他的妻子和奴隶，在历史上留下了斑斑劣迹。尼禄少年时代喜欢诗歌、绘画、音乐，是哲学家塞涅卡的得意门生，然而登基不久就开始酗酒、杀人、荒淫无度。

这四个皇帝只有提比留是善终的，凯尤斯被刺杀，喀劳狄一世被皇后小阿格里皮娜毒死，尼禄更不堪，为了不被人刺杀，他先自杀了。

维斯帕西安 尼禄自杀后，就在公元68年6月9日至公元69年12月22日这一年半之内，罗马帝国有四个皇帝登基、三个皇帝驾崩：加尔巴被奥托谋杀、奥托被维特里乌斯打败后自杀、维特里乌斯战败后被维斯帕西安处死，之后皇位就落到了维斯帕西安头上。这段时间被后世称为"四帝之乱"时期。

维斯帕西安是一个优秀的军事将领，当时是犹太军团的统帅，奥托自杀后，他又获得了多瑙河军团、叙利亚军团、埃及军团的支持，最后像恺撒、奥古斯都那样用武力赢得了帝位。这个皇帝比较务实，不像尼禄那样荒淫无度、好大喜功，他下令将金屋拆掉，在原址上建造了巨大的圆形竞技场，也就是我们熟悉的罗马竞技场。在这个用石头建造的竞技场里，不知道发生了多少惨绝人寰的悲剧，即使到了今天，我们在看到它的遗址的时候仍然能够感到阴森恐怖的气息。

维斯帕西安施政比较宽厚，不是一个嗜杀的皇帝，在公元79年寿终正寝。但即便如此，因为犹太人造反，他还是派他的儿子提图斯带兵攻破了耶路撒冷，烧毁犹太圣殿并屠杀了大量的犹太人。

图拉真 因为篇幅所限，我们无法列举出所有的罗马皇帝，也无法一一评价他们的是非功过，只能挑选一些有代表性的进行点评，图拉真就是其中的一个。

图拉真也是一个优秀的军事统帅，战功赫赫，爱兵如子，赢得了士兵们的一致拥戴。图拉真统治时期，罗马军队将帝国的疆域扩展到了历史的顶峰。这也是一个擅长"作秀"的皇帝，用各种措施和行为得到了罗马民众的喜爱。从图拉真的统治时期开始，来自各行省的议员在元老院中占据了大多数的席位，使得行省在帝国中的地位越来越高，发挥的作用也越来越大。

值得注意的是，图拉真来自西班牙行省，而且此后的皇帝都是来自帝国的各个行省。

哈德良 图拉真之后的皇帝就是哈德良。哈德良有过从军的经历，还是一个渊博的学者，也是一个爱好和平的皇帝，他适当放弃了一部分边缘地区，但是加强了防御。哈德良统治罗马大约有20年的时间（从公元117

年到公元 138 年），让民众享受到了一段时间里安居乐业的生活。他不但关注着罗马城的市容市貌，也对各个行省的建设非常关心，他花费了数年的时间，巡视了全国所有的行省。哈德良也很重视建筑，他不但修建了位于罗马的宙斯神庙，还在罗马的其他地区修建了众多的庙宇，这些建筑和他壮丽的陵园都保存到了现代。

马可·奥勒留 马可·奥勒留是罗马帝国五贤帝时代的最后一个皇帝，在位时间是公元 161—189 年。他不但是一个很有智慧的君主，也是一个造诣很深的思想家。这是一位具有典型的斯多亚学派美德的皇帝，生活简朴不尚奢华，忠于职守勤于案牍。和图拉真、哈德良只是受到斯多亚学派的影响不同，马可·奥勒留本身就是一个有名的哲学家，是著名的《沉思录》的作者。

遗憾的是，马可·奥勒留一直都反对基督教。当时的人们认为基督教徒都是一些不善于处理邻里关系、不服从政府管理的人，皇帝们也有这样的误解，因此在位的时候多多少少都做了一些迫害基督徒的事情，即使是后世认为的最仁慈的皇帝也不例外。

二、罗马帝国的后期

内战和塞维鲁的出现 公元 192 年，康茂德（马可·奥勒留的儿子）被人下毒后绞死，他的去世令罗马陷入内战之中。当时的禁卫军和不列颠、叙利亚、多瑙河等地区都推出了自己的皇帝候选人，经过激烈厮杀，塞普提米·塞维鲁胜出，戴着仍然在滴着鲜血的皇冠坐到了皇帝的宝座上。

塞维鲁出生在非洲的一个骑士家庭，学习过拉丁文字，原本只是一个小人物，后来马可·奥里略的一个部下提拔了他，他开始在军中崭露头角，并成为多瑙河军团的统帅，更在公元 193 年一跃成为罗马帝国的皇帝，开创了塞维鲁王朝。他一共在位 19 年，却花了 12 年的时间征战。塞维鲁最臭名昭著的政策是用莫须有的罪名成批地屠杀那些富人（不论他有着什么样的社会地位），然后把他们的财产分给自己的部下。这种行为不是塞维鲁首创的,但是从此之后罗马的皇帝纷纷仿效,使它成了最佳的敛财手段。塞维鲁的行为造成了三个极为恶劣的后果:第一,大批德才兼备的官员被杀掉,严重削弱了罗马的统治力量;第二,有野心的将军们互相不停地争权夺利,而且为了权力丧失了底线;第三,人们不敢从事商业活动,害怕自己因为有钱而成为下一个被杀的人,这些因素严重损害了罗马的经济发展。

30 个皇帝　随着塞维鲁和他的儿子卡拉卡拉相继去世,罗马帝国成为军队将领们的逐鹿场。从公元 217 年开始,一直到公元 270 年,在这 53 年的时间里,罗马出现了 30 个皇帝,这里还没有算上那些自封为王的,而且这 30 个人只有一个是善终的,剩下的全都死于非命。

公元 270 年,奥勒良成为罗马皇帝。奥勒良出生于多瑙河的一个农民家庭,长大后成为一个才华卓绝而又富有指挥才能的将军,登基后仅仅用了 5 年的时间就收复了罗马三分之二曾经丢失的国土,使四分五裂的罗马初步完成了统一。可惜的是仅仅在位 5 年他就被自己的禁卫军暗杀了,而且他的继承人也没有逃脱被谋杀的命运。

发生在 3 世纪的这场内乱对罗马造成了灾难性的后果:第一,不停的内战撕下了民主的遮羞布,专制光明正大地走上了历史的舞台;第二,削弱了罗马城的领导权威,从此罗马城丧失了它一直拥有的特殊地位;第三,罗马帝国整个国家的城市建设都被破坏;第四,削弱了边境的防御力量,让蛮族有了入侵的机会。

戴克里先　公元 284 年,戴克里先成为罗马的又一个皇帝。他的登基结束了罗马持续了 100 多年的混乱和内战,让罗马恢复了统治秩序。戴克里先还是一个改革家,他知道这个帝国太大了,凭自己一个人是无法治理好的,于是就把罗马分成了四块,自己和另外三个人分别统治其中一块,史称"四帝共治"。在另外三个人中,地位仅次于戴克里先的称为"奥古斯都",另两个称为"恺撒"。他在军队和税收方面也成功地进行了改革,但是在改革物价和工资的时候遭到了失败。戴克里先是一个名副其实的君主,而且自称有君权神授的资格,但是令人意外的是,他在登基 21 年之后选择了退位,享受了 8 年悠闲的晚年生活后与世长辞。

君士坦丁 戴克里先去世后,罗马又一次进入群雄逐鹿的时代,一直到君士坦丁出现才结束。公元312年,君士坦丁在"四奥古斯都之战"中获胜,取得了帝国西半部的控制权,随后又在公元324年打败了李锡尼,统一了整个罗马,也成为帝国唯一的皇帝。接着他将首都从罗马迁到了古希腊城市拜占庭,命名为"君士坦丁堡",意思就是"君士坦丁的城市"。这个城市位于巴尔干半岛东端、博斯普鲁斯海峡南口的西岸,扼黑海入口、当欧亚交通要冲,有着极为重要的战略位置,这也是君士坦丁迁都的一个重要原因。

君士坦丁不仅将君士坦丁堡建设成了一个"新罗马城",还对帝国政府进行了改革,同时还皈依了基督教并将基督教立为国教,结束了罗马皇帝迫害基督徒的历史,历史上被称为"君士坦丁大帝"。

查士丁尼 到了公元4世纪之后,罗马再次分裂为东、西两个帝国,一个是以罗马城为首都的西罗马,一个是以君士坦丁堡为首都的东罗马。西罗马帝国在公元5世纪的时候逐渐崩溃,所有的领土都被蛮族占领并成立了自己的王国,已经无法称为一个帝国了。又过了100年,东罗马出现了一个雄才伟略的皇帝——查士丁尼,他一度收复了意大利、非洲、地中海等地区的西罗马失地,再次使罗马获得了短暂的统一。查士丁尼曾主持修订了《国法大全》,这是欧洲第一部系统完备的法典,也为他赢得了永垂不朽的盛名。

查士丁尼死后罗马再次分裂,而此时的东罗马帝国实际上已经完全可以称为希腊帝国了。1453年,君士坦丁堡被奥斯曼帝国攻破,东罗马帝国灭亡,这个城市也被改名为伊斯坦布尔。到了公元800年,西罗马帝国一度兴起,也曾经试图复兴和统一罗马帝国,并且取得了一定的成就,但是始终没有完成统一的目标。

三、大罗马世界

我们之所以把罗马帝国的统治范围称为"大罗马世界",其原因就是罗马帝国是第一个也是唯一一个征服并统治地中海周边的大国。在古代,地中海本来就被称为"大地的中心",罗马帝国建立后,这里才真正成为世界的中心,这个称谓才名副其实。

罗马文化在欧洲的扩张 罗马成为地中海的主宰之后,古老的东方文明与西方的野蛮文明产生了碰撞和交流。就像亚历山大曾经将希腊文化传播到东方一样,罗马征服了东方的希腊化世界后,也开始向西传播希腊文化。当时罗马帝国的领土已经到达了北非的迦太基,这就让亚洲、欧洲、非洲连到了一起,文化的传播已经没有了政治和军事上的阻碍。也正是在这种情况下,意大利、西班牙、高卢和不列颠等地有了接触希腊文明的机会,并且继承了这个古老的文明。虽然后来野蛮人的入侵几乎毁掉了不列颠和欧洲北部那些地方的罗马制度,但是意大利、西班牙和高卢没有受到冲击,仍然在使用罗马的语言和文化。

北部边界 领土增加了,也就意味着需要保卫的地方更多了,战线拉长了,需要的兵力更多了。也正是由于这个原因,到了奥古斯都时代的时候,罗马人已经对开疆拓土不再那么热情,而是开始考虑如何将边境线设在易守难攻的地方,从而让他们能够以最少的兵力防守最大的疆域。一般来说,海洋、沙漠、河流和山脉都是最好的边界,因为它们都可以给进攻者造成很大的困扰。我们可以从地形图上看到,本身阿尔卑斯山就是罗马帝国北部的最佳边境线,但是这里生活着很多侵略成性的山地部落,无法完全保证罗马北部的安全,于是奥古斯都决定,将边境线推进到更北面的多瑙河。接着他又希望能够把西北部边境线设在莱茵河和易北河,然而奥古斯都在莱茵河以北、易北河以南的地区遭到了沉重的打击,他的三个军团被阿米尼乌斯率领的日耳曼人击败,他只好撤回莱茵河南岸。从此,罗马帝国北方的边境线就维持在了多瑙河和莱茵河一线,直到罗马帝国崩溃为止。在不列颠的北部和一些没有天堑的地方,罗马人用石头修建了长城,并把它作为防御工事。长城的修建说明罗马人已经无法仅凭军队的力量就能够战胜敌人,只能够依靠工事的帮助做被动的防御,这也意味着罗马帝国开始走向衰落。

罗马人在边境线的自己一方修建了许多兵营,各个兵营之间都有专门的军用道路以方便军队的调动。在某些地理位置比较重要的地方,兵营也就修得大一些，这些兵营后来许多都发展成了城市，例如现代英国的切斯特、兰卡斯特、唐卡斯特等城市，都有着这样的来历。这一点我们从城市的名字就可以看出来，"兵营"这个单词在拉丁文中拼作"castra"，而"切斯特""卡斯特"就是这个单词的变形。如果我们把目光投向欧洲大陆的莱茵河、多瑙河一线，就会发现这一带的城市都有着共同点：多瑙河沿岸的主要城市都在河流的南面，而莱茵河沿岸的主要城市都在河流的西面。造成这种布局的原因就是这些城市的位置就是当年罗马的兵营。

罗马帝国的南部边界和西部边界就比较简单了，南面是生活环境恶劣的撒哈拉大沙漠，西面是浩瀚的大西洋，通过这种天然的障碍要比河流、山脉困难得多了，和长城相比更是天壤之别。

东部边界 罗马在亚洲的领土主要是叙利亚和小亚细亚，其实这里也有一个沙漠作为它东部的屏障，然而有两个原因使得这个屏障并不可靠：第一，罗马的实际控制区只是沙漠的边缘一带，对于内部它仍然无力有效控制；第二，因为和敌方形成了拉锯战，没人知道确定的边境线在哪里。此外，还有一个问题就是阿拉伯沙漠在东部边界的南部，即使解决了上述两个问题，北部的边境仍然无险可守。

美索不达米亚的北部曾经被罗马占领了很长时间，为了控制亚美尼亚，罗马人把底格里斯河和幼发拉底河之间的地区单独成立一个行省，但是罗马人在此地的统治并不太平，经常被帕提亚人和波斯继承人袭击。

罗马和平 虽然罗马的士兵一直在边疆浴血奋战，风餐露宿，枕戈待旦，但是罗马的内部完全不是这个样子，在相当长的时间内都是歌舞升平的。或许有读者会用罗马的内战来反驳，但是如果你仔细研究罗马历史的话，就会发现从公元前29年开始，一直到公元192年，在超过200年的时间里，罗马始终都生活在和平之中。当然，我们并不否认公元68年的时候罗马也发生过一次时间不长的内战。

罗马的和平并不是各个民族友好协商的结果，而是各个民族在罗马的屠刀之下不得不选择和平。听起来这个结论似乎是邪恶的、反人类的，但是对于人民和文明的发展来说，这个结果完全是正义的、进步的，不管是什么样的和平，都是人类的福音，都可以促进文明的进步。在罗马完成这个工作之前,战争的阴云始终笼罩在地中海地区的上空,无数的人命丧黄泉,无数的土地被抛荒,无数的经济被摧毁,无数的文明被破坏……而和平的出现让这一切都结束了,于是陆地上数十个发达的城市被建立,海面上飞驰着满载商品的货船,地中海地区的文明也得到了飞速发展,并且走向了世界,而罗马也成为地中海地区古典文明走向巅峰的一个标志。

四、政府和法律

罗马的榜样及影响 和平之后,罗马在政府组织和制定法律方面有了长足的进步,罗马成为古代史上一个共和国建设的杰出典范。罗马打下了如此辽阔的疆域,并且能够进行井井有条的治理,这是难能可贵的一件事,在此之前,无论是什么地方,即使是雅典这样的城邦共和国,也都比不上罗马的成就。罗马不仅是古代共和国的榜样,对近代的共和国也有着很大的影响,就连"共和国""民主"这些词语也都是从拉丁文中得来的。再比如近代民主国家官员的选举,就是沿用的古罗马的选举方式,像雅典那种用抽签来决定谁担任官员的落后方式自然被摒弃了。此外,近代各个国家的参议院、众议院等机构,同样也是借鉴古罗马的元老院模式;更让我们惊奇的是,18世纪的美国和法国在制定宪法的时候,竟然参考古罗马制度提出了共和政体的观念!

罗马既有元老院和平民大会,也有独裁者,所以我们在赞扬罗马给后世留下先进的共和政体的同时,也不要忘记专制政体同样也是它的遗产。在古罗马后期,君主们的专用称号是"imperator"(古罗马皇帝)和"princeps"(领袖),在英语中演化为尊号"emperor"(皇帝)和"prince"(王子),在形式上几乎没有任何的区别。除了尊号之外,罗马专制政体的遗产还有皇宫、皇座、皇冠、皇袍,这些皇帝的象征物也被后世的君主制国家完全继承了下来。

接下来谈一下罗马的行政和立法,以及它们所造成的影响。

行政 在治理一个庞大的国家时,政府该采取什么样的政策?从这方面来说,罗马是做得最好的,已经超越了前面所有的政权。罗马最初对各个行省的管理是粗放式的：每个行省任命一个总督，由总督负责本行省赋税、行政和官员的任免，罗马中央政府不加干涉。这种方式的好处是中央政府比较省力，对地方上的突发事件可以及时处理；不过这种方式同样也有一个很大的弊端，那就是很容易让总督成为地方军阀，对中央政府的权威形成威胁。

为了适应形势发展的需要，罗马在行政方面一直都在大胆地摸索所有能够施行的方式。例如对新征服地区的管理上，罗马会尽可能地把那些刚被征服的民族集中在一起，建立起村、镇或者城市，如果这些人能够表现出对罗马的忠心，就会让他们获得罗马公民的身份，所在村、镇、城市也可以升级，并且获得更多的特权。罗马用这种方式很快就让新征服的地区平静下来，让这里的人迅速融入罗马，成为罗马忠心耿耿的支持者。罗马虽然也有一些城邦高度自治，但是它从来就不是一个松散的联合体。

立法 政治制度有了进步，法律也必然要随着发展，二者是相辅相成的，一旦脱节就会出现问题。罗马人对法律的制定一直都很重视，他们可谓是古代最伟大的法律制定者，很多法典在很长时间内都是周围各个国家立法的参考对象，并且对近现代的法律体系也产生了深刻的影响。

古代的法律大多都是简单明了的，罗马的法律同样也不例外。罗马最早的成文法律应该是在公元前451—前450年颁布的，当时的十人委员会制定了一部法律，然后用拉丁文刻到了12块青铜铸造的铜板上，因此后世称之为《十二铜表法》。这也是世界上第一部成文法，包括了债务、遗产继承、婚姻以及诉讼程序等各个方面的内容。

罗马帝国最初只是一个城邦，接着成为共和国，后来又建立了帝国，国家越来越大，人口也越来越多，人和人之间的关系也越来越复杂。这时原来的法律已经无法适应国家的发展了，各行各业要求制定更广泛、更详细的法律的呼声也越来越高。例如随着商业的发展和个人财富的增多，罗马公民需要更加完善的商法和财产法；罗马有一段时间道德败坏、性关系混乱，很多家庭为此而破裂，所以罗马迫切需要一部婚姻法来保障公民们的婚姻。商业的发展和帝国的扩张，不可避免地会出现罗马人和外国人对簿公堂的现象，然而双方都只熟悉本国的法律，这就让法官对如何定性、如何判决大伤脑筋。为了解决这个问题，罗马成立了一个涉外法庭，专门处理罗马人和外国人之间的诉讼，审理和判决的时候一半采用罗马的法律，一半沿用外国的法律和习俗。

人们在生活和工作中的方方面面都会产生矛盾，这就出现了分门别类的法律。毋庸置疑，罗马的法律只能约束罗马人，对附属的民族和外国人是没有约束力的。因为这种法律能够适用的主体是有限的，所以在涉及外国人的时候，法官就会自行对其进行"解释"和"延伸"，也就是法官本人的意见决定了涉外案件的判决，这也是"法官制定的法律"的由来。即便如此，也不代表着法官对罗马人和外国人一视同仁，他们在"解释"法律的时候还是偏向罗马人的。

当时罗马的法律来源可以分为这样三类：立法机关制定的法律、皇帝颁布的法令、法官制定的法律。这就使得罗马的法律复杂无比，即使是最博学的法学家也无法弄清里面的头绪。当年恺撒最大的心愿就是把所有的法律和判决都搜集起来，仔细研究后归纳总结成一部法典，让人们不再头疼这个问题，可惜最终也没有做到。600年之后，查士丁尼为恺撒完成了这个宏伟的目标，编成了《法典》。

查士丁尼刚一登基，就任命了一个以特里布尼厄斯（著名的法学家）为首的十人委员会，专门负责汇集、编纂和解释罗马繁杂的法律和法令，终于在公元529年颁布施行《法典》。不过查士丁尼并没有满足，接着命令特里布尼厄斯组织了16个法学家，用3年的时间一一甄别了公元1—4世纪初罗马著名法学家的著述，最后汇总成《法理会要》。接着查士丁尼又让这些法学家编纂了《法学总纲》，《法学总纲》是一本深入浅出地阐述罗马法律的简明教材，即使是法律知识不多的人也能看明白，便于法律的普及。《法典》《法理汇要》《法学总纲》还有补编合在一起称为《民法大全》，我们通常叫作《查士丁尼法典》。

查士丁尼在位的时候所有的罗马人都已经获得了公民权，罗马人和非罗马人所适用的法律也基本上没有了区别，而且法律也变得更加人道，例如当时奴隶主已经不能随意处死自己的奴隶，父亲也不能杀死自己的孩子。造成这种结果的原因有两个，一个是民族歧视逐渐变小，一个是信仰基督教和斯多亚学派哲学成为主流，其中基督教对罗马的影响是多方面的，例如对婚姻法的彻底修改。基督教提倡上帝的父道和"普天之下皆兄弟"的教义，也是对弱者和不幸的人的同情和仁慈，同时也是对奴隶制的阻击。

五、罗马的经济生活

贸易的扩张　有了和平的环境，商人就不用担心自己的安全；有了公平的法律，商人就不用担心受到不公正的待遇，于是罗马的经济开始不可阻挡地兴盛繁荣起来。商业的繁荣主要体现在以下几个方面：海洋上，船舶可以安全地进行货物的运输，再也不用担心敌人的战舰和海盗的袭击；陆地上，安全的环境和公平的法律保护了商人的合法权益；交通上，四通八达的道路网让整个帝国成为一个整体，货物的运输速度有了极大的提高；金融上，罗马的货币已经被大多数国家接受并成为一种国际结算单位，为国际贸易提供了方便。

罗马当时的贸易范围是极其广泛的，它所生产的货物几乎遍及了当时的整个文明世界，远达斯堪的纳维亚、日耳曼、俄罗斯、印度、中国、东印度、阿拉伯和非洲的中部，并且从这些地区换回了许多对于罗马来说极其珍贵的物资。

由于商品需求量越来越大，不同的地区也就产生了分工，农业和制造业也受到了影响并产生了改变。每个地区都在分析自己的特长是什么，本地生产的什么东西最值钱，找到之后就重金投入加大生产，然后出口换取自己需要的东西。这种生产方式与现代的大批量生产、分区生产有着异曲同工之妙。例如在意大利，如果本地的谷物比外地的贵，农民们就会大量进口谷物酿造利润更高的酒类或者榨取油类；有的地方负责制砖，有的地方负责铁的冶炼，有的地方只生产青铜器，有的地方专门制造玻璃等。埃及的商业集中在物流方面，从事从东方各国到意大利的谷物、亚麻布、纸张等生活用品和奢侈品的运输；西班牙的出口货物主要是金属制品和橄榄油；高卢的酒、陶器、羊毛外衣、亚麻布、安全别针和金属器皿也大量出口，换回了大量的财富。

虽然当时罗马商品的产量和贸易量的绝对数字还很小，远远无法和现代相比，但是就当时的水平来说，已经比许多国家都要高得多了。

城市 随着贸易和工业的发展，城市的发展脚步也加快了。货物的需求增加逼迫商人必须建设更多的作坊和工厂；作坊和工厂的增多让城市的面积得到了扩张，也提供了更多的赋税；城市扩大又使得政府必须加大在交通方面的投入。在这个良性循环下，旧城市的面积越来越大，新的城市也像雨后春笋般建立起来。

罗马的城市内部一般都是一个个的方格形街区，中间是宽阔的道路；在不同的街区里，分别建设了体育场、戏院、图书馆、澡堂等娱乐设施和公共场所。城市的建筑也很精美，议会厅、庙宇、教堂高大宏伟，私人住宅和公寓精致巧妙，有些住宅甚至还有上下水管道。

劳动 工业的增长和贸易的发展造就了一大批的富人，例如商人、银行家和承包人等，不过工人们却没有在经济的繁荣中得到太多的好处。富人们为了艺术可以慷慨解囊，坐在家里欣赏那些精美的艺术品，而工人们只能在外面欣赏广场上的雕刻，只能在公共澡堂、公共剧院里享受这个国家赐予他们的这点微不足道的福利。奴隶也是生产的主力，他们在主人的鞭打下夜以继日地勤奋工作，而且还不需要工钱；自由的工人虽然数量也不算少，但是他们必须拼命地干活儿，才能避免被奴隶抢走工作。

在早期的罗马，乡村中的小农场都是由农民自己耕种的，奴隶是大农场的生产主力。但是随着时间的推移，一个个的小农场被大农场、大牧场吞并，失地的农民要么去大农场当佃农，要么到城市里谋生，要么就在他乡流浪。后来佃农不堪剥削，也开始进入城市谋生，为了保证有足够的耕种力量，政府立法禁止佃农离开自己耕种的农场，于是农奴也产生了，而且成了当时农业生产的主力。

农具和农业技术 罗马的农民使用的农具比较简陋，而且农业技术也很落后。他们使用的犁只能在土地里形成一个浅沟，根本无法深翻并形成垄沟；谷物的收割工具只有镰刀，脱粒靠的是连枷或者牛的踩踏。当时的农业生产全部是人力，即使发明了农业使用的机器也没有受到重视。据说曾经有人发明了一种可以提高效率的机器,但是当他进献给当时的皇帝维斯帕西安时,皇帝却认为使用机器会让大量的农民失业,于是就此束之高阁。

政府管控和衰落　罗马帝国的政府在早期很少干扰工业和贸易,但是到了后来,皇帝和官员开始加大对经济的管控力度,经济也就开始一步步地下滑。公元3世纪到5世纪,罗马的土地耗尽了肥力,产量越来越低,农民越来越无力承担沉重的赋税,开始出现逃亡的现象。为了保证收到足够的赋税,政府对工商业和农业的管控越来越严格,但是这种行为让人民的生活每况愈下,逃亡的现象越发严重,内乱也不时地发生。

六、希腊-罗马文化

奥古斯都开创了罗马文化的"黄金时代",他的继承者们又将他对文化的热爱延续了下来,为此不惜花费大量的时间和金钱。在长达200多年的时间里,艺术作品一直都是罗马帝国繁荣和发展的体现,这段时间里出现了许多世界闻名的建筑、雕刻、绘画方面的杰作,这个数量比之前几百年的所有这类作品的数量还要多,同时期的其他国家就更无法与之比拟了。

在很大程度上,罗马文化就是希腊文化的发展和延续,因为罗马帝国的作品大部分都是由希腊人或者其他地区的艺术家完成的,而且希腊的艺术也是通过罗马传播到更多地区的。但是这不是说罗马文化就是在模仿希腊文化,退一步说,即使模仿了,罗马文化也超出了被模仿者的高度,尤其是在建筑方面,罗马人表现出了他们独有的天分。

拱门和圆顶　当我们提到拱门的时候,首先想起来的就是罗马拱门。其实这种建筑技术并不是罗马人发明的,而是从伊达拉里亚人那里学来的,然后又将其发扬光大才闻名世界。拱门是罗马人经常采用的一种建筑样式。例如他们修建的高架渠和桥梁,用拱门这种样式既实用又美观;还有著名的罗马竞技场,使用的是复式拱门,就连进门的通道也是拱门形状。罗马人喜欢修建拱形的凯旋门来纪念皇帝的战功,罗马城有三座这样的凯旋门，分别用来纪念提图斯、塞普提米·塞维鲁和君士坦丁大帝。

掌握了拱门的技术，修建圆顶也就不在话下了，毕竟二者的原理是一样的。罗马人的大型公共建筑大多都是使用的圆顶，这样在巨大的空间内部就可以不再使用柱子来支撑了。修建拱门或者圆顶的时候，下面必须先搭好支架，等拱门或者圆顶完成而且黏合物晾干之后，支架就可以撤掉了。罗马帝国比较出名的圆顶建筑有两个：一个是哈德良建造的万神庙，这是世界上最大的圆顶建筑之一；另一个是查士丁尼建造的圣索非亚大教堂，位于君士坦丁堡，公认是最宏伟、最壮观的圆顶建筑。

书籍和教育 多年的和平生活，让罗马人在文学和艺术方面取得了傲人的成就。从奥古斯都开始，在之后的5个世纪里，罗马人留下了数量惊人的书籍。这种书籍一般都是纸质，也有少部分是用干羊皮制作的，整本书就像是一个狭长的纸条，可以卷成一个卷进行存放。当时还没有发明印刷术，所有的书都是用手写的。

罗马帝国对教育非常重视，几乎每一个城镇都有初等的学校；较大的城市学校的规格也会高一些，会聘请一些学者担任教授，向那些有潜力、有抱负的年轻人讲解演讲、写作和辩论的技巧和艺术。罗马和雅典的学校层次更高，相当于现代的大学，这里的学生数量惊人，而且很多著名的学者都会在这里传授学问，所以那些有钱人都愿意把自己的孩子送到这里学习。罗马当时的官方语言是拉丁语，不过它并不是唯一的语言，例如叙利亚地区说的是闪米特语言的一个分支阿拉米语，埃及人说的是当地土话科普特语。罗马东、西方的行省也有所不同：所有东方行省的人说的是希腊语，可是到了西方的那些行省，说希腊语的都是一些有地位的人；东方行省出现的书籍都是用希腊文写的，而西方行省出现的书籍都是用拉丁文写的。

大作家 罗马的历代皇帝都对文学十分重视，这就让罗马的文学发展得到了有力的支持，产生了丰富多彩的文学类型，开辟了广阔的文学范围，更涌现出了一大批大师级的文学巨匠。我们在这里列举出一部分著名的作家和他们的代表作，通过这些作家和作品可以一窥罗马文学的全貌。

普鲁塔克是一位来自希腊的教师，还曾在政府中当过官员，他最有名的作品是《名人传》，内容是一系列的名人传记，曾经流传到了很多国家。

马可·奥勒留不仅是一个伟大的皇帝，也是一个有名的作家，他创作的《沉思录》是一部经典的哲学著作，详细地阐述了斯多亚学派的哲学思想。

伽伦和马可·奥勒留生活于同一个时代，出生于帕加马，一直都居住在罗马城。他写了许多关于逻辑学、伦理学、解剖学、医药学、语法修辞等方面的著作。他还是一个旅行家，曾经去过很多地方。

克罗狄·托勒密是一名出生在埃及的希腊人，曾经写过一部关于天文学的著作，并且对三角法则有着详细的总结。这部著作成书于公元2世纪，里面阐述的有关太阳、地球以及其他一些天体的观念一直沿用到了16世纪。克罗狄·托勒密还是一个地理学家，他曾画了一幅世界地图，认为自己描绘的就是世界真实的样子。

昆体良是一个西班牙人，出生于公元35年，他对演说术和教育学很有研究，作品基本上都是用拉丁文写成的。维斯帕西安和图密善都很重视昆体良，在各种场合对他赞誉有加，这对确立他的学术地位有着很大的帮助。

著名学者塞涅卡也是一个西班牙人。学术界有这样一个认识，即随着奥古斯都"黄金时代"结束，接下来就是拉丁文学的"白银时代"，而塞涅卡就是白银时代最出色的作家。塞涅卡涉猎广泛，著作等身，在道德、哲学方面有着他人难以企及的建树。塞涅卡是皇家顾问，也是尼禄的老师，但是随着塞涅卡的地位上升、财富增多，他的影响力也越来越大，这就引起了尼禄的嫉恨，最后他被尼禄逼迫而不得不自杀。

普林尼也是"白银时代"的一位作家，后世一般都叫他老普林尼（区别于他的侄子小普林尼，小普林尼也是一个著名的人物）。老普林尼的代表作是鸿篇巨制《自然史》，内容包括植物学、地理学、农学以及其他的一些学科。为了准备编写这部书的资料，老普林尼大约参考、查阅了两千本书。这部书也是用拉丁文写成的，将希腊的文化、学术和罗马的知识有机地融合在一起，有着很高的可读性。

尤维纳尔是公元2世纪初的一位用词犀利的拉丁诗人。此外还有一位叫塔西佗的历史学家，文笔动人，对罗马人、日耳曼人以及罗马人征服不列颠的历史进行了深入研究。

古典文学衰落　在罗马帝国最后的几百年里，很少出现非基督徒的作家，成名的更是寥若晨星，尤其是公元3世纪到6世纪的这段时间里，整个罗马最著名的文学作品、最有感染力的艺术著作都是由基督徒作家完成的。公元1世纪最优秀的作品应该就是《圣经》（《新约全书》）了，后来的奥古斯丁也算得上一个多产的作家，他用渊博的知识写出了许多杰出的著作，为世界文学做出了重大的贡献。尤西比乌斯是一个历史学家，文字优美引人入胜，令人开卷有益。此外就是那些神父了，他们也撰写了许多著名的神学作品。

第11章 印度和印度圣人

在公元前6世纪的时候,印度还不是一个统一的国家。从政治上来说,这个国家里有许多王国、诸侯国及贵族共和国;从文化上来说,以前的雅利安征服者和当地被征服的黑人还没有完成民族融合。由于这个国家施行严格的种姓制度,不同等级之间有着一系列的严格规定,认为应当把整个国家分成等级分明的团体,这也是民族融合的极大障碍。

印度的高等种姓都受过良好的教育,能说从古老的雅利安语变化而来的梵语,而低等种姓的人们所使用的语言有好几种。

一、佛陀与佛教

婆罗门教的探讨 婆罗门教也是一个古老的宗教,是雅利安人带到印度来的。当时雅利安人已经在印度生活了好几个世纪,已经可以被称作印度人了,所以婆罗门教也被称为印度教。那些古老的印度人都信仰婆罗门教,但是这个宗教关于神的概念非常粗浅,教义中鼓励人们不要轻易满足、要嗜血等,对正确的人生观的建立极为不利。和希腊、罗马一样,随着文明的发展,越来越多的有识之士对这些思想产生了怀疑。这些人的做法各不相同,有的与世隔绝,完全摒弃了奢华和享受,衣食务求简陋,以清贫的生活帮助自己理解世界的真谛,这些人就是我们常说的苦行僧;有些人比苦行僧还要过分,他们不但经常不吃饭,还会用鞭打之类的来自外部的痛苦折磨自己的肉体。在这种情况下,印度出现了很多"宗教改革家"和"圣人",他们创立了新的教义,宣扬信奉他们的教义就可以使心灵回归宁静。

乔达摩 在印度这些层出不穷的"圣人"中,乔达摩是最有名,也是最值得我们记住的。乔达摩的父亲是一个"罗阇"(贵族),家里仆役成群、骡马满山,在喜马拉雅山的南坡有一片领地,大量的奴隶在稻田里辛勤地劳作。作为一个贵族的儿子,乔达摩本来可以享受鲜衣怒马的生活,可以轻易地满足心中的愿望,可以对那些底层民众的悲惨生活视而不见。但是社会的阴暗面深深地刺激到了他,城市和乡村里一群群的乞丐、躺在床上呻吟等死的病人、街道上一具具无人收拾的饿殍,这一切让他产生这样一个想法:所有的人来到世上都是受苦受难的,死亡是他们唯一的归宿。

乔达摩的故事在世界上流传很广。据说乔达摩一直都在考虑如何将人们从苦难中拯救出来,却始终不得其门。这一天,他美丽的妻子为他生下了一个儿子,这也是他唯一的儿子。他的父亲举行了一个盛大的晚会,人们载歌载舞庆祝这个新生命的到来。可是他对这一切视而不见,仍在考虑如何实现他的理想。就在这天夜里,等所有的家人都睡熟之后,他看了儿子最后一眼,在明亮的月光里走向了远方。

和当时所有的印度教教徒一样,乔达摩也认为,只有成为一个苦行者才能得到心灵的宁静。他脱下华丽的衣裳,换上破烂的衣衫,忍饥挨饿到处拜访那些婆罗门高僧,任凭自己的身体一天天地虚弱下去,然而始终无济于事。

又是一天过去了,当他疲惫地躺在一棵菩提树下休息的时候,忽然豁然开朗了。于是他告诉自己的亲人和朋友,他已经得到了真理的启示,知道了如何让人在来生不再忍受痛苦。这一年他 35 岁,人们虔诚地称他为"佛陀"("大觉悟者"的意思),开始追随他并宣扬他的教义。不久之后,佛教就传遍了整个恒河流域,随后又翻越喜马拉雅山传到了中国,还渡海到达了日本、锡兰(今斯里兰卡)、东南亚诸国。

佛陀的教义 和当时其他的宗教一样,佛教的传播方式也是口口相传,或许这是因为当时印度还没有普及文字。不过佛陀的信徒用心地记下了他的一言一语,并且又一字一句地传给了后人,一直这样传了两三代的时间,这才形成书面的经文。

佛教教义中的精华可以总结成四条,被称为"四圣谛":第一,生命是痛苦的、忧愁的;第二,之所以会有痛苦和忧愁是因为我们有欲望;第三,只有"涅槃"才能解脱所有的烦恼;第四,只有通过"八正道"(正见、正思维、正语、正业、正命、正精进、正念、正定)才能涅槃。

在佛教的教义里,"涅槃"的意思是"灵魂不受干扰的宁静"。通俗地讲,就是要求人们去除心中所有的追求、牵挂、厌恶、荣誉、耻辱等情绪和欲望,甚至对来生也不能有所企求。"涅槃"这个概念应该借鉴了婆罗门教中的轮回理论。轮回的大意是:如果人在这一生有欲望没有实现,那么来生的等级就有可能下降,甚至成为一个畜生。按照这个理论,所有人的来生都是痛苦的,而如果能够涅槃的话,人就没有了欲望,自然也就不需要重生了。涅槃实际上就是利用当时印度人对来生的恐惧,诱惑他们信仰佛教。

佛教教义中的"四圣谛""八正道"和斯多亚派哲学的思想非常类似,立意高尚并且蕴含着人生的哲理。佛教要求人们尽量不要伤害别人、要改正自己的错误、压制激动的情绪、抛弃落后的观念等。那些基督徒很难正确理解佛教中的"涅槃"这个概念,他们觉得"涅槃"就像一盏刚刚吹熄的油灯,给人一种阴森恐怖的感觉。

二、印度接触近东地区

亚历山大的入侵 佛教诞生 200 年后，也就是公元前 327 年，印度遭到了亚历山大的入侵。当时印度的政局混乱，整个国家都是由一个个雅利安人建立的土邦组成；文明进步缓慢，刚刚掌握了字母文字，而且还是由阿拉伯商人从近东带来的。而此时的亚历山大帝国正处于巅峰期，在成功征服马其顿后开始横扫波斯；亚历山大的军队里也都是久经战阵的精锐士兵，个个骁勇善战、斗志高昂。

亚历山大率军从印度西北部的通道翻越兴都库什山脉，沿途遭遇的印度军队不堪一击，最后一直打到印度河流域。公元前 326 年春天，亚历山大命人在印度河上用船架了一座浮桥，渡河后占领了旁遮普邦的一部分领土，并把它作为进攻基地，准备全面占领印度。然而他的士兵不适应这里炎热的气候和水土，士兵的厌战情绪严重，亚历山大不得不取消了这个计划。于是亚历山大把他占领的印度领土分成了两部分：印度河以西由马其顿总督负责管理；印度河以东的这片狭长区域仍然让已经投降的原来的土王管理，但是他们必须听从马其顿总督的领导。做完这一切后，亚历山大遗憾地带着他的远征军从印度河走海路回到了波斯。

从军事角度来看，亚历山大的这次入侵是不成功的，因为他的军队只占领了印度西北部的一部分地区，而且很快就撤退了。但是这次入侵标志着希腊世界和印度开始有了接触，其意义是重大的，影响是深远的。从此以后，希腊化的思想、艺术、商品甚至宗教都进入了印度，而印度也深受影响，例如印度人也开始用石头建造建筑物、雕刻神像。这次入侵的政治意义也很大，此后的印度政坛到处都能看到亚历山大留下的风格，当地的土王也开始模仿亚历山大的作风进行统治。

旃陀罗笈多 旃陀罗笈多就是一个亚历山大的模仿者。他是孔雀王朝的建立者，原来只是印度的一个土王。旃陀罗笈多很崇拜亚历山大，从小就希望也能成为一个伟大的征服者，为了这个目标，他从山地民族那里招收兵员并训练了一支强大的军队，随后成为印度西北部的霸主并自封领袖。亚历山大手下的大将，外号"征服者"的塞琉古闻讯后大怒，立刻率军从波斯直扑印度，想要给这个军事狂人一个深刻的教训。恐怕塞琉古事先也不会想到，这次军事行动让他栽了一个大跟头，还赔上了自己的女儿。此战之后，旃陀罗笈多确立了在印度河以西的绝对领导地位，而且还和塞琉古联姻，取得了马其顿帝国的支持。

孔雀帝国　随后旃陀罗笈多开始进军恒河流域。据记载，旃陀罗笈多的军队兵种齐全，包括步兵、骑兵、象兵、战车兵，而且规模庞大，仅训练有素的战象就有9000多头。有了如此庞大的军队，他当然毫无悬念地赢得了这场战争，接着就建立了孔雀帝国，并且自立为第一任皇帝。这个帝国是印度历史上的第一个大帝国，实行君主制，疆域包括了几乎整个印度的北方地区。

旃陀罗笈多为他的帝国精心制订了一套有效的管理措施，官员们负责收税、人口普查、运河的维护、农田灌溉系统的完善、市场的监管、酒类贸易的调控以及执行其他由皇帝发布的命令，而他自己只是垂拱而治，享受奢侈的生活。旃陀罗笈多在恒河岸边建设了有城墙保护的首都，外面还有栅栏和护城河；他的宫殿都是用名贵的木材建造的，还在梁柱上包裹金箔、金片作为装饰。

阿育王　旃陀罗笈多的一生有许多贡献，但是在所有的贡献中，莫过于他奠定了一个坚实的基础，让他的孙子阿育王成就了更高的伟业。

在长达41年的帝王生涯里，阿育王用强硬的手段牢牢地控制着这个国家。阿育王早年喜好战争和杀戮，用开疆拓土来彰显自己的丰功伟绩，在历年的战争中，他占领了几乎整个南亚次大陆和现代阿富汗的一部分领土，只有印度半岛的南段一小部分地区幸免于难。在一次战争后，当阿育王听说有10万人死亡，还有15万平民被掳掠的报告后，内心极度震惊，他从来都没有考虑过，战争是如此恐怖，会给人民带来如此巨大的灾难。于是他幡然醒悟，明白了刀剑并不能让人从精神上归附，决定再也不用战争和杀戮这种手段来解决问题，并且把他的心路历程刻在了一块石碑上。

回心向善的阿育王皈依了佛教，也成为第一个护佑佛教的皇帝。

阿育王修改了一些不符合世俗的佛教仪式，但是更多的是施行促进佛教传播的措施。他以在石碑上雕刻圣旨的方式昭告天下，让人民不能说谎，要孝顺和服从父母，不能屠杀、骚扰有生命的动物，不能将打猎、杀生当作谋生的职业，要富人救济穷人，要主人善待仆人。他还在全国范围内大举兴建佛教建筑，雕刻了大批栩栩如生的佛像，建造的舍利塔据说有 84000 座之多。他还号召他的臣民学习佛教的经文，安守本分，遵守佛教的戒律。

阿育王不仅在国内推广佛教，还让他的弟弟妹妹率领一批高僧渡海到了锡兰，成功地让当地的土著皈依了佛门，并且把先进的灌溉技术和雕刻技术教给了锡兰人，那里至今还是一个佛教国家。不但是锡兰，他还派人到缅甸传教，让缅甸也成为一个至今仍在信仰佛教的国家。

其他的接触　阿育王对佛教的传播是很热衷的，他也派了人到波斯、埃及、希腊等地传教，只不过这些地方没有取得像缅甸、锡兰那样的成绩。就算是这样，他的这种行为仍然有着极大的研究意义，至少可以让我们知道印度和这些地区已经有了密切的接触，而且这种接触还对佛教的发展产生了一定的影响。也正是接触了西方世界的宗教，佛教才完善了自己的理论体系，接着把佛像当成了神灵，于是佛教也就成了一个有着教义、仪式、神庙、僧侣（和尚或者尼姑）的真正意义上的宗教。西方对佛教的影响还体现在佛像的雕刻上，从某些佛像上可以看出希腊风格的存在；佛教的教义也受到了影响，某些神灵和希腊、埃及神灵的概念几乎如出一辙。而希腊人和埃及人也对佛教有了一定的认识，知道佛教和他们所信仰的宗教都是信仰的一种，有一定的相似之处。有了这种了解，自然而然地，印度也就被纳入了主流的文明体系之中。

孔雀帝国的衰落　在整个孔雀王朝中，最有名的就是阿育王，接下来人们可能对他的两个孙子还有些印象，对其他的皇帝恐怕所知不多。这是因为孔雀帝国在阿育王之后就走上了下坡路，他的子孙更是一代不如一代，最后整个帝国的统治都崩溃了。在孔雀帝国的末期，曾经有一批希腊文明的侵略者占领了西北边境，并且建立了一个小诸侯国，也曾经把希腊文化传播到了印度的整个北方，不过后来在蛮族的入侵中亡国了。帕提亚王国也曾统治过印度的西北部,但是整体来说,印度的北方还是由蛮族主宰。

同罗马帝国的贸易 如果有人看到了蛮族统治了印度的北方,就认为整个印度都是处于蛮荒之中,那就大错特错了,印度的经济还是相当繁荣的。

当时印度河和近东地区的贸易都很频繁,就拿埃及来说,在公元1世纪的时候往返两国的货船就超过了100艘,到了下一个世纪这个数字又有所增长。这条航路是希腊航海家西帕鲁斯发现的,他注意到了印度洋上每年秋冬时节都有方向稳定的季风,借助季风船舶就可以轻松地在印度和地中海地区往返。有了这条航路,人们就不用费时费力地沿着海岸线航行了。每年的7月,满载的货船从埃及的港口出发,被秋季季风吹送着于9月到达印度;然后花费两个月的时间卖货、收货、装船,等11月的冬季季风一起就可以返航了,次年的2月就可以进入亚历山大港,完成一个贸易循环。

考古学家在印度还发现过罗马的古钱币,这是罗马帝国很久之前就和印度地区有贸易往来的有力证据。据有关资料判断,当时印度主要向罗马出口棉织品、珍珠、翡翠、钻石、象牙、大米、胡椒和中国的丝绸,进口铜、锡、铅、珊瑚、玻璃、酒、麻布等物品,甚至还有人口贸易,主要是经过训练的女仆和歌姬、舞姬。

笈多王朝 又是几百年的时间过去了,印度也进入了一个新的王朝,就是历史上有名的笈多王朝。印度在笈多王朝时期又恢复了统一,拥有阿育王时期的全部领土,这一时期也是被印度后人称赞的"黄金时代"。这个时期的艺术得到了很大的发展,出现了很多精美的雕刻,5世纪时创作的壁画被称为"历史上最美的艺术",科学也发展很快,数学、天文学之类也渐渐被人们熟悉。印度在这个时期的成就当然不止于此,文学方面也有了长足的进步,众多著名的诗人留下了许多不朽的诗篇。仅仅从以上这些方面来讲,当时的印度也完全属于"古典的时代"。

梵文的复兴 说当时的印度是"古典的时代",还有另外几个方面的原因:古梵文的复兴、印度文化的开始昌盛、古老的婆罗门教重新成为印度最大的宗教。与婆罗门教复兴相反，印度人渐渐地不再信仰和崇拜本土的佛教，于是佛教在印度的影响力开始慢慢减弱直至消失。不过佛教并没有灭亡，它在传入中国（大约是公元67年）后重新兴旺起来，并且对以后的中国产生了极大的影响。除了中国，佛教在中亚、西亚、日本、缅甸、锡兰、马来亚等国家和地区的地位也很高，佛教能够成为世界三大宗教之一，最大的原因就是这个。

三、印度的黑暗时代

匈奴人是印度最大的外部威胁，他们的入侵对印度造成了很大的破坏。匈奴就是突厥，当时称为"鞑靼诸部落"，不仅是印度，也给欧洲和亚洲的很多地区带去了深重的灾难。在公元2世纪的时候，匈奴俨然已经成为中亚的一个霸主，到了5世纪，匈奴出现了一个名叫阿提拉的领袖，率军蹂躏了整个欧洲。匈奴分为"白匈奴"和"黑匈奴"，不过也有一些历史学家不认可这个划分方式。在匈奴的威胁下，印度历史上伟大的笈多帝国开始走上穷途末路，最终在公元6世纪的时候结束了它的统治。

在公元6世纪到14世纪的这800年里，印度仍然延续了它的传统，也就是从地理上讲是一个庞大的帝国，从政治上讲是一个分裂的土邦或者王国，各个地区之间因为不同的原因一直冲突不断。频繁的战争使得各地交通断绝，人民也生活在水深火热之中，看不到光明的未来，所以这几个世纪在印度历史上被称为"黑暗时代"。

印度也算得上是一个富裕的国家，但是它一直都没有足够的力量来保护自己的财富，总是被外部力量抢掠；它似乎也一直都在寻找自己的出路，让自己成为一个强国，但是似乎注定命该如此，每次有了雄起的迹象时就会被外来的力量打断。就在14世纪，支离破碎的印度又闯进来了一个征服者，这个征服者征服了整个印度并成为它的主宰，这个征服者就是穆斯林。

第12章　中国的智者

和印度类似,中国的对外交往也不多,和地中海地区几乎没有一点接触的迹象,但是也不是说没有一点往来。沙漠和山脉阻碍了中国和地中海地区的交通,但是无法阻挡思想和文明的交流,这种交流虽然缓慢但始终都在进行。例如冶铁的技术,位于小亚细亚的赫梯人花费了几百年的时间,才将地中海地区冶炼铁器的技术传到中国,不过中国人很快就掌握了这个技术,冶炼出大量的生铁并输送到罗马。埃及人是最早掌握石像雕刻技术的,几千年后这个技术传到了印度,然后又和佛教一起传到了中国。字母这种简单的文字并没有传到中国,或许也传到中国了,但是当时中国已经有了属于自己的一套成熟的文字系统,虽然极其复杂而又数量很多、很难学习,可是中国人不可能放弃自己的文字,去另外学习对于他们来说完全陌生的字母文字了。

东方和西方　正如前面所说,近东和远东地区接触的机会很少,但是在科学、文化、思想等方面仍然有一定的交流,从这里我们可以明白,不论是居住在哪里的人类,他们的本性和兴趣都是一样的。

基普林认为,东西方之间在古代从来都没有交流,二者也没有相似的地方,这个观点显然是错误的。我们前面说过,佛教的一些教义和斯多亚派的哲学思想有相似之处,这种相似现象并不是个例,在人类历史上经常可以看到,那么在中国当然也可以找到这种相似之处。

实际上,东西方在以前早就有了接触,也都受到了对方的影响,相似的地方也早就在不知不觉间出现了。

一、老子和孔子

老子 当我们对伟大的事物"求大同存小异"的时候,我们会认为老子就是中国的乔达摩。老子这个名字的意思就是"老哲学家",真正的名字是李耳,诞生于公元前 604 年。老子的主要思想是"道",即"规律",这一点和佛教、斯多亚学派几乎是一样的,因为他们都提倡只有控制自己的欲望才能够幸福。不过老子的这个主张是最早的,比佛教早了 50 年,更比斯多亚派的芝诺早了 250 年。

老子有两句很有名的话,一句是"故知足之足,常足矣",另一句是"驰骋畋猎,令人心发狂,难得之货,令人行妨",就是告诉人们不要追求声色犬马,要懂得控制自己的欲望,才能够保持心灵的宁静。之后的佛教和芝诺,还有博学的皇帝哲学家马可·奥勒留,都有这样的哲学思想。

老子在世的时候只是一个睿智的哲学家,但是等他去世之后,他的思想开始被重视并成为一个哲学流派,他的地位也越来越高,他成了一个传说,甚至后来变成了一位神灵。在老子去世 700 年后,人们还专门修建了一座庙宇来纪念他。再后来,中国的巫术为了体现自己的地位,也都声称自己属于老子思想的分支。老子和他的学生创立的宗教叫道教,"道"的意思就是道路,后来道教成为中国最伟大的宗教之一。

孔子 老子虽然有着很高的声誉，但是和另一个比他年轻的哲学家孔子比较，还是稍逊一筹的。孔子诞生于公元前551年，和乔达摩是一个时代的人物。

孔子年轻的时候家里很贫困，但是他仍然属于士大夫的一员，因为他的祖先是一个地位很高的贵族，当时他的家族属于世家大族，不过后来没落了。虽然家庭条件不好，不过孔子还是和其他的士大夫一样学习了音乐、阅读、射箭、骑马、养狗、行猎和钓鱼等技艺，这些技艺为他成为一个博学的学者打下了基础。孔子的个人品德很好，还写了一本关于士大夫（君子）应该遵循的生活规则的书。

孔子的箴言对后世中国人的礼仪影响极大。在孔子生活的那个年代，祭祀的礼仪和生活中需要遵守的礼节有着很高的地位，属于主流社会道德的一部分。不管是日常的交往活动，还是祭祀祖先或者各路神灵，孔子都严格遵守这些礼仪和礼节。孔子十分注重对天地的祭祀，而且要求人们孝敬自己的父母。他认为，"生事之以礼，死葬之以礼，祭之以礼"，"三年无改于父之道，可谓孝矣"。他觉得能够做到这些，才是对父母真正的孝敬。

孔子的箴言 孔子对鬼神的议论不多，要远远少于对人生哲理的关注，并且留下很多有名的箴言。例如，"多闻阙疑，慎言其余，则寡尤""见义不为，无勇也""学而不思则罔，思而不学则殆"等，他的这些箴言被他的学生编成了一本书，其中最有名的一句就是"己所不欲，勿施于人"，不过大多都和宗教没有关系。

孔子论政府 在很多事情上孔子都有着自己独到的见解，对政府的工作同样也是如此。在孔子生活的那个时代，中国的诸侯和贵族都是穷奢极欲、鱼肉百姓的，互相之间为了一点小事就会大打出手，让百姓的生活更加困苦。孔子认为，如果统治者能够像父母对待自己的孩子那样来对待百姓，那么整个国家都会兴旺发达起来，随后他就开始向统治者宣扬自己的理论，但是一直都没有人认可。

就在孔子51岁的那年，他被鲁定公任命为中都宰，这让他有了将自己的理论付诸实践的机会。经过努力，当地很快就被他治理得井井有条，他很快就因功升任司寇，这个职务相当于现代的司法部长，掌管全国的司法工作。据说孔子不久就遏制住了全国的犯罪行为，就在他试图采取更进一步措施的时候，却没有得到鲁定公的支持，于是他愤然挂冠而去，周游列国，宣传他的主张，所到之处都受到了当地人民的欢迎。不过一直到他逝世为止，他希望各诸侯国停止攻伐的愿望都没有实现，改革王朝政治的梦想也成了泡影。

孔子的思想　孔子不仅是一个政治改革家，也是著名的教育家，想要用一句话概括他的生平是一件很难的事情。不过我们仍然可以对他的一生做一个大致的总结：

第一，虽然他的改革失败了，但是他建立了一套完整的如何让君王拥有更崇高地位的理论，这个理论被后世的统治者所尊崇，一直是后世君臣之间的规范；

第二，因为他对中国上古时代的礼仪十分重视，他的这个观点也融入到他的理论之中，成为他思想观点的一部分。由于他在后世有着崇高的地位，当人们提起他的时候，第一印象就是礼仪和对祖先的敬意；

第三，孔子的那些关于道德的箴言和他建立的礼仪规则，成为后世中华民族塑造民族文化的框架；

第四，孔子著作并整理了一大批书籍，从后来的事实来看，这些书籍有着不可替代的影响。

"五经"　孔子遗留下来的书籍有些是他亲自编写的，也有些是他的学生根据他的言论整理的，中国人称这些书籍为"五经"。"五经"很像是中国古代的一部百科全书，内容包括了中国历代的传说、历史上发生的事件、优美的诗篇，还有一些是当时人们的智慧成果。孔子的思想几乎可以用保守来形容，他所有的书籍里都在宣传这种思想，并且对后世中国人遵守传统的美德起到了巨大的作用。

孔子的著作甫一问世就受到了人们的欢迎和尊重，很多人都喜欢引用里面的语句来表现自己的博学，或者表示自己是孔子的传人。他编写的这些著作不仅让很多中国古代的文献和思想保存了下来，就著作本身来说，也成为中国最伟大的经典之一。

二、中国与印度、近东的交流

"丝绸之路" 在古代,中国的边界一直止步于戈壁、沙漠和荒凉的青藏高原脚下,和西方的交流很少。然而到了公元前 120 年的时候这种情况发生了改变,当时的皇帝汉武帝派人开辟了漫长的丝绸之路,从此中国的商人和波斯、印度、叙利亚还有其他一些远东的国家开始了贸易往来。

戈壁本身的生存环境极其恶劣,而且这里还生活着一个剽悍的游牧民族,这个民族在欧洲被称为鞑靼,中国人则被称为匈奴。匈奴人为了获得更好的生活环境,一直希望能够获得中国内地的肥沃土地,中国人为了防御这些人的侵略,花费了大量的人力物力,修建了万里长城。汉朝初年,匈奴再次来到了长城脚下,长时间地停留在这里,试图寻找一个攻破长城的良机。当时中国的情况是十分危急的,为了找到更多抵御匈奴的盟友,汉武帝派张骞带领 100 多人出使西域。不幸的是,这些人出了中国不久就被匈奴人逮捕了,在当地被关押了 10 年之久。后来他们找机会逃了出来,一直来到了西面的奥克苏斯河(今阿姆河),可惜的是始终没有找到敢于和匈奴作对的国家,无奈之下只好返回了中国。不过他们的这次出使也取得了一定的成绩,例如他们带回了突厥的良马,葡萄、胡萝卜等农作物的种子,以及西方有着大量高品质玉石的消息,此外还有西方的那些动人的故事和关于印度、波斯的神秘的传说。

就在他们归国之前,中国的危机有了改变,汉武帝派遣大将回击匈奴,将其击溃了,并一路追击到了塔里木河流域,随后又到了奥克苏斯河流域。在公元前 114 年,中国商人从这条路来到了突厥和波斯,于是这个路线就成为著名的"丝绸之路",从此中国和印度、近东地区有了频繁的贸易和文化交流。在一定程度上说,汉武帝最大的功绩就是丝绸之路的开辟。

通过这条商业通道,每年都会有十几个中国商队带着丝绸和铁锭来到西域,然后又带着这里的宝石、玉石、琥珀、珊瑚和玻璃回到中国。很明显，中国人和希腊人、罗马人进行的直接贸易并不多，大多数贸易都是通过突厥人或波斯人这些中间商完成的。突厥人或波斯人将来自中国的商品装上驼队或者其他陆上交通工具，然后直接运到近东地区，或者经美索不达米亚地区运到地中海沿岸，也有一些商人采用水运的方式，装船后沿印度河进入阿拉伯海，然后转运到埃及。

中国的丝绸 中国原产的丝绸都是白色或者微黄色的，运到叙利亚后，这些丝绸会被染成紫色，还用金线绣上各种花纹，随后叙利亚商人会把它们以天价卖给希腊和罗马的富翁。这个贸易在奥古斯都大帝的时候非常盛行，他的儿子提比留登基后曾一度禁止罗马的富人使用这种昂贵的丝织品，最终也没有成功。当时的一些罗马人认为，罗马的金银就是通过这种贸易最终流入中国的。

一个有价值的秘密 罗马人迫切地想要得到更多的、更廉价的丝绸，一直都在追寻制造丝绸的秘密。然而他们离中国太远了，而且中国人对养蚕缫丝的技术一直秘而不宣。到了查士丁尼大帝的时候，罗马人才终于知道了这个秘密，大约是在公元551年，他派遣的两个传教士从中国回来了，他们带回了装有蚕卵的手杖。如果拿等重的黄金和这些蚕卵相比，那么蚕卵的价值无疑会更大，因为这些看起来微不足道的东西就是将来欧洲和小亚细亚丝绸业发展的基础。

三、佛教在中国及其以外各地

皇帝的一个梦 中国和罗马进行的交流是间接的，而且看起来效果也不理想，不过它和印度是可以直接交流的，并且有了显著的效果。佛教能够在公元1世纪的时候传入中国，应该就是因为当时有了商道，由去中国经商的印度人带去的。不过中国人并不这样认为，据他们的史书记载，佛教传入中国的原因非常有戏剧性，而且带着神秘的色彩。

据《汉书》记载，当时的皇帝汉明帝做了一个梦，梦里有个金人，让他派使者去印度取经。汉明帝醒后，立刻派遣了一个使团前往印度。公元67年，使团带着用白马驮着的经书回来了。因为带回来的经文是梵文书写的，汉明帝在当时的首都洛阳建造了一座寺庙，用来翻译这些经书；为了感谢那匹驮经书的白马，就把这座寺庙命名为"白马寺"。从此中国就有了佛教。

缓慢的成长 在相当长的时间里——足有几个世纪，佛教都被中国人当成一个外来的宗教，所以也没有多少信徒。有些信徒从传教的印度僧侣那里知道佛教在印度的起源地后，就决心要去这个"圣地"朝拜。从公元4世纪开始到公元10世纪的这段时间，中国去印度朝拜佛教发源地的人络绎不绝，一部分文笔较好的信徒写了游记。这些游记记载的是信徒们的所见所闻，内容涵盖了地理、物产、政治、经济、文化、风俗、宗教等方面，对我们了解印度佛教史有着极大的帮助，也是印度人了解印度那段时间的历史的最重要的资料，因为他们流传下来的文献对那段时间的记载是空白的。

佛教进入中国后，为了适应中国人的文化和习惯，传教者对教义做了一定的修改，还借鉴、融合了其他信仰中的先进理念，使之更适合中国人，最后佛教终于成为中国的主要宗教之一。

中国以外的佛教 随着佛教徒的脚步，中国的文明也传播到了朝鲜、日本和安南（今越南）等地，这也是佛教对中国做出的贡献之一。

在公元6世纪的时候，佛教经朝鲜传入日本。去日本传教的佛教徒带去了一些技术熟练的中国工匠，最初的目的应该只是建造寺庙、雕刻佛像，因为当时日本建筑技术和艺术水平都很低。显然日本人对来自中国的建筑、雕刻、绘画都很欣赏，于是就出现了一股"中国热"，开始全面学习中国的哲学、文学、舞蹈、政府设置、军队和武器等。不过他们的学习并不是单纯地模仿，还会适当地改变以适应自己的水平，例如汉字，日本人就没有全部照搬，而是把复杂的汉字简化或者截取一部分偏旁部首，最终形成了日本文字。

建筑和美术 在中国和中国周围的地区，建筑和艺术都受到了佛教的极大影响。例如庄严宏伟的寺庙、雕刻精美的佛像、美轮美奂的壁画，都刺激了园林、雕刻、绘画的发展。我们必须承认，中国人在这些方面并没有全盘照抄印度人带来的希腊风格，而是以一种我们无法理解的方式消化和吸收其中的精华,然后结合中国的传统,重新形成了一种与它们的风格完全不同的、具有鲜明特点的中国艺术。我们现在能够看到的那些佛像,不管是青铜的、陶制的还是石雕的,除了佛教刚传入中国那段时间的,其他都和印度的佛像迥然不同。

四、中国

周朝末年 孔子就生活在这个时代,他痛心地批评这个时代已经"礼崩乐坏"。这时的中国施行的是封建制度,所谓封建就是层层分封,皇帝分封公爵、公爵分封侯爵、侯爵分封伯爵、伯爵分封子爵、子爵分封男爵,每个等级爵位的诸侯国都要向分封它的上级诸侯负责,也负责管理它分封的下级诸侯国,皇帝是整个中国的主宰。但是诸侯国之间矛盾不断,为了扩大地盘吞并周边的邻居屡见不鲜,到了周朝的末年,齐、秦、晋、楚等几个大诸侯国几乎霸占了整个中国所有的土地。或许这就是封建制度在中国存在的最大意义。随着时间推移,封建制度的弊端越来越明显,也逐渐变得不再适合文明的发展。到了公元前249年,处于边境的一个诸侯国——秦国强大起来,推翻了已经没落的周朝。

"始皇帝" 经过几十年的征战,秦国的国王消灭了其他诸侯国,最终在公元前221年统一了中国,他自封为"始皇帝",也就是第一个皇帝的意思。"第一个"才是"始皇帝"这个词语的真正内涵,表明他是中国第一个真正的皇帝。

就像旃陀罗笈多在印度一样,始皇帝在中国历史上占有重要的地位,他也做出了极大的贡献:他征服了所有的割据势力,完成了中国的统一;他结束了分封制度,实行了郡县制,并将全国分成了36个郡,以郡守和郡尉取代公侯管理;他积极开疆拓土,将长江之南的地区并入到了帝国的版图;他修建了驰道和运河,既方便了各地的交通,也让中国各地有了紧密的联系。始皇帝的这些行为,和波斯的大流士、罗马的恺撒做过的几乎一模一样。从秦朝开始,中国内地的居民开始迁居到长江以南。这里原来是"蛮夷"的居住地,内地居民的到来带来了先进的技术和文化,在他们的建设下，这里逐渐成为中国不可或缺的一部分。

万里长城　当时北方蛮族匈奴经常入侵中国，为了教训他们，始皇帝进行了一场大规模的战役并彻底击溃了匈奴。为了防止匈奴卷土重来给中国造成伤害，始皇帝命人修建了万里长城。长城的东端位于中国东北部的渤海之滨，西端在中国西部的崇山峻岭之中，中间经过黄河的弯曲部位。虽然长城有的地方是用土夯成的，但是对于缺乏攻城器械的游牧民族来说不啻于一道天堑。

中国后来的几个王朝都很重视长城的作用，一直都在维修、加固、延长这个防御工事。到近代的明朝，统治者更是用石块重建了长城，在这种努力之下，万里长城成为一个世界奇迹。

焚书坑儒　按照正常的情况，始皇帝为中国做出了如此重大的贡献，他的臣民应该对他无比爱戴，可是令人奇怪的是，当时和后世的中国人都一致认为他是一个残忍、嗜杀的暴君。造成这个后果的最大原因就是他曾经命令焚书坑儒，这个命令差一点就毁掉了儒教。当时有一些儒生在背后说始皇帝的坏话，始皇帝知道了就将这些儒生斩首或者流放（人数有几百个），为了控制国内的舆论，他还下令烧掉除农业、医药等实用学派之外的各家学派的书籍。

始皇帝在位的时候一直实行高压统治的政策，中国的百姓迫于压力而敢怒不敢言，但是心中的怒火一直都在燃烧、堆积。到了公元前210年，始皇帝驾崩的消息传出后，人民的怒火终于爆发了，各地相继爆发了叛乱，最终推翻了秦帝国。

汉朝　始皇帝死后中国进入了一个短暂的混战时期，最后一个出身农民的英雄击败了众多的竞争者，统一了中国并当上了皇帝。这个人就是刘邦，他在公元前206年创建了汉王朝。刘邦和他的后代在中国统治了400多年，带领中国进入了一个实力强大、商业发达、文化繁荣的黄金时代。

新书和旧书　汉朝是中国文学发展的又一个高峰。一个原因在于造纸术的改良和新式毛笔的发明，有了这两样，文字的书写和记录就更加方便了，文学的发展也如虎添翼；另一个原因是改朝换代后始皇帝禁书的敕令自然也就失去了效力,许多被人们藏起来的书籍也重见天日,许多新的书籍被创作出来。为了更好地发展文化事业,汉朝还创立了一个名叫太学的教育机构。当时的官员选拔制度也进行了改革,出身门第不再是选拔官员的前提,而是采用了"察举制",就是从学习孔子经典的学生中选拔成绩比较好的人担任官员。此后孔子的经典和他的学生著作的书籍几乎就成了官方指定的教科书。

汉武帝 汉朝初期的几个皇帝都勤政务实,不但致力于民生的恢复、儒教的复兴,也没有忘记促进商业的发展,为汉武帝驱逐匈奴、扩张国土打下了坚实的政治基础和经济基础。汉武帝是汉朝最伟大的皇帝,也是中国历史上最伟大的皇帝之一。很多美国人可能不知道这个皇帝的功绩,但是只要知道汉武帝的历史地位能够和亚历山大大帝、尤利乌斯·恺撒以及查理大帝相提并论,就足以明白他有什么样的丰功伟绩了。

汉朝衰亡 在公元220年的时候,曾经统治中国400多年的汉朝终于落下了帷幕,中国也再次分裂,分成了三个国家。也正是在这个时期,中国人发明了指南针,这个伟大的发明后来成为水手们最重要的工具。

唐朝复兴 公元618年,唐朝再一次统一了中国,中国也迎来了汉朝之后的第二个"黄金时代"。唐朝的复兴,证明了这个古老的帝国有着充沛的生命力。唐朝不仅恢复了汉朝鼎盛时期的版图,还新增了许多国土。当时的中国是很有名的,很多远在万里之外的国家都听说了这个国家的强大和富裕,波斯、东罗马帝国纷纷派遣使团去觐见中国的皇帝。商业也再次繁荣起来,海面上是阿拉伯人前来购买丝绸的商船,陆地上有西方商人运输瓷器的驼队。文学也重新焕发了生机并蓬勃发展,诗歌、绘画、雕塑都取得了空前的成就。

中国印刷术 中国人早在公元前1世纪的时候就已经知道用木版进行印刷了,但是当时的技术还很不成熟,只能印刷比较简单的线条。到了公元10世纪的时候,印刷术就完全成熟了,中国人已经掌握了大规模印刷书籍的技术。在皇帝的命令下,中国的官方曾经印刷了两部百科全书和孔子书籍的汇编。

遗憾的是当时的欧洲和中国没有直接的联系通道，不然的话在公元 10 世纪或者 11 世纪就可以学习到印刷术，而不是到了 15 世纪才使用到这个划时代的伟大发明。

第13章 历史文明的回顾

一、古代世界的伟大文明

旧石器时代的人类还在过着茹毛饮血的生活，制作各种工具的技术虽然简陋并且进展缓慢，但是一直都在进步，最终让人类进入了文明社会；到了新石器时代，人类开始定居在某个河流的岸边，建设了村庄，掌握了耕种和畜牧的技术，此外还有一些对人类生活非常有帮助的发明；进入青铜时代后，一些强大的部落开始崛起，开始出现了国家；铁器时代来临后，在全球范围内出现了许多文明并且迅速得到发展，兴起了一个个庞大的帝国。

古代的伟大文明 如果按照地域划分的话，古代发展程度比较高、影响力比较大的文明有这些：欧洲的克里特文明、希腊文明、罗马文明；西亚的巴比伦和亚述文明、叙利亚文明、波斯文明；东亚的中国文明；南亚的印度文明；非洲的埃及文明；南美洲的玛雅文明。这些辉煌的文明在上古时期的历史上都占有一席之地，都建立了强大的帝国，有着发达的经济，在工业、商业、文艺、哲学、宗教等方面也都做出了突出的贡献，对世界文明的发展产生过重大的影响。

二、古代文明的弱点和缺失

奴隶制和农奴制 古代的文明在文学、艺术、哲学、宗教等方面都取得了卓越不凡的成就，但是我们也必须明白，当时的经济基础是很脆弱的，也是不健全的。虽然上层人物过着衣食无忧的生活，但是处于社会底层的普通民众却几乎没有一点社会地位，过着做牛做马的生活。当时的工业生产全部是手工制作，耕种技术很落后，生产工具也很简陋，从事第一线劳动工作的农民和奴隶非常劳累。即使建立了帝国，那些占帝国人口绝大多数的劳动人民也必须终日劳作，才能够在供应上层贵族们奢侈糜烂的生活后勉强解决果腹的问题。我们可以这样认为，古代文明的一个典型的特点就是奴隶制或农奴制。

上层社会的腐化生活 一般来说，地主和贵族都拥有大量的农奴和奴隶。人生来就是平等的，用鞭子和木棍逼迫他们为自己劳作，并不能代表主人有多么尊贵；从穷人的家里抢走他们最后的一点东西，也不能说明掠夺者有多么高雅；这些行为反而暴露出了地主和贵族的贪婪无耻和奢靡腐化。罗马帝国的贵族们就是这样的一群人。在罗马成为一个超级帝国之后，贵族们通过横征暴敛和大发战争财获得了海量的财富，于是他们就养成了虚荣、骄纵的恶习，甚至可以说，当他们面对手里的权力和海量的财富时，都不知道该怎么运用它们了。于是，原本勇于进取的罗马贵族就这样慢慢地堕落腐化了。

帝国的衰败 政治独裁是古代帝国的第三个缺点。我们都知道，对于一个国家来说，不管是专制还是独裁都是很危险的，但是或许是由于各种条件的限制，古代的帝国都是实行的专制独裁统治。对于独裁者来说，为了保证自己拥有最大的权力，他不可能允许建立联邦政府，也不会把手中的权力下放到地方上。因此，帝国下属的行省、郡、县的实权是掌握在独裁者手里的，他的话就是法律，他的意志就是帝国的意志。在这样的情况下，独裁者和他任命的地方主官都最好是清正廉洁、精明强干的人，但是显然这是不可能的事情。独裁政府还有另外一些隐患，例如那些有实权的大臣和军队的将领，一旦产生了窥伺皇帝宝座的野心就会导致天下大乱。

如果建立的是一个民主国家或者共和国，自然也就不存在这些问题了。这种国家的权力是掌握在人民手里的，任何个人，不管他多么聪明、多么能干、多么有声望，也无法获得所有人的支持。这样的政体或许也存在效率不高、决策困难、经常内斗等缺点，但是在大是大非的问题上却不会出现失误，也不会步独裁政权的后尘。

当然，独裁和专制也不是一无是处，如果一个帝国的领导者是阿育王、奥古斯都、哈德良这样的优秀政治家，那么这个国家会有一个高效率的政府，帝国在他们的领导下会飞速发展；如果是图拉真、居鲁士、图特摩斯、汉武帝这样的优秀军事家，那么这个国家就会战无不胜、四海宾服。可是如果独裁者是个昏庸无能、荒淫无度的人，那么这个国家必然政局混乱、民不聊生，接下来就是国家进入动荡和混乱，甚至可能因此而亡国，而且这样的独裁者也是最多的。在世界各国的历史上，阴谋、暗杀、篡权等丑恶的现象不绝于书，骨肉相残的惨剧也不时发生，给帝国辉煌的历史抹上了一片片的污迹。总之，采用专制政体的国家是无法解决独裁者这个问题的，而且也不知道该用什么样的方法来找到一个优秀的人来管理这个国家。

雅典和早期的罗马也曾经建立过民主的政权，虽然是早期人类历史上的一个闪光点，但是最终都失败了，失败的根本原因在于当时帝国领土的扩张和对外战争。当帝国征服一片新的领土时，开始的时候都会施行军事管理，原来的居民大多都沦为奴隶或者农奴，自然也就谈不上什么民主了。我们可以从罗马帝国的这个现象得出一个结论，即"如果一个国家经常进行战争，那么这里就不会产生民主政治"。

外敌 能够成为一个帝国，那么这个国家必定拥有大片肥沃的土地，还会有繁荣富庶的城市，对于生活在穷乡僻壤的蛮族来说，这些都是他们梦寐以求的东西，所以他们一直都在虎视眈眈地等着入侵的机会。几乎每一个庞大的帝国旁边都有这样的蛮族存在，例如喀西特人之于巴比伦、匈奴人之于中国、日耳曼人之于罗马等，而且蛮族的入侵也是帝国崩溃的一个重要原因。但是如果我们仔细分析的话，就会发现蛮族的入侵只是帝国崩溃的外因，更重要的内因则是帝国内部的奢侈腐败。

刚强勇敢和爱国主义的丧失　而且我们还会发现这样一个奇怪的现象：在每一个帝国刚刚建立的时候，它们的军队都是骁勇善战的，人民也都有尚武精神，但是随着时间推移，在文明提高之后，人民反而没有了尚武精神，军队也变得不堪一击。例如埃及，这个曾经强盛一时的帝国先后被亚述人、波斯人、马其顿人、罗马人、阿拉伯人和土耳其人入侵，这些侵略者也相继成为埃及人的统治者。这样的例子在历史上不胜枚举：波斯人灭亡了曾经无比强大的亚述帝国，然后波斯帝国又屈服于马其顿的亚历山大大帝；来自北欧的蛮族日耳曼人肆意踩躏横跨欧亚大陆的超级帝国罗马；古老的印度帝国先是被蒙古人灭亡，后来又被阿拉伯人征服……

很明显，造成这种惨剧的原因就是长期的和平、优裕的生活腐蚀了统治者的勇气和进取精神，也让整个统治阶层堕落了，享受奢侈的生活和争权夺利才是他们的要务，各种苛捐杂税让整个国家民不聊生。在罗马、迦太基、埃及等国家，当时的贵族已经堕落成手不能提、肩不能扛的纨绔子弟，连保证自身的安全都做不到，就更不用提当兵打仗了；士兵都是来自下层的人民，饱受压迫、食不果腹的老百姓根本不愿意牺牲自己的生命去保卫这些压迫者。罗马就是这样的一个典型例子，人民对于统治者没有一点感情，有些人甚至日思夜想能够有蛮族来入侵，这样就可以消灭掉上层的寄生虫，自己的生活说不定还可以过得更好；即使是不这么激进的人，也对蛮族的入侵漠然视之，他们认为即使罗马灭亡了，也不过是国家换了一个主人，自己的处境也不会变得更悲惨。所以，如果作为既得利益者的统治阶级都丧失了刚强勇敢，不愿意为了国家和民族献身，那么身为被压迫者的平民、农奴和奴隶没有爱国精神也就无可厚非了。

妇女地位低下　妇女地位的问题也是古代的这些帝国衰落的一个原因。在早期的一些罗马故事里，妇女们是聪慧能干的，她们会鼓励自己的丈夫或者儿子创业，还是他们坚强的后盾。中国和埃及都出现过女性统治者，在很多国家，社会道德要求丈夫必须尊重自己的妻子、儿子必须孝敬自己的母亲。但是从整体上来看，当时女性的地位还是非常低下的，不要说政治地位，就连其他的一些权利上也无法和现代的女性相提并论。

当某个民族被征服后，年轻漂亮的女性一般都会成为女奴，被卖给奴隶商人或者送给权贵，最后沦为男人的玩物或者某个男人的禁脔。当时的希腊、埃及、中国以及其他一些国家都实行一夫多妻制，有钱和有权的男人都妻妾成群，皇帝或者国王们的后宫更是充满了美丽的妃嫔，甚至从理论上来讲，国内所有的女性都是这些皇帝或者国王的女人。皇帝或者国王的妃嫔都是从全国范围内选出的美女，她们在进宫之后就没有了自由，从此不能出现在公共场所，也没有了正常的社会交往，在有些国家甚至都不能再和自己的父母亲人见面。很多史书都记载了宫中这些女性的钩心斗角，有的皇帝为了处理妃嫔间的关系而放弃了政务的处理，有的妃嫔为了让自己的儿子得到继承权而倾轧谋杀他人。

有了一夫多妻制，必然会让更多的男性找不到配偶；妇女地位低下，就会导致重男轻女的观念产生。这两种现象都会导致家庭不和睦。在当时的社会，家庭是最基本的组成单位，家庭不稳定，整个社会也会不稳定，国家也必然走向衰弱。

崇古的束缚 崇古复古也是很多古代文明衰落的一个原因。在一个帝国初建的时候，总会采取一些比较适应当时社会情况的措施，于是生产力得到了提升、经济得到了发展，大量的文学艺术作品也井喷式地出现，国力也有了提高。这些措施在当时无疑是合适的，但是随着生产力的发展和社会的变化，会逐步成为前进的束缚或者障碍，如果不加以改进或者摒弃，文明也就会停顿甚至倒退。然而很多统治者并没有意识到这个问题，总是在享受先人的余荫，安于享乐、不思进取，认为"祖宗之法不可变""古典的才是最好的"，最终整个国家都失去了创新的力量，变得死气沉沉。

例如，埃及早期的雕刻技术是很精湛的，确实有值得后人借鉴的地方，但是后人只是一味地模仿而没有创新，最终雕刻出来的作品变得庸俗无味，已经不能再称为艺术品了；还有罗马，奥古斯都时代出现了许多艺术上的大师，但是后来的艺术家无法脱离这些大师的窠臼，最终也没有形成自己独有的风格。中国和印度也都出现过这样的情况。当后人极度崇拜先人、不敢否定以前的政策和思想时，也就没有了创新；没有了新生的力量，文明也就会停滞不前，最终被更先进的文明替代。

旧信仰的解体 古代也产生了许多原始的宗教，但是这些宗教并没有成为帝国人民坚定的信仰；后来也出现了一些新兴的宗教、哲学思想，不过仍然没有从根本上解决人们精神上的问题。在对神灵的信仰丧失后，人性也开始慢慢堕落，最终养成了各种恶习。

罗马帝国到了后期的时候，人们不再信仰本土的那些古老的神灵，接受过良好教育的上层人物认同的是斯多亚学派的哲学理论，要么改信了外来的宗教，要么变成了没有任何信仰的无神论者。佛教教义中的"八正道"、摒弃七情六欲，从本质上来说是一种逃避主义；中国的孔子留下了许多关于道德的箴言，虽然后来都成为人们伦理生活的规则，但是却无法让人们从根本上积极地面对生活。由此我们可以看出，不管是哲学还是佛教，都有着这样那样的不足之处，对于人民的需求来说，它们还是远远不够的。

三、文明中的新生力量

各种原始的宗教一步步没落了，以前的神灵逐步丢失了他们神圣的光环，人民默默地不再信仰了，然而人们在失去了信仰的同时，他们的力量和勇气也一并丢失了。我们可以断言，如果罗马人一直信仰他们那属于异端的神灵，那么他们就无法保护好他们的瑰丽文化；如果欧洲人一直信仰原始的宗教，那么亚洲的历史就是欧洲历史的必然结局，欧洲人祖先的经历也会和中国人、印度人没有任何差别。

好在历史并没有这样发展，近东地区出现了一个新的宗教，它有着蓬勃的生命力，为人们指出了新的发展方向，它从亚洲来到了欧洲，又以欧洲为起点走向了全世界。当这股新生的力量出现后，整个世界的文明发展史都出现了深刻而又奇妙的变化；当它被人类信仰时，也就标志着古代文明已经结束、新的世界即将开始。

这个新生的力量就是基督教。

第14章 北方的蛮夷部族

一、日耳曼部族

莱茵河和多瑙河是欧洲的两条大河,它们都发源于阿尔卑斯山的北麓,而且源头相距不远,只不过流向相反:莱茵河流向西北最后注入北海,多瑙河自西向东流最后到达黑海。这两条大河也是罗马帝国北部的边界,莱茵河以西、多瑙河以南属于罗马帝国的领土。罗马人的对面就是蛮族的聚集地,这些不同的部族也说着不同的语言,比较大的几个语言分支为日耳曼语、斯拉夫语、芬兰语和凯尔特语。人数最多的一个部族是日耳曼人(也叫条顿人),他们的文化比较落后,还没有掌握文字的拼写,不过这个缺点并没有影响到他们在欧洲发展史上的重要地位。

部落和酋长 日耳曼人并没有一个统一的政权,他们政治上的情况和北美洲的印第安人更加相似。日耳曼人只是一个统称，内部分成好多个部落，部落和部落之间经常会发生冲突和战争，其残酷程度一点也不亚于日耳曼人和其他种族之间的战争。每个日耳曼人的部落都有一个酋长，通常在战士之间推选产生；还有一个议事会，成员包括酋长、祭司、预言师。日耳曼战士都穿着拖到地上的长袍或者兽皮，主要工作是打猎和打仗，其他所有的工作都由妇女和奴隶完成。

住所和法律　随着时间推移，日耳曼人的文明也有所提高，开始有了固定的住所，也掌握了刀耕火种的农业技术，不过还没有发展到建立城市的地步，只有一个个分散的村庄或者独立居住点。日耳曼人的土地是共有的，按照需求由部落的高层分配给各个家庭。

日耳曼人还没有形成法律，日常生活遵循的是一套严格的风俗习惯，所有成员任何的行动都要受到这套风俗习惯的约束。日耳曼人也没有文字，虽然他们的风俗习惯数量众多又极其烦琐，但是他们还是不厌其烦地整理起来，以口口相传的方式一代代地流传下去。或许是羡慕文明国家有成文的法律，他们把自己的这套风俗习惯称作"日耳曼法"。

历法　日耳曼人也有自己的历法，可以划分年、月、日、时。有趣的是，我们现代所使用的历法中，每个星期中的四天的名字都是来自日耳曼历法，都是用日耳曼人的神灵来命名的：星期二（Tuesday）是用蒂乌神（Tiu）命名的；星期三（Wednesday）是用沃登神（Woden）命名的；星期四（Thursday）是用托尔神（Thor）命名的；星期五（Friday）是用弗里亚神（Fria）命名的。这些神灵的名字后添加一个"天"（day），也就成了星期的名字。其中托尔神是日耳曼人的主神，也是战争之神，他力大无穷，能够以掷锤的方式形成闪电。为了祭祀神灵，日耳曼人在丛林里建造了许多神圣的祭坛，还设立了许多宗教节日。

渡河　日耳曼人一直希望能够将罗马帝国北部的那些肥沃土地占为己有，所以他们一直都在想方设法地渡过莱茵河、多瑙河，骚扰、抢劫罗马人。在公元1世纪到4世纪这段时间里，很多日耳曼人渡过这两条大河进入罗马，其中有光明正大渡河的商人，也有偷偷过来的强盗和军队，还有被罗马人俘虏的奴隶。因为长期生活在海边、河边，日耳曼人已经初步掌握了造船技术和驾船技能，而且罗马的边境部队不可能拥有把守所有河面的兵力，所以只要躲过罗马的巡逻队，轻而易举地就可以渡过河去。日耳曼人对罗马的抢劫都是以部落为单位进行的。在酋长的带领下，剽悍的日耳曼战士举着刀剑冲向罗马人的村庄和城市，抢走大量的牲畜、粮食和农具后，还会向城中的罗马人勒索金钱、珠宝和武器，如果宣称不给，他们就会攻打城市，破城后鸡犬不留。因为罗马的军队不足，士兵也不愿意为了保护富人牺牲自己的生命，所以他们的要求一般都会得到满足。

也有一些日耳曼人会留在罗马并定居下来，这些人一般都是那些光明正大过河的商人。这些商人有时候也会客串奴隶贩子，把日耳曼贫民和其他部落的战俘卖给罗马人。此外，罗马人和日耳曼人曾长期处于战争状态，许多日耳曼人在战败后被俘虏，这些战俘和买来的奴隶都会在罗马人的庄园里从事苦役。随着罗马的土地兼并越来越严重，大批的农民或者农奴涌入城市，贵族和富人们的庄园劳动力越来越缺乏，这些来自日耳曼的奴隶和战俘自然就成了补充劳动力的最佳来源，于是日耳曼人和罗马各行省之间的奴隶贸易越发兴旺起来。

日耳曼士兵　　很多日耳曼人因为在家乡过不下去，也渡河来到了罗马。这些人中的很大一部分会进入罗马军队中当兵，有一些是被迫的，但是更多是自愿的，他们愿意为了金钱牺牲自己的生命。到了后来，这些为钱卖命的雇佣兵在军队中的数量甚至超过了罗马人。日耳曼雇佣兵曾多次参加罗马的内战，因为强壮的身体和剽悍的性格屡立战功，很是受到一些罗马贵族的青睐。大多数的日耳曼雇佣兵对罗马帝国都怀着一种崇敬的心理，也愿意遵守罗马人的传统，力图让自己也变成罗马人。到了公元4世纪的时候，许多日耳曼人已经成为正式的罗马公民，罗马帝国后期的几个皇帝甚至都有着或多或少的日耳曼血统。

入侵和征服　　在罗马帝国衰弱之后，日耳曼人的渡河性质改变了，已经不再是以骚扰和抢掠为目的，而是变成了入侵。从4世纪末一直到5世纪，很多日耳曼人都是以部落为单位进入罗马，他们打败了当地的罗马人，占领了罗马人的土地并定居下来。这种入侵其实早在四五百年之前就已经开始了，在公元9年的条顿堡山林战役中，强大的罗马军队几乎被日耳曼人打得全军覆没，这场悲剧终结了罗马军队没有整军团被歼灭的神话，也预示了日耳曼人大规模入侵罗马的开始。日耳曼人慢慢地占领了罗马帝国的西部，并在这里建立了几个日耳曼王国，近代西欧各民族之所以血统是半罗马半日耳曼，追根溯源，就是当初日耳曼人的入侵、同化、融合造成的。和许多蛮族一样，虽然日耳曼人用残酷的战争手段获得了罗马帝国西部的领土，但是他们仍然对罗马的文化怀着敬畏之心，从内心深处希望自己也能够成为一个有教养的罗马人。

各主要部落 看到那些率先渡河的日耳曼部落过上了安定富足的生活，其他的部落也加快了渡过莱茵河和多瑙河的步伐，于是不久之后，从黑海到北海，这连绵3000多公里的土地都成为日耳曼部落的居住地：法兰克以北的主要部落是撒克逊人、盎格鲁人和朱特人，他们的下一个目标就是不列颠地区；美因河流域（也就是现在的德国南部地区）居住的是阿勒曼尼人和勃艮第人；从多瑙河上游的北部，沿奥得河直到奥地利、匈牙利的平原地区，分布着汪达尔人、苏维汇人、兰哥巴德人和伦巴底人；多瑙河的下游靠北一点（现代的罗马尼亚）居住的是西哥特人；黑海以北散居着东哥特人。

因为罗马帝国拥有肥沃的土地和富庶的城市，这对于贫穷落后的蛮族就是一个香喷喷的蛋糕，所有的蛮族都用喷火的眼睛盯着它，随时准备扑上去抢走最大的一块。

匈奴人 对于罗马人来说，日耳曼人是一个野蛮的民族，不停地抢劫他们的财产、霸占他们的土地。可是日耳曼人也是有苦难言，因为他们的东面也有一些更加野蛮的民族。对方不停地蚕食他们，迫使他们不停地向西迁移。这些更野蛮的民族主要是匈奴人和阿兰人，来自亚洲的游牧部落，被汉武帝打击得无法在亚洲立足，只好向西发展，试图寻找到一个更好的生存空间。往往他们刚打下了一块地盘，就会被尾随而至的中国人再次杀得人仰马翻，只好再次向西撤离，最后终于来到了欧洲。

最东面的东哥特人首当其冲，自然也就成了第一个牺牲品。在匈奴人和阿兰人的猛烈攻击下，无力抵挡的东哥特人一部分投降，一部分逃到了西面同文同种的西哥特人那里，霸占了西哥特人的土地并定居下来。西哥特人打不过东哥特人，只好一面向西攻击邻近的日耳曼部落以获得更多的生存空间，一面向罗马帝国称臣，希望罗马人能够让他们渡过多瑙河在罗马帝国定居，以为罗马守护北方的边界为条件获得罗马的庇护。罗马人答应了他们的请求，于是西哥特人暂时获得了安全。但是其他的日耳曼部落就没有这样的好运气了，在匈奴人有增无减的凶猛攻势下，越来越多的日耳曼部落被征服，汪达尔人、苏维汇人、勃艮第人、阿勒曼尼人、法兰克人、撒克逊人风声鹤唳、草木皆兵，唯一的想法就是跑得越远越好，只要能够躲过匈奴人的攻击就行。如此一来，罗马帝国就成了最佳的目标，于是日耳曼人大规模入侵罗马的战争开始了。

再说一下西哥特人。在获得罗马皇帝瓦伦斯的允许后，西哥特人在公元376年渡河进入罗马。然而罗马的贵族却对他们百般欺凌，西哥特人忍无可忍，被迫武装抵抗，后来在哈德良堡一役中大败罗马军队，并且杀死了罗马皇帝瓦伦斯。继任的罗马皇帝狄奥多西把默西亚省割让给了西哥特人，以此为条件取得了和平，然而西哥特人对此并不满意，只是勉强答应了下来。到了公元395年，狄奥多西大帝去世后双方之间的战争再次爆发。在这次战争中，西哥特人的领袖亚拉里克表现出了卓越的政治能力和军事才能，成为西哥特人历史上有名的领导者。

四处受敌的罗马帝国　日耳曼人的各个部落几乎同时侵入罗马帝国，罗马人一时间顾此失彼、疲于奔命。如果日耳曼人是分批入侵的，罗马帝国要么就捏着鼻子接收他们，要么就付出巨大的代价打退他们，总之不会让他们给罗马人带来亡国的威胁。但是事实就是如此，罗马帝国北部的边境线长达3000多公里，想要防守住如此漫长的边境线需要天文数字的军队，还要在入侵点的后面建设营地，还要有无法估算的后勤供应，这是罗马帝国无法承担的艰巨任务，也是罗马皇帝无法完成的任务，罗马帝国的命运也就可想而知了。

二、罗马领地上的日耳曼王国

西哥特人　西哥特人的领袖亚拉里克并没有灭亡罗马帝国的打算，他的初衷只不过是想要给他的子民抢来更多更好的土地，而且希望他本人能够在罗马政府里担任一个高级的职务。罗马人认为他的这个要求太过分了，于是就无情地拒绝了他，亚拉里克闻讯后立刻开始围攻君士坦丁堡。但是这个城市对于西哥特人来说就是一个无法攻破的堡垒，他们久攻不下，就开始像流寇一样在罗马境内四处抢掠。此后亚拉里克又进行了三次进攻意大利的行动，第二次的时候从罗马人那里敲诈了大量的黄金，第三次的时候攻进了罗马城，除了公共建筑和基督教堂，其余的都被西哥特人洗劫一空，不久亚拉里克在罗马去世。西哥特人在意大利前后侵略了十几年的时间，对罗马的经济、民生造成极大的创伤。

公元412年，西哥特人的新领袖阿陶尔夫斯率军侵入高卢南部地区，征服了这里和西班牙北部后，于公元419年在图卢兹建立了西哥特王国，并且和罗马帝国暂时结成了同盟。

汪达尔人、苏维汇人和阿兰人　在刚开始的时候，来自亚洲的阿兰人赶走了汪达尔人、苏维汇人，占领了他们的土地，不过后来这三个民族握手言和，似乎还结成了同盟。公元406年，他们强渡莱茵河进入高卢，随后又转向东南进入意大利；409年，他们又翻越比利牛斯山占领了西班牙。罗马的皇帝无力抵挡这些蛮族的入侵，只好与他们媾和，将整个伊比利亚半岛割让了出去。当时苏维汇人得到了西班牙的北部，阿兰人得到了西班牙的中部和葡萄牙，汪达尔人则得到了西班牙的南部。但是好景不长，随后西哥特人也侵入了伊比利亚半岛，苏维汇人和阿兰人被迫加入了西哥特王国，汪达尔人不愿屈服，于是经直布罗陀海峡迁移到了北非。

汪达尔人在非洲　汪达尔人迁移的这一年是公元429年，当时他们的领袖是该撒里克，也是一个惊才绝艳的人物。10年后，该撒里克攻陷了罗马人在北非的首府迦太基，他就以那里为首都建立了汪达尔王国，这个王国延续了100年多一点的时间。

该撒里克的性格有点儿矛盾，他既是一个破坏者（从他所到之处都纵容士兵烧杀抢掠就可以看出），也是一个建设者：他建立了汪达尔王国，成立了军队，还建设了一支庞大的舰队。在该撒里克的带领下，汪达尔人肆虐了整个北非，最终让罗马人承认了汪达尔王国对北非大部分地区拥有统治权。然而该撒里克对他的成绩仍不满意，又率领舰队洗劫了西西里岛西部、撒丁岛、科西嘉岛和巴利阿里群岛等地中海西部的岛屿，接着兵临意大利，并且在公元 455 年攻陷罗马城。这是罗马城继公元 410 年之后的又一次浩劫，西哥特人抢掠后剩下的那点财富被汪达尔人一扫而空，就连罗马的皇后和公主都成了该撒里克的战利品。该撒里克去世于公元 477 年，这时候罗马帝国在地中海西部的统治已经不复存在了。

高卢和不列颠的日耳曼人　差不多在汪达尔人、苏维汇人和阿兰人入侵伊比利亚半岛的同时，日耳曼人的其他部落也开始入侵高卢北部、中部以及不列颠北部。阿勒曼尼人的目标是斯特拉斯堡和莱茵河的上游；勃艮第人绕过阿勒曼尼人的势力范围后侵入罗讷河流域；高卢北部的大部分地区被大小不一的法兰克部落霸占。也可能是同时，也可能稍晚一些，不列颠岛临近欧洲大陆的那部分区域也沦陷了，侵略者是跨海而来的撒克逊人、盎格鲁人和朱特人。可能从 407 年开始，罗马帝国就完全丧失了在不列颠的控制权，而且对高卢地区的控制也大不如前。

东哥特人　东哥特人的故乡在多瑙河以北的地区，他们曾在这里生活了很长时间。在匈奴的压力下，他们先是抢占了西哥特人的地盘，然后又在罗马皇帝的允许下去了多瑙河南岸，在潘诺尼亚、上默西亚一带定居。在长达 100 年的时间里，东哥特人一直反复无常，一会儿是罗马人的盟友，一会儿是罗马人的入侵者。公元 471 年，狄奥多理克成为东哥特人的酋长，他曾经作为人质在君士坦丁堡住了很多年，在那里接受了良好的教育，还在罗马人的军队里担任过指挥官。公元 488 年，他接受罗马皇帝芝诺的命令去意大利征讨在当地肆虐多年的日耳曼人。公元 493 年，狄奥多理克彻底击败了这里的日耳曼人，杀死了他们的领袖奥多瓦克尔，随后就在意大利建立了东哥特王国，自称国王。一直到他在公元 526 年去世为止，他都是亚平宁半岛上最有权势的人。

蛮族入侵的后果　到了公元 5 世纪的末期，虽然罗马帝国名义上还拥有意大利、高卢、不列颠、西班牙以及北非大部分地区的主权，但是实际控制权都在日耳曼人那里，罗马皇帝的命令只能到达地中海的东部区域。从此之后，罗马帝国的统治中心就从罗马城转移到了君士坦丁堡，原本横跨亚、欧、非三洲的庞大帝国不复存在，而是成了一个只保有东部国土的希腊国家。罗马帝国原来的西部地区则成立了几个日耳曼国家，在基督的光辉下迅速发展起来。

日耳曼统治下的罗马　日耳曼人成立国家后并没有驱逐本地的罗马居民（不列颠是个例外），也没有废除罗马的法律、禁止原来的风俗习惯；除了不列颠和莱茵河流域，还让当地居民保留了一部分土地，并留任了原来的官员；宗教也同样如此，不管原来的居民信仰的是基督教还是其他的宗教，都可以保留自己的信仰；蛮族的首领最关心的是，如何让日耳曼人始终保持在政治上和经济上的优势。在建立国家后，原来的部族首领一跃成为贵族，不过他们仍然沿用原来的部落法律——更准确地说是风俗习惯；刚建国的时候不允许日耳曼人和罗马人通婚，但是随着时间推移，这条禁令也名存实亡了。

罗马文化的影响　日耳曼人建立的国家对罗马文化非常推崇，也从罗马人那里学到了不少文化和技术，例如拉丁语、服饰、建筑样式、习俗风尚等，也像罗马帝国那样实行土地私有制。在学习拉丁语的时候，日耳曼人将拉丁语和本族的语言结合在一起，创造了一种新的语言，也就是日耳曼语，当时欧洲北部的国家都说日耳曼语，南部说拉丁语。

不列颠的特殊之处　在整个欧洲，不列颠是受到日耳曼人荼毒最深的地区。这里是罗马帝国最西面的地区，罗马化的程度最低，也是日耳曼文化影响最大的地区。撒克逊人、盎格鲁人和朱特人以前不在罗马帝国的势力范围之内，罗马的文化对他们几乎没有任何影响，他们只是在侵入不列颠之后才接触到了罗马文化。他们和已经罗马化的凯尔特人是世仇，二者之间的战争持续了200多年。在征服不列颠之后，日耳曼人的各个部族成为盎格鲁-撒克逊人，他们的文化和凯尔特人的文化融合成了英格兰文化。凯尔特人战败后撤往北方的苏格兰高地和西方的威尔士山区，更远的渡过海峡去了南边的爱尔兰岛，形成了爱尔兰文化。盎格鲁-撒克逊人并没有全部杀死或者驱逐凯尔特人，还有一部分留在了不列颠，主要是妇女和儿童，所以现代的英国人虽然都称自己是盎格鲁-撒克逊人，其实他们身上还是有一部分凯尔特人和罗马人的血统的。

我们前面说过，日耳曼人对不列颠的征服是一个例外，这个例外就在于他们没有采用被征服地的语言和法律,这和他们的族人在欧洲大陆上的做法是不同的。

战争不断　不管是位于欧洲大陆上的日耳曼人,还是位于英格兰岛上的,几乎都没有停止过发动战争,要么是他们和罗马人、凯尔特人打,要么就是他们自己之间打。到了公元525年的时候,日耳曼各王国经过多年的战争后,终于形成了几个比较大的主要国家,分别是:高卢的法兰克王国、西班牙的西哥特王国、意大利的东哥特王国和北非的汪达尔王国。

罗马复兴　查士丁尼大帝登基后,发动了和东方的波斯人、西方的日耳曼人之间的战争,并且多次取得了胜利。当查士丁尼大帝的军队攻陷了迦太基的时候,也就宣布了日耳曼人的汪达尔王国灭亡了,此后的整个北非在相当长的一段时间内几乎都成为罗马的领土,此外意大利和西班牙的东南地区也重新回到了罗马皇帝的麾下。

虽然汪达尔王国灭亡了,但是日耳曼人仍然控制欧洲的很多区域,例如,盎格鲁-撒克逊人仍然控制着不列颠岛、法兰克人控制着高卢、西哥特人仍然控制着西班牙的大部分地区等。到了公元6世纪的后叶,一个名为伦巴第人的日耳曼民族从北方来到了意大利,明火执仗地从罗马人那里抢走了一块地盘,又建立了一个属于日耳曼人的王国。到了公元7世纪,罗马人在非洲的领地再次丢失了,这次的入侵者是阿拉伯人,详细的情况我们会在后面的章节中讲述。

三、匈奴人和斯拉夫人

日耳曼部落在4世纪末、5世纪初这段时间之所以会大举入侵罗马帝国,一个很重要的原因就是他们被来自东方的匈奴人和阿兰人打怕了。可是匈奴人对自己取得的成绩并不满意,就在日耳曼人入侵罗马帝国之后,匈奴人也开始了入侵罗马帝国的行动。

匈奴人　在4世纪末期的西伯利亚南部,生活着匈奴人、阿兰人,还有另外一些我们不知道名字的游牧部落,一般都统称为匈奴人。这片地区土地贫瘠、资源匮乏,就连水草都无法满足他们的牛羊食用,而西面的莱茵河、多瑙河一带的条件当然比这里更好。于是匈奴人把目光投向了日耳曼人居住的这片地区，把他们驱逐到罗马帝国，鸠占鹊巢，成了匈牙利平原新的主人，随后又以此为基地，开始了对整个中欧的抢掠。

阿提拉 阿提拉是匈奴人在公元5世纪前期的领袖。从流传下来的画像来看，阿提拉有着典型的匈奴人特征：黑色的头发、大大的头颅、扁平的鼻子、锐利的双眼，而且眉毛间距很大，长得又矮又胖，令人望而生畏。阿提拉是一个出色的领导者，在政治和军事方面都有杰出的才能，为人多疑善变，极端自负又迷信；他也是个残暴的征服者，当时欧洲的大部分地区都在他的控制之下，就连声名赫赫的罗马帝国也不得不屈服在他的淫威之下，为了保全国土、免于受到他的蹂躏而纳贡。为了获得更多的利益，阿提拉一次次地提出更加过分的要求，被勒索的一方在武力的威胁下也只有一次次地满足他。有一次，阿提拉为了能从希腊那里得到额外的赔款，攻破温泉关、色雷斯之后又长驱直入到了君士坦丁堡，以城下之盟的方式终于达到了目的。因为阿提拉和他的军队抢掠成性又残暴不仁，在罗马人和日耳曼人那里获得了一个"上帝之鞭"的称号。

沙隆战役 罗马的皇帝一直对向阿提拉纳贡而耿耿于怀，到了公元451年，终于决定不再纳贡。阿提拉闻讯后暴怒，纠集50万人准备征讨罗马帝国，其中就有被他征服的日耳曼人。阿提拉率军从匈牙利出发，渡过莱茵河后进入高卢，在马恩河畔的沙隆一带遇到了罗马大将埃提乌斯率领的军队。埃提乌斯的军队中主要是罗马人和西哥特人，他们对匈奴人都有着刻骨的仇恨。6月20日，战役正式打响，双方的损失都极为惨重，但是罗马人成功地挫败了阿提拉的计划，获得了战略性的胜利。阿提拉在这次战役中损失了大量训练有素的有生力量，本人也险些丧生，最后不得不撤出了高卢，也失去了西欧的地盘。

阿提拉在意大利 然而阿提拉没有因为沙隆战役而一蹶不振，随后就在第二年侵入了意大利。阿提拉的这次征战十分顺利，攻陷了许多城市并进入了罗马帝国的核心城市罗马城，罗马的皇帝只好请教皇利奥一世出面向阿提拉求和。阿提拉在提出了苛刻的条件后退出了意大利。公元453年，阿提拉迎娶了一位日耳曼少女，然而却在婚礼上意外死亡。

匈奴的解体 阿提拉死后，他的几个儿子为了皇位发生了内讧。匈奴人在这场内讧中死亡了几千人，随后这个庞大的帝国就四分五裂了。之后匈奴人开始定居下来，并且和多瑙河下游以及俄罗斯南部的一些民族逐渐地融合在一起，进入了更加文明的生活。

斯拉夫人 斯拉夫人的生活区域大部分都在中欧的东部，主要集中在现代的波兰东部。斯拉夫人的西面、南面也曾经受到过日耳曼人的入侵，后来侵略者又换成了匈奴人。在日耳曼人迁移、匈奴解体之后，斯拉夫人开始逐步向西面、南面扩张自己的地盘，到达了多瑙河一带并且接收了一些匈奴人。

巴尔干岛的斯拉夫人 斯拉夫人不愧是蛮族的一员，他们刚到了多瑙河流域，就开始了对罗马帝国东部的各个行省的攻击。到公元6世纪的时候，他们侵略的脚步已经到达了马其顿，也已经对君士坦丁堡形成了威胁，查士丁尼大帝也不得不用武力阻止他们的入侵。然而当查士丁尼大帝在公元565年去世之后，罗马的抵抗对斯拉夫人已经无法成为阻碍了，不久斯拉夫人的铁蹄就踏遍了整个希腊。到公元7世纪的时候，斯拉夫人开始在巴尔干半岛上定居下来，成为罗马帝国东部各个行省的居民。

斯拉夫人的语言这时候也发生了一些改变，虽然有一部分人（主要是塞尔维亚人）像盎格鲁-撒克逊人那样，保持着原来的语言体系，但是也有一部分人（例如定居在希腊的那些斯拉夫人）开始学习并使用希腊的语言。

然而就在斯拉夫人在公元7世纪开始定居生活之后，一件有趣的事情发生了：他们被另一个更加凶猛、野蛮的蒙古游牧民族——保加利亚人征服了。保加利亚人沿着500年前匈奴人的征服路线，沿里海、黑海一路向西横扫，最后到达多瑙河的下游（也就是罗马的默西亚行省）开始了定居生活。不久之后，保加利亚人就和当地被征服的斯拉夫人，融合在了一起，也开始使用当地的语言，虽然如此，这些征服者仍然用自己的名字来称呼这片被征服的土地和生活在上面的民族，也就是说，这片土地被称为保加利亚，这里的人民被称为保加利亚人。这个做法和征服了高卢并定居在那里的法兰克人的做法如出一辙。

斯拉夫人和奴隶制度 在英文和拉丁文中，"奴隶"这个单词都是从

"斯拉夫人"这个单词衍变出来的。日耳曼人在被匈奴人赶走之前,曾经掳掠了大量的斯拉夫人,并将他们作为奴隶卖给了罗马人,于是 slav(斯拉夫)这个单词也就有了奴隶(slave)的含义。当然,斯拉夫人对这个变化是不高兴的。

四、基督教在蛮族中获得胜利

在日耳曼人入侵罗马之前,基督教就已经在罗马得到了广泛的传播,并且成为罗马帝国最有影响力的宗教。对于日耳曼人这个侵略者来说,基督教是一个全新的、和他们原来的神灵完全不同的信仰,那么这些蛮族会对这个宗教采取什么样的态度呢?还会让它继续传播吗?他们是否会皈依这个信仰?

经教士们共同努力,基督教最终还是感化了这些野蛮人,让他们回到了基督的怀抱。修士们一般都在教会里生活、工作,他们都是信仰坚定的人,将毕生的精力都献给了教会,主要工作就是负责传教。基督教有很多修士,这些修士分别属于各个地区的教会或者教团,虽然不同地区的教会或者教团有着不同的名字,但是修士的生活都是严格遵照基督教的教规进行的,不会有一丝一毫的违背。

修士和教规 不管是教会从弱小到壮大,还是教规从简陋到完善,当然都是逐步完成的,并且花费了很长的时间。在最初的时候,修士们因为需要在一起探讨教义等原因,开始居住在一起,这也就是修道院的由来。因为这种机构是自发的、偶然产生的,所以每个修道院的外观都不一样,也都有着自己的教规和内部管理规定。如此一来,不同地区的教会必然有不同的规定,给人一种无组织无纪律的感觉,这种情况对于基督教来说肯定是一个缺点或者说是弊端,于是一些有识之士开始统一建筑物的外观和功能,并且制定了严格的、统一的教规。如果制定这些规矩的修士是一个非常有名望的人,或者是某个基督教组织的领袖,那么他所制定的这些规矩的使用范围就不会仅限于本人所在或者下属的修道院,还会主动或者被动地推广到其他的修道院。例如著名的巴希尔教规,就是公元 4 世纪后期的一个名叫巴希尔的修士制定的,这个教规本来只在小亚细亚一带实行,后来罗马帝国东部的那些修道院也开始采用;再如本笃会规,它的制定者是著名的意大利修士本笃,西方大多数修道院和女修道院都采用这种会规。女修道院是那些虔诚的女修士的修行之地,她们将自己的一生都奉献给了教会,所做的一切都是为了教会的发展和壮大。

巴希尔教规里面有这样的规定:所有的修士都必须同吃、同住、同祈祷;修士们必须为那些有需要的人们提供帮助,特别是弱势群体,例如对穷人、病人提供一定的帮助,抚养孤儿等;修士们有义务教导人们自强不息、努力工作;建立并管理学校,让更多的人可以接受教育等。本笃会规的规定和巴希尔教规在很多地方都有相似之处。本笃会规不仅对人们的信仰非常关注,也很重视人们的教育和各种工作,包括脑力劳动和体力劳动。本笃会规对农业劳动非常重视,认为这种劳动是一种重要的体力劳动,但是它也同时规定,修士们必须选择那些最有用的工作,也就是说,无论是什么工作,只要能够更多、更好地帮助到他人,修士们就必须去做。也正是这个原因,本笃教会的很多修士都会选择学习任教的工作,以便让更多的男孩子学习到更多的知识。

修士们的工作 在之后的几百年里,为了基督教的传播和扩大,本笃教会的修士们做了许多卓有成效的工作,也取得了令人惊叹的成绩。在对日耳曼人的传教中,本笃教会的修士既是先锋队也是主力军,在他们的努力下,野蛮的日耳曼人慢慢地变成了文明人,也逐步接受了基督教的教义。修士们不仅用口才来感化世人,还能够身体力行,不管是农业劳动还是各种手工业生产,他们都以基督徒的标准严格要求自己,成为人们的模范。修士们在经商的时候讲究诚信、童叟无欺,他们的这些以身作则的高尚行为不仅取得了人们的信任,也让自己获得了很高的威信,为之后基督教的发展奠定了坚实的基础。在蛮族的部落或者国家里,修士们还建立了学校,为当地人摆脱野蛮和贫困做出了极大的贡献;他们还会把拉丁文的教义或者其他著作抄写、翻译成当地的文字,并且妥善地保管、流传下去。

阿里乌斯派的活动 让日耳曼人接受基督教的教义是一件极其艰难的工作,从传教开始,到日耳曼人接受基督教花费了极其漫长的时间,修士们采取了各种能够采取的方式，用了各种能够使用的方法让日耳曼人皈依基督教。好在很多日耳曼人在之前就到过罗马，对基督教也有了一定的了解，到后来日耳曼人大举入侵罗马后，对基督教的了解就更多了，加上阿里乌斯派的修士们深入到日耳曼人的部落之中进行传教，越来越多的日耳曼人聆听到了基督的福音，皈依基督教的日耳曼人也就越来越多了。

乌尔菲拉和哥特人　乌尔菲拉（311—383）是一个传教士的先驱，在对日耳曼人的传教中做出了突出的贡献。"乌尔菲拉"的意思就是小狼，他出生在小亚细亚，在幼年的时候被西哥特人掳掠到了多瑙河以北，在这里长到了成年。虽然乌尔菲拉一直和西哥特人生活在一起，几乎和哥特人没有区别，但是他时刻记得自己的故乡是小亚细亚、自己信奉的是基督教。在成年之后，他被西哥特人当成使者派到了罗马，并作为人质在君士坦丁堡生活了很长时间。在这段人质生涯里，他努力学习拉丁文和希腊文，并且接受了阿里乌斯派的教义，重新成为一个基督教徒。由于当时的东罗马皇帝坦提乌斯是阿里乌斯派的支持者，所以这个教派在罗马发展得很迅速。在30岁的时候，乌尔菲拉被教皇任命为主教，负责哥特人的传教工作，在此后的40年里，他将所有的精力都奉献给了传教事业。在刚开始的时候，他来到多瑙河以北的西哥特人部落中进行传教，用了整整7年的时间才取得了一定的成果，然而当地的一个酋长看不惯他，不允许他继续传教并逼他离开这里，为了避免信徒们受到迫害，乌尔菲拉就带着他们去了多瑙河的南岸。在取得罗马皇帝坦提乌斯的同意后，他们开始在默西亚定居。尽管如此，乌尔菲拉仍然没有放弃自己的工作，他曾经多次派人去西哥特人部落进行传教。乌尔菲拉的传教工作是卓有成效的，到公元376年的时候，那些入侵罗马帝国的西哥特人大部分都已经是他的信徒了；而在公元410年西哥特人洗劫了整个罗马城却对教堂等宗教建筑保护有加，也正是乌尔菲拉的遗泽。

乌尔菲拉在他70多年的生涯里做了许多有意义的工作，完成了许多伟大的成就，在他所有的成就中，将《圣经》翻译成哥特文无疑是排在第一位的，而且这部书也是历史上的第一本用日耳曼文字写成的书籍。因为哥特人生性好斗，特别喜欢那些与战争有关的故事，而《圣经》中的"列王记""撒母耳记"两章有着大量的对于残酷战争的描写,为了避免这些故事对哥特人造成不好的影响、刺激他们喜爱战争的因子,乌尔菲拉特意删掉了这两章。

日耳曼人中的阿里乌斯派 阿里乌斯派最初只是基督教的一个分支,在西哥特人加入之后,东哥特人、汪达尔人、勃艮第人、伦巴底人以及其他日耳曼部落也纷纷加入,阿里乌斯派这才发展壮大起来。但是到了狄奥多西登基后,阿里乌斯派受到了他和他的继承人的严厉打击,在罗马帝国逐渐式微并最终消亡了。然而,这个教派在非洲、欧洲的日耳曼王国那里却得到了迅速发展,而且罗马帝国的平民都是天主教的信徒,这种信仰上的不同开始引起其他方面的分歧,并最终形成了方方面面的矛盾,而且持续了1个多世纪。

查士丁尼大帝之所以占领非洲、意大利和西班牙,除了政治方面的因素之外,宗教方面也是一个重要因素,他的占领让这些地区的天主教徒获得了一个短暂的喘息机会。但是随后不久伦巴底人就在意大利建立了日耳曼人的王国,而且他们也属于阿里乌斯派。

天主教教会的嫡长女 很多天主教的主教——尤其是罗马的主教们——对西方本笃会的支援不遗余力,他们不断地在法兰克人、阿勒曼尼人之间进行宣传,力图让这些人成为天主教徒。他们的努力没有白费,法兰克的国王克洛维终于皈依了天主教,就在公元496年的圣诞节这天,他带着3000名战士集体在兰斯教堂接受了洗礼,这也是第一个基督徒国王,后来成为征服和劝化异教徒的主要领军人物。克洛维的妻子是来自勃艮第的一个公主,很早就皈依了基督教并成为一个虔诚的信徒,克洛维的皈依主要就是受到了妻子的影响。在法兰克占领了高卢地区后,这个国家也就成了一个信奉基督教的国家,罗马的教皇对此不吝赞美,把法兰西称为"西方天主教教会的嫡长女"。在当时诸多蛮族建立的国家中,法兰西是第一个基督教国家,倒也无愧于这个美名。

第二个称为天主教国家的是西班牙,接着就是英格兰。西班牙以前是西哥特王国的一部分,信仰的是阿里乌斯派,但是到了公元587年的时候,西班牙的统治者放弃了阿里乌斯派,成为天主教徒。

奥古斯丁在英格兰 格列高利教皇在还是一个修士的时候，就立下宏愿去不列颠传教，但是因为种种原因一直无法成行。到他成为教皇之后，终于有条件完成这个愿望了，他决定由自己的助手奥古斯丁带队，率领一批修士去不列颠传教。在公元 597 年，奥古斯丁一行三四十人取道法兰克来到不列颠岛。肯特的国王埃塞尔伯特很快就接受了洗礼，并且让他们居住在坎特伯里，这里也就成了基督教在不列颠的传播中心。埃塞尔伯特的妻子名叫贝尔塔，是一位来自法兰克的公主，基督教能够在不列颠迅速站稳脚跟并迅速发展，她付出的巨大努力是不可忽视的。

在历史上，这个来不列颠传教的奥古斯丁被称为"坎特伯里的奥古斯丁"，另外一个奥古斯丁被称为"希波的奥古斯丁"，在名字的前面加上了地名进行区别。

惠特比的宗教会议 基督教在不列颠由来已久，早在这里还属于罗马帝国统治的时候，就已经有很多基督徒了，但是后来不列颠受到了不信仰基督教的盎格鲁人、撒克逊人和朱特人的不断入侵，给这里的基督徒造成了极大的伤害。到了公元 449 年，不列颠的东南部地区几乎没有了基督徒的存在，只有西部的一些地方还残存着一些基督教势力。后来，凯尔特的传教士从一个名叫艾欧纳的小岛出发，重返英格兰的北部进行传教，这个时间要比奥古斯丁更早。

凯尔特的传教士、奥古斯丁及其追随者，还有后来的那些传教士在理念上是有所不同的，这种不同不仅体现在布道的方式上，还体现在各种实践上。有鉴于此，不列颠的传教士们决定，在公元 664 年于英格兰北部的惠特比召开一次会议。在这次会议上，与会的传教士们通过了一个决议：所有在不列颠的传教士都要以奥古斯丁为首，也要以他的宗教实践为准则。也正是有了这个决议，所有生活在英伦三岛上的基督徒成为一个整体，并且和罗马的教会有了密切的联系。

伦巴底人的皈依 在经过了几任教皇的支持和诸多本笃会修士的努力下，伦巴底人也终于在公元 7 世纪的时候皈依了天主教，至此，最后一批阿里乌斯派信徒也改信了天主教。

第三部分

中世纪欧洲的文明与扩张

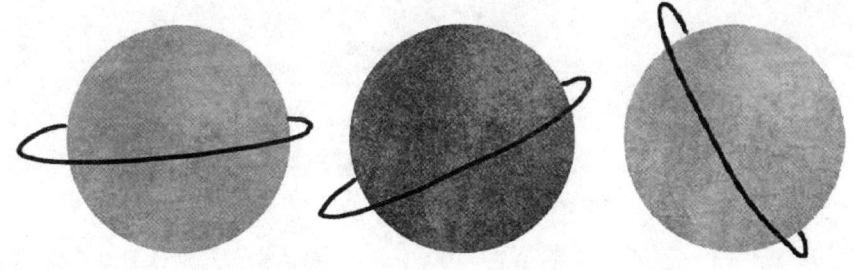

第15章 中世纪的生活

一、封建制度

封建制度是什么 简单地说,封建制度就是地主拥有土地,并且剥削在土地上耕种的农民或者农奴的一种制度,这种制度产生的基础是地主和农民的相互保障关系。

这种制度其实也可以看作各取所需:贫困的农民或者农奴耕种地主的土地,并且把大部分的产出以地租的形式交给地主,而地主则负责保护他们的生命和财产安全。这也是在西欧盛行的一种社会制度。

封建制度有两个主要的特点:保护、服役。也就是强者保护弱者,而弱者需要为强者服役,二者是一种相互影响、相互依赖的关系,主要基础就是封建地主对土地的所有权。

不是一个制度 从严格意义上来说,一种制度必须具备规律性、一致性这两个条件,而封建制度显然是不具备的,所以它并不能算是一种完善的制度。虽然西欧各地施行的都是这种制度,但是在不同的地区也有着地方性、区域性的差异。但是从整体上来说,封建制度的本质是一样的,都是维护地主利益的,因为所有的地主在确立契约的时候,都会把维护自身的利益作为唯一的标准。

封建制度的起源　封建制度的产生并不是有人刻意推行的,而是历史发展中一个偶然的产物。当时的罗马地方政府并不健全,既无法保证人民的财产和生命安全,也无法很好地协调人和人之间的关系。到了罗马帝国的后期,蛮族的入侵摧毁了旧的政权,而他们既没有意愿也没有能力去完善新的国家和政府,如果仅仅靠蛮族自己,恐怕几百年的时间也无法制定出完善的法律,更无法建立起规范的社会秩序。显然,国家和政府已经没有能力处理这种混乱的局面了,于是封建制度也就应运而生,并且发展起来。

其实封建制度的雏形在很早以前就已经出现了,例如古罗马时期就有了"保护人"和"被保护人"这两个单词,当时那些大农场主会对耕作他的土地的佃农提供安全保障和技术指导,而佃农则要为农场主服劳役;日耳曼人也有类似的习俗,主要存在于有经验、有名气的老战士和青年人之间,老战士保护和指导青年战士得到更多的经验,青年战士要对老战士提供一定的服务。到了古罗马时代,这种关系有了进一步的发展,当时战火纷飞、盗匪横行,没有组织的农民过着朝不保夕的生活,为了保证自己的安全,他们愿意付出任何代价,更不用说只是失去土地了。即便农民失去了土地,他们也可以仍然在这块土地上耕作,只不过自己已经不再是土地的主人,而是变成了佃农。如果没有土地,那他们的命运就比较悲惨了,只能将自己卖给那些富人,从此成为富人们的仆人,不是在城堡的大门前站岗,就是站在餐桌旁侍候主人用餐。

从历史的角度来看,封建制度的产生是符合历史规律的,对当时的社会现实来说是有进步意义的,它有效地保护了更多农民的安全,也促进了社会的发展。

封建契约　封建关系其实就是一份维护封建主利益的契约,但是封建主在这份契约中也不是不履行任何义务的，他也需要为农民或者农奴提供安全上的保证。从这点来说，双方都有责任去践行自己的承诺，在享受权利的同时也必须履行自己的义务。在当时的情况下，国家、国王、城市乃至是教会，其实都是一种契约关系，封建制度只不过是这些阶级和制度的总和。

封建名词和形式 欧洲的封建时期有着很多专有的名词，如果我们不了解这些专有名词的含义、不了解那些封建政策的意义，那么就无法深刻理解那个时候的资料代表着什么，更不可能了解封建制度有哪些优点和缺点。

领主 领主指的是那些有着国王赐予的封号，在某个特定的区域内享有政治权和土地所有权的人。领主的土地来源很复杂，有国王赏赐的，有祖上遗留的，有自己购买的，也有一些是农民为了得到庇护而主动投献的，但是无论是哪种情况，这些土地从法律上来说都是属于领主的。领主有时候也叫作王侯或者宗主。

佃户 就是租种领主土地的农民。

封臣 封臣就是上级领主授予领地，并且和他一起建立起封建权利、义务关系的人。简单地说，封臣就是大领主下属的小领主，所以也叫作家臣或者臣属，还有直接叫作"人"的，意思就是领主下属的人。到了后期的时候，封臣一般都是贵族，然后大封臣分封中封臣、中封臣分封小封臣，如此一层层地分封下去。

采邑 采邑是指封臣拥有的包括土地在内的所有财产，也叫封土。知道了采邑的含义，就可以更好地理解"封建制度"这个词语的含义以及来源。采邑还有一个名字叫"世业"，这个词语现代并不常用。但是世业和采邑也有一定的不同，例如佃户所耕种的土地就是世业，但是如果某块土地归某人所有，那么这块土地就是这个人的"绝对世业"。"绝对世业"这个概念现代有了另外的名字，就是"绝对所有权"。

领地 领地指的是封臣从上一级那里分封得来的土地。随着时代发展，分封逐渐改变为世袭，父传子子传孙如此一代代地传下去，已经和"采邑"的含义相同了。

臣礼和锡封　某个人承诺服从领主的命令、履行相应义务的仪式叫作臣礼；领主将采邑分封给封臣并承诺对其加以保护的仪式叫作锡封。

臣礼的流程一般都是这样：封臣来到领主的宫殿里，跪在领主面前并将双手放到领主的手里，宣誓说："我宣誓效忠我的领主，和其他人一样承担应尽的责任，永远服从领主。"臣礼之后就是锡封的仪式：领主将一面旗帜、一根权杖、一份契约交给封臣，作为他受到锡封的证据。也有领主送给封臣树枝和土块的，这些都可以作为领主庇护封臣的象征。

双方的义务　从臣礼和锡封这种仪式可以看出，领主和封臣之间其实就是建立了一种契约，规定了双方各自的义务，这也是所有封建契约的本质特征。领主是一个保护者，他要庇护下属的封臣不能受到外敌的入侵和盗贼的袭扰；领主还是一个仲裁者，当封臣之间出现矛盾或者争执时，领主必须站在公正、公平的立场上进行调解；领主又是审判者，当他的领地内出现与封臣有关的案件时，他可以在自己的宫殿里设置法庭审理这些案件。

相比之下封臣的义务就要比领主多多了，而且封臣要绝对服从领主的命令。除了要承担兵役和领主的劳役之外，在某些特殊情况下封臣还要以"助金"的名义缴纳一些特殊的款项：第一，当领主被敌方俘虏时，封臣们有义务缴纳赎金以赎回自己的领主；第二，当领主的儿子获得某种荣誉时，例如获得骑士的称号等，或者领主的女儿出嫁，封臣都需要向领主送一定数额的礼金，以表示自己的庆贺和祝福。

等级　领主和封臣在身份上都不属于平民，而是属于贵族这个阶层，也有着等级不同的贵族封号；这些人也是军队中的指挥官，有着娴熟的军事技能和系统的军事指挥训练，所以他们在社会上的地位要比单纯的体力劳动者高得多。这些贵族的封号从高到低分别为公爵、侯爵、伯爵、子爵、男爵五等，其中地位最高的公爵仅次于国王。

骑士　贵族们都豢养着数量不等的武装力量，身份和地位介于贵族和平民之间。这些人被称为"骑士"，因为他们都是训练有素的骑兵，最擅长的技能就是杀死对手。骑士每年都有一定的服役时间，如果领主有需要的话要服役40天，特殊情况下时间会更长。骑士的战马、兵器、盔甲都是自备的，包括他的随从所需要的装备也要由他提供。骑士一般都会随身带着一个助手，这个助手通常被称为"侍从骑士"，他的工作主要是为骑士牵马、携带武器。如果骑士在战斗中负伤或者被敌人打落马下，助手还要马上冲上去保护和救治骑士。在中世纪，军队里的中坚力量就是骑士；而在衡量某个领主的实力时，最重要的标准就是看他能召集到多少骑士，领地、财力都要排在军事实力后面。

因为骑士是勇敢和战斗力量的象征，后来这个词语就成为荣誉的代名词，所以各级贵族甚至是国王都喜欢给自己的儿子授予"骑士"的称号。想要获得这个称号，首先必须是贵族出身，然后还要经过严格的训练，最后还要经过一个庄重严肃的仪式，由地位较高的贵族授予才能成为一个真正的骑士。

遗产 领主或者封臣去世之后，他生前的土地、采邑、财产以及他所拥有的权利和义务都要由他的法定继承人继承。这种继承权和遗产的分配没有固定的规则，一般都会根据具体的情况产生一定的变化。在相当长的一段时间里，欧洲贵族的每一个儿子都拥有继承权，他们将平分父亲遗留下来的财产和采邑，但是到了后来，就逐步演变为只有长子才拥有继承权、可以获得父亲所有的遗产。后来这个做法慢慢地成为习俗并进而形成制度，也就是"长子继承制"，这个制度的诞生让欧洲产生了一批真正意义上的特权阶级，从此骄横放纵的贵族地主出现了，也成为封建势力的主要基础。这种制度是在封建制度的晚期出现的，而在早期，贵族的地位不是继承得来的，而是完全要根据个人能力、勇敢程度、领导才能等，得到相应的地位。

城镇 说到封建采邑，我们都会想起乡村和城堡，其实在城镇中同样也存在着这种制度。一般来说，城镇都是属于某个国王、公爵、伯爵或者主教这些大贵族的，生活在这里的封臣们同样也要向自己的领主履行服兵役、缴纳税金等义务。此外，城镇里的贵族也可以成为宗主，负责管辖周围依附于城镇的乡村或者农庄。

教会 我们不知道是教会渗透进了封建制度，还是封建制度渗透进了教会，但是无论如何，到了中世纪的时候，一半以上的教会都已经形同封建的采邑,主教或者修道院的院长不仅是宗教的领袖,还像大贵族一样成为某地的封臣甚至领主。实际上这些宗教领袖同样拥有大量的土地和财富,可以对属地上的所有事务一言而决,不管是权力的性质还是势力范围,都和世俗之间的大贵族几乎没有差别。或许唯一的差别就是,按照教规宗教领袖不能随身携带兵器,也不能直接上阵打仗,但是他们的封臣和骑士同样会代替他们出征作战。

此外的例子 并不是所有的欧洲国家都在实行封建制度,也有一些地区,例如,意大利和另外一些地方的城邦,并不愿意采用这种制度,他们更愿意采取传统的罗马制度,人民拥有完全的自主权,农民对土地不仅拥有使用权,也有着完全的所有权。不过在西欧地区,封建制度在社会关系中占着主导地位。

封建制度的优势 封建制度固然有着许多不足之处,也存在着这样那样的弊端,但是就当时的社会现实来说,这种制度已经满足了社会各阶层的需求,是适应并且促进了社会发展的,因此是当时最好的社会制度,也是最适合的管理模式。在人身安全方面,当时的蛮族是悬在所有欧洲人民头上的一把利剑,而封建制度在一定程度上成为蛮族入侵的障碍、最大限度地降低了战争的危险,让领地上的居民能够不再为自己的生命和财产安全感到担心;在政体方面,封建制度虽然让欧洲形成了一个个近似于独立的小团体,是国家统一的障碍,但是这种制度也有效地防止了独裁者的出现,粉碎了集权的可能;在社会发展方面,封建制度终结了奴隶制,每一个人在享受权利的同时也要尽自己的义务,虽然有人身依附关系,但从本质上来讲并不属于某人所有,毫无疑问是人权的一个大进步。此外还有骑士制度的出现,他们扶助弱小、铲恶锄奸的侠义精神和各种美德,既是人类道德提高的体现,也是封建制度产生的一个先进事物。

封建制度的弊端 我们在上一段说了一些封建制度的优点,这里再详细探讨一下它的弊端。前面已经说过,封建制度影响了国家的统一,可是封建制度的弊端远远不止如此。在一个国家之中,如果把某一个阶层的地位无限提高,必然会形成不同阶层之间的矛盾和对立,也使得下层民众没有了提高自己地位的通道和希望,对社会的发展极其不利。由于世俗权力和宗教势力之间的互相渗透,二者之间也出现了各种矛盾,进而发生了种种冲突乃至激烈的斗争,这一点我们将在后面的章节中详细地说明。更严重的是,各个领主都拥有或多或少的私人武装,能够召集不少的战斗人员,这就在无形中为内战的发生提供了条件。此外,领主们一直颂扬和刻意培养"骑士精神",民众也已经把骑士当成了勇敢和崇高的象征,对骑士的羡慕和崇敬让民间形成了好斗的风气。

"基督的和平" 基督教教会一直没有忘记自己维护和平的使命,无时无刻不在用尽全力阻止战争的爆发。在某些领主之间发生战争的时候,教会会利用自己的影响力向他们发布敕令,要求他们停止战争,这就是人们通常称为"基督的和平"的敕令。教会还发布了"上帝休战"教令,要求人们在某个特定的时间,例如一年中的某个节日、节令,或者每星期的某一天,不能进行战争行为。从这些敕令或者教令中我们可以看出,教会为人类的和平做出了什么样的贡献;但是这种行为也从侧面说明,当时领主之间的战争已经是一种司空见惯的事情了。想要结束这种混乱的战争行为,就必须有一个强有力的政府和国王,用强力控制各地的大小领主,和平才能够真正到来。

二、城堡和乡村

庄园 在中世纪,一个典型的农场并不是我们脑海里想象的那样,由土地的所有者及其家属还有若干雇工在一起耕作、生活。最典型的莫过于英国的庄园,成千上万个家庭生活在同一个地方,耕作着同一块土地,但是这些人绝大部分都是佃农或者拥有一小块土地的使用权,只有极少数的人才有土地的所有权。庄园的大小也不一样,大的有六七千亩,小的只有几百亩。

领主的城堡 庄园的主人就是领主。一般来说,这个领主只是一个骑士,但是有些时候领主可能会是一个有爵位的贵族或者高级神职人员,例如是一个伯爵或者一位主教。当然,这些大人物不会只有一座庄园,而是会有几座甚至是几十座。通常他们会选择在一个风景优美、产出丰富的庄园里建造自己的豪华住所，将这里作为自己的主要居住地，有钱有势的领主为了安全还会建立城堡。

居住只是城堡的一个辅助功能，它最大的作用是作为防御敌人入侵的要塞，所以城堡一般都是建立在地势险要的山顶或者悬崖上。现在我们还可以在欧洲各地见到这样的古城堡，可惜的是由于上千年的风吹雨打和战争的摧残，绝大部分都已经成为废墟了，只有少数几个还保留着当年的风采。城堡的四周都建有高大坚固的围墙，外面是又深又宽的壕沟，用吊桥来沟通内外；围墙的四角建有高高的哨楼，有武士在里面警惕地观察着周围的动静；围墙内是仓库，还有武士、仆役们的住所；城堡的主建筑都是用石头建造的，一般都会有一个大厅、一个小型的礼拜堂、多少不等的供主人居住的房间以及几个储存财物、粮食的地窖。

佃农的村庄　城堡的周围或者附近就是佃农们居住的简陋的茅屋，众多的茅屋形成了一个或者多个村落。这样的布置方式有两个好处：一是方便领主在平时的管理；二是为了佃农们在遇到袭击的时候能够迅速进入城堡，在人身和财产方面不至于受到太大的损失，更重要的是，佃农进入城堡之后就让领主得到了更多的防御力量。

农业的重要性　和古代的罗马相同，农业在中世纪的欧洲决定着许多人的社会地位。这时候的欧洲是一个农业社会，绝大多数人都是以农业为生，生活的轨迹就在庄园和田地之间，或许一生都没有去过其他的地方。面积的大小决定了这个庄园的价值多少，也决定了拥有这个庄园的领主有着什么样的地位和权势。

土地的分配　在庄园里，不管是领主还是佃农都有一个园子，里面就是属于他们私人的土地，可以自由支配。当然，领主的"私有地"是最大的，也是最好的。除此之外的所有土地，都是由领主和佃农共同使用的。

按照距离的远近，庄园的土地有着不同的用途：离村庄最近的是种植庄稼的可耕地，分为大小不同的小块，块与块之间有狭窄的草埂作为分界；可耕地的外面是草地，用来种植供牲畜食用的牧草；草地的外面是公共牧场、林地或者荒地。

每一户佃农都有多少不等的几块可耕地，耕种出的粮食在缴纳赋税之后供自己食用；还可以在某片草地上收割干草，用来饲养自己家的牲畜；也有权利在更外面的公共牧场上喂养一定数量的牛羊。如果某个佃农需要木料建房子或者当作燃料，也可以在林地上砍伐一定数量的木头。在分配可耕地的时候，少数情况下会采用抽签的方式，不过分配草地的时候大多都是采用抽签的方式。

自由农和农奴 耕种领主土地的农民有两种，一种是自由农，一种是农奴，农奴还有一个称呼是"佃奴"，二者的身份地位是不同的，完全可以看作两个不同的阶层。

自由农比较少，相对于农奴都比较富裕，只需要缴纳一定的产出或者租金就可以耕种领主的土地。他们拥有完全的人身自由，随时都可以自由地离开这个庄园，去另外一个庄园租种另外一个领主的土地。当有了纠纷的时候，他们可以选择在领主的法庭解决，也可以到国王的法庭申诉。

农奴的地位介于自由农和奴隶之间。他们可以在领主的庄园里自由地生活，领主没有变卖他们的权利；但是，没有领主的允许，他们也没有离开庄园的权利。有了纠纷的时候，农奴只能在领主的法庭解决，而没有权利到国王的法庭申诉。不过农奴与其说是领主的附庸，还不如说是土地的附庸。

农奴的义务 农奴之间也有着不同的等级，但是无论是哪一个等级的农奴，都需要承担一定的义务，这种义务体现在金钱、实物和劳役方面。金钱方面或许是最少的，只要付出一点点定额的租金和规定的税款就可以了。不同的实物也有着不同的上缴标准，例如农奴饲养的鸡和收的鸡蛋要上缴十二分之一、收割的蜂蜜要上缴十分之一。劳役是农奴最大的负担，有可能一年要有半年的时间为领主服务；到了农忙季节，还要为领主做额外的工作。农奴也是庄园里最主要的运输力量，有时候需要把货物给领主运输到上百里之外的地方。此外，庄园里所有的杂活也都是由农奴去做的，例如剪羊毛、修篱笆、挖壕沟、修理工具等。

中世纪的农作法 中世纪的时候已经开始了用小型的牲畜进行农耕，但是人们还不懂得密集种植。庄园里所有的牲畜都在公共牧场中放养，这就使得畜种的改良变得非常困难。那时的农具也很简陋，几乎所有的农具都是木头做成的，上面很少有铁，所以工作的时候既费力，效率又低，完全无法满足翻土和栽培作物的需求。播种的时候都是用手撒，也不知道给庄稼施肥，更不懂得什么是农作物轮种。不过当时的人们已经知道了休养地力的重要性，每年会将一半或者三分之一的土地闲置起来，这样来年耕种的时候收成会好一些。

庄园是一个经济单位　尽管当时的人们没有掌握多少农业技术，也没有适用的工具和牲畜，整个社会也是动荡不安、战乱连连，但是这些情况无法改变庄园是一个经济单位的事实。说庄园是一个经济单位，是因为几乎每一个庄园都可以自给自足，它自己就可以提供食物、衣服、工具还有油料等其他的经济作物。每一个庄园都有自己的磨坊、面包房、酿酒作坊。在庄园里生活的佃农也不是全部从事农业，也有一些人是工匠，例如铁匠、面包师、酿酒师、纺织工、磨面工等；还有一些人从事畜牧业，如羊倌、猪倌、养蜂人和牛倌等。此外还有一些脱产人员，例如管家负责监管、调配庄园内的行政事务，监工或者领监负责各种工作的人员调配、质量监督等。每一个庄园还都有自己的教堂，里面有数量不等的神父，神父不仅负责传道，还要负责孩子们的教育工作。一般来说，神父和领主、佃农之间的关系都很融洽。

简陋的农居　不管是自由农还是农奴，他们的生活都是日出而作日落而息，极其单调而又极为清贫的，几乎几十年都不会有任何改变。佃农们天黑之后是不会点蜡烛的，一个原因是他们没有买蜡烛的钱，另外一个原因就是他们的房子都是茅草顶，稍不小心就会引起火灾。为了防止大火烧掉自家甚至是整个村庄的房子，所有佃农的房子里都没有壁炉或者火炉之类的取暖设施，即使做饭、烧水也仅仅使用一个能够保证安全的小炉灶，所以佃农们在冬天的生活是很难熬的。佃农们没有合适的烹饪工具，也没有高超的烹饪技巧，更没有名贵的烹饪材料，所以他们吃的都是简单粗糙、难以下咽的食物。妇女们还要负责洗涤全家人的衣服，而且都是在河流或者池塘里清洗，根本就无法控制细菌、病毒的传染，更谈不上消毒了，所以经常会患天花、霍乱、伤寒等传染性疾病。这也正是疾病和战争的原因。当时的人口出生率虽然很高，但是死亡率也同样高得惊人，特别是婴幼儿，夭折率更是居高不下。这就造成在中世纪漫长的时间里，欧洲的人口一直没有增多。

隔离的城堡　领主所生活的城堡当然比那些佃农的茅屋条件要好得多，因为城堡都是用石头建造的，可以修建壁炉，所以能够有一个温暖的环境。但是城堡的主要功能是防御敌人的攻击，所以都是墙高壁厚，所谓的窗户也不是为了通风透光，而是一个个又小又窄的箭孔，所以城堡几乎就是一个与世隔绝的堡垒，里面整年都是阴暗潮湿、死气沉沉的，气氛十分压抑。即使是当时最有权势的领主修建的最豪华的城堡，生活条件也是极其简陋的，完全无法和现代的一个普通人的住宅相比，不要说浴室、电话了，就连稍微先进一点的照明设备都没有，只能用火把、蜡烛照明。领主的家人和宾客可以享受可口的食物和精美的服饰，因为不用从事体力劳动而拥有大把的空闲时间，这是那些佃农无法比拟的，但是在娱乐这方面，二者没有任何的区别。领主们对读书和研究根本不感兴趣，他们的手经常摸的是刀把子而不是笔杆子；领主的女性家属也都没有阅读书籍的能力，因为没有缝纫机，她们大部分的时间都要用在缝补衣物上，倒是练出了一手好女红。

积极面　从前面的叙述中我们几乎可以断定，人们在中世纪的生活绝大部分都是黑暗消极的，但是户外活动显然是一个亮点，成为人们生活中最光明积极的一面。农民们没有那么多约束，只要阳光明媚、风和日丽，就可以随意地到户外享受丰富多彩的生活；贵族们也会寻找一切机会举行盛大的庆典、水陆杂陈的宴会、激动人心的竞技运动。尤其是圣诞节、复活节这样的重大节日，农民们也可以随意地参加贵族举办的大型宴会。礼拜堂也是整个村庄的社交中心，每个星期的大型礼拜是人们的聚会时间，村民们会聚集在一起，彼此问候，互相交流一下感情。

尽管中世纪的庄园还存在着这样那样的不足之处，但是和古罗马、古埃及的农庄相比，已经显得进步太多了，这不仅是生活条件的进步，也是生活水平的提高。例如封建庄园已经没有了奴隶，所有的人都有人身自由和私有财产，即使是农奴也有部分的人身自由和财产，也可以得到人们的尊重，享有一定的权利和保留了一定的社会地位。领主和佃农虽然分属于不同的阶层,有着不可逾越的鸿沟,但是他们都是基督徒,在个人的身份上是平等的,这就让他们有了对话的机会。封建庄园也是一个分工合作的有机整体,不管是领主、自由农还是农奴,都是各司其职,都有着属于自己、可以自由地使用和管理的一块土地。从这个事实来看,当时的庄园经济已经有了农业民主思想的萌芽。

三、城镇和贸易

新旧城镇　黑暗时代的重要标志就是城镇规模迅速变小、城镇人口快速减少。而到了中世纪,城镇的规模越来越大,城镇人口也越来越多,商业和各种城市生活也重新变得兴盛起来,这也成为中世纪城镇发展的标志。古老的城镇不再继续衰落,重新焕发了勃勃的生机;新的城镇开始出现并慢慢变大,逐渐成为新的商业中心。

欧洲在中世纪时期的大部分城镇都是古罗马时期的遗留物,像罗马城、那不勒斯、热那亚、比萨、佛罗伦萨、马赛、里昂、科隆、美因茨、伦敦、约克等,都是历史悠久的古城,而且大多都集中到了南欧。也有一些是威尼斯这样的新城镇。威尼斯始建于公元 6 世纪,由于伦巴底人的入侵,许多意大利人为了躲避战火,背井离乡来到了亚得里亚海尽头,这里的沼泽地带有很多隐蔽的小岛,他们在这里重建了家园,后来这里慢慢演变成了威尼斯城。这个城镇虽然历经坎坷,最终还是成为意大利的一颗明珠,散发着熠熠的光辉。此外,在现代的荷兰、德国、波兰、捷克、斯洛伐克、匈牙利等国家,很多城镇也是在黑暗时代建立的,只有少部分是由那些国王或者领主在中世纪的早期兴建的。

一个新城镇的建立和兴起都有着不同的原因。有的是政治原因,例如国王需要将某地作为新的首都,于是就会在那里建立起一座新的城市;有的是军事原因,边疆的某处需要驻扎重兵,于是那里就会建设大量的军营,接着又自发出现了为军人服务的设施,不久一座新的城镇就出现了;有的是教会方面的原因,当某个主教或者宗教里的头面人物来到某地传教的时候,就会在这里建设一些宗教建筑供信徒集会,随着信徒越来越多,新的城镇也就拔地而起了。所有的城镇都位于交通便利的地方,而且是本地区最繁荣的贸易场所,商人们会运来各种各样的商品,以满足附近各个庄园的需求。有些城堡也可以发展成为城镇。有些城堡的手工业或者某种商品比较出名,影响力渐渐地从本地传播到了远方,于是这些城堡就成为本地的经济中心,后来也就发展成了城市。欧洲的一些古老的城镇就是这样建立起来的,即使到了现代,当我们来到这些城镇的时候,还可以在地势险要的地方看到历经风雨侵蚀的中世纪城堡。

城镇与封建制度 在中世纪,如果把封建势力比喻成一张网的话,那么城镇就是这张网的节点。城镇的领主都是贵族、国王或者主教,某个城镇的领主会下辖几个封臣,而他也可能只是某个更高级的贵族或者国王、主教的封臣。只有少数几个城镇不属于这个封建势力网的一部分,能够保持自身的独立性,像罗马就有这样的城镇。

城市的自治 那些由主教作为领主的城镇,一般都是周围地区的宗教事务管理中心,自然也就不会受到世俗国王的约束。有些城市本身有着坚固的防御设施,而且战斗力强大,在蛮族入侵时做出过突出的贡献,在周边的城市中声名鹊起,也得到了国王和主教的重视,于是就获得了很多特权,在一定程度上做到了"地方自治"。实行自治的城市一般都会由领主签署一份书面契约,上面对双方的权利和义务都有着明确而又详尽的说明,这种契约通常被称为"特许状"。特许状的出现,说明当时的人们开始重视城市的管理和商业的发展,并且为此制定了确定的保障和依据。中世纪的时候不仅城市的数量增多了,城市的面积也变大了,重要性和影响力也变得越来越大,城市不但逐渐成为本区域的商业、制造业的中心,也是政治中心和经济中心。

贸易复兴 早在古希腊、古罗马时期,贸易就已经有了极其重要的地位,但是进入黑暗时代后,人们无法进行正常的商业交流,贸易也就逐渐衰退了。到了中世纪,几乎没有了蛮族的入侵战争,整个欧洲都呈现出基督化的趋势,文明程度也得到了提高,于是商业和贸易也复兴了。在封建制度下,虽然庄园和领地上的出产几乎能够满足自己的需要,但是有些东西是无法自产的,必须通过交换或者购买的方式才能获得,而且有些商品是十分稀缺的，整个欧洲都无法生产，必须从遥远的异国他乡运输过来。例如，生铁这种原材料，每个地方都有大量的需求，但并不是所有的庄园都有条件冶炼；还有食盐和香料，这些都是生活中的必需品，但是食盐只有部分海边能够生产，香料更是来自遥远的东南亚，所以只能从商人的手中购买。此外还有一些技术含量比较高的物品，很多庄园也是无法自行生产的，只能从商人那里购买、交换。不仅如此，对于生活富裕的上层人物和他们的家属来说，那些庄园里生产的衣物、装饰品也太粗糙了，他们更喜欢那些做工精细、用料考究的衣物和技艺高超的专业珠宝师制作的首饰。教会中的神父和主教除了生活必需品之外，还需要大量的书籍、灯油、供香、雕像等，这些也都是庄园和领地无法提供的，必须从外地输入。

贸易的障碍　中世纪的时候既没有电报、电话这样的现代通信手段，也没有汽车、火车等快捷的交通工具，就连邮局这种民用设施也很少，只有崎岖不平的道路和载货又少、速度又慢的马车，而且在路上还会遇到各种各样的危险。相对来说水上运输是最方便的，也是最发达的，但是遗憾的是这种运输方式一般都是由国家掌控的，并不对民间开放。陆上运输还会遇到各种关卡，货物每经过一个庄园都要向当地的领主缴纳一笔重税，甚至通过一座桥梁、一段道路、一个村落都要缴纳通行费。在这种情况下，单独的商人根本没有能力把货物运输到比较远的地方，即使能运过去，原本价格低廉的货物也会因为过高的运输费用变成了天价，根本无利可图。

商人行会　为了解决这个问题，商人们就联合起来，自行建立了一个保护自己的强力组织，这个组织就是"商人行会"，目的就是改善商业环境、保证商业利益。集体当然要比单打独斗的个人强，这样商人们就可以在城市内部、陆路和水路上争取到一个相对公平的待遇。以我们现代的眼光来看，这些利益似乎是无关紧要的，但是对当时的商人来说，这就是性命交关的利益了。在货物的运输过程中，经常会遭到贵族们的骚扰和勒索，有时候这些贵族甚至比强盗还要过分，有了商人行会，这种情况就少得多了。当然这只是让商人的麻烦少了一些而已，在战争不断的动乱年代，什么样的安保措施都无法保证绝对的安全。

手艺行会 就像贸易催生出了商人行会一样，制造业的发展也催生出了"手艺行会"。当然，我们也可以说是手工业和当地小商业的发展催生了手艺行会。每一个城市都有屠夫、面包师、蜡烛匠、酿酒师、织工、钟表匠、刀剑工匠、制甲匠和银匠等手工业工人，因此也就有了这些行业的行会。

在手艺行会里，正式的会员被称为"行东"。行东的身份和地位十分复杂：他既是店主，也是一个熟练工人；他是一个资本家，因为他拥有大量的商业资源；他也是一个工人，因为所有的商品都是他制作出来的。行东把原材料制作成成品后，既可以在自己的作坊中销售，也可以在所在城市或者其他城市中的市场上摆摊出售，还可以把成品卖给行会让行会销往外地。

当时还没有机器生产，或者说机器给予的帮助很小，绝大部分的成品都是人工完成的。不过行东也不是一个人完成所有工作的，他的妻子和孩子也会做一些辅助性的工作，而且行东也会招收一些帮工或者学徒作为助手。学徒是来学习技术的少年，帮工是已经掌握了技术但是还没有条件自己开店的年轻人。

学徒的地位是很低的，他们没有人身自由，必须服从行东命令，并为行东无偿工作。学徒在一定意义上就是行东的奴隶，只不过比奴隶多了生命和生活上的保障。帮工的地位要比学徒高，行东必须给他支付工资，也不能限制他的自由，对于行东的命令帮工也有拒绝的权利。但是帮工在结婚、开店之前是不会被行会承认的，必须在此之后才能成为一个真正的行东。

一般来说，手工业者都是子承父业，不过也有例外，行会并不限制某个行东的儿子去其他行东那里做学徒，例如面包师的儿子完全可以去学习做蜡烛、钟表等。

集市 在中世纪，想要买到满意的商品或者想要把自己的货物卖出去，最好的地方就是集市。集市有两种，一种是时间、地点都是固定的集市，一种是销售某种或者某几种商品的正规商场。前一种一般规模都比较大，货物的种类也比较齐全，云集着四面八方的商人、五花八门的货物，即使到了现代也有许多欧洲城市的名字是因为这种集市而来的。

城市内的生活 中世纪时的城市是很落后的，远远不如现代城市这样干净舒适、交通便利，城市里的居民生活也是很艰苦的。城市内的街道都是弯弯曲曲的狭窄小道，有些会铺着大小不等、高低不平的鹅卵石，但是更多的都是泥土路，上面随处都可以看到人和牲畜的粪便，整个城市如同一个垃圾场一般。街道的两旁是商铺或者民居，伸出的房檐几乎遮挡住了所有的街面，让街道看起来就像是城堡一样阴暗；房间里的窗户也很小，有些会镶上一小块玻璃，能够让房间里进入一线阳光，但是大部分的房间都是阴暗潮湿的。街道上的行人都在匆匆忙忙地赶路，骑马的、坐车的、步行的都拥挤在一起，随时都要小心从楼上倒下来的粪便。

白天的时候，人们都在忙自己的工作，整个城市呈现出一片车水马龙的景象。可是到了晚上，很多人会聚集在一起喝酒聊天，整个城市就像是一个酒馆。城市的供水设施也很落后，有些城市利用水泵和抽水机供水，还有一些城市的供水设施竟然还是古罗马时期才使用的高架渠和蓄水池，因此城市的居民也会经常遇到传染病、瘟疫、火灾等天灾人祸，和居住在农村的人们没有任何区别。

这些城市的防御设施倒是很健全，都有高大的城墙和深深的护城河，还会有强壮的士兵进行防守。不过即便如此，也很少有哪个城市能够抵挡住外来的袭击，况且城市内的那些利益集团会经常发生武装对抗和各种纷争，来自内部的危险远比外部的威胁更大。

城市里的居民每时每刻都在提心吊胆地生活。白天，他们的生活充满了纷争：手艺行会之间的竞争、政治集团之间的争斗、家族之间的仇杀；到了晚上，几乎每一个黑暗的角落里都可能藏着一个小偷或者强盗，如果某个人独自出去而不携带武器的话，基本上就可以断定他有去无回了。每个人都渴望能够有一个安定平和的生活环境，也都为此做出了最大的努力，人们在晚上设法让室内的灯火照亮外面的街道，还自发组成巡逻队轮流在街道上巡逻。但是这些措施也只是让他们的生活稍微安全一些，想要真正的安全还是不可能的。

尽管如此，农村里的人们仍然希望能够到城市里生活，因为这里的生活压力比农村要小得多，普通人也可以随心所欲地生活，如果是有钱人，就可以得到更多更好的东西，生活也就更加丰富多彩，不过吸引力最大的应该还是城市中的居民所享有的权利和义务。

四、心灵与双手

合作的宗旨　中世纪的时候，合作已经在社会生活中出现了，尽管这种合作是非常简单的。正如我们前面所说，这种合作是以家庭为单位的，一家人共同合作处理家里的一切事务：男孩子帮助父亲打理农田，女孩子帮助母亲做家务、缝补衣服。城市中也同样如此，不同的是男孩子是帮助父亲打理店铺或者作坊。

家庭是社会中最基础的经济单位，也是人生的第一个教育机构，同时也是一个具有最高宗教仲裁权力的契约机构。年轻人在成家之前无法取得独立的社会地位，不但不能成为行东或者自由民，就连当农奴的资格都没有，想要取得这些资格，前提就是要建立一个稳定的家庭，成为家里的男主人。

在农业生产中，庄园是比家庭高一个等级的经济单位，也有着更高的合作性。所有居住在同一个庄园的家庭，在大家共有的耕地、草地、牧场、林地里以及各种作坊里共同劳作，可以用自己的产出换取别人的劳动成果。庄园是所有家庭的共有权和联合行动的代表。

城市中比家庭等级更高的合作单位是各种行会和商会，各个家庭在大家共同制定的规则下一起生产，同样以自己的产品换取各种需要的物资。行会和商会是所有家庭的共有权和联合行动的代表。

有限的忠诚　不管是家庭、庄园，还是行会、城市，它们都是只忠诚于自己的领主，并不是真正意义上的忠诚，也不符合民族爱国主义的忠诚概念。例如一个德意志的农奴，他对自己所属的家庭、庄园、领主来说是忠诚可靠的，但是"德意志"这个国家概念对他来说不值一文；一个意大利的技术工人也忠诚于他的家庭、行会、城市，但是同样也不会对"意大利"这个国家有丝毫的敬畏之心。所以这时候人们的忠诚都是地方性的，也是有限的，并不存在"忠诚于国家"这个说法。

基督教的理想　出于对基督教的信仰，中欧和西欧的所有家庭都成为一个整体，在共同的社会生活中逐渐形成一股新的力量。基督教在世俗中的代表就是教会,而教会的职责就是解释、执行耶稣的那些箴言,教导并督促人们不仅在社会生活中要遵守这些箴言,在个人的私生活中也要遵守。当然,并不是所有的人都能够随时随地按照耶稣的箴言行事,但是这并不妨碍教会将此作为自己的理想。

商业道德 在商业方面,教会要求自己的信徒要给客户提供优质的服务,交易要公平,不能为了获取高额的利息而放贷。如果是一个工匠,那么他出售自己制作的货物时,价格不能高于他购买原材料的价钱与合理工资的总和,如果超出了这个标准,就会受到大家的谴责,缺斤少两就更不允许了。

基督教的慈善事业 慈善事业也是教会的一项重要工作。教会在各地都会建设孤寡收容所、盲人院、麻风病院、精神病院还有另外一些医院,并且长期指定专人来负责这些机构的管理和发展。为了发展慈善事业,教会还有专门的赈济员,他的职责就是公平公正地分发救济药品,对急需帮助的麻风病人、乞丐、旅客给予及时的帮助。如果他的辖区中有残疾、卧床不起的年老体弱的人,他就必须经常去拜访他们,并且尽心尽力地提供力所能及的帮助。在修道院,赈济员负责所有收容病人的房间事务管理。例如,饭菜和旧衣物的分配等;到了圣诞节,他还要把平时积攒下来的旧袜子和其他一些礼物送给那些孤儿。

好客的修道院 基督教认为,好客既体现了主人的美德,也是主人的义务,所以所有的神职人员都认为,为旅客和陌生人免费提供食宿是自己应该做的。在每一个修道院里,都会建设一套供外人使用的客房,里面有配套的厨房、餐厅等,修道院里的教友会照顾客人的生活,还会有专人来负责满足他们的需求。如果客人是普通的教友,那么只要他能够正常工作,就可以用得到的报酬来支付自己在这里的食宿费用,从而永远留在修道院里。在中世纪,修道院还兼具了学校、旅馆、慈善机构等功能,虽然它在慈善方面的做法还不够完善,但是能够做到这个程度已经难能可贵了,因为它已经满足了这个社会的一部分真正的需求,这是当时其他任何一个社会团体都不愿意也无法做到的。

骑士与骑士制度 教会文明诞生了骑士制度,骑士制度深深地受到教会优雅品质的影响,从而在社会上流行开来,骑士也成为普罗大众艳羡的对象。也就是说,教会的影响已经深入军队,披甲持戈的战士们又用基督教的理想武装了自己,拥有了高尚的作风,于是成为封建制度中的一朵奇葩。成为骑士的前提就是他得是一个基督徒,而且要勇敢、守信,对领主和教会忠诚无二,热心于保护弱者,特别是妇女、孤儿这些弱势群体。骑士的身份可以在战场上、火线上授予,但是更多的是在重大的宗教节日——如圣诞节或者复活节里,举办隆重正式的仪式授予。

仪式通常需要两天的时间。骑士候选人在第一天晚上要在教堂里守夜,而且要通宵对基督进行祈祷;到了第二天,候选人在圣坛对神父宣誓,神父对佩剑进行祝福后将其赐予候选人;然后神父在候选人身上猛击一掌,大声宣布"赐予你英雄的骑士身份",至此"骑士授爵礼"就完成了,候选人也就成为一个真正的骑士。

骑士精神的内涵就是"荣誉、谦卑、牺牲、英勇、怜悯、精神、诚实、公正"。

美丽与神秘 教堂是每个城市里必备的建筑物,而且还不止一座,都修建得宏伟精美,其中地位最高的那座被称为大教堂,一般也都是最大的,内部装饰得辉煌华丽、庄重肃穆,加上优美的唱经声,进入其中就令人肃然起敬。农村的教堂虽然相比之下有些简陋,但也是当地最好的建筑之一,里面也会有高质量的艺术作品,做礼拜的仪式同样神秘而又庄严。此外还有一些建筑,如各种行会的会所、政府的办公楼、贵族和教士(主要是主教、修道院院长等教会高层)的住所,也都修建得富丽堂皇,是可以和教堂相媲美的建筑物。

教堂是社会生活的倡导者,也是创造者,这一点在农村更为明显。一个人从出生到去世会举行很多仪式,如命名礼、洗礼、成人礼、婚礼、坚信礼、葬礼等,都是通过教会举行的;而通过这些庄严肃穆的仪式,不管是心志未坚的年轻人还是历经沧桑的老年人,都会在内心产生深切的触动,使人更加奋发向上。在平时,教会也会精心组织会餐、禁食等各种活动,在那个动荡不安、朝不保夕的年代,这些无疑都是安定人心、鼓舞人心的最佳措施。

第16章 中世纪的政府

一、政治上的杂乱拼缝

与近代国家对比 我们所熟悉的那些现代国家，如英国、法国、德国、意大利、美国等，都能够保证社会稳定、法律严明，政府只负责国防、教育、医疗等有关国计民生的大事，像宗教信仰之类的私人事务都会由人民自由处理。但是在中世纪的欧洲，情况就完全不同了。

一幅政治上杂乱拼缝的地图 如果想要给中世纪时的欧洲政治势力画一个地图，仅仅标明英国、法国、德国和意大利等几个强国是不够的，还要在它们的下面注明几百上千个小势力，例如公国、伯国、城邦和主教国家，这才能算是一个完整的地图。

例如，在法国就有诺曼底、勃艮第、波旁、吉延、加斯科尼等许多公国，还有巴黎、昂热、普瓦提埃、布卢瓦、阿尔图瓦、瓦罗等一些伯国；而在意大利，有西西里和那不勒斯王国（也就是著名的"两西西里"），有萨瓦、米兰两个公国，还有威尼斯、热那亚、佛罗伦萨和锡耶纳等城邦，此外还有教皇的主教国；德国就更多了，有巴伐利亚、奥地利、萨克森、西里西亚、卢森堡等公国，有勃兰登堡等侯国，有符腾堡和蒂罗尔等伯国，有汉堡、吕贝克、不来梅、拉提斯本、纽伦堡、沃尔姆斯、法兰克福等城邦，有科隆、美因茨、特里尔、斯特拉斯堡、闵斯特尔、乌得勒支、马格德堡和萨尔茨堡等主教国家。另外的一些国家也同样如此。

在这些等级不同、性质不同的小势力中，有的幅员辽阔，有的只是弹丸之地；有采用君主制的，也有采用民主制的，还有采用贵族政体的。

国家与"等级" 中世纪的欧洲各国最流行的就是封建制度，公爵或者伯爵就是一个国家的元首，他所居住的城堡就是首都，下属一些附庸领主的庄园和城镇。公国或者伯国有自己的军队，通常都是由骑士或者雇佣兵组成；还有议会，由代表"各等级"（estates）利益的代表组成。

"各等级" 顾名思义，"各等级"指的就是社会上的各个阶层。一般来说分为三个等级，教士的地位是最高的，算是第一个等级；其次是贵族，是第二个等级；二者之外的所有人统称为第三级。

如果得到了"各等级"的许可，领主就可以颁布法律、征收赋税、铸造钱币，与其他国家宣战、缔结条约、治理领土以及在宫廷中审理案件。

在中世纪，大部分国家的历史都是杂乱无序的，总是在重复着之前的一切。然而时代是在不停发展的，变革自然也就出现了。

国王与王国 有些国家是国王获得了胜利，例如英国和法国，原本境内星罗棋布的公国、伯国都消失了，最后成为一个统一的国家；也有一些国家仍然只是保持着形式上的统一，例如德国和意大利，内部仍然四分五裂，公爵和伯爵们各自霸占一方，还有许多城市在事实上也是独立的。

本章计划 上一章我们对封建制度进行了分析，这就让我们对当时欧洲纷繁复杂的政治势力有了一定的了解；而这一章的目的，就是进一步讲解国王是如何取消这些处于独立的政治势力,是如何在自己的国土上建立大一统国家的。首先我们介绍的是教会和神圣罗马帝国。

二、教会和国家

如果想选出哪个组织是中世纪时最有权力的,可能只有基督教教会了。主教和国王之间的关系是很复杂的,他们时而联手对敌,时而又会反目成仇。

教会的体制　我们都知道,教皇是基督教的最高领导人,他一般都居住在罗马城。因为欧洲的很多国家都信仰基督教,为了便于管理,教会就将管辖的区域分为大教区、主教管区、教区三个等级。大教区的等级最高,一般都管辖着广阔的地域,地位最高的神职人员被称为大主教或者总主教;大教区的下面就是主教管区,由一名主教来管理;教区是基层单位,也是主教管区的一部分,每个教区只有一个教堂,在地域上包括教堂所在的城镇和附近的乡村。每个教堂都有一名神父,他的工作就是主持弥撒和管理其他一切与宗教有关的事务;如果这个教区的地位比较高,就会安排一些助手帮助神父。助手分为两种,一种是助理神父,一种是会吏。大主教、主教、神父、会吏都是神职人员,不过因为他们的工作和生活都是在世俗之中进行的,所以也被称作"世俗教士"。

正规教士　教会中除了世俗教士还有正规教士。正规教士指的是那些不在世俗中工作,并且严格按照教规来生活的教士,包括修士、修女、十字军教团、托钵修士。

男性教士称为修士,女性教士称为修女,他们分别在男、女修道院中修行;十字军教团是教会中的军事组织,例如在公元12世纪时的圣殿骑士团和条顿骑士团。托钵修士是一个比较特别的群体,也叫作行乞修士团,他们四海云游、没有固定的住所,依靠向人们行乞维持生活,所以被称为"托钵的"或"行乞的"。托钵修士出现于13世纪,主要工作就是向还没有皈依基督教的人们传教,他们也有很多派别,最有名的就是"圣方济各会"和"多明我会"了。圣方济各会的创始人是方济各(1181—1226),

主旨是要对生活贫困的人谦卑友善；多明我会的奠基者是多明我（1170—1221），着重劝化异教徒和排斥异端。

为了弘扬基督教，许多正规教士都会发下誓言甘于贫困、遵守教义并保持单身生活。一般来说，中世纪的很多教士都有着渊博的学识，许多著名的学者都是修士或者托钵修士出身。也有一些正规教士会加入世俗教会的组织，甚至有担任过主教乃至教皇的。

政府中的教会 教会成立的初衷是引导和规范世俗的凡人如何进行宗教生活，然而到了后来，人们不断膨胀的欲望、黑暗时代政府无序低效的管理，导致教会不得不接手了许多原本不应该做的工作。正如我们所知道的那样，政府无力建设旅馆，修道院便承担了接待旅客的任务；政府无力开展教育，教会便接手了孩子们的教育工作。随着时间推移，教会在行政管理方面的工作越来越顺手，在世俗中的威望也越来越高，到了后来，教会甚至发展出了教规，这实际上就是有了自己完整的法律体系。

教会也有自己的法庭，不仅可以审讯与教士有关的案件，还接审普通教友的各种纠纷，如婚姻、遗产、渎神等。很多主教和修道院院长也是封建领主，有些人的领地还比较大，他们可以在自己的领地内铸币、征税、制定法律。作为这些领主的最高领导人，教皇也就成了整个罗马的最高统治者，在中世纪的政治生活中占据着不可忽视的地位。

野蛮是个问题 教会在中世纪做了许多卓有成效的工作，成功地让原本是异教徒的蛮族皈依了基督教，而且也让他们的后人沐浴在基督的圣光之下，但是从整体上来说，绝大部分的人民还是处于愚昧无知的状态中，而且黑暗时代遗留下来的很多问题仍然对教会造成了巨大的困扰。例如，那些已经皈依了基督教的封建贵族，仍然改变不了好战的野蛮作风，他们对民众造成的伤害比起蛮族的入侵也毫不逊色。一直到了公元10世纪的时候，这些领主的战士还会随意闯进教堂、随心所欲地伤害教士、在重大的宗教节日里打仗，教会教导他们的"上帝的和平""上帝的休战"好像没有起到任何作用，他们对教会和修士也没有起码的尊敬。

封建主义是个威胁 教会拥有大量的土地，不管是当时还是现代，这都是一笔庞大的资产，对于当时的封建领主来说，这笔资产太有诱惑力了，他们是难以按捺下夺取的欲望的。有些领主头脑比较简单，会直接用武力夺取；但是大部分领主不会采用这种有巨大后遗症的粗暴方式，他们会隐蔽地让自己的亲信当上主教或者修道院的院长，如此一来，教会的财产和所属领地就变相地属于领主了，他们的收入也有了大幅增长。正是出于这个目的，那些有野心的领主（包括皇帝和国王），尽管自己的亲信对基督毫无虔诚可言甚至可以说毫无道德可言，仍然会不断地试图让他们担任教职。到了10世纪末期、11世纪初期，他们甚至开始插手教皇的推举。

对教会的不利　领主们的这种行为对原本公正的教会产生了极其不利的影响。一方面，这种让自己的亲信获得教职的方式和贿选几乎没有什么区别，而且目的是增长自己的财富，改革家们曾愤怒地称其为"西门式"（simony）行为。这个称谓来源于西门·马古，他当年曾试图用金钱来获得圣灵的力量，从而遭到了使徒彼得的严厉斥责。另一方面，则是对教士不得结婚的规矩形成了冲击。教士必须保持独身生活并不是一开始就有的规定，而是到了4世纪、5世纪的时候，教皇和教会为了保证教士能够安心于教务而大力推行的。但是当那些世俗贵族借助某个政治团体或者以"西门式"手段获得教职之后，这个规矩也就名存实亡了。

克吕尼与改革　修士们对于世俗势力染指宗教是深恶痛绝的，以法国的克吕尼修士为首的修士们举办各种活动，要求改革原来的主教、教皇的推举规则。克吕尼修士的改革获得了整个欧洲的支持，这里面就包括了几个国家的皇帝。

枢机主教选举团　到了11世纪的中期，富有改革精神的教皇尼古拉二世发起了改革运动，要求教士必须坚守不得结婚的规矩、教会不能被世俗的政治势力控制、反对"西门式"现象。到了1059年，他又发布了敕令：教皇的候选人不再由皇帝或者罗马的贵族提名，而是要由主教、神父、会吏联合推举。这些神职人员有着较强的独立性，受世俗势力的影响较小，可以推选出品德更好的人选。这个推举团体后来被称为"枢机主教选举团"，并以此而名扬天下。

希尔德布兰德　希尔德布兰德就是教皇格列高利七世，这是一个无畏、正直、诚挚的人，也是11世纪时最伟大的改革家。他对教会的工作充满了热忱，而且有着充沛的精力，简直可以和先知伊利亚相媲美。当时的皇帝和国王可以锡封神职人员，而格列高利七世对此深恶痛绝，认为这种行为削减了教会的统治权，只能由教皇给神职人员授予牧杖和戒指作为神权的象征，这就和皇帝亨利四世产生了冲突。

亨利和卡诺萨 亨利四世是神圣罗马帝国的皇帝，也是德意志的巴伐利亚公爵，他不肯服从格列高利七世的改革命令，并且联合了意大利北方和德意志的几十个主教，试图废黜教皇；格列高利七世立刻回以颜色，宣布开除他的教籍，并且废黜和放逐亨利四世。随后，亨利下属的诸侯们宣布，如果亨利不能在一年内恢复教籍，就脱离他的统治。亨利四世惶恐不已，只好赶到罗马请罪，试图取得教皇的宽恕。据说他穿着悔罪的人才穿的粗布衣，光着脚在满是积雪的卡诺莎城堡的院子里站了3天，才取得了教皇的原谅，教皇让他重新获得了教籍。这件事情发生在公元1077年，教皇这样做的目的就是杀鸡儆猴，让其他试图染指教权的封建统治者们看到教会改革的决心。然而，亨利四世请罪的行为只是缓兵之计，不久他就忘了自己许下的承诺，联合其他的封建领主与教会产生了新的冲突，使德意志多年陷入兵连祸结的困境。亨利最终取得了这场冲突的胜利，格列高利七世被他赶出了罗马，于1085年在意大利南方的流亡途中去世。在临终前，格列高利七世曾经说过这样一句话："我爱好正义、憎恶罪恶，所以我在流亡中死去。"

《沃尔姆斯宗教协定》 又过了将近40年，也就是到了公元1122年，神圣罗马帝国的皇帝亨利五世同罗马教皇卡利克斯特二世签订了《沃尔姆斯宗教协定》，格列高利七世的愿望终于实现了。

英诺森三世 在解决了锡封的问题后，教皇的权威更重了，然而教皇对此并没有感到满足，他觉得自己应该享有更高的权力，应该成为所有人的最高统治者。到了英诺森三世（1198—1216）的时候，教皇的影响力达到了前所未有的高度，他曾经自豪地说，虽然王侯们享受着俗世的权力，但是教会管理着人类的灵魂，有着比王侯们更高的权力。英诺森三世的野心很大，他一直希望教皇能够成为所有基督教国家的君主。他曾经试图任命斯提芬·兰敦为坎特伯雷大主教，却遭到了英格兰国王的反对，可是他一意孤行并采取了针锋相对的措施，最终成功地让英格兰国王让步，这件事是他最大的政治成就。

灵性的基础　对于教会来说，政治活动并不是力量的真正来源，所有的教徒对基督的信仰、对教会的认可才是。教会一直宣称说，教会存在的意义就是为了宣扬基督的福音、施行圣礼，为人们在永恒的生命中获得永恒的幸福而打下永恒的基础，对此所有的基督徒都是认同的。

异端分子和异端裁判所　在中世纪，欧洲人对异端分子有着一种莫名的恐惧感，认为他们是这个世界的不安定分子，会对他们采取各种惩罚性的措施，包括夺取他们的生命。到了13世纪，异端裁判所出现了，这个机构其实就是一个特殊的法庭，设置的目的就是审理异端分子。犹太人并不属于异端分子，也允许他们拥有自己的教堂和祭司，但是在大多数人的眼里，他们和正常的基督徒是不同的，时不时地就会找机会打压他们。

宗教上的不宽容　对异端分子的不宽容，可以说是基督徒在中世纪最大的一个悲剧，他们好像已经忘记了，自己宗教的创始人曾经教导他们要宽容世人，而且自己本身就是不宽容的受害者。对于当时的基督徒来说，对基督狂热的信仰已经根深蒂固，完全不允许别人有和自己不一样的信仰，于是不宽容也就成为刻在血脉里的习性，再也改不掉了。即使到了现代，这样那样的不宽容也时有发生，人们所谓的信仰自由只是存在于表面，实际上很难做到。

三、帝国

罗马的复兴　当我们阅读历史的时候就会发现，中世纪时期的罗马帝国，并不是古罗马帝国一脉相承下来的，只不过借用了这个伟大的名字罢了。在相当长的时间里，西方是没有皇帝的，到了公元800年，教皇利奥三世加冕查理三世为罗马皇帝，随后就又没有了皇帝。为了加强教会的统治，巩固教会的势力，教皇约翰又加冕德意志国王奥托为神圣罗马帝国的皇帝。前面我们说过，教皇的理想就是成为所有基督教国家的君主，他认为，既然天主教已经占据了人类精神领域的统治地位，那么就必须建立一个帝国,让它占据政治领域的统治地位。出于对古代基督教罗马帝国的羡慕和尊敬,这个封建帝国便自诩为"神圣罗马帝国"。

神圣罗马帝国 神圣罗马帝国的疆域囊括了欧洲的大部分领土,包括了日耳曼、尼德兰、波希米亚(捷克斯洛伐克)、奥地利、瑞士、勃艮第和意大利的大部分,但是英格兰、法兰西的西部、斯堪的纳维亚半岛上的各个国家还有匈牙利都不接受它的统治。

德意志王国 神圣罗马帝国的第一任皇帝是奥托一世,他同时也是德意志王国的国王。原先是没有德意志王国的,这个国家成立于公元843年,是根据《凡尔登条约》从卡罗林帝国中分裂出来的。神圣罗马帝国中最重要的王国就是德意志,如果不出意外的话,奥托的继承者们都将是神圣罗马帝国的皇帝,但是意外总是会发生的。

如果奥托的继承者们都将自己的精力放在治理国家上,或许德意志也会像法兰西、英格兰那样早就成了一个富强繁荣的民族国家,但是他们的野心太大了,总是想着那些遥不可及的目标,反而让这个国家一直都没有完成统一。他们想要青史留名、想要获得皇帝的称号,再加上教皇的督促和支持,于是就开始不自量力地试图以德意志王国为基础,重建大名鼎鼎的罗马帝国,并且让它长盛不衰。但是他们连自己的国家都无力统一,让其始终处于四分五裂的状态,所谓的罗马帝国也就只不过是一个虚名,没有丝毫的实权,最后也只是在历史上留下了一个名字而已。

皇帝 帝国的元首是由王侯们推举的,在教皇加冕之前只能叫作"德意志国王"或"罗马人之王",加冕之后才能被称为"罗马皇帝",拥有神圣不可侵犯的地位。每一个皇帝在位的时候,都用尽一切办法让自己的儿子被选为德意志国王,这样他就可以成为下一任皇帝,而且皇帝的宝座也就可以在自己的后代中永远传下去。

在人们的猜测中,作为君士坦丁大帝和狄奥多西大帝的后人,皇帝应该是金口玉言、言出法随的,但是实际上并非如此。皇帝和诸侯之间的地位差距并不大:他的财富主要来自自己的封地而不是诸侯们的进贡;他让诸侯们做或者不做某件事靠的是说服而不是命令;他的权威依靠的不是自己的实力,更像是诸侯们为了他的面子送给他的。诸侯们也想方设法地限制皇帝的权力，唯恐他的实力太过强大，进而成为自己真正的主宰，那时候自己就真的要卑躬屈膝地去讨好皇帝了。

选帝侯 有些王侯的地位非同一般，他们拥有选举"德意志国王"的权力，为了区别于其他王侯，他们一般都被称为"选帝侯"或者"选侯"。在不同的时期，选帝侯的数目也有着不同的变化，但是到了1356年，随着《金玺诏书》的颁布，选帝侯就成为固定的7个人了。"金玺"并不是用金子铸造的印章，而是因为这个印章装在金质的盒子里而得名；"诏书"也不是皇帝颁发的"圣旨"，只不过是所有法令和盖过印章的文件的统称。按照金玺诏书的规定，这7个选帝侯分别是：波希米亚王、萨克森公爵、勃兰登堡侯爵、享有王权的莱茵伯爵，以及美因茨、特里尔、科隆的大主教。

自由城市 有些城市在神圣罗马帝国中占有重要的地位，尤其是莱茵河和美因河一带、北海和波罗的海沿岸的那些城市。皇帝和王侯对这些城市都很重视，也会赐予它们某些特权，这就让这些城市获得了大量的自主权和自治权，被称为自由城市，当发展到一定程度后，也就形成了实质性的割据。这些城市名义上是皇帝的直属封臣，但是并不是皇帝锡封的，而且皇帝真正的直属封臣也只不过是一班小小的男爵和骑士。地方上的小贵族——特别是那些男爵们——都是横行无忌的，眼里根本没有国家的法度，经常带着人马抢掠城堡外面的商人和旅客。自由城市的地位这时候就体现出来了：它们可以为了利益与商人联合，和形同盗匪的男爵们作战；也可以为了利益和其他的王侯结盟，和压制他们的皇帝开战。不管是民间的动乱，还是帝国内部的纷争和内战，消耗的都是国家的实力，实际上也危及了皇帝的地位。在这种情况下，如果皇帝没有强大的能够压制四方的实力，想要维持秩序就是痴人说梦了。

议会 帝国也有议会，但是这个议会并不是选举产生的，而是由不同利益团体为了自己的利益派出的代表组成的，这些团体包括选帝侯、主教、地方领主、自由城市。议会都是由皇帝召集并在法兰克福召开，代表们会在会议上提出一些建议，如果得到了皇帝的许可，就可以施行了。不过代表们提出的建议都是基于自身利益的，而不是真的为了国家、为了普罗大众，所以皇帝根本不能指望议会能够帮助自己去处理各种国家大事和增强国家的实力。

莱尼亚诺之役 神圣罗马帝国的皇帝和教皇之间一直存在着各种矛盾，尤其是锡封权。这些矛盾暴露出了帝国的最大弱点，那就是皇帝对封建领主的控制力不足，亨利四世在卡诺莎堡受到的屈辱就充分地说明了这一点。《沃尔姆斯宗教协定》签订后，锡封权的问题解决了，皇帝和教皇之间的争吵也暂时告一段落，但是不久后他们之间的矛盾再次激化。

腓特烈一世（绰号"巴巴罗萨"，也就是"红胡子"的意思）登基后，和教皇亚历山大三世再次产生了激烈的冲突，两个人都想获得世俗和宗教的所有权力，进而成为整个世界的统治者。他们谁都不肯让步，于是矛盾逐渐升级，最终只能靠武力来解决了。到了公元1176年，战争达到了高潮，在莱尼亚诺战役中，教皇在伦巴底同盟（位于意大利的北部）的帮助下，一举打败了腓特烈一世，也给了帝国重重的一击。此战之后帝国就开始衰弱了，腓特烈一世也于1190年在十字军东征中死去。

里昂会议 腓特烈一世去世后，他的孙子腓特烈二世继承了他的遗志，继续挑战教皇的权威。腓特烈二世励精图治，大力扩充帝国的实力，希望有一天能够吞并教皇国。然而他的命运还不如他的爷爷，先是在1245年的里昂会议上被教皇英诺森四世废黜，接着又在军事斗争中失败，随后又在1250年神秘死去，从而结束了他们家族统治神圣罗马帝国的历史。

哈布斯堡王室 腓特烈二世去世后，在整整23年的时间里，神圣罗马帝国一直没有真正的皇帝，甚至就连皇帝的候选人都无法产生，因为选帝侯之间一直分歧不断。到了1273年，来自哈布斯堡家族的鲁道尔夫一世成功当选为"罗马人的皇帝"，但是没有被教皇加冕。鲁道尔夫一世骁勇善战，让奥地利公国成为哈布斯堡家族的封地，此后一直到1918年，哈布斯堡家族一直都是奥地利的控制者。鲁道尔夫一世去世后，在半个世纪的时间里，皇帝的宝座一直在多个家族里争来夺去，但是到了1437年之后，神圣罗马帝国的皇帝基本上都是来自哈布斯堡家族。

一些结果 神圣罗马帝国是一个失败的帝国，它的失败产生了这样一些后果：

第一，许多民族国家成立了，例如匈牙利、波兰、法兰西、西班牙、英格兰，还有斯堪的纳维亚半岛上的各个国家。

第二，在颠覆帝国的混乱战争中，产生了许多强大的家族，如奥地利的哈布斯堡家族、巴伐利亚的维特尔斯巴赫家族、普鲁士的霍亨索伦家族等。

第三，居住在阿尔卑斯山脉中的日耳曼人开始联合起来，打败了当地的封建领主，建立了几个共和国。如果神圣罗马帝国是一个强大的集权国家，这种事情是根本不可能发生的，但是它太软弱无能了，完全无力阻止。

第四，同样因为帝国的软弱无能和统治不力，意大利和德意志的一些城市相继独立，建立起割据式的城邦。城邦的建立也有一定的积极意义，它让工业、商业、艺术、学术、自由主义政体等得到了发展。

四、城邦

在中世纪，意大利的北部、尼德兰、德意志都有一些比较大的城邦存在；而在西欧则没有城邦只有城镇，不过这些城镇也都有自己的政府，也有部分自主权，和其他没有自主权的城镇相比，这些城镇更有存在的价值。城镇在不同的地区也有着不同的前途，有些城镇慢慢成为民族国家的一部分，有些城镇则发展成为自由城市。

民族国家的城市　在英格兰、法兰西、斯堪的纳维亚诸国、波兰、匈牙利、西班牙以及意大利南部，这些国家的君主战胜了封建割据势力，最终成为统一的民族国家，有着强大的中央集权政府。在这些国家，城镇是属于君主的，而且也只能依靠国家而存在。不过它们也不是没有一点权力和自由，因为它们的主人属于皇室，一般都可以获得部分自行处理地方事务的权力，而且在国家的议会中也有属于自己的代表。

自由城市　由于神圣罗马帝国日益衰落，对德意志、尼德兰以及意大利北部的城镇鞭长莫及，最终这些地方的城镇发展成为自由城市。这些城市大多都处于东西方商业交往的关键位置，因此获得了极大的助力，人口日渐增多，经济也开始蓬勃发展。经济发展了，人们就有了更多的空闲时间，对艺术的要求也就多了，于是这里又成为艺术和学术的中心。城市摆脱了封建制度的束缚，人民也得到了更多参政议政的机会，于是这里也就产生了更加自由、更加先进的近代民主政治的萌芽。

中世纪的自由城市和古腓尼基人、古希腊人创建的城邦相同度非常高，除了主城之外还包括数量不等的农村，在比较远的地方还会建立贸易据点。市民对自己的城市极度自豪，认同感也非常强。比如一个佛罗伦萨或者但泽的市民，当你问他是哪里人的时候，他只会回答自己是佛罗伦萨人或但泽人，而不认为自己是意大利人或者德意志人。

每个自由城市都会有自己的政府、法律、法庭、货币、军队，如果有港口，还会建设自己的海军。自由城市还会像一个独立的国家那样，可以自由地建立同盟，向其他国家宣战和签订条约。

城市的历史 中世纪的城邦历史几乎就是雅典、罗马城、科林斯、迈力特的翻版，大多都是城邦的居民和外来势力的战争、城邦和城邦之间的争夺。城邦的内部也有各种纷争，例如居民为了提高政治权力和封建领主的斗争、各个政治团体为了政府控制权的斗争、手艺人之间的竞争，以及富人和穷人、贵族和平民之间的矛盾等。

威尼斯 威尼斯是中世纪非常有名的一个城市，这里从一开始就是商人占主导地位，很早之前就已经形成了一个高效的政府。这个城市的贵族组建了一个议会，负责选派官员和制定法律。议会下有一个类似于元老院的机构，负责处理商业、外交、宣战和议和；还有一个十人委员会，职能是监督公共道德、监视民众是否有反政府倾向，可以对嫌疑人进行逮捕和秘密审讯，而且有权力判处任何有反政府行为的人死刑。

威尼斯实行的是共和体制，最高领导人称为"元首"，从总督、公爵中选举产生。元首领导政府的工作，也是陆军和海军的最高指挥官。由于海军强大，而且在十字军东征时期在贸易中获得了巨额利润，威尼斯在公元12到13世纪这段时间盛极一时，逐步发展成为海上城邦，塞浦路斯和克里特等地中海中的大型岛屿一度都成为它的领土。

热那亚 热那亚是地中海沿岸的城市，位于意大利的西北部，也是中世纪时期的著名城邦。这个城市有一段曲折动荡的历史，内部斗争极其严重，经常有内战发生。在公元 14 世纪时，热那亚曾经出现一位有作为的总督，他终于让这个城市的居民过上了一段安稳的生活，但是这段时间并不长，因为热那亚人热衷于对外贸易，一心希望成为海上的霸主，所以不时就会对外发起战争。热那亚在这一点上和威尼斯是相像的，而且它们也都取得了满意的成果。后来，热那亚和比萨（意大利的另外一个城市）因为地中海内岛屿的归属问题展开了战争，比萨败北后，撒丁岛、科西嘉岛等岛屿就成为热那亚的领地。热那亚也是十字军东征的积极参与者，并且在战争中获得了地中海东部的一些据点和领地。不过热那亚和威尼斯一直是竞争对手，双方在相当长的时间内都不遗余力地在各方面打击对方，包括采用战争手段。在这场旷日持久的较量中，热那亚最终不敌威尼斯，逐渐衰败了下来。

佛罗伦萨 佛罗伦萨在公元 12 世纪的时候就已经成为一个共和国，负责管理这个国家的官员被称为执政官。曾经有一个时期，佛罗伦萨的政府被贵族把控，但是这个国家的平民是富有独立精神和反抗精神的，他们不愿意接受这样的政府，于是就建立起各种行会，对政府的工作进行监督，从而在政府里发出了自己的声音。佛罗伦萨的民主精神是热那亚、威尼斯远远不能相比的，甚至一度达到了完全民主的程度，但是后来几个财力雄厚的大家族成为民主政治的领头人，他们也就变相地成为佛罗伦萨的掌权者。在这些家族中，最著名的就是美第奇家族，该家族在 15 世纪的时候以银行业起家，并且将家族统治变成了世袭制，企图成为佛罗伦萨千秋万代的独裁者。佛罗伦萨是托斯卡纳（就是古时候的伊特鲁里亚）行省的首府，也是这个地区的重要城市，在中世纪的时候就已经成为著名的艺术中心，而且一直延续到了现代。

米兰 米兰是伦巴底地区的首府，在这里的地位和佛罗伦萨在托斯卡纳相当。这个城市也曾经出现过半民主制的政府，并且在和腓特烈一世的战争中有过优异的表现，也是伦巴底同盟的主要领导者。在 1262 年的时候，维斯康蒂家族崛起后成为米兰的控制者，这个时间比美第奇家族控制佛罗伦萨还要早。维斯康蒂家族在米兰的统治时间长达 200 年，最终将米兰从一个城邦发展成为公国，也就是米兰公国，当时伦巴底地区大部分都是它的领土。即使到了今天，米兰仍然非常富庶，是意大利的第二大城市。

其他城市 中世纪的其他城市也都有着悠久的历史和发达的文明，而且大多也发展迅速，变得越来越富庶。例如布鲁日，在尼德兰的地位不亚于威尼斯之于意大利，而布鲁日的对头根特，地位同样不亚于威尼斯的对手热那亚。德意志也有很多地位重要的城市，它们可以参与国家的管理，部分实力比较大的甚至能够对神圣罗马帝国指手画脚。

城市联盟 很多中世纪的城市都会找一个有共同利益的城市结成同盟，这样做既为城市间的贸易提供了方便，还可以在遇到政治、军事危机的时候有个帮手。最有名的同盟是伦巴底同盟，多个城市联合起来反对皇帝的独裁和霸权；此外还有汉萨同盟，建立这个同盟的目的是保护成员间的贸易，因此也被称为"商人公会"。汉萨同盟是吕贝克在13世纪发起的，有着很大的权力，可以动员同盟城市的军队发动战争。这个同盟在历史上占有重要的一席之地，极大地推动了德意志王国内部各个城市的交流和贸易，也加强了德意志和其他国家的贸易往来。汉萨同盟在14世纪时达到了顶峰，有70多个成员，贸易据点遍布英格兰、意大利、尼德兰、斯堪的纳维亚、俄罗斯等地。

政府外交 中世纪的城邦有着各种不同类型的政府形式，包括市政官。意大利曾经出现过类似现代公务员的阶层，这个阶层的人员都是政府的各级官员，专门负责处理政府的一切事务。在现代的外交工作中，很多惯例和规则其实都是从这时的城邦交往原则中发展出来的，尤其是意大利的各个城邦的管理办法。例如威尼斯，这个城邦早在13世纪就有了外交使节这个职务，并且规定，所有的大使赴任的时候都不能带自己的妻子，目的就是避免她无意中泄露国家的机密；所有大使的厨师都必须从国内聘请，目的是防止有人以下毒的方式杀死大使。

五、民族国家

真正意义上的民族国家，指的是那些说着同一种语言的民族所建立的统一的国家，这个国家的政府是中央集权的，对境内的各级政府都有着足够的控制力，而且不会屈服于任何一个外国势力的制约或者干涉。

而在中世纪的初期，也就是公元10世纪前后，几乎所有的欧洲国家实行的都是封建制度，所有的政府都可以说是地方政府，根本就没有真正意义上的民族国家。即使到了中世纪的末期，也就是公元14世纪的时候，政治上的主流势力仍然是封建制度和地方主义，只有很少的一部分地区才有了民族国家的雏形。

民族国家兴起的原因 虽然这时的民族国家只是一个雏形，但是后来却逐渐发展壮大起来。造成这个事实的原因既有内在的因素，也有外部的因素，主要是以下几个方面：

第一，某种语言有着明显的特点，并且在一定范围内传播开来，成为主要的语言。

第二，基督教的教会在很多地方都建立起来了民族政权，对其他地区的影响是很大的。

第三，在蛮族成功入侵罗马帝国之后，建立起许多具有民族性质的国家，这也成为其他地区效仿的榜样。

第四，罗马法强调君权至上，它的影响力并不局限于某个民族或者某个地方，于是认可罗马法的区域越来越大，罗马法也就开始复兴了。

第五，封建制度的弊端越来越明显，说明国家政府必须有更为集中、更为稳固的权力。

能够建立起集权的民族国家，就说明这个国家的国王战胜了封建领主，从他们的手里获得了统治权。几乎所有的早期民族国家都是采取的君主制，这是因为人民已经对连绵不断的战争深恶痛绝，想要在和平的环境中过上安全、有秩序的生活，为了实现这个理想，他们可以接受一个独裁的国王、集权的政府，甘愿忍受沉重的压力和负担。

六、英格兰

从封建割据到变成一个集权的民族国家，英格兰用了几代人的时间，其间历任君主都付出了许多努力，例如爱格伯、艾尔弗雷德、施韦根、坎纽特、爱德华和哈罗德等。英格兰是在11世纪的中期成为民族国家的，更确切地说是1066年，代表性事件是诺曼底公爵威廉踏海而来，杀死了哈罗德征服了英格兰，并且自封国王，建立了集权政府。

一本书和一个誓约　在英国的历史上，威廉被称为征服者威廉、威廉一世。1086年，威廉派手下的官员走遍了英格兰的领土，对每个人的财产都进行了详细调查，最终编成了《土地清册》。这本书在英国的历史上很有名气，因为只要有了这本书，国王就可以知道某个人应该上缴多少赋税，大规模偷税漏税的现象再也无法遁形。同样是在这一年，居住在索尔兹伯里的威廉命令一些地主来觐见他，并且对他宣誓只效忠他一个人。如此一来，这些地主就成了国王的直属部下，就连他们原来的宗主——也是他们以前的顶头上司——也无法命令他们做任何事了。这就是著名的"索尔兹伯里誓约"。

有了《土地清册》，威廉一世就有了征税的依据和标准；有了索尔兹伯里誓约，威廉就掌握了基层，也相当于挖掉了封建制度的根基。从此以后，虽然国王和封建领主之间还会发生各种各样的矛盾和纠纷，但是也仅仅是矛盾和纠纷罢了，因为封建领主已经没有了和国王抗衡的本钱，可以说威廉一世用一本书和一个誓约为英国成为民族国家打下了坚实的基础。威廉一世自律性很强，对自己的要求也很高，可以说是那个时代国王的楷模，是他们学习如何做一个好君主的教材。

语言与法律　虽然威廉为民族国家英国的出现做了极大的贡献，但是他也带来了两种事物，在客观上对英格兰的统一和民族性的加强形成了障碍。这两个事物一个是诺曼法兰西语，一个是诺曼法兰西法律（也就是古罗马法的一部分）。作为征服者，威廉的政府将诺曼法兰西语作为官方语言，而当时的民间大多数使用的是盎格鲁-撒克逊语，教会使用的是拉丁语，这就给民族的融合造成了很大的困难。最终，英语出现了，这才使英国真正成为大一统的国家。英语的基础是盎格鲁-撒克逊语，部分吸收了拉丁语和诺曼法兰西语。法律也同样如此，诺曼法兰西法律和盎格鲁-撒克逊法结合之后，形成了新的英国法律。

亨利二世的成功与失败 又过了将近100年的时间，亨利二世成为英国的国王，他又掀起了一场和教会、贵族的斗争。当时的英国正处于黑暗时期，教士和贵族属于特权阶级，他们鱼肉百姓、目无法纪，而民众只能在他们的压榨下苦苦求生。亨利首先采用了各种措施对贵族进行打击，最终迫使他们开始尊重法律和国王的权威，犯了罪就要受到国王法庭的审判。随后亨利开始了他的第二步计划，试图让自己的法庭和教会的法庭具有同样的地位，可以审判那些横行不法的教士们，也就是收回教会的司法权。但是这个计划始终没有成功，当时坎特伯雷的大主教是托马斯·贝克特，他也是教权的极端拥护者，根本不同意将犯罪的教士交给国王的法庭审判，双方为了这件事进行了激烈争执。到了1170年的时候，一个意外发生了：几个贵族刺杀了贝克特。刺客显然得到了亨利的支持，至少他是知情的。然而这场谋杀事件不但对亨利的计划没有任何帮助，还让他陷入了舆论的旋涡。教会把贝克特塑造成了一个殉道者，得到了广大教民的纪念和推崇，教皇发表演讲对亨利进行指责。在巨大的压力下，亨利不得不屈服，并且在贝克特的坟墓前赤身忏悔，承诺以后不再审判教士。亨利当然是无辜的，要知道他从来都没有审判过教士，打击的对象也是那些贵族。

陪审团与习惯法 亨利二世最大的功绩就是对法庭的改进。他设置了巡回法庭，定期在各地巡访；他又建立了陪审团制度，就是在案件的审判地挑选正直无私的人担任陪审员，经过宣誓后全程参与审判，并协助法官判决案件；他还让习惯法得到了普及。以前英国各地的法律是不相同的，同一个案件在不同的地方很可能会有不同的判决，亨利对此进行了统一，所有的案件都必须使用他所制定的法律，都必须由他任命的法官进行审判，这就使法律有了普遍性，也就是同一性。因为这种法律大部分都是沿用以前法官的判决，所以叫作习惯法，后来所有的英联邦国家都是采用的这种法律。我们现代说到习惯法的时候，一般都是指的旧英国法。

《大宪章》 英国政府在民主方面获得的第二个重大胜利就是获得了自由，以及对封建专制进行了压制。1215年，部分反对国王专制的贵族联合了一些有同样愿望的主教、中产阶级,逼迫约翰一世(亨利二世的儿子)签署了《大宪章》。《大宪章》也叫《自由大宪章》,里面对国王的权力进行了限制,例如,国王要尊重贵族的利益、不得随意征税等。

除了签署《大宪章》,约翰一世还违心地做了另外两件事:一个是承认教皇是英格兰的宗主,这就意味着他成了教皇的封臣;另一个是放弃了他在欧洲大陆上的领地,将它送给了法兰西的国王。约翰一世号称是"最'无能'的英格兰国王",但是他能够成为一个让历史铭记的人物,也恰恰是因为他的"无能",因为他做了这些他不愿意做的事情。当然他是被逼的,如果不是社会各阶层进行了联合,让他感觉到了难以承受的压力,或许他根本就不会这样做。知道了这个原因,对于他为什么第二年就郁郁而终也就不难理解了。

第一个下议院 约翰一世签署《大宪章》之后很快就去世了,他没有足够的时间去推翻或者违反《大宪章》,可是他的儿子亨利三世当国王的时间比较长(从1216年到1272年),一直都不愿意受《大宪章》的约束,总想着把《大宪章》废除,贵族们当然不愿意让他这样做,于是双方的冲突越来越大,最终爆发了内战。贵族方面的主要将领是西门·孟德福,也是亨利三世的妹夫,即使是在内战的时候,贵族们也不希望废黜国王,只是想让他遵守《大宪章》的规定。亨利在1264年兵败被俘后,西门召集了一个议会,后来这个议会成为一个新的机构,也就是下议院。当时英国已经有了一个名为枢密院的议院,组成者都是贵族、主教、修道院的院长,因为这些议员都是上层人物,所以称为"上议院";而新机构的议员都是骑士、平民出身,所以称为"下议院"。

模范国会 爱德华一世继位后,他出乎意料地不再效仿约翰一世、亨利三世的做法,确定了《大宪章》的地位;击败并杀死他的姑父西门·孟德福,又将下议院并入议会。从此议会中出现了来自州、郡乃至乡镇的代表,他们可以和昔日高不可攀的贵族、主教们一同出席会议,共同制定有关国计民生的大计,参与国家的实际管理。爱德华一世对议会的调整是史无前例的,这个做法受到了广大民众的热烈欢迎,因此这种议会也被称为"模范国会",可以说这是爱德华一世取得的一个重大的成就。

英格兰的境外 另一个重大的成就发生于1282年，威尔士被爱德华一世征服，从此以后成为英国不可分割的一部分。到了1301年，爱德华一世在封赏功臣、子嗣的时候，将"威尔士亲王"这个爵位赐给了未来的继承人，从此"威尔士亲王"就成为王储的专利，一直延续到了现代。爱德华一世完善了英国的军事制度和诸兵种，一生中战功赫赫，从来没有放弃把苏格兰纳入版图的梦想，一直都在试图征服苏格兰，如果不是年事太高，死在了征途当中，他的这个梦想完全可以实现。即便如此，苏格兰后来也成为英国的一个组成部分，可以说爱德华一世为现代英国的成立做好了地理上的准备。此后的历代英国国王都有着勃勃的野心，他们的目光并没有局限在不列颠岛上，而是在更加广阔的欧洲大陆上，一水之隔的法兰西显然就是下一个征服的对象。

七、法兰西

公元843年，庞大的查理曼帝国分裂了。根据《凡尔登条约》，帝国分为东、中、西三个法兰克王国，而西法兰克王国就是法兰西的前身。到了987年，贵族于休·卡佩获得了法兰西的王位，建立了卡佩王朝，统治了法兰西几百年的时间。法兰西实行封建制度比较早，所以封建势力在这个国家的影响要远远超过对英格兰的影响。我们知道，生活的环境不同，人的性格自然也就有了不同，法兰西国王长期被贵族压制，一般都显得相对软弱一些。在这样的国情下，法兰西想要真正成为一个独立自主的民族国家，还有相当漫长的一段路要走。

腓力·奥古斯都 腓力二世（1180—1223年在位）是卡佩王朝的第七任君主，通常被称为腓力·奥古斯都。腓力在位期间在文治、武功上都有着突出的贡献，像他废除了国王在锡封贵族时要向贵族致敬这个陋规只是不值一提的小事。1214年，腓力率军与英国人在布汶展开了激战，一举打败了约翰一世，成功收复被英国人侵占的领土，既维护了领土的完整，也给了法兰西北部、中部的封建势力沉重的打击。随后腓力又对政府进行了改革和整顿，为了防止封建势力卷土重来，他用自己能够信任的人代替了封建领主。在腓力的努力下，法国的王权由弱转强，王室领地扩大了3倍，向中央集权迈出了最关键的一步。

当时基督教的阿尔比派在法兰西的南方活动频繁，贵族们对此十分痛恨，一直欲除之而后快。虽然腓力不支持他们的决定，贵族们还是对阿尔比派发起了讨伐战争。不过这场战争最后以贵族们的失败而告终，南方的大部分地区在几年之后归顺了王室。

腓力二世的孙子是路易九世，也是中世纪基督教国王的模范，教会曾授予他"圣路易"的称呼，这是一个极高的荣誉。这位国王始终信奉"人人平等、公正待人"的原则，因此在民间也有崇高的威望，再加上他立法严谨、执政明智，为法兰西君主制的巩固立下了不朽的功勋。在基督教发起的两次征伐穆斯林的十字军东征中，他都获得了大部分人的赞赏，可惜的是他在第二次东征中逝世。

美男子腓力 腓力四世（1285—1314年在位）是路易九世的孙子，长得英俊潇洒，人称"美男子"。腓力四世为人机敏练达、刚毅果断，做事的方法不拘一格，往往取得意想不到的收获。他在加强王室权威方面做了许多工作，为了弥补国库的不足，他曾下令向教士征税，还收回了教会的司法权。他的这一系列举动激怒了教皇卜尼法八世，教皇威胁他说要废黜他的王位、开除他的教籍。菲利普深知得民心者得天下的道理，立即召开法兰西的三级会议。所谓三级会议，就是由主教、贵族、平民三个阶层的代表组成的会议，这代表着平民正式走上了法兰西的政治舞台。

教皇原本认为自己胜券在握，但是令他出乎意料并且感到出奇愤怒的是，就连主教们也没有站在他这一边，而是支持了国王的决定。法兰西的主教们认为，罗马的教廷贪得无厌，这正好是一个摆脱向罗马交税的好机会，而且他们也不愿意看到罗马对自己指手画脚。随后腓力四世又使用不光彩的手段诬陷教皇是异端，并且派人逮捕了教皇并大肆凌辱，虽然后来教皇逃掉了，但是已经对他的权威造成了无法弥补的伤害，仅仅1个多月就去世了。这下子形势对腓力四世更有利了，他立刻推举他的朋友波尔多大主教柏特隆为教皇，称为克勒芒五世（1305—1314年在位），接着又把教廷从罗马迁到了法兰西的阿维尼翁。在驻跸阿维尼翁的 70 年里，教皇几乎就成了国王的应声虫，人称法国国王的"御用教皇"。腓力四世依靠全国各阶层的支持，获得全胜，使教皇威信扫地，罗马教廷凌驾于世俗君主之上的时代从此一去不复返，这是欧洲历史上的一件大事。

法兰西成为民族国家 在去世之前，也就是 1314 年，"美男子腓力"终于完成了自己的最后心愿：所有的封建采邑都回到了国王的治下，封建势力逐渐式微，已经不可能复辟了。也正是在这种情况下，法兰西定都巴黎，终于结束了没有首都的历史，从此有了明确的政治中心。在花费了数百年的时间，牺牲了无数的仁人志士后，法兰西的王权终于稳固下来了，国王取得了至高无上的权力。然而历史从来都不是一帆风顺的，法兰西的民族之路仍然充满了坎坷，接下来它面临的就是无法避免的英法百年大战。

八、其他民族国家

中世纪产生的欧洲民族国家当然不只是英格兰和法兰西。几乎就在这两个国家走上民族之路的同时，西欧的波兰、匈牙利也相继成为民族国家；而在更北面的斯堪的纳维亚半岛上，丹麦、挪威、瑞典等也崛起了，很快就成为民族国家；在南方的伊比利亚半岛，葡萄牙、卡斯提尔和阿拉贡也都有了成为民族国家的趋势；在意大利，两西西里王国和尼德兰的弗朗德勒郡，也有了民族化的倾向。

从地缘政治来看，当时西欧的政治版图和现代已经非常接近了。到了 14 世纪的时候，大部分的欧洲国家都已经完成了民族独立并组建了独立的政府，形成了独立的民族国家。当然还有一些地方存在着封建制度的糟粕，例如，意大利、德意志、尼德兰，至于其他地区，已经完全成为本民族国王领导的民族国家了。

不过一半以上的中世纪国王并没有专制的权力，或者说不完全拥有专制的权力，都或多或少地受到这样那样的限制，甚至是严格限制。而且王权的实施也有着诸多的障碍，如历史遗留的封建势力、偏远地区落后部落的叛变、过于频繁的选举活动、贵族们的特权、议会的牵制等。透过眼花缭乱的表象，当时的政府从本质上来说就是一个民主政治、贵族政治、共和主义、君主政体共存的怪胎。

第 17 章　中世纪文化

一、语言文学

拉丁语是一种伟大的语言，也是文明传播的一种重要载体，曾经风靡于欧洲的许多地区。在中世纪的西欧和中欧，但凡是受过教育的人，都能够熟练地说写拉丁语。

拉丁语成为国际语　拉丁语也可以说是一种贵族语言，神父、修士、律师、教师、医生等人都必须懂得拉丁语，而且那些有修养的绅士们更是将拉丁语作为日常使用的语言。造成这种现象的原因有很多，最主要的应该是这两个原因：一是几乎所有在欧洲流传的书籍都是用拉丁语写成的，如果不掌握拉丁语就无法学习到更多的知识；而且拉丁语是一种通用的外交语言，为了避免交流障碍，各个国家政府间进行官方事务交流就必须采用大家都懂的语言，拉丁语无疑最符合这个要求，而这种做法反过来又提高了拉丁语的地位。

中世纪文学　在上古时期的希腊、罗马，所有的书籍都是用拉丁语书写的，这个习惯一直保留到了中世纪，例如教会的赞美诗和祷告书籍、哲罗姆翻译的《圣经》、维吉尔的诗歌等。中世纪曾经产生了许多有名的文学作品，它们大多是用拉丁语书写的，我们随便就可以举出几个例子。

在法律方面，12世纪的法学家编写了格拉提昂教规法典，还有著名的《查士丁尼法典》。《查士丁尼法典》的版本很多，一些有名望的法学家曾对它做了注释。

在历史方面，中世纪曾经出现了两个著名的历史学家。一个是法兰西人，修道院院长苏热，他有两部作品，一部记载的是他所在的圣德尼修道院的事迹，一部是断代史，记载法国在路易六世、路易七世时期的历史。另一个是德意志人奥托，他是弗赖辛的主教，代表作是腓特烈一世的传记，里面记载了巴巴罗萨的许多丰功伟绩，让人知道了这个皇帝的威名并不是空穴来风。

文学方面主要是诗歌，而且大多是赞美诗。切拉诺的托马斯，撰写了《阿西西的弗朗西斯传记》和《天谴之日》。和卜尼法教皇同时代的圣方济各教士佩戈莱西是一个著名的诗人，也是一个著名的批评家，他的代表作是《圣母哀歌》。托马斯·阿奎那生活于13世纪，他的主要作品有《只是由于如此》和《啊！有益的献祭》等赞美诗。中世纪的祈祷诗也有很多类型，最著名的作家就是12世纪的贝尔纳，他的作品《耶稣，只要想到你》和《耶稣，你是爱心的喜乐》都是难得一见的精品，得到了基督教所有流派的欣赏和喜爱，现代几乎所有语言都对他的作品进行了翻译和出版。值得一提的是，这些新式的诗歌是押韵的，这和古代的拉丁语诗歌有着明显的区别，也成为现代诗歌的始祖。

希腊古典作品的拉丁外衣　随着生活趋于稳定、经济向前发展，人们开始希望阅读到其他民族的文学，于是古希腊和阿拉伯的名著开始大量地被翻译成拉丁文，这就使中世纪的拉丁文学越来越丰富。古希腊著名哲学家亚里士多德的作品就是在这一时期大量流传到西欧的，他的作品有些是从希腊文直接翻译成拉丁文的，也有一些是从阿拉伯文转译成拉丁文的。

一直到了 14、15 世纪，西欧的学者对拉丁语的热情才慢慢消退，开始学习希腊文，而且这时候诸多的土语也受到了普遍的欢迎。

土语 所谓土语，指的是那些老百姓使用的地方性语言，也就是我们常说的方言。

因为封建割据、交流不畅，欧洲的语言种类简单地用"多"来形容是不恰当的，或许"繁多"才是最合适的形容词。南欧的土语都可以划分到罗马语或者罗曼语的范围，因为它们都是从罗马语发展出来的。例如意大利许多地区说的是意大利语；法国的北部使用法兰西语，南部居民说的是普罗旺斯语；西班牙的东部说加泰罗尼亚语，中部流行的则是卡斯蒂尔语；葡萄牙是葡萄牙语，罗马尼亚是罗马尼亚语。

而在欧洲的北部和西北部，通用语言则是条顿语和日耳曼语，再具体划分的话就是德语、丹麦语、挪威语、瑞典语、荷兰语等。英语其实也是条顿语和罗曼语融合之后的产物。

斯拉夫语通行于欧洲的东部和中部，包括俄语、波兰语、捷克语、南斯拉夫语等。

在欧洲的最西面，人们说的语言属于凯尔特语，具体范围包括爱尔兰、苏格兰、威尔士、法兰西的布列塔尼。

如果把罗曼语、条顿语、日耳曼语、斯拉夫语、凯尔特语、拉丁语和希腊语合为一个整体，就成了语言体系中的雅利安语或印度欧罗巴语。而匈牙利人和北方的芬兰人使用的语言则属于图兰语，这就是另外一个大体系了。

这样的划分虽然看似很多，其实还是简单的、大致的划分，并不能全部反映出当时所有语言的真实分布情况，例如法兰西语、德语、意大利语等也是当地所有语言的总称，而不是一种单一的语言。我们可以这样认为，中世纪的欧洲有多少州郡或者城市，就有多少种语言，甚至可以说有多少乡镇就有多少语言。

方言著作 学者们开始时对方言土语是不屑一顾的，他们认为用这种语言写作是自降身份，可是到了后来，用方言土语书写的著作和文件出现得越来越多了。其实产生这种转变是很好理解的，例如教士，为了让文化水平低下的贫民理解并接受基督教的教义,势必不能用他们听不懂的拉丁语进行传教,而会采用当地的方言土语;政府也同样如此,如果国王和领主们的命令用拉丁文书写或者发布,百姓们肯定不知所云,严重的时候会产生无法挽回的损失,于是越来越多的法律文件和诏书也都用百姓们的日常语言书写。

文学也是这样,越来越多的用方言土语写作的诗歌、戏剧、歌曲和故事出现了。有位名人说过,"所有的民族都是在诗歌中度过它的童年"。中世纪的欧洲各民族当然不能说是童年时代,但是从民族语言和文学的角度来看,说这个时期是"童年"也是无可厚非的,所以当时的文学形式主要是诗歌也就不足以大惊小怪了。

当时的诗歌主要有两大类:一类是抒情诗,描写的对象主要是少女、爱情、鲜花等,用词明快,风格轻松;另一类是英雄叙事诗,主要描写英勇的骑士和激烈的战斗场面。

最喜欢创作抒情诗的诗人,莫过于法兰西的行吟诗人和德意志的抒情诗人。这些诗人四处漫游,在旅行中寻找灵感,富丽堂皇的城堡、小桥流水的农舍、青春靓丽的少女,都可能让他们文思触动,从而写出优美的诗歌。当时最有名的抒情诗人是一个德意志人,他的名字有些长,他叫瓦尔特·冯·德尔·福格尔魏德。

中世纪的叙事诗歌也有不少精品,比较著名的有法兰西的《罗兰之歌》、西班牙的《熙德》、德意志的《尼伯龙根之歌》等。

此外还有一些专门创作战地诗歌的诗人,他们和那些创作抒情诗的诗人一样喜欢四处漫游,只不过目的地是战火纷飞的战场,似乎铁和血才是他们灵感的来源。这些诗人在不同的地方有不同的称谓,法兰西人称他们为"卖艺诗人",而德意志人则叫他们"市民诗人"。

二、教育

传奇与戏剧 游吟诗人吟唱故事时通常都会采取歌唱和朗诵的方式。这种故事被称为"传奇"(Romance),因为它们在早期都是用一种叫作罗曼斯（romance）的土语进行创作的。

中世纪的戏剧文学大多都是为宗教服务的，而且大多也都是在教堂里进行演出的。戏剧的内容主要有以下三类：一种是根据《圣经》中的故事和教会发展历史中的事迹改编的；一种是描写基督教的圣徒在生活中表现出来的"神迹"，与前一种一样都是为了坚定信徒信念的；第三种是歌颂高尚道德的，主要是为了给人们提供一个榜样或者让人们吸取某种教训，以此来提高人们的道德水平。

托斯康意大利语 法语典雅、精确，因此被法兰西的行吟诗人、卖艺诗人和历史学家广泛采用；德语在用于历史、哲学、诗歌方面时有一种特殊的美感，也被抒情诗人、市民诗人以及学者广泛传播；佛罗伦萨语和托斯康语因为弗朗西斯、但丁（1265—1321）以及其他作家采用，也成为意大利的文学语言。弗朗西斯将自己的一生都奉献给了诗歌和宗教，他最著名的作品就是《太阳赞歌》，人们称其为"可爱的宗教抒情诗"。但丁的名气就更大了，他是文艺复兴时期的三杰之一，既是一个渊博的学者，也是一个才华横溢的诗人。但丁的代表作是《神曲》，文学价值极高，还有着深刻的思想性，是中世纪所有文学作品和思想成就的代表，在任何一个时期都能称得上是不朽的作品。

三杰的另外两人是彼特拉克（1304—1374）和薄伽丘（1313—1375），彼特拉克最擅长写作优雅动人的十四行诗，薄伽丘是人文主义的杰出作家，以短篇小说、传奇小说蜚声文坛，最著名的作品是《十日谈》。

教育 中世纪的另外一个特点是发达的教育，从诸多的大学和林立的教会、教育机构中就可以略见一斑。尤其是世俗的大学建立起来后，更多的人可以得到接受高等教育的机会，而且研究的内容摆脱了教会的束缚，自然科学得到了发展的机会。

场所和方法 当时的教会对教育是很重视的，几乎每个人都会受到教会的教导，有些人是在教堂接受教导的，也有人是在自己家里接受的。当时的政府没有立法对未成年人进行强制教育，但是教会对此并没有忽视，在修道院和教堂都建立了附属的学校，尽可能地让教区的孩子能够接受一定的基础教育。教育的内容主要是教导孩子们如何谋生，而且不同的地区也有着不同的侧重点。例如，对女孩子的教导侧重于烹调、缝纫技艺和整理家务；如果是乡下的男孩子，就教导他们如何提高农业生产技术；如果是城镇里的男孩子，就教导他们经商的经验和手工业生产的技巧。

教育目标和规划　教会建立学校的目的，主要是让孩子们从小就接受与世隔绝的、特殊的宗教生活，以期让他们长大后成为虔诚的教徒，更好地为教会服务。但是这并不是唯一的目的，教会当然也考虑到了所有的人都为教会服务是不可能的，所以设置了一些基础课程。这些课程的设置应该是参考了古罗马帝国的教育方式，都是分"学科"进行教育的。

三科与四科　"学科"可以分为两类、七科。第一类叫作三科（Trivium），主要是关于文学方面的，包括语法、辩证法和修辞；第二类叫作四科（Quadrivium），主要是关于自然科学方面的，包括几何、算术、音乐和天文学。

每一个学科的名字其实是一个统称，它所包含的学习范围比它的名字要大得多。这些学科都有专门编写的教科书，里面的内容大部分都是从上古时期流传下来的。语法教授的是拉丁语和文学；辩证法教授的是逻辑学，是一门非常高深的学问；修辞教授的主要是如何创作诗歌和散文，也教授一些入门的法律知识。

自然科学方面需要学习的内容就更多了。几何学习不光是欧几里得关于几何的各种定理，还包括地理和自然；算术除了学习罗马数字和数学知识，还包括了历法的计算；天文学在研究天体之外，还有物理学和化学方面的内容；音乐方面的教材以教会的素歌规则为主，兼顾了音调的一些理论和声乐。

初等学校　教会建立的学校被称为文法学校。城镇的行会和封建领主也会建立一些初等学校，主要教孩子们学习朗读、唱歌、写字，这些学校讲课都是用当地的方言，而不采用拉丁语。

穷人家的女孩子通常都是在家里跟着母亲学习如何做家务的，少数人可以因为某种特殊原因到初等学校接受一定的特殊教育。上层社会和富人的女孩子需要学习的内容就更多一些，除了正常的朗读、写字和记账外，还要学一手精细的女红、学习管理家里的一切事务、学习如何成为一个合格的女主人。她们还要掌握一些基础的内科、外科的医疗知识，以便在家人出现轻微的外伤和小病的时候进行初步的处理。

初等学校为贵族家的男孩子也提供特殊的教育，希望能够培养出行侠仗义的骑士、精明强干的商人或者聪敏威严的领主。学习诵读、写字和算术是基本内容，还要学习一个贵族应该掌握的所有礼仪，知道骑士的荣誉是什么，另外还要学会下棋、弹琴、唱歌和作诗等，这些都是素质的外在表现。当然，骑马、击剑、射箭等军事技能也是必不可少的。

校外 因为严格的等级和地区之间的差别，农村的孩子们很少能够进入正规的初等学校学习，他们能够学习知识的地方只能是教会，由教士或者神父教授他们宗教的教义、责任和义务，他们的教材就是教堂内的雕像和装饰画、《圣经》里的故事和教会的历史等。如果某个孩子比较有潜力，教会也会动用专门的经费让他到更高级的文法学校学习，甚至供他上大学。在中世纪，寒门出身的学者明显要比富贵出身的学者多得多，甚至很多出色的文学家、艺术家、科学家、政治家（包括教皇）都出身贫寒，然后在芸芸众生中脱颖而出，一步一个脚印地走上人生巅峰。

大学 施行大学教育应该是中世纪最大的功绩。古代的世界各国也有过与近代大学相似的教育机构，有的干脆就是"大学"这个名字，但都不是真正意义的大学。而中世纪的大学就可以说是名副其实的了，即使是现代的大学，也是以中世纪的大学为框架发展而来的，完全是它们的延续和扩展。

中世纪的大学没有一所是做好周密的计划后，一步步建设起来的，都是按照社会的实际需求和当时的教育水平自然产生的。在中世纪，很多学生都是跟随自己的导师学习的，他们形成了一个小教学团体。有了需要时，几个教学团体就会联合起来，也就成了学会，这种现象的出现是符合社会发展趋势的，毕竟生产力的发展要求人们开始更多的合作。当几个学会再次联合的时候，大学（university）也就出现了，大学这个单词的本义就是"联合、统一"。

巴黎大学 巴黎大学是世界上第一所大学，它的一些制度曾被后世仿效。巴黎大学设有本科，当时叫文科学堂，教授的内容也是七艺，看起来好像是一个规模比较大的教会学校。在本科之上是研究院，主要学习神学、哲学、法学和医学方面的知识，这些学问要比本科的高深。

文科学堂的管理者叫"学监"，一般都是选举产生的。在这里学习的学生根据籍贯分成不同的组织，被称为"学馆"（nation），所有的学馆都有自己的导师、教室、食堂、宿舍、舍监等，几乎自成体系，所以也有"系"的称谓。到了后来，学馆又慢慢发展成为学院，这就与现代的学院基本相同了，特别是剑桥大学和牛津大学里的学院，和中世纪的学院是一个性质。

研究院和学堂的情况稍有不同，研究院的管理者是院长，招生也有条件。想要到这里学习，首先必须在文科学堂完成所有学业，其次要获得"文学士"的学位。

神学和哲学 中世纪教育最受重视的是神学，这个学科的地位甚至比科学还要高，被称为"科学之后"，排在第二位的学科是法学。实际上每个大学都有自己的重点学科，例如巴黎大学的重点是神学和哲学，博洛尼亚大学的重点是法学，后来发展成为法学院，而意大利的萨勒诺大学对医学非常重视，也以医学院闻名天下。

在中世纪，神学和哲学的地位最高，所以关于这两个方面的著作也最多。彼得·阿贝拉尔撰写了《是与非》，让诸多的虔诚基督徒得到了心灵的洗礼；彼得·隆巴尔德在1145年刊行了《箴言集》，对阿贝拉尔提出的宗教问题进行了解答，并且将教会的各种教义进一步地归纳整理，融合进正统的圣礼里面；虔诚的基督教学者托马斯·阿奎那创作了《神学大全》，在这本书里，他告诉人们宗教和哲学是一体的，各自的观点是统一的，对阿威罗伊的言论进行辩解和驳斥。《神学大全》是托马斯·阿奎那最重要的著作，也是中世纪宗教思想方面的最大建树。阿威罗伊（1126—1198）是阿拉伯人，他的重要性并非由于他提出了什么新论点，而在于他对亚里士多德的著作写了一长篇有见解的评论。

罗马法的复兴 到12世纪初，对于罗马法的研究再次掀起了一个高潮。这个风潮起源于博洛尼亚，然后很快就蔓延到了其他地区。当时社会动荡，战火纷飞，而政府又无力控制各地的领主，也就造成了法庭在审理案件时很多情况下无法可依，即使有也是要么臃杂矛盾、要么简单粗暴。而罗马法简洁明确，又遵循公正平等的原则，为法庭审理各种案件提供了方便，自然也就引起了人们的注意。而当时通行的日耳曼法就是简单粗暴的典型，解决争端的方式通常都是残暴野蛮的，例如决斗，人们当然不会对它有什么信心和兴趣。

因为罗马法是理性、公正的，所以每一个社会成员都可以得到相对有效的保护。同时，国王和平民也在罗马法的保护下脱离了封建领主的控制，减小了内战爆发的可能。罗马法显然是对君主制有利的，它能够保证君主制成为民族国家的政体，建立起一个统一的民族国家。

欧洲大陆大多都是采用的罗马法，后世的法学家称之为"民法"。正如我们所看到的，英国已经有了一套完整的法律体系，而在现代的美国，除了路易斯安那州，大部分地区也是采用的英国法律。路易斯安那州曾经是西班牙和法兰西的殖民地，所以实行的是古罗马法。同样，作为西班牙人、法兰西人和葡萄牙人殖民地的中美洲、墨西哥、西印度群岛和南美洲等地，也仍然在采用古罗马法。

三、学生和学生生活

"教士"云集 中世纪的大学数量并不少，可与庞大的人口基数相比就少得可怜了，所以很多大学都人满为患，据记载牛津大学有1万多名学生，巴黎大学在某个时期学生的数量甚至有5万之多。这个数字可能并不准确，或许有夸大的嫌疑，但是我们可以确定的是，当时的大学教育确实很兴盛。当时的大学生地位很高，享有很多特权，因为他们都被认为是"教士"，属于神职人员，当然大部分学生毕业之后并不从事神职工作，尤其是中后期，成为神父的大学生寥寥无几。造成这种误解的原因是大学生都是归教会管理的，他们不用纳税，而且不受国王法律的管束，即使有犯罪行为也必须由教会的法庭审理。也正是由于这个原因，人们都认为大学生活是自由的、充满希望的，这对当时的年轻人来说是一个无法抗拒的诱惑。

学生生活 学子们在大学的表现各不相同，有的循规蹈矩，有的飞扬跳脱；因为各自资质的不同，有的很快就完成了所有的学业，这些学生的生活当然是欢乐的；有的迟迟无法毕业，他们的大学生活无疑就是艰辛的了。大学生可以在各国之间自由往来，从一个国家的大学转学到另一个国家的大学是司空见惯的事情，学生们将转学视为旅行或者冒险，因为在转学的过程中，他们在饱览自然风光的同时，也可能会遇到各种困难，例如强盗的抢劫。那时候的学生都很自觉，天一亮就会坐到教室里认真学习；课堂上的气氛是安静平和的，很少出现争论，除非是对某个知识点的理解出现了分歧。很多学生是无力购买书籍和教材的，所以他们听讲时都很专心，认真地记录下老师讲授的要点。拉丁文是所有学生都必须掌握的，因为老师都是用拉丁语讲课。大学里没有体育方面的课程，但是与此相关的活动很多，例如打猎、击剑、球类运动、徒步旅行等，这些活动无疑要比枯燥的体育课程更吸引人。有些学生会将唱歌当成自己的谋生手段，他们会敲开同学或者老师的宿舍门，为他们朗诵一些抒情诗或者演唱一些学生歌曲。这时候学位服和学位帽已经出现了，并且逐步成为大学中的流行服装。

四、科学

当我们谈到"科学"这个概念的时候，当然指的是自然科学，例如物理、化学、生物等学科。可是在中世纪并不是这样，"科学"属于神学的范畴。

科学的障碍 自然科学在中世纪还没有单列出来，老师们都是在讲到几何、天文学、医学的时候，捎带着讲一些自然科学方面的知识。那时候的大学对自然科学并不重视，也不会为自然科学专门准备研究的设施。

自然科学发展的障碍有以下几点：第一，大多数人的研究兴趣都放到了神学和哲学上；第二，当时的学者们习惯于通过演绎法来认识各种事物，也就是说，他们只肯通过已知的或者书本上记载的东西来认知世界，而不是通过对未知的事物进行研究之后得出结论；第三，各种各样的巫术、迷信随处可见，它们成为科学发展的阻力。

巫术与迷信 在古罗马和古希腊，人们坚信巫术是灵验的，相信福祸都有预兆，而日耳曼人、凯尔特人、斯拉夫人以及其他的"蛮族"就更迷信了。即使过了几百年的时间，他们也都成为基督徒了，可是那种古老的信仰和恐惧仍然挥之不去，也有可能他们压根就不想摆脱迷信。迷信这个问题，无论是他们之前还是他们之后，即使是到了科学大发展的现代，都是一个很严重的社会现象，但是最严重的还是中世纪的人们。如果他们认为某天不宜做事，那么即使是善事他们也不会去做；如果他们认为某种仪式可以治疗疾病，那么即使把医生送到跟前他们也不会让其为自己医治；如果有巫师告诉瞎子，一边念咒语一边吞下某种昆虫可以让他重见光明，这个瞎子也会毫不犹豫地照做……当整个社会的人们都是这样生活的时候，科学还有什么希望发展呢？

演绎法 演绎法当然是一种有用的认识方法，即使到了现代人们也没有停止演绎法的使用；书本上的知识当然也是有用的，不然那些定理、公理也不可能流传数千年之久。中世纪学者们就是太依赖演绎法和书本知识了，从来不用"实验"这种方法来验证新的事物是否正确、合理。他们认为，如果书中的某个记载是真的，或者某种信念是真实无误的，那么根据这些知识或者信念推导演绎出来的事物就必然是真实的、正确的。但是事实并非如此，权威也是会犯错误的，原本正确的信念在某种条件改变之后，也有可能变成错误的信念。例如，我们都知道的"两个铁球同时落地"现象，中世纪的人们认为亚里士多德是不可能出错的，他说重的先落地，那就一定是重的先落地，绝对不可能是轻的。但是当伽利略用实物做了实验后，他们哑口无言了，这才承认亚里士多德的话有着一定的局限性。

有成果的错误 很多科学成果是意外获得的，是科学家在实验的时候发生了失误甚至是错误的产物。例如中世纪的人们一直对"点金石"和"仙丹"念念不忘：有了"点金石"，就有了用之不尽的黄金；有了仙丹，人类就可以青春永驻或者长生不老。这些研究当然是错误的，人类也为此付出了巨大的代价，而且根本没有成功的可能。但是在研究和试验的过程中，人们也得到了许多意料之外的好东西，例如火药等，而且这些试验也为现代化学打下了一定的基础。

科学的进步 尽管用现代的眼光来看，中世纪的科学家们是愚昧无知的，他们会犯许多荒谬的错误，对自然科学有着这样那样的偏见，但是不可否认的是，他们在自然科学方面也获得了相当大的进步。

归功于古希腊人与阿拉伯人 这种进步要归功于古希腊人和阿拉伯人。中世纪的学者们已经完全掌握了古希腊人和古罗马人在自然科学方面的成就，然后又从西西里的希腊人、西班牙的穆斯林乃至阿拉伯人那里获得了更多的天文学、数学、医学以及地理学知识。虽然这些知识中有不少都是错误的，但是也同样不乏真知灼见。

炼丹术与占星术 中世纪的学者们在把这些知识融会贯通后，发现古人的研究方向是错误的，于是就对其进行了纠正，最终将这些不科学的项目变成了科学，例如占星术和炼丹术。古人的占星术也是观察天体，但是他们是为了占卜，中世纪的学者将其改良成了天文学；炼丹术是研究如何炼制点金石和仙丹的，前面说过这个研究方向是错误的，因为里面涉及了各种化学知识，于是改良成了化学。当然，天文学和化学的基础也可能不是占星术和炼丹术，毕竟我们只是推测而没有充分的证据，但是我们可以肯定，很多古老的学术都经过这个阶段去芜存菁，慢慢地演化成了科学。

外科与物理学 在中世纪，很多古老的学术都得到了发展，让后世受益匪浅；在很多的领域，那时候的学者也做出了重大的贡献。例如医学，在内科、外科方面都有了长足的进步，而物理学中的力学、光学也有了极大的成就。此外，中世纪的地理学也得到了迅猛发展。

科学方法 学者们发现古代的权威不再是权威之后，开始鼓励学生走出书本，亲眼去观察这个世界。为了验证自己的想法是不是科学的和正确的，学者们提出了各种匪夷所思的构想和方法，不管这些构想和方法是否可行，至少他们的这种研究态度是符合科学精神的。此外，当时的学者是提倡学以致用的，他们研究科学的目的就是给人类谋福利。在12世纪初，英国人阿德拉德在走遍南欧、北非、西亚后，写出了《关于自然界的问题》一书，里面对自然界进行了详细探讨；他还将《几何学》从阿拉伯文翻译成了拉丁文，为其在欧洲的传播做出了贡献。到了13世纪，英国人罗吉尔·培根提出，无论什么研究都不要盲从亚里士多德，必须亲自做试验进行验证。

培根是圣方济各会的修士，也是牛津大学、巴黎大学的教授，可谓桃李满天下，因此他的观点有着很大的影响力。培根还像是一个预言家，当时他提出过许多设想，例如，人能够在天上自由地飞行、不用马拉的车辆、不用船桨和风帆的船舶、不用桥墩的桥梁等，虽然当时的人们认为这些是异想天开，可是到了现代都已经实现了。

大学里的科学　自然科学终于发展成为大学里的一个重要学科。很多大学设置了医学专业，萨勒诺大学就是依靠在医学方面的专长而声名鹊起的；在所有大学的文科学堂，天文学、数学、物理学都成为必修的专业。罗吉尔·培根能够做那么多的科学实验，与牛津大学、巴黎大学的支持是分不开的。

发明　中世纪在应用科学方面也有很多的发明和应用，当然这是人类智慧的结晶。欧洲的学者从阿拉伯人那里学会了代数，然后这门学问在各个方面都得到了有效的运用。和代数一起传到欧洲，又从欧洲传播到全世界的还有阿拉伯数字。

此外还有一些比较实用的发明，例如烟道、铅管、玻璃窗、管风琴、机械锁等物品。后来又出现了新的化学染料、棉纸，当罗盘发明之后，大航海和地理大发现也就为期不远了。当火药从中国传到欧洲后，立刻就得到了迅速发展，到1350年的时候，德意志就有三个城镇拥有可以制作火药的工厂了。

五、艺术

在中世纪，如果问哪个领域最有活力、成果最多，无疑就是艺术领域了，特别是在精细事物的制作方面。

基督教艺术　说到艺术，就不能不提基督教艺术，这也是中世纪艺术中最绚烂、最耀眼的部分。

早期基督教艺术都是对古希腊和古罗马艺术的模仿，但是到了中世纪后，基督教开始有了属于自己的艺术，在建筑、雕刻、绘画、音乐、刺绣、挂幛等方面都有着自己独特的风格。

教堂建筑 教堂采用的是一种崭新而又美观的建筑方式，也是中世纪所有建筑中给人印象最深刻的。不同等级的教会建筑有着不同的称谓，主教管区的建筑叫教堂，修士团体的叫修道院，社区神父的叫礼拜堂，但是如果社区比较富裕，礼拜堂也可以修建得能和大教堂相媲美。修建教堂对教区的信徒来说是一件大事，有钱的出钱，没钱的出力，从事设计的信徒会免费提供图纸，王侯和各种社会团体也都会给予最大的支持。有些教堂的规模比较大，需要几代人的通力合作才能够完工。教堂主要有两种建筑样式：哥特式和罗马式。

罗马式建筑 罗马式教堂是从古代罗马的建筑发展而来的，最初只有意大利有罗马式教堂，到了11、12世纪的时候传播到了德意志、诺曼底、英格兰地区，并且在样式上也有了创新。罗马式教堂的特点是建筑物布局呈十字形，拥有一座长长的主殿和两个短小的耳房，还有一座半圆形的后殿，所有的屋顶、门廊、窗户都是拱形。最著名的罗马式建筑当数比萨的大教堂和斜塔。

哥特式建筑 哥特式建筑起源于12世纪的法国，后来西欧各地都采用了这种建筑样式。哥特式建筑的布局也是十字形的，这是和罗马式建筑相同的地方，不同的是罗马式建筑是圆尖顶，哥特式建筑是斜尖顶。哥特式建筑最显著的特点是拱柱，其实就是一根安放在墙壁外面的石头柱子，上半部分高处建筑物形成一个尖顶。采用拱柱的目的有两个：一是对墙壁起加固作用，可以让墙壁建得更高、更薄；另外，就是可以把窗户开得更大一些。

出名的哥特式教堂很多，例如，久负盛名的路易九世所建的巴黎圣礼拜堂和伦敦的威斯敏斯特大教堂等。

教堂内部 教堂的内部都装饰得富丽堂皇，特别是哥特式教堂，从雕像到壁画、顶画、各种木作等都不惜工本。这样做的目的并不是显示教会的富有和奢侈，而是用宗教的热忱和对基督的感恩之心来打动信徒，坚定他们的信仰。教堂内部的每一个细节都是经过精心设计的，进入其中就会令人肃然起敬，感受到基督的伟大和无所不能。

哥特式建筑的其他用途 哥特式建筑最初就是为了教堂设计的，由于这种建筑美观、大方、肃穆、令人心生敬畏，所以后来帝王的宫殿、领主的城堡、行会的会所甚至私人建筑也都采用了这种样式，并且在很多地区还有了新的变形。

雕刻与绘画 中世纪的雕刻总体来说是以精致为主的，但是也有粗劣的一面，有些地方甚至会故意做得令人忍俊不禁，其实这都是有原因的，作者试图用这种方式提醒人们，要接受宗教的教化。

最有名的宗教画家是意大利的乔托（1267—1337），和但丁是同一个时代的人，他的作品代表了中世纪绘画的巅峰水平。乔托的主要作品有《犹大之吻》《最后审判》《哀悼基督》《逃亡埃及》等，具有简洁质朴、着色清晰光亮、人物传神突出的特点。

音乐 中世纪音乐的发展要归功于教会和行吟诗人。在 11 世纪，一个叫归多的本笃会修士创建了现代的音乐乐谱体系。他挑选出了一首赞美施洗者约翰的圣诗，用其中六行的第一个音节 do、re、mi、fa、sol、la，分别代表音阶中的前六个音符。中世纪的教堂开始安装管风琴；行吟诗人也改造了诗琴，为它创作了一种特别的乐谱体系。我们现代听到的许多圣歌和民歌，其形式都发源于中世纪。

第18章 古代文艺的复兴

一、对旧古典文学的新兴趣

新的兴趣，并非新的科目 古希腊和古罗马的古典文明一直都在延续之中，即使到了中世纪，处在黑暗时代的欧洲人也没有将其遗忘。西欧的教堂在做礼拜的时候使用的是拉丁语，东欧使用的是希腊语；罗马式教堂是古罗马建筑的继承和发展。不管是石头建造的拱门，还是用古文字写成的诗句，都在时刻提醒着我们，不要忘记"古希腊的荣耀与古罗马的雄伟"。

古希腊、古罗马的文明在14世纪到17世纪这段时间得到了复兴。欧洲的基督徒以前对古典的语言、文学、艺术并不重视，只是将其视为达成某种目的的手段。到了后来他们发现，在用古希腊文和古拉丁文写成的著作里，还有更多令人感兴趣的东西，而且古希腊文、古拉丁文本身要比他们所使用的土语更严谨,于是就开始主动研究古典文明,希望能够找到那些被人忽视的但肯定有价值的东西。

古典文艺的复兴　因为更多的人对古典文学产生了兴趣,后世把这个现象叫作"古典文艺的复兴",简称为"文艺复兴"。文艺复兴的主要研究对象是用古希腊文和古拉丁文写成的著作,是对"古典文学同情并热心的探究"。文艺复兴当时是文艺界的一种时尚,甚至可以用"狂热"来形容那时候的文学界、艺术界。他们对古代的一切都抱着欣赏甚至是崇敬的态度。总之,他们认为古典的就是美好的,不仅在演讲和艺术上普遍采用古代的技巧,而且在文学、建筑、雕刻、绘画方面也出现了复古倾向。

伟大的先驱　在古典文艺的复兴过程中,意大利人弗朗西斯科·彼特拉克(1304—1374)是当之无愧的先驱。彼特拉克出生在托斯卡纳,成年后在法兰西阿维尼翁的教廷任职。他一直致力于恢复古典文学的宣传,在西欧被称为"唯一的学者"。彼特拉克当时的名气太大了,以至于教皇为他提供经费,各国的国王比赛一样给予他大量的赏赐;威尼斯的元老院授予他"威尼斯市民"的称号,让他享有这个城市公民的所有权利;巴黎大学和罗马城授予他"桂冠诗人"的称号。

同时期的另一个文艺复兴的先驱是薄伽丘。到了15世纪,意大利成为文艺复兴的中心,整个欧洲的学者都跟随着彼特拉克和薄伽丘投身于文艺复兴的大业。

来自东方的学者　在1400年前后,拜占庭帝国在土耳其穆斯林的军事威胁下朝不保夕,大批的学者被迫离开了君士坦丁堡和希腊,渡过亚得里亚海后在意大利定居,克里索洛拉就是其中的一员。他在佛罗伦萨创建了一所学校,专门讲授荷马的作品。为了找到更多的古典文学作品,克里索洛拉经常去拜访古老的城堡和修道院,那些布满灰尘的阁楼和杂物间是他最喜欢去的地方,同时他也在那里找到了许多早已散轶的前人的手稿,其中有一些竟然还是塔西陀、西塞罗、昆体良与卢克莱修的作品。

不仅学者们热衷于研究古典文学,王侯贵族们也认为这是一种很风雅的行为,纷纷为学者们的研究慷慨解囊。

教士们的态度　刚开始的时候,教会对学者们的这种狂热倾向是不以为然的，甚至有些教士还有一种恐惧心理，担心他们从古代的典籍中寻找到对基督教不利的东西。后来教会改变了自己的看法，从怀疑到宽容，继而给予鼓励，最终他们在教士们的帮助下实现了文艺复兴。教皇尼古拉五世就是文艺复兴的支持者，他本身就是一个优秀的古典学者，他曾经雇用了上千人来抄写古时候传下来的手稿，还重金悬赏能够翻译《荷马史诗》的人，在梵蒂冈的宫殿里至今还藏有大量的古典图书。

继任的教皇大多也和尼古拉五世一样支持文艺复兴。到 16 世纪初，在利奥十世的关心和支持下，文艺复兴活动达到了高潮。利奥十世来自佛罗伦萨著名的美第奇家族，父亲是腰缠万贯又文质彬彬的著名政治家罗棱佐·德·美第奇。利奥十世不仅对文艺复兴给予了人力物力方面的支持，他本人也积极投入到了这个伟大的活动之中。

二、意大利——欧洲的学校

在伯里克利时期，雅典被称为"希腊的学校"；到 16 世纪，意大利也成为"欧洲的学校"。当时的意大利可谓是人杰地灵：文艺复兴的发源地就是意大利；彼特拉克、薄伽丘和另外一些先驱——包括那些提供经济支持的人，都居住在意大利；当土耳其人兵临君士坦丁堡城下时，希腊的教师和学者逃亡的终点也是意大利；许多能够代表这个时代的文学、艺术、建筑水平的作品也是在意大利完成的；那些教授西欧各国学生古典文学、古典艺术的老师们，也都来自意大利。意大利因此成为西方各国的文化圣地，历代许多学者、学生都曾经来过这里。

各地 文艺复兴在 16 世纪的初期在意大利达到了高潮，随后又从这里传到了西欧各国。法国的国王们都是古典文学的仰慕者，也为此做出了不少努力，尤其是法兰西斯一世（1515—1547），他曾多次进入意大利干涉其内政和战争，趁机带回了大批优秀的作品和知名学者、艺术家。英国对古典文艺也十分崇拜，特别是亨利七世和亨利八世在位的时候，所有的大学、大多数的教士和公务员都是"新学"的支持者，包括著名的法学家托马斯·莫尔爵士。莫尔的主要作品就是有名的《乌托邦》，这部书脱胎于柏拉图的《理想国》。

基本上在同一时期，西班牙、波兰、德国和斯堪的纳维亚各国也对文艺复兴产生了兴趣，并开始如饥似渴地学习文艺复兴理论。

伊拉斯谟 在 16 世纪初，排名第一的古典学者应该就是伊拉斯谟（约 1466—1536）了。他出生在荷兰的鹿特丹，一生都在孜孜不倦地学习，并且去过很多地方，曾在德国、法国、英国、意大利、瑞士居住过很长时间。他接受过神学教育，毕业后成为一名神父，不过他最大的成就是成为一名古典学者和多产的作家。

伊拉斯谟对自己的要求不像彼特拉克那样严格，但是他的名气、成就、交际圈子都要比彼特拉克大。伊拉斯谟和当时所有的重要作家都通过信，和教皇利奥十世、神圣罗马帝国的皇帝查理五世、法国国王法兰西斯一世、英国国王亨利八世都有着不错的私交。

他曾整理《新约全书》，并翻译成希腊文，对基督福音的传播做出了不可磨灭的贡献。他的主要作品有《疯狂颂》《箴言集》《雄辩录》，里面有很多语义双关的话和令人捧腹的句子。在这些作品中，他对不学无术的人进行了抨击，对迷信和偏见进行了讽刺、挖苦，而且还表达了对古典文学、古典学术生活的赞赏和向往。

自中心到四周 意大利在 15—16 世纪的时候成为西欧的文化中心，古典文化从这里开始向四方传播。当时文艺复兴已经成为潮流，宫廷和富人都愿意赞助研究资金，并把这种行为视为一种荣耀。在此期间还编写了许多古今对照的字典，许多学者对古籍进行翻译和诠释，这就让古籍的研究变得容易了。有地位的人都会说拉丁语，能够作一首十四行诗，认为这是有修养的标志。随着意大利建立了新式的教育学院，欧洲其他各国也开始模仿兴建。

德国由于是意大利的近邻，在文艺复兴中的地位和影响力仅次于意大利。

三、古典文艺复兴的结果

我们现在对文艺复兴的成果进行一下总结。

课程丰富了 大学、学院、中学里都增加了讲授、研究古希腊文和古拉丁文的课程。从那时一直到现在，荷马、维吉尔、恺撒、西塞罗、色诺芬始终都是教材中的重点人物。

人文主义 文艺复兴运动诞生了人文主义。人文主义指的是用同情心来研究人类，一反中世纪潜心研究神学的常态。当时的研究者认为，古罗马、古希腊的那些文学作品都是属于全人类的，所以这些研究科目被称为"人文学"，研究者被称为"人文主义者"。

崇古 文艺复兴提倡复古，而且对当时的文化持否定态度，这种"复辟"的观点应该属于历史的倒退。借鉴历史上的长处和成功的经验当然是正确的，但是并不应全盘照抄。崇古让人类向遥远的古希腊、古罗马时期汲取经验，而不是向和当时社会情况差不多的历史阶段汲取营养，不顾现实死搬硬套上古时期的文学、艺术、政治体制、外交方式、军事体制，甚至包括普通人之间的交往模式，影响社会的进步。例如，当时的国王们沿用了古老的君主专制，而不是更先进的民主政治；马基雅维利撰写了《君主论》，这本书简直就是为王侯们制定的行动守则，要求他们在处理政务时不必顾及人们需要遵守的道德；普通人也深受影响，在给孩子们取名的时候不再使用《圣经》中的词语和基督教先哲的名字，而是使用那些非基督徒名人的名字，如恺撒、卡托、维吉尔、埃涅阿斯、普鲁塔克、荷马、梭伦、伯里克利、戴安娜、茱莉亚、奥古斯塔与鲁克丽思等，并且俨然形成了风气。

基督教的削弱 文艺复兴对基督教的影响很复杂，可以说是矛盾的。

一方面，它对基督教产生了促进作用，让信仰基督教的各个民族有了丰富的文化，而且许多人文主义者对基督教无比忠诚。例如，北欧在16世纪时发生了反抗教会的叛乱，但是人文主义者一直没有动摇对基督的信仰和对教皇的忠诚，一些人甚至为了信仰而牺牲了自己宝贵的生命，其中就有托马斯·莫尔爵士。

而另一方面，文艺复兴的某些研究成果和基督教的传统道德是冲突的，使教会的权威受到了削弱。很多人文主义者对教会并不尊重，还对修道生活大肆抨击，少数人甚至从根本上对基督教进行质疑，让人们对教会的理念和行为产生了怀疑。有的人文主义者强调极端的自我，不愿意为大众牺牲一点自己的利益，这也是不符合普世价值观的。教会内部也因此产生了不好的影响，有些教士——包括一些主教和几个教皇——也世俗化了。

对土语的刺激　在土语文学的发展过程中，人文主义起到了间接但是效果明显的刺激作用。当时上流社会使用的都是古典的拉丁文言文，很多草根作家根本就不会，可是用拉丁白话写作又会遭到人们的讥笑。为了避免这种情况发生，他们在写作的时候就采用了意大利语、法语、英语、德语等土语，使得这些土语有了更大的传播范围。

科学的历史研究　人文主义者对历史的研究更严格也更科学，他们是为了历史的价值去研究历史，而不是当作神学的附属物而研究，这种精神后来得到了继承和发展。

艺术方面的进步　文艺复兴的关注点就是古代的建筑、绘画和雕刻，在借鉴、吸收了其中的长处之后，当时的艺术水平也取得了长足的进步。

四、文学与艺术

在所有的艺术领域，不管是建筑、雕刻还是文学、绘画，我们都可以看到，古典的文艺复兴之后产生了多么辉煌、多么悠久的影响。当时发现了很多古时候的杰作，在成功仿制之后，艺术家们又创作出了许多新的重要作品。这些作品集基督教与非基督教之长，使古代和中世纪、中世纪和近代之间在艺术上产生了密切的联系。

土语文学　彼特拉克和他的嫡系传人都是用拉丁文写作的，其中许多著作虽然问世并出版了，但并不是每一部都有传世的艺术价值。在文艺复兴的前期，这个运动好像对土语著作产生了阻碍，但是等到了16世纪、17世纪的时候，这种阻碍消失了，塔索、塞万提斯、卡蒙斯、拉辛、莎士比亚、弥尔顿，还有另外一些学者都开始采用土语进行写作，并且创作了许多重要的作品。

意大利与德国的作家　意大利和德国在文艺复兴中的影响很大，但是在土语创作方面却比不上其他的国家，只有寥寥的几部出名作品。前面我们提到的马基雅维利的《君主论》，就是用意大利语写作的，他另外还有一些意大利语的历史作品。还有两部名著也是用意大利语写作的：阿里奥斯托的《疯狂的罗兰》、塔索的长篇史诗《被解放的耶路撒冷》。

德国就更少了，只有马丁·路德将《圣经》翻译成了德文，也算是为德国的文学做出了一定的贡献。

西班牙与葡萄牙的作家 几乎与此同时，西班牙和葡萄牙可谓是名家辈出，这些作家都是用卡斯蒂尔方言写作的，使得西班牙和葡萄牙的文学进入了繁荣期。塞万提斯是世界历史上最伟大的作家之一，他的代表作《堂·吉诃德》对当时腐朽的封建体制和日渐变质的骑士制度进行了辛辣无情的嘲讽。洛佩·德·维加是一个多产的作家，他的一生大约创作了1800个剧本，可以说一手托起了西班牙的戏剧界。卡尔德隆的寓言诗也很出名。

1572年，卡蒙恩斯发表了《卢济塔尼亚人之歌》，这代表着葡萄牙的文学进入了全盛时期。这是一部爱国主义的史诗，歌颂了达·伽马神奇的航海事迹。《卢济塔尼亚人之歌》和维吉尔的《埃涅阿斯纪》在艺术上有很多相似的地方，显然受到了后者的影响。

事实上，这些作家对古典文学的技巧掌握得很娴熟，而且也精通拉丁文，可能是出于民族主义的考虑，他们还是选择用自己民族的语言来写作。

法国的作家 法国作家拉伯雷是一个基督徒，但是他的作品更像是一个非基督徒创作的。他的代表作是《巨人传》（也译作《高康大和庞大固埃》），讲述的是一个奇妙的幻想故事，他用过人的文字驾驭能力将优雅和粗俗巧妙地融为一体，对教会的虚伪和残酷揭露得痛快淋漓，特别是抨击了天主教毒害儿童的经院教育。到了17世纪，又涌现出了高乃依、拉辛、莫里哀、塞维涅夫人、拉封丹等一大批著名作家，他们优秀的作品让法国文学进入了"黄金时代"。值得指出的是，这些作家也都是用他们的土话法语来写作的。

英国的作家 1551年，托马斯·莫尔爵士的《乌托邦》出版了；1667

年，弥尔顿的著名史诗《失乐园》付梓。在这100多年里，用英文创作的文学名著如雨后春笋般出现了：克兰麦的《公祷书》、英文版《圣经》、埃德蒙·斯宾塞的《仙后》、本·琼森和克里斯托弗·马洛联合创作的剧本、弗兰西斯·培根的论文集，最有名的就是文学巨匠莎士比亚的戏剧了。从这些作品的题材和表现手法来看，作者都深受古典文学与人文主义的影响，但是他们还是义无反顾地选择用母语来写作。

文艺复兴的建筑　基督教的建筑也受到了文艺复兴的巨大影响，并且产生了天翻地覆的变化：巍峨高耸的哥特式建筑不再采用，改为古希腊神庙的朴素线条或者古罗马建筑柔和优美的曲线；尖顶换成了圆拱；直入云霄的拱柱不见了，取而代之的是多立安式、爱奥尼亚式与科林斯式柱子。所有的建筑在样式上都表现出了"古典文艺"或者"文艺复兴"的特点，尤其是罗马宏伟的圣彼得大教堂。圣彼得大教堂修建于16世纪，当时许多伟大的艺术家都参与了它的建造，拉斐尔和米开朗琪罗等人更是亲自到施工现场进行指点。

在意大利与其他国家　古希腊、古罗马的建筑再度复兴也是起源于意大利，兴起后又被其他国家和地区效仿。法国的国王们都对古典建筑情有独钟，尤其是法兰西斯一世，他曾从意大利聘请了许多建筑师，所以法国有很多公共建筑都是古典式的。著名的罗浮宫就是最好的例子，原来是国王的王宫，现在成为世界上最大的美术馆之一。

16世纪后半叶，西班牙也开始有了古典建筑，当时的国王腓力二世还进行了推广；大约在同一时期，古典建筑也传播到了德国和尼德兰。大概稍晚一些时间，又传入了英国。1619年，著名建筑师伊尼戈·琼斯建造白厅的时候，宴会厅就采取了古典样式。到了17世纪的后半叶，克里斯托弗·雷恩爵士修建的圣保罗大教堂也采用了古典样式，此后这种新型建筑样式开始在英国流行开来。

文艺复兴的雕刻　雕刻随着建筑的变化而变化，意大利的雕刻在14世纪时就已经有了人文主义的倾向。进入15世纪后，佛罗伦萨的美第奇对古代的雕刻产生了浓厚的兴趣，搜集了很多古代的艺术品，也因此成为收藏家，他还提出要对古代的雕刻进行科学研究。在文艺复兴时期，意大利的雕刻艺术和 2000 年前的雅典艺术如出一辙。

著名雕刻家 洛伦佐·吉贝尔蒂是"新雕刻"的先驱，他为佛罗伦萨洗礼教堂雕刻的青铜门令人叹为观止，被世人称为"天国之门"。多那太罗比洛伦佐·吉贝尔蒂的年龄要小一点，他的代表作是威尼斯的圣马可像，雕刻得栩栩如生。雕塑家德拉·罗比亚是上釉陶瓷小像派的创建者，他的作品以复古、朴素而著称。最著名的就是米开朗琪罗了，他与拉斐尔和达·芬奇并称为"文艺复兴后三杰"，在绘画和建筑方面也有着不俗的造诣。米开朗琪罗的著名作品很多，如《大卫》《摩西》《奴隶》《创世纪》等，特别是《大卫》，是文艺复兴时期的巅峰之作。

在意大利之外 古典雕刻在意大利成形之后，迅速传播到了其他国家，这个速度要比建筑的传播还要快。英国的亨利七世和法国的法兰西斯一世都曾从意大利聘请过雕刻师，而在西班牙，斐迪南和伊萨伯拉坟墓上的雕刻都是采用的古典样式。事实上，整个西欧的国家在 16 世纪的时候，都对古典雕刻非常推崇。

绘画的进步 绘画的革新要比建筑、雕刻更有意义。16 世纪之前的绘画大多是壁画，也就是直接画在墙上的画儿，木板或者其他质地的很少。不过到了 16 世纪之后，在帆布、木板或者其他材料上作画已经不足为奇了。这时候也出现了油画，新技术的出现让绘画艺术变得更加完善。

和建筑、雕刻能够模仿、借鉴古代艺术不同，绘画在文艺复兴时期的进步几乎都是自己取得的。因为质地和技术的原因，很难将画作长期保存下来，所以当时能够见到的古代画作很少，即使是保存下来的那部分画作，也不会有与基督教有关的内容。所以当时的绘画都是以创新为主，而且彻底地保持了基督教的纯洁性。

这个时期的画家都是聪明绝顶的天才，这就让绘画艺术比其他艺术取得了更高的成就，达到了更高的程度。

四个伟大的画家 文艺复兴时期最著名的画家有四个，他们都是意大利人，分别是列奥纳多·达·芬奇、米开朗琪罗、拉斐尔、提香。拉斐尔和提香的成就只是在绘画方面，而前面的两人在建筑和雕刻方面也有着很高的造诣。

列奥纳多·达·芬奇　达·芬奇于 1452 年出生在意大利的佛罗伦萨。他在很小的时候就表现出了在绘画方面的天赋，后来又获得了米兰的斯福扎家族、佛罗伦萨的美第奇家族和法国皇室的支持与协助。达·芬奇对人体和远近比例进行过深入研究，对光线的明暗和色彩的浓淡掌握得很好。他最著名的作品是《蒙娜丽莎》（陈列在巴黎罗浮宫）和《最后的晚餐》（收藏于意大利米兰圣玛利亚感恩教堂）。达·芬奇还是一个出色的工程师，他曾主持修建了意大利北部的一条运河以及米兰周围的堡垒。他又是知名的音乐家、哲学家，动手能力也极强，据说他曾制造了一头机械狮子，胸前还纹上了法国的徽章，令法国国王惊叹不已。

晚年的达·芬奇在法国定居，又成了法国绘画的领军人物，法兰西斯一世还为他发了养老金。在文艺复兴时期，达·芬奇的影响是最大的，远远超过了其他艺术家，是那个时代的榜样。这种对所有艺术都有兴趣，并且能够取得杰出成就的全才的出现，或许就是文艺复兴运动的理想。

米开朗琪罗　米开朗琪罗也是佛罗伦萨人，也是一个在所有涉及的领域都能够独领风骚的全才，差不多可以说"事事通、事事精"，既是顶尖的画家，也是优秀的雕刻师、伟大的建筑师、一流的工程师、才华横溢的诗人，还是一个对人体结构了如指掌的生理学专家。米开朗琪罗在佛罗伦萨和罗马都居住了很长时间，服务过美第奇家族和几个爱好艺术的教皇。他的艺术成果太多了，我们因为篇幅所限无法一一列举，这里简单举几个比较有名的例子：著名的《大卫》雕像、罗马教皇尤利乌斯二世的陵墓是他在雕刻方面的代表作；他是罗马圣彼得教堂的实际建筑师，这座建筑成为他建筑方面的永恒纪念；他参与了梵蒂冈西斯廷礼拜堂的绘画工作，9 幅穹顶画和壁画《末日审判》，都是世界上相当出名的画作。

拉斐尔　桑齐奥·拉斐尔（1483—1520）诞生于意大利的乌尔比诺，他的作品有一种和谐的美感，在这一点上比米开朗琪罗的作品还要好，有着绝世无双的艺术魅力。他大部分时间都居住在罗马，生活富裕而且受人尊敬。拉斐尔参与过圣彼得教堂的建造，也有一些雕刻品传世，但是在艺术成就上远远比不上他的绘画。可惜的是这个天才的画家英年早逝，不然的话相信他会创作出更多佳作。

提香 提香（约 1489—1576）原名提齐亚诺·韦切利奥，10 岁的时候来到了威尼斯，后来成为威尼斯派的代表人物，这个画派的特点是用色比较鲜亮。提香算是威尼斯的官方画家，他的服务对象基本上都是教廷和官方。提香不像米开朗琪罗和达·芬奇那样有多方面的才能，他的天赋都在绘画方面，而且也在绘画上取得了伟大的成就，从来没有被超越，也因此而成为一个富翁。提香的代表作有《乌比诺的维纳斯》《圣母升天》《神圣的爱神和渎神的爱神》《爱神节》等。

其他国家的绘画 从意大利开始，"新绘画"逐渐传播到欧洲各地，成为整个欧洲的风尚。法兰西斯曾经把意大利的画家邀请到法国，让他们为法国的画家授课；西班牙的腓力二世对"新绘画"也大力推广，后来的几任国王也邀请了一批著名的画家，如鲁本斯、凡·戴克、委拉斯开兹、牟利罗等，到西班牙讲解绘画技巧。

德国在绘画方面的代表人物是阿尔布雷希特·丢勒，意大利的作品给了他创作的灵感。他和当时的所有知名画家都交情匪浅，还获得了皇帝马克西米连的帮助和支持。阿尔布雷希特·丢勒虽然是一个著名的画家，但是在雕刻和木刻方面的天赋更高，这两个方面也为他赢得了更高的荣誉。他雕刻的《骑士、死神、魔鬼》和《圣·哲鲁姆在书斋中》都是伟大的作品，成为后世的雕刻师模仿的样本。

基督教性质 16 世纪和 17 世纪是绘画的黄金时代。当时的绘画主要是为基督教服务的，所以在题材和处理方面也都具有基督教性质。虽然当时的绘画属于创新，但是如果没有文艺复兴和人文主义，也不会达到如此崇高、完美的地步。音乐也同样如此。

文艺复兴的音乐 西欧在 16 世纪就进入了音乐的"黄金时代"。以前的乐器都是比较粗陋的，这时候已经有了现代乐器的雏形，能够演奏出更加动人的乐声。当时的三弦乐器和大键琴就是现代的小提琴、钢琴的前身。

帕莱斯特里那（约 1525—1594）是一个作曲大师，也是一个风琴师与唱诗班的指挥家，被后世称为"近代教会音乐之父"。17 世纪意大利的音乐和 18 世纪德国的那些著名作品，都受到了他直接而又效果显著的影响。

自然科学 文艺复兴时期的人文主义者对自然科学都持着漠视的态度,从某种意义上,文艺复兴运动阻碍了自然科学的发展。但是我们也必须承认,文艺复兴时期的自然科学要比古希腊、古罗马时期先进。这个阶段正是"黎明前的黑暗",马上就会发生科学发明的大爆发,下一章我们就会进行详细讲述。

第 19 章　新的发明

在中世纪，所有自然科学的发展和发明的出现，几乎都是因为没有受到文艺复兴的阻碍。例如美洲的发现和在非洲、亚洲的一些冒险，使欧洲的人民对这些地方有了进一步的了解，为以后的科学考察和科学研究做好了初步的准备，同时也让自然科学有了进步。但是人们能够获得这些成绩并不是文艺复兴的功劳，而是因为商人对于利润的追求和教士们对于传教的热忱。还有印刷术就是这个时期发明的，不仅有非常大的科学价值，也对以后的生活、教育、科研都有着巨大的贡献，可是这个发明和文艺复兴没有任何关系，因为古希腊、古罗马时期的人类连印刷术是什么都不知道。

弗兰西斯·培根与笛卡尔　早在 13 世纪，罗吉尔·培根就提出了实验科学的理论，但是这一理论被文艺复兴活动有意无意地压制了。一直到了 17 世纪，文艺复兴式微的时候，才由弗兰西斯·培根和笛卡尔二人再次提出，从此开始大放异彩。

弗兰西斯·培根是英国的一个贵族，以"培根勋爵"闻名天下。他多才多艺，是当时著名的散文家、哲学家；还有多项荣誉，是实验科学和近代归纳法的创始人，又是给科学研究程序进行逻辑组织化的先驱。他的主要著作有《新工具》《论科学的价值与发展》以及《学术的伟大复兴》等。他坚定地认为，不能因为有人说过某件事是真的，我们就认为它是真的，必须通过我们自己的眼睛观察之后，才能断言它是不是真的。

勒内·笛卡尔出生于法国，年轻时当过兵，曾跟随部队到过尼德兰、匈牙利、德国，其间对数学产生了兴趣。在退伍之后，他花费了4年的时间进行游学，足迹几乎遍布了整个欧洲大陆；晚年曾长期在尼德兰居住，最后不幸在瑞典去世。笛卡尔头脑灵活、思维活跃，对数学、哲学、化学、物理都有着浓厚的兴趣。他的观点是尽信书不如无书，一定要自己观察之后才能得到科学的结论。据说当有人问他为什么不读书的时候，他指着一筐活兔子说："这就是我的书！"

一、哥白尼与伽利略

16世纪的哥白尼在天文学方面有了重大发现。这个发现在很大程度上来讲应该归功于文艺复兴运动。

托勒密的理论　古希腊天文学家托勒密曾经提出，地球是整个宇宙的中心，包括太阳、月亮在内的所有天体都围着地球做圆周运动，而且他还创造了一套计算公式，这就是"托勒密体系"。托勒密的理论和普通人日常的感知是相符的，所以一直都没有人怀疑过这套体系的正确性。到了文艺复兴时期，有人从古代的典籍中发现，古希腊并不是只有托勒密一个天文学家，而且还有另外几种和"托勒密体系"不同的天文理论。哥白尼对其中的一个理论产生了兴趣，经过大量的研究和实验后，总结出自己的理论并写成了一本书。他所建立的理论就是"哥白尼理论"，推翻了原来大家深信不疑的"托勒密体系"。

哥白尼　哥白尼是波兰人，在意大利求学的时候研究过教会法、医学、天文学和其他的一些学科。毕业返乡后，他在当地的一个教会里担任了神职人员。他在意大利的时候曾经接触过古代有关日心说的理论，于是对托勒密的理论产生了怀疑。哥白尼回国之后，开始系统地对天体进行观察，最终写成了《天体运行论》一书。但是这时候他害怕了，因为托勒密体系是当时的人们熟悉并认可的，而且因为符合教会的利益而被教会支持，其地位是神圣不可侵犯的；而他得出的结论是太阳是所有天体的中心，如果宣扬出去，会严重动摇教会的理论基础，必将被教会无情地打击。于是他将这本书一直保存了起来，临终的时候才敢出版。

又过了100多年，也就是到了17世纪的前期，哥白尼的理论得到了德国天文学家约翰内斯·开普勒、意大利天文学家伽利略的认同，并且他们对其进行了修改、补充和发展。开普勒（1571—1630）指出，行星确实是围绕太阳运转的，但是它们的轨道是椭圆形的，并非哥白尼说的圆形。

伽利略 伽利略（1564—1642）是意大利的数学家、物理学家、天文学家，也是科学革命的先驱。他在当时的名气很大，据说在帕多瓦大学里演讲时，因为要求听演讲的人越来越多，主办方对场地一改再改，最后不得不给他准备了一个能够容纳2000人的礼堂。伽利略是天文望远镜的发明者，尽管以现在的眼光来看，他的望远镜简单粗陋还有许多缺点，但是在当时来说，这简直就是一件"神器"，因为人们可通过它看到天空中那些神奇的星星。

伽利略对自己的观点深信不疑，认为和《圣经》没有任何相悖的地方。但是教会下属的异端裁判所却不这样认为，严令他不得再宣传有关日心说的理论。迫于巨大的压力，伽利略最终选择屈服。但是如果他能够活到18世纪的话，那么他就可以高兴地看到，许多有识之士都是认同他的理论的。

伽利略在物理学上获得的成果比天文学要更大。例如自由落体定律、惯性定律和伽利略相对性原理等。这些成果推翻了亚里士多德物理学的许多臆断，奠定了经典力学的基础。

二、印刷机

中国的印刷术 印刷术的发明者是在中国，而且朝鲜和日本也是从中国人那里学到了印刷术。我们可以肯定，14世纪时那些到中国进行贸易的商人是见过印刷出来的书籍的，至少听说过；但是至今没有确切的证据说明，欧洲的印刷术是从中国学来的。所以我们在这里谈到的印刷术，指的仅仅是欧洲的印刷术。

欧洲的早期书籍 在15世纪之前的欧洲，每一本书都是人们一个字母一个字母辛辛苦苦抄写的。尽管这些人抄写得非常快，但是想要完成一本大部头的书，还是需要大量的时间和大量的人手，所以每一本书的成本都是居高不下的，价值就更高了。在当时，能够拥有大批书籍的人都是非富即贵的，要么就是官方的机构。

欧洲的印刷术发明于文艺复兴时期，正是中世纪向近代过渡的这段时间。我们现在看到的印刷术是非常复杂的，其中任何一个步骤从发现到成熟都花费了几百年的时间，但是最基本的核心只有两个：一个是可以随意替换、经久耐用的字模；另一个是吸墨性强、方便处理、容易储存、价格低廉的纸张。

纸张的改进 之前的纸张要么是纸草做的草纸，要么是羊皮纸。可是这两种纸成本都太高，用于抄写文件还行，但是不符合印刷的要求。最好的印刷用纸是用普通植物纤维制作的，但是在欧洲出现得太晚了。

较好的纸张 大约在公元2世纪，中国人发明了最早的造纸术。这种纸是用蚕丝做成的，叫作绢纸。穆斯林的造纸术好像也是从中国学来的，不过用棉花代替了蚕丝，但是不管怎么来的，总之穆斯林在8世纪的时候把纸造出来了。随后这种"大马士革纸"传到了希腊、意大利的南部和西班牙。西班牙人聪明地把棉花改成了当地盛产的大麻和亚麻，随后亚麻纸开始在卡斯蒂尔得到了大量使用，并且传播到了法国乃至于整个西欧，但是出于习惯或者档次的原因，抄书的时候仍然不采用这种纸。等到了印刷术在15世纪开始兴起的时候，亚麻纸终于派上了用场，因为它是最符合印刷要求的。

活动字模的发明 活动字模是在实践中慢慢发展出来的。最初，人们采用的是雕版印刷，也就是把整本书雕刻在一个平整的模板上；后来贵族和官员嫌签名麻烦，就把自己的名字刻在木块或者金属块上，需要签名的时候直接蘸墨盖上去就行了，这就是印章。

印章出现之后，活动字模也就没有了技术上的困难，只需要把刻字的木块或者金属块制作成同样的规格，然后按照书稿上的顺序排好、固定就行了。活字印刷与雕版印刷相比最大的优势就是，所有的字模都可以循环使用，这就降低了人力、物力成本。

印刷术的发明者 欧洲印刷术出现的真正时间已经无从考证了。有人说，欧洲第一个制作和使用活字的是劳伦斯·科斯特尔，来自荷兰的哈勒姆镇，但是一直没有可信的证据。我们可以确定的第一人是德国的约翰·古登堡，他是美因茨市的一个商人，在1450年的时候使用活字进行印刷。现在我们能够见到的最早的活字印刷品，一个是教皇的《赦罪书信》，一个是《圣经》的一种译本，都是古登堡在1454年印刷的。

印刷术的快速发展 印刷术的技术更新很缓慢，但是因为效率高而得到了学者和教会的欢迎，而且印刷书籍的利润很大，所以传播的速度很快。1454年之后，德国、意大利、法国、英国相继采用活字印刷技术，随后就传播到了整个西欧。到了16世纪的初期，威尼斯出现了一个名叫阿尔定的印刷所，主人是知名的富翁学者阿尔都斯·马努提乌斯。这个印刷所很有名，它印刷了一些希腊文与拉丁文古典文学名著的精美版本，这些书籍一直到现代都被认为是印刷艺术方面的精品。

活字的格式 在早期，印刷并没有固定的字体，都是把抄书人写的字反着刻下来制成字模，每个人的书法都不一样，所以即使是同一家印刷所印刷的同一本书，不同的版本也可能有不同的字体。后来这种情况得到了改变，出现几种比较固定的字体。例如德国人在印刷的时候比较喜欢"哥特式"，因为这种字体印刷出来后显得又黑又大；中欧和西欧则比较流行几种罗马字体，因为这些字体印刷出来比较清楚；而威尼斯的阿尔定印刷所创造出了"斜体"，使用这种字体可以在同样大小的版面上多印几个字，这就减小了印刷的成本。

印刷术发明的影响 16世纪出现的印刷术是比较原始的，它还有相当长的一段路要走。但是我们无法否认，印刷术在出现之后就取得了至少三个比较明显的成果：

第一，它让书籍的供应量有了极大提高。在以前，即使是最好的抄书人，一年能够抄写两部大型书就不错了；可是有了印刷术后，同样的书籍一家印刷所就可以印出来 24000 本之多。

第二，降低了书籍的价格。供应量增加了，价格自然也就降下来了，这是供需关系改变的必然结果。价格降低了，书籍也就从奢侈品变成了普通商品，更多的人能买得起了，这在客观上促进了知识的传播和教育的发展。

第三，提高了书籍的准确性。在用手抄书的时候，即使是同一本书，不同的人抄写也会有不同的地方，因为人的精力是有限的，不可能每时每刻都能保证精力集中。而印刷术则有效地解决了这个问题。当然，印刷术也无法保证没有一点差错，甚至有时候还会发生严重的错误，但是从整体上来讲，它最大限度减少了人为因素的影响，也防止了"伪造"的可能，至少同一版的内容是相同的。

印刷术的重要性　尽管印刷术是在黑暗的中世纪发明的，但是任何人也无法否定它的重大影响，不能不承认这是人类历史上最伟大的发明之一。我们甚至可以说，在所有决定现代文明特性、质量的因素中，这个发明比其他任何一个因素都要重要。

三、火器

火药和火器的发明、应用对近代的生活产生了极大的、全面的影响。最明显的就是，它们改变了战争的模式，让国王的权力得到了巩固。

火药和火器　火药产生于中国，又由阿拉伯人传入欧洲。从 15 世纪开始，欧洲各国的战争中开始有了火器的身影。刚开始人们使用的是青铜制作的火炮，炮弹也是打磨后的石头，之后青铜炮变成了铁炮，炮弹也改用铸铁制作，滑膛枪也出现了。

对封建制度的影响　枪炮的使用意味着封建制度的终结，因为领主们的城堡无法抵挡炮弹的攻击。即使是一队经过多年训练的骑士，装备着快马、长矛和能够保护全身的铠甲，也不是一队手拿滑膛枪、经过简单培训的农民的对手。因此从人类进入火器时代开始，骑士制度、骑士精神也就走向了灭亡。

对君主政体的影响 尽管此时的大炮还非常笨重，火枪也是比较粗糙的燧发枪甚至是火绳枪，但是相比于需要配备战马、全身铠甲的骑士来说，这样的士兵装备成本就要低得多了。更关键的是，配备火器的部队不需要多么复杂的训练，几乎可以说，拉过来一个农民再塞给他一把枪，让他学会装填子弹、向前射击，一支部队就形成了。国王们从此有了高效廉价的军队，这是他们保证自己专制政体的最重要的工具，他们可以更随意地征服原本桀骜不驯的领主、镇压奋起反抗的平民，也可以按照自己的意愿发起和邻国的战争。很多欧洲的国王就是这样做的，他们在拥有了火器部队之后，就开始着手进一步巩固自己的权力、开拓本国的领土。

四、航海罗盘

印刷术激发了思想上的革命。如果没有印刷术，书籍依然被富人和世家大族视为禁脔，永远无法走进平民的生活，报纸也不会出现，教育的普及更无从谈起。

火药和火器的发明引发了社会革命。骑马披甲的骑士被装备枪炮的士兵取代，封建领主失去了昔日的地位，平民的地位有所提高，国王的权力得到了巩固和加强，还差一点引发了政治革命。

而航海罗盘的发明，则引发了航海的革命。有了罗盘之后，人们就可以在茫茫大海上自由地航行，再也不用担心迷失方向了，从此远洋贸易、探险、发现、殖民就成了热门的名词。

罗盘的历史 航海罗盘就是用磁石做成的指南针。指南针具体是什么时候被发明的已经不可考了，从现有的资料来看，中国早在公元 5 世纪的时候就出现了比较粗糙的罗盘，不过由于中国人的习惯和当时中国政府的政策，他们对航海一直都不感兴趣，所以罗盘也就没有用到航海上。

我们也不知道欧洲究竟是什么时候开始使用指南针的。史学界通常都认为，阿拉伯的商人和船员从中国带回了指南针。如果这个说法正确的话，那么当指南针进入欧洲的时候，它很快就成为航海工具了。

12世纪的英国人亚历山大·内卡姆曾经写了一本书，里面有关于磁针的记载，这是欧洲第一次提到与罗盘有关的内容。内卡姆在另一本书中写道："航海者迷失方向的时候，会转动一根用磁石制作的针，当针停下来的时候，针尖所指的方向就是北方。"此后关于用磁针帮助航海者判断方向的记录就更多了，好像13世纪的航海者们都已经掌握了这种方法。

到了1269年，人们发现磁针所指的方向并不是正北方，也就是说，磁偏角被发现了。1391年，英国人乔叟把罗盘的盘面分成了32个刻度。

出于商业的需要和宗教的狂热，欧洲人希望能够走到更远的地方，于是科学就朝着同一方向发展，陆续出现他们所需要的各种工具，罗盘就是其中很重要的一种。

第 20 章　远方探险与贸易

在 14 世纪之前，因为各自条件的限制，只有相邻地区的人们才会频繁地交往，距离越远交往就越少，最后就是毫无往来。例如古代的埃及人、罗马人、希腊人对中国和日本都所知甚少，对美洲一无所知；同样，古代的中国人对埃及人、罗马人、希腊人也只有道听途说的模糊印象，而古代的美洲人根本就不知道有其他大陆。

为什么欧洲发现了世界　当历史的车轮转到了近代的时候，世界上各个地区都开始密切交往，这已经成为无法逆转的事实，而且对人类的整体发展起到了促进作用。

那么，为什么是世界上大部分地区被欧洲化而不是被亚洲化或者非洲化呢？欧洲人又为什么喜欢到遥远的未知地区去呢？这两个问题涉及的因素太多了，想要准确地、完整地回答出来是很不容易的，或许写一本书才能够勉强回答出来。如果我们将答案简化到了极致，那么就是我们前面提到的两个原因：经济的需要和宗教的狂热。

经济的需要　商人是追逐利润的，能够让他们赚取利润的只有货物，而且还须是大量的货物。而就所有的货物来看，产地越是遥远就越是稀少，越是稀少就越是珍贵，越是珍贵利润就越大。当时的社会上层对来自东方的茶叶、丝绸有一种近乎疯狂的喜爱，据说一斤茶叶就能换到一斤黄金。或许这个说法有点儿夸张，但是茶叶是奢侈品，而且能够给商人带来巨额的利润应该是不会错的。之前商人们可以从陆路得到这些商品，但是当土耳其占据了近东后，这条贸易通道就被阻断了，于是商人们迫切需要打通一条通往东方的海上贸易线。

还有对土地的渴望。有人曾经说"欧洲很饥渴"，不管从哪方面来说，这个比喻都是很恰当的：年轻人渴望冒险、国王渴望扩大他的领土……然而欧洲太小了，生活在上面的人又太多了，所以每个人都渴望获得更多更好的土地，来赢得更好的生活条件。在几百年之前，这种渴望促使蛮族进入欧洲；到了中世纪，这种渴望又促使欧洲人走向更远的地方。

宗教的狂热　所有的宗教都希望自己的信徒越来越多，基督教曾经是（现在仍然也是）最喜欢传教的宗教。到中世纪的时候，基督教已经是欧洲最大的宗教了，没有多少发展的空间，于是就把目光投向亚洲和其他地区。而此时商人们正好在开辟新的航线，于是双方一拍即合，共同离开欧洲，去往遥远的地方。

一、在远东的传教士与商人

欧洲在13、14世纪的时候就已经和中亚、东亚地区开始了直接交流。成吉思汗和他的后人以中亚为中心建立了一个庞大的帝国，一些有远见卓识的基督徒——包括教皇和法国国王路易九世——认为，如果让这些人接受基督教，不仅能让基督教获得更多的子民，还能为东征穆斯林的十字军增加一支战斗力很强的援军。

1245年，一个圣方济各会的修士接受了这个使命，途经波兰、俄国，不远万里来到了帝国的首都。这个修士获得了大汗的召见，可惜他并没有完成使命，在那里住了两年就回去了。回国之后，他把所见所闻写成了一本书。又过了两年，另一位修士带着同样的使命再次来到了帝国的首都，在那里住了半年之后，同样失望地回到了欧洲。他也写了一本书，里面对东方的风物进行了详尽介绍。当时的人们对遥远的东方感到很神秘也很好奇，迫切地希望能够了解这个神秘的地方。

波罗兄弟 前面说到的两位修士并没有到达中国，关于中国的介绍都是他们听说的。第一批真正到过中国的是威尼斯的两个姓波罗的兄弟，他们都是商人，在大约1260年的时候到达了中国的首都。当时中国的皇帝是忽必烈，已经统一了中国并定都大都，也就是现代的北京。忽必烈对各种宗教都很宽容，也支持对外贸易，所以听说波罗兄弟到来后，很高兴地接见了他们，耐心地听他们讲述自己的见闻和欧洲的一切，并且还委托他们去欧洲邀请100个修士到中国来传播基督教。波罗兄弟接受了这个委托，取道亚美尼亚在1269年回到了威尼斯。

马可·波罗 波罗兄弟没有完成中国皇帝的委托，因为当时没有修士愿意到遥远的中国去。可是他们自己却对中国有着浓厚的兴趣，不久就再次开始了去中国的旅程，这次有一个人带上了自己的儿子，也就是马可·波罗，这个年轻人后来成为中世纪时期最著名的旅行家。

他们这次走了4年的时间才到达北京，而且还学会了中国话，成为忽必烈的官员，最后在中国停留了17年之久。

年轻的马可·波罗非常聪明，获得了忽必烈的宠信，忽必烈封了他一个可以接触到机密的官职，这样他不仅对当时的中国有了充分的了解，还接触到了中国周围属国的一些事情。1292年，马可·波罗向忽必烈辞职，准备返回自己的故乡。这次他走的是海路，从中国的东南部海岸出发，途经香料群岛、印度南部，在波斯湾的北端下船走到了地中海的海岸，然后又坐船回到了威尼斯，这时候已经是1295年了。

刚回去没多久，威尼斯和热那亚就发生了战争，马可·波罗成为热那亚的战俘而被囚禁了起来。在牢狱生活中，马可·波罗利用这段时间写出了他在中国的所见所闻，也就是著名的《马可·波罗游记》。这本书成为中世纪时了解中国最权威的资料，很多人都愿意一睹为快，包括克里斯托弗·哥伦布在内,也激发了人们对神秘、富庶的中国的兴趣。

在中国的商人与传教士 在波罗兄弟的努力下,欧洲的商人和传教士终于找到了去往中国的道路:他们要么走途经俄国的陆路,要么走途经印度、香料群岛的海路。商人们获得了超出预期的利润,传教工作进行得也很顺利,到14世纪的时候似乎已经将中国基督化了。然后到了1368年,元朝的统治被推翻了,随后信奉佛教的明朝统治了中国将近300年的时间,这里已经没有了供基督教生存的环境。而且由于穆斯林占据了近东,商路也再次断绝了。

远方的诱惑 然而欧洲人仍然没有放弃他们的梦想,从中国所获得的成果让他们无法忘怀,也激起了他们更大的雄心。教会希望能够扩大自己的信徒队伍,商人希望能够再次获得巨额的利润,既然原来安全的道路已经不再安全了,那就再开辟一条新的安全道路好了。

二、亨利亲王与瓦斯科·达·伽马

新的海上航线是葡萄牙人提出的。葡萄牙位于欧洲的西南,他们的航海家已经沿着非洲的西岸向南探索了很远的距离。既然如此,那为什么不再继续探索下去呢?或许再往南航行一段距离,就可以找到向东转弯的地方,这样就和印度到中国的航线联通了。他们知道非洲周围的这一片辽阔的海域是充满危险的,但是只要能够找到通往中国的新航线,所有付出的代价都是值得的。

航海家亨利亲王 找到新航线是葡萄牙亲王亨利最大的梦想。他出生在1394年,虽然他从未真正驾船远航过,但是人们仍然称他为"航海家亨利",因为他在航海方面为整个人类做出了巨大的贡献。亨利亲王建立了一所航海学校,聘请了航海经验丰富的船长、学识最渊博的地理学家来做教师。这所学校可以说是当时最好的航海学校,每年都可以为葡萄牙提供大量的合格水手,以他们为主力组成的海上探险队探索了很多未知的地方,也为葡萄牙赢得了一部分商业方面的利益。

葡萄牙的探险队发现了马德拉群岛和亚速尔群岛,在这里建立殖民地后又一次向南出发了。在当时的地图上，非洲海岸只显示北方的少数地区，绝大部分都是空白。在罗盘的帮助下，探险队不分昼夜地一直前进。

迪亚士与非洲大陆　非洲大陆实在是太大了，在亨利于 1460 年去世的时候，探险队也不过只探索了西岸不足一半的距离。当他们到达几内亚湾的时候，以为自己已经找到了去东方的航线，然而遗憾的是，他们向东航行了很多天后再次看到了大陆。不过他们没有灰心，还在继续向南行驶。

到了 1488 年，巴尔托洛梅乌·迪亚士这个英勇的船长到达了非洲的最南端，当时正好暴风肆虐，他就把这里命名为"风暴角"。不过当葡萄牙国王听到他的汇报后，却告诉他应该命名为"好望角"，因为绕过这个岬角，他们就有希望打通通往东方的航线了。这个名字至今还在使用。

瓦斯科·达·伽马　国王的预感很准确，仅仅过了 9 年的时间，这条航线就真的打通了。1497 年，另一位伟大的航海家瓦斯科·达·伽马率领一支船队从里斯本再次扬帆出海，绕过好望角后沿非洲东海岸一路北上来到了马林迪。他在这里找到了一个阿拉伯的领航员，随后横穿印度洋到达印度的卡利卡特（并不是我们经常认为的加尔各答）。他在这里用大理石建造了一个柱子，用来当作自己打通新航线的纪念。两年后他的船队回到了里斯本，船上装满了来自东方的奢侈品，这些商品的价值是他这次航海花费的 60 倍。

达·伽马发现的结果　达·伽马的成功为葡萄牙人开辟了一条发财的道路，从此葡萄牙的商船在这条航线上络绎不绝，每一艘回到葡萄牙的船上都装满了香料、丝绸、珠宝等贵重的商品。传教士们自然也不会放过这个机会，他们和商人一起来到了东方，商人经商的时候他们就在附近传教。不久之后卡利卡特北面的果阿就成了他们传教的据点。

商人们没有停下他们的脚步，冒险和探索仍然在继续。不久后他们发现了锡兰、苏门答腊、爪哇与香料群岛，1517 年终于到达了中国的广州，又在 1542 年到了日本。传教的工作也很顺利，有一个名叫弗朗西斯·哈维尔的传教士非常能干，在印度和日本都有着出色的表现。到 1600 年的时候，基督教在日本就有了 20 万以上的信徒，而在印度就更多了。

然而基督教的发展和商业上的优势都是暂时的，随后就受到了很大的打击。尽管如此,欧洲和远东地区总算是有了直接交流,而且也始终保持了下去。

三、哥伦布、卡博特父子与麦哲伦

维京人和文兰 居住在斯堪的纳维亚半岛的维京人在航海方面也很发达。在10—11世纪,维京人向西航行到了格陵兰并在那里建立了殖民地,准备去一个名叫"文兰"的地方。有学者推测"文兰"应该是北美洲的一个地方,但是当时整个北美洲都没有什么重大的事情发生,所以一直不知道这个词语具体指的是什么地方。因为当时还没有报纸这种宣传工具,这个消息并不为大众所知,而维京人在格陵兰的据点也很快消失了,人们对"文兰"也就没有了印象。

哥伦布的计划 和那些相信地球是圆的的古希腊人一样,中世纪的一些学识渊博的人也认为,如果从欧洲出发,一直向西航行的话,必然会到达中国,然后再次回到欧洲。这个理论是正确的,不过没有人能够想到,中间还有美洲这个巨大的障碍物。

就在葡萄牙人在15世纪热衷于开辟新航路的时候,热那亚航海家克里斯托弗·哥伦布却准备开辟一条一直向西的航线,他认为或许这条航线比葡萄牙人的更短,能更快地到达东方。哥伦布的目标当然不是发现美洲,因为谁都不知道世界上还有美洲这个大陆。这是一个勇敢的船长,他也有足够的耐心,显然是胜任这个工作的。他也花费了大量的时间和精力做准备工作,四处游说人们相信自己的判断,为自己的远航想方设法地筹集资金、招募船员。

伊萨伯拉的援助 哥伦布的理论是正确的,计划也是合理的,但是想要付诸实施就不容易了,最大的困难就是船,当时造的船都不适合远洋航行,必须建造更大、更坚固的船才行。

当时造船技术最先进的是葡萄牙,于是哥伦布就去向葡萄牙国王求助。可是国王认为,他们自己已经有了探索新航线的船队了,将重金投入到另外一个更无法预料的计划是不明智的,就拒绝了哥伦布的请求。哥伦布只好退而求其次，去西班牙向斐迪南国王和伊萨伯拉王后求助。可是当时西班牙正忙着抢占格拉纳达，根本就顾不上他这点小事。在西班牙占领格拉纳达后，伊萨伯拉才被人说服，终于决定支持哥伦布的探险。1492年8月，哥伦布的船队在伊萨伯拉王后的帮助下终于起航了，这支船队有3条船、88个船员，还有给中国皇帝的1封信。

新"印度群岛" 我们不得不说，哥伦布的胆子太大了，甚至是在探险家中也没有几个人能比得上他的，他的船队中最大的船只也不过100多吨，想要靠这样的小船征服海洋，几乎是九死一生。

哥伦布的船队一直都在向西航行，日子就这样枯燥地一天天过去了。他们航行了1个多月，放眼望去仍然是茫无边际的大海，根本就看不到陆地的影子，水手们也都失去了信心，反抗和暴动的情绪越来越大，眼看就要失控了。然而哥伦布从来都不是一个轻言放弃的人，他对水手们百般安抚，并且许下了种种诺言，终于使他们的情绪暂时稳定了下来。天无绝人之路，就在水手们的情绪再次激动起来的时候，他们终于看到了陆地！在水手们的欢呼声中，哥伦布登上陆地，宣布附近所有的土地都归西班牙所有。这一天是1492年的10月12日。

后来哥伦布才知道，这块土地并不是大陆，只是一个比较大一点的岛屿，而且周围还有更多的岛屿。哥伦布认为，他已经离亚洲不远了，这里应该就是印度东面的那些群岛，于是就把这里命名为"印度群岛"，也就是后来的"西印度群岛"；他还把这里的土著称为"印第安人"，这也是美洲印第安人名字的由来。其实哥伦布犯了主观主义的错误，这里并不是亚洲，而是美洲，距离中国还有几千公里的直线距离。

1493年的3月，哥伦布回到了西班牙，向国王和王后汇报了自己的发现。后来他又在1493年、1498年、1502年三次远航，船队还带着商人、传教士、探险家和殖民者，试图找到日本、中国、香料群岛与印度，但是他一直都没有到达这些地方，不过他对加勒比海、委内瑞拉和中美洲沿岸进行了探测，让西班牙获得了大片的殖民地。

哥伦布可能并不是第一个横渡大西洋的欧洲人，但是他无愧于"新大陆的发现者"这个称号，从他的第一次远航开始，欧洲和美洲的联系就密切起来。

卡博特父子 英国也一直致力于寻找新的航线。1497 年，亨利七世雇用了另一个热那亚航海家约翰·卡博特，让他带着船队向西航行。约翰·卡博特横渡大西洋后到达了布雷顿角岛，回到英国后还向国王汇报说他到过中国。当然他说的是假话，但是不管怎么说，他的这次航行让英国第一个提出了对北美大陆的所有权。

这次航行他应该还带着他的儿子塞巴斯提昂·卡博特，后来塞巴斯提昂·卡博特又为西班牙服务过。

卡布拉尔 1500 年，卡布拉尔率领一支葡萄牙船队开始了远航，他们的计划是沿着达·伽马开辟的航线直达印度。但是途中他们遇到了风暴，船队被海流推到了南美洲的西海岸。这些葡萄牙人登陆后，将这片土地称为维拉克鲁斯（也就是后来的巴西），并且宣布这个地方归葡萄牙所有。

亚美利哥 基本上也是在这个时间，有一个叫亚美利哥·韦斯普奇的佛罗伦萨航海家宣布，他发现了"新世界"，并且出版了一些关于新世界的书籍。韦斯普奇曾经进行过几次远航，有为葡萄牙进行的，也有为西班牙进行的。他可能真的知道美洲以前从未被人发现过，而且还幸运地第一个将自己的经历编书出版，让所有的欧洲人都知道了他的故事。也正是这个原因，后来人们就用他的名字"亚美利哥"命名这片新发现的大陆，也就是亚美利加。

麦哲伦 对于美洲并非亚洲这个惊人的事实，欧洲人一直都不愿意相信；即使后来不得不信了，还仍然一厢情愿地认为，从这里再有几天的航程就到达中国了。即使西班牙人巴波亚在 1513 年通过巴拿马海峡，来到美洲的西海岸，发现西方仍然是浩渺的太平洋之后，欧洲人还不愿意相信。最终还是麦哲伦改变了他们的想法。

麦哲伦是葡萄牙人，曾经多次跟随葡萄牙的海军进行远航，有着丰富的航海经验。1519 年，他带着一支西班牙船队开始人类第一次环球航行。他们从西班牙出发，横渡大西洋后沿美洲东海岸航行，在麦哲伦海峡转向向西，接着又渡过浩瀚的太平洋、印度洋，经非洲的好望角回到了欧洲。在这次史上最伟大的航行中，麦哲伦本人被菲律宾群岛的土著杀死，出发的 5 艘船也只有 1 艘回到了西班牙，付出了惨重的代价。

四、欧洲与世界的交往

就目前来说，欧洲似乎已经掌控了整个世界。那么，究竟欧洲为这个世界做了些什么呢？或者我们换个说法，欧洲在它的扩张过程中，对世界上的其他地区究竟产生了什么样的影响呢？

在长达几个世纪的探险、发现、殖民和贸易中，许多欧洲人来到了非洲、美洲、亚洲，他们的到来对这些地区产生了不同的影响和结果：美洲很快就成了另外一个欧洲，而非洲和亚洲受到的影响很小，而且过程也极其缓慢、艰难。

对亚洲的影响　在亚洲的各国，例如中国、印度、日本等，生活在这里的民族人口众多、历史悠久，他们已经完全形成了自己独特的文化和宗教，在各种学科和艺术方面也都有了长足的进步。欧洲人到这里之后，可以和他们做生意，也能对他们施加一定的影响，但是如果想要改变他们的文明基本上难于登天。

葡萄牙人在印度　当葡萄牙人初次登上印度的土地时，他们看到的是一个幅员辽阔、人口众多的国家，但是这个国家形同分裂，各个地区的土王都在征战不休。葡萄牙人利用土王之间的矛盾占据了部分地区，以果阿为首府建立了印度属地，包括了锡兰的西海岸。果阿是当时葡萄牙在亚洲最重要的据点，葡萄牙国王设置的总督驻地、海陆军的司令部、传教士的总部都在这里，也让这里繁荣了 100 多年。

葡萄牙人对印度的影响很大：他们在自己掌控的土地上建立了欧洲模式的政府，这是印度人从未听说过的一种政府组成形式；为了方便货物的进出口，他们建立了新式的海港；他们的到来也引来了更多的殖民者，这些殖民者居住在沿马拉巴尔海岸分布的城镇上，还和当地人通婚，为印度人带去了新的文化和技术；他们并不禁止当地人信奉印度教，但是也帮助基督教的神父和修士劝说印度人改信基督。这个成绩是空前绝后的，即使到了现代，印度的基督徒基本上都是那时候的基督徒的后代。

从 1500 年开始，葡萄牙人在印度活动了整整 1 个世纪。但是葡萄牙太小了，即使在欧洲也不过是个弹丸小国；可是它的野心却太大了，它试图在印度建立一个基督教国家，还企图独霸欧洲和远东的贸易，甚至希望成为亚洲和非洲的统治者。葡萄牙的行为引起了当地人的敌视，而早已眼红它巨额利润的欧洲人就更不用说了，他们立刻就对它发起攻击。

莫卧儿人 到了 1526 年，巴卑尔侵入印度并建立莫卧儿帝国。巴卑尔是帖木儿的后代，本身是个蒙古族人，后来皈依了伊斯兰教，他所建立的这个帝国持续了 300 多年的时间。他们野心很大，而且还有莫卧儿帝国官方的支持，于是葡萄牙在印度的属地日渐缩小，基督教的影响力也一天不如一天。

巴卑尔的继承人有一些也很出名。例如沙贾汗（1627—1658），为了纪念他的亡妻，征发大批民夫，花费了大量资金（据说花光了国库的所有资金、直接导致了莫卧儿帝国的衰落），历时 22 年建造了泰姬陵。泰姬陵位于印度的阿格拉，是整个印度最美丽的建筑物。

敌对的欧洲人 当时的葡萄牙人可谓是腹背受敌：既要面对莫卧儿人的进攻，还要防备英国人、荷兰人、法国人在商业上的暗算。

英国在 1600 年成立了东印度公司，随后就攻占了印度的苏拉特和孟买，在 17 世纪的后期还占领了加尔各答，并将这里作为英国在东方的大本营；荷兰人组建的东印度公司要比英国人稍晚一些，是在 1602 年，但是他们对葡萄牙人的伤害最大，直接以武力夺取了葡萄牙在印度和锡兰的大部分殖民地；法国也在 17 世纪的时候获得了在印度的据点。

英国人、荷兰人、法国人的这些行动都是因为商业利益，虽然他们从莫卧儿帝国那里获得了一些土地，但是他们并没有把这里建设成本国的殖民地，也不让当地人欧洲化，仅仅是把印度当成了商业中心，所以虽然贸易量增长得飞快，可是当地人的文化和宗教信仰并没有什么变化。

不变的中国 欧洲人对中国的影响就更小了。中国很久之前就建立了统一的帝国，有着自己独有的文化，而且也被境内的各个民族认同，所以尽管中国境内有诸多的民族和多个宗教信仰，还发生过多次外敌入侵和内战，但是其统治基础很牢固。宗教想要进入中国就必须尊重中国的文化和风俗，否则就无法在中国的土地上生存。例如佛教和伊斯兰教进入中国后，因为佛教的适应性比较强，也愿意为了中国人的习俗而适当修改自己的教义，它的发展明显要比伊斯兰教快得多，在某些朝代甚至还成了国教。

欧洲人在中国 明朝建立后，对欧洲商人和传教士的活动一度进行过严格限制，一直到16世纪才有了缓和，双方这才有了一定的往来。当时的欧洲并没有真正地想要颠覆中国政府，或者试图改变中国的文明。1517年，一位葡萄牙的使节来到了中国的广州，试图劝说中国政府让他们在中国的沿海获得一片用于贸易的殖民地，但是中国人认为这个举动是对中国的挑衅和对皇帝的不尊重，于是就把他投入了监狱。葡萄牙人无奈，就用欺骗的方式获得了澳门的使用权，从此在中国算是有了一个贸易据点。到了17世纪，英国人和法国人也获得了进入广州停泊的权利，还可以和中国的南方地区进行商业贸易，但是他们的行动遭到严格限制，不得进行任何与商业无关的活动。

基督教传教士 到了16世纪的后半叶，中国政府对基督教变得不是那么敌视，于是传教士可以在中国进行相对自由的活动了，在利玛窦的领导下，他们取得了不俗的成绩，甚至把一些高级官员发展为了教徒。利玛窦是意大利人，也是一个渊博的学者，在数学、天文学、地理方面都有高深的造诣，给中国的上层留下了深刻的印象。1601年，中国的皇帝下旨让他去了北京，并且聘请他为科学方面的顾问。

1644年，明朝灭亡，基督教也进入了快速发展的时期。但是这时候教廷内部产生了分歧，原因就是基督教的教义是不是要尊重中国的传统、如果尊重的话要尊重到什么样的程度。最后的结果是保守派胜利了，这个消息在1724年传到了北京，于是中国的皇帝在盛怒之下赶走了所有的传教士，基督教在中国的发展再次陷入了低谷，一直到19世纪之后才再次获得了发展的机会。在这段时间里，中国了解欧洲的渠道主要是在广州的葡萄牙人、荷兰人以及英国人。

易变的日本 葡萄牙人在1542年的时候到了日本，这时候的日本只是一个海岛上的帝国，日本天皇名义上是国家的首脑，其实只是一个傀儡，大权都掌握在大名的手里。"大名"是日本的诸侯，和欧洲的封建领主的地位差不多；最有权力的大名叫"将军"，和宰相的权力类似，就像法国的查理·马特或矮子丕平那样。

日本有自己的语言却没有自己的文字，用的是中国汉字。这个国家的子民大多都是佛教徒，但是国教却是神道教，他们极端崇拜天皇。

基督教受到欢迎　刚开始的时候日本人是欢迎葡萄牙人的，因为他们迫切地需要贸易。日本人对基督教也不排斥，著名的弗朗西斯·哈维尔和其他的一些传教士都在日本传过教。到1600年的时候，日本已经有了50多万基督徒。

基督教被打压　基督教之所以能够取得如此大的成就，主要原因就是部分大名改信了基督教，并且强迫他的子民也成为基督徒，目的就是从葡萄牙人那里获得军事援助和一些特殊的商业利益。但是这种行为吓坏了其他的大名，而将军也担心葡萄牙人趁此机会夺取当地的权力，再加上佛教的僧侣、信徒对基督教的反对和抵制，将军最终在1614年下令禁止传播基督教。这个命令对于基督教来说是毁灭性的：所有的传教士都被迫离开了日本，所有的教堂都被摧毁，所有的信徒都必须放弃自己的信仰。更残忍的是，在这个命令发布后，很多传教士被毒打、残杀，其中就包括用火把人活活地烧死，成千上万的信徒因为不愿意放弃信仰而被杀死。

闭关自守的日本　到了1636年，日本发布了禁令：所有的子民都不允许出海半步；所有的船厂都不得建造能够远洋航行的船舶。又过了几年，所有的葡萄牙人都被逐出了日本，一直到1853年为止，在这200多年里，日本只与荷兰商人进行过少量的贸易，几乎断绝了和欧洲的交流。

欧洲人在远东其他地方　葡萄牙人在16世纪就占据了马来群岛，但是到了17世纪就被荷兰人给赶走了；从16世纪到17世纪，俄国人逐步蚕食了西伯利亚，先是将这里作为殖民地，随后又将其变成了俄国的领土；1542年，西班牙人将菲律宾群岛正式吞并，这已经是麦哲伦环球航行之后的第20年了。到了1571年，西班牙人建立了马尼拉城，这里后来成为菲律宾的首都。到了现代，亚洲东部信奉基督教并且欧洲化的人，只有菲律宾的那些基督徒，不过这只是一个特殊情况。

欧洲人在美洲的扩张 欧洲人除了占据了西伯利亚和菲律宾群岛，还对亚洲的政治和经济造成了影响，而他们在美洲的进展就不止于此了。欧洲人对美洲的征服是全面的，除了政治和经济方面的影响之外，还从宗教和文化方面进行了同化，使南北美洲成为另一个更大的欧洲。

发现以后继以征服 西印度群岛的大部分和墨西哥以南的美洲地区被称为"拉丁美洲"，因为这些地区都是拉丁语系国家的殖民地。这里的殖民者主要是西班牙，另外还有葡萄牙和法国。

西班牙的科尔特斯在1519年开始了征服墨西哥的战争，仅仅用了1年多的时间就灭亡了阿兹特克人，将那里变成了西班牙的殖民地；另一个名叫皮萨罗的西班牙人更凶残，他在1513年对秘鲁进行了偷袭，随后使印加帝国成为一个历史名词，将那里的人民屠杀一空、将那里的财富装船运回了西班牙。葡萄牙的战利品是巴西，法国的殖民地只有很少一部分。从此之后，整个拉丁美洲都成为西班牙、葡萄牙、法国的殖民地，并且持续了300年的时间。直到19世纪的初期，这些地区的人民经过浴血奋战，才终于取得了独立。

墨西哥以北的地区基本上都是英国和法国的殖民地，此外荷兰人和瑞典人在纽约、新泽西、特拉华等州也有少量的殖民地。

世界近代史基本上就是欧洲扩张的历史，而扩张的对象就是南美洲和北美洲。

黑大陆 尽管欧洲人已经踏遍了非洲的沿海地区并且绘制了详细的地图，甚至在每一个重要地点都建立了据点，但是他们对非洲的影响并没有比上亚洲，就更不用说美洲了。来自欧洲的冒险家曾经到过阿比西尼亚这个基督教国家，并且在当地人和附近的穆斯林进行战争的时候提供过帮助；非洲的西北角叫作摩尔，也是穆斯林的势力范围，一度被西班牙、葡萄牙占领；葡萄牙人还在非洲的最南面设立了一个贸易据点，不过很快就被荷兰人抢走了，这里也成为荷兰的殖民地。

但是从整体上来说，这块大陆仍然是"黑非洲"，仍然是化外之地。这里的气候是欧洲人难以忍受的，这里的沙漠和丛林更是文明人的禁区。

一个不幸的例外 在欧洲人发现了美洲和非洲之后，就产生了一种新的贸易,即奴隶贸易,这不得不说是人类历史上的一个不幸。

其实欧洲很早以前就废除了奴隶制,但是当欧洲人开始在美洲殖民之后,那些庄园主发现,如果用奴隶进行劳作的话,会让他们获得更多的利润。于是,欧洲人在俘虏印第安人之后不再是杀掉他们然后剥他们的头皮,而是将他们作为奴隶卖到各个种植园;然而让他们后悔不已的是,他们以前就几乎将印第安人杀完了,剩下的那些也都躲在了穷乡僻壤,想要抓他们需要花费的代价太大了,于是他们就盯上了非洲的黑人。

当时的英国人、西班牙人、葡萄牙人、荷兰人都是奴隶贩子,他们利用在海岸边的据点,亲自或者挑动当地的黑人部落前往非洲内地抓取黑人,然后装上贩奴船运到美洲卖给那些庄园主谋取暴利。据说欧洲人的奴隶贸易让非洲的黑人减少了三分之一。随着时间推移,这些被贩卖的黑人的后代也开化了,绝大部分都成了基督的信徒,但是他们的存在仍然给美洲造成了种族问题。当然,这个责任不在黑人,而在那些可恶的奴隶贩子。

五、对欧洲的影响

刺激了进步 对亚洲、非洲、美洲的探险和发现对欧洲来说有着深远的意义,让原本处于孤立状态的欧洲开始和其他地区开展密切交流,让欧洲人在生活中有了新的目标。欧洲的艺术和科学也受到了影响和刺激。

文明的扩展 地理大发现让欧洲的文明变得更加辉煌。这不仅体现在欧洲本土的蓬勃发展,还体现在欧洲文明扩展到了美洲、亚洲、非洲。

欧洲的移民 早在十字军东征时期,欧洲就已经有部分人移民到欧洲之外。发现新大陆后,随即就掀起了移民新大陆的浪潮。

贸易和工业 推动探险最重要的原因之一就是贸易。新航线的打通和新大陆的发现,使贸易变得兴盛起来,贸易的发展也促进了工业的发展。同时,进行贸易的货物不管是数量还是种类都有了激增。而货物数量增多了,也就倒逼着船厂设计、生产更大、更坚固的船舶,像木材、粮食这样粗笨沉重的货物也可以进行海洋运输了。

欧洲的人民增添了更多的商品，每年都从美洲运来大量的咖啡、土豆、玉米、鲸鱼油、皮毛、鱼类和特殊木材等。

随着移民到殖民地的人越来越多，对欧洲产品的需求量也越来越大，于是更多的人开始投资建厂，工业也再次发展起来。

财富与奢侈品 商业得到了扩张、工业得到了扩大，这就让更多的商人、工厂主、银行家得到了更多的财富；财富增加了，人们对生活水平的要求也就提高了，于是奢侈品的需求也增加了。在当时的上流社会，身上穿的是中国产的丝绸，地上铺的是波斯产的地毯，装饰品一定得是来自非洲的黄金和美洲的宝石，仿佛做不到这些，就不能说明自己的地位。

资本主义的兴起 在商业的飞速发展中，除了上述的三类人，城市中的市民和中产阶级也获得了很大的好处，而且中世纪的行会也产生了变化，逐步成为近代资本主义的前身。

商业和殖民战争 整个欧洲的近代史充满了贸易活动和殖民战争。这些战争都是非正义的，都是为了争抢殖民地才发生的。为了争夺远方的利益，这些民族国家撕下了伪善的面具，直接大打出手。荷兰和葡萄牙、西班牙和法国、法国和英国，还有另外的一些国家，在不同的地方进行了几百年的战争。

第21章 专制政体的复活

一、一般因素

中世纪的国王并没有绝对的权力,而是受到种种限制的,例如,封建制度、地方的领主、经常进行的选举、对各个城市的特许、议会等。但是在14世纪到17世纪这段时间,这些限制都没有了,有些国家干脆施行专制的政体。在中世纪,施行民主政体的国家和施行君主专制政体的国家看起来好像平分秋色,但是到了最后,民主制还是败给了专制。这一章我们就专门讲一下为什么会发生这样的事。

十字军的影响 在东方,那些国家在很早以前就已经施行专制政体了,而且一直认为这就是天经地义的。原来西方国王是不知道这些的,至少了解得不深,但是十字军东征后,这些权力被限制的国王当然会羡慕东方的统治者,回国后也会采取一定的行动。不仅如此,参加十字军的还有贵族、骑士和平民，当他们和绝对君主制接触得多了，必然会受到或多或少的影响。

教会的让步　中世纪的时候，教会一直试图限制君主的权力，但是在之后的几百年，教会不仅认可了国王的权力，还会给予他力所能及的帮助。例如，教会宣传的"上帝的和平""上帝的休战"等休战口号，其实都是针对封建领主的限制，也是对国王权力的巩固，因为教会已经意识到了，国王并不是教会的敌人，而是社会秩序最好的保护者。在文艺复兴之后，教会内部也出现了很多问题，再加上外部的压力越来越大，教会就更需要国王的帮助了，于是教会开始主动向国王靠拢，赞同国王的意见。而教会中的神职人员对国王专制也是持肯定态度的。

中产阶级的拥护　中产阶级得到了快速的发展，而且对国王忠心耿耿，这也是这个时代的一个特点。地理大发现让贸易和工业得到了发展，而中产阶级都是小有资财又头脑灵活的人，自然不会放过这个发财的机会。可以说国王拓展殖民地的决策满足了中产阶级的利益需要，而中产阶级为了自己的利益，也会给予国王最大的支持。在任何时候，中产阶级都是一个国家最重要的基础，他们为统治者提供各种人才，也是最大的税收提供者，更是组成军队的主力。

民族性和国王　十字军东征之后，原本弱小的民族逐渐变得强大起来，用本民族语言创作的文学作品提高了民族自豪感，欧洲的各个国家都产生了民族主义的萌芽。而国家之间的战争也使得民族性变得更加活跃，同一个民族的人们变得更加团结，为自己是这个伟大民族的一员而感到自豪，也为带领他们成为伟大民族的国王而感到骄傲。现代的我们在表达爱国热情时是对着国旗欢呼，而当时的人们则是对着国王欢呼。这也是国王成为专制君主的一个原因。

罗马法的复兴　罗马法有一项基本的原则：国家的君主或者统治者享有最高的权力，他可以随意地按照自己的意愿制定或者废除法律，而且他本人不受任何法律的约束。罗马法也是古代的典籍，自然也在文艺复兴的范围之内，于是恢复罗马法的研究也在进行之中，教授罗马法也成了包括博洛尼亚大学在内的许多大学的课程，懂得罗马法的法学家也开始用罗马法为他们的君主争取更多的权力。

马基雅维利的《君主论》 马基雅维利在《君主论》一书中公开宣称，必须建立起君主高于法律、高于议会的原则。虽然受到了教会的阻止，但是这本书还是迅速风靡了整个欧洲，很多胸怀大志的君主都在按照书中的教导行事。

火器 火器出现之后，骑士就变得不堪一击了。国王们开始建立起由职业军人组成的常备军，在装备火枪和大炮之后，国王就有了国内最大的暴力机构，从此成为所有封建领主的主人，也是所有各阶层人民的主人。

在下面的每一节，我们会试着讨论一下那些对专制政体有利的因素。

二、教会的衰弱

教会在中世纪的时候权力是非常大的，它不仅负责宗教方面的事务，还对社会道德产生了极大的影响，更是取代了政府的某些职能部门。14世纪之后，虽然教会还有相当大的权威和影响力，但是相比中世纪已经大大削弱了，这种情况对专制政体的兴起是有利的。那么，究竟是什么原因让教会变得衰弱了呢？

十字军 在12世纪，人们对参加十字军是充满热情的，而且各个阶层都享受到了战争的红利，作为十字军的发起者，教皇和教会获得了极高的赞誉。但是到了13—14世纪，随着十字军的失败，人们开始不愿意参加十字军，而且对教皇和教会产生了埋怨。

过多的十字军 十字军未能阻止穆斯林的入侵，这让教皇的声誉受到了影响。很多人都认为，组建十字军的目的已经不再纯洁，而且十字军被一些阴谋家利用了。例如，在教会和世俗势力的纷争中，某些人煽动十字军对抗神圣罗马帝国的皇帝和那些信仰基督教的王侯。很多虔诚的教徒认为自己被欺骗了，所以再也不愿意相信教会的话，也不愿响应教会的号召。

金钱的负担 当初在十字军上战场的时候，教皇为了打消士兵战死的顾虑给他们发了赎罪券，以此来鼓励士兵英勇作战。后来教会出现了财政危机,于是开始给那些不愿意上战场、只肯出钱的人也发赎罪券,同时还开始收什一税(一种宗教税,收实物的十分之一,但是实际上不止这个数字)。但是这笔钱并没有全部用到十字军身上,而且在十字军不打仗的时候,教会仍然在卖赎罪券,也没有停止收税。教皇也变得穷奢极欲,为了弥补亏空,开始绞尽脑汁地增加苛捐杂税。更令人失望的是,有些教皇的品德根本配不上这个神圣的称呼,当然很多教皇还是正直和虔诚的,但是这些不称职的教皇所造成的恶劣影响已经无法消除了。总而言之,教会收的税越来越重,人们不堪重负,对教会也越来越失望。

政治主张的失败 教会和国王们的政治斗争也是一个重要因素。在教皇卜尼法八世被法国国王腓力四世打败后,再也没有哪个教皇敢于正面提出极端的要求。但丁曾建议,教会将自己的权力限制在宗教和道德方面,不要去染指世俗的政治权力。这个建议保证了教会在人类精神方面的权威,但是没有了政治权力,各国的国王无疑得到了最大的好处。

"巴比伦式流亡" 教皇卜尼法八世逝世后,继任的教皇是腓力的朋友,将教廷搬到了法国的阿维尼翁,再加上教皇根本不敢违逆腓力的意见,所以外界一致认为教皇就是法国国王的应声虫。也有人认为,教皇当时几乎就是一个囚徒,所以将教廷的这段经历称为"巴比伦式流亡"或"巴比伦式监禁"。

意大利人对教皇一直在法国逗留十分不满,最后甚至有了愤怒的情绪。1347年,里恩齐领导了罗马起义,建立起共和国政府。这个政府既有民主性质,也有民族性质,反对教皇和封建领主。虽然这个政府很快就被推翻了,但是这次起义已经给出了明确的信号,说明意大利人有着很深的民族感情,对教皇也已经极度不满了。

一直到1377年,教皇格列高利十一世被修女凯特琳劝说和逼迫着将教廷迁回了罗马。

教会大分裂 虽然"巴比伦式流亡"结束了,但是紧接着教会又面临着一个更坏的局面,那就是"教会大分裂"。1378年,格列高利十一世暴卒,随后教会选举乌尔班六世为教皇。而新任教皇是意大利人,对法国籍的枢机主教百般打压,于是法籍主教又将枢机主教团迁到了阿维尼翁,并且自己选出了一位教皇。这样基督教就有了两个教皇，也就是历史上的"教会大分裂"。这个事件不仅在教会内部造成极坏的影响，也迫使世俗世界的国王们形成了两个不同的阵营：法国、苏格兰、萨瓦、西班牙与葡萄牙支持阿维尼翁的克力门七世教皇，而意大利、德国、英国、匈牙利、波兰和另外一些国家是乌尔班六世的拥护者。

这次分裂持续了几十年的时间，一直到1417年才结束，但是教皇的权威受到了致命的打击，无形中又让国王们的权力加强了。

宗教会议运动　教会大分裂之后，很多教士认为，教皇的权威不能凌驾于全体的宗教会议之上，于是又发生了宗教会议运动。虽然这个运动很快就失败了，但是也在一定程度上分裂、削弱了教会的力量。

三、百年战争

1337年，英国和法国爆发了战争。这不是一场战争，而是长时间的、一系列的战争，有时候是英国获胜，有时候是法国获胜，一直到1453年才最终结束。整个战争持续了100多年，所以史称"百年战争"。

封建制度里的仇人　从威廉一世和亨利二世开始，英国的国王实际上还有另外一个身份，那就是法国国王的封臣，因为他们都在法国有领地（例如诺曼底）或者声称自己对某块法国的土地有所有权。这种错综复杂的封建关系是导致两国矛盾不断的根源：英王一直试图摆脱法王的统治，并将自己的领地并入英国；法王不愿意失去原本属于自己的领土，也担心英国把手伸到欧洲大陆。为了不让英国坐大，法国的历任国王都不遗余力地限制英国的实力，例如，支持苏格兰的反政府势力，对英国人在佛兰德斯的商业活动进行打击，等等。

战争的近因　1328年，法王查理四世去世，因为他没有儿子，于是支裔瓦卢瓦王朝的腓力六世继位。但是此时的英王爱德华三世是查理四世的外甥，也有继位的资格，所以对此一直耿耿于怀。到了1337年，爱德华三世选举自己成为英法两国的国王，法王腓力六世立刻还以颜色，宣布没收加斯科尼、吉延两个公爵领地，以及其他所有英王在法国的采邑。于是战争终于爆发了。

英国的胜利 战争甫一开始，英军就取得了海战的胜利，封锁了英吉利海峡；随后又在克勒西战役（1346年）与加来战役（1347年）中获胜。然而到了1348年，"黑死病"横扫了整个欧洲，两国不得不暂时停止了作战行动。1356年，法军在普瓦提埃战役中再次惨败，连随行的大臣都成了英国人的俘虏，向英国缴纳了大笔的赎金才被释放。到了1360年，内忧外患的法国签订了极不平等的《布勒丁尼和约》，割让了北方的海港加来，还有卢瓦尔河以南半个法国的领土，以及300万金币的赔款，而换来的只是英王放弃自己对法国王位的继承权。至此战争的第一阶段结束。

法国收复失地 仅仅过了9年的时间，战火就再次点燃了，这次仍然是法国人挑起的，但是这次他们占据了优势。此时的法王是查理五世，这是一个年轻有为的强势君主；法军的统帅是贝特朗·杜·盖克兰，是一员战争经验丰富的老将。在君臣的通力合作下，法军连战连捷，英军被迫退守沿海一线。英王担心失去在法国的全部领土，就在1396年主动求和，签订了《二十年停战协议》，只保留波尔多、巴约纳、布雷斯特、瑟堡、加来5个海港，放弃其他所有在法国的领土。至此第二阶段结束。

亨利五世与阿金库尔 1415—1424年是战争的第三阶段。当时的查理六世是一个精神病人，勃艮第、阿曼雅克两派发生了内讧，多年的横征暴敛使得境内起义不断。而此时的英王亨利五世一直都在卧薪尝胆、励精图治，自然不会放过这个好机会，于是又一次挥军进入法国，声索法国王位的继承权。1415年，亨利在阿金库尔战役中大败法军，随后占领了诺曼底，席卷了整个法国南部。至此法国已经无力抵抗英军的攻势，只好签署了几乎让法国亡国的《特鲁瓦和约》。按照这份条约的规定，亨利获得了法国的大部分土地，而且成为法国的摄政王，有权在查理六世死后继承法国的王位。

1422年，亨利和查理相继去世，尽管亨利五世的儿子亨利六世顺利地成为法国的国王，但是法国的民众并不认可，他们心目中的法王是查理六世的儿子查理七世。于是各地反抗英军的起义风起云涌，实际上这场战争已经演变为民主独立和民族解放战争。

圣女贞德 为了剥夺查理七世的继承权，英国人派出了大批军队，这样一来，第四阶段也是最后一个阶段的战争开始了。查理七世的拥护者刚开始并不多，所以在第四阶段的最初几年法军屡战屡败、屡败屡战，战略要地奥尔良城也在1429年被英军包围，形势岌岌可危。就在这民族危亡的时刻，圣女贞德站出来了，这个17岁的少女有着超凡的魅力和卓越的军事才能，很多宿将都愿意听从她的指挥，而贞德也确实带着他们打了很多胜仗。于是法军越战越勇，在为奥尔良解围之后，紧接着又收复很多地方。1429年7月16日兰斯收复，到了18日，她就在历代法王加冕的兰斯大教堂为查理七世加冕。这是贞德一生的顶峰，也是她和整个法国最光荣的一天。

然而并不是所有的法国人都是贞德的拥护者，就在第二年，也就是1430年的5月23日，她在一次战斗中被勃艮第人俘虏，不久又被他们转交给了英国人。贞德几次试图逃走，但都没有成功，1431年5月30日，她在鲁昂被处以火刑。

贞德虽然死了，可是她为法国献身的精神却影响了所有的法国人，于是整个法国众志成城，英国人从占据的法国领土上步步后退。到了1453年，英国人在欧洲大陆上只剩下加来一个落脚点，这场长达116年的战争也终于结束了。

这场战争以封建战争开始，以民族战争收尾。在长期的战争中，英国和法国的民众团结在以国王为代表的王权周围作战，民族自豪感提高了；国王也得到了子民的衷心拥护，君权也被加强了。特别是到了战争末期，军队的主力已经不再是骑士，而是平民，这就意味着封建势力已经走到了末路。

四、专制政体在英、法以及其他各国的兴起

从某种程度上来说，百年战争使英法两国的专制政体得到了进一步的发展。百年战争的硝烟尚未散尽，英国就又爆发了内战，直接促使英国兴起了专制政体。

玫瑰战争　这场内战的双方分别是兰加斯特家族与约克家族，因为兰加斯特家族的族徽是红玫瑰，约克家族的族徽是白玫瑰，所以后世将这场持续了三十多年的战争称为"玫瑰战争"。

亨利四世开创了兰加斯特王朝，但是他获得王位的手段并不光明，因为他是篡位的。他在世的时候，英国的民众敢怒不敢言；等他的儿子亨利五世继位后，因为率先对法宣战并取得了一连串的骄人战绩，让民族自豪感大涨的英国人选择忘记兰加斯特家族篡位这件事。但是当亨利六世当了国王的时候，虽然这个国王的私人品德很好，但是在内政、经济、外交、军事等各方面都一无是处，特别是百年战争的惨败更是英国民众难以忘记的耻辱，于是人们又想起亨利四世篡位这件事。

但是反对亨利六世担任国王，并不意味着反对君主制，这个行为只是对兰加斯特家族篡位的清算，希望能让更有资格的约克公爵来当英国国王。约克公爵对此自然不会反对，立刻出兵夺位，而且他确实也得到了不少支持者。1455年，以争夺王位为目的的玫瑰战争爆发了。

事件小结　经过几年的战争后，来自约克家族的一个19岁的青年废黜了亨利六世，加冕为英国国王，史称爱德华四世，他也是约克王朝的第一个君主。但是以亨利六世的王后玛格丽特为代表的势力并不接受这个现实，内战仍然没有结束。又过了10年，也就是1471年，爱德华四世在蒂克斯伯里战役获得了绝对优势，亨利六世也被人谋杀。

爱德华四世有着出色的政治手腕，在他的安抚下，兰加斯特家族似乎接受了这个现实。但是当爱德华四世在1483年去世之后，他的两个儿子先是被他的弟弟格洛斯特囚禁，随后又被谋杀。这时候格洛斯特就是第一顺位继承人了，他也顺理成章地成为国王，史称理查三世。

理查三世残忍暴虐，加上他有篡位的嫌疑，引起了英国臣民的普遍不满，这就又给了兰加斯特家族机会。同年，兰加斯特家族的亨利·都铎起兵反对理查三世的统治。

1485年，都铎取得了伯斯沃思战役的胜利，理查三世阵亡。就在战场上，都铎加冕英国国王，开辟了都铎王朝，史称亨利七世。为了安抚约克家族，都铎娶了爱德华三世的女儿伊丽莎白为王后，并且将族徽改成了红玫瑰加白玫瑰的图案。至此玫瑰战争结束，但是战争的余波一直到十几年之后才完全平息。

对专制政体的影响　在30多年的战争中，大批的封建领主战死或者被对手清算，剩下的也无力阻止国王施行专制政体，而当时的中产阶级和平民也希望能有一个强大而又稳定的政府。对于都铎来说，这时候天时、地利、人和都具备了，自然不会拒绝让自己和自己的后人成为名副其实的君主，于是他们都成了英国绝对的统治者。

亨利七世　亨利七世的在位时间是1485—1509年。他的执政手段非常强硬，用尽一切办法让国王的权力得到巩固。例如，他成立了没有陪审员的星室法庭，这个法庭是他最有用的工具之一；他并没有解散议会，但是议会在政府中的地位却大大降低了；他解散了所有贵族的私军，把所有的武装力量都掌握在手里；他奖励工商业，获得了工商业界的支持，也让英国逐步走向资本主义社会。

亨利七世虽然以战争起家，但是他一直都努力避免战争的发生，采用灵活的外交手段和联姻的方式解决问题，这让他在欧洲各国获得了很高的声誉。例如他让一个儿子娶了西班牙的公主，还把一个女儿嫁给了苏格兰国王。

也正是在他统治英国的时期，哥伦布和卡博特发现了新大陆。

专制政体在法国　百年战争对法国快速走向专制政体也起了促进作用。在查理七世统治期间，法国出现了几件鼓舞人心的大事：圣女贞德的出现、民族爱国主义情绪高涨、英国战败、法国再次统一等。即使是一个资质平庸的君王，有了这些几乎也可以为所欲为了，更何况查理七世这个英明神武、再造法国的君主。于是没有经过议会的同意，他就改变了税法，还组建了一支由职业军人组成的、只忠于自己的常备军。

路易十一和勃艮第　和他的父亲查理七世相比，继位的路易十一不管是仪容风度还是精神风貌都远远不如，但是就因为他第一个真正实施了专制政体，让他成为法国历史上最伟大的国王之一。他的一生都在致力于消灭封建割据：他以收买、抢掠的方式，轻轻松松地拿下了许多领主；他同勃艮第公爵进行了激烈斗争，最终使勃艮第地区承认了法国的统治；他让一个儿子娶了布列塔尼公爵的女儿，为吞并布列塔尼公国做好了前期的准备。

专制政体继续存在 到了16世纪，因为宗教分裂和内战，封建势力一度卷土重来，但是诞生于15世纪的专制政体早已经根深蒂固，不是这些残余的封建势力能够撼动的。到了17—18世纪的时候，法国的专制政体达到了巅峰。

专制政体在西班牙 几乎在英国的亨利七世、法国的路易十一实施专制政体的同时，西班牙的斐迪南和伊萨伯拉也结束了封建制度，开始实行专制政体。斐迪南和伊萨伯拉最大的功绩有两个：一个是占领了格拉纳达，消灭了穆斯林在欧洲的最后一个政权；一个是资助哥伦布发现了新大陆。有趣的是，英国亨利七世将星室法庭作为自己专制的工具，斐迪南二世使用的是教会的异端裁判所，他用这个暴力机构既讨好了贵族，又剥夺了他们在政治上的权力。

葡萄牙、斯堪的纳维亚半岛上的各国和西班牙差不多，都是利用中产阶级对国王的忠心推翻了贵族，巩固和扩大了国王的权力。

德意志和意大利 然而这个时期的德意志和意大利仍然处于分裂状态，国王只是象征性的存在，根本无力真正统一全国，就更不用说能够建立专制政体了。但是这两个国家的割据势力有些是实行专制政体的。例如德意志的那些高级贵族，在自己的封地上都是说一不二的存在；而意大利的某些城市共和国也有了成为世袭君主国家的倾向。

苏格兰和波兰 在欧洲的各个国家中，已经完成了民族统一、还没有实行专制政体的，只有苏格兰和波兰。在苏格兰，国王的权力很小，受到贵族们很大的牵制；而在波兰，国王是选举产生的，为的就是防止出现国王世袭的现象。

专制君主和战争 当中欧、西欧都开始实行专制政体后，战争的目的和性质都发生了根本性的变化。在中世纪，通常都是短暂的地方性战争；而实行专制政体后，君主们为了自己的野心和欲望，发起的战争都是长时间的大规模的国家间的战争，因为涉及民族荣誉，这样的战争一般都是很惨烈的。

过渡的特征　专制政体有坏的一面，也有好的一面，也是人类发展过程中必须经历的一个重要环节，所以我们不能以偏概全。从历史发展的角度来看，从黑暗的封建制度到专制政体，是进步的，也是符合历史发展规律的。它结束了封建割据状态，形成了大一统的民族国家；它增加了民族自豪感，催生了民主政治；它将民族、贸易、学术、宗教等有机地联系到了一起。

后来所有的文明国家都实行民主政治，所以我们完全可以认为，当时的专制政体就是封建制度和民主政治之间的一个过渡。

第22章 新教起义

就在世俗社会忙于海外扩张的时候,欧洲的基督教却发生了分裂。在16世纪,北欧的许多信徒不再承认教皇的权威,对天主教的某些教义也产生了疑问,就自行组成了一个新的组织,于是教会被分裂了。新的教会组织被称为新教,这次分裂被称为宗教改革。当然,如果用"宗教起义"这个说法,或许会更准确一些。

虽然这个事件发生在16世纪,但是如果我们仔细分析其原因的话,就会发现根源竟然在14—15世纪!从中世纪开始,就有很多信徒对教会和教皇产生了不满,这种不满长期积累,其结果就是分裂。

一、教会早期的分裂

在很早之前基督徒中就有着不同的认识,例如,对教义理解上的分歧和教会组织形式的不同等，所以当时的教会文件中也会经常出现"异端""分裂"这样的词语。最早的异端是曾经兴盛一时的阿里乌斯派，最终被教会打压得消失了。但是这种情况是"野火烧不尽，春风吹又生"的，不久之后，在亚美尼亚、美索不达米亚、埃及、阿比西尼亚等地区设立的分教会中，也相继产生了教义上的分歧。

其实在 11 世纪的时候基督教就已经发生了一次分裂。因为对教义的理解不同，希腊语系的基督徒成立了东方的"正教"教会（也就是我们常说的东正教），不认可罗马教皇的权威；而拉丁语系的基督徒则成立了西方的"天主教"教会，普遍接受教皇的领导。不管是东正教还是天主教，都坚信自己才是正统，对方是异端。

二、新分裂的原因

政治方面的对抗　在西欧，世俗贵族和教会之间一直都矛盾重重，例如世俗势力不愿意听从教会的批判，也反对教会插手世俗的统治；而教会方面对国王和贵族插手教士的选举也很厌恶，认为这是对教会的亵渎和打压。我们在前面说过神圣罗马帝国的皇帝是如何和教皇对抗的，也说过英国、法国、西班牙的国王是如何从教会手里夺取司法权、征税权的，以及他们是如何取得了教会的人事权，并侵犯教皇法令权的。从这些事件中我们可以看出，国王和教皇之间发生冲突和斗争根本就不是什么稀罕事，但是如果仅仅只有这些政治斗争，是不会导致教会分裂的。

宗教方面的对抗　因为教义理解上的分歧而产生的对抗才是真正的原因。例如 12 世纪的时候法国南部有一个阿尔比派，该派认为教会的圣餐礼和圣职是不符合教义的，随后在 13 世纪被教皇的十字军镇压。

到了 14 世纪，英国的约翰·威克里夫（约 1330—1384）修士（他还兼任牛津大学的教授）对天主教的很多教义和做法都提出了异议。他旗帜鲜明地表明了自己的观点：教皇并不是基督在世俗间的代表，而是一个"反基督者"；修道制度并非是基督的教义所希望的；如果某个教士信仰不虔诚，那么他所主持的圣礼也是无效的；教会应该为国家服务，基督徒作为个人应该完全遵从《圣经》的教导。

罗拉德派与胡斯派 教皇对此大发雷霆,严厉地斥责了威克里夫。但是威克里夫却不为所动,依然宣传自己的主张,而且也有了很多信徒,既有贫苦的百姓,也有政府官员和绅士。威克里夫的追随者后来被称为罗拉德派。在他去世后,捷克的约翰·胡斯教士继承了他的遗志,在波西米亚地区广泛宣传威克里夫的主张。到了15世纪的初期,英国的罗拉德派和捷克的胡斯派都有了很多信徒。

国王和教会对罗拉德派和胡斯派的迅速发展感到了惊恐,开始联手进行镇压。英国的亨利四世和亨利五世为了阻止罗拉德派的传播,采取了从罚款、囚禁直至火刑的各种手段。当时神圣罗马帝国的皇帝是西吉斯孟,他为了消灭捷克的胡斯派运动,邀请约翰·胡斯参加在瑞士康斯坦茨举行的全体宗教会议,并且郑重承诺保证他此行的安全。但是西吉斯孟食言了,就在会议上,胡斯遭到了教会的逮捕,并在1415年被送上了火刑柱。

胡斯派战争 胡斯的死引起了其信徒的愤怒,不久之后捷克就发生了民众暴乱,这也是一个半爱国、半宗教的暴乱。德意志的天主教信徒出于自己的信念,在德国皇帝的组织下向胡斯派发起了5次进攻。胡斯派在巨大的压力下分裂了:代表上层市民和中小贵族利益的温和派在教皇做出一定让步后妥协,在捷克的许多地区恢复了天主教的教会;而代表广大贫民利益的塔博尔派不肯妥协,最终被十字军镇压。但是塔博尔派的余部摩拉维亚兄弟会一直都在坚持战斗,虽然屡受迫害,却一直顽强地生存到了现代。

道德方面的对抗 道德方面的对抗也是教会分裂的一个原因。当时的很多教士生活腐化,不恤民间疾苦,在搜刮民脂民膏供自己享用方面不遗余力,有些主教拥有的财产比世俗的王侯还要多。更令人气愤的是,教廷从英国、法国、德国这些地区的"好信徒"身上压榨出的钱财,都是供意大利的那些"坏信徒"挥霍的。在《愚人颂》里,伊拉斯谟用幽默的手法表达出了人们对教会和教士们的抱怨。伊拉斯谟认为,当时的信徒已经没有了基督教刚成立时候的那种精神,必须对教会进行改革,让普通的民众能够受到良好的教育,这样民众就可以对教会和教士进行监督,教会所存在的弊端也就可以改正、消除了。

改革的主张 不止是伊拉斯谟,很多有识之士都看出了教会存在着极大的弊端,也提出了改革的请求。其实教会内部对这些弊端也是深恶痛绝的,上至教皇下至普通的信徒也都希望能够改革这些弊端,并且做出了真诚的努力。到了15世纪,托马斯·肯皮斯修士创作了《效法基督》一书,人们高度赞同这本书中所阐述的原则,于是这本书很快就流传开来,成为仅次于《圣经》的一本有关基督教诚信的书。

民族情感 出于民族情感和爱国心,民族国家的民众不愿意看到自己国家的教会被"外国"统治,这就出现了"天主教的教会改成各个国家的教会形成的松散联盟"的主张。

这个主张实质上就是将原本是一个整体的教会分裂成各个国家的教会,但教皇和许多信徒都是反对的。他们不愿意每个国家都有一个听调不听宣的教会,也舍不得放弃教会在各个国家的土地和收益,更不会赞成教会成为专制君主手里的一个工具。

两派改革者 到了16世纪,教会内部的改革也产生了分歧:一派认为,改革的目的是拯救而不是否定,只要把弊端去掉了,原来的教会仍然是一个令人尊敬的组织,所以决定留在天主教教会;另一派则认为这些教会已经无药可救了,只有另起炉灶才能让基督教获得新生。于是激进派脱离了天主教教会,另外成立了一个放弃了某些教义的新教会,用行动表达了对那些弊端的抗议。新教的成立,让原来中欧、西欧地区的宗教统一局面遭到了破坏。

三、新教教会

德国改革者马丁·路德 第一个带领民众和教会公开分裂的是德国人马丁·路德(1483—1546)。他年仅20岁就成为一名修士,随后又被维滕贝格大学聘请为神学教授,深受学生爱戴。马丁·路德是一个干脆利落的人,从来不怕明确说出自己的观点。他对神学中关于永生、拯救的问题非常关注,认为如果某人犯了罪,在经过某种仪式或者做了某种举动就能得到上帝的原谅。他还认为，要始终保持自己对上帝的信仰。

路德同教会分裂　路德不是一下子就和教会分裂的，中间有一个缓慢的过程。1517年，他在德国公开质疑"赎罪券"的作用，以及教会发行"赎罪券"是否符合教义，这是他第一次暴露在公众的目光之下。

所谓"赎罪券"，就是教会给那些犯过某种罪行的人死后免除全部或部分惩罚的承诺。如果某个人犯了罪，或者做了某种违反教义的事情，当他真正为自己的罪孽感到悔恨的时候，教会就会给他一张赎罪券，当然他需要给教会捐献一定数量的财物，同时还要举行一个仪式。发行赎罪券的初衷应该是鼓励人改过自新和提供一定的心理安慰，但是后来"赎罪券"成为教会的敛财手段。现代的教会仍然有一些赎罪的方式，但是已经不要求信徒捐款了。

论纲与辩论　1517年，教皇利奥十世建造罗马圣彼得大教堂时，因为资金存在缺口，就派了很多教士专门去售卖赎罪券。路德被教皇的这个举动激怒了，就在维滕贝格教堂的大门上贴上了一张名为《九十五条论纲》的告示，对赎罪券和教皇的某些主张做出了严厉的抨击，并且注明欢迎有人来和他辩论。1519年，路德和著名的神学家约翰·艾克展开一场公开的辩论，他在辩论中否认了教皇的权威，也否认了康斯坦茨会议对胡斯派的指责，声称每个人都可以按照自己对《圣经》的体会来安排自己的生活。

由于路德一直坚持自己的观点并四处宣扬，教皇利奥十世将他正式开除教籍，并且宣布他是"异端"，建议神圣罗马帝国的皇帝查理五世对路德进行惩罚。

禁令下的路德　查理五世本来是想对路德做出处罚的，但是路德得到了很多人的声援，包括贵族、王侯、修士，特别是萨克森选帝侯腓特烈，抢先一步"逮捕"了路德，把他送到一个城堡里保护了起来。

路德分裂德国　路德对教会和教皇的抨击让他获得了很多人的支持。虔诚的信徒支持他，因为路德让他们看到了教会内部的腐败和黑暗；爱国的德国人支持他，因为路德让他们知道，自己的国家竟然还要听从远在罗马的教皇的指挥；贵族和王侯们支持他，因为他们从路德的言论中意识到，他们可以在削弱教会权威的同时获得巨大的利益。一时间德国到处都是反对天主教教会的人。

但是当德国的南部发生农民起义的时候，路德站了出来，指责农民的做法太过分了，公开宣扬政府应该严厉镇压这些"暴徒"。贵族们对农民起义更是惊慌不已，马上就出动军队进行了镇压。当然，镇压农民起义是为了保护国王和贵族们的利益，不管是为了信仰还是为了利益，他们都不会不听从路德的意见。但是就因为路德说了这样的话，农民们认为路德不是自己人，而是为贵族服务的，于是抛弃了他；而南方的贵族们看到了农民信奉路德理论后的破坏力，也同样抛弃了他。而与此同时，北方的德国人仍然对路德的理论深信不疑，这样一来，德国的南方和北方自然也就分裂了，北方信奉路德理论的各个邦国成了新教国家，南方仍然是信奉天主教。

路德赢得斯堪的纳维亚　虽然路德失去了德国的南方，但是赢得了斯堪的纳维亚半岛人民的支持，丹麦、挪威、瑞典三国的国王将路德的新教册封为国教。16世纪之后，这些国家的人民绝大部分都是新教的教徒。

《奥格斯堡宗教和约》　在德国，天主教和新教之间进行了很长时间的内战，直到1555年签署了《奥格斯堡宗教和约》之后才结束。在这份和约里，神圣罗马帝国的皇帝查理五世认可了新教的地位，承认新教和天主教一样都是基督教的分支，具有平等的地位；根据"教随国定"的原则，诸侯在其领地内享有决定本人及其臣民宗教信仰的权力。和约显然并没有考虑到个人的信仰自由，这是由当时的专制政体决定的，不过比起之前将新教徒视为"异端"来看，已经有了进步。

英国国王　威克里夫的那些理论早已在英国深入人心，不过英国在16世纪发生的宗教对抗的发起者是当时的国王亨利八世。其实亨利最初是路德的反对者，还写过一本书对路德的理论进行批判，但是后来发生了一些事情，让亨利和教皇分裂了，并且号召全国人民都反对教皇。促使亨利决定和教皇分裂的原因有两个：一个是亨利没有通过教皇允许而私自结婚，教皇开除了他的教籍；一个是亨利迫切地希望自己在英国的教会里也能够享有无上的权威，就像他在世俗中一样。1534年，亨利八世敦促议会通过了《至尊法案》，规定从此以后英国教会的元首是英国的国王，而不是罗马的教皇。

英国国教教会 英国的教会就这样成了英国国教教会。亨利八世的目标仅仅是让英国的教会摆脱教皇的控制，当然也少不了有成为精神领袖的意图，但是他并没有修改教义和改变礼拜形式的想法。然而到了他的儿子爱德华六世和女儿伊丽莎白统治英国的时候，却对此采取了很多改变的措施：宣布《圣经》是唯一的信仰指导书；宣布天主教教义中的那些"善举"都是迷信，并予以废除；各种圣礼的形式都做了改变；祈祷书有了很大的改动，并且从拉丁文变成了英文。

在女王伊丽莎白统治时期，英国的国教教会得到了罗马教皇的认可，被称为"圣公会"，从那个时候开始，英国人大部分都是圣公会的信徒，只有很少一部分人才信仰天主教。一直到了19世纪，英国那些针对天主教的严苛法律才得到废除，天主教教徒才得到解放。而在爱尔兰，虽然英国统治者也建立了新教的教会，但是当地人大多还是天主教徒。

和其他国家一样，在宗教信仰改变的同时，也少不了迫害和抄家，很多人为了信仰失去了生命，很多家族和机构因此而变得一贫如洗，英国也同样如此。

瑞士改革者——乌尔里希·茨温利 瑞士也发生了反对天主教的起义，领导者是乌尔里希·茨温利（1484—1531）。茨温利的观点和路德有所不同，特别是圣礼和教会组织方面。当时的瑞士和德国一样都是联邦国家，有的邦信仰天主教，有的邦信仰新教，这样自然也就免不了出现战争。1531年，茨温利在一次战斗中阵亡。

法国改革者——约翰·加尔文 16世纪的法国也出现了一个宗教改革家，他所建立的教义、宗教组织比亨利八世和路德的更有影响力，这个人就是约翰·加尔文（1509—1564）。加尔文在20岁的时候就接触到了新教的教义，不久成了一个新教教徒。后来他的身份暴露了，不得不逃出法国，到了瑞士避难。他1536年到了日内瓦，一直在那里生活到1564年去世。在那个城市，他不仅建立了加尔文教的教义，而且一直都是日内瓦的先知和政治领袖，他的教义也从这里传播到四面八方。人们愿意接受他的教义是有原因的：一个是这个教派的教义比较民主，这就获得了那些专制政体厌恶者的欢迎；另一个是加尔文教的教义阐述得既清楚又简单，完全没有模棱两可的现象。加尔文的代表作是《基督教原理》，完全体现了他的教义清楚、简单的特点，一问世就被誉为"神学中的一部优秀作品"，此后一直在宗教文献中占有重要的地位。

不仅瑞士人成为加尔文的信徒，荷兰人和一部分马扎尔人也信奉了加尔文教；在法国，新教的胡格诺派成了加尔文教徒；在苏格兰，加尔文教被约翰·诺克斯引入后被封为国教，原先的清教徒和从英格兰迁移过来的新教徒也成了加尔文教徒。

新教的很多派别　出现于16世纪的新教派别很多，主要的有路德教、圣公会、加尔文教三个，另外还有一些小的派别，如瑞士、荷兰的门诺派，英国的浸礼会和贵格会（公谊会）等。门诺派和贵格会主张反战，浸礼会因为浸入水中进行洗礼而得名，不过这些人都信奉加尔文教。

四、天主教教会的改革

天主教教会也不愿意看到昔日的荣耀和地位就这样一步步地失去，内部要求改革的呼声也越来越高。意大利、奥地利、法国、西班牙各国也产生了对宗教不满的骚乱，但是最终只是让教会取消了一些弊政，和教会并没有发生激烈的对抗，双方更没有分裂。

塔兰托会议　到了16世纪的后半叶，教会接连选举出了几个富有远见卓识的正直教皇，他们对教会的管理进行了大刀阔斧的改进，使教士们的道德水准有了明显的提高。1545年，天主教在意大利的塔兰托召开了全体宗教会议，需要指出的是，这并不仅是一次会议，而是断断续续的多次会议，总共历时18年的时间。在会议上，教会对天主教的教义进行了阐释；创办神学院，加强对神父严格正规的培训等；修订了祈祷书，决定出版新的通俗的拉丁文《圣经》；编制了《禁书目录》，里面列出了所有毒害信徒思想的书籍。会议还决定对背叛信仰的教徒根据罪行进行惩处，审判和执行的机构就是宗教法庭，也就是大名鼎鼎的宗教裁判所，在当时的意大利和西班牙，宗教裁判所的"威名"已经到了能止小儿夜啼的地步。

依纳爵·罗耀拉 塔兰托会议上最活跃的就是耶稣会,这是一个成立不久的宗教机构,其成员一般都被称为耶稣会士,是依纳爵·罗耀拉在1534年建立的。依纳爵曾经在西班牙的军队服役,他有一次在战斗中负了伤,在医院治疗的时候偶然看到了一些宣传基督教的册子。据他后来说,那些册子里的内容给了他内心极大的震动,使他决定从一个保卫世俗国王的士兵成为一个保卫教皇和教会的骑士,为基督的荣耀而战斗。

耶稣会的工作 耶稣会的成员是耶稣会士,为宗教改革做了很多工作。他们积极地参与各种活动:开办学校、成立医院、投资工商业,进行科学研究,积极推进海外传教等。耶稣会士都有着渊博的学识和温文尔雅的气度,改变了人们原本对教士的恶劣印象,也让教士们重新获得了人们的尊敬。作为一个传道者,他们深知一定要把教义和基督的箴言说得简单明了,也因此得到了教徒们的一致敬仰。

耶稣会的成就 在耶稣会士的努力下,徘徊在脱离新教边缘的波兰又重新回到了天主教的怀抱;在巴伐利亚和比利时,他们保住了民众对天主教的信仰;在捷克和匈牙利,很多信徒得到了他们的保护;在英国,他们经常冒着生命危险为教友提供帮助;他们在中国、印度积极地发展信徒,甚至深入美洲的巴西、巴拉圭传播基督的荣光,让更多的人皈依了基督教,这个数量足以弥补天主教在北欧损失的信徒。

教皇和国王签订的宗教协议 为了保证天主教在西班牙、葡萄牙、法国、意大利、奥地利的统治地位,教皇和这些国家的国王签订了宗教协议,答应给这些国王一些在教会事宜方面的特权,这在一定程度上让教会成为国王的附属。一直到20世纪,经过了激烈的社会革命和政治革命之后,天主教教会才收回了这些特权。

五、不宽容与宗教战争

不宽容现象的爆发 宗教分裂产生了一个不幸的结果,那就是宗教方面的不宽容,主要表现在宗教迫害和宗教战争方面。所有的欧洲统治者——不管他是天主教教徒还是新教教徒——都认同这样一个传统的观点：宗教的统一保证了政治的统一，所以国家有义务也有权利让它的臣民信奉官方指定的唯一信仰，特别是基督教的教徒。

腓力二世的政策 在西班牙、葡萄牙、意大利，国王明确告诉他的子民必须信仰天主教，否则就会受到宗教裁判所的惩罚，严重的可以处以火刑。特别是西班牙国王腓力二世，更是一个极端狂热的天主教支持者，他想尽一切办法让西班牙所有的人都成为天主教的信徒，还想让其他国家的人也信奉天主教。他清除西班牙境内所有的新教教徒，上千名异教徒被他处决。他规定，只有天主教信徒才可以移民到新大陆，而且为了保证这些移民信仰上的纯洁性，他还请求美洲的宗教裁判所对他们进行监控。

即使是外国的宗教冲突，他也会及时地伸出"援助之手"：当法国的天主教教徒和新教教徒发生冲突的时候，他给法国的天主教教徒提供了军事援助；当神圣罗马帝国的皇帝准备镇压德国的路德教和加尔文教的时候，他积极地把自己的军队派到了德国；当英国的伊丽莎白登上王位重立新教的时候，他派出了自己的无敌舰队进行武装干涉，最后在英国舰队的奋起反击下狼狈而归。

西班牙是尼德兰的宗主国，腓力也是尼德兰的国王。腓力继承西班牙王位的时候，大多数的尼德兰人都已经信奉加尔文教了，按理说他应该正视这个现实，但是他的做法却是以国王的权威强迫他们改信天主教。尼德兰人被逼无奈，最终在1568年爆发了反对西班牙的八十年战争。战争的结果就是荷兰获得了独立，西班牙永远失去了尼德兰这个属国。

德国的宗教战争 神圣罗马帝国的皇帝和大部分选帝侯都是天主教徒，但是另外的王侯很多都信奉新教，有的是加尔文教教徒，有的是路德教教徒。当时的德国处于混战状态：不同信仰的王侯进行的战争、信奉新教的王侯和神圣罗马帝国皇帝的战争、王侯对信仰不同的子民进行的迫害。这些事实都充分说明，《奥格斯堡宗教和约》并没有真正解决宗教问题，让王侯为自己的子民选择信仰并不是一个明智的决定。

三十年战争 到了1618年，德国又爆发了一次新教徒和天主教徒之间的战争，因为这场战争持续了30年，所以被称为三十年战争。表面上看，这只是一场宗教战争，但是其深处还有着政治和经济方面的原因，所以由神圣罗马帝国的内战迅速蔓延，成为整个欧洲国家都参与了的国际战争，也成为历史上最惨烈、破坏最大的战争，据载参战双方总共死亡 800 万人，其中 90% 以上都是平民，日耳曼各国减少了 25%—40% 的人口。

最初，这场战争只能算是波希米亚（捷克）的加尔文教教徒举行的宗教起义，但是当神圣罗马帝国皇帝镇压了起义之后，战争开始蔓延了。以丹麦国王为首，德国北部信奉路德教的王侯开始起兵反对皇帝，不久又被皇帝击败。但是瑞典也是一个信奉路德教的国家，国王古斯塔夫·阿道夫又重新挑起了战争，并且打败了皇帝。

这场战争还有一个怪事：法国本来是一个天主教国家，可是它却对古斯塔夫进行了从资金到武器的支持，特别是古斯塔夫在 1632 年阵亡之后，法国更是赤膊上阵，亲自参与了新教国家和皇帝的战争。由此看来，国王们对宗教的忠诚比不过他们对土地的贪婪。法国的参战还有一个目的，它想最大限度地削弱宿敌西班牙和奥地利，让自己能够有一个更安全的政治环境。

《威斯特发里亚和约》 法国的参战终于把皇帝逼到了谈判桌上，双方在 1648 年签订了《威斯特发里亚和约》。按照这份条约，法国获得了除斯特拉斯堡之外的所有阿尔萨斯地区；瑞典获得了德国的两块土地；波美拉尼亚东部另外几个省归勃兰登堡；荷兰和瑞士从神圣罗马帝国独立了出去；德意志的每一个国家都可以自由地宣战和媾和，而不必得到皇帝的同意。在宗教方面，天主教教会承认路德教和加尔文教具有和自己平等的地位，而且它们在 1624 年之前获得的教会财产也不必退回。

英国宗教方面的不宽容 英国在宗教方面同样是不宽容的。亨利八世创立的圣公会走的是中间路线，对天主教教徒和路德教教徒同样残忍。等天主教教徒玛丽·都铎加冕后，又对圣公会教徒和加尔文教教徒大肆迫害，同样用火刑处死他们。而玛丽的妹妹伊丽莎白成为英王后，这个圣公会教徒针对天主教制定了很多严苛的法律，处决了很多天主教教徒；她也没有放过除圣公会之外的其他新教，给这些教派的信徒造成了许多麻烦。

在苏格兰，信奉加尔文教的贵族用武力和他们的天主教教徒女王玛丽·斯图亚特对抗，并且废黜了她；玛丽逃到了英格兰，但是仍然没有逃脱新教的迫害，圣公会教徒伊丽莎白在1587年将她处以极刑。

到了17世纪时，清教徒被圣公会逼迫得无法在英国本土生存，就迁移到了美国的普利茅斯，天主教教徒迁移到了马里兰。而英王查理一世被处死后，加尔文教教徒掌握了政府的权力，他们也开始大肆迫害天主教教徒，比起圣公会有过之而无不及。

火与剑　在斯堪的纳维亚半岛，信奉路德教的丹麦和瑞典清除天主教教徒的方式是火与剑；而在波兰和匈牙利，天主教的国王同样以这样的方式对付新教徒。

法国与《南特敕令》　在16世纪的大部分时间里，宗教战争都在困扰着法国，到了1572年，法国的宗教迫害达到了顶峰：就在"圣巴托罗缪日"这天，天主教屠杀了1000多名胡格诺派的信徒。宗教问题已经成为阻止法国发展的障碍。到了这个世纪的末期，也就是1598年，伟大开明的亨利四世颁布了著名的《南特敕令》，使胡格诺派的信徒不再受到迫害，也享有了公民权利。于是法国的宗教战争结束了，而法国也迎来了将近100年的繁荣与和平。这个事实足以证明，在同一个国家里，民族统一和宗教差异是可以同时存在的。然而到了1685年，路易十四却废除了《南特敕令》，让宗教矛盾再次激化，法国也再次受到了宗教战争的困扰。

宗教宽容的缓慢发展　教会分裂产生的直接后果就是宗教方面的不宽容更严重了，致使宗教战争频繁发生。但是这也从反方面证明，基督徒之间要互相宽容，也说明容忍和仁爱是有可能实现的。当然，想要做到这一步还需要相当长的一段时间。

新近的发展　一直到了现代——更确切地说是"当代"，宗教宽容的原则才真正得到实现，也没有了宗教战争。如今人们的普遍观点是宗教信仰是自由的，每一个人的信仰也都可以得到其他人的尊重，这是人类思想和世界进步的最大收获之一。

六、基督徒的三大团体

基督教在11世纪的时候分成了东正教和天主教，到了16世纪，天主教又分成了天主教和新教。这样一来,基督教就有了三种大的派别,分别是天主教、东正教、新教。

天主教地区 在新教分裂出去后,天主教的教区就只剩下了意大利、西班牙、葡萄牙、法国、南尼德兰(比利时)、瑞士山林区、德国南部、爱尔兰、波兰、立陶宛、捷克、大部分匈牙利、南斯拉夫北部、南美、中美、墨西哥、大部分西印度群岛、魁北克与菲律宾群岛。

东正教地区 东正教的教区主要是俄国、罗马尼亚、巴尔干地区与希腊。不过其中有些地区曾经被穆斯林土耳其人统治过很长时间,而俄国也存在一些信仰其他宗教的人。

新教地区 新教集中在德国的北部与中部、斯堪的纳维亚、芬兰、爱沙尼亚、拉脱维亚、荷兰、瑞士的大部分、苏格兰、英国、美国、加拿大的大部分、南非与澳大利亚。

基督教的共同点 不管是天主教、东正教还是新教,它们都属于基督教,在和佛教、伊斯兰教做比较时,它们还是一个整体。所有的信徒都认为自己是一个基督徒,认为耶稣是创教者和灵魂的鼓励者,都尊重《圣经》,都珍惜基督教早期的传统。此外,几乎所有的基督徒都保留着早期的神学观念,如三位一体、耶稣的神性、人的堕落等,也都认可基督的美德和品格。

神学方面的分歧 天主教承认教皇的权威和管理,认为教皇拥有无上的权力,但是东正教和新教并不认同这一点。不过东正教和新教对于神学也有很大的分歧。新教对圣礼的仪式做了重大改动,认为炼狱、神迹、召唤圣徒都是子虚乌有的。新教徒认为每个人自己就可以执行基督的旨意,根本就不需要教皇和牧师们的帮助;他们还可以根据自己的体会对《圣经》做出解释,而自己的体会才是最权威的。

文化方面的对比 天主教国家和新教国家除了教义上有区别之外,在社会和文化方面也有着显著的不同。在新教国家,既没有了修道院,也取消了教会办的学校、图书馆和慈善机构,这些都改由国家来建设;宗教绘画、圣徒的雕像和彩绘玻璃窗通常也都被捣毁;宗教节日也取消了。而清教徒对剧院和戏剧非常反感,认为这些事物污染了人类纯洁的心灵;他们的礼拜天是庄严肃穆的，这和其他教派在礼拜天的欢快气氛形成了鲜明的对比。

三个结果　教会分裂的三个结果：

第一，天主教、东正教、新教在很长时间内都在忙着内斗，以至于他们没有精力去进行传教工作。

第二，基督徒之间的争权夺利，让头脑清醒的人对基督教的教义产生了怀疑，因为他们的所作所为并不符合他们所宣传的教义。当然，现代已经实现了宗教信仰自由，也没有了宗教战争，真正的仁爱或许也增加了。

第三，很多以前由教会来做的事情，例如慈善、教育等，现代都由国家设置专门的机构进行。也就是说，现代的基督教文明要比中世纪的时候更加世俗化。

第23章 荷兰、英国对专制政体的攻击

封建制度能够发展起来,是因为当时的政府已经无法保证正常的社会秩序;而民主政体能够产生并最后成为主流体制,是因为君主专制政体管理得太严格了。

君主专制政体是推翻了封建制度才得以建立的,所以在开始的时候(也就是中世纪时期)有着很多限制,例如封建残余的反扑、频繁的选举、种种特权、议会的牵制等。但是在15—17世纪之后,压在君主专制政体头上的所有束缚都已经没有了,于是它就忘乎所以了,开始从各方面限制人们的行为和思想,这就引起了人们的反抗。在长期的战争中,人民付出了血的代价,有些国家获得了自由,有些却失败了,暂时仍然实行君主专制政体。

荷兰和英国这两个国家是最先反抗君主专制政体的,也获得了成功。

一、荷兰的起义

"荷兰"这个称呼原来指的只是尼德兰的一个行省,不过居住在北部几个行省的人也被称为"荷兰人"。荷兰人同西班牙人做了几十年的斗争,终于取得了独立,为整个世界都做出了榜样。荷兰人的革命是被逼出来的,因为他们的国王查理五世和腓力二世太专制、太残暴了。

革命的原因　荷兰人奋起反抗的原因有以下四点:

第一,西班牙的苛捐杂税太多了,尼德兰人已经无力承担;

第二,尼德兰的政治权力本来就集中到了国王的手里,到了腓力二世的时候,他又剥夺了贵族原来的特权;

第三,腓力二世是个宗教狂热者,他试图让信仰新教的尼德兰人改信天主教,为此不惜动用了宗教裁判所;

第四,民众对腓力二世普遍有一种厌恶心理。查理五世是在尼德兰出生并长大的,所以他们认为查理五世是"自己人";而腓力二世出生在西班牙,说的又是西班牙语,从1559年之后就没去过尼德兰,所以尼德兰人对他没有亲近感。

斗争的性质　还有一个原因就是双方都太激进了。在尼德兰方面,革命初期的时候有些人冲进了天主教的教堂,捣毁圣坛、推倒神像,还做了其他一些完全没有必要的过分举动;而到了1556年,一些暴徒甚至将安特卫普富丽堂皇的大教堂付之一炬。而在腓力方面,他所委派的尼德兰总督阿尔瓦公爵既贪婪又残暴,在他的横征暴敛下几乎所有的尼德兰企业都破产了,还有上千人被他处死。为了反抗天主教和西班牙人,荷兰人雇用了一些士兵。

莱顿的堤　1574年,尼德兰发生了悲壮的莱顿事件,这个事件充分说明荷兰人的反抗决心。当时莱顿被西班牙人包围了很长时间,城中早断粮了,甚至连猫和老鼠都被吃掉了。在绝望之下,荷兰人毁掉了海堤,海水在赶走西班牙人的同时也毁掉了他们的家园。如果不是荷兰的舰队趁着涨潮给他们送来了粮食,这座城市所有的人都会饿死。

西班牙的暴行　到了1576年,腓力已经无力给在尼德兰平叛的西班牙军队提供物资补给了,在缺粮少饷的情况下,西班牙士兵哗变了,他们洗劫了安特卫普和其他的一些城市。这次野蛮的事件在历史上被称为"西班牙暴行"。

这个事件让所有的尼德兰人都心寒了,于是尼德兰举行了一次所有行省参与的会议,决定在起义中共同进退,直到国王取消宗教裁判所、给尼德兰人自由为止。

然而这个协议仅仅过了3年,南方的几个行省就又倒向了国王腓力二世。

分裂的原因　尼德兰的南方各省重新倒向腓力也不是没有原因的。首先,尼德兰的南方以瓦隆人为主,说的也是法语。其次,南方大多都是天主教教徒,而北方的荷兰人是新教教徒。有了这两个原因,尼德兰的南方和北方几乎就是两个国家了。更要命的是,腓力答应南方,如果他们愿意接受自己的统治,就可以给他们充分的自治权。于是南方和北方分裂了。

但是北方并没有屈服,他们的革命仍在继续。1571年,北方的7个行省在海牙召开了会议,在结成同盟的同时发布了《誓绝法案》。这个法案可以看作荷兰版的《独立宣言》。

沉默者威廉　荷兰革命的主要领导者是奥兰治亲王威廉,他以守口如瓶著称,所以得到了一个"沉默者威廉"的绰号;他也是一个刚毅的军人、出色的政治家,所以又被人称为"荷兰的华盛顿"。威廉曾经屡次失败,又屡次东山再起。他还有出色的文学才能,创作的《声辩》是历史上最有名的反抗暴政的宣言之一。1584年,威廉被刺客刺死,而他的儿子莫里斯和一些荷兰领导人继承了他的遗志。

"无敌舰队"　前面说过,腓力在1588年派出了当时地球上最强大的舰队"无敌舰队"去支援英国的天主教教徒,却被英国人打败了。腓力的这次失败不仅让圣公会重新成为英国的国教,也在一定程度上成就了荷兰的独立大业,因为从此西班牙就失去了海上霸权。

海上马车夫　荷兰的舰队和商业在战争中有了长足的发展,荷兰也成了一个富裕的国家。就在西班牙人忙于摧毁荷兰人的城市和土地的时候,荷兰人的舰队正在世界范围内抢夺葡萄牙人的殖民地,由尼德兰北方7个行省组成的荷兰共和国也逐渐成长为一个庞大的殖民帝国。当时荷兰是世界上拥有航运船舶最多的国家，有"海上马车夫"之称。

休战与和平 1609年，荷兰和西班牙签署了停战协议。但是战争并没有就此结束，西班牙也没有放弃荷兰的想法，直到双方在1648年又签署了《威斯特发里亚和约》，"八十年战争"才终于结束，荷兰也获得了正式的独立。

荷兰革命的结果 革命让荷兰人获得了自由，但是他们并没有得到民主，即使连宗教的宽容也没有得到，即便如此，他们的革命也第一次从正面打击了"君权神授说"。在新生的荷兰共和国，资产阶级拥有最大的权力和影响力，他们的最高领导人叫"执政者"，和现代的总统类似；他们也有议会，被称为"三级会议"。到了18世纪，执政者由选举变成了世袭，这时候的荷兰实际上已经成为一个君主立宪的国家。

二、清教徒的起义

都铎王朝与斯图亚特王朝 在整个都铎王朝，英国的国王们都很有权力，他们可以随心所欲地操纵议会、掌控教会；他们也非常聪明，从来不要求虚名，只要实际权力。后来的斯图亚特王朝的国王就不是这样，他们对名义上的东西要求更多，可是实际的权力却变小了。他们既想成为手握实权的君主，还想从舆论上获得人们的认可，显然这是不可能的事，可以说是他们的言论毁了他们的统治基础。当然，除了他们的那些不理智的话，他们还做了一些不理智的事情。

斯图亚特王朝失败的原因 斯图亚特王朝做的不理智的事情主要有这些：

第一，尽管斯图亚特王朝的统治者是都铎王朝的统治者的直系后代，但他们是苏格兰人而不是英格兰人，因此算是外国人。斯图亚特王朝的开创者是詹姆士一世，曾经是苏格兰的国王，他的母亲是玛丽，也就是被伊丽莎白处死的那个苏格兰女王。所以到了詹姆士一世的时候，英格兰和苏格兰已经是一个整体了，但是这并不能让英格兰人不排斥詹姆士。

第二，詹姆士一世和查理一世都希望能够做专制的国王，为此大谈特谈"君权神授"的理论，虽然也取得了一部分人的支持，但是大部分人都是反对的。

第三，虽然圣公会是英国的国教，但是并不是所有的英国人都是圣公会的信徒，例如，苏格兰的大部分人都是长老会的信徒，即使在英格兰也有一部分人信奉天主教，但还有一部分人是清教徒。而斯图亚特家族既想做国王又想掌控教会，实质上就是让所有的英国人都服从他们的权力和信仰。他们的这个做法受到了很多教派的反对，其中清教徒的反应最激烈。

第四，詹姆士一世和查理一世擅自出台新的税种，损害了商人、船主和中产阶级的利益。

第五，詹姆士一世和查理一世经常绕过议会擅自行事，即使议会有了决定他们也不会遵从，引起了议会的强烈不满。特别是下议院，议员们很多都是清教徒，他们是不可能对国王言听计从的。

《权利请愿书》 议会和国王的争执持续了4年，最终国王在议会的逼迫下签署了一份明确议会权力的文件，这就是《权利请愿书》，其意义远远不止"第二个大宪章"这么简单。查理一世之后绕开了议会，独自处理所有的政务。他实行了11年的专制统治，所有的英国人都敢怒不敢言。但是到了1640年的时候，苏格兰的长老会发动了起义，查理惊恐万分，只好召开了议会。

长期议会 所有的议员都在恼怒中回到了议会，特别是清教徒，他们的情绪是最激动的。议员们决定，即使国王下命令他们也不会解散议会，一定要牢牢地把控当前的局面。因为议题很多，这次会议开了20年，所以后来被称为"长期议会"。在此期间，英国爆发了内战，查理一世被杀死了，然而新的统治者仍然是一个实行独裁的铁腕人物。

内战 这次内战爆发于1642年，持续了7年的时间。国王和他的支持者被称为"骑士党"，他们的对手清教徒头发都剪得很短，被称为"圆颅党"。国王一度占据了优势，但是最后的胜利者是议会方，而且他们在1649年将查理一世送上了断头台。此后，议会宣布英国以后不再设立国王，将实行共和政体。

一个军事独裁者 几乎所有的革命最后的结果都是军事独裁，这次清教徒的起义也不例外。议会军的领袖是奥利弗·克伦威尔，在革命成功后手握大权，他说出的话就是法律。1653 年，克伦威尔被推举为"护国主"，有了和国王一样的权力，从此英国也有了一个强势的政府。克伦威尔是一个优秀的政治家，也是一个运筹帷幄的军事家，掌控着一支战无不胜的军队，所以才能够实行独裁统治。他对内很残暴，当苏格兰、爱尔兰发生起义的时候，他毫不犹豫地派出了军队，残酷地进行了镇压。

共和国的崩溃 1658 年，克伦威尔去世了，他的儿子理查德接任了"护国主"的职务。当时理查德才 32 岁，这个善良的年轻人根本没有他父亲那样的雄才伟略，驾驭不了他父亲手下的骄兵悍将，也对付不了想要试验新政体的共和党、想要复辟的保王党、想要将长老会立为国教的清教徒，于是他很明智地辞去了"护国主"这一职务。

三、英国的王朝复辟

君主制的复辟 英国再次进入了混乱状态。议会决定恢复君主制，于是找回了正在法国流亡的斯图亚特，他是查理一世的儿子，在 1660 年加冕后成为查理二世。斯图亚特王朝复辟了。

查理二世与詹姆士二世 查理二世和他的弟弟詹姆士二世都想实行君主专制，希望通过"君权神授"统治英国而不愿受到议会的牵制。复辟后的斯图亚特王朝的国王们都是信奉天主教的，而不是像他们的祖先那样信奉圣公会，他们还希望利用专制政体让所有的英国人都信奉天主教。

增长的梦幻 查理二世聪明睿智，做事情比较圆滑，从来不说自己实行的是专制政体，而且到临死的时候才承认自己是一个天主教徒；而詹姆士二世有点儿认死理，公开说自己信仰天主教，还说自己有权力赦免那些违反了议会所制定的法律的英国子民。詹姆士的言论为自己惹了大麻烦，几乎所有的英国人都开始反对他：圣公会教徒害怕他们的地位不保，其他教派的信徒对他偏向天主教和漠视议会也非常不满。

破灭的梦幻 在詹姆士只有两个女儿（她们都是新教徒）的时候，英国人还暂时能够忍受，因为未来的女王不信仰天主教，到时候形势可能会变好。但是当詹姆士的第二任妻子生了一个儿子后，情况就变化了。因为按照英国的王室继承法，儿子比女儿更有资格继承王位，而这个小家伙是一个天主教教徒，将来必定会继续詹姆士二世的那一套。于是圣公会联合了其他教派，到荷兰邀请詹姆士的女儿玛丽和她的丈夫威廉来英国继承王位。1688年11月，威廉和玛丽在军队的护送下来到英国，沿途的英军闻风而降，威廉一行人很顺利地进入了伦敦。

四、"光荣革命"

逃走的国王 詹姆士没有做任何抵抗就灰溜溜地跑了，因为没有士兵愿意为他作战。1689年，议会自行召开会议，决定废黜詹姆士二世的王位，由玛丽和威廉联合统治英国。

胜利的议会 这次革命几乎没有发生流血牺牲事件，所以英国的历史称之为"光荣革命"，这次革命标志着在同专制政体的斗争中，议会取得了最后的胜利。英国也自此成为君主立宪的国家，议会采取了种种措施对国王或者女王的权力进行限制。

《权利法案》 为了确保胜利的果实不会失去，1689年召开的议会还通过了非常著名的《权利法案》。这是一部限制王权、保证议会权力的法案，和1215年的《大宪章》、1628年的《权利请愿书》是一脉相承的。

法案的主要内容有：所有的不列颠君主必须是圣公会的信徒；君主没有权力取消某部法律，也没有权力特赦那些犯了罪的人；不经议会同意，君主不得征税，也不能拥有军队；所有的议员都不会因为政治观点的不同而遭到逮捕，都可以自由地发表自己的主张；所有的嫌疑人在被审理的时候必须有陪审员。

其他重要法律 在之后的十几年里，英国又相继出台了几部重要的法律，也是光荣革命的间接成果。1689年颁布了《宽容法》，除了天主教之外，所有人都可以自由地信奉任何一个新教的派别。1701年颁布了《王位继承法》，对王位的继承权和继承顺序做了明确说明。1707年颁布了《联合法》，从此英格兰、苏格兰合并成了大不列颠王国。

政党 英国在查理二世的时候出现了两个政党：辉格党和托利党。辉格党代表的是不信奉圣公会的中产阶级的利益，托利党代表的是乡绅、贵族和圣公会的利益。在光荣革命后，这两个党派在议会中的地位更显得重要了，轮流在选举中获胜，然后控制议会和政府。此后两党制也就成了英国的政治传统。

内阁的兴起　复辟之后的英国开始有了"内阁"这个机构，内阁是英国政治的一个标志，也是光荣革命间接产生的结果。早在斯图亚特王朝时期，当时的国王们就喜欢聘请一些有经验的政治家（一般都是贵族）担任自己的顾问或者助手。这些人按照自己的特长分别负责政府的某个或者某几个部门，例如有分管外交的、有分管司法的、有分管财政的等，为国王处理政务时出谋划策。在查理二世的时候，因为经常在密室里开会，这个类似参谋团的机构被称为"密谋团体"，后来演变成了"内阁会议"，简称"内阁"。

内阁的发展　在光荣革命之前，内阁成员一般都是国王的心腹。但是到了革命之后，内阁就不再是国王私人的参谋团了，而是成为议会的执行委员会，变成了一个国家的政治机构。后来还形成了一个惯例，下议院多数党的领袖负责组建内阁。

例如，在威廉和玛丽联合执政期间（1689—1702），在辉格党掌控下议院的时候，就由辉格党组阁；当托利党掌控下议院的时候，就让托利党组阁。等安妮女王（1702—1714）加冕后，尽管她在感情上更喜欢托利党，但是也没有剥夺辉格党组阁的权力。而到了乔治一世（1714—1727）登基后，内阁的重要性又提高了一步：乔治不会说英语，参与内阁的会议对他来说就是一种折磨，于是他就让内阁自己处理一切事务，连会议都不参加了。如此一来，内阁实际上就成为英国的最高决策机构，地位和权力都快速得到了提升。

近代内阁　到了这个时候，英国的内阁就有了两个最基本的特点：一个是内阁负责所有的国事，一个是内阁的成员基本上都是下议院的议员。随后不久，第三个特点也出现了：内阁的负责人是"首相"。第一个被人们称为"首相"的是辉格党人罗伯特·沃尔波尔爵士，他是一位伟大的政治家，在1721—1742年间，连续担任乔治一世和乔治二世的内阁首相。

第24章 大陆专制政体的盛行

一、法国的波旁王朝

法国和英国几乎是同时开始专制政体的,但是法国实行专制政体的时间要更长。事实上,当英国的专制政体在17世纪被光荣革命推翻的时候,法国的专制政体正在路易十四的努力下方兴未艾。

波旁王朝的强固统治 造成这种结果的主要原因有以下两点:

第一,波旁王朝的国王和大臣们要比他们的英国同行更有能力。曾经颁布《南特敕令》的亨利四世深受人民的爱戴,也是一个铁腕的政治家,他采取了很多对国计民生有利的措施,有效治愈了战争带来的创伤,使法国迅速繁荣起来。他的儿子路易十三(1610—1643年在位)性格有点儿软弱,但是首相枢机主教黎塞留却是一个难得的政治家。路易十四

(1643—1715年在位）登基时只有5岁，当然无法自己处理政务，不过他也有一个好帮手，那就是首相枢机主教马萨林，马萨林对黎塞留的政策萧规曹随，保证了政策的一贯性和延续性。

第二，可能是法国敢于反抗专制政体的力量遭到了压制。法国也有一个和英国的议会性质相同的机构，叫作"三级会议"，但是从1614年，在175年的时间里都名存实亡，国王根本就不允许召开；贵族们的私人武装早就被国王剥夺得一干二净，完全不敢反对国王的决定；而胡格诺派在1598年至1685年获得了宗教宽容与公民权利，所以宗教方面也没有了反对者。还有一点，英国的中产阶级是国王的反对者，而在法国，中产阶级却是拥护国王的中坚力量。

"大君主" 到了1661年，路易十四终于长成了一个青年人，亲政后立刻将政府的所有权力收回到自己的手里。这是一个精明干练且受人尊敬的专制君主，他行为端庄，衣着庄重，谈吐温文尔雅，是"君权神授"理论的典型拥护者。路易最喜欢人们称他为"大君主"，而他的功绩也证明，这个称呼是名副其实的。很多外国的君王都把路易十四当成人生的榜样，希望自己也能取得这样的成功，但是最终他们都让人失望了。对于如此出色的一个君主，难道法国人除了赞美他、为他掌握着权力引以为荣，还能去干其他的吗？

路易十四统治下的艺术与文学 这个时代也是法国文学和艺术的"黄金时代""古典时代"。很多文学家和艺术家都希望自己能够被路易十四看中，这样就能沐浴到这位伟大国王的阳光，可以成为这位慷慨好客的君王的座上宾，可以从他那里得到资金和赞扬了。如果不谈战争和外交，仅仅从文化艺术方面而言的话，那么路易的王宫就是世界的中心，是整个欧洲都要羡慕和忌妒的对象。

然而路易十四可不是一个耽于享乐的君主，他勤于政务，并且要求他选拔出来的官员也要努力地工作。他曾经说过："要用工作来保证统治，要用统治来保证工作。"

财政总监柯尔贝尔 很多官员都是路易十四亲自提拔的，特别是他的顾问和助手。在财政总监的人选上，他可谓是慧眼如炬。在当时的法国，很多高级职务都是由贵族或者教士担任的,和这些人相比,柯尔贝尔算是出身寒门了,因为他的父亲是一个商人。但是路易十四力排众议,坚持让他担任财政总监。

事实证明,路易十四的选择是正确的。柯尔贝尔上任后,大刀阔斧地对法国财政进行了改革:他掀起反腐运动,众多贪官污吏的倒台增加了国王的收入;他降低了农业税,减轻了农民的负担。

柯尔贝尔对工业也很重视:有了新发明可以从政府得到奖赏,开办新的企业可以从政府获得补贴;他禁止法国的技工离境,还从国外聘请来了很多高级技工;他取消了17个假日,让法国人有了更多的工作时间。

贸易与殖民地 柯尔贝尔认为,如果想要法国更加富裕,就必须多出口、少进口,所以采取了鼓励出口、限制进口的政策。例如,某个船东需要买船,如果他选择法国船厂建造的船,就可以从政府那里得到一定金额的补贴;如果他要从外国买的话,就要向政府缴纳一笔进口税。他也没有忽视国内贸易,开放了运河,修建了更多的道路,还试着取消不同行省间的过境税和货物税。

为了鼓励法国人在印度、非洲、美洲建立新的殖民地,他给殖民公司签发了特许状,甚至还提供了大笔的资金。

专制政体的缺点 尽管出现了路易十四这样杰出的君主和柯尔贝尔这样难得的政治家,也无法阻挡专制政体被抛弃的命运。专制政体有一个致命的缺陷,就是太依赖君主的个人能力了。如果君主是睿智、理智、善良的,国家在这个君主的领导下自然会蒸蒸日上,人民的生活也会越来越好;如果是一个昏庸、冲动、残暴的君主,那么国力必然倒退,人民的生活也会变得困苦。即使是睿智、理智、善良的君主,谁也无法保证他能一直坚持下去;即使能够坚持,也不免会做一些不理智的事情。路易十四就是一个最好的例子,他就干过几件"蠢事"。

《南特敕令》的废止 有一件蠢事是在1685年干的,当时他大笔一挥就签署了废除《南特敕令》的命令,这让法国保持了将近100年的宗教和平状态结束了。

这个不理智的行为还对法国的经济造成了极大的打击,让柯尔贝尔努力取得的很多成果都化为乌有。当时法国的胡格诺派有30多万人,而且大部分都是中产阶级、商人和熟练的技工,当他们知道自己被剥夺了公民身份后,为了安全纷纷逃亡到了其他国家,甚至是美洲的英属殖民地,这对法国的工商业造成了难以弥补的损失,也让法国本来繁荣的经济缓下了脚步。但是事情到这里仍然没有结束,逃亡到欧洲其他国家的胡格诺派教徒还有很多加入了所在国的军队,用武力反对路易十四的统治。

侵略战争 另一件蠢事就是穷兵黩武。他在位期间,几乎每一年都要发动侵略战争,不仅浪费了金钱也让很多年轻人失去了生命。路易十四也有发动战争的资本。例如,他有一支人数高达30多万的常备军,是欧洲最大的一支军事力量;他的军事大臣卢瓦是一个军事组织方面的天才;他的总工程师沃邦既是修建要塞的奇才,也是攻克要塞的奇才;他手下有一大批出色的将领,每一个都能担任独当一面的司令官。这些战争让路易十四获得了极高的声望,也让他的对手苦恼不已,但是同时也让法国陷入了国疲民穷的境地。

具体的战争会在稍后进行列举。

路易十四的对外政策 路易十四的对外政策有着很强的目的性:

第一,让法国有一个有利于防守的自然边疆。路易十四想要让法国成为古代高卢那样幅员辽阔的国家,希望法国的边境线能以比利牛斯山、阿尔卑斯山、地中海、大西洋、莱茵河为"自然"边疆。

第二,扩大波旁王朝的权力和影响。他认为,作为波旁家族的当家人,他不能满足于只是自己当上国王,应该让自己所有的子孙,甚至是所有的族人都能当上国王或者有一个不错的爵位,至少也要获得大笔的财富。为了这个目标,他不惜动用国家的力量,采取包括外交和战争在内的所有手段。

第三,对老对手哈布斯堡家族进行削弱。哈布斯堡家族在几个世纪之前就开始崛起了,先是有人当上了奥地利的大公,接着又把神圣罗马帝国的皇位囊入怀中。到了路易十四时期,当时法国的周边,例如西班牙、意大利、西属尼德兰、法兰斯孔德、奥地利、匈牙利、波西米亚(捷克)都是哈布斯堡家族的人在控制。换句话说,当时的法国已经被哈布斯堡家族的领土给包围了。路易十四当然不愿意看到这种局面,而且他对哈布斯堡家族能有如此大的势力范围也有着忌妒心理,于是制定对外政策时针对的就是哈布斯堡家族。

路易十四的战争 路易十四一生参与和发起的战争数不胜数,我们简单列举几个比较大的战争:

(1)三十年战争。严格地说路易十四和这场战争无关,毕竟他即位的时候只有5岁,而且决定参与战争的是狡猾的黎塞留,但是战争是在他在位期间结束的,而且他也是战争的获利者,所以说他参与了这场战争也是有道理的。法国在这场战争中获得了很多好处:1648年,按照《威斯特发里亚和约》的规定,法国获得了莱茵河以西的阿尔萨斯的大部分地区;1659年,法国在南方和北方的领土都增加了,而且这一年的条约中还规定路易十四可以迎娶西班牙国王的长女,这样路易就有了插手哈布斯堡家族的机会。

(2)遗产战争。西班牙的国王在1665年去世后,路易以自己的王后是西班牙长公主为由,提出要继承西属尼德兰(比利时)。这个理由当然是不合理的,西班牙毫不迟疑地拒绝了他,于是遗产战争爆发了。法军在战争中的表现很抢眼,一路势如破竹、无人能挡,但是后来英国、瑞典、荷兰介入了战争并进行调停,法国在巨大的压力下无奈签署了《亚琛和约》,结束了战争。尽管如此,法国还是获得了包括里尔在内的大片比利时南部的领土。

(3)荷兰战争。路易对遗产战争中荷兰人的背叛非常生气,就在1672年发起了对荷兰的战争。除了复仇(或许用"借口"这个词更恰当),还有政治和经济方面的原因:政治上,路易希望获得荷兰的领土,将法国的边界推进到莱茵河一线;经济上,当时的荷兰已经成为法国在商业上的一个强劲对手,法国希望能够通过战争削弱荷兰的竞争力。这场战争中哈布斯堡家族对荷兰提供了援助,但是仅仅保住了荷兰的独立和领土,而且西班牙还失去了法兰斯孔德,让这个地区成为法国东部的一块领土。

(4)占领斯特拉斯堡与卢森堡的战争。为了扩大领土,1681年路易提出法国拥有对阿尔萨斯地区斯特拉斯堡的所有权,当时这里是神圣罗马帝国的一个自由城市，哈布斯堡家族当然不会同意，于是路易十四派兵占据了斯特拉斯堡。1684 年，同样的事情又在卢森堡发生了。

（5）大同盟战争。为了进一步削弱哈布斯堡家族和增加法国的领土，路易十四在 1688 年侵入了莱茵河流域。但是这时候路易的野心已经引起了欧洲大部分国家的警惕，所以哈布斯堡家族得到了很多国家的支援，到了 1689 年，英国、荷兰也加入了战争，反对路易的扩张。到了 1697 年，实在打不下去了的路易被迫认输，退还了除斯特拉斯堡以外的所有从 1680 年以来占领的土地。

（6）西班牙王位争夺战。1701 年，西班牙国王去世，他的遗嘱是将王位留给路易十四的孙子腓力。路易得到了一个千载难逢的好机会，他曾高兴地说"再也没有比利牛斯山了"，意思就是法国和西班牙将合并成一个国家，比利牛斯山脉再也不是法国的边界。但是哈布斯堡家族却不愿意接受这个损失，于是这个家族统治下的所有国家结成了反法同盟，共同反对路易的扩张，随后就是持续了 12 年的战争。法国有惊无险地赢得了这场战争，但是也付出了高昂的代价，国库枯竭、民怨沸腾，陷入了内忧外患的境地。在战后签订的条约中，虽然腓力可以接任西班牙的王位，但是路易也被迫答应永远也不会吞并这个国家。所以如果我们抛开所有的文字游戏，会发现路易除了得到一个西班牙的王位，并没有得到任何实际上的好处，可以说战前拟定的战略目标全部落空，而且还让英国趁火打劫了美洲的一些殖民地。

路易十四多场战争的影响 通过一系列的战争，路易十四确实对哈布斯堡家族给予了沉重打击，也让法国的领土有所增加。但是这些战争带给法国的也不都是利益，还有许多显性和隐性的危害：他多年的征战让欧洲各国认识到了法国的战斗力，许多国家都对法国产生了警惕和反感，这也是后来历次反法同盟出现的根源；他对阿尔萨斯地区的占领，让德国对法国有了解不开的仇恨，也为后来的普法战争甚至第一次世界大战埋下了祸根；他一直致力于在欧洲大陆的征战，忽略了殖民地的建设和商业的发展。战争也是一个吞金兽，连绵几十年的战争让法国人民不得不承受沉重的赋税，而且在这几十年的时间里法国内部一直饥荒、瘟疫不断，如果不是路易十四有着崇高的威望，还有战争胜利带来的民族自豪感，或许早就发生暴乱和起义了。

路易十四之死 他在晚年也认识到了这个错误，临终前曾告诉他的继承人"不要学我建筑宫殿和发起战争，而是要努力减轻人民的负担"，但是为时已晚，他所有的荣耀都已经被生活的苦难淹没了。当他的遗体通过巴黎大街的时候，迎来的不是哀痛和致敬，而是人们的诅咒和开怀畅饮。

法国专制政体的衰亡 路易十四的继承人是他的曾孙子，后来被称为路易十五（1715—1774年在位）。这个国王显然并没有把路易十四临死前的话听进去，生性懒散且骄奢淫逸，所以尽管路易十四给他留下了很多能干的大臣，到了最后也无力回天。而且连绵不断的战争和路易十四大肆修建宫室园林也耗尽了法国的国力，所以尽管此时的波旁王朝看起来如日中天，其实根子已经腐烂，已经日薄西山了。到了路易十六的时候，法国人民终于忍受不了专制政体的统治，于是大革命发生了，波旁王朝也以悲剧的形式走下了历史的舞台。

二、普鲁士的霍亨索伦王朝

普鲁士的兴起 普鲁士和俄罗斯一样，都是历史上较年轻的国家，也都在18世纪开始强大起来。普鲁士最初只是德意志的一个邦，中世纪的时候成为条顿骑士团的殖民地后被日耳曼化，接着就成为一个公国。到了1618年，霍亨索伦家族的一个亲王继承了普鲁士，他同时还是勃兰登堡邦的领主，于是普鲁士和勃兰登堡实际上就成为一个国家，霍亨索伦家族也变得更加强大了。

大选帝侯 在1640—1688年这段时间，来自霍亨索伦家族的弗里德里希·威廉从哈布斯堡家族那里获得了不少领土，还建立了军队。威廉是神圣罗马帝国的七个选帝侯之一，而且是影响力比较大的一个，所以又被称为"大选帝侯"。

和法国的波旁王朝和英国的斯图亚特王朝一样，作为得益者的威廉也是君主专制政体的坚决拥护者。他继位的时候普鲁士也有议会（也叫作国会，有立法权），属于君主立宪的政体，但是他废除了议会，让普鲁士成为一个真正的君主专制国家。

王国的创建 威廉去世后，他的儿子腓特烈一世继承了王位，在1701年被神圣罗马帝国的皇帝加封为普鲁士王国的国王，自此勃兰登堡不再是独立的政权，而是属于普鲁士的一个地方行政单位。

国王弗里德里希·威廉一世 1713年，腓特烈一世的儿子弗里德里希·威廉一世继位，他统治了普鲁士27年的时间。弗里德里希·威廉一世是一个聪明睿智又充满热情的国王，对军队不惜投入，普鲁士的军队只有8.5万人，却花掉了国库七分之五的收入，普鲁士终于变成了一个军事强国。当时的普鲁士在面积和人口方面只能排在欧洲的第12名，但是军事实力却是第4名，这都是弗里德里希·威廉一世的功劳。此外，为了提高军队的素质和战斗力，他还在普鲁士进行强制教育。他认为，国家越富庶，就越有能力维持更多、更强大的军队，于是想尽办法让他的子民努力工作。

弗里德里希·威廉一世竭力供养军队并不是为了侵略，而是为了震慑周边的邻国，起到"不战而屈人之兵"的作用。当然，他也用军队占领了瑞典在波罗的海南面的一些领土，但是从整体上来说，他并不是一个好战分子。到了他的儿子弗里德里希二世继位后，普鲁士的战争机器和专制政体才开始发力，所以弗里德里希二世被德国人尊称为"弗里德里希大帝"。

弗里德里希大帝 弗里德里希大帝（1740—1786年在位）是霍亨索伦王朝最伟大的国王。他身材不高，但是有着一双炯炯有神的眼睛。年轻时的弗里德里希大帝喜欢诗歌、音乐、舞蹈，虽然他的父亲对他严格教育，但是当时的人们都不认为他会成为一个合格的国王。但是当他登基之后，却让所有当初看不起他的人都大吃一惊，他用战争征服了很多地方，为自己赢得了崇高的荣誉和声望，还一心希望成为专制的君主。

弗里德里希的征服 弗里德里希大帝有一支强横的军队，他父亲给他打下了良好的经济基础，所以他刚登基就发起了对奥地利的战争。当时奥地利的女王是玛丽亚·特利莎，也是哈布斯堡家族的成员，她治下的西里西亚繁荣富饶且人口众多，弗里德里希早就垂涎欲滴。弗里德里希青年时曾参加了波兰王位争夺战,当时的欧洲第一名将欧根亲王对他赞誉有加,这次一出手就轻而易举地夺取了西里西亚。但是为了保卫这块新领土,他不得不进行了两场长时间的、大规模的战争,分别是奥地利继承王位战(1740—1748)与七年战争(1756—1763)。哈布斯堡家族的很多强国都给奥地利提供了支援,但是弗里德里希不愧是军事天才,几次在不利的局面下反败为胜,赢得了最后的胜利,也保住了西里西亚。

第一次瓜分波兰 1772 年,他和奥地利的女王玛丽亚·特利莎化敌为友,他们和俄国的叶卡捷琳娜二世一起瓜分了波兰。弗里德里希在位时的几场战争都涉及欧洲很多国家,在一定程度上已经属于世界性的战争了。

在弗里德里希的领导下,普鲁士的领土增加了,国际地位也提高了,普鲁士从原来无人重视的弹丸小国成为能和英国、法国、俄国、奥地利比肩的欧洲军事强国。

"开明专制君主"弗里德里希 在 18 世纪后期的这段时间,欧洲大陆上的很多统治者都是专制残暴的,不过也不是没有把民众的疾苦放在心上的"开明专制君主",弗里德里希就是其中的一位。他认为自己是"国家的第一公仆","人民不是为了统治者而存在,而统治者却是为了人民而存在"。他非常勤政,每天 6 点之前就起床,开始一天的工作。

他为普鲁士的发展殚精竭虑,做了很多的事情,例如,选择能干而又忠诚的人担任官员、编纂了最新的法典、允许信仰自由、推进教育和科学的发展等。

三、俄国的罗曼诺夫王朝

和普鲁士一同崛起的还有俄国。在 17 世纪后期,俄国的罗曼诺夫王朝出现了一位杰出的君主,他带领俄国成为欧洲和世界强国,他就是俄国的沙皇彼得一世,史称"彼得大帝"。

彼得大帝 彼得是 1682 年成为俄国沙皇的。当时的俄国虽然有庞大的国土,但都是贫穷落后的地方,人口也很少,和西欧几乎没有什么往来,其原因就是俄国在波罗的海和黑海都没有港口,无法发展海上贸易。从地理环境上来讲，当时俄国与其说是一个欧洲国家，还不如说是亚洲国家。

彼得更像是一个野蛮人，例如，他性情暴躁、残忍好杀、穿着粗俗、举止无礼、嗜酒如命等；但是他的优点也很多，例如，头脑睿智、意志坚定、聪明好学、精力旺盛等。在年轻的时候，为了考察欧洲强国的政治和经济，他曾去过英国、荷兰等好几个国家，据说还曾以伪造的身份进入荷兰的船厂学习造船技术。经过考察之后，彼得认为，如果想要让俄国强大，就必须融入欧洲并实行君主专制政体。他的这两个想法后来都实现了。

建立专制政体 彼得不放过任何一个能够增强自己权威的机会，最终成为专制的君主。他曾郑重其事地说："沙皇的地位是至高无上的，拥有所有的权力，没有义务也没有必要为这个世界上的任何一个人负责。"不管是斯图亚特王朝、波旁王朝，还是其他王朝，都没有一个君主敢说出这样的话。为了实现这个目的，彼得采取的手段也是极端残酷无情的。

军队 彼得即位时的军队还是旧式的，并不可靠，即使是沙皇的禁卫军对沙皇也不是忠心耿耿。彼得有一次在外地旅行的时候，听说他的禁卫军准备废黜他，盛怒之下立刻返回首都并处理了禁卫军。据史籍记载，彼得绞死和碎尸了2000人，砍头5000人，被处以鞭刑的不计其数。随后他建立了一支20万人的新军，解散了旧式军队，从而完全掌握了军权。有了忠诚的军队作为后盾，他其他的改革计划就可以进行了。

教会 想要实行君主专制，彼得还需要解决另外一个障碍，那就是教会。俄国的国教是东正教，之前已经脱离了君士坦丁堡大教长的控制，有了自己独立的教会和大教长。教会当时对俄国的民族有很大的影响，给彼得的改革制造了很多困难。为了消除教会的影响，彼得取消了大教长这个职位，由一个委员会领导教会，而这个委员会的领导者就是他所控制的"神圣宗教会议"。就这样，教会由原来的障碍变成了彼得改革的拥护者。

政府 政府的改革是彼得的第三步。他取消了中世纪时期就已经建立的议会"杜马"，取而代之的是他能够完全控制的一个小参议院。他还建立秘密警察制度，为的就是监视所有对他和他的支持者不满的人，从而掌控了全国上下所有的官员。

欧化俄国　为了让他的臣民"脱亚入欧",彼得采取了很多措施。例如,他把俄国所有的上层人物都召集到一起,亲手剪掉了他们的长胡子和嘴唇上的短髭,并且宣布谁要是再留就重重惩罚;他命令全国的男子都不能再穿东方式的长袍,改穿欧洲人常穿的短衣长袜;所有的大臣都要学习法国宫廷的时尚;不管喜欢与否,所有的贵族都要吸烟。妇女们的习俗也被他强行改变了,在以前,贵妇们都遵循土耳其的风俗要回避男宾,但是彼得要求她们必须参加宫廷举行的宴会和舞会。

科学和教育　彼得对科学和教育好像并不是多么重视,他建立的学校不多,而且大多都是技校、航海学校和军校,目的就是培养工程师、海员和军官。这些学校的教师大多都是从欧洲聘请的,不可避免地将欧洲的科学和教育也带入了俄国。为了制造更好的军需品,彼得还聘请了很多技术娴熟的欧洲技工,对俄国的工业也起到了促进作用。

"通往西方的窗口"　当时的俄国在公海上没有出海口。当然,俄国确实在里海和白海上有港口,但是里海和公海是隔绝的,里海实际上是一个内湖;而白海一年中大部分时间都被冰雪覆盖,没有不冻港。彼得很清楚,俄国想要"欧化"、想要富庶强大,就必须加强和欧洲的联系,发展和欧洲的贸易,然而有一个前提,那就是俄国必须首先拥有在公海上的不冻港,彼得把这种港口称作"通往西方的窗口"。环顾四周,最适合的"窗口"都在黑海与波罗的海,于是彼得决心拿下这里的港口。

为"窗口"而战　当时波罗的海在瑞典的控制之下,而黑海几乎就是土耳其的内湖,想要达成这个目的,除了战争别无他途。但是彼得想港口已经快要想疯了,他根本就不在乎是否会发生战争,不过为了增加胜算,他还是拉上了波兰和丹麦,希望三国合力打败瑞典。不过当时的瑞典国王查理十二也是一个年轻有为的君主,一心希望能够成为瑞典的亚历山大,在这场战争中屡次大败彼得。不过彼得得不到港口是不肯罢休的,每次失败后都重整旗鼓,再次杀向波罗的海。到了10年之后,也就是1709年,查理十二终于无力支撑战争的消耗了,他在波尔塔瓦战役中大败,不得不割让了波罗的海沿岸的大部分土地。

这下彼得有了"通往西方的窗口",还是一个很大的窗口。但是在黑海方向，他并没有取得什么成果，甚至还吃了一点小亏。

一座新城市 战争结束后，彼得立刻在新夺取的土地上建立了一座新的城市。这个城市位于芬兰湾的涅瓦河畔，彼得用自己的名字将其命名为"圣彼得堡"，后来改叫"彼得格勒"，再后来就成了"列宁格勒"。这里是俄国的第一个公海不冻港，很快就成为俄国最重要的商业港口，彼得也将首都迁到了这里。其实这里不仅是进出货物的港口，西方先进的思想也是从这里进入俄国的，也正是有了这个港口，人们才认为俄国正走在成为强国的道路上。

叶卡捷琳娜女皇 彼得是近代强大俄国的创建者，发扬光大的是叶卡捷琳娜二世。这是一个粗野、荒淫、残暴的女人，但是她的才能也是有目共睹的，而且为俄国的壮大做出了极大的贡献，所以后世把她称为"叶卡捷琳娜女皇"；她也是一位极端专制的君主，完全把控了军队、教会、政府。在她的领导下，俄国又有了更多的"窗口"：1772年，波兰的一部分领土归了俄国；1774年，土耳其被俄国打败后割让了黑海的北岸地区；1793年，她又从波兰抢走了一大块土地；1795年，也就是她去世的前一年，波兰剩余的土地也被她吞下，她将波兰从当时的欧洲地图上抹了下去。

四、奥地利的哈布斯堡王朝

在实行君主专制政体的所有王朝中，最成功的无疑就是哈布斯堡王朝了。这个王朝的创建者是鲁道夫，他在1273年的时候被推举为神圣罗马帝国的皇帝，同时自封为奥地利大公，被后世称为鲁道夫一世。这个家族的掌控力很强，从1438年开始，一直到1806年为止，只有两位神圣罗马帝国的皇帝不是出自哈布斯堡家族。

哈布斯堡家族中最有名的是西班牙的查理五世和腓力二世，都是专制君主，曾经因为暴政引起尼德兰人的反抗，最终导致了荷兰的独立。哈布斯堡家族控制着很多国家，也声称对很多国家有控制权，但是人们通常认为他们就是奥地利的统治者，因为从鲁道夫一世开始，这个国家的统治者都出自哈布斯堡家族。

奥地利的马克西米连 在 15 世纪的后半期，哈布斯堡家族又换了一个新的当家人，他就是马克西米连。他不仅是神圣罗马帝国的皇帝，也是奥地利的大公；这是一个典型的专制君主，对土地有着无限的渴望。马克西米连才华卓绝，通过联姻、外交、战争等种种手段，统治着欧洲复杂的民族和最辽阔的土地。例如，前面说过的法国吞并勃艮第公国，其实路易十一并没有得到全部的勃艮第，其中最富饶的精华部分，也就是尼德兰（包括荷兰和比利时）都被马克西米连得到了，因为他的妻子是勃艮第公爵的继承人，拥有名正言顺的继承权。

后来，经过外交努力，马克西米连又让他的独生子腓力娶了西班牙的女继承人乔安娜（斐迪南与伊萨伯拉的女儿），这样西班牙也落到了他的手里。腓力和乔安娜生了查理与斐迪南两个儿子，查理和斐迪南都是 16 世纪时的风云人物。

查理与斐迪南 查理就是前面说过的西班牙国王查理五世，马克西米连去世后，查理得到了尼德兰、西班牙、西西里和意大利的南部，后来在选举中被推选为神圣罗马帝国的皇帝，又通过战争获得了意大利北部的城邦国家米兰。而斐迪南只获得了奥地利，不过他也是一个很有手段的人，和他的父亲一样通过联姻和战争征服了波西米亚和匈牙利两个国家；后来，当他的哥哥查理五世去世后，他也凭选举当上了神圣罗马帝国的皇帝。

专制政体与战争 看到哈布斯堡家族名下有这么多的国家，这让欧洲的其他国家感到害怕了，例如法国，它周边的邻国的统治者要么是查理五世，要么是他的儿子腓力二世。恐慌引起了对抗，而对抗又加重了恐慌，这种恶性循环一直持续到了 18 世纪的末期，中间曾经引发了多场战争。在 16、17 世纪里，法国和哈布斯堡王朝之间的战争，还有几乎波及整个欧洲的宗教战争，哈布斯堡王朝的专制统治都是"功不可没"的。

哈布斯堡王朝大体上可以分为两支：一支是查理五世的后裔，一直都居住在西班牙；另一支是斐迪南的后代，一直居住在奥地利。西班牙的这一支因为出现了查理五世和腓力二世而声名大噪，但是荷兰的独立对它来说是一个沉重的打击，从16世纪的中期就日渐衰落，最终在1700年灭亡了。而奥地利的那一支要稍好一些，但是在1740年查理六世去世后，因为没有男性继承人，只好由女儿玛丽亚·特利莎继承王位。

玛丽亚·特利莎 查理六世也是一个名副其实的专制君主，他在去世前独断专行地发布了《国本诏书》，坚定地要把王位传给女儿，为了让欧洲的各个强国同意玛丽亚·特利莎继承王位，他还预先采取了一些措施。他的努力没有白费，玛丽亚·特利莎终于成了奥地利的统治者，还统治了40年之久。不过这个23岁的女孩也算是苦命，刚一登基就不得不面对一场战争，就是我们前面说过的奥地利王位继承战。当时普鲁士的统治者是弗里德里希，他认为一个女人不会有什么才能，于是在法国和西班牙的帮助下抢走了奥地利的西里西亚。但是他没有想到特利莎会有如此大的号召力和政治才华。当时几乎她所有的子民，特别是匈牙利人，都坚定地团结在她的周围，同入侵的普鲁士进行殊死拼杀；而荷兰、英国为了商业利益，也希望法国、西班牙战败，于是都对奥地利进行了军事援助。从整体来看，特利莎在这场战争中得大于失，她失去了西里西亚，但是保住了自己的王位和其他所有的领土，所以算是战争的胜利者。

她的儿女们 特利莎的丈夫是洛林的弗兰茨，他们的后代一直都是奥地利的统治者，一直到第一次世界大战结束后，才失去权力。特利莎生育了15个儿女，其中约瑟夫和利奥波德这两个儿子后来都成为神圣罗马帝国的皇帝；女儿玛丽·安东瓦内特嫁给了法王路易十六，后来他们夫妻一起在法国大革命中被害。特利莎的曾孙女玛丽亚·路易莎是拿破仑·波拿巴的妻子，另一个曾孙女是巴西佩德罗一世的王后。她还有一个玄孙是墨西哥马克西米连一世。

从马克西米连开始，哈布斯堡家族统治了奥地利和其他一些国家长达几百年的时间。

五、商业上与家族间的世仇

尽管荷兰和英国（后来复辟了，但是已经不再是君主专制政体）都成功地成立了共和国，但是大部分的欧洲国家仍然是专制政体。从 1650 年开始一直到 1750 年，奥地利的哈布斯堡王朝、法国的波旁王朝、俄国的罗曼诺夫王朝、普鲁士的霍亨索伦王朝，都熟练地运用"君权神授"这个强大的武器，建立起更加强大的帝国。为了提高自己的权威、扩大自己的领土，这些帝国的君主不惜发动战争，攻击和自己有同样野心的邻国。事实上即使到了 1750 年也没有结束战争，因为这种起源于商业利益和家族仇恨的战争不同于王位争夺战，很少有尘埃落定的时候。

除了上面提到的商业利益争夺和家族仇恨，这些专制国家之间、它们和其他国家之间的战争还有另外两个原因，一个是土地，一个是宗教。不过中世纪之后就很少发生宗教战争了，最多的还是商业利益争夺和家族仇恨，这种战争在 18 世纪的时候达到了顶峰。

远及四方的战场 专制君主发起的战争并不会局限在欧洲的本土，而是会发生在任何一个双方能够接触到的地方，属国、贸易据点、殖民地都可以成为战场，即使是两艘敌对国家的商船在大海上碰到了，也会用大炮攻击对方。像前面说过的奥地利王位继承战和七年战争，实际上都已经是世界性的战争了。

1689 年欧洲的殖民地 到 1689 年，欧洲各强国都有了大量的殖民地。西班牙的殖民地最多，遍布南美洲、中美洲、墨西哥、西印度群岛、菲律宾，还有现代的佛罗里达地区。葡萄牙的殖民地主要是巴西，另外还有非洲、印度沿岸的一些贸易据点。荷兰的殖民地是东印度，不过在南非和西印度群岛也有一些。英国的殖民地大多都在北美洲的东海岸，集中在从马萨诸塞州到南卡罗来纳州一线，此外在印度和西印度群岛还有部分贸易据点。法国起步比较晚，这时候刚开始在加拿大和密西西比河流域展开殖民，另外在印度也有少数贸易据点。

为什么重视殖民地 国王们开拓殖民地的目的有以下几点：

第一，增加更多的疆土。当时的欧洲强国林立，想要获得更多的土地，只有通过大规模的长期战争，而且还不一定能够保住，而开拓殖民地的难度相对来说就小多了。

第二，为了宗教。当时的人们普遍认为，如果一个国王是虔诚的教徒，那么他就应该让更多的异教徒回归基督的怀抱。或许西班牙、葡萄牙、法国的国王是这样的想法，但是英国显然不是，即使有也只是一部分。

第三，攀比心理。看到别的国家有了殖民地，自己也想要拥有，不然就体现不出自己的国家是一个强国。

第四，贸易和赋税。这一点是最重要的原因，有了殖民地就可以掠夺来更多的财富，也可以让本国的工业品更多地卖出去。

殖民地与商业 在当时，殖民地已经成为宗主国最重要的财富来源。例如西班牙，它从殖民地获得了大量的黄金、白银；再如英国，每年都从北美的殖民地运回天文数字的皮毛、鱼类、木材、棉花、大麻、烟草等货物，这些都是工业急需的原材料，有了它们，英国的工业就有了发展的基础。为了获得更多的利润，每个国家都垄断了自己殖民地的贸易。正是在这种思想下，西班牙规定，它的殖民地只和本国的商人交易；而英国早在1654年就发布了种种航海条例，其中有一条规定就是：所有产自殖民地、运往殖民地的货物，承运的必须是英国的货船。

西班牙人从殖民地得到的是能够直接作为货币的黄金白银，其他的国家就没有这样的好运气了，但是它们可以从自己的殖民地获得急需的原材料，还可以销售本国的商品，既拉动了工业的发展，也增加了税收。还有更重要的一点，从殖民地得到不管是金银还是其他原材料，都是采取的以物易物的方式，有时候甚至就是直接抢来的，对于宗主国来说，这两种方式都是不需要用货币的，所以对本国经济的提升也是最有效果的。

金与银 那时候金银才是通用货币，所以判断某个人是否富裕，只要看他有多少金银就可以，国家也同样如此。现在看来这种观念是没有道理的，但是就当时来说，这就是普遍的真理。即使到了现代，各国的经济政策也是按照重商主义进行调整的。

重商主义 重商主义也叫作重商理论，其核心是强调贸易顺差，也就是出口必须多于进口。实行重商主义的目的，就是增加国库内的金银储备，毕竟只有少买、多卖才会有余额。

战争的一个原因 每个国家都垄断了自己殖民地的贸易。在这种情况下，如果一个国家想要和某个殖民地进行贸易，那么首先就要打败这个殖民地的宗主国，逼迫宗主国要么不垄断，要么割让殖民地。从 1689 年之后，围绕着殖民地的贸易权发生了一系列的战争，并且延续到了 18 世纪末。这些战争的发起者一般都是荷兰和英国，应战的是西班牙和法国。

帕拉提纳特战争 前面说过的帕拉提纳特战争和法荷战争，其实质都是争夺殖民地的战争。几乎与此同时，英国和法国在美洲也展开了殖民地战争，当时英国的国王是奥伦治的威廉，也就是光荣革命后被邀请到英国的那个威廉，所以美洲一般把帕拉提纳特战争称为"威廉国王之战"。

西班牙王位继承战 在西班牙王位继承战中，英国在美洲和海洋上都获得了巨大的利益：

第一，法国失去了阿卡迪亚殖民地，英国接手后改名为新斯科舍。

第二，英国获得了纽芬兰湾和哈德逊湾周边的土地，这些地区原来也是法国的殖民地。

第三，地中海上的米诺卡岛和战略要地直布罗陀被西班牙割让给英国。

第四，西班牙修改了自己的垄断贸易法，允许英国和它的美洲殖民地进行有限的贸易。

奥地利王位继承战 奥地利王位继承战中，英国、荷兰、普鲁士是一方，奥地利、法国、西班牙是另一方。这场战争并没有局限在欧洲大陆，而是蔓延到了整个世界，从欧洲到美洲、从美洲到印度、从大陆到海洋，到处都燃起了熊熊的战火。战后的获利者只有普鲁士的弗里德里希，他得到了西里西亚；吃亏的是特利莎，失去了西里西亚，但是保住了王位和其他所有领土。法国、英国、西班牙没有失去什么，但是也没有得到什么。对于法国和英国来说，这场战争的意义就是一系列利益争夺战中的一个重要组成部分。

在同一时期，英国和法国在北美也发生了激烈的战争，由于当时的英国国王是乔治二世，所以美国的历史称之为"乔治国王之战"。

七年战争 到了 1756 年，普鲁士和奥地利又开始了"七年之战"。令人惊奇的是，这次法国成了特利莎的盟友，而原来的盟友英国又变成了她的敌人！这是为什么呢？

原来，就在两年前英法在加拿大又开战了。英国人认为，既然法国选择帮助奥地利,那么他们就必须和奥地利的敌人普鲁士站在同一条战壕里。

英法在北美的战争进行了9年,同时还在印度燃起了战火。英国在这三个战场都赢得了胜利,欧洲的司令官是威廉·皮特,加拿大的司令官是詹姆斯·沃尔夫,印度的司令官是罗伯特·克莱武。

巴黎条约 不管是对英国还是对法国来说,七年战争都有着决定性的意义。从帕拉提纳特战争开始,这四场战争都是为了北美的控制权进行的,到了奥地利王位继承战和七年战争时,又加上了印度的控制权。经过70多年的战争后,英国取得了最后的胜利,也获得了美洲和印度的控制权。

1763年,七年战争的双方在巴黎签署了条约,英国再次从法国那里获得了巨大的利益:在美洲,法国将加拿大、布雷顿角岛、密西西比河以东的全部土地(新奥尔良除外)割让给英国;在印度,法国只剩下了6个小型的贸易据点,其余的都归了英国;在西印度群岛,法国将特立尼达、圣文森特、格林纳达、多巴哥诸岛让给了英国。

经过四场战争之后,法国的海外势力遭到了严重削弱,而英国树立了海上霸主的地位,还获得了北美和印度的控制权,成为世界上最大的殖民帝国。

间接的结果 这70多年的战争至少间接造成了以下几个后果:

第一,专制政体在法国和西班牙失去了权威,开始慢慢走向衰退。1789年,法国发生了民主大革命,随后又传到了西班牙。

第二,波兰已经不再是一个独立的国家,被普鲁士、奥地利、俄国瓜分了。

第三,造成了美利坚合众国的崛起。

第四部分

✕

西方与东方的变革

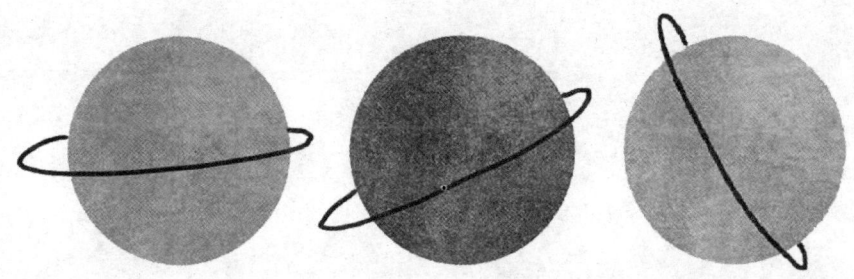

第 25 章　美国革命

在 1763 年印第安人和法国人在美洲地区进行的七年战争结束不久，北美洲大西洋沿岸的 13 个英国殖民地爆发了一场革命，这场革命起初只是一场舆论战争，后来发展成为一场武力战争。在法国和其他欧洲国家的推波助澜之下，美国于 1783 年脱离英国的殖民统治，获得独立。在一开始的时候，殖民地的领导人还竭力维护英国的利益，但后来伴随着殖民地力量增加，逐渐形成了一个新的自由且独立的国民政府，也就是美利坚合众国。美国的这次革命深深地影响了其他地区的革命。最初，美国实验性地采用联邦体制，时间验证了它的成功，引得全球纷纷效仿。反观 17 世纪革命后的英国，依然死守着君主立宪和贵族议会的制度。美国利用英国不思进取的这段时间迅速发展，逐渐取代了英国的领先地位，世界第一的接力棒由英国亲手交到了美国手里。连带自由独立的政治思想，也从一个国家传递到另一个国家，政治民主主张深入民心。

一、美国革命的导火索

殖民地之间的战争，特别是印第安人和法国人之间的战争，间接促使美国革命爆发。这场战争让殖民地的人民看到了自身真正的能力，同时也让各殖民地彼此联合成为一种可能，同时他们还学习到了丰富的军事经验。同时，这也使得各殖民地与英国的摩擦加剧。英国通过了更为严格的航海法，并派出1万人的军队驻扎在美洲。英国政府明确下令，英属殖民地的人民必须上缴赋税充当这些军队的军费，但殖民地人民却反对这些英国驻军，也对英国的征税令表示强烈抗议。他们认为只有由自己选出的代表所组成的殖民地议会组织才有权征税，英国政府无权征税。口角和争议逐渐呈蔓延之势。

航海法 100多年来，英国为控制殖民地的贸易，出台了一系列法律。比如，殖民地所有货物的运输，都必须使用英国的船只，一些货物的代理权也只能给英国人。殖民地的人民难以忍受这种只对英国有利的法律，民怨沸腾。所以航海法在一段时间内形同摆设。但是，在印第安人和法国人的战争结束不久，英国政府准备开始推行航海法。

关税法 英国曾试图对殖民地进口的某些货物征税，但是这一计划跟征税法、航海法一样，惹怒了殖民地人民。1764年的时候，英国强制出台了一部叫作《糖税法》的新关税法，并马上开始实施。依照这项法律，英国将对某些进口货物和糖征收关税，部分出口的货物也要征税。殖民地人民对这种阻碍贸易的法令深恶痛绝，强烈地反对受控于英国的殖民地官员的征税行为。但英国的征税官驻扎在港口，可以随意登船征税。

缉私配合律法 为了逃避进口货物税，有些商人采用走私的方式来运输。他们躲开港口，将船停靠在僻静的地方，趁着黑夜卸货，暗自藏匿在官员们不易察觉的地方。于是乎，法庭就给官员们下发了一份缉私配合律法的书面条文，授予官员对船只和住宅搜查走私货物的权力。这种强制搜查的手段和法令，引起了殖民地人民的强烈不满。

印花税法 议会在1765年颁布了一项法律，要求报纸、法律证件、小册子等必须都粘贴印花税票。而发行印花税票的目的，就是给英国政府提高收入。这条征税法令激起了民怨，引起了动乱。各殖民地议会都赞成这次抗议行动；9个殖民地的人员共同组成一个代表大会，在纽约召开会议，并向英国国王乔治三世递交了请愿书。这次行动标志着殖民地的人民尝试联合起来争取自己的权益。

屯兵法 迫于压力，英国人在1766年取消了印花税法。议会仍执意对殖民地加税，并使用武力镇压反抗行动。英国随后通过了授权美洲城镇地区驻扎军队的屯兵法律，也就是屯兵法。1000名英国士兵被派遣到波士顿，波士顿成为斗争的焦点所在，战争一触即发。1773年，波士顿人民摧毁了一艘向英国纳税的茶业船只。为了惩戒波士顿人，英国控制的殖民地议会停止了波士顿港口的所有贸易。1775年4月，战争爆发了。

根源总结 美国革命爆发的原因如下：（1）议会向殖民地地区征收重税的同时还出台了妨碍贸易的法令；（2）缉私配合法律授予税官强行搜查住宅的行为；（3）议会无视殖民地人民的不满，依然制定惩处性法律，如波士顿港口法；（4）榜样的鼓舞，比如说，帕特里克·亨利反对印花税，詹姆斯·奥蒂斯反对缉私配合法，塞缪尔·亚当斯反对英国对殖民地的事务干涉，托马斯·潘恩号召殖民地独立；（5）英国的军队在美洲城镇地区的屯兵，引起了争斗和动乱，如1770年"波士顿惨案"；（6）有力的理论依据"没有代表权的征税就是暴政"；（7）美国人的自信，他们觉得自己可以自我管理，独立自主，这种情感不断沉淀。

二、宣布独立

战争爆发后，相当一部分殖民地人民心中获得更多自由的向往变成了国家独立的决心。有一部分英国人不是很赞同议会和英王乔治企图继续控制殖民地人民的想法。同时，托马斯·潘恩、托马斯·杰弗逊、塞缪尔·亚当斯等为争取独立而奋起斗争的先驱者也没有获得全殖民地人民的支持。"托利党人"和"保王党人"就是那些依然对英国忠心耿耿的美国人。还有一部分人冷眼旁观,心存犹疑。但第三个团体的人们却在积极努力地为自由而战,被称为"爱国党人"。他们坚持斗争,并在多年后取得了最终的胜利。

大陆会议 各殖民地派出的代表团经常在费城召开会议,尝试处理一些殖民地和作战事宜。这个代表团就是大名鼎鼎的"大陆会议"。担任美国大陆军队总司令的是乔治·华盛顿。本杰明·富兰克林、托马斯·杰弗逊等人则组成了一个委员会,负责《独立宣言》的草拟工作。在1776年7月4日的大陆会议上,这一宣言正式通过。它宣布"合众殖民地"成立为"独立而自由的诸州"。各州也都纷纷通过宪法(基本法)。第二年,大陆会议又草拟了联邦条约,也就是后来的美国宪法。

本杰明·富兰克林等人分别去法国和欧洲的一些跟英国有隙的国家请求帮助和认可;托马斯·潘恩始终否认君权神授的理念;托马斯·杰弗逊甚至觉得不断革命是民主政治的一剂良药;帕特里克·亨利用"不自由毋宁死"的口号来指导和鼓舞美国民众。

三、获取独立

自由跟独立也就意味着流血和牺牲。弱小的爱国之军进行了整整8年痛苦且漫长的斗争。有饥寒交迫之时,也有失败困顿之时,比如1777—1778年福吉谷的寒冬;偶尔也会取得小胜,比如特伦顿和萨拉托加、普林斯顿、国王山、考彭斯及约克敦等地的战斗。

1777年10月,美国人在纽约州东部取得了著名的萨拉托加大捷。法国随后便公开答应支持美国的独立运动。第二年年初,法美缔结盟约。其后,西班牙、荷兰也加入法美联盟,对英宣战。这样,美国殖民地拥有了宝贵的、梦寐以求的盟友。但这些盟国并不是真心帮助美国,只是想打败自己痛恨、畏惧的英国而已。尽管法国的拉斐特、普鲁士的冯·施托伊木及波兰的普拉斯基等政治家曾大力抗英援美,但都有着自己的小算盘。

强敌窥视的英国 1689—1763年的鏖战中,法国被迫把它的核心殖民地加拿大和印度的大部分所属地割让给英国;法国一直期望能重新把殖民地收回来，以此来削弱英国。西班牙也想收回被英国夺去的米诺卡岛、佛罗里达和直布罗陀。老牌殖民国家荷兰地位被英国反超后，便一直跟英国摩擦不断。还有一部分欧洲国家，对英国在战时搜刮和抢夺中立国船只的做法表示不满和愤慨。它们联合起来建立武装中立同盟，一起抵抗英国，维护自身的商业利益。

英国的不利局面 美国革命的战场上，英国四面受敌。而且英国国内也是麻烦不断：爱尔兰人民发动起义；相当一部分英国人反对这场战争。埃德蒙·柏克、查理·詹姆斯·福克斯、威廉·皮特等人公开在议会上表示对美国的同情。派军远征美洲的同时，英国还需要在南海岸与西班牙和法国鏖战；还要派遣舰队在加勒比海、北海和非常遥远的孟加拉湾跟法国人和荷兰人开战。三大洲的战火中都有大英帝国的身影。

美国胜利的原因 四处树敌的英国焦头烂额，自然而然把胜利的机会送给了美国。另外，法国的财力、人力也都对美国有着非常大的帮助。然而最重要的因素是美国爱国人士自身的勇敢和坚持，所有美国人都应铭记在心。英国著名历史学家 W. Z. H. 莱基则认为，华盛顿的人品和功劳使得美国革命最终取得胜利。这个评价很是耐人寻味。

美国独立战争期间还发生过一些决定性的革命事件：1777 年 10 月美国萨拉托加大捷；1778 年 2 月法美结盟；1781 年 10 月，在弗吉尼亚州的约克敦，英国总司令康沃利斯向华盛顿以及法国同盟国投降。1783 年 9 月，各方在巴黎签署了停战合约。

战争的结果 （1）合众国获得了最终的政治独立；（2）法国收回了西非的塞内加尔和印度群岛的多巴哥两块殖民地；（3）佛罗里达和米诺卡岛又重新回到西班牙的怀抱；（4）荷兰未得到任何好处。

法国斩获虽不多，却因英国失去了最重要的殖民地而倍感欣慰。对英国这个殖民帝国来说，虽不致命，却伤筋动骨。

对法国的影响 美国的革命也对法国产生了极大的影响。后者的陆、海军都在战争中受到巨大消耗，导致国库空虚，加速了法国的君主政体灭亡。另外，大部分的法国人曾经支持美国对抗英国国王，现在准备对抗自己的国王。法国革命接踵而至。

失之东隅，收之桑榆　英国虽然丢掉了美洲的殖民地，沃伦·黑斯廷斯却掌控了整个印度。在约克敦向华盛顿投降的康沃利斯勋爵于1785年取代了黑斯廷斯。黑斯廷斯虽然是美洲的失败者，却在印度大获成功。

1783年之后，英国有过两次很重要的领土扩张。一次是向辽阔的海岛陆地澳大利亚进行移民定居，在1768–1771年詹姆斯·库克船长进行那场著名的航行之前，澳大利亚还不为人知。另一次则是攻占海峡殖民地，掌握并控制了东南亚的马来半岛。

四、美国宪法

革命过程中，每一块殖民地（州）原有的宪法或者宪章都做了重新修订，没有宪法的地区就草拟新法。之前的殖民地众议会变成了现在的独立诸州的立法机构。在革命后期，大陆会议起草的旧的联邦宪法，也就是联邦条例被修改，变成了一部新法。在费城召开的会议上，一个专职的代表团草拟了新法，这就是美国历史上著名的1787年制宪会议。

新宪法　1787年费城会议上制定的联邦宪法，一直沿用至今。与今天的美国宪法相比，只在形式上有些许变化。以后每次修订案中，都有一些补充。但是，今天的美国宪法在释义和用法上变化很大。这是因为主要宪法向着民族主义和民主主义方向发展，所以形态更加成熟。

相对旧宪法，1787年制定的新法赋予了联邦政府更大的权力，比如，征税和管理商业的权力。宪法将政府分成了三个部门，根据旧法规定，全国政府由一个大陆会议构成。隶属新政府的三个部门分别是：身为立法机构的国会、以总统为首的行政部门和以最高法院为首的司法机构。

"制约"起草　新宪法制定于1787年，生效于1789年。宪法规定，政府的三个部门之间要相互"制约"。不仅仅是这样，由诸州议会选举所产生的参议院，也就是国会的上议院，要时时制约由人民投票选举所产生的众议院。赋予各个州在参议院相同等级的代表权，其目的就是让小州来制约在众议院里有许多代表的大州。

缺少民主　大约一半的白人获得了选举权，而黑人和妇女则被排除在外。选举权掌握在诸州手里,完全不受全国政府管辖。各州不相信平民可以管理好国家,想让贵族统治和民主政治保持平衡。

民主政治的发展 民主政治随时间推移逐渐发展起来。诸州的宪法也变得越来越民主,更多的男人拥有了选举权。越来越多由诸州派选的选民加入到国会议员的选举中来,联邦政府的民主程度也得到了一定的提高。诸州将"总统选举人"的选举权交给了选民,州议会不再越俎代庖,因此总统的选举过程变得更加民主。1829—1837 年,安德鲁·杰克逊担任总统期间,美利坚合众国的民主政治建设乘风破浪继续前行。

五、美国革命的重要意义

美国革命把 17 世纪英国革命的原则展示得更加淋漓尽致。它极大地强化了"革命权利"思想,也就是人民有权推翻一个剥削人、压迫人的政府。独立战争后成立的政府,虽不完善,但也步步为营,逐渐走向民主。

美国人曾经在革命结束后尝试各种政体,并影响了一些借鉴这种政治形态的其他国家。美国曾经做过哪些尝试呢?(1)世袭制度的国王被选举产生的总统取代;(2)制定宪法作为组成和约束政府的基础;(3)贵族不再享受世袭权;(4)政教分开;(5)"制约"和"三权分立"的制度;(6)多个邦国组成的联邦共和国体制;(7)选举立法者按人口比例产生。

现如今,共和体制已占领了世界所有大洲,但美国是近代第一个巨型共和国。各州自行其职,最终归于全国政府管理下,是近代联邦体制第一次伟大的实验。

第26章 思想革命

　　17世纪，英国爆发了革命，专制体制被贵族统治取代，终结了新教派和英国国教之间的矛盾冲突。18世纪，美国革命爆发，成立了一个新的国家，为宗教宽容和政治民主奠定了新的基础。

　　在17和18世纪英国和美国革命爆发的这两个世纪里，基督教区很多学者和思想进步者，正努力地传达和发展"宗教宽容和政治民主"这种新思想。直到今天，这种思想依然对我们有着深刻的影响。可以说，这是一次思想革命的全新洗礼。

　　一次渐进的运动　　思想革命随着时间推移逐步发展成熟。早先的一些思想变迁对它起了一定的促进作用：（1）14到17世纪欧洲向外扩张势力，人们对远方的世界有了更多了解；（2）商业不断朝前发展，欧洲人在非洲、美洲和亚洲雇用廉价劳动力，欧洲中产阶级和贵族阶级的财富积累增加，人们有了更多的业余时间来学习新知识;(3) 16 世纪哥白尼学说带动的宇宙观变革;(4) 16 和 17 世纪以来宗教裁判所的固执和偏见引发反抗;(5)人们对 17—18 世纪频繁的王朝战争和争夺殖民地的战争带来的痛楚和罪恶的抗击。

17—18 世纪思想革命包含以下几点:(1)自然科学的重要性得到重视;(2)基督教怀疑论与"自然宗教"的崛起;(3)"进步"观念深入人心;(4)经济、政治、宗教和教育等各方面都开始用批判精神来进行审视、论证。

一、近代科学

方法 17 世纪弗兰西斯·培根和勒内·笛卡儿倡导和证实的科学方法,被 18 世纪以后的科学家广泛地运用。持久的实验和细微的观察成为约定俗成的科研流程。

物理学 这一时期出现了物理学历史上最杰出的人物之一——英国的艾萨克·牛顿爵士。他有许多影响深远的实验成果,其中最有名的就是万有引力定律。"引力"能够使物体吸引其他物体:苹果从树上掉落到地上,地球围绕太阳公转。德国人莱布尼茨和牛顿都将数学运用到了物理学的科学研究中。美国的富兰克林和意大利的贾法尼都是有名的物理学家。富兰克林制造了避雷针,贾法尼的名字留在了蓄电池品牌之上。意大利一位著名的物理学家伏特制造出了"伏特"电池。

18 世纪,制造得更加精良的温度计和晴雨表被人们广泛运用到实际生活中。

生物学 对植物和动物进行了深入的探索研究,有了重大发现。17 世纪英国杰出的外科医生威廉·哈维发现了血脉循环并加以描绘,使 18 世纪之后的医学工作者们受益匪浅。"近代生理学奠基人"的荣誉被跟本杰明·富兰克林同时期的瑞士诗人兼科学家阿尔勃莱希特·冯·哈勒获得。同时代还出现了瑞典人林耐和法国人布丰两位生物学家,他们对动物和植物做出了广泛的探索研究,加快了"植物学"和"动物学"这两门新学科的发展。后辈中英国的爱德华·詹纳医生,通过种痘的方法解决了之前肆虐欧洲的天花病。

化学 18世纪时，英国的约瑟夫·普里斯特利、亨利·卡文迪许和法国的安东尼·拉瓦锡这几位化学家为近代化学奠定了坚实的基础。氧气被发现、水能分解成两种元素，化学领域中开始频频使用这些知识。

科学广受欢迎 自然科学在18世纪之所以得到快速发展，主要是因为得到了统治阶层的大力支持。国王发给科学家巨额津贴；英国大臣为他们提供高薪职位；贵族也会赠送厚礼给他们。欧洲几乎所有的国家都用公款建造有超大天文望远镜的天文台。各地的科技人才聚集到学会或者"科学院"中。1662年，伦敦创办了皇家学会，听取了来自天文学、数学和物理学等方面的全新成果报告。路易十四豪爽地支付法国科学院院士们全额年终奖金。大名鼎鼎的牛顿也是其中之一。

在这之前，人们从未对科学产生过这么大的兴趣，也没有好的学习机会。此时，出版印刷业得到极大发展，各学术研究团队常发表一些专业领域的报告。号称要为每一项科学新发明做充分报道的各种百科全书大行其道。哲学家、科学家或者是某一学科的学者非常受人尊重，甚至那些只懂一点化学或物理知识的人，都喜欢用自己的知识和技能去朋友跟前炫耀。这在当时成为一种时尚。

空闲与学问 书籍对一些普通人来说依然属于奢侈品，但中层阶级和贵族却买得起。随着贸易和工业的发展，日积月累的财富不仅给他们带来了空闲，也带来了学习的机会。

二、怀疑论与自然宗教

基督教怀疑者大规模出现是18世纪最明显的特点之一。自然科学的探索研究让许多人开始倾向于追求一种宗教的"自然"，也就是根据人类对自然的认识，而不是《圣经》或者其他历史权威性的宗教的教义来定义世界。这一态度在一定的程度上使得人们与基督教、《圣经》产生了矛盾，因为宗教为维系其历史地位所宣扬的超自然观点有悖于现代科学。

基督教教会的发展过程中，不乏一些抨击某些弊端或者教义的改革声音。可即便如此，除了 15 世纪意大利的人文主义者以外，从没出现过如此多的有魄力、有影响力的人士集体抨击基督教信仰的情况。在 17 世纪最后 25 年的时间里，一些英国哲学家因受到自然发现法则的激励，开始运用新的科学方法试图逃脱教会的桎梏。他们不仅认可科学实验规则，还把基督教信仰中的许多情况归结为"迷信"。他们赞同依照"自然法"生存，但是自然法究竟是什么，智者见智，仁者见仁。

自然神论者　赞成这种观点的人被称为自然神论者。他们不是真正的无神论者，依然笃信上帝，正如自然神论者名字中蕴含的意思一样。对于宗教，他们信仰和教化什么，模糊不清。若从反面来看，他们质疑和抨击的对象却相当明确。在许多人眼中，自然神论者很快就成为否定基督教和《圣经》的代表。

从英国到法国　自然神论最初起源于法国，而后传到英国。对法国来说它的意义更为深远：（1）让多数上层阶级对教会不再崇拜，为法国革命打下基础；（2）激励了一些哲学家拓展新的科学体系；（3）主张用宽容的态度对待有疑问的特殊宗教；（4）它使人们的宗教态度日渐冷漠，那些过分愚昧和懒散的人，不用心学习自然神论，仅根据表面的理论来证实他们冷漠态度的正确性。

伏尔泰　法国巴黎的弗朗梭阿·阿鲁埃（1694—1778）是 18 世纪自然神论和唯理论的核心代表人物。他就是大名鼎鼎的伏尔泰（笔名）。

伏尔泰经常因为苛刻的语言与讽刺的笔调而引火烧身。他曾因诽谤罪被关进了最古老阴森的城堡——巴士底狱（巴士底狱象征着波旁王朝的暴政），时间长达 1 年之久；但他是巴黎人民的崇拜对象。在嘲讽德国皇帝之前，他深受德皇弗里德里希的恩宠，甚至谒见过俄国女皇叶卡捷琳娜，也曾在瑞士居住过一阵子。

他撰写过大量不同类型的文章，跟当时大多数"哲学家"一样支持科学。

在英国的 3 年里，伏尔泰熟悉了英国的唯理论，并深深地被折服。大约在 1733 年，他撰写了《哲学通信》一书，阐述了自然神论哲学，猛烈地攻击教会和社会弊端。

伏尔泰并不是一位观点犀利、有独到见解的思想家，但却是当时最全能全知的智慧型作家。84岁那年，他回到了家乡，贵妇们称他是风趣的老犬儒。他确实是犬儒，因为他毕生的事业都在嘲讽，他也是欧洲思想界的专制者。

伏尔泰并不是唯一一位时刻表达不满的哲学家，下文我们会提到许多思想先驱。

三、进步的理念

18世纪思想革命中最突出的理念就是进步。在科技成果遍地开花的前提下，进步理所当然。地理新发现以后的科学发现让人们找到了一种信念，也就是乐观主义。工业跟发明，财富跟扩张，行走在同一条路上，至少某些幸运阶级广为受益。

黄金时期曙光初现，人类的心灵终于从沉睡了几个世纪的黑暗中醒悟过来，准备征服世界，探究生命的奥秘，从而找寻宇宙所有的秘密。人们坚信，只要稍微思考一下，就能将世界从愚昧、罪恶和迷信中解救出来。哲学家们开始大胆攻击宗教和道德问题，批驳教会、国家甚至社会，探索去往新世界的道路。

得意与轻视 对新的成果和新的思想的骄傲感，导致一种轻视过去、讴歌现在、谋划未来的思潮。

唯理论 由于支持者要求事情都必须合理或者是理性的，所以这种批判的热情经常被叫作"唯理论"。1675—1725年，英国地区出现了一些唯理论的代表人物，他们的唯理论观念却在法国生根结果，影响远超英国，这都是伏尔泰和相关一些人士的功劳。

四、批判精神的普遍运用

上文提到，这种产生于18世纪的批判乐观主义——唯理论，被运用到生活的方方面面。下面我们详细讲述一下。

宗教方面 在宗教方面,"行善"比信仰更受关注。新教、天主教教徒的人道主义精神正蓬勃发展,他们批判奴隶制度,要求改革监狱,还要求增强宗教的宽容思想,希望减少宗教迫害。

政治方面 在政治方面,人们呼吁个人自由,批判专制体制。例如约翰·弥尔顿的一些著作;英国1628年《权利请愿书》、美国1776年《独立宣言》和一些著名文件。这些书籍和材料都记录了当时自由斗争的实质性发展。

洛克、孟德斯鸠和卢梭 支持人民反抗国王行动的人当中,最有名的要数英国的约翰·洛克与法国的让－雅克·卢梭、查理·孟德斯鸠。卢梭和孟德斯鸠都是18世纪著名的思想家,两人都曾经受到生活在17世纪的思想家洛克的影响。洛克思想的核心论断之一就是一切政府存在与否,要由被统治者决定。

孟德斯鸠倡导的论断是,所有政府都应建立在满足被统治人民的需求和个性基础之上。他认为只有三权分立的政府,才能最终保障自由。三权分立就是不允许任何个人或者集团同时享受立法、司法和行政三项权力。为此他极力歌颂英国政府,相信实施三权分立政体对英国来说轻而易举。

卢梭非常激进。虽然他的私人生活乱七八糟,但他的观点异常激进。同洛克一样,他主张政府建立在被统治者拥护的社会契约的基础上。这种"社会契约论"广为流传。卢梭还认为,最好的政府政体就是共和国,能满足人民的需求。

卢梭被认为是一名自然神论者,但跟其他自然神论者比较,卢梭心目中的上帝更慈爱、更通情达理。卢梭虽有缺点,但拥有良好的品格。其他人只是喜欢探索、研究自然,他却真心热爱自然,他身上拥有一种"伟大圣诫"的精神。卢梭认为"爱上帝,高于一切,爱你周围的邻居就像爱你自己,这就是归纳的圣诫"。他的座右铭看似中庸,其实颇具革命性。晚年的拿破仑·波拿巴曾经说过:"若无卢梭,就不会有法国革命。"

在呼吁自由理念的同时,卢梭还倡导民族主义,他的某些理论在教育方面也有很大影响。

教育方面 18世纪,出现了很多新的教育理念,这些在当时具有革命性质。人们批判和否定教会学校，通过国立学校实施普及教育。在这点上，美国著名的托马斯·杰弗逊的观点跟欧洲人的观点有惊人的相似之处。

经济方面　从前被广泛认可的有关财富、商业和国家重商主义的观点在 18 世纪也成了批判的对象。一批重农的法国学派抨击重商主义，力求将重点从"贸易差额"和商业转移到矿业和农业上来。他们不赞同保护关税和对其他国家设立贸易壁垒，提倡更多的商业自由。他们认为：每一个人，只要不干涉其他人和自己相似的权利，就应有权利自主经商和工作。

亚当·斯密　创作了《国富论》的亚当·斯密在他的书中提倡一种全新的自由经济。这本书刚好创作于美国独立那年（1776 年）。他的著作成了产业界的独立宣言。亚当·斯密认为，每位雇用者、销售员都应是自由的，国家应该"顺其自然"，需要用一只"无形的手"来引领大家实现共赢。只有这样，国家的财富才会真正有所增长。

《国富论》其实只对中间阶级有利，结果将国家财产变成了资产阶级的财富，而底层人民的生活却越来越穷困。与此同时，重商主义也垮掉了。亚当·斯密的名著使得"自然权利"和"自然法"理论大行其道。

第27章 法国革命

爆发于1789年的法国革命是一场法国人民挺身抵抗封建专制体制以及贵族政治的起义。这次革命的结束时间不详,因为20多年间风起云涌,所以很难界定它结束于何时;同样,它到底因何种原因结束也难下定论,因为革命目标并未快速实现。贵族政治虽被压制,但并未灭亡,专制体制还时刻准备着复辟。但法国国内发生了翻天覆地的变化,这些变化影响了欧洲各国。很多国家的人民同样承受着磨难,只要法国登高一呼,从者云集。

1642年和1688年的英国革命涉及政治和宗教,1776年美国革命的关键词是独立,而1789年的法国革命则涉及政治、社会、宗教和经济多个方面。

一、法国革命的导火线

18世纪的法国曾是欧洲各国的样板。欧洲

各地的广大人民正在旧体制下遭受贵族的欺压。革命率先在法国爆发，主要有三个原因：(1) 法国当时的专制君主比别国国王更昏庸更无能；(2) 法国的哲学水平比别国更具影响力；(3) 法国人民对英美两国革命的兴趣远远超过其他国家的人民。

国王们的昏聩 如果法国两位君主路易十五（1715—1774 年在位）和路易十六（1774—1792 年在位）要是能有普鲁士的弗里德里希大帝一半的才华，法国的专制体制就不会如此退出历史舞台了。可路易十五既不伟大也不明智，整日沉浸于酒色之中，政局完全被他的宠臣和情妇控制。他对减少开支或改革政府完全不感兴趣，比路易十四更奢靡、放荡。路易十六是位有改革意向的君主，但因权贵反对而踌躇不前。他曾经有一位锐意改革的国务大臣杜尔阁，但当贵族们建议削弱他的特权时，国王当即免去了杜尔阁的职务。此事发生于 1776 年，大洋彼岸的美国在这一年发表了《独立宣言》。法国饱受欺凌的第三阶级被美国人民的胜利大大鼓舞了。

法国君主体制的倒闭 法王路易曾援助过美国，这并非因为他热爱自由独立，而是由于他对英国的憎恶之情。他斥巨资帮助美国建立起自由民主制度，这却成为压倒法国专制政体的最后一根稻草。法国国库空虚，大臣们请求高级教士和贵族放弃一部分特权，对国家做出一定贡献，可没有得到任何回应。从前罗马城被焚烧时，尼禄还在弹琴。而今农民挨饿受冻的时候，法国的贵族们却依然花天酒地。

旧的社会秩序 法国的高级教士和贵族只占总人口的极小部分，却占有大量的土地，享有政治和社会双重特权，只缴纳一小部分税甚至是不纳税。

国内等级森严 教士属于法国的第一等级；贵族属于第二等级；占据人口绝大多数的农民、农奴和资产阶级（城镇中的商人和工厂主）属于第三等级。

第三等级的重担 第一等级和第二等级是特权阶级（总数不到 30 万人），他们占有了绝大多数土地，养尊处优，享有少缴税甚至是免税的特权。而第三等级人数却多达 2000 多万，他们只拥有一点土地和很少的权利，需要缴纳很多税款，承受着极大的苦难。

大部分农民都是被雇用的佃农,平时很难见到地主,每到缴纳租金的时候,地主的代理人便如期而至。一同前来的还有国王的征税官员。贵族们鄙视农民,农民也痛恨高级教士和贵族。

资产阶级虽不像农民那样穷困潦倒,却对工商业的各种限制和盘剥感到忧心忡忡。法国国王一直在坚持重农抑商的政策。

哲学家的影响 尽管法国农民相对比较愚昧,但第三阶级当中很多人都曾受过良好的教育,他们是18世纪法国激进哲学家们的忠实听众:伏尔泰在本国的受欢迎程度远远高于外国;讴歌英国自由体系的孟德斯鸠猛烈地批判专制体制;卢梭在民权方面的观点最为激进,言传身教,颇受人们欢迎。

思想革命 法国哲学家和科学家们的使命,与其他地方一样,引发政治和社会革命是其主要目标。

英美两国革命 思想革命赋予了欧洲各国人民自由和博爱的思想,并号召他们反对专制体制和贵族政治。英国发生的两场革命做出了表率。美国革命也是一场令法国人倍感鼓舞的成功例子。随后法国人也投身到了这场伟大的革命运动中。

二、法国革命的成果

1640年,当英王查理一世在面对财政危机被迫召开议会时,议会却以敌对态度紧紧控制财政,该情景还历历在目。1789年,法王路易十六采取了相同的对策应对国库危机,他召开第三等级代表会议——国民议会。

此前,第三等级会议已被搁置了175年,自1614年起,就再也未被召开,更没有行使权力的机会。如果按照历史规定,法国每个阶级都应行使选举权,选举代表组成代表团来投票,所有的政府举措都必须超过三分之二的票数才可通过。从历史经验看,第一等级和第二等级通常会联合,从票数上击败第三等级。

第三等级维护自己的权利 1789年,第三等级终于意识到自己代表着法国绝大多数民众,他们在舍弃贵族地位转而同资产阶级联合的米拉波伯爵的领导下，提出三级会议应组成一个单一体"国民议会"的建议。他们认为在议会中每位议员都应该有投票权，一项措施如果获得多半票数就应该通过。这个主张得到了少许第二等级自由主义人士（包括拉斐德在内）和第一等级当中多数低级教士的拥护，国内民众也对此大为支持。

网球场盟誓 第二等级的很多人非常痛恨这一主张。路易十六不想惹怒贵族阶层，所以并不赞同第三等级的提议。6月20日，他居然派人将第三等级的代表拦在了王宫会场门外。这件事造成了严重的后果。被挡驾的这群人走进了附近一座网球场，结果议会形成了。他们郑重宣誓：作为"国民议会"的成员，必须完成草拟法国宪法的工作，不达目的决不罢休。网球场盟誓代表着第三等级发起了对国王以及专制体制的挑战。

攻陷巴士底狱 后来，无奈的国王又做出了让步。他提议组成一个由三个等级共同出席的"国民议会"，按人数进行投票。但很快，人们发现王室的军队正在向巴黎和凡尔赛进发，因而意识到国王要向议会施压了。议会要求国王撤军却遭到回绝。长期被压迫的巴黎人民明白自身利益和国民议会的利益休戚相关，便向议会伸出援手举行了暴动。在暴动的第3天，也就是1789年7月14日，巴黎人民攻陷了标志着波旁王朝专制体制的皇家监狱堡垒——巴士底狱。后来，法国人还把7月14日定为国庆日，一直沿用至今。

戴帽徽的国王 路易十六似乎已经接受了事实。他命令凡尔赛和巴黎近郊的军队撤退，还任命拉斐德担任新国民自卫军的司令。他戴着法国新国旗中的红、白、蓝三色组成的帽徽，走上巴黎街头，巴黎民众见状欢呼雀跃。

好景不长，凡尔赛的国王军事力量欲阴谋夺权。10月1日夜，到达那里的士兵们酒足饭饱之后，激情昂扬地唱起保王歌曲。这起被称为"闹宴"的事件很快便传遍巴黎，巴黎人民正挣扎在饥饿的死亡线边缘，而凡尔赛的士兵却在大摆筵席，不满情绪到达顶峰。

妇女的进军 10月5日，一支由巴黎贫民妇女还有一些男扮女装的男人组成的队伍，忍受不住饥饿和动乱，手持棍棒，从巴黎步行了12英里到达凡尔赛，高喊着"面包！面包！面包！"将王宫团团围住，向国王祈求面包。

负责拱卫皇宫的国王卫队手持上了刺刀的枪,将群情激愤的民众拦在宫外。但这些士兵有点儿摇摆不定,他们知道这些妇女的确饥饿到了极点。国民自卫军司令拉斐德成为英雄。他指挥自己的兵力,不但承担起保卫王室的重责,还护送国王的士兵回营。这场动乱还是持续了整整一夜,虽然拉斐德全力维护,但还是有些妇女被杀。

天亮了,屈服的国王承诺和民众一同回到巴黎。10月6日,一支长长的队伍改变了历史,队伍中有来自巴黎的贫民妇女、成群结队加入的挨饿民众、拉斐德所统率的国民自卫军精锐。他们簇拥着国王、王后和王子公主们所乘的马车返回巴黎。一路上人们高喊:"我们找到了面包师、面包师的妻子和小厨工——我们现在终于要有面包了!"未来,他们或许会失望。但最失望的无疑是法国王室,他们再也不可能回到凡尔赛那华丽的宫殿中去了。

旧秩序的瓦解 攻陷巴士底狱给巴黎之外的法国各地传递了行动的信号。在其他地方,生活艰辛的农民开始攻击并焚烧贵族豪宅,烧毁封建地契。某些主教们的住宅也被抢掠一空。各城镇选举产生的官员取代了国王的代理人,并组建了自己的国民自卫军。皇家或者封建法庭均被关闭,旧体制下的地方政府也倒台了。事实上,波旁王朝的统治在1789年夏天已经结束了,10月份国王束手就擒,只是这些既定事实的最终句点而已。

改革的要求 路易十六曾为筹款而召开三级会议,但他的臣子们却借此阐述自己的政治主张。被称作卡叶(Cahiers)的请愿书源源不断地从全国各地送往首都。其中既表达了对国王的忠诚,又提出了改革的主张。许多第三等级还主张消除贵族特权,建立各阶层在法律面前完全平等的体制。

改革的举措 三级会议变成国民议会后便立刻着手进行改革工作。法国革命中的多数成果,都是1789至1791年获得的,随后战争和"恐怖统治"就到来了。

"八月法令" 取消旧特权的著名行动就是1789年的"八月法令"。8月4日,拉斐德的亲戚——一位贵族青年在国民议会中痛斥上层阶级的特权,并为农民提出了很多激动人心的倡议。随后大会提议并通过了废除封建特权、消灭农奴体制和一切阶级均应纳税的决议。一周内，国民议会废除了一切特权，无论是阶级的、城市的还是行省的建议，国王也表示赞同。

法国农民终于可以安居乐业了，他们不必再向教会上缴什一税，也不必再向贵族缴纳封建赋税。贵族的大地产被划分成许多块，分配给佃农，农民由此取得了相应土地的所有权。资产阶级也告别了沉重的苛捐杂税，开始从事自由贸易并参与到政治事件中来。

宣扬人权 国民议会的另一个可载入史册的伟大成果是一份明确宣布了人民的权利和自由的重要文件。英国于1689年出台了一份《权利法案》，美国于1776年宣读了一纸《独立宣言》，而今法国（1789年）也公开了《人权宣言》。

这份充分体现了卢梭哲学精神的伟大文件成了法国革命的总章程，并深深地影响着后来所有的政治思想。其中著名的警句有："人们生来就应该是自由的，拥有平等的权利。""人的权利有自由、安全、财产和抵抗欺压。""法律是人民意志的体现。每个公民都有权亲自或由选举出的代理人介入立法工作。法律面前人人平等。""除了在法律条文规定的情况下，不得擅自控诉、逮捕或拘留他人。"

宗教、言论和出版自由也获得了批准。

反对天主教立法 国民议会的第三项法令是改革法国政府和天主教教会之间的关系。许多国民议会的议员深受伏尔泰怀疑论、自然神论和反基督教哲学的影响。所以议会通过了一系列抑制天主教的严格法律。教会的土地被充公，教堂被遏制。神父和主教的数量大不如前，他们必须通过人民选举产生并由国家支付薪金。

法令颁布后，教会和国民议会间的争端很快席卷了整个法国。这场争端使人民群众对革命的拥护之心大打折扣，因为大多数法国人依然忠于教会。

财政改革 国民议会没收教会财产倒不全是为了抑制教会势力，主要是想借此扭转国库破产的局面。国家财政深陷严重危机之中，当时的情况又不能马上收税，也不能从银行家那边获得贷款。所以，掠夺教会的土地和财产暂时撑住局面，等到新税款征收上来就可渡过难关。税款的数量虽比革命前要多一些，可是因为平摊到三个等级身上，所以人民的负担并未加重。税收公平也成为国民议会的一项伟大成就。

君主立宪制的确立 这次彻底的革命于1791年草拟了一部宪法，它确立了法国用君主立宪制取代了专制体制。

按照1791年宪法规定，选举权还未普及到每个公民，而只提供给那些缴税的"积极公民"；同样，担任公职的权利也只赋予那些拥有财产的人。宪法并未设立"贵族院"，只建立了一个由所有"积极公民"选举产生的"立法议会"。国王享有"搁置否决权"，即让立法议会的法案按规定延期施行的权力。但他失去了对海陆军、教廷及地方政府的所有掌控权。

国王觉得如此削弱他的权力的行为是激进的，但他的子民却不以为然。随着时间流逝，危机一步步逼近，革命变得更加激进。

三、诸王的进犯

没过多久，欧洲其他国家的国王便蠢蠢欲动，他们试图恢复路易十六的权力和地位，从而阻碍法国的革命和革新。

受胁迫的王位 欧洲其他国王们目睹了法国国王卷进了革命的旋涡的全过程，他们在震惊之余也开始担心起自己的王冠和宝座。他们明白，自己的子民和法国人民一样有太多理由挺身而出了。法国革命是对当时旧秩序的一次沉重的打击：整个欧洲的专制君王和贵族们惶惶不可终日。就连埃德蒙·柏克也是如此。尽管他曾在几年前支持美国人对抗英国的革命，但绝对不支持法国革命。因为他害怕同样的社会革命会在英国爆发。

流亡者 很多法国贵族和高级教士都被迫逃离了法国。他们四处求援，向那些有可能会怜悯法国国王的君王们求助。这些亡命者同样希望能恢复他们的土地、房产以及往日的特权。为此，他们催促欧洲的君王们采取果断行动来阻止法国的革命。

同情的国王们 毫无疑问，整个欧洲的国王们都十分同情路易十六。一些人很快便表态愿意伸出援手。其中最早做出表态的是奥地利国王利奥波德二世。他是路易十六的妻子玛丽·安东瓦内特皇后的兄长，同法国皇室的命运息息相关。

一次失败的潜逃 法国人民的眼睛是雪亮的,他们早知其他君王正蠢蠢欲动,想通过路易十六插手法国革命。如果让他们得逞,革命的胜利果实将被彻底粉碎。巴黎人民不准许任何外来力量恢复流亡者和路易十六的权力。

这时,却发生了一件意外的事,路易十六居然企图从法国潜逃,这使得局面突然恶化了。1791年6月,路易十六与王后从巴黎逃往德国,却在接近边境的瓦雷纳被人们俘虏并押送回国。从此,巴黎人民再也不是他们的臣属,巴黎成为囚禁他们的监狱,王权和势力远离了他们。这次蓄意潜逃证明他们与贵族沆瀣一气,企图对抗大部分国民。这次失败的潜逃使得流亡者扼腕长叹,也让革命领袖们感到震惊和愤怒。

庇尔尼茨宣言 1791年8月,奥地利国王利奥波德劝说普鲁士国王弗里德里希·威廉二世同他一起宣布《庇尔尼茨宣言》。这两位君王在宣言中指出,恢复法国君主体制和专制秩序是一件关系到欧洲所有君王共同利益的大事,奥地利和普鲁士计划出兵攻打法国。

防御和挑衅 消息传来,法国革命的领导人决定奋起抵抗,有人建议马上宣布法国为共和国。1792年4月,利奥波德拒绝从边境撤军,也不愿驱逐法国流亡者,法国于是向普鲁士和奥地利宣战。法国人头戴象征自由的红色帽,高唱歌颂自由的《马赛曲》奔赴战场。不久,《马赛曲》成为法国国歌。

法国新军司令拉斐德志大才疏。他率军进攻利奥波德统治的比利时,却以失败告终。

布伦斯威克公告 统领奥普联军的布伦斯威克公爵从东部进攻法国的时候,向法国人民发布了一则公告,声称他无意与法国人民作对,只想让国王归位,并惩办反叛者,一旦任何皇室成员受到伤害,就挥师摧毁巴黎。

毫无疑问,这位公爵在公告发布后得意扬扬,认为它能发挥很大作用。事实上这则公告的确发挥了很大的作用,但与公爵的期望截然相反。法国人民不仅没有放弃1791年宪法、恢复专制体制,反而干脆地废除了君主立宪制,创建了共和国。

残杀和处斩 巴黎人民和一些激进人士夺取政府掌控权,进攻国王的住宅并囚禁了路易十六。1792年9月，当奥地利和普鲁士联军包围凡尔登的消息传来时，已有接近2000名保皇党人犯在巴黎被残杀。9月20日，迪穆里埃统领一队法军在瓦尔密击败了进犯者。同年秋季和初冬发生了一件振奋人心的事。1793年1月21日，在前法王路易十五已被推翻的雕像旁边，不幸的国王路易十六被斩首了。

法兰西第一共和国 1792年9月22号，当瓦尔密大捷的消息传到巴黎时，法兰西共和国宣告成立。那天被当成法国新历第一年元旦。美洲的新共和国如今再不孤单。法兰西共和国成为革命中诞生的第二个大共和国。

民主与挑战 路易十六被处决之后不久，英国、荷兰、西班牙、撒丁、奥地利及普鲁士就气势汹汹地联合在一起，准备将法兰西共和国扼杀。但法国丝毫不向专制体制和贵族政治低头，革命烽火有蔓延整个欧洲的势头。

战争和恐怖 法兰西第一共和国时期法国社会充满了血腥和残暴，笃信天主教的汪代省农民受到怂恿，起来反对新政府。此时，干练的将军迪穆里埃也背叛了共和国，拉扎尔·卡诺就成为法军新一代领军人物，号称伟大的"胜利组织者"。革命领导人内部意见不统一，一些人比较保守，有些人却比较激进。跟革命中经常发生的一样，比较激进的人掌控了权力，他们不但采用残酷的手段对付敌人，还杀死了许多朋友。最黑暗的"恐怖统治"时代要数罗伯斯比尔当政的1793年和1794年，玛丽·安东瓦内特王后就是其中一位被送上断头台的受害者。善恶有报，罗伯斯比尔也很快于1794年7月被斩首。

断头台 断头台是法国执行死刑的机器。它由两根直挺的柱子组成，中间悬挂着一把巨大的铡刀。它得名于一位名叫吉约坦（Guillotin）的医生，他建议用这个机器来执行死刑，和用手拿斧子砍头相比，断头台更快、更准、更仁慈。受斩刑的人被按在沉重的铡刀下，铡刀飞速降落切中要害，马上身首分离。

据估算，在"恐怖统治"时期，巴黎有2500人，其他地方有将近1万法国人死于断头台上。

长着翅膀的胜利女神 在内战和派系争斗的不利环境下,法国击溃了外敌。于是,军神卡诺理所当然被称为"胜利组织者"。法国人高歌着《马赛曲》,挥舞着写有"自由、平等、博爱"革命口号的旗帜,兴奋地开赴战场。而这些口号就好像胜利女神的翅膀一般。

四、拿破仑·波拿巴的军事专制

著名的一年 1795年是法国历史上尤为著名的一年,这一年里曾经为共和国草拟宪法的国民公会退出了历史舞台。法兰西第一共和国就是以这部宪法为前提建立的。人民间接选举产生的两个机构具有立法权。立法者挑选出5名督政或执事所组建的委员会——"督政府"被赋予行政权力。

同年,为击溃法国革命事业而组建的六国联盟,节节败退,被法军打到解体。六国同盟只剩下奥地利、撒丁和英国,它们虽然还在继续同法国交战,但撒丁和英国也只是做做样子。法国革命眼看就要尘埃落定,可拿破仑·波拿巴却于1795年登上历史舞台。

军中的偶像 1795年时,拿破仑才26岁。他祖籍意大利,出生于法国的科西嘉岛。1793年他曾帮助军神卡诺将英国人赶出土伦。1795年他伪装成法律和秩序的支持者,并在巴黎最后一场动乱中,用大炮捍卫了国民公会,这使得他声望大增。他喜欢读卢梭的书,在某段时间内同罗伯斯比尔打得火热,并表现出同情推翻君主体制的革命者的样子。他也不放过任何一个可令自己出头的机会。10年的时间内,他变成了法国的独裁者。之后他又殚精竭虑地想变成欧洲的主人。

将军和第一执政 1796—1797年间,拿破仑统率着法国精锐部队,在意大利北部向奥地利宣战,并大获全胜。之后,为了报复英国,他挥师进攻埃及,让金字塔见证法国士兵是多么勇猛。报纸上刊登了很多关于他的激动人心的事迹,使人读来振奋不已。但事实上,他并未对英国造成实质性的伤害。

1799年,当拿破仑在埃及鏖战之时,英国、奥地利和俄国又一次组成了军事联盟来对抗法兰西共和国,这是因为,1799年法国革命对君主体制的威胁似乎比六国反法同盟成立的1792年还要严重。没有拿破仑指挥的法国军队一溃千里，狼狈退出意大利，新建的法兰西共和国也因此倒台。此时，拿破仑以英雄的身份从埃及回到法国。他摇身一变，成为军队的战神，每一个法国人都拥护他，崇拜他带领的法国军队。拿破仑的名望终于可以支撑起他的野心了。

很快，督政府就被扫地出门，一部新宪法新鲜出炉。新宪法打着共和国的旗号，却制定了一系列有利于军事独裁者的法律，拿破仑成为法国第一执政。

出任第一执政后，拿破仑于1801—1802年顺利与俄国达成和解，然后率军在战场上第二次击败了奥地利，并在和英国的谈判中大占上风。自1792年后，法国终于再度和欧洲列强和平共处。"自由、平等、博爱"的法国从强敌环绕中得到解脱。

将军和皇帝 此时的拿破仑更成为法国人的盖世英雄。1802年人民将他选为终身执政，1804年把他推上了皇帝的宝座。但这时的法国与其说是一个帝国，不如说是一个共和国。

当上法国皇帝的拿破仑一世，并未取消所有革命，相反，他尝试继续完成革命，将政府权力都集于自身。从他执政那天起，法国就已成为一个高度中央集权的国家，不论它的称谓是王国、帝国还是共和国，都无法改变这个事实。

政治家和外交官 拿破仑自己也承认，他不仅是位军人，还是个政治家。他虽然没有归还被充公的教会财产，但却恢复了教士们的部分特权，并在某种程度上再度认可了教皇的权威。作为改革币制的一部分，他创建了法兰西银行；他为运转良好的国立学校拨款，后来成立了法兰西大学；他建造大量的运河和公路，还重新修葺了巴黎城；他还尽力挽回路易十五时失去的法国殖民帝国的地位。1800年，他迫使西班牙将美洲路易斯安那的大部分领土割让给了法国，这是一个极其顺利的开端。没过多久，他试着维持法国对海地岛的控制权，但在1803年他却主动放弃了这座岛，并在同年将路易斯安那卖给了美国。

立法者 在法律专家们的帮助下，拿破仑汇编和出版了几部改革法典,这是一项意义重大的工作。他将法律梳理成了简要而清晰的体系。这些法典虽不十分完备,却体现出了革命的诸多成就,比如公民平等权、宗教宽容权和人人自由权。这些法律体系被称为《民法典》,很长一段时间内都被法学家称为世上最好的法典之一。

皇帝和征服者 在拿破仑还没显露锋芒以前,法国革命领导人曾公开宣称推翻整个欧洲的专制体制和贵族特权是他们的目标。拿破仑对此表示非常赞同。他也明白这是能让自己扬名立万的千载难逢的大好机会。

所以,拿破仑的专制统治的象征就是战争,而非和平。战争在他的子民和士兵的脑海中意味着为整个欧洲带来自由、平等和博爱。但在拿破仑的脑海中,则意味着征服和个人权力。

更辉煌的胜利 1805—1810年间,拿破仑不停地在欧洲各地征战,还取得了许多辉煌的胜利。奥地利人、普鲁士人和俄国人都感受到了拿破仑的重压。在旧王朝的废墟上他已经描绘出了新王国的蓝图,然后将他的亲属送到欧洲诸国的王座上。比如,他将自己的一个兄弟封为德意志某邦国的国王,还有一个则当上了西班牙国王,他的一个妹夫成为意大利南部的国王。拿破仑不但是一个征服者,还是一个政治家。他为欧洲各国带去了法国革命思想和民族主义思想。他也给意大利和德意志指明了民族统一的方向。

他的最后一次大胜利 1809年奥地利希望摆脱拿破仑的统治而兴兵讨伐,却在瓦格拉姆战斗中大败而归,不得不向拿破仑割地求和,而且把高傲的哈布斯堡公主玛丽亚·路易莎嫁给了拿破仑。

可谁能预料到,瓦格拉姆战役成为拿破仑军事生涯的最后一次大胜。激增的权力使他头脑发热,将手伸得更长了。他以一个"革命之子"和传播平等福音的传教士身份开始了他的事业,却以唯我独尊的专制君王形象结束了自己的生涯。在那些无法用任何自由、平等或博爱的名义来标榜的斗争中,他断送了成千上万士兵的性命。

第一场大败 从1806—1810年,拿破仑开始采用一种被称为"大陆封锁令"的贸易封锁方式来扼制英国,意图遏止英国货物运输到欧洲大陆。为了反抗拿破仑的霸业,俄国和一些国家主动接受英国货。拿破仑便于1810年统率军队进攻俄国。俄国人斗智不斗勇,佯装失败,在拿破仑鼻子底下撤军，诱使他马不停蹄地狂奔 800 英里，深入俄国腹地。就在此时，他所驻军的莫斯科城竟燃烧起来。拿破仑的军队因为长途跋涉和侧面受袭而精疲力竭，被深深困于俄国的腹地，逐渐见识到俄国严寒的冷酷。然后，他率军撤回法国。从莫斯科远途撤回法国是史上最恐怖的事件之一，他的"法兰西雄狮"只有一小部分回归了莱茵河。在那恐怖的撤退过程中，不仅葬送了无数人的性命，还剥夺了拿破仑身上的光环。

其实这并不是拿破仑第一次品尝到失败苦果。1798 年，他率领的法国舰队虽有叙利亚和埃及的帮助，但还是被纳尔逊勋爵所统领的英国舰队击败在尼罗河口。1805 年，拿破仑又制订了一项野心勃勃的计划，试图直接登陆英国，但此次战役让他遭遇了更为严重的失败，法国舰队和其盟友西班牙舰队在特拉法尔加又一次被纳尔逊击败。

但这些失败跟俄国致命的寒冬比起来真是小巫见大巫，这是拿破仑第一次在陆战中惨败，拉开了他悲惨结局的序幕。

第二场大败 1813 年 10 月拿破仑在萨克森的莱比锡近郊遭遇了人生中的第二次大败。他的军队和俄国、普鲁士、英国、瑞典、奥地利等多国组成的联军战斗了三天三夜。由于参战国家众多，莱比锡战役通常也被称为"民族之战"。拿破仑再尝败绩，翌年他被俘虏，被放逐到地中海的一个叫作厄尔巴岛的小岛上。

第三场大败 1815 年 3 月，就在外交官们召开维也纳会议，决心摧毁拿破仑和法国革命成果的时候，拿破仑顽强地从厄尔巴岛逃回了法国，召集了自己的旧部，同时又招募了一批新兵。这次他又和欧洲联军抗衡了 100 天。6 月 18 日，他的军事生涯在滑铁卢结束了。这回他被押送到一个叫作圣赫勒拿岛的小岛上，这是位于南大西洋极远处的一个岛屿，他再也没能活着回到法国。

五、王朝的复辟

1814—1815 年召开的维也纳会议主张恢复欧洲的旧秩序，尝试再度"将过去放回到王位之上"，与会代表一致同意全面清除法国革命思想的影响。拿破仑曾在旧地图的废墟上绘制了新地图；罢黜了很多王侯，重新划分他们的领土，这些地方成立了重新命名的新政府。专制体制，即便是非常开明的君主立宪制，也自1789年遭到前所未有的阻力。拿破仑下台后，这些君主们又开始神气十足。他们复辟成功，抢回了原有财产，当然这只是暂时的春风得意，政治和社会的矛盾依然持续不断。

路易十八在法国 法国革命时期重要的政治和社会革新成果终于还是保住了，但法国再度被国王统治了，这位国王叫作路易十八。他也出身于波旁皇室，是前国王路易十六的弟弟。他之所以叫作路易十八，是因为路易十六的儿子路易十七死于1795年。路易十八的统治一直持续到他1824年去世。

意大利和德意志 此时的意大利已被分割成几个公国和王国，北部富饶的伦巴底和威尼斯地区被奥地利霸占。意大利人从未忘记法国革命的自由思想和拿破仑所倡导的团结一致精神以及民族主义的思想。直至多年之后，意大利终于获得了解放和统一。

在拿破仑的心中，维护统一的重要性远高于维护自由。他为德意志统一做了许多工作——他吞并了很多小邦国，并废掉了这些小邦国的国王和贵族。维也纳会议只关心君主们，对自由或民族统一毫不重视。即便是这样，德意志的某些王侯依然被冷遇，德意志也并未恢复成原来的诸多小邦。德意志已不再是几百个小王国、公国和侯国的分裂体，维也纳会议将德意志划分成38个邦国，并组建成德意志联邦。虽然德意志联邦是一个非常松散的联合，但总比四分五裂要好。这其实是德意志迈向真正统一的第一步。

旧统治者和旧王朝几乎全部复辟了。但这种复辟却并非绝对，也不可能长远。虽然拿破仑为人刚愎自用，且草菅人命，但他把法国革命中那些积极的东西带到西欧大陆，这些积极向上的思想比拿破仑活得更久，也比复辟的君主们走得更远。

六、永久的成果

法国革命还有很多崇高的目标未能完成，这相当令人痛惜。但它也取得了一些永久性的成果，直到今天依然有着巨大的价值。

废除封建特权　在1789年，巴黎人民振奋人心的情绪促使国民议会彻底废除了很多旧特权。比如：废除了农奴制，取消了封建重税，教士和教会们放弃了什一税和一切特权。

资产阶级和城镇中的中产阶级，由于免去了苛捐杂税，所以能够自由地参加政治活动和工业生产。随后，议会又废除了王室的专制权、国内关税和行会限制，这样，资产阶级积累财富的机会就更多了。

农民们从"八月法令"中获益最多。以后的19世纪至20世纪中叶，法国农业的最显著的特点就是小农个体所有制盛行，起源可追溯至1789年的"八月法令"。

经济和社会的革新　国民议会削弱了特权阶级的额外特权，并开始实施社会和经济的改革。随后，国民议会又再接再厉，终结了黑奴制，取缔了负债坐牢的规定，并保障妇女享有和男子同样的财产权。为了削减财富或经济方面的各种不平等，国民议会贯彻实施了一些重要举措。比如，通过了新的遗产继承法，法令规定不允许死者将遗产只留给一个继承人而排除其余继承人，要求全部子女平等或是尽量平等地继承遗产。这部继承法让近代法国在欧洲名声大噪。

度量衡统一公制　国民公会许多改革措施走向极端。其中有项规定是不准人们彼此之间称呼"先生"而必须称呼"公民"，这种改革就是小题大做的典型。政府尝试用新历取代旧历，主要目的是让国民跟基督教脱钩，但这项举措被证明是白费力气。为了便于计算，国民公会设立了十进位的新度量衡制，这是对旧制的一大改进。这种新"公制"度量衡几乎被所有的文明国家采用（英语国家除外）。

人权宣言　1789年草拟的《人权宣言》，不久便在历史上获得了与其他关乎人类自由的伟大文献相同的地位，例如，英国的《大宪章》和《权利法案》、荷兰缄默者威廉的"声辩"、美国的《独立宣言》和《联邦宪法》。它曾经是（现今也是）法国革命伟大而长久的成就之一。

平等的思想　法国革命的口号是"自由、平等、博爱"。但革命派很多恶行是打着自由的旗号干出来的；平等是一个既不明确又很难定位、对许多人来讲并没感觉的梦想；博爱从理论的角度看十分美好，可是却很难实现；即便这样，民主和自由还是被法国革命所坚持。我们所说的自由，是指在法律规定范围和适当程度之内、受到保护的自由；我们所说的民主，指的是公民在政府中享有当家做主和言论自由的权利。还有一个必须认可的思想是民族主义。这种思想曾被法国革命着重指出，并由拿破仑·波拿巴传遍了整个欧洲。

思想见于行动 有人曾这样说，革命中的法军是"平等之军"，还有人说过法军的刺刀之所以如此有力是因为刀自身拥有了思想。这说明法国人民被自己崇高的目标所激励。欧洲其他各国人民都受到他们崇高理想的影响便或多或少接受了这些思想。可以这么说，法国革命的思想最终使整个西欧都变了颜色。

当然，这些思想并非新面世的思想，它们是历史并不久远的思想革命和美国革命结合在一起的综合思想。法国革命却把它们以一种全新和有力的面貌展现给欧洲人民。

政府和教会之间的敌对 法国革命的恶果之一便是批评、怀疑基督教的行为不断增长，以及国家和教会之间愈来愈深的矛盾。此后，这样的争端每天都在法国持续上演。

《民法典》 因为拿破仑·波拿巴是"革命之子"，所以我们必须将他的活动——不论是好是坏——都归于革命的成果。在他掌权的20年间，大量地杀戮法国士兵（和其他民众）确实产生了极其恶劣的深远影响。但另一方面，我们绝不能忘记他对和平的伟大贡献——《民法典》。

民族统一 拿破仑只是局部地执行了革命的一项基本原则，他增强了欧洲人的民族主义意识。他还尝试帮助同一语种的民族使用现实的方法迈向政治统一。在法国，他将权力集中到中央政府手里。另外，他在意大利和德意志所成立的政府或多或少地为当地人民提供了民族统一的示范。在欧洲，法国革命明显地促进了民族性和民主主义发展。

第28章 拉丁美洲革命

中美洲、南美洲、墨西哥和印度群岛的大部分地区都曾是葡萄牙、西班牙和法国的殖民地，所以被叫作拉丁美洲。19世纪早期，拉丁美洲各国人民发动起义，并获得独立。拉丁美洲革命某种程度上可以看作之前法国、美国革命的后续影响。

哥伦布的航行拉开了拉丁美洲的历史序幕，大致经历了四个阶段：（1）1492—1550年，发现和探究阶段；（2）1550—1800年，殖民和盘剥时代；（3）1800—1825年，革命和独立时代；（4）1825年至今，主权国和独立发展阶段。

下面我们主要讲述革命和获得独立的第三阶段。

一、美国、西班牙、法国和葡萄牙的影响

拉丁美洲的革命原因分内因和外因两方面，也就是拉丁美洲的内部矛盾和欧洲、北美洲革命

的影响。拉丁美洲大部分都是葡萄牙和西班牙的殖民地。在殖民地内部，苛捐杂税多如牛毛；土地集中到极少数拥有社会额外特权的富有地主和政治人士手中；很多克里奥尔人（本地出生的白人）没有特权和优惠。出生于拉丁美洲的西班牙人、法国人和葡萄牙人的后裔尚且如此，那些混血种的人和印度安人处境更加艰难。他们世世代代被掠夺、欺压和奴役。所以不管是土生的白人、印第安人还是各种混血种人都愤慨不满，酝酿起义。

外来的影响对于拉丁美洲革命也起到了非常重要的作用。美国、西班牙、法国和葡萄牙是主要来源。

拉丁美洲革命的外在因素 上文其实提到了一部分外因，那就是盘剥。欧洲各个国家，特别是西班牙，制定的政策是牺牲殖民地利益，为本国的利益服务，还有限制贸易以及其他歧视性政策，使殖民地的人民，特别是土生白人、印第安人以及各种混血种人做好了为自由而战的准备。

1776年之后数年间，美国北方13州殖民地人民勇猛的斗争、振奋人心的《独立宣言》和独立的各州的成功崛起，给他们做了很好的表率。

在约翰·洛克、孟德斯鸠、伏尔泰、卢梭及亚当·斯密的著作中已具体化的思想革命，在拉丁美洲的知识分子阶层中产生了重大影响。1789—1800年法国革命，再次给这些国家树立了榜样。1801—1803年，拉丁美洲的一个大岛——海地的黑人为自由而战，击败了拿破仑的军队。

拿破仑·波拿巴 在欧洲，拿破仑数次无心插柳的行为，为拉丁美洲的革命爆发奠定了基础。1807年，他入侵葡萄牙，为避开他的锋芒，葡萄牙的皇室乘船逃亡到了其在南美的超大殖民地巴西，这引发了巴西迈出独立运动的第一步。其后两年，拿破仑又大举进攻西班牙，废掉了国王斐迪南七世，将自己的哥哥约瑟夫·波拿巴推上了西班牙国王的宝座。约瑟夫也成为西属美洲殖民地的国王，但是殖民地人民却不肯接受，高喊"只忠于斐迪南"的口号。

没过多久，殖民地的人民就开始了与拿破仑任命的伪国王的斗争。斗争在短时间内发展成为争取独立的战争。

拉丁美洲革命的领导人物，大多数都是土生白人、印第安人以及欧美混血种人。一些非常杰出的将领都是半印第安人甚至是完全的印第安人。

高级教士大多属于保皇党,为数众多的低级教士却是积极的革命者。当时在拉丁美洲存在着一些对宗教的抵触情绪,对革命起了一定的推动作用。

二、政治上的先行者:米兰达

跟英属美洲和其他国家相同,拉丁美洲的革命很大程度上是被少数人带动引发的。在早期的南美革命中,最有影响力、最优秀的领导人就是弗朗西斯科·德·米兰达,他于1750年出生在委内瑞拉,父母是地道的西班牙人。

中美和南美的殖民地之所以能获得独立,米兰达功不可没。

在参加拉丁美洲革命之前,米兰达参与了美国和法国的革命。他曾经在委内瑞拉的西班牙军队中做过上尉,最终离职加入了美国革命者拉斐德麾下。之后他就开始谋划将委内瑞拉从亨利七世的统治中独立出去。他在欧洲各国都得到了热情款待,后来他投身到法国革命军中,被提拔为少将。

1793年法国人吃了败仗,应对此负责的米兰达逃亡到了英国,继续致力于为委内瑞拉寻求帮助。1797年,他在委内瑞拉精心策划了一场暗杀行动,可惜失败了。1803年米兰达前往美国纽约,想方设法搞到了两艘船和大约200名士兵。1806年他带着船与士兵回到委内瑞拉。特立尼达的英国人帮助了米兰达,他率领两支远征军沿着海岸占领了一两个城镇,但是由于上层阶级的仇视外加人民群众的冷漠,他的行动停滞不前。

米兰达在1810年又组织了一次远征。因为拿破仑事件和米兰达的激励,革命愿望深入人心。在委内瑞拉的首府加拉加斯,米兰达和一些社会名流废除了原来的总督,成立革命的政府。米兰达极力鼓动大家召开革命会议,国家各阶层的代表成员都参加了这次会议。随后的1811年,委内瑞拉宣布正式独立,这是西属美洲殖民地第一份独立宣言。

宣言和争辩 委内瑞拉革命会议起草了一部联邦宪法,尝试把委内瑞拉的几个州都收归中央政府管辖。这部宪法也体现了美国宪法和法国《人权宣言》对委内瑞拉的影响。但是,如同北美英属殖民地和法国一样,委内瑞拉内部也有不同的派系,对待革命的态度并不相同。米兰达和其他领导人之间的争执,削弱了革命阵营的力量。1812年7月,不同派别的革命者囚禁了米兰达，很快他又落入西班牙政府的手里。他被押解到了西班牙监禁起来，西班牙人用铁链把他捆绑在监狱地牢的墙壁上，1816 年 7 月 14 日，米兰达去世。

有意义的一天　拉丁美洲的政治先驱米兰达因追求自由被迫害，死在监狱里。他牺牲的那一天有纪念意义，那天正是法国独立日，亦即巴士底狱风暴纪念日。在委内瑞拉与拉丁美洲其他地区，许多有志之士继承了他未竟的爱国事业。

三、北方的玻利瓦尔

南美洲北部的一位优秀青年玻利瓦尔继承了米兰达的衣钵。

1783 年西蒙·玻利瓦尔出生于委内瑞拉，他出生在一个富有的土生白人家庭。年轻时，他去西班牙学习法律，在欧洲大陆四处旅行。在法国巴黎，他目睹了革命的过程。1809 年，他从欧洲回来的途中取道美国，对这个正在蓬勃发展的年轻共和国赞叹不已，决心投身于委内瑞拉独立运动中。在之后的 15 年时间里，他既是一位政治家，又是一位战士，既会因胜利而得意，又会因失败而沮丧。他引领着委内瑞拉和附近各国的人民走上光明而曲折的争取独立之路。

在加拉加斯　1812 年当米兰达被俘虏的时候，西班牙人控制了委内瑞拉，玻利瓦尔逃亡到加勒比海附近的一个岛屿。他从那里出发前往委内瑞拉西边的新格拉纳达，即今天的哥伦比亚地区，加入了当地的革命队伍。后来他带领一支军队数次击败西班牙人，他的军队逐渐壮大，从新格拉纳达又打回委内瑞拉。1813 年 8 月 4 日，他率军占领了加拉加斯，爱国者们热烈欢迎他，玻利瓦尔成为委内瑞拉军事和独立运动的绝对领导者。

失败和离弃　此后两年里，玻利瓦尔多次打败西班牙军队，也在两次战斗中受挫。在当时，由于拿破仑没能征服西班牙，西属美洲的保王党的实力慢慢恢复。1814 年西班牙原国王斐迪南七世重新登上了王座。上文提到，拉丁美洲各地的起义，最初主要是针对拿破仑和他任命的夺位者。当斐迪南重登王位时，很多委内瑞拉起义人士重拾对斐迪南的忠诚，退出革命阵营。

一场决定性的成功 失败后的玻利瓦尔前往牙买加、新格拉纳达和海地,召集了一批同样被驱逐出委内瑞拉的革命志士。1816 年 12 月,他们在委内瑞拉临近的奥里诺科河口的一个岛上召开会议,组建了新政府,继续革命斗争。此后,革命军在与西班牙军队的战斗中屡屡获胜。1819 年,玻利瓦尔准备联合新格拉纳达的势力。他带领士兵沿着奥里诺科河向上,到了这条河的起源地——安第斯山脉,然后穿过险要的帕亚隘口,跨过巍峨的安第斯山。安第斯山终年积雪不化,天寒地冻,许多士兵和战马都被冻死在这里。剩下的一小部分队伍及时穿过了冰冷的雪山,到达新格拉纳达。1819 年 8 月 7 日,革命联军在波亚卡给了西班牙人致命一击。玻利瓦尔成功进驻波哥大。不久后,他被推举为新格拉纳达和委内瑞拉的总统。

解放者 之后的四五年时间里,玻利瓦尔先后支援了秘鲁、厄瓜多尔和玻利维亚的革命。1825 年,将西班牙的势力完全驱逐出去后,玻利瓦尔辞掉了自己的军事职务。虽然很多政敌反对,但他依然被委任了最高的文职职位。人们都称赞他是"南美的华盛顿""解放者"。为了纪念他,人们将秘鲁的一部分领土命名为玻利维亚,以表达对他的尊重。哥伦比亚、委内瑞拉、厄瓜多尔、秘鲁和玻利维亚的人民对他缅怀至今。

助手们 在南美解放战争中,出身印第安人的年轻将领安东尼奥·派斯跟随玻利瓦尔并肩作战。安东尼奥·派斯出生于 1790 年,革命崛起时他才 20 岁。后来,他成为委内瑞拉独立后的第一位总统。1860 年他担任了委内瑞拉驻美大使,但没过几年,他却被赶出了自己的国家,成了一场动乱的牺牲品。他生命的最后几年是在纽约度过的,83 岁那年离开人世。

玻利瓦尔和派斯在争取自由的斗争道路上,得到了大概 5000 名爱尔兰和英国士兵的帮助。这些士兵们本是欧洲战场上的老兵,推翻了拿破仑之后,又加入到拉丁美洲独立战争中来。

四、南方的圣马丁

在玻利瓦尔和派斯等人统领的委内瑞拉、哥伦比亚和拉丁美洲北部一些国家进行着如火如荼的革命时，阿根廷和大陆南部的各国也进行了起义，他们第一要抗击的对象是拿破仑，然后是西班牙。在南部的战场上，最精干的领导人大概就要数何塞·德·圣马丁了。

圣马丁与欧洲 圣马丁（1778—1850）出生于阿根廷。童年时就被送到西班牙留学，之后在西班牙对抗拿破仑的斗争中，成长为一名优秀的士兵。1811年他辞掉了西班牙军的中校职务，回归了他的出生地阿根廷。第二年，他去往布宜诺斯艾利斯，在那里投身到革命事业中去。1813年1月，圣洛伦索战斗中，他率军击败了西班牙总督。翌年，他成为秘鲁起义军的领袖。

圣马丁在秘鲁与智利 秘鲁是西班牙在南美的一个核心统辖区域，也是最后一个脱离殖民统治的地方。附近各国革命的烈火熊熊燃烧了很长一段时间，但秘鲁的大部分土地还牢牢地依附着西班牙。

1814年，圣马丁做出决定，先解放智利，再通过智利进攻西班牙管辖下的秘鲁。他将司令部设在安第斯山对面阿根廷的门多萨。1815—1816年间，他招募和训练了一支部队，命名为"安第斯军"。军队的士兵们大多是阿根廷和智利的人民。在训练和招募这批士兵时，智利前任爱尔兰总督的儿子伯纳德·奥希金斯给了圣马丁大力支持和帮助。

安第斯军 1817年1月，圣马丁统领着一支约4000人的训练有素的部队，从门多萨朝着西部进发。他们穿过陡峭的山路，横跨过积雪满山的安第斯山，这个难度可以跟拿破仑和汉尼拔跨越阿尔卑斯山相提并论。2月12日，他们在查卡布科奇袭了西班牙军队，取得了胜利。

1818年3月19日，圣马丁被西班牙人击退。4月5日，圣马丁在圣地亚哥以南的迈普卷土重来，取得了决定性的胜利，拯救了自己的命运。这场战斗结束了西班牙对智利的统治，此后圣马丁将全部精力投入到秘鲁解放斗争中去。

从智利到秘鲁 迈普之战胜利后，圣马丁前往阿根廷争取外援。他在智利海岸招募了一支由英国官员托马斯·科克伦勋爵率领的由阿根廷和智利船只组成的舰队，舰队的水手主要是美国和英国人。1820年8月，圣马丁又招募了一支大约4000人的小部队。他跟士兵们共同乘坐科克伦的船只,以智利的瓦尔帕莱索为起点,扬帆远航,在秘鲁的皮斯科海岸登陆。1821年7月,圣马丁攻占了秘鲁首府利马,宣布秘鲁为独立共和国。

圣马丁进攻秘鲁时,西班牙军队的人数大概比圣马丁多4倍。但是在西班牙的军队里,有很多支持独立的印第安人纷纷倒戈,加入了圣马丁的军队。

圣马丁和玻利瓦尔 1822年7月,圣马丁在厄瓜多尔的瓜亚基尔接见了从北方来的玻利瓦尔。圣马丁最初以为玻利瓦尔是一位豪放的爱国人士,想归于玻利瓦尔麾下。可是不久之后,他发觉玻利瓦尔很介意他的出身。圣马丁觉得自己不能愉快地跟玻利瓦尔一起工作,于是主动放弃了权力。1822年9月,圣马丁从秘鲁隐退,把权力转交给了玻利瓦尔。1824年12月,苏克雷(玻利维亚的首都因他而命名)将军在玻利瓦尔的帮助下,击败了秘鲁最后一支西班牙军队,秘鲁彻底独立。

圣马丁的晚年 圣马丁从秘鲁退隐之后去了智利,待了一段时间后又去了阿根廷。因为政敌迫害,最终他去了欧洲,在那里度过余生。1850年,他在法国布伦离开了人世。南美革命期间,所有的爱国人士之中,他是最干练的一位,更是最无私的一位,为智利、秘鲁和阿根廷的解放事业立下了汗马功劳。玻利瓦尔经常被人称为"南美的华盛顿",但有人觉得圣马丁更有资格获此殊荣。

墨西哥与中美洲 墨西哥革命于1810年爆发。莫雷洛斯和伊达尔戈两位当地的神父成为优秀的领导者。虽然不久后他们就为爱国事业献出了自己的生命,但独立斗争的信念,却被后人们传承下去,直到1821年,墨西哥取得了最终的胜利。之后不久,墨西哥人学习北美合众国政府,组建、创立了中美联合省。

巴西从殖民地到王国 上文提到,1807年拿破仑进攻葡萄牙时,葡萄牙皇室逃到了巴西。1815年巴西宣布成立,享有跟葡萄牙同样的政治地位。1820年葡萄牙发生了民主革命,但令人吃惊的是,领导者宣布再次将巴西变成殖民地。为此,巴西人群起抗争。再加上周围诸国革命胜利的激励,1822年,巴西人宣布解放。巴西虽然颁布了自由的宪法,但仍自我定性为帝国,而不是共和国。

相对来说，巴西并没有经历太多的战争和流血的牺牲就赢得了独立，这是巴西人民的大幸。

到1825年，葡萄牙、西班牙和法国在中美洲、南美洲和西印度洋群岛的殖民地，几乎都获得了独立。古巴和波多黎各，依然是西班牙的殖民地。

五、国外的情绪

很多人对1800—1825年间赢得独立、成立共和国的拉丁美洲表示欢迎，比如美国、欧洲的一些自由主义者。他们支持民族主义，反抗专制体制，目睹拉丁美洲民族主义成功独立后异常兴奋。不列颠群岛和法国也对拉丁美洲的革命斗争普遍表示同情。但也有反对声音，维也纳会议上集中了一批反动分子和保守分子，由于他们在奥地利、西班牙、俄国和普鲁士等都有强大的势力，站在维持旧体制秩序的角度上，对拉丁美洲的民主革命表示相当震惊。

革命的过程跌宕起伏，非常危险。美国、法国以及拉丁美洲发生的革命，对欧洲的贵族和专制君王来说，如鲠在喉。每一场革命斗争都可能因为军事绞杀而终结，而民主革命的第一攻击对象都是种种特权和王权。

维也纳的阴影 维也纳会议提出，要再次尝试"将过去放在它的王位之上"，与会的领导者也在全力以赴地将"它"保持原样。需要特别指出的是奥地利的亲王政治家梅特涅，维也纳会议就由他掌控。下文会讲到，梅特涅怎样创立了坚固的"反革命潮流屏障"。他是欧洲最保守的保守分子，一生都在反对民主革命。

四国同盟 1815年，维也纳会议之后不久，奥地利、普鲁士、俄国和英国协商组成了四国同盟。梅特涅想依靠同盟来实施维也纳会议的决定，更期望四国同盟可以制止民主革命，但难度超乎了他的想象和预料。新同盟建立后，拉丁美洲的革命依然如火如荼地进行着。1820—1823年间，西班牙、葡萄牙、撒丁、那不勒斯和希腊都爆发了反对独裁者的革命。意大利的革命被奥地利的部队镇压，西班牙的起义被法国部队击败。即便如此,梅特涅的计划依然举步维艰。英国慢慢地失去耐心,在梅特涅体制中只挂了个虚名。

神圣同盟 很多人都把神圣同盟和四国同盟混淆在一起。1815年俄国沙皇亚历山大组建了神圣同盟,目的是提倡基督教的教义:正义、和平和仁爱。最初,他劝诫奥地利皇帝和普鲁士国王一起加入这个同盟,更期望欧洲的其他君主们加入进来。许多欧洲君主加入了神圣同盟,但受到教皇、苏丹和英国政府的冷遇。除了沙皇亚历山大以外,其他的君主好像并没有认真地对待这个同盟。梅特涅虽然也想利用神圣同盟来完成自己的计划,但他同样用藐视的眼光看待神圣同盟。

六、门罗主义

熟悉美国历史的人,应该都知道门罗主义。它是在什么样的国际形势下出台的呢?

1822年,法国国王按梅特涅的计划,提议援助西班牙军队镇压美洲革命。英国和美国都持反对态度。拉丁美洲的新共和国跟英国人之间的贸易额激增,比西班牙统治时期更有利可图。所以英国并不希望这些国家继续被西班牙统治,同时也不希望它们落入法国人手里。

美国对这些新共和国的独立表示认可。门罗总统觉得所有旧世界的强权专制都是对新世界的干预,会"危及美国的和平与安全"。

俄国与北美 "门罗主义"有一部分内容是针对俄国的。很久之前,俄国主要依靠贸易据点来掌控阿拉斯加。1821年,俄国颁布了一项敕令,宣称俄国享有北美太平洋沿岸到北纬51°(温哥华岛的所有土地)的掌控权。这个要求引起了美国人和英国人的震惊,他们其实也想得到那块地方的主权。

门罗主义的特征 1823年门罗总统递交了国会咨文,其中宣称:美国不会去干预欧洲的事务,但告诫欧洲列强同样不要干预美洲的事务,欧洲列强不可以把美洲再次变成"殖民地",也不允许把梅特涅的君王联盟体制扩展到美洲。

门罗主义的重大意义在于，它向旧世界的专制国家发出了一份警告。美国的主要目的也是维护自己的主权，同时支持和保护拉丁美洲那些新生共和国。欧洲大陆同盟各国都非常重视美国这份警告，小心翼翼地对待此事。这是因为，英国也采取了跟美国同样的态度。

　　自1823年开始，随着世界局势的变化，门罗主义随之也发生了重大转变。联系到此时革命频频爆发，很容易看清楚它出台的目的和时间点。门罗主义在保护新诞生的共和国方面起到了非常重要的作用。

第 29 章 工业革命

在拿破仑战争和法国革命席卷欧洲大陆时,英国国内悄悄酝酿着一场变革,滑铁卢之战和进攻巴士底狱都是历史上颇具影响力的事件,但跟英国的变革比起来,马上变得苍白无力。英国的这次变革,就是工业革命。在人类近代史上,没有任何事情比工业革命能更深更广地影响着普通人民的生活。

一般来说,革命需要完成两件事:推倒旧的秩序;创建或者尝试创建一个新的秩序来取代旧秩序。历史上的革命,可以根据发生的领域而分为不同的种类:有的革命是政治革命,影响的是政府;有的革命是宗教革命,影响的是教会;有的革命是社会革命,影响的是某一些阶层的生活和利益。大多数革命都会引发很多混乱、暴行、战争等。也有一些革命能比较平和地取得成果,这类大多是思想革命。

工业革命也是一种和平变革,属于一场机械革命。但是它既有建设性,也带有破坏性,一旦顺利开展，异常惹人注目。

一、工业革命是什么

所谓的工业革命是指对纺织、铁、钢以及其他一些制成品生产方法进行的本质性或者引申性改革，它的主要表现是手工操作被机器操作所替代。

工业革命广阔的范围　工业革命有以下特点：（1）新发明的蒸汽机或者水利驱动机器在生产棉布与其他商品方面代替了人力。（2）铁、煤炭和钢大范围被使用和生产，钢铁时代来临。（3）蒸汽机汽车和汽船的产生导致了运输和商业上的革命。（4）以往只能在家使用简易工具纺织或劳动的人民，现在离家前往发展迅速的矿山、工厂和磨坊里边工作，成为被雇用的劳动者。（5）新工厂、矿山跟铁路等都归资本家经营和拥有，资本家是工人的老板，所以资本主义的权力和重要性大增。（6）行会和重商主义的政治家们强加给工商业的旧制度被全盘废除，暂时扫除了商业自由竞争的障碍。（7）工商业得到了迅速发展，很快，它的重要性就超过了农业，整个市场充斥着廉价的机器制成品，普通人民的生活变得更加方便。（8）人口史无前例地迅速增加，越来越多的人离开了乡村，向工商业中心城市聚集。

时间和地点　经济史中没有像签订和约、滑铁卢之战之类的明确时间点，所以很难说工业革命的确切时间是起于何时。美国和法国革命爆发时，工业革命其实已如火如荼。工业革命的主战场是在英国。一般认为工业革命开始于 17 世纪之前；18 世纪的后半期，在英国取得明显成果；到 18 世纪更是如日中天；19—20 世纪的时候，世界各地都在开展工业革命。

本章讲述的是在 18 世纪后半期到 19 世纪前半期英国工业革命的发展历程。

二、新的纺织机器

轮盘曾创造过历史。我们不仅能在古代的历史上见到这一事实，工业革命也是最有力的证明。工业革命最重要的产物——机器就是靠轮子来运转的。

珍妮纺纱机 需要决定发明。巨大的需求激发了不断的努力。发明依赖于种种有利的条件：有修养的人、商业贸易、对制成品需求的增加等。有时，恰到好处的机会也有可能产生重大的发明。

詹姆斯·哈格里夫斯是一名英国的纺织工人，某天他无意中发现自己妻子的纺车倒在地上。这时的纺车事实上成为一架用旋转纱锭的大轮子将纱线缠绕在纱锭上的简单机器。哈格里夫斯看见倒在地上的纺车的轮子还能不停地转动，很好奇地进行观察，结果发现纱锭竖立而非平躺，于是想将这几个纱锭竖起来排列，结果轮子依然可以带动纺车转动。

哈格里夫斯是一位心灵手巧的木匠。他设计和制造出一架有8个竖立纱锭的机器，用夹子或几根木条代替人的手指来牵引纱线。如能娴熟使用这个新机器，可以抵得上8个妇女和8架旧款纺织机的效率。哈格里夫斯将这一发明的功劳都归于自己的妻子珍妮，将这架机器命名为"珍妮纺纱机"。

珍妮为自己的丈夫感到自豪，但是身边从事纺织的邻居却不以为然。他们觉得哈格里夫斯创造的机器会抢走他们的工作，所以闯入了他的家里，捣毁了这台"珍妮纺纱机"。于是他们夫妻搬去了另一个城镇，在那里开始制造和销售珍妮纺纱机，其中，他制造的一些大型纺纱机可同时织出100根纱线。

第一架珍妮纺纱机被制造出来的时间大约是在1765年，也就是著名的印花税公布那年。

阿克赖特的水力纺纱机 大约在同年代，聪明的剪发师理查德·阿克赖特也创造出一台纺织机，这架机器是将一撮一撮绞蓬松的棉花或者羊毛从一对对滚动柱中间抽出来，然后用机器上的纱锭绞牢。阿克赖特的这台机器起初用马力带动，后来又采用了水作为动力，所以这台机器也被称为"水力纺纱机"。阿克赖特用水力纺纱机开了几家纺织厂，赚到了不少钱，为此他名声大噪。1786年，国王授予他爵士称号。阿克赖特跟哈格里夫斯一样，遭到了很多的敌视，原因就是他们的发明让很多人丢掉了工作，但是他们却因机器成为百万富翁。阿克赖特还是最早在工厂里使用蒸汽机的厂主之一。

克朗普顿的骡机 哈格里夫斯和阿克赖特的发明并不能解决所有问题。珍妮纺纱机织出的线虽然精细,却没有韧劲儿;水力纺纱机织出来的线恰巧相反,有韧劲儿却毛糙。一名叫作塞缪尔·克朗普顿的年轻人想将这两种机器融合在一起,扬长避短。1779年,他创造了一台机器。由于感觉这台机器跟骡子一样是杂交出来的,所以这台机器被称为"骡机"。他将二三十个纱锭安装到了一个能动的框架上,纤维通过转轴,这个架子拉到一定距离之后,一边拉架子上的纱锭,一边转动揉成粗线,当这条粗线能够承受住拉力时,转轴停止转动,之后架子再往前边拉。周而复始,纺出的线又细又韧。

这种纺织机纺出来的线质量好、速度快,大大降低了劳动成本。此后骡机经过多次更新换代,至今仍在使用。

卡特赖特和自动织布机 克朗普顿制造出骡机之后的几年,英国教士卡特赖特将织布机改良,发明了自动织布机,经过其他发明家的持续改良,这种自动织布机开始占据主流市场。1813年仅英国就已经有了2400台这样的织布机。到1833年,数量已突破8.5万台。成千上万的手工纺织工人由此失业。他们进行了反机器的斗争,但没成功。许多手工纺织工人都是老年人,无法转行谋生,陷入了困苦和贫穷的境地。

新机器和棉花 纺纱和织布的新机器,最初被用在棉布制造上,原因也很有意思。18世纪以前,棉布在英国属于奢侈品,因为当时的棉花主要从印度进口。但到了18世纪初,呢料制造者们劝议会不要使用"洋货"(产于印度的棉布),想用这种主张来维护当时的毛纺织工业。但是结果却出乎议会的预料。人们对棉织布的大量需求,使得英国的棉纺织工们收益颇丰。此外,英国的棉布制造商们渴望使用机器来扩大生产量,毕竟他们本身可以自由地使用机器。由于棉布不会受重商法规的限制,那些法规反而阻碍了古老而重要的毛纺织工业的发展。

珍妮纺纱机、水力纺纱机、骡机和自动织布机等发明使棉布贸易得到了迅速发展和提高,毛纺织业的手工业者们还在坚守着老旧的生产方法。

虽然后来毛纺织业也开始使用新机器，麻和丝也开始改革工艺，但棉纺织业的领先地位依然不可动摇。

轧棉机 美国在1793年的一项发明，很大程度上影响了英国和其他国家的棉纺织业。这个发明就是伊莱·惠特尼的轧棉机。这台机器可以将棉籽从原棉的纤维中脱离出来。它的出现扩大了棉花的种植数量，为纺织业提供了更多的棉花储备。

水力 纺纱机与自动织布机面世后那几年，水车是机器的主要动力。到了18世纪七八十年代，沿着湍急河流所建的棉纺厂如雨后春笋一样兴盛起来。到1788年，英国有143座水力棉纺织厂。而到了18世纪末的时候，蒸汽机取代了水车成了新的动力来源。

三、詹姆斯·瓦特和蒸汽机

早期的蒸汽机 人们通常以为詹姆斯·瓦特发明了蒸汽机，其实他只是改良了蒸汽机。他出生前世上已有很多种蒸汽机，比如说，有一种蒸汽机被煤矿用来抽取煤坑里的废水。1705年，托马斯·纽科门发明了蒸汽机。詹姆斯·瓦特（1736—1819）曾经在爱丁堡大学担任科学仪器的维修员和制作员，有一次他维修一台用来抽水的纽科门式发动机时，发现发动机需要消耗很多等待的时间和热量。活塞冲击时，汽缸中的蒸汽需要冷却凝集；为继续下一次的冲击，需要再次加热汽缸。他冥思苦想改良了蒸汽机，使蒸汽经阀门进入到独立的冷凝室，主汽缸依然保持原有热度。

瓦特的"恶魔" 瓦特制造这种发动机时，遇到许多麻烦。那个时候铁匠的技术还达不到娴熟地把汽缸做成绝对圆形的水平，也无法做出光滑笔挺的活塞杆，也没办法把阀门做得非常严实。当他准备放弃之时，一位富豪朋友觉得若实现瓦特的设想将对自己的煤矿非常有利，于是帮瓦特还清了债务，鼓励他继续试一试。1769年，瓦特终于制造出第一台蒸汽机。这台蒸汽机被称为"魔鬼"（Beelzebub），它不仅会吞吐烟火，动作也像魔王一般狂放。

此时瓦特又陷入了麻烦当中,那位朋友的投资中断了。天无绝人之路,伯明翰的五金制造商——富豪马修·博尔顿对他的这项发明非常感兴趣,把"恶魔"带回了他的工厂进行修理,而且跟瓦特一起合作制造蒸汽机。

蒸汽机的使用 博尔顿和瓦特投放到市场上的第一批发动机,被运送到煤矿中,从事抽水或是朝鼓风炉打气的工作。瓦特继续改良发动机,将前后直线移动的活塞连接到一个轮子上,通过转动磨石带动棉织厂的机器。1782年,他进行了一次最著名的改进,改变了阀门安装方式,利用蒸汽的压力去驱动活塞前后移动。

印刷和运输 蒸汽机被运用于诸多领域中。1814年,印刷机上也使用了蒸汽机。这是一件值得纪念的事,因为蒸汽机让报纸和书籍的印刷工作变得快速,降低了印刷成本,使得书报走进了普通人的生活。此前,蒸汽式火车和汽船也揭开了运输业的新篇章。

四、煤和铁

机器和带动机器运转的发动机面世被认为是工业革命的决定性因素。与其密切相关的是煤炭和铁的使用量大幅增加。工业革命之前,木材是普遍的燃料,所以被称为"木材时代"。煤炭使用率很低,铁的价格非常高,且数量稀少。当时的冶炼技术落后,第一批机器的材料不是钢铁而是木头,其实并不值得大惊小怪。

新燃料 "煤铁时代"出现的标志就是用煤炭取代木炭来冶炼铁。炼铁就是把原矿石里边的金属和废渣分离开来的过程。

煤炭储备丰富,烧制木炭的木材却逐渐枯竭。有鉴于此,17世纪的一个英国人决定用煤炭取代木炭。这个想法虽好,在当时却因冶炼技术落后而失败了。一个世纪之后,英国一名叫达比的铁匠将煤炼制成焦炭后投入使用,效果颇佳。但焦炭燃烧无法达到超高温,为了能升温,达比用靠水轮转动的一个大风箱来向火炉内鼓风,鼓风炉应运而生。

斯米顿的鼓风机 1760年约翰·斯米顿解决了向熔炉中增加强气流的

问题，他本身是一名苏格兰冶铁车间的雇用工程师。鉴于焦炭在车间里的使用率并不是很好，斯米顿用一个有 4 个大铁汽缸的气泵取代了老款式的皮风箱，汽缸上装有阀门和活塞，并且用水力带动。斯米顿发明的鼓风机成功地使焦炭在冶铁上得到广泛使用。

亨利·科特的冶铁法 用焦炭做燃料时，鼓风炉冶炼出的"生铁"杂质含量很高，铁质过脆，很多场合都不适用。将生铁变成更加坚硬的熟铁或者是钢，成了新的难题。1784 年，亨利·科特发现将生铁放入一个特别的熔炉中加热，达到一定温度时进行搅炼或搅拌，能去除多半杂质，然后将灼热、净化后的金属从炉子中取出，不需要锤打锻造，只用很重的滚柱轧成铁板或者是铁条就可以了。

炼铁技术的改进，使铁变得物美价廉，被大量应用于制造机器、铁炉甚至坦克等方面。一位勇于尝试的发明家竟然用铁板制造了一艘船。

猪铁 人们因又沉又重的铸铁条在冶炼的沙床上排列的方式，将它们称为猪铁（生铁）。熔化的铁水被引入到一个又长又大、两边各有一排小模的沙土模子中。大模子边上有很多小模子，也像一头母猪带领着一群小猪仔，故而被称为"猪铁"。

车床 见过拆开的汽车马达或其他发动机的人，就会明白活塞和汽缸一定要"准"，换句话说它们的外形必须标准光滑。若只靠手来给汽缸打眼，或是制作一个不漏气的阀门，绝对不现实，因为没有哪个工人能够完全平稳地控制住手中的工具。1874 年，车床的出现解决了这个难题。

莫兹利发明的车床能将钻头和等待钻洞的金属块固定在同一条直线上，切割工具被另一个装置固定住，然后在车床或转动的机器上利用快速旋转来切割出圆柱形的金属。这看似简单的发明，却决定了蒸汽机与各种铁质机器的制造成败。

高压发动机 在早期，发动机面临的困难之一，就是蒸汽的压力如果升得太高，铁炉就容易发生爆炸。不久，铁炉的材料开始使用坚硬的铁板，高压蒸汽机相对安全许多，发动机也得到了极大改良。活塞和汽缸的体积也有所缩小，所有的发动机也都可以变得更加简单、小巧。大约在

1800年，理查德·特里维西克完成了这项改良，他在改良蒸汽机方面的功劳并不亚于詹姆斯·瓦特。

五、汽船和火车

看到蒸汽能成功地驱动机器轮子旋转，发明家们就想利用它来驱动车、船行走。

道路和运河　在讲车和船上怎么使用蒸汽之前，我们先要了解一下早期的交通运输工具。

18世纪以前，英国的路况非常差，所以都不会使用带有轮子的车，基本上靠马匹来运载货物。只有找到更好的交通运输工具，才能促进贸易的发展。

碎石路　在18—19世纪时，路况不断改善，驿站的货车、马车都可畅行。约翰·麦克亚当是一位苏格兰工程师，他采用碎石来坚固道路，"麦克亚当路"就是以他的名字来命名的。19世纪初，他建造了几千英里的平坦道路，同时开凿了许多的运河，极大地方便了煤炭和一些其他沉重货物的运输。

蒸汽机车　1800年，蒸汽机已可以在机车上适当运用。1801年，第一辆有使用价值的蒸汽机车问世，高压发动机发明者理查德·特里维西克对此发明功不可没。煤矿区的工程师们兴奋不已，因为蒸汽机车解决了煤炭从矿井中运输出来的大难题。

斯蒂芬孙的改进　乔治·斯蒂芬孙（1781—1848）是一位工程师，他被视为"铁路机车之父"。虽然并不是铁路机车的发明者，但是他的改良取得了巨大成效，使铁火车走上历史舞台。

当一些矿主决定在英国北部斯托克顿与达林顿之间修建一条铁路时，斯蒂芬孙就劝说他们使用蒸汽机车。1829年，斯蒂芬孙给利物浦与曼彻斯特之间的铁路提供了机车，而这也是世界上第一条铁路。

尽管在今天看来，斯蒂芬孙时代的发动机和车厢都比较狭窄和笨拙，但速度却比驿站的马车快多了，这让当时的人们啧啧称奇。

罗伯特·富尔顿和汽船　也有几位发明家把蒸汽机当成船只的驱动力，人们公认的汽船第一人是罗伯特·富尔顿（1765—1815）。从时间上看，他其实不是第一个制造汽船的人，但他是第一个把汽船放到水上行驶并因此大发横财的人。

富尔顿原籍爱尔兰，是一名美国青年艺术家。在英国学习绘画时，他结交了詹姆斯·瓦特和一些对机械工程有兴趣的朋友，不久之后，他放弃了绘画，开始了发明创造之路。当他知道拿破仑·波拿巴对发明很感兴趣的时候，辗转来到法国。1803年在法国巴黎，他发明的第一艘汽船在塞纳河上行驶，还展示了一艘能潜水的鱼雷快艇。因为没有得到太多的关注，他返回美国，创造发明了"克莱蒙特号"——一艘带螺旋桨的汽船，在哈得孙河上往返于奥尔巴尼和纽约之间。1807年，轰隆隆的克莱蒙特汽船获得世人瞩目，它的实用性超过了以往任何汽船。

汽船和远洋轮船　在1811年，尼古拉斯·罗斯福在匹兹堡建造了一艘汽船，它沿着俄亥俄州与密西西比河顺流而下，向新奥尔良驶进，这也是第一艘出现在密西西比河上的汽船。1812年，英国第一艘汽船——亨利·贝尔的彗星号在克莱德河上进行了第一次航行。

1819年，配备着蒸汽机的萨瓦纳号汽船，从佐治亚的萨瓦纳横渡大西洋到达利物浦。但它的发动机只起到了辅助的作用。萨瓦纳号配备了全套桅帆，在顺风或者是风浪不利于航行的时候，就会将螺旋桨取下来放置在甲板上。真正依靠蒸汽带动横跨大西洋的汽船是1838年的天狼星号与大西方号。同时，在内河行驶的汽船也逐渐增多，到1850年，数量已经多到数不胜数。

到19世纪后半叶，远洋轮船在国际贸易和海战中发挥了重要作用，下一章中我们再详细讲述。

六、日趋寂静的家园

机械发明使得男女纺织工、染织工、木匠和铁匠等人的生活和家庭出现了革命性的变化。

旧制度：家里手工操作　在工业革命以前，手工作坊建立在中世纪的行会体制基础上，每一个行东在家里或者是在附近开设一间小的商铺，有几个小学徒或者一两个年轻的帮手辅助他。纺织工人多数都没组建自己的行会，经常居住在小村舍里面。他们通常会有一个园子，养殖一头乳牛。一小部分富有的布匹商人开设了自己的工厂或者是商铺，还雇用了几个纺织工人，大部分的纺织工人还是愿意留在家里工作，因为在家里他们会更自由独立。纺织工人用自己灵活的双手和脚协调操作木制的简易织布机或纺车。

新制度：工厂的机器操作　机器不仅改变了织和纺的本质，还提高了速度，改善了工作条件，深远地影响了工人的生活和习惯。一名工人想在小村舍里拥有一架水车或一台自动织布机无异于痴人说梦，更不用说鼓风炉和蒸汽机了。大约从1770年开始，纺纱机的发明促使纱厂成立。

每个纱厂都需要几架水车来带动，还需要12名甚至更多的工人照看机器。自动织布机面世之后，织布厂应运而生。炼铁工业逐渐以铸铁车间或者工厂模式取代了家庭工业模式；陶瓷制造业同样如此。到1800年，英国土地上已建立了上百家的工厂，新英格兰地区也有几家。

塞缪尔·斯莱特　一位仔细研究过阿克赖特机器的英国青年塞缪尔·斯莱特，于1789年到达罗德岛的铺塔吉特。第二年年底，他凭着惊人的记忆力，为一家纺织工厂制造出几台纺纱机。小心谨慎的英国人不允许把任何机器卖到别的国家去，哪怕是机器模型也不可以，但斯莱特却把这项技术带到了美国。后来，新机器开始在其他国家传播开来。

家庭工业的衰落　在18世纪的前25年间，英国和其他地方的工厂变得越来越多。一些工业部门中，工厂制差不多取代了家庭制造模式。曾经日夜嘤嘤作响的纺车，要么被妇女们遗弃到了墙角，要么束之高阁。还有那些随纺车出现的砰砰作响的手织机，也都被闲置起来，无人问津。

家园寂静无声，也就意味着很多织工失业了。织机和纺车无用武之地，更糟的是人们无所事事。很多纺织工人因年龄过大，无法在新工厂里学习新技能，生活变得困顿。还有许多人不思进取，看着工作和酬劳从自己手中溜走。烦躁忧愁、疲惫困顿和心灰意冷弥漫在日趋衰败的村舍上空。

大多数情况下,家里的年轻成员可以去工厂里找到一份新工作,跟着新制度一起成长。但若去工厂工作,必须离家进城。久而久之,旧村舍越来越寂静,纺车搁置一边,织机不再作响,年轻人的身影越来越少。

七、荒凉的村庄

城市快速发展是工业革命最明显的现象之一,人口从农村向城市转移。大部分的工厂都建立在煤铁产区和交通便利的地方。为了工作,年轻人甚至整个家庭都离开家园、村舍或者原来的小农场,去到城市的工厂中去。他们将在新的城市落地生根。在工业革命期间,英国出现了很多的新兴城市。利兹、伯明翰、曼彻斯特和谢菲尔德都是在这个时期兴起并发展富裕起来的。

城市贫民窟 从某些角度上说,自家庭到工厂、自农村到城市的变化可能对工人有益,但也频繁地造成了颓废和困苦。节省劳力的机器面世,对人类也不全是好事。以自动织布机为例,一旦工厂使用大大提高生产效率的机器生产布匹,布匹的价格自然下降,那些依然用手工纺织机织布的人就会挨饿。手工纺织机的工人变得越来越穷苦,这也是19世纪早期的一幕悲剧。

那些前往新城市的青年也并非幸运儿。他们住在一排排类似鸽笼的小屋里,拥堵狭窄,没有草坪、庭院,也没有通风和卫生设备。阴暗潮湿的地下室成了许多家庭所谓的"家"。传染病在如伯明翰和曼彻斯特等城市肆虐。

道德败坏 这些状况毁坏、毒害了家庭生活,造成道德伦理沦丧的结果。每天在工厂或矿山工作14个小时甚至更长时间的妇女们,根本没有精力和时间来操持家务、照看孩子。有时许多的家庭同住在一个小屋里,贞操和谨慎就没有办法维持了。男人跟女人都喜欢喝烈酒,且过度饮酒。酒精可以麻痹他们的痛苦,但也让他们变得更加穷困。儿童每天早出晚归,不久也染上成年人的恶习。在工业城市的地下室或鸽子笼似的家庭里,穷困、饥饿、愚昧、疾病和肮脏恶毒等坏事云集。在这样的环境和状况下，他们过得怎样可想而知。

妇女和儿童 每间工厂都需要不熟练的劳工。对技术要求较低的自动织布机跟纺织机就交给妇女和儿童看管。实际上，工厂主更喜欢儿童，因为他们学习能力强，更廉价且容易管理。在纱厂里，大部分的雇佣工都是儿童和妇女。

1816年一次调查表明，工厂制度进入正轨后，很多儿童在5到7岁时，就去纱厂上班干活儿了。有些工厂的工作时间是14到18个小时，就连最小的孩子也要从清晨3点工作到晚上9点甚至更晚。他们只有四五个小时的睡觉时间，就连吃饭的时间也非常短暂，遑论挤出时间游玩和接受教育。在矿井里，妇女与儿童同男人们一起工作，工作条件今人看来简直就是地狱，发育不良、脊背变形、可怕的弯腿和粗暴的脾气等不良后果纷至沓来。

穷困潦倒 可能有人会问：父母怎么舍得让自己的孩子去工厂或者矿山里干活儿？答案简单而现实：无事可做的孩子们经常挨饿。假设一个人拒绝低薪工作，拒绝16个小时的超额劳动，或者不让自己的妻子和孩子去工作，那么他只好坐以待毙。他没有能力找到待遇更好的工作，没钱买面包，一家人只能挨饿。父亲找不到工作的时候，孩子就只能外出赚钱来供养父母和家庭。

失业 收入微薄、工时超长和童工盛行，这些状况已足够糟糕，但比这更坏的是失业风险常常存在。有时新工厂会出现货物滞销情况，工厂就必须关门休息一段时间，雇工就会被辞退。这时，失业工人的生活更加贫困。

耕作和改革 上文说过，发明出节省劳动力的机器并不全是好事。千千万万的人因为工业革命陷入了苦难之中。那些新发明出来的耕作机器，大大提高了耕作效率，对许多贫苦的农民来讲，便是雪上加霜。千千万万的家庭被驱赶出小农场。

圈地 1760—1850年，工厂经历着工业革命，与此同时，英国的"圈地"运动也快速地发展着。地主开始霸占农村的大块公用牧场和耕地，并用围栏圈起来。"圈地"运动之后，村民理论上可以获得和之前分散田地同等价值的一块集中土地，以及用土地或金钱取得之前公用牧场的使用权。但实际上，95%的贫苦人民在圈地运动中破产。即使没有上当受骗，也需要把自己的土地卖掉。卖掉的钱坐吃山空，结果仍是一无所有。

从牛奶到茶 以往，许多家庭耕种一小块土地，在公用的牧场里饲养一两头奶牛，男人织布，女人和儿童纺纱，生活还算舒服。但圈地运动后，他们却深陷困苦。因此，英国的普通百姓开始把茶当成日常饮料，因为他们没了奶牛，再也喝不起牛奶。1760—1850年这90年里，700多万亩的土地被大地主霸占了。

土地被占者的困境 变卖和失去自己耕地的农民，必须另谋生路：有些农民被迫低价为农场主工作；还有千千万万的贫苦人民向殖民地迁移；其他一部分人前往城镇，希望在矿山或者工厂找一份工作。戈德史密斯的作品《荒村》，并不是诗人的空想，而是凄惨的现实，也是当时英国农村的真实写照。

一批批失去土地的无产阶级劳动者，为了生存，不管薪水多么微薄，都抢着去做。有鉴于此，工厂主们给出的薪酬越来越低微。

八、工业巨头

资本主义 资本是指企业用于生产的金钱或其他形式的财产。资本家是指资本的拥有者或者是经营者。资本家采购原料，利用工厂和机器来雇用工人制造和销售产品。资本主义是以资本和资本家为控制因素的一种企业制度。资本主义制度就是资本家运用大量财富雇用劳动者从事生产和贸易的社会制度。

工业革命把资本家变成了工业的最高阶层。普通工人没有财富和实力来建造工厂、购买设备机器，所有的工厂都是有钱人也就是所谓的资本家建立、拥有及经营的。目的就是获得更大的利润——尽量低价采购原材料，低薪雇用劳动力，高价销售商品。跟中世纪不同的是，对于产品和劳动力来说，再也没有"固定价格"或"公平价格"这样的时髦观念。

雇用劳动者的依附性 在新工业制度下，被雇用的工人或者是工厂的"人手"都没有机器的齿轮或原料那么重要了。假如一个工人病了，资本家会马上雇用另一个人来取代他。假设一个工人提出增加工资，很快也会有另一个愿意拿少工资的人来替代他。劳工绝对具有依附性，他只负责看管机器运行，偶尔拉动一下杠杆或是将断了的纱线重新接上，或者做一下简单乏味的动作。资本家是资本主义社会最重要也最具有权力的阶层，厂房、机器和原材料等都由他们提供，他们监管整个工厂企业，发付薪资给工人，甚至可以随意解雇工人。

这样的企业家被称为"工业巨头"，这个名称在当时或许并未广为人知，但资本家确实处于领导和指挥地位，从头到脚都宛如一位军队的军官。也有极少数的资本家因乐于帮助劳动者而名声大噪。

资本主义与重商主义对抗 17—18世纪的政治家们都支持重商主义和法规，觉得工业资本家这个新兴阶层毫无作用。重商主义者采取了许多方法，力图制约和管理工商业发展。对工厂主来说，这种政府干涉是非法且令人无法忍受的。资本家希望能自由贸易。这个新理论起源于法国，法国的重商主义者逼迫政府不可以干涉企业，倡导"自由无拘束"，也就是所谓的"顺其自然"。

1776年亚当·斯密出版的《国富论》里，把法国自由无拘束的自由贸易思想带往了英国，获得了李嘉图、马尔萨斯和一些英国经济学家的拥护。

"经济自由"的崛起 亚当·斯密等人的理论和企业利益结合在一起，使人无法抗拒。重商主义在经济学家和资本家的双重夹击下落败。"自由经济"逐渐发展成新秩序。换言之，经济思想的革命也是工业革命的一方面。

这一方面非常重要，它的意思是：（1）重商主义的旧制度、旧法规逐渐被制造业所丢弃，工业巨头可以随心所欲地雇用劳动者以及决定工资数目；（2）妨碍对外贸易的法律条款被废除，进口谷物粮食的关税也被取消，保护关税被废除，自由贸易逐渐建立起来；（3）重商主义者对殖民地的价值信念遭受了非常大的质疑。

自由也就是权力 对资本家来说，全新的自由意味着他们在很多方面拥有了更大的权力。这些权力只对他们有益，劳动者的处境毫无改善。在没有法律保障的前提下，妇女、儿童跟男人一样一天需要工作16个小时，没有通风和卫生设备，待遇微薄。

地主们也有权力在手 富有的农场主，用收买或者是冻结的方法赶走了小农户来扩大自己的土地，用改良过的机器和肥料来提高产量，还按照自己的工资标准来雇用劳动力。实际上他们也属于资本家，而且是农业资本家，他们大都如此发家致富。这样，一个郡里出现了少部分的人拥有了绝大多数土地、掌握了选举权并闻名于议会的情况。他们将牛群驱赶到荒芜的村子里放养，在人口稀少的地方开垦荒地。富庶的英国东南部，情况更是如此。同时，在西部和北部的新工业城市里，越来越多不幸的人背井离乡来到此处。

谷物法 地主和工厂主们至少在一件事上针锋相对，那就是"谷物法"——从不列颠进口谷物，特别是小麦，需要收取关税。地主们渴望这种关税，因为这样可把自己种植的粮食卖出更好的价格；另一方面，工业巨头主张自由进口谷物，因为这会使雇佣工们生活成本更低廉，提高低工资的可能性。

议会中的贵族政治 无助的工人阶级只能从议会那里得到很少的同情和一点点施舍。在19世纪初，议会被贵族地主和商贾巨富们所掌控，每30位普通民众手中拥有下议院议席的可能还不足1位。穷乡僻壤中的少数"乡绅地主"选举出他们爱戴的人掌权，千千万万的普通农业劳动者和工人的声音却被忽视了。

民主政治的萌芽 经过迂回曲折的过程，工业革命最终带来了民主政治。上边描述的不公平现象日益严重，最终播下了摧毁自己的种子。工业革命产生的各类灾难引发了劳工运动和民主政治运动。19世纪初，革命的愿望异常强烈，最终导致了革命时代到来。因而英国今日的民主环境很大程度是拜工业革命所赐。直到今天，劳工运动依然是英国人生活中的重要因素，为工人争取工资和减少工时而组建的工会是这些运动的领导者。

九、无止境的革命

1750—1850年发生了许多变革，纺织机器、蒸汽机、汽船与机车的发明，煤炭和铁的大量使用，工厂制度和资本主义的发展，以及旧制度的废止等，这些变化综合在一起，就是伟大的工业革命。但工业革命并没有就此结束。

一个持续不断的过程　工业革命和它所产生的所有后果从英国传到了其他一些国家和地区。机器、发明和资本主义制度被带到了欧洲大陆和美洲，甚至传播到亚洲和非洲。它们所到之处，引发了与英国相似的结果，也就是工业革命。美国、法国和德国的工业革命要比英国迟一些。直到20世纪上半期，中国和一些工业落后国家才开始工业革命。

一个成长中的过程　最初那些巨大的变化汇总在一起被命名为"工业革命"后，许许多多的发明和变化随之而来，我们可以把这些变化和发明看作是工业革命的子孙。随着工业革命期间蒸汽机的出现，以后几个世纪又出现了叶轮机、汽油发动机与电动机。骡机的发明引发了新型纺织机面世。火车出现以后，人们又陆续发明了汽车、飞机等。

机械的奇迹　电报、电话、无线电报和手机等一件接着一件出现在人类的发明清单上。几乎每一种类的商业和工业都被机器和资本主义革新了。各种家务劳动工具，如真空吸尘器、洗衣机、和面机和缝针机的出现，使得工作量骤减。近代机器的魔力大大改变了生活：我们只需要按一下按钮，空中就可以传出悦耳的声音；只要按下一个转针，就可以让唱片机里传出已逝世多年的卡鲁索的美妙歌声。工业革命可以说是机器发明时代的朦胧曙光，是人类迈出战胜自然力量的一小步。

持续不断的问题　工业革命也留给我们消极的一面。从它面世的那天，就开始奴役儿童，把人们赶进肮脏的贫民窟里，使工会和资本家之间矛盾激增，拉高生活成本，增大社会贫富差距。总而言之，工业革命产生了非常严重的劳工问题，或者说是一系列的劳工问题。

这些问题变得越来越突出。工业革命以后，工人采取了罢工、消极怠工、社会主义、工团主义和布尔什维克主义等形式来表达不满。政治家们想尽办法斡旋工人与资本家之间的矛盾，既想满足工人的生活需求，也要满足资本家的享乐需求，这组成了近代欧洲政治历史的大部分内容。工业革命遗留的劳工问题是当今社会中最重要也是最困难的问题。

第 30 章　动荡中的欧洲

拿破仑垮台之后,欧洲获得了暂时的和平,但依然没有获得自由。维也纳会议维护的是旧贵族的利益,而非日渐觉醒的人民。民族性遭遇阻碍,民主主义受到指责。工业革命送来了机器,却没有给普通人带来幸福。资本家有权有势,工人们却穷困潦倒,无法自主。

资产阶级普遍期望有个开明的政府,而且希望能在政府中发挥更大的作用。他们注重言论自由、个人自由和经济自由。许多农民仇视残留下来的奴隶制度和封建政体。工厂的工人也很不满意自己的现状。到 19 世纪初期,在欧洲的大陆上,工人的地位十分卑微,但随着工业革命的持续发展,他们的地位开始逐渐变得重要。

君王们的复辟　法兰西国王又回到复辟的波旁王朝的路易十八手里。斐迪南七世在西班牙重新登基为王。还有一个波旁王朝的成员在那不勒斯和西西里被封为国王。萨瓦皇室在撒丁重新获得统治权。奥伦治亲王在荷兰重新登上王位。教皇再度成为罗马和意大利的统治者，还有一些德意志的王侯也重新上位。奥地利的哈布斯堡家族得到了意大利北部威尼斯和伦巴底地区。托斯卡纳、摩德纳和帕尔马被赏赐给奥地利皇帝的亲戚。普鲁士的国王霍亨索伦也扩张了疆域和权力，但普鲁士依然是众多德意志邦国之一。

被忽视的爱国心和自由 维也纳议会的外交家们对人民的愿望视而不见，甚至漠不关心，民族和民主主义面临着巨大阻碍。俄国沙皇亚历山大一世标榜自己是一个自由主义者，但仅针对自己而言，他的子民只能行使他批准的部分自由权利。许多德意志人民期望民族统一，但德意志却跟波兰一样依然四分五裂。很多意大利人渴望推翻奥地利政府的统治，将分散的民众集合统一起来，但统一看起来遥遥无期，很多地区处于奥地利的军事掌控之下。

梅特涅公爵 主持维也纳议会的是来自奥地利的梅特涅公爵，他是操控会议的中心人物，也是旧秩序强有力的化身。他最大的目标是让奥地利和专制体制有一个安全的生存环境。他反对德意志建立强有力的政府；想让普鲁士尽量保持低调；至于意大利，他曾经公开声称意大利只是一个"地理上的名词而已"，而不是一个国家。他虽成功地在短时间内将奥地利统治下的意大利弄得支离破碎和衰败不振，但没能阻止普鲁士的崛起。毕竟，他无法控制人民追求民族统一和民主主义体制的迫切愿望。这种从法国先知们跟独裁者拿破仑进行斗争的时期就开始传播的愿望，已逐渐发展成根深蒂固的观念。

民主主义、宗教宽容、民族爱国主义和近代工业革命思想以滔天巨浪之势，把梅特涅和穷其毕生精力建造的思想堤坝彻底冲垮。

神圣同盟和非神圣同盟 为阻止战争，让疲惫的各国得到和平，神圣同盟和四国同盟曾做出一些努力。但他们遏制人民得到参与政治的权利，不承认同族团体联合的政治意愿，扼杀宗教或者政治的自由思想，这些方面的倒行逆施使他们的努力打了水漂。无论如何，专制君王的同盟令人心生警惕，人们已不再相信他们所谓的虔诚表白，不久之后在很多地方都出现了抵抗行动。如上文所讲，拉丁美洲革命已经在进行当中，就算是在欧洲专制体制的城堡里，人民呼喊自由的声音也已经压制不住了。

一、梅特涅镇压叛乱

在中欧，梅特涅可以维护一段时间的专制体制，主要依靠特权，而非广大人民的意愿。作为梅特涅的故乡和根据地的奥地利，当地人们对这位意大利北部及其临近地区的统治者也不满意。其中就算不是全部，至少很多人不开心、不满意。还有一部分接受了法国革命倡导的自由、平等跟博爱思想的人们，对梅特涅扼杀和遏制民主思想的意图感到无比愤慨。

不稳定的奥地利 奥地利的不稳定因素有两个。其一，梅特涅的政治纲领已过时；其二，奥地利妄想统治各族人民，如意大利人、拉斯夫人、德意志人等，但这些民族都不想被它统治。奥地利像一个煮沸仍在不断加柴的水壶，随时都有爆炸的危险。

意大利并不想维持支离破碎的局面，这是毫无疑问的。意大利人既然使用同一种语言，说明他们是同一个民族，绝不会满足于成为"地理上的名词"。他们早对梅特涅的统治不满，更别提还要受奥地利的军事控制。为了能更好地统治意大利，奥地利希望它始终分裂，但意大利人却对分裂充满憎恨，他们渴望统一。为此，他们秘密筹谋策划，公开宣称希望得到自由。1820年，那不勒斯和撒丁爆发了起义。遍布各地的意大利秘密团体，持续不断地争取统一和自由，其中最有名的就是烧炭党人。1831年，"青年意大利党"组织成立，没用多久时间，就发展成比较有影响力的组织。

在德意志，维也纳会议破坏了拿破仑为统一大业做出的许多努力。奥地利炮制出"德意志联邦"，向民众摆出假装使德国迈向民族联合的姿态。这个德意志联邦其实只是第二个罗马帝国而已，并不是真正意义的联合政府，只不过是一个近乎独立的松散邦国联盟。梅特涅拥护专制君王权力惯用的政治手段就是维护诸国的分裂政策。

拿破仑的努力指明了联合的方向。在反抗拿破仑的战争中，德意志的自由主义者和爱国主义者开始觉醒。许多地方的人民强烈地倡导宪法和民族联合意愿,梅特涅这类人却百般阻挠。但自由和民族爱国主义的烈火却不惧命令和威胁,已成燎原之势。对德意志、意大利以及其他很多国家的人民来说,这团烈火便是希望的种子。

二、东欧的反抗

俄国皇帝亚历山大一世确实在诚信地追求和平与公正,也表达了对基督教美德的信奉。但他目光短浅,所以未能获得成功。他希望仁慈地对待他的子民,却如同家长一般对人们进行说教。在他治下,俄国纷乱不堪,所以当他1825年去世时,自由主义者们就奋起反抗他的弟弟尼古拉一世,并希望亚历山大一世另一个弟弟康斯坦丁继承沙皇位置。他们认为康斯坦丁倡导自由,主张进步。没过多久,反抗被镇压。但依然有许多的人对自由抱有幻想和希望。

希腊的收获 希腊人之所以同土耳其苏丹做斗争就是为了争取独立。拜伦勋爵非常同情希腊人,决定跟他们共进退,这种想法并不令人惊讶。但是英国、法国和俄国选择支援他们,令事情变得很奇怪——沙皇俄国专制独裁,法国统治者反动透顶,连当时的英国政府也不提倡自由。但是,英国的贵族受过希腊式古典教育,对希腊人有着广泛的同情心。还有一点就是土耳其苏丹令人厌恶。1829年,他被迫承认希腊独立。

三、西班牙和法国的波旁王朝诸王

西班牙的斐迪南七世专制独裁,非常守旧,1820年,西班牙爆发了革命,胜利者宣布恢复实施1812年草拟的自由主义宪法。这时,法国的路易十八想恢复法国的名声和威望,出面进行干预。1820年法军进攻西班牙,西班牙的国王和专制体制再度复辟成功。此后,法军在西班牙驻守4年,依照旧秩序对很多事情进行了监管。西班牙首脑最终采用了温和政策,自由派的需求固然没有被满足,就连反动派的需求也没有被满足。1820年,葡萄牙同样爆发了一场反抗专制体制的革命。

法国人民之所以能容忍路易十八，是因为他为人很随和善良，再加上他的年龄比较大，人们对未来怀有憧憬，把希望寄托在统治者更替上。1824年，路易十八去世，他的弟弟查理十世继位。但这次权力更替，没有令法国走向光明，相反，局面彻底变坏。查理为人执拗、莽撞，且刚愎自用。没过多久，他就解散了与自己有矛盾的国民议会，还修改了选举法，规定只有地主才享有选举权。梅特涅曾经警告过他，过度地使用专制权是相当危险的，但查理在很长一段时间内将这个忠告抛诸脑后。

不久，查理便意识到了这个错误，追悔莫及。法国人民没有忘记"八月法令"，更没有忘记1814年路易十八在特许状中做出的让步。

四、1830年革命

1830年，以法国为首的许多地方都爆发了动乱。7月，在查理十世的高压之下，巴黎人民选择发起暴动，高喊着"推翻波旁王朝"的口号，大革命时期采用的红、白、蓝三色的旗帜，又一次迎风飘扬在巴黎的上空。曾参加过两次革命、年高德勋的英雄拉斐德挑头成立一个临时政府。查理十世仓皇逃往英格兰。路易·菲力浦被封为新国王，他是查理十世的远房表兄弟，也就是那位"奉上帝之命并顺从人民意志的国王"。

路易·菲力浦曾参加过1792年革命，平时总是一副中等阶级自由主义者的样子。他作为有限君主体制下的领导人，也许会使法国成为一个自由的共和国。

梅特涅惶恐地看着法国发生暴乱。假设他有勇气的话，可能早已镇压了这场相对来说比较温和的革命。可是，英国的态度若即若离，法国自身也是一个强国，梅特涅对此事件无能为力。

比利时独立　维也纳会议把比利时分给了荷兰，比利时人受到法国革命成功的鼓舞，挺身奋力反抗荷兰。英国和法国都不准许东欧君王们帮助荷兰，起义最终获得成功，比利时成为一个独立的王国，拥有了一部自由的宪法和由选举产生的议会。

意大利和波兰的反叛　革命的烈火愈演愈烈。几个德意志邦国通过了自己的宪法。意大利也发生了数次反叛。作为俄国沙皇用以对抗比利时跟法国的自由主义人士的波兰军队，突然变成了革命军，转过矛头对抗沙皇，为波兰的独立而战斗。

在意大利、德意志和波兰的革命运动中，革命者需要跟实力雄厚且戒备森严的敌人进行斗争。意大利各地的起义被梅特涅的军队火速镇压。俄军的胜利使沙皇在波兰的统治得以继续，并取消了亚历山大一世为波兰人所颁布的宪法。在德意志联邦，反动势力占据压倒性的优势，胜利变得十分渺茫。

东欧的专制体制　1830年，各地革命发生后不久，俄罗斯、普鲁士和奥地利的三位保守的君王统治者，为遏止革命再次爆发签署了一份密约。现在当人们谈到历史上那个阻碍进步并且毁灭自由的神圣同盟时，指的就是这个同盟。相反，1815年那个神圣同盟相对进步，其成员国的排他性也较少。

东欧依然像梅特涅期望的那样保守，但西欧的英国、比利时和法国却已变了颜色。

五、1848年革命

1848年，欧洲又发生了一系列革命。1820—1830年尽管是多事之秋，梅特涅和他的朋友们依然掌握着德意志、东欧和意大利。但是到了1848年，形势发生了变化。1832年之后，英国各种显著革新都以自由主义为指导思想，法国大革命的支持者从现实中得到新的启示。农民跟农奴想从贵族、地主手上夺得地产；工厂的工人也都对现状很不满意。

中产阶级的民族主义和自由主义倾向因工业革命得到了增强，但工业革命也引发了城市劳动者的不满。另外，1830年以后，革命因铁路修建得以普遍推广，因为消息随着铁路传播的速度比驿站的马车更快。

关税同盟　1834年，18个德意志邦国共同组建了关税同盟，涉及通行税或者关税方面的内容。盟国之间的大宗商品可自由交易，这与反重商主义和工业革命运动精神相合。之后关税同盟逐渐扩展到了除奥地利以外全体德语使用区。它不仅有利于工业和商业的发展,还引导德意志各民族迈向政治上的统一。

二月革命 跟1830年一样,法国依然充当了1848年革命的领头羊。1848年2月,日益固执、狭隘的路易·菲力浦被打倒了。工人阶级的势力得到了发展和壮大。路易·菲力浦虽然倾向资产阶级,但这远远不够。他跟查理十世一样逃亡到英国。革命者们制定了一部民主宪法,建立了一个新的政府。这就是有名的"二月革命",同1830年起义被叫作"七月革命"一样。1848年,新政府成立了法国的第二共和国。

"二月革命"的消息在国外传播开来,意大利、德意志各邦国和奥地利,很多革命者抓住这次机会,奋起为自由而战斗。

梅特涅逃亡 听到革命风暴已传到维也纳的消息时,梅特涅蛮横地说:"我对我的国家效忠了40年,从没有战乱能使我屈服,现在,我更不会屈服。"他对1830年以来民族主义、自由主义和劳动者所积蓄的强大力量视若无睹。1848年3月14日,这位老绅士竟忘记了自己前几天的狂言,偷偷化装成英国人逃跑了,将维也纳丢在了革命的浪潮中。

革命和故态复萌 奥地利人虽然制定了一部自由宪法,但一两年后,新皇弗兰茨·约瑟夫在一些保守党和沙皇的帮助下,把专制体制重新强加到奥地利跟一些附属国政府的头上。但他的确废除了农奴制度和某些封建制度。普鲁士国王最终向人民屈服,许诺为他们制定一部新宪法,只是,最终出台的这部宪法却非常不民主。在法兰克福的议会上,德意志的民族主义几乎就要获得成功。这个议会的代表大多都是各德意志邦国选出来的,最终目的是希望给德意志建立起一个民主和统一的政府。它曾被德意志人寄予厚望,但最终却失败了。这次的失败,使得德意志民族统一事业延后了25年,使民主政治向后推迟了近70年。普鲁士和奥地利之间爆发战争是失败的主要原因。

总而言之,1848—1849年的革命,最终没有达到民族统一与民主政治的目的。因为憎恶和失望,德意志和奥地利许多自由主义领导者移民到其他一些国家,特别是美国,其中一些人在美国成为优秀和有影响的人士。

第31章 英国的改革

第一个推翻专制体制的国家是英格兰,但它却是最后建立民主体制的国家。上文中讲到,17世纪时,几场革命就推翻了专制体制。下边讲讲19世纪因种种改革而建立起来的民主体制。

一、中等阶级的改革

改革的需要 从许多方面来讲,英国是一个支持自由主义的国家,而且是西欧君主立宪制国家的模板。但在1832年甚至更晚一些时间,英国政府被富有的贵族阶级特别是旧地主家族掌握着,城市里的资本家和工人阶级都无法在议会里占有公平、合理的代表席位。人民群众压根没有选举权。与其说是民主政府,不如说是贵族政府。

不民主的议会 英国议会由两个团体——上下两院,也就是贵族院跟平民院组成。贵族院由一些有爵位的贵族和少数主教组成。主教由政府提名，贵族则是世袭的，因此平民在上院没有任何发言权，更没有选举权。下议院的议员虽是通过选举产生，但选举制度并不公平。工业革命出现了一个严重的后果，一些旧自治市可能已成了人烟稀少的"荒村"，但还有议会代表，一些大型新兴城镇竟然没有代表。

旧选区和新城镇 旧自治市代表被委派到下议院，新兴的工业城市则压根没有这项特权。一个自治市就是一个城镇，国王或女王曾赏赐它们委派两名代表去下议院的特殊权利。无论郡和自治市面积大小、人口多寡，都只能甄选两名代表。但是，一些选区都已经衰败到只有少量居民，甚至空无一人。这类选区被称为"衰败选区"，它们的代表事实上都由贵族委派担任。还有，许多的工业城市例如伯明翰、曼彻斯特、利兹和谢菲尔德等地连一个代表都没有，因为这些地方都不是选区。这意味着不仅贫穷的人民没有办法干政，就连一些新兴城镇的资本家也没有这项政治权利。他们都想改变这个状况。

改革的要求 1831—1832年间，改革呼声已变得非常强烈。法国1830年革命给英国的资本家和中产阶级带来了勇气。资本家们使用抗税和引发金融恐慌等手段进行抗议。许多城市的工厂都举办了隆重的民众集会，把工人阶级的情绪全部挑动起来，整个英国好像正面临着一场暴力革命。1832年，议会不理会上议院保守党的反对，通过了一项革新法案。

改革法案 1832年出台的改革方案，做出了三项重大改变：（1）取消了所有"衰败选区"下议院中的席位，并把这些席位委派给新兴大城市，准许它们委任代表参加；（2）增加人口多的郡或城镇的代表席位；（3）选举权的门槛覆盖到缴税到达一定数额或者是拥有一定数额的财产的人身上。因为这项改革法案的颁布，增加了大约22万选民。法案颁布前，英国具有选举权的人大约是43.5万，颁布后增加到65.6万人。

寡头政治，不是民主政治 尽管如此，65.6万人也不过是英国成年男子总数的九分之一。乡下的农民、城市里的工人和城市里的中等阶级依然没有享受到参选议员的权利。1832年改革法案出台的意义在于，长时间把持政府的贵族寡头统治集团不得不把议会的政治参与权和会议的发言权部分分享给工业资产阶级。英国其实依旧是寡头政治国家，只不过，寡头集团除了贵族地主乡绅以外，又加入一些资本家。

宪章主义者 平民对1832年改革法案自然非常失望。他们觉得自己被忽视、被欺骗了。不久，一个工人组织草拟了一份真正意义上的民主请愿书，主张不分贫富，每个人都应享有选举权。1839年，他们将这份请愿书递交到议会，但却遭到了拒绝。但是他们依然不断地努力争取自己的权利。人们将这份请愿书当作"人民的宪章"，而这些工人代表也被称为"宪章主义者"。

1848年，宪章主义者再次策划了一场声势浩大的示威游行活动，这次他们递交的新请愿书上有500万人署名。这时，如果不是上万的警察和士兵到场弹压，很有可能爆发一场革命。结果宪章主义者的请愿书被统治者面带嘲笑地拒绝了。

中等阶级自由主义的胜利 在英国工人阶级努力为选举权奋斗却无果的时候，1832年改革法案让资本家们享受到了丰硕的成果。他们认为最迫切的事情，是要废除旧关税保护法和重商主义政策。但是在议会中，他们人数不如赞同保护关税特别是赞同谷物法的贵族地主们多。谷物法规定对英国进口的小麦、大麦和燕麦等征收关税，从而保证英国地主们种植的谷物能卖出更好的价格，带来更高收益。当然，谷物价格高也就意味着面包的价格水涨船高。此时，一场粮食歉收，就能让这种情况更加恶化。

废除谷物法 1845年，英国经历了一次粮食大歉收。千千万万的爱尔兰人饿死，英格兰饿殍遍野。在贸易派的催促和饥荒驱使下，首相罗伯特·皮尔爵士在1846年不顾地主阶级的强力反对，通过了一年降低、三年内彻底废除谷物税的决议。之后的几年里，其他一些关税也遇到了跟谷物法同样的命运。到1860年，英国已平稳健康地走上了自由贸易道路。

对外贸易 早在英国因贸易开放港口之前，它就已经看到了其他国家开放港口所带来的商业利益。这个事实有助于我们理解为什么英国早在1820年就开始支持拉丁美洲和世界各地的革命。它希望每一个政府都能废除对贸易不利的限制。由此可见，英国自由贸易派在国内目的达成之前，其实已经在国外取得了自由贸易主张的成功。

二、政治民主的发展

在维多利亚女王（1837—1901 年在位）的漫长统治期内，英国自由主义得到了非常大的发展，这主要是因为女王更注重通过议会来表达时代的需求。值得庆幸的是，这位女王没有做专制君王的欲望，如果她想做的话，几乎可以断定将会以失败告终。在她统治的这段时间里，英国有两次政治民主得到显著的发展，分别是 1867 年和 1884 年。

政党 维多利亚当权时期英国拥有两大政党，分别是自由党和保守党。保守党替代了之前的托利党，人员主要包括乡绅和地主；自由党替代了之前的辉格党，人员大多数是城市商人。议会里两党轮流执政；但在 1832—1867 年间，多数时候是自由党占据优势，掌控了政府，内阁理所当然地掌握在他们手中。

格莱斯顿和迪斯累里 在 1867 年之前，威廉·E.格莱斯顿（1809—1898）和本杰明·迪斯累里（1804—1881）是英伦最有名的政治家。最初几年，他们的政治倾向还没有很明确，后来格莱斯顿加入了自由党，迪斯累里加入了保守党，成了一名保守党员。很明显，他们分属相互敌对的两个派别。

民众的要求 1832—1848 年间，城市里的工人们曾经想通过宪章运动的方式提倡政治民主。1848 年革命失败后，他们组建了很多工会，也领导了很多次"罢工"并取得胜利，实现了上调工资，缩减工时和改善工作环境、工作条件等目标。

约翰·布赖特和激进派 1867 年，工会找到了一位干练的盟友，他就是约翰·布赖特（1811—1889），一位事业成功的制造商兼强悍的演说家。他组建了反谷物法同盟，并帮助建立了自由贸易秩序，因而成为深受人民欢迎的名人。他憎恶贵族和地主，也不相信上议院。美国内战期间，格莱斯顿跟迪斯累里都支持南方，只有布赖特同情北方，坚决倡导英国的民主政治。

布赖特在中等阶级极端分子和工人中也有很多的追随者，他们被称为"激进派"。"激进派"无法跟迪斯累里以及保守党人合作，但是布赖特和他的朋友们可以跟格莱斯顿以及自由党人通力合作，他们取得了一场大胜利。

1867 年改革法案 1866 年，布赖特督促格莱斯顿把选举权扩展到工人阶级的大部分人，但是建议未被采纳。1867年，迪斯累里提交了一份议案，议案的本意并非民主，但经过布赖特的激进派和格莱斯顿的自由派一起修改后，结果变成主张授予几乎全部城镇工人选举权。

迪斯累里出人意料地采纳了这些修改意见。就这样，议会通过了1867年改革法案。迪斯累里大约已经看清了时代的潮流，预感到早晚都要通过这样一份议案，所以先下手为强，帮自己也帮政党获得了美誉。

1867年改革法案把选举权授予100万城市工人，将英国的选民数量差不多扩大了1倍。但这依然没有带来真正的民主。上议院还保有着旧贵族的特权，乡间的几百万劳动者仍然没有选举权。

1884年改革法案　1867年的改革法案壮大了自由党的声望。新选民在布赖特影响下，对格莱斯顿的喜欢程度超过迪斯累里。布赖特还培养和加强了格莱斯顿的民主政治信念，促使他进一步支持政治改革。1872年，在格莱斯顿的带动之下，英国进行了不记名投票。1884年，在他的赞成下，200万的农业劳动者也得到了选举权。奇怪的是，1884—1885年改革法案同时也为保守党增加了选票，因为乡间劳动者受贵族和保守地主派的影响远远超过格莱斯顿跟城市自由派的影响。1886—1906年，除了极短一段时间外，基本还是保守党掌权。

新党派和新政权　英国工人于1901年组建了工党。他们主张政治民主和社会改革。他们推选了几名党员参加议会，督促自由党能确保他们的一些要求。1911年，劳合·乔治带领的自由党和工党通过了"议会法案"，很大程度上削弱了贵族的特权，使下院的权力得到增强。1918年，选举权扩展到了几乎全部男人和很多妇女身上。1928年，剩余的妇女也都得到了选举权。所以，1832年以后，特别是在1867—1928年间，英国逐渐废除了阶级政府，"大众政府"取而代之，基本上确立了政治民主制度。

三、民主的社会改革

1867年之后，英国社会上的主要问题是土地跟劳工问题。

土地问题　英国从未经历过法国那样的革命，所以土地问题非常严重。法国贵族的大量地产被分割成许多的小农场交还给农民的时候，英国贵族却在购买佃户手上的土地，迫使他们放弃土地，以增加自己的地产。根据估算，1875年，整个国家大约七分之四的土地掌握在近4000名地主手里，总人数大约2200人的大贵族占据着英格兰和威尔士近一半的土地，他们在爱尔兰和苏格兰的土地面积就更大了。

土地独占的结果 土地被英国贵族独占，出现了四个重大结果：（1）农村人口数量减少；（2）受雇于大庄园的工人地位越来越低；（3）农产品产量减少；（4）英国贵族们财富的增加和社会优势地位的延续。

土地改革的要求 爱尔兰农民为了反抗英国贵族独占土地，进行了英勇斗争，最后获得重大的胜利。1910年左右，爱尔兰为此通过了一系列跟法国类似的法律，成为以自耕农和小农场为主的国家。下边我们还会谈到这件事。

大不列颠（由苏格兰、英格兰和威尔士组成）严重的土地问题直到1914年才获得了零星进展。1907年，劳合·乔治领导的自由党颁布了一份法案，赋予少部分英国农场工人购买一个小的农场的权利。第一次世界大战的发生使政府的土地改革被迫停止。就算如此，第一次世界大战很大程度上间接削弱了地主阶级的权力。沉重的战时捐税使得贵族不得不分割自己的地产，转卖一部分筹集资金缴纳捐税。

劳工问题 比土地问题更严重的社会问题就是劳工和资本的问题。工业革命的起源地是英国。19世纪时，英国的商业和工业都处于世界领先地位。船舶制造量世界第一；拥有织机和纱锭的数量不计其数；四大产钢国之一；煤炭开采量仅次于美国。工业在英国的经济生活中如此重要，所以英国政坛上商人和工人具有相当大的影响力。

商人 许多商人都加入了自由党。他们大多赞同自由竞争的商业理念。我们知道自由贸易原则建立于1867年，一直持续到1914年世界大战爆发。在1914年之前，也有一些重要的商人和政客像约瑟夫·张伯伦一样跟保守党人一同反对自由贸易。战争结束以后，主张保护关税的人就更多了。

劳工和工会 这时，工人们的斗争主要集中在提高工资、减少工时和争取政治发言权方面。1867年，他们获得了选举权，但这并不能满足工人们的需求。在争取提高工资待遇和缩减工时的斗争中，工会比选举权更加可贵。工人们明白了团结就是力量的道理。到1871年，工会的权利才完全合法，1875年罢工合法化。之后工会取得了更大的胜利：工资上涨，工时缩减。1901年工党组建，在议会里它代表着工会的权益。劳动者成为政治舞台上的一股新力量。

社会立法 随着时间不断流逝，两大政党都开始寻求工人阶级的选票。特别是工党建立以后，劳合·乔治带领的自由党，通过了一些帮助工人和家属的法律。工人因为工作受到的损失要由工厂主赔偿。国家准备给老年人发养老金。工会得到了基本的保护。儿童以及婴儿的生命安全得到保障。工人房屋住宿条件也得以改善。捐税的主要负担由普通劳动者转向富裕的阶层。总而言之，英国已经变成了一个民主的国家，不仅利用政治民主增加上层的福利，还积极提高工人阶级的待遇。

四、爱尔兰问题

靠近英帝国心脏位置的地方叫爱尔兰，它是大英帝国的"阿喀琉斯之踵"。

爱尔兰民族 爱尔兰人跟英国人本属于两个不同的民族。在中世纪，爱尔兰和英国还是相对独立的两个国家，拥有自己的语言和文化。在近代，尽管都说英语，但是大部分爱尔兰人忠于天主教会，保留着自己的民族传统。

英国的压迫 在17—18世纪，英国政府竭尽全力消灭爱尔兰的民族主义。它摧毁了爱尔兰的商业和大多数的工业，掠夺爱尔兰农民的农场，把他们变为英国贵族农场和工厂里穷困潦倒的佃户和劳工。它把爱尔兰天主教教会的所有财富都夺走，交到了英国国教的姐妹教会——"爱尔兰教会"的手上。虽然爱尔兰人信奉天主教，但英国依然强迫他们出钱支撑这个新教教会。17世纪大量的英格兰人和苏格兰人移民到爱尔兰，特别是东北部的阿尔斯特省，他们对爱尔兰的压迫达到了顶峰。这些处于特权阶层的新移民，都是新教教徒。他们长期霸占着爱尔兰的官职，掌握着爱尔兰的财富。

不愉快的联合　1800 年，都柏林有一个爱尔兰议会。议会没有任何天主教教徒。1800 年不列颠废除了都柏林议会，此后所有爱尔兰的法律都由伦敦的英国议会制定。英国议会里边也有爱尔兰的议员，但他们都不是天主教教徒。爱尔兰人对这种联合方式非常不满，通过种种暴力或温和手段逼迫伦敦议会做出改革或些许让步。

爱尔兰人的收获　1829 年，爱尔兰和英国的天主教徒们获得了参与议会的权利。丹尼尔·奥康奈尔长期坚持才有了这份收获。1848 年，青年爱尔兰党发生了武装叛乱，芬尼党人在 1867 年也爆发了革命。虽然起义没能获胜，却让英国感到了惶恐。1869 年格莱斯顿领导的自由党政府不得不废除了爱尔兰教会的负担，免去了爱尔兰民族向新教教会所缴纳的税金。

民族主义运动　1874—1914 年，爱尔兰民族主义运动此起彼伏，先有查理·帕涅尔，接着是约翰·雷德蒙。他们发起运动的目的是取得土地改革权和自治权。

自治　所谓"自治"意思是爱尔兰取得独立地位，再次拥有自己的议会。垂垂老矣的格莱斯顿和一些干练的自由党人为了爱尔兰的独立而拼尽全力，在 1886 年和 1893 年分别提出了两个自治方案，但都被拒绝了。1914 年，议会终于通过了第三个法案，却遭到了强烈反对。反对的主力是英国的保守党人和爱尔兰的奥兰治党人。奥兰治党人是阿尔斯特的新教徒。他们威胁说如果自治法案实施，将会引发内战。这时，第一次世界大战爆发，这件事也就暂时被搁置了。在下一章中还会提到。

土地改革　土地改革相对来说比较成功。在鼓励自治期间，保守党人推进和通过了土地法案，让爱尔兰成为一个法国式自耕农小国。促进这次合作运动的是霍勒斯·普龙克特爵士，他使得爱尔兰的农业有了一定的改善，许多自耕农的经济状态开始好转。

第 32 章　英帝国的改革

英国在失去北美殖民地的时候，在印度和远东一些地区获得了更多的领土和权利。自此英国逐渐成为世界上最大的殖民帝国。它还聪明地授予一些殖民地自治的权利。

19 世纪在大不列颠和爱尔兰发生了一些自由主义改革。本章节我们会分析一下英帝国在同一时期内在英联邦国家实行的一些举措。

一、英帝国的大宪章

英国改良殖民政策的主要标志是 1838 年德拉姆勋爵向议会呈递的报告。这个报告也被称作殖民地的大宪章。其中很多规定在改良之后成为加拿大、澳大利亚、新西兰、纽芬兰和南非等地的自治根基。

加拿大起义　19 世纪英国的改革没有经过革命洗礼。但加拿大的一些地方却发生了革命。加拿大起义的根源是语言和宗教差异，外加人民对政府的不满情绪。

语言差异 加拿大圣劳伦斯河岸的下游地区，居民大部分是法国人。17—18世纪初时，法国人开始向那里移民，一直持续到1763年，加拿大被英国占领才宣告停止。圣劳伦斯河岸的上游和五大湖以北的地区，大部分居民是英国人。其中很多人是1776—1874年美国革命时候迁移过来的。

宗教差异 下加拿大的许多居民是法国人跟天主教徒，上加拿大的居民大部分是英国人和新教徒。1791年，在上加拿大建立了一个单独的安大略省；在下加拿大组建了一个单独的省，依然沿用旧名字魁北克。政治上的分裂对当时的局势而言多少有些益处，但没能解决所有问题。

对政府的不满 加拿大之所以出现起义，根源就是政府的固执和狭隘。英国政府因此感觉很不安——总督们拥有的权力非常大。几个托利党家族在魁北克和安大略省掌握了所有的重要公职。不仅如此，他们任用自己的党羽在立法机关担任职务。

革命 下加拿大在1837年11月6日叛变。4个星期后，在上加拿大同样发生起义。"反叛者"跟总督的部队发生了战斗，双方都有伤亡。这两次起义没过多久就都被镇压下去。

德拉姆勋爵 德拉姆勋爵被派往加拿大对此展开调查。他是一名辉格党人（即自由党人），曾经参与帮助草拟了1832年英国改革法案。德拉姆勋爵花费数月时间，对加拿大做了一番调查研究后回到英格兰，于1838年向议会递交了调查报告。

德拉姆调查报告 报告中斥责了寡头政治集团的欺骗行为，还建议每个省应该在什么样的基础上建立起自治才更安全。他主张赋予那些有能力自治的英国殖民地以自治权；这些殖民地的总督和首相需要对选举产生的立法机关负责；同时建议辅助加拿大的几个殖民地在英国国王的名下成立一个联邦。

美国 在德拉姆调查报告里，承认美国议会政府所产生的影响。他的意思并非说华盛顿政府干涉加拿大事务，只是对美国人民对加拿大政府狭义和僵化的思维感觉很失望。

二、从殖民地到自治领

联邦和自由 上加拿大和下加拿大在1840年按德拉姆勋爵的提议合成一个联邦。7年以后,代表大会选举产生了加拿大内阁成员。选举实行的时候,正好是英国自由贸易者推翻谷物法,并对旧时重商主义的商业和殖民地理论予以沉重打击的第二年。

不久,新斯科舍、新布伦斯威克以及爱德华太子岛也都获得了"自治"。

加拿大自治领 在所有英国殖民地里,加拿大是第一个组建责任政府的国家(等同于自治),也是将小块殖民地联合起来组建成一个联邦的国家。1867年是联邦历史浓墨重彩的一年。在这一年里,新布伦斯威克、新斯科舍、魁北克和安大略合并成为"加拿大自治领"。1867年,自治领于英国议会通过英属北美法庭案以后正式成立。其实早在1864年,魁北克会议就已经制订了自治领计划。

加拿大自治领基本上是依照英国政府的样式组建的,有一位代表着国王的总督,一个等同于上议院的参政院,一个内阁需要对其负责的下议院,下议院由选举产生。

加拿大的成长 加拿大自治领发展得非常迅速。加拿大从由皮毛商和捕兽者组建的有相当势力的哈得孙湾公司手里购买了安大略以西大部分的土地。马尼托巴跟其余的几个省就是从该地划分出来的。1871年,英属的哥伦比亚也加入到了自治领联邦中。在1873年,爱德华太子岛同样加入联邦。1878年,政府下令除了纽芬兰以外,所有英属的北美殖民地都归入加拿大联邦自治领。纽芬兰固执地拒绝加入联邦组织,但在1855年获得了自治。1886年以后铁路的扩张,加快了加拿大西部地区人口定居和经济发展的步伐。

澳大利亚和新西兰 澳大利亚和新西兰是英帝国最重要的民主自治领。皇家海军上校詹姆斯·库克曾在18世纪访问过两地。1767年,他花费了 6 个月的时间，围绕多年没有欧洲人到访的新西兰海岸进行了测试航行。他又按照同样的方式对澳大利亚的东海岸进行考察，并将其命名为新南威尔士。在 1771 年 6 月，他结束了这次航行返回英格兰。这次航行，让他获得了"太平洋的哥伦布"的称号。

1771 年之后，英国人开始向澳大利亚移民，还委派传教士来到新西兰。新西兰的当地人很好战，澳大利亚土著却从未给英国人制造麻烦。

澳大利亚　很多年以来，澳大利亚都被英国当成流放犯人的露天监狱，所以流放的英国罪犯成了第一批移民。牧羊业的传入和金矿的发现，吸引了更多殖民者，然后这个地方发展得更快了。如今澳大利亚面积约有 300 万平方英里，近 700 万英语人口，跟 1783 年英国死不放手的美洲十三州殖民地相比较，它的人口数量多了 1 倍，面积大了 3 倍。

1900 年，澳大利亚的 6 个殖民地按自己的计划和英议会制定的澳大利亚联邦法案，组建了一个联邦。其实在 1900 年之前，这几个州就已开始了真正意义的自治。

新西兰　英国政府于 1839 年对外公开宣布对新西兰拥有统治权。第二年，大部分的土著酋长表示赞同英国统治，第一批移民也随之而来。1860—1866 年间，土著毛利人爆发了几场起义。棕色皮肤的毛利人大多身形高大、相貌英俊，在若干个世纪以前，他们乘坐着大型独木舟来到新西兰。这时很多人已受过良好的教育，还有少数人在政府任职。

1852 年，新西兰获得了自治权，1856 年又组建了自己的责任内阁。1890 年后，这个国家开始吸引全世界的目光，因为它推行了相当民主的政府实验，几乎同社会主义一样。新西兰是世界上最早实现男女普及选举权的国家之一。

南非　布尔人和英国人之间的仇视态度，使得英属南非自治联邦的建立推迟了很长时间，但最终于 20 世纪初实现了。

布尔人和英国人　欧洲人在南非最早的栖身地是 1814 年从荷兰人手里夺来的开普殖民地。荷兰留在当地的农民后裔，就是布尔人。布尔人觉得自己的地位还不如黑人，就向北迁移到了奥兰治自由邦，横渡瓦尔河，到达了德雷达瓦。开普殖民地的主要语言是英语，于 1872 年成立了责任政府。另一个邻近的殖民地纳塔尔在1893年也接纳了责任政府。在奥兰治和德兰士瓦，布尔人和英国人矛盾日益尖锐，在1899—1902年开始展开鏖战，双方矛盾达到了顶峰。战争以布尔人寡不敌众被征服而告终。按照和平条约，布尔人的两个邦被英国人吞并，但英国政府依然允许布尔人享有自治权。德兰士瓦在1906年兑现承诺，1907年奥兰治自由邦也实行自治。

联邦 南非各州联合方向已经变得非常清晰。1909年，开普殖民地、德兰士瓦、纳塔尔和奥兰治自由邦全都成了南非联邦的行省，这个联邦的中央集权思想，比起加拿大有过之而无不及。在联邦里，布尔人与英国人拥有相同的权利。联邦政府的领导者里，就有两个曾与英国人打过仗的著名的布尔人军官。

三、帝国的扩张

1874—1880年，出任英国首相的迪斯累里做了许多巩固帝国的工作。他使用大量收购股票的方法，将苏伊士运河掌控在了英国手里。接着，他把印度归于英女王治下，从土耳其人手里得到了塞浦路斯岛。

之后的25年里，拥有相同野心的历任大英首相加大了对外扩张脚步。印度帝国的疆域扩大到了暹罗、缅甸和阿富汗。英国在中国也取得了一些重要的港口，还侵吞了太平洋上的很多岛屿，瓜分了非洲很多土地。

罗兹在非洲 1871年，英国年轻的塞西尔·罗兹（1853—1902）第一次来到南非，此后他把人生的大半都耗费在了南非，从矿工一直奋斗成政治家。他梦想着用一条光明的帝国大道把北非和南非给连接起来，计划从埃及到开普殖民地建立一条铁路，使其成为英国领土的结实链条。他用尽一生精力，获得了无数钻石和金矿，希望以巨额财富来稳固英国在非洲的地位。出师未捷身先死，他在49岁那年怀揣这个梦想离开了人世。17年之后，开普到开罗的铁路终于通车。让塞西尔·罗兹最有名的事迹就是他把自己大多数财产捐献给牛津大学当奖学金，时至今日，他依然闻名于世。

民主和帝国主义 英国在对外实行扩张的时候，也为殖民地留下了自由的空间。虽然并非整个帝国都得到了自治权，但许多地方从纯正的殖民地上升到了自治领的高度。另外还应注意英国反抗农奴制度的改革运动。

农奴制度的废除 1806年，英国通过了废除奴隶贸易的法案。1833年议会公开宣布：在整个帝国中，贩卖和使用黑人奴隶是违法的。同时还专门下拨1亿美金的款项，从奴隶主手里买走了所有国内奴隶，恢复他们的自由。

1914年的英帝国 1914年，英帝国统治了地球上四分之一适合居住的地方和四分之一的人口。但是，其中只有一小撮人是纯正的英国血统，国民比例大约是1个英国殖民者对应30多个其他种族的人。这些人大多数是英国统治下不同肤色的"土人"。从整体上来说，印度大约有3.15亿人，非洲黑人大约有4亿，马来人和阿拉伯人分别为600万，波利尼西亚人大约有100万，加拿大人、印第安人大约有10万。

第33章 美国的扩张和统一

早期的很多美国人都是先行者,他们具有自信和无畏的精神,虽然美国革命是为了民主原则进行的斗争,在民间也取得了一定的成功,但最初的美国政府并不是非常民主的。华盛顿、约翰·亚当斯、汉密尔顿等开国元勋亦害怕民主过多。1787年起草的《联邦宪法》,既为了防止君主专制,也有遏制人民意志的条款。

美国参议院由每个州的立法机关而非选民亲自选举产生,大部分州的选民基本由比较富裕的男子担当。大约有一半白人男子有当选众议院议员的权利。直到1801年,美国建国初期的几位总统和政府大多数要员,与其说是选民选举的,倒不如说是因为他们出身贵族。

一、走向民主主义

随着时间的推移,民主精神越来越深入人

心。美国的第三届总统杰斐逊认为，真正意义上的贵族是德才兼备的人，而不是财富或者家庭背景强大的人。他同意把选举权的范围扩大，好让更多的男子有投票的权利。他认为黑奴制度是一种罪恶。他最让人觉得有意思的思想是：宪法应该每19年修订一次，好让每个时代的当权者都有权利去选择自己所需要的政府状态。

杰斐逊的民主政治　1801年杰斐逊当选为总统，他的拥护者觉得这是美国民主政治的一大成功。他任职8年，政治影响却延续了很多年。一直到1861年，他之后的那些总统基本上都是民主党出身，在很多事情上的处理原则都是民主的。

1803年，在杰斐逊的谋划下，美国从法国手中买来了广阔的路易斯安那地区。美国的领土扩张到了密西西比河之外更远的地方，为无畏的探险家们开辟了探险和定居的美妙家园。

杰克逊的民主政治　安德鲁·杰克逊在1829—1837年间担任美国总统，在某些事情上，他比杰斐逊更加民主。1801—1829年，在美国发生了两次有利于民主政治的重大改变：（1）东部的城镇发展成为大城市，拥有大工业和工厂，城市里的工人也主张获得选举权和其他一些对他们有意义的东西；（2）在西部地区，阿勒格尼山脉之外和密西西比河流域新建了几个州，这些具有上进心和开拓性的新州人民主张在政府中享有比较大的权利，他们偏爱民主，对旧州的贵族们非常憎恨。

杰克逊出生于美国边境小镇，所以他推行具有边区色彩的民主政治。没多久，几个旧州也改变了它们的宪法，让更多的男子拥有了选举权和出任公职的权利。同时杰克逊还做了很多的事情去保证平民的教育权，授予他们想要的各种权利。

二、走向民族主义

民族主义与民主主义并不是对立的，经常同时存在。真正与民族主义对立的是地方主义，某个城市、某个州甚至国内的若干州在内的广大地区结合在一起分离中央政府的行为就是地方主义。美国的民族主义曾经在各式各样的地方主义阻挠中慢慢成长，最终获胜。

"危机时期" 独立革命后的四五年时间，在美国历史上被称作"危机时期"，民族主义好像处在严重的危机当中。那时候地方主义强盛，各州的联盟在革命期间不堪一击，分崩离析，但民族主义将各州拉回，重组了一个更完善的联邦。

又一个危机时期 1832年，南卡罗来纳州准备废除一项国会通过的法律，民族主义再次面临危机。1830年，马萨诸塞州的丹尼尔·韦伯斯特和南卡罗来纳州的罗伯特·海恩在美国参议院中曾因这个问题争辩过。韦伯斯特代表北方大部分人的观点，认为全国政府拥有最高的权力；海恩则代表了南方的观点，主张每州可以自行处理有争议的问题，不需考虑全国政府的建议。换句话说，韦伯斯特代表的是民族主义，海恩代表的就是地方主义。1832年，南卡罗来纳州想把海恩的主张付之以行动，民族主义面临严峻的考验。当时在位的美国总统是杰克逊，一个来自边境的民主党人，立即拒绝了南卡罗来纳州的做法，民族主义再次获得了胜利。

最危急的时期 1861—1865年内战期间，美国的民族主义遭遇了最严峻的考验。由于奴隶制度和保护关税的问题，南北方产生分歧并相互争吵，有很多州打算退出联邦，经过几次鏖战，最终分裂活动被遏止，美国又恢复成了一个完整的国家。自此民族主义愈加强大。此时正处于德意志和意大利努力实现民族统一的时期。

民主政治的增进 正在此时，奴隶制度被废除。内战之前，奴隶被当成私人财产，而今成了真正意义上的国民。有一些人还拥有了选举权和一些政治权利。《联邦宪法》的修改使民族主义得到了拥护民主的好声誉。

领土的扩张 美国的领土时刻都在增加。如上文提到的1803年从法国手里买进路易斯安那地区，1819年美国取得佛罗里达。1840—1850年间是美国领土增幅最大的一段时间。在这10年里，西北方向移民领地扩展到太平洋；得克萨斯的加入使得南方的领土剧增；在跟墨西哥的斗争中赢得了部分土地，西方和西南方向的疆域扩展到了太平洋。

得克萨斯、新墨西哥、加利福尼亚以及周边的地区虽加入美国，最初却削弱了民族主义,这些地方的争端助长了内战危机。但后来,这一大片穿越平原和山脉直达金门海峡的美丽富庶而辽阔的土地,成为大部分美国人的骄傲,而且激发了民族爱国之心。铁路把东西方连接在一起,电报和邮政又让各个地方越来越紧密地靠近,情况变得更加美妙。

移民入境 移民入境为美国带来了各种各样的民族成分:1848年欧洲革命失败后,部分德意志和奥地利人前往美国;一部分被本国欺压逃亡到美国的爱尔兰人;有些斯堪的纳维亚人定居在西北的几个新州;还有来自意大利、奥匈帝国、俄罗斯的移民。各民族都为美国的快速发展提供了帮助。这些移民之中很多人不久后都变成了爱国的美国人。

融合的国家 《联邦宪法》自一开始就为民族主义奠定了坚实的基础。"组建一个更完善的联盟"并不是一句空话。约翰·马歇尔领导的最高法院的一些早期判决,都表现出宪法的国家力量。民主党员安德鲁·杰克逊和共和党人亚伯拉罕·林肯,都坚决主张在联邦至上的原则下组建一个不可分割的联邦。1865年,中央政府取得南北战争的胜利,民族主义获得具有决定性意义的胜利。

随着美国领土扩大,成立了很多新州。这些新州不久后便被铁路和电线连接在了一起。公路、铁路、邮政和快捷的电报事业创建了一个可感受整个国家反应的体系。《阿美利加》《星条旗》等一些美国歌曲的面世激发了美国人的民族之情。1898年美西战争,让美国人短暂忘记了某些地区性分歧。

民族主义占据统治地位 有一件事不能不提,很多年来美国政府主要掌握在以民族主义为基本原则的共和党人手中。在内战危机中,这个政党保全了整个国家联邦,继续倡导民族主义,反对地方主义。1861年之后,大部分总统都是共和党人,掌握了政府实权。

三、走向大工业

制造业、贸易和商业虽没能把美国统一起来,但对美国领土扩张却起到了相当大的作用。从斯莱特在帕塔基特建立第一个纺织厂开始,新英格兰与北方地区的制造业开始活跃。1793年，南方的伊莱·惠特尼发明了轧棉机，虽没能马上促进南方地区工业企业的发展，但在后来的几年里，南方工业也迅速发展起来，整个美国到处都是工业的飞旋车轮。美国工业能够高速发展的一个有利因素，就是国民政府制定了鼓励机器发明的专利法。

土地和劳工 美国工业还有两个重要因素，即全国各地都有储备丰厚的天然资源和无数技艺超群的雇佣工人。

始于北方 美国工业最早开始于北方，原因很多。比如北方有充足的资本和适合的劳工。另外，北方的城镇要比南方流行的种植园更适合大规模工业发展。南方的黑奴为数虽多，却被认为不适合在工厂工作。南方的种植园主觉得生产棉花、烟草、粮食等农作物更有利可图，所以对建造工厂并不感兴趣。南方和北方有一个共同点，就是水力资源丰富。

扩展到南方 内战后黑奴获得解放，南方的很多种植园受到严重打击，这给工业发展提供了更加有利的条件。之后的半个世纪里，特别是从1900年开始，南方的许多州因为工厂的建立和城市的发展焕然一新。因为南方盛产棉花，顺理成章地出现了大量纺织厂。

大工业 在内战和第一次世界大战期间，美国的工业以惊人的速度发展起来。在半个世纪里，美国成了领先世界的工业国家，煤、铁、钢以及铜产量居世界第一位；在纺织业方面美国超越了英国；铺设的铁路比欧洲的铁路总和都要长。

美国工业有一个明显的趋势，就是偏向依靠大公司或者是很多公司组成的"托拉斯"来进行大规模生产。石油、钢铁、铁路、制糖等许多工业都存在这种组织强大的托拉斯。同时，工人还组建了全国性的工会。

关税保护 建立关税保护制度是美国政府尝试扶植大工业的政策之一。最初，进口货物关税的数额适当，目的是增加政府的收入。后来提高了关税，目的是保护本国"初期阶段的工业"，对抗国外进口的商品。虽然这项政策遭到民主党的普遍反对，但在1861—1913年多数时间掌权的共和党十分赞成。最后美国实施了高关税政策，例如1890年著名的麦金利关税法。这或许就是促使法国、德国和其他欧洲各国采取关税保护政策的一大因素。

四、走向帝国主义

民族主义和民主 如前边提到的,民族主义与民主经常携手前进。在美国,伴随着民主政策的实行,美国人更加团结和忠诚了。奴隶制的废除虽依靠军事手段实现,但就连战败者后来也表示赞同。迈向民主的脚步随着民族主义的增强而不断前行。1913年,美国对宪法进行了修改,允许每个州的投票者推选自己州的参议员;在1920年,又修改了一次,妇女也开始享有选举权。

民主的举措 提案权、复决权、罢免权和直接预选在美国的许多地方开始流行起来。创制权在形式上承认了公民有提案权,是用请愿书或其他举措授予人民法律制定的最高发言权;复决权是通常采用投票的方式来将法律制定的最终决定权交给人民;罢免权是人民采用选举的方式对某个失去人心的官员进行罢免;直接预选是指在一个政党范围内进行投票选出该党的候选人。这些举措很明显都是民主的,其目的都是使普通公民能够更多更有效地参与政府管理工作。

扩张和帝国主义 如果说美国的民族主义和民主方面的进步是相辅相成的,那么扩张——特别是贸易和领土的扩张,引导了帝国主义的发展,好像也是不争的事实。只要领土相互连接,美国人居住的若干州能很快被批准加入全国联邦,统一的历程非常简单,民主政治也很容易推广。但是如果是海外领土,那些遥远土地上生存的民族被认为不应该享有政治上的所有权利,那问题就完全不一样了。只要这些领土被认为是属地,不能成为州,这里的人民不属于公民而是属民,那美国就踏上了帝国主义道路。

遥远的领土 1867年,美国从俄国人手中买下了阿拉斯加。1898年美国跟西班牙因古巴问题打了一场有着决定性意义的短期战争;但是一部分战事发生在地球的另一面。这场战争也将美国更直接地带入了世界事务。战争的直接结果就是关岛、波多黎各跟菲律宾群岛都被划分给了美国。同一年，因为一些美籍华侨的恳请，夏威夷群岛也并入了美国。

自此之后，美国还得到了萨摩亚群岛中的几个岛、巴拿马运河以及维尔京群岛（隶属西印度洋群岛）。

世界警察 "警察权利"是1898年同西班牙斗争的结果，古巴因此脱离了西班牙的统治。但美国却获得了古巴海岸上一个海军基地和必要时派军登陆维持秩序的权利。1903年，美国掌控了巴拿马运河区，公然宣称美国有权利对那些有问题的拉美共和国行使"警察权利"。实际上，美国也确实无数次派遣武装部队去古巴、海地、尼加拉瓜和加勒比地区的一些小共和国维持秩序，甚至前往墨西哥追击叛军头领。

美国掌握了这些共和国的财政权，这些国家虽没被美国兼并，但是必须依附美国且受到美国的保护。

在掌控那些不服从的弱小国家时，美国的做法同欧洲列强在地球上其他地区的所作所为如出一辙。如同英国、法国拼命扩张自己的帝国一样，美国也在一个较小规模的基础上建立了一个所谓的帝国。帝国除了自身的民族国家之外，还包括一些属地和附属国。

第 34 章　意大利的解放和统一

意大利的不统一　意大利人民在争取国家统一跟民族独立的过程中，一直都在不懈努力，但也遇到了很多的阻碍。1848 年那场震惊欧洲、驱赶梅特涅的运动，也给意大利人和其他人带来希望，但在专制暴政镇压之下意大利的革命运动失败了。意大利依然只是一个"地理上的名词"。

奥地利帝国仍然统治着伦巴底与威尼斯地区。在意大利的中部地区，帕尔马、摩德纳和托斯尔这几个公国也处于奥地利皇亲国戚的统治之下。罗马是一个教皇国，教皇掌控着这个国家。意大利南部被波旁王朝的一位国王所统辖，危机时奥地利军队将会进入该地干涉。

撒丁王国　除教皇以外，在整个意大利只有一个国家没有受到外国的统治，这就是撒丁王国，它位于意大利本国的西北角，包括地中海的撒丁岛。

统一和自由的愿望　意大利农民占了人口

的大多数,所以受法国革命理论的影响相对较小。就算如此,他们也反对奥地利人破坏拿破仑曾带来的那些社会改革和迈向统一的措施。他们对于向外国统治者缴纳重税心存不满。

意大利的资产阶级和中等阶级人士的思想里都是民权、宪法和民族爱国心的主张。意大利北部因工业革命而变得重要的工人阶级,为了共同的自由愿望,和资产阶级联合在一起。一部分贵族和教士也在倡导政治改革和民族独立。

一、马志尼、加里波第和焦贝蒂

1848 年以前,马志尼、加里波第和焦贝蒂三名意大利人已着手唤醒同胞们的民族感情。

马志尼 约瑟夫·马志尼(1805—1872)是热那亚人,是一名律师,同时也是一名作家,一直在用口和笔去宣扬民族国家的理论。靠着极度的热忱和雄辩的才华,他劝说身边的同胞们把爱国主义当成他们的信仰,对意大利的命运抱有无限的希望和信心。他组建了青年意大利党,目标是把意大利从国内外残暴的统治下解放出来,建立统一的共和政府。

马志尼虽有些好高骛远,但他的热忱与真诚唤起了意大利人民的爱国热情。受他影响,意大利的青年们建立了自由主义政党。

加里波第 约瑟夫·加里波第(1807—1882)出生于尼斯,后成为一名冒险家和航海家。他加入了马志尼的青年意大利党,在参与反叛撒丁国王的活动中被判处死刑。他逃亡到南美洲,加入了那里的意大利军团,为推翻专制独裁的政府奋斗多年。他身穿一件红衬衫,戴着一顶宽边帽,俨然就是一位传奇英雄。加里波第具有马志尼一样的热忱,还有勇猛惊人的行为,很多的年轻人争相效仿。

1848 年革命将焦贝蒂召唤回了欧洲。

焦贝蒂 天主教的神父文森特·焦贝蒂(1801—1852),原本是撒丁国王统治之下的属民,但由于倡导自由主义,被迫在外流亡多年。他的著作对上层阶级特别是对教士中的爱国者来说,有着相当强烈的感染力。跟马志尼和加里波第不同,他不赞同用武力实现国家自由和统一。他的思想属于自由主义和民族主义,但他没有加入马志尼和加里波第的共和党。

焦贝蒂奉劝教皇出面主持自由主义和爱国主义活动,并且建立统一的意大利联邦。庇护九世在1846年成为教皇,焦贝蒂的梦想离现实曾一度非常接近。他在教皇国政府里主持改革,支持国家的民族事业。

1848 年意大利革命　1848 年,舆论已经为意大利的革命做了充足的准备。年初,因畏惧人民暴动,意大利统治者制定了宪法,这部宪法虽给人民提供了很大的自由,但依然不民主。

二、反奥地利的起义

1848 年,意大利迎来了革命之年,奥属意大利诸省都发生了暴乱。在梅特涅再一次被驱赶出维也纳的时候,伦巴底和威尼斯地区的意大利人民奋起争取自由。教皇也派遣军队前去支援。两西西里的国王和托斯卡纳的大公们也加入起义军行列。马志尼将爱国主义精神灌输到了民族主义义勇军的心中。加里波第率领着红衫军,也加入对抗可憎的奥地利人的行列。

让人吃惊的是,撒丁国王查理·阿尔伯特竟直接向奥地利宣战,并自封为意大利的军事领导人。看起来,解放和统一似乎指日可待了。

政党和政治　查理·阿尔伯特不是一个伟大的政治家,甚至不是一个有军事才能的将领。他没能减少意大利王室的恐慌,反而在奥地利身上吃了败仗。其实,没人希望撒丁国王获胜。马志尼党担心胜利会削弱自己的党派实力。教皇则担心教会失去意大利之外的一些影响力。

共和党激进派　1848 年革命结束时,教皇惊慌失措,申请了两西西里国王的庇护。马志尼在罗马创建了一个共和国,但是他激进的措施引发了许多意大利爱国人士的抵触和反抗,导致意大利处在一种瘫痪的状态中。1849 年,奥地利人和撒丁国王在诺瓦拉开战,最终奥地利取得了具有决定意义的胜利。查理·阿尔伯特被迫逊位,他的儿子维克托·伊曼纽尔二世登基担任国王;撒丁跟奥地利休战,退出了伦巴底地区。

旧秩序的恢复　诺瓦拉战役使得奥地利人恢复了其在意大利诸省的专

制统治,也废除了托斯卡纳大公们和两西西里国王曾经批准的宪法。同时,法兰西共和国领导人路易·拿破仑·波拿巴,为了得到法国天主教教徒的拥护,派遣了一支法军前往罗马,马志尼共和国被推翻,庇护九世教皇复位。

意大利仍旧四分五裂,被外国人所掌控,受独裁君主的统治。1848 年革命以令人悲叹的失败而结束。

长远的结果 有四个结果值得注意:(1)人民对国家统一和自由政府的热忱被进一步激发出来;(2)证明教皇不能担任爱国运动的领导者;(3)实践证明,马志尼和共和党不能被当作领导人追随;(4)鉴于撒丁国王维克托·伊曼纽尔二世在革命中的突出表现,说明其最适合担任民族领导者。

三、加富尔和他的国王

撒丁 在意大利诸国里,只有撒丁国王维克托·伊曼纽尔二世依然坚持 1848 年宪法,继续与奥地利作战。越来越多的意大利人认为撒丁才是意大利取得自由和统一的核心。季奥贝提预言年轻的维克托·伊曼纽尔会是意大利解放运动的领导者。

加富尔伯爵 加富尔伯爵(1810—1861)是维克托·伊曼纽尔最得力的帮手。1852 年,他成为撒丁国首相和外交大臣。在之后的 10 年里,他一直在位,奠定了新民族国家的基础。

加富尔对意大利独立统一抱有极大的信心。他说:"我虽不会演讲,但是我能建立一个统一、独立的意大利。"

四、加富尔和他的国家

加富尔认为自己能切断外国专制暴政对意大利的控制,对此他非常自信,他还试图将意大利人民团结成一个民族整体,为此制订了一系列详细计划。

加富尔的国内政策　加富尔曾在英国旅行和读书,非常崇拜英国。当上首相之后,他效仿英国草拟了撒丁王国的施政方案。他忠实地拥护1848年宪法,认为国王是统而不治的;政府的各部门大臣表面上由国王任命,实际要向议会负责;与此相适应的是,议会由一个被指派的参议院和一个被推选出的众议院构成。但跟当时的英国一样,只有一小部分人有权参选议员,他们基本都是上层阶级和资本家。

在经济方面,加富尔依然效仿英国。他全力促进资产阶级的繁荣,革除了所有对商业和制造业的限制。自由贸易政策取代了关税保护政策。此外,他改革税制,修建道路、运河以及铁路等。

在宗教事务方面,加富尔千方百计减少天主教教会的影响,他觉得天主教教会对他的自由主义思想和解放统一意大利的计划产生了阻碍。于是他全面取缔了那些不从事教育、传教和慈善事业的修士团体,把他们的财产没收充公。他主张政教分离,这样就可以在"一个自主的国家里拥有一个自由的教会"。

加富尔对撒丁教会进行的干预,增大了他与教皇之间的裂痕。从此以后,教皇反对所有以撒丁王国为核心的意大利统一运动。

加富尔的对外政策　加富尔稳定住撒丁王国局势后,希望能够将意大利从奥地利的统治下解放出来。经过1848年惨痛教训后,他明白仅靠撒丁王国不可能战胜奥地利,完成意大利的统一,他需要强有力的外援。在他心中,法国是最好的帮手。法国皇帝路易·拿破仑对"被欺压的民族"有一种情感上的同情和关切,且有些沽名钓誉。

克里米亚战争　加富尔开始孤立奥地利,争取路易·拿破仑的帮助。1855年,撒丁王国加入到了英法对抗俄国的克里米亚战争中。意大利士兵在战争中表现得异常出色,在1856年召开的巴黎和会上,加富尔将意大利的贫困和奥地利对意大利的暴政灌输到了英法代表的耳朵里,得到了英国的同情和法国的友情。

同法国结盟　加富尔拉近了撒丁王国同法国的关系,1850年,路易·拿破仑秘密地同意了援助撒丁王国将奥地利人从伦巴底和威尼斯赶出去,加富尔也同意将萨瓦和尼斯割给法国当作酬谢。同时,加富尔和意大利的一些领导人一起，共同实施对抗外国统治的秘密计划。

法奥战争　距离1849年统一意大利的运动已过去10年，准备许久的加富尔觉得应该进行第二次尝试了。

1859年，意大利扩充军备的迹象愈发明显，奥地利抢先向撒丁宣战。路易·拿破仑也立即向奥地利宣战，法军翻越了阿尔卑斯山脉，加入了维克托·伊曼纽尔的阵营。当法国人跟撒丁人在伦巴底进攻奥地利人的时候，托斯卡纳、帕尔马、摩德纳的三个公国和教皇国的民众们也都爆发了起义，试图推翻公爵的统治。起义爆发以后，托斯卡纳、帕尔马和摩德纳公爵仓皇出逃。这三个公国和教皇的部分地区都被加富尔控制。

1859年夏天，法国、撒丁联军在马晋塔和索非里诺取得大胜，将奥地利人从伦巴底赶回了威尼斯地区。

撒丁的收获　在加富尔占领意大利中部几个公国的时候，路易·拿破仑突然撤军，意大利的解放战争就此中止。依照1860年条约，撒丁保留了摩德纳、帕尔马、托斯卡纳和教皇国的罗马格纳地区，从奥地利人手里收复了伦巴底。法国得到了萨瓦和尼斯。威尼斯地区、塔兰托和的里雅斯特依然归属奥地利。

其他收获　战争一场接一场爆发。1860年，加里波第得到加富尔的秘密协助，率领1000名"红衫军"爱国志愿者，从热那亚出发偷袭意大利的南部。他在西西里岛屿登陆，当地人把他当作废除波旁王朝专制暴政的英雄来迎接。他渡海到达了意大利本部，占领了那不勒斯城，打败了两西西里国王的部队。在5个月的时间内征服了意大利的整个南部。加里波第的名望达到巅峰，他本可成为那不勒斯和两西西里的掌权者，但是他抛弃了私人利益，只想建立一个统一的意大利，为此他将所有被征服的土地都交给维克托·伊曼纽尔掌管。

如此一来，撒丁王国的版图就从意大利北部扩展到了意大利的南部；加富尔想让南北两部连接在一起，又占领了教皇国的一大部分土地，教皇的实际统治区就只剩下了罗马城及其四郊。

意大利王国　1861年意大利除了教皇国的罗马和奥地利手里的威尼斯、塔兰托及的里雅斯特以外，全部都在撒丁国王的领导之下，意大利获得了解放和统一。教皇国的罗马由路易·拿破仑所派的法军驻守。威尼斯、塔兰托及的里雅斯特被奥地利占据。

同年,维克托·伊曼纽尔停止使用撒丁国王的称号,改称意大利国王。1848年撒丁宪法推广到全国;议员们在都灵召开了意大利统一之后的第一次议会。

加富尔之死 1861年,加富尔离开了人世。他的逝世对意大利来说是一个重大的损失,因为还有很多问题需要他的手腕和威信来完成。好在统一大业和成立立宪政府的两个重要任务已是大势所趋。

威尼斯的合并 意大利和普鲁士在1866年结成联盟。趁着普鲁士和奥地利之间的战争(七周战役)爆发时,意大利开始进攻奥地利。虽然吃了败仗,但是普鲁士快速取得了具有决定性意义的胜利,奥地利无奈地把威尼斯的大半土地割让给意大利,其中包含了威尼斯这座令人骄傲的古城。

虽然奥地利还保留了的里雅斯特和塔兰托两个意大利的城市,但威尼斯地区回归意大利,是意大利最终完成统一大业的重要一步。

五、罗马和意大利

从古到今,罗马都是意大利的心脏。缺少罗马,意大利如同一个没有心的人。意大利人一直都在等待罗马的回归,还好等待的时间并不算长。

1870年,普鲁士和法兰西之间爆发了著名的普法战争,这次战争给了意大利夺回罗马的机会。普鲁士入侵法兰西,保护教皇的法国部队不得不紧急从罗马撤离。维克托·伊曼纽尔在法军撤离的同时开始进攻教皇国,占领了罗马。庇护九世教皇对此表示强烈的抗议,把自己关在了梵蒂冈。意大利也没继续逼迫他。第二年初,罗马城成为意大利的首都,此时的意大利基本上完成了自由和统一大业。

推迟的民主政治 1871年,意大利成为一个拥有立宪政府的统一国家,但还不是一个民主国家。在前进的道路上意大利一度犹豫不决,民主政治遭到了各种阻碍。在多年以后,这些阻碍才被一一清除。

贫穷和文盲的阻碍 多年以来,选举权和重要职务都只是有钱人和文化人才能拥有的。这些制度，让很多人失去了参加选举的资格。大部分意大利人属于无产阶级，1871 年，大约有四分之三的意大利人不识字。到 1901 年，几乎还有一半的人是文盲。这样的制度，激励一些愿意去努力工作和学习的有理想人士参与选举。但同时，几百万的底层人民无权参与政治。资产阶级和上层阶级只占意大利人民中的一小部分，却掌控着政府。

纷争的阻碍 意大利君主同教皇长时间持续不断的矛盾，是意大利民主政治的另一个严重阻碍。上文提过，矛盾始于 1848 年，1870 年国王夺取罗马时到达了顶点。庇护九世教皇和他的继承人都觉得受到了迫害，把自己关闭在梵蒂冈，拒绝和政府进行任何沟通，情愿把自己变成梵蒂冈宫廷里的囚徒。教皇自称为"梵蒂冈囚犯"。在一段时间里，意大利天主教教徒都被禁止参加选举，不能担任任何官职。

资产阶级的寡头政治 1871 年以后，文盲和穷人都被排斥在政治以外，上层阶级和资产阶级当中热情的天主教徒也不能参与选举和担任公职，意大利政府理所当然地落在了一群反对天主教的资产阶级手里。

寡头政治的成果 意大利的中产阶级统治者按照自己的意愿和方法来解决问题。他们以法国为模板，将全国各地方政府的权力都集中在中央政府。他们计划统一的民众教育制度，却没有严格地贯彻和执行。他们做了很多的工作，将落后的意大利南部地区的社会和经济水平提高到跟北部相同。国家铺设了几千英里的新铁路，使之成了统一贸易和旅行的动脉，也成为统一全国文化的宝贵工具。另外，政府开始修建公路，改善港口，进行陆地测量。在巴勒莫、那不勒斯和墨西拿鼓励工厂制度，让它们变得跟伦巴底和托斯卡纳两个繁荣的城市一样。商船获得了政府补贴。实际上，政府做的每一件事情，都是为了发展工商业和增加资产阶级的福利。

"强国"意大利 1848—1870 年统一时期高涨的民族精神一直激励着政府，梦想意大利可以恢复以往属于古罗马帝国的荣光。意大利必须是一个自由和统一的国家，而且要成为一个"强国"。为此意大利建立了一支庞大的海军，陆军也改组和重新扩大阵容。在争夺海外殖民地方面，意大利也用尽各种方法努力追赶列强。

三国同盟 意大利人民获得自由和统一不久，就开始着手把其他民族也归于意大利的统治之下。一直以来,意大利都想取得非洲北部和西西里隔海相对的突尼斯,即古时的迦太基。这件事受到法国的阻拦,于是反法呼声不断高涨。此时发生了一件怪事:意大利和昔日的敌国奥地利、德意志结成了联盟。三国同盟从1882年一直延续到1915年。

意大利帝国主义 三国同盟让意大利的军备和捐税负担更加沉重。加上同盟持续期间,意大利无法从奥地利人手中取得的里雅斯特和塔兰托,也就无法完成国家统一。的里雅斯特和塔兰托在很长一段时间里"未能收复"。另外,三国同盟还激励意大利政府花费大量的财力和物力夺取殖民地。意大利获得了厄立特里亚和索马里两个热带非洲的国土,却依然没有达到征服西尼亚的目的。1896年它的军队在阿多瓦被完全击垮。1911—1912年在和土耳其的战斗中,意大利征服了北非的的黎波里,占据了爱琴海中的12个希腊小岛。这些殖民扩张的冒险行为收益很小,但是也增加了意大利民族爱国主义的烈火。同时,意大利很多商人和政府官员大发战争财。

赋税和移民 很多政府官员徇私舞弊,挪用公款。一边应付贪污腐化,一边还需要支付军队开销、征服殖民地的费用、公共事业建筑费以及偿还长期遗留的战争欠款,人民必须缴纳大量的捐税。不久之后,意大利的捐税就超越了其他欧洲国家,农民和工人肩膀上留下了沉重的担子。

为了躲军役、避重税,也为了寻找一个新的生活机会,许多的意大利下层人士开始远离家乡,迁移美国。在1871—1914年间,大约600万公民离开意大利,去往美国、阿根廷和巴西谋生。

人民的抗议 在很多人远离家乡的情况下,剩下的意大利人发出了反抗政府的声音:(1)热情的天主教教徒抨击政府,说政府压制教会却没去帮助农民。(2)马志尼和加里波第的党羽们保留了一个小共和党,到处宣扬把君主国变成共和国。(3)工厂制度的推行导致劳工问题越来越尖锐和激化。社会党逐渐强大起来,主张彻底改革。(4)一批极端分子开始鼓吹无政府主义。维克托·伊曼纽尔的继承人亨伯特国王,于1900年被一个无政府主义人士刺杀身亡。

民主逐渐获得 不满的呼声吓到了意大利政府,政府勉强做出一些让步。1882年，选民的范围得到扩大，1912年，意大利所有男子被准许参加选举并得到担任公职的权利。1905年，教皇放宽了参政的限制，之后天主教教徒也可以参加到争取政治民主以及宗教自由的运动中来。

社会立法 为了缓解人民的不满，意大利政府采取了一些援助农民和工厂工人的法律。工人拥有了工伤事故、疾病和养老保险。工会合法化。经营趸买趸卖、经营银行和农业合作社都获得了鼓励。1914年，意大利成为利用政治制度为社会和人民谋福利的民主国家。

意大利的民主政治没有减少民众的爱国热情。塔兰托和的里雅斯特还"未收复"，这自身就带有一种能号召各民族团结起来的力量。

第 35 章　德意志的统一

在意大利解放以及统一的同一时间,德意志大多数邦国也联合在了一起,组成了德意志帝国。意大利统一的手段与力量,同样适用于德意志。不同的是,意大利统一后不久实现了民主政治;德意志虽取得了国家的统一,却没有获得民主政治。

一、关税同盟和邦联

与意大利不同,1848 年初德意志联邦中已经存在着一种政治联合的形态,还在关税同盟(Zollverein)中形成了一股联合力量。

联邦德意志　维也纳会议创建的德意志联邦,主要是形态上的联合。1848 年以前,联邦盟主是奥地利,此时梅特涅担任奥地利的首相。梅特涅不想德意志人民有一点自由,也不愿看到德意志各邦联合。

1848 年革命中,德意志联邦被迫承认了法兰克福议会。后者是 1848 年 5 月在法兰克福召开的议会。议会想把德意志政府建成统一和民主的政府。为此，议会制订了一个详细的计划，要把德意志各邦都拉拢到有自由宪法的帝国中来，普鲁士国王将担任皇帝的职位。

普鲁士和奥地利　1894 年春，普鲁士国王和一部分的专制统治者才从 1848 年革命的惶恐中回过神来，重新恢复自信。普鲁士国王拒绝了法兰克福议会给予的皇帝尊号。他说，如果这是王侯们的邀请，那他会接受德意志的领导者地位，但他不想接受一个民主议会赠与的皇帝尊号，认为这个称号是"从阴沟中来的"。

德意志的一些王侯答应邀请他，无论他推行民主政治与否，但奥地利却不赞同，国家的统一计划最终落空。

关税同盟　德意志联邦并没有统一德意志各邦，它为了维护王侯的利益，也不准备这么做。法兰克福议会真诚地希望德国统一并建立民主政权；但由于专制体制的势力还很强大，最终失败了。但统一大业通过关税同盟有所收获。关税同盟把平等交易、互惠互利的原则作为合作的依据，促使商业得到了发展。所以，它的观点能够影响到有权有势的上层阶级。

盟邦之间因关税同盟而贸易不断。在 1848 年以前，关税同盟成为德意志国家统一非常有利的因素。

从和平到战争　许多的德意志贵族和一些爱国人士民族爱国之心高涨。他们指责倡导民主的法兰克福议会没有推动德意志建立一个强大的民族国家，普鲁士国王的软弱让他们倍感失望。他们认为皇帝应有鄙视奥地利以及担任德意志领导人的勇气。

这些爱国人士在 1850 年之后占据上风。他们主张：可以放弃民主方式而采用武力来解决德意志统一问题。他们认为普鲁士国王适合做皇帝，希望他能改变主意，或普鲁士能出现一位有坚定意志的新国王。他们觉得自己的计划更加切合实际。而这，当然要伴随着更多的流血和牺牲。

二、俾斯麦及他的国王

主战的爱国人士很快找到了自己的铁血领袖——俾斯麦。大约在同一时间，符合他们期待的普鲁士新王威廉一世也出现了。

俾斯麦　奥托·冯·俾斯麦（1815—1898）出生于普鲁士一个有势力的地主阶级（容克）家庭。他出生于召开维也纳会议的那一年，接受过大学教育，年轻时非常顽劣，之后成为大地主，也是一位普鲁士爱国人士。

哪怕是经历过1848—1849年的动荡，俾斯麦从未放弃他根深蒂固的观念。这些观念包括：政府的最好形态是专制体制；法兰克福议会是愚昧无知的；假若德意志真想统一，就必须由普鲁士国王上承天意，加上贵族、军队、政治机器和国立教会的共同协作才能完成。他相信最终德意志会统一，但是必须是在普鲁士的领导下并放弃民主政体，德意志必须"普鲁士化"。

俾斯麦在议会中　俾斯麦在1851—1859年代表普鲁士国王参加过德意志联邦的议会。他跟一些代表合作，一起抑制自由主义。他憎恨奥地利的情绪在议会上表现得更加强烈，他用智慧和冷静保住了普鲁士在联邦中跟奥地利平起平坐的地位。

在俄国和法国　1859年，俾斯麦被派遣到圣彼得堡担任普鲁士驻俄使臣，他钦慕沙皇俄国的专制体制，并为加强从弗里德里希大帝时开始的俄普之间的密切关系做出了很多努力。1862年，他被委派去往巴黎，见到了路易·拿破仑（拿破仑三世），对这位皇帝反复无常的性格做出了准确判断。

同一年，俾斯麦奉诏回到柏林，担任普鲁士首相。1862—1890年，在他担任首相的这段时间，普鲁士的领土不断扩大，成立德意志帝国，制定了很多的政策。他推出的大部分政策都影响着德意志前进的方向，一直持续到1918年。

普鲁士的威廉一世　在俾斯麦任普鲁士首相以前，在1848—1849年错失统一良机的普鲁士国王过世了。1861年，他的弟弟威廉继承了王位。威廉守旧、信奉宗教，且坚信君权神授。他有刚强的意志，喜好军事，这两方面非常像弗里德里希大帝及18世纪霍亨索伦王朝的一些国王。威廉一世不是一个有才干的人，但是他为人诚恳，对他的大臣绝对信任。

这样一位国王，正符合了俾斯麦和他的同党的心意。

三、俾斯麦和他的国家

俾斯麦在普鲁士的政策 俾斯麦任职普鲁士首相的第一要务，就是拥护威廉一世创建普鲁士军队的意见。俾斯麦明白，一支强大、训练有素的军队，能成为专制体制强有力的支撑，也能成为普鲁士统一德意志的有力工具。

这时，普鲁士众议院里的多数议员都是自由主义人士，他们对1848年的民主意愿很赞同，希望在普鲁士成立英国式的立宪政府。由于惧怕军国主义，急切地想把国王和大臣们置于议会的管控之下，所以，他们投票反对增加军事费用。

俾斯麦很生气，他向议员们抗议道："德意志不必依靠普鲁士的自由主义，依靠的是它的强权……重大的问题不需演讲和投票，那是1848年革命的弊端，必须靠铁和血来决定。"

议员们并不赞同他的观点，俾斯麦没有经过他们的同意，开始征税以及增兵。他的高压做法激起了议员们的反抗，于是他封了报社，关押了全部反对派。他身后有国王和军队的支持，全然无所畏惧。之后4年时间里，1850年宪法成为一纸空文。

外交政策 普鲁士广泛实行兵役制度的时候，俾斯麦早早为未来争夺德意志领导地位的普奥战争，制定了外交策略。奥地利当时已经日薄西山，但若不经过一场战争，绝不可能放弃自己的领导地位。俾斯麦缜密地策划赶奥地利下台的计划。

1863年，俾斯麦帮助沙皇镇压波兰人民的起义，沙皇意识到必须回报普鲁士。他示意法国，如果不干涉普鲁士在德意志的行动就可以得到"报酬"，拿破仑三世上当了。

四、铁与血

铁血的日子不久便来了。被称为"铁血首相"的俾斯麦为了创建德意志进行了三场战争。

丹麦战争 1864 年，俾斯麦领导的普鲁士，参加了奥地利反抗丹麦的战争。战争的根源是德意志西方的石勒苏益格和荷尔斯泰因两个公国，那里是德意志人的居住地，却长期处于丹麦国王统治下。

若按照民族界限来划分这块有争议的土地：丹麦人居住的北方四分之一属于丹麦，南方四分之三是德意志人在居住，分给德意志联邦，这样问题很容易解决。但丹麦国王表示所有土地都归丹麦所有，德意志联邦也不肯放弃那四分之三的土地。结果德意志两个重要的邦国奥地利和普鲁士，用武力方式夺回了这两个公国。

争吵的普鲁士和奥地利 正如俾斯麦预料的那样，丹麦战争结束后，石勒苏益格和荷尔斯泰因的所有权又引发了奥地利和普鲁士的纷争。奥地利希望把它们变成德意志联邦中的独立成员，俾斯麦希望把其纳入普鲁士。经过很长时间的争吵，1866 年 6 月，俾斯麦提出了几条改革联邦的意见，其中之一就是要将奥地利驱逐出联邦。同时命令普鲁士的军队集结，随时待命。奥地利掉进了陷阱，劝说和联合那些比较小的德意志邦国共同对抗普鲁士，以保留德意志联邦原有的形态。

七周战争 1866 年 6 月到 7 月，普奥战争爆发，在威廉国王和冯·毛奇伯爵的领导下，普鲁士训练了一支装备新式步枪的强大队伍。此外还获得了想要推翻奥地利统治的意大利的积极帮助。

没用多久，普鲁士便打败了那些小的德意志邦国。7 月 3 日，在尼格列茨（萨多瓦）的血战中，普军凭借压倒性的优势战胜了奥地利。8 月双方签署条约，从此，普鲁士随心所欲地操纵德意志。

新德意志 之后一两年，俾斯麦重新组建了德意志帝国：（1）1815 年德意志联邦解散。（2）把奥地利帝国从德意志中剔除掉，迫使它把威尼斯还给意大利。（3）普鲁士兼并了石勒苏益格和荷尔斯泰因两个公国、汉诺威王国和法兰克福自由市，外加一些地区。原本被分隔的普鲁士领地再度连接了起来，人口增加了 450 万。（4）美因河以北的德意志各邦，在普鲁士领导下结成了"北德意志联邦"。普鲁士国王被推举成为新联邦的"元首"。普鲁士的军事制度推广到了所有结盟的邦国里，俾斯麦除继续担任普鲁士首相之外，还是北德意志联邦的宰相。(5) 对美因河以南的巴伐利亚、巴登、符腾堡和黑森成为独立邦国表示认可。这些邦国通过关税同盟贸易关系和军事防备联盟，与北德意志联邦保持紧密联系。

普法战争 1867—1870 年，俾斯麦策划并诱导了德意志南部各邦和北部自愿成立政治联合体。他知道这些地方虽然并不相信普鲁士，但是害怕法国。在七周战争结束以后，试图领取"报酬"的拿破仑三世，掉入了俾斯麦筹谋的陷阱里。俾斯麦采用巧妙又卑鄙的外交政策，彻底惹怒了法国皇帝，1870 年 7 月，法国向普鲁士宣战。

这时，民族爱国浪潮正在德意志南部各邦激荡，他们和北部联合起来，同心协力地加入到了普鲁士的"防御"斗争中。

与法国的激烈战斗短暂却有决定性的意义。俾斯麦发动了战争，再次获得了战神冯·毛奇的大力拥护。1870 年 9 月 2 日，色当大战中，拿破仑三世和他的 10 万士兵被普军俘虏。1871 年 1 月 28 日，巴黎在努力防守了 127 天后向德意志投降。这时俾斯麦终于可以随心所欲地创建德意志帝国了。

五、德意志帝国

1870—1871 年，俾斯麦驱动战争机器对法国进行了致命打击，这是除德意志本土和奥地利以外，俾斯麦和威廉一世为完成德意志统一而采取的最后一步行动。在普军进攻巴黎的同时，南部的 4 个邦——符腾堡、巴伐利亚、巴登和黑森邦与莱因法耳次邦联合的请求被及时批准了。"北德意志联邦"的称呼被改为"德意志帝国"；1870 年 1 月 18 日，在法国的凡尔赛宫的镜厅里，公开宣布普鲁士的国王威廉成为德意志的皇帝。

法国战败后签订的 1871 年条约，给德意志帝国带来 10 亿美元的战争赔款和阿尔萨斯—洛林地区的广大领土。

铁与血的成就 法兰克福议会演讲和选票没有实现的目标，俾斯麦通过三场铁血战斗就拿下了——1864 年打败丹麦，1886 年打败奥地利，1870 年打败了法国，在普鲁士的领导之下，德意志帝国成立。但是，德国并不完整，奥地利和瑞士两国都有一部分领土本该属于德意志。

帝国宪法 新组建的德意志帝国和北德意志联邦有些相似，帝国是一个联邦，各邦依然维护自己的执政政府。普鲁士是帝国里最大的邦，实力最强，但仍然保留着不民主的1850年宪法。在25个邦中，只有很少的邦采用了英国式真正意义的议会政府体制。

联邦议会 帝国最高权力机关是联邦议会，帝国各邦王侯所委任的个人代表组成这一机构。

帝国议会 由全国成年男子广泛选举出来的国民议会就是帝国会议，它可以算是一个辩论会，决议随时都可能被联邦议会否决。

皇帝 德意志的皇帝，就是原来的普鲁士的国王，他是一位真正的专制君王。他不必咨询普鲁士议会的意见，就可直接任命普鲁士的首相，也不必听取帝国议会的意见，便可随意任命帝国宰相。

宰相 俾斯麦担任了很多年帝国宰相和普鲁士首相（1871—1890年）。他以宰相身份，边主持联邦议会，边着手帝国议会立法，还要处理帝国事务。随后又凭借普鲁士首相身份指点普鲁士议员在联邦议会如何投票。这些投票能够否定每一个裁军议案，或者每一个减税议案，甚至是每一个宪法修正案。

宰相和帝国的一些大臣都不会因为议会和民众反对而离职。只要得到了帝王的信任，他们就可以一直任职。德意志帝国的政体强而有力，但一点也不民主。

德意志的军国主义 虽然缺少民主政治，但德意志的军国主义力量非常强大。普鲁士往日对武力的崇尚日渐成为新帝国最宝贵的传统。新帝国凭借帝国主义模式建立起来。爱国民众相信，只有通过军国主义，帝国才能更长久，更壮大。

对欧洲的影响 此时，扩充军备的现象并非德意志独有。接下来5年时间里，德意志变成了军国主义的典范，邻国法国、奥匈帝国、意大利和俄国纷纷效仿。这几个国家在纷纷扩充军备，德意志凭借外交手段，阻止这些国家联合起来反抗它。

紧密联盟 德意志害怕其他国家联合起来对抗它，便四处寻找盟友。

1879年，俾斯麦和奥匈帝国缔结密切军事同盟，1882年，意大利加入进来，该同盟发展成三国同盟。三国同盟一直延续到1915年，第一次世界大战的爆发瓦解了这个同盟，直接原因是奥地利和意大利积怨太深。

俾斯麦只要在位掌权（掌权至1890年），德意志和俄罗斯的关系就四平八稳，和英国的关系也是如此。但德意志军国主义和俾斯麦的外交手段使整个欧洲在1871—1914年陷入了"和平武装"状态。军备不减反增，民族矛盾越来越尖锐，军费负担日益庞大。

德意志的家长式作风 德意志在统一之后有一个重要的特点，就是家长式作风，即认为政府必须主动给予人民经济福利。俾斯麦家长作风包括两个方面：（1）巩固联邦全国政府；（2）推进全国各阶层物质繁荣。

全部的铸币工作由政府接手，整顿银行，进一步巩固自身经济。改良了几个邦的铁路系统，方便它们更适应帝国的统治。提高关税用以保护德意志的工业和农业，并从中获得大量的财富作为联邦的收入。

为了人民的物质繁荣，政府大力实施关税保护法则，制定了很多的社会法则。这些法则对工人的工时、疾病、工伤和养老保险都做了规定。就这些保障民生的法规内容来说，德意志是近代各国中的先行者。此外，政府还创建了优良的职业学校。

俾斯麦推进经济繁荣的另外一个方法就是建立殖民地。1884—1885年，他将德意志商人和传教士已打探清楚的非洲一些广阔地区置于帝国的统治之下。

非德意志人的不安 不是所有德意志帝国中的所有集团都对此感到满意。从1871—1914年，帝国内部经常出现一些不安的反对派，他们对帝国的军国主义、家长作风和其他特别举措进行了责难。反对派里有一些是绝对不想隶属于德意志帝国的非德意志人，比如：石勒苏益格的北面一直居住着的几十万丹麦人；被普鲁士征服的地区有300万波兰人；在阿尔萨斯—洛林地区，有非常多的法国人期盼能够回到法国的怀抱。

一些德意志人的不安 在德意志人中，也有一些不满的人。比如：（1）民主党人或激进派。他们保持着1848年革命思想，期盼德意志帝国成为真正民主的国家。（2）天主教徒。虽然这些人只占一小部分，但能量巨大，他们为信奉天主教的奥地利被驱逐出帝国感到遗憾，也憎恨新教对普鲁士的统治，比政府更加提倡自由和民主。他们组建了"中央党"，帝国初期，俾斯麦和他们进行了"文化斗争"。直到1886年，俾斯麦才废除了很多反对天主教的举措。中央党在德意志处于非常重要的位置，在帝国众议院里占据了四分之一的席位。虽在一段时间内拥护政府，但是到了1914年，该党派人士几乎事事反对政府。（3）社会党人。1875年之后，这个集团发展成为强有力的党派。他们会提出很多跟"革命"有关的话题，也就是摧毁帝国主义，成立一个民主共和国，取消私有财产，由工人阶级管理工厂和农场等。到1914年，这些人组成了社会民主党，该党派成为德国最大的政党。

卡尔·马克思（1818—1883）是近代社会主义的奠基人。19世纪结束以前，卡尔·马克思和弗里德里希·恩格斯于1848年共同发表了《共产党宣言》，该宣言成为全世界工人的信条和强有力的社会主义党派的政治纲领。

威廉二世皇帝 1888年，91岁高龄的威廉一世皇帝逝世。他的儿子弗里德里希三世以自由主义人士著称，但仅仅在位3个月而已。同年，威廉一世的孙子，即弗里德里希三世的儿子威廉二世，成为普鲁士的国王和德意志皇帝。他的统治时期直到1918年第一次世界大战结束。

军阀 威廉二世是一位典型的霍亨索伦王朝的统治者。他热爱权力和那些象征权力的装饰。他歌颂军国主义，声称："是军人和军队建立了德意志帝国，而不是国会的多数派投票，我把我的信任给了军队。"他还装扮成一个新教徒，用非常肯定的态度表达着神授予他统治权力的观点。他事事过问，四处发表讲话。

俾斯麦的免职 威廉二世虽完全赞成俾斯麦的铁血政策，但是却无法与其共事。在德意志的专制政府里，没有办法容纳两个同样独断独行的人物，所以宰相俾斯麦理所当然地离职了。这位年轻的皇帝，认为统治德意志的应当是霍亨索伦王朝，而非俾斯麦王朝。1890年，俾斯麦被免职，这条国家大船改由新舵手来掌控，前进的道路依然存在着很多的暗礁。

在海上和路上 1890年以后，德意志扩大了非洲的殖民帝国范围，侵吞了太平洋中的部分岛屿，强占了中国的胶州湾，计划建设从君士坦丁堡到巴格达的铁路，让整个奥斯曼帝国都处于德意志的统治版图之下。20世纪初，为保护商业和殖民地，德意志把军国主义扩张到了公海上，并建立了一支在规模和实力上仅次于英国的海军。

德国的职业学校培养了成千上万技术娴熟的工人，建立了安置工人的完善体制。工会明显增加，关税保护有益于工业发展。德国成为制造业成果最好的国家之一，同时，还成为商业方面最成功的国家之一。

第36章 法兰西第三共和国

1848年法国爆发了二月革命,路易·菲力浦国王仓皇出逃,第二共和国建立。1852年下半年,路易·拿破仑·波拿巴窃取了革命成果,建立了第二帝国。第二帝国终结于1871年那场与普鲁士所进行的灾难性战争。自废墟中崛起的第三共和国,到1940年便垮台了。

一、从第二共和国到第二帝国

巴黎的工人和资产阶级共同发动了二月革命。工人在社会主义人士路易·勃朗的带领和指挥下,主张建立社会主义共和国,要求政府做一些类似第一共和国为农民曾经做过的事情。也就是说,让他们变成工厂和商店的主人。但巴黎的资产阶级坚持要求政府只能在政治上实行民主,不能进行激进的社会实验。

法国的呼声 那个时代,有选举权的成年男子推选出国家的议会来为共和国草拟宪法。

法国的呼声和巴黎的呼声不同。每个省的农民以及资产阶级都对巴黎工人的激进主张表示反对。议会借此机会镇压了工人起义,草拟了一部共和宪法。宪法明确规定:立法团和总统两者都要经过成年男子的普遍选举。1848年12月的选举中,很多选民把总统选票投给了拿破仑一世的侄子路易·拿破仑。

路易·拿破仑大半辈子都在流放中度过。他运用阴谋诡计,以求荣宗耀祖,竭力宣传波拿巴家族是民主的拥护者和被欺压民族的朋友。他的名字很有魔力。大部分的法国人投票给他,只因为他姓拿破仑。

有魔力的姓名 1848年,路易·拿破仑在流放的过程中被召回,担任法兰西共和国的总统。他巧妙利用自己的姓名和新职务来提高自己的名声和威望。军队拥护他,因为他代表着伯父好战的军事传统。农民和资产阶级拥护他,因为他假装保护"法律和秩序",一副道貌岸然的模样,还主张繁荣经济。即便是满腹牢骚的工人们也拥护他,因为他信誓旦旦地保证他是工人的朋友。教士们拥护他,因为他拥护宗教教育,还派遣军队去罗马维护教皇地位。

因此,在立法团提出修改宪法并取消成年男子的普选权的要求时,总统就以民主的忠诚捍卫者身份站了出来。仿佛他已将法国掌握在了自己手里,他也的确有理由这么相信。

总统的"政变" 路易·拿破仑凭借着他的名声和威望,还有军队的忠诚,以伯父为榜样于1851年12月2日发动了"政变"。囚禁和流放了共和主义的领导者们;立法团被解散;制定了新宪法,宪法呈交表决,并且以压倒性的票数通过。

路易·拿破仑完全掌握了法国。

从总统到皇帝 之后大约20年时间里,路易·拿破仑成为法国的专制者。一开始他顶着总统的头衔,在1852年11月,在法国所有成年男子的投票授权下,使用皇帝的称号。自此以后,他成了法国人的皇帝——拿破仑三世。

就像1804年法兰西第一共和国被拿破仑一世的帝国所取代一样,1852年,第二共和国变成了第二帝国——拿破仑三世帝国。

路易·拿破仑自称三世，因为他打算承认死于 1832 年的拿破仑一世的儿子也是法国正统的统治者。

二、拿破仑三世的统治

拿破仑三世不是一位伟大的领导者，但非常善于耍手段。他把自己的权威建立在人民主权的原则上，从那时起，法国从未放弃这一原则。他还保留了 1848 年革命设立的成年男子普选形式，法国一直坚持这种民主政治的形式。

帝国大权在握 法国人的民主和个人自由都掌握在拿破仑三世手里。后来人们发现，只有成年男子拥有投票选举权，根本不足以让一个国家获得真正的民主。遵照 1852 年宪法，只有皇帝讨好选民或者选举立法团的时候，才能动用男子们的公民投票权。其他的选举工作，都是皇帝通过地方行政人员暗箱操作的。立法团除了通过皇帝提议的法律之外，没有任何其他的权利。

"民主的"专政者 拿破仑三世用民主的形式做外衣来掩盖个人的专制行为。他有权力宣战和停战，可以委派所有官员，决断公共政策。他关闭所有反对他的报纸，流放和囚禁那些攻击他的人。尽管法国人民在理论上享有充分的主权，可实际上，个人自由远远不如 1814—1848 年间复辟的波旁王朝统治时期。

对内政策 在处理外国事务的时候，拿破仑三世意图效仿拿破仑一世的方式；在国内的事情处理上，他的目的是调和所有阶级之间的矛盾。

（1）给资产阶级和农民增加了商业利益，创建了储蓄银行制度，让贸易公司的组建变得更加容易。逐渐采取自由贸易政策，利用公共工程建设援助制造业和商业。改进港口，排干沼泽，开通运河，修缮公路，修建铁路等。巴黎环境得到改善和美化。法国还举办了大型国际展览会——万国博览会。

（2）承认了合作社的合法化，废止反对工会和反对罢工的法规，监督和管辖承担工人死亡和工伤保险的私人保险公司，借此帮助工人阶级。他被人称为"工人们的皇帝"。

（3）他赋予了教士控制和管理教育的新权利，在罗马驻兵保护教皇，拥护教会的传教事业，并得到教士的好感。他的妻子欧仁妮皇后，诚心地依附于教会。因为她对穷人大方馈赠，教会的教士们把她当作保护者和穷人的朋友。

对外政策 在对外事务上，拿破仑三世一心想要消弭维也纳会议所产生的后果。他觉得拿破仑一世的失败和法国的屈辱都是由于那场会议造成的。他要让法国恢复到1815年之前的荣誉和声威。他想要恢复法国的"自然疆界"；他要帮助"受欺压的民族"；他还想建立一个新的法兰西殖民帝国。

要做成这些事情，他原本更应该通过和平的方式去完成，因为他不像他的伯父那般英勇善战。但他也明白，战争能够实现他的野心，增强他的威望。拿破仑一世在战争中曾经获得了荣耀，他也必须走这条路。

和英国的结盟 拿破仑三世坚信：伯父被推翻的主要原因就是英国的对抗，假如他希望消弭维也纳会议带来的后果，就必须得到英国的帮助和支持。怀揣这样的想法，在1854年克里米亚战争中，法国和英国联合在了一起。

对俄国的敌视 在克里米亚战争中，英国同俄国大打出手。英国人担心俄国会控制土耳其进而掌控君士坦丁堡。拿破仑三世加入到了这场战争中，做出一副保护土耳其天主教教徒、反抗俄国暴政的正教教会的模样。战场多半是在俄国南部的克里米亚半岛上，最终法国和英国得到了胜利。1856年，拿破仑主持召开了巴黎和平会议，因为主持这次会议，他获得了巨大的满足感。同时，跟英国的关系更加密切。

萨瓦与尼斯 我们已经知道，1859年拿破仑三世是怎样帮助撒丁反抗奥地利的。他的所作所为并没事先承诺的那样多，但是他的酬劳——萨瓦公国和尼斯城却到手了。维也纳会议在意大利产生的后果，被彻底消除了。

面向莱茵河 拿破仑三世希望恢复法国东北边境的"自然疆界"。他对德国人希望国家统一的心情表示同情，假设普鲁士用莱茵河靠近法国的这边领地来作为报酬的话，他便愿意出面帮助普鲁士统一德国。1866年，他建议跟普鲁士联合对奥地利宣战，但是俾斯麦觉得普鲁士的实力已经足够强大，不需要他的帮忙。拿破仑又以不帮助奥地利为要挟，向俾斯麦提出了"报酬"要求。俾斯麦很坚决地拒绝了他。最终拿破仑三世得到莱茵河沿岸的想法落空了。

拿破仑三世的殖民政策　拿破仑三世一直在为重建法兰西殖民帝国而努力。他征服了北非的阿尔及利亚，获得了太平洋上的一些岛屿，特别是新卡力多尼亚岛。对中国也发动了一场小型战役，为法国在远东取得了非常有价值的贸易特权。在东南亚他寻到了立足之地，为法属的印度奠定了基础。

法国在墨西哥　1862年拿破仑三世实施了最有胆量的海外计划。他派遣一支法国军队去往墨西哥，拥护奥地利亲王马克西米连成为墨西哥的皇帝。他的如意算盘是用马克西米连这个傀儡来维护法国在墨西哥的利益。这项计划遭遇了惨痛的失败。墨西哥人民奋起反抗；同时美国发出了反对和抗议的声音。1867年，在墨西哥的法国军队被迫撤离，墨西哥人处死了马克西米连。

形势的转变　只要小有胜利，他就得到了法国人的承认和奉承。但外国人却对他充满了憎恨和厌恶。俄国人之所以恨他，是因为他在克里米亚战争中打败了俄国。奥地利人讨厌他是因为他在1859年将他们逐出了米兰。意大利人对他失去热情的原因是，他从意大利人手里夺取了萨瓦和尼斯的同时却没实现对奥地利作战的承诺。德国人不喜欢他的原因是担心他觊觎莱茵河地带。美国人恨他在墨西哥的所作所为。英国人也逐渐对他失去信心，把他看作没有原则的危险的专制君主。到1867年，他在国际上成了孤家寡人。

反抗的增长　拿破仑三世在国内也逐渐失去了威望。他在意大利的政策惹恼了虔诚的天主教教徒。墨西哥的惨败和无法面对俾斯麦让各个阶层的法国人为他感到耻辱。对个人自由的压制也使他一直被人仇视。

迟缓的革命　共和党和自由主义保王派日益增长的反对意见，让拿破仑感到恐慌。在1869年，人们要求修改1852年宪法。他被迫赞同皇帝不应该掌控选举,赞同出版自由,正副部长应该对立法团负责、不再对皇帝负责等条款。修改后的宪法并没有达到人人满意的境地,但还是在1870年5月通过了公民投票。

对普鲁士的战争 1870年西班牙王位就开始空缺,俾斯麦希望霍亨索伦家族的亲王担任候补人。这导致拿破仑三世的抗议。俾斯麦对此仅做了草率的答复。7月,拿破仑向普鲁士宣战,这也是俾斯麦期望的结果。

拿破仑三世带领着法国军队,朝梅斯与斯特拉斯堡行进。梅斯与斯特拉斯堡是法国前往德国的两个天然门户。但是拿破仑忽略了一件事,大门经常朝着错误的方向开启。他低估了普鲁士的军队。"战争制造者"和"战争胜利者"都正等着这天,他们摩拳擦掌,枕戈待旦。

三、色当与投降

在拿破仑发觉以前,普鲁士的三支军队已经到达了法国境内。让他觉得惊恐的还有南德诸邦相信普鲁士是被恶意攻击的,所以也加入到了普鲁士阵营。整个德意志联邦除了奥地利以外都加入了对抗法国的行列中,但是法国却没有任何的同盟朋友。

致命的一日 我们已经知道了这场战争的结果。它暴露出了拿破仑三世帝国腐化的本质。法国士兵虽然有勇气和锐气,但是他们缺少一个好的领导者,最重要的一点是,他们在人数上居于绝对的劣势。法军缺少计划、组织和供给等,结果连战连败,1872年9月2日,在拿破仑三世和麦克马洪的领导下,法国主力军被包围在色当,这场战争以法国失败且被迫投降而告终。

新政府 9月4日,巴黎知道了皇帝成为德国人的俘虏后,一个自荐的共和党人团体在市政厅集会。他们宣布罢免波拿巴家族,成立第三共和国。这个自由团体掌控着专制政权直到和平恢复、永久性宪法制定以前。他们成立了一个临时的"国防政府"。

莱昂·甘必大 莱昂·甘必大是一位年轻的律师,也是"国防政府"中最杰出的成员,是一个非常不平凡的人。他拥有炙热的爱国心,对自由政府忠诚无比,更拥有高超流利的辩论才能,并把这项才能与他的组织天赋结合起来。德国人在进攻法国、包围巴黎时,甘必大成为国防和民族爱国精神的重要领袖人物。他乘坐热气球逃出巴黎,为唤醒全国人民展开了新的努力。他让这场战争延续了5个月之久,带领着一支接一支的法国新兵去抗击训练有素的德国人,他在这一系列战争中表现了最大的才能与技巧,没有让法国的灾难变成一种可笑的耻辱。

和平和惩罚 甘必大尽了自己最大的努力,但是巴黎依然被饥饿击倒。1871年初,法国被迫投降了。在凡尔赛召开的国民议会上,法国被迫接受了德国强行施加的屈辱条约。阿尔萨斯-洛林地区,包括梅斯和斯特拉斯堡这两座城市在内的许多地方割让给了新生的德意志,同时还要支付高达50亿法郎的战争赔款。

四、第三共和国的诞生

在拿破仑三世被推翻、巴黎被攻占以后,法国人选举出一个国民议会。议会的主要任务就是同德意志人讲和,并决定法国建立何种形式的政府。1870年9月在巴黎宣告成立共和国,巴黎人大都期盼议会草拟一部共和国宪法。但是全国的农民大部分选择了自由主义保王派来做他们的代表,保王派占据凡尔赛议会人数的多半,无心让法国变成一个永久的共和国。

巴黎公社 巴黎的共和党和社会主义人士共同组建了自由的革命政府,也就是巴黎公社,同凡尔赛的国民议会相抗衡。于是国民议会召回了国家军队,进攻巴黎。经过2个月的交锋,巴黎公社被镇压了,在整个法国,国民议会的权威得到了认可。维护"秩序和安全"的部队残忍地杀害了上万巴黎工人。农民和资产阶级获得了胜利,工人阶级全面受挫。

没有国王的保王党人 国民议会里,保王党人占据大多数,而在巴黎,共和党人又遭遇重创。按理说,法兰西第三共和国的命运应该会很短暂。真正挽救它的是保王党之间的决裂。自由主义保王派在选择国王的主张上不统一,几度争辩和延迟之后,他们同共和党人联合在一起。1875

年，第三共和国制定了一部宪法。

阿道夫·梯也尔 与莱昂·甘必大一样的是，另一位老人——阿道夫·梯也尔，帮助建立了第三共和国，并使它站稳了脚跟。

1871年的阿道夫·梯也尔已经74岁高龄。他经历了1830—1848年两次革命，还被拿破仑三世短暂流放过，大半辈子的时间都在反抗政府，但在1870—1875年，他帮忙成立了一个新政府。作为自由主义的保王派，为服务法国，他把党派的分歧先放到一边。1871—1873年，阿道夫·梯也尔成为第三共和国的首届总统，后虽因他的自由主张而被保王党人投票赶下台，但他的工作最终还是获得了称许。

第三共和国的性质 最高权力属于两院议会——成年男子普选出来的众议院和间接推选出的参议院。对议会负责的内阁，负责司法和任命所有官员。总统是国家议会选出的首脑，有7年任职期限，还要履行很多名誉性和礼节性的义务，就像英国国王那样。

政府在1880年从凡尔赛迁往了巴黎，宣布攻占巴士底狱的7月14日为国庆日。从那时候起，第三共和国更加"共和"，保王党人在逐渐减少。1789年革命最终取得了原则性的成功。民主主义理论上得到了认可，也产生了实际效力。集会、出版和结社的一般自由都受到法律的保护。

五、第三共和国的延续

法兰西第三共和国持续了近70年（1870—1940）。它顽强的生命力和巨大的凝聚力量在两场严酷的考验里表现得特别突出：（1）1871—1873年，支付德国人强加的10亿美元的巨额赔款，使德军撤出法国；（2）承受了第一次世界大战的煎熬。

国内的成果 政府兴建了许多公共工厂，修建新的公路、运河、铁路，拓展了港口。政府改良了荒地，成立专业的农业部，对法国的主要产品提供补贴，比如谷物、酿酒和丝的生产。农民还可以组建购销合作社，成立互助信贷银行。

为了保护农民和制造业，抵制外国的竞争，第三共和国放弃了自由贸易政策，创建关税制度。1870—1914年，全国农业生产值几乎增长了1倍，工厂机器的数量几乎增加2倍。

劳工问题　法国工业不断发展，工人阶级数量有所增加，但是第三共和国比较偏向资产阶级和农民。制定了一些劳动法，比如工作时间的限制，禁止使用童工，雇主对雇员的工伤事故进行赔偿，提供养老保险等。

但是工人阶级对此并不满意，开始逐渐倾向社会主义。他们逐渐不依托政府，凭借罢工和一些工会活动来实现提高工资待遇、缩减工时和改善工作的环境等目标。

民族主义和军国主义　在第三共和国时期，民族爱国精神和1789年革命一样，是很多法国人的炽热情感。1870—1871年，法国和德国交战遭遇失败，刺激了法国人的爱国精神。1871—1914年，人们都期待法国有一天能够报复德国，收复阿尔萨斯-洛林。为了报仇，法国做了许多准备，法国军队在第三共和国初期进行了改组，实施义务兵役制，还在防御工事和军需上花费了大量的钱财。

国民教育　为了同样的目的，法国大力创建公立学校，实施义务初等教育。1870—1871年，这"可怕的两年"里出现了一种言论：法国人在色当没有输给德国的军队，而是输给了德国的教育。人们也对这个言论表示信服，法国人开始亡羊补牢。国立学校和国家军队在1871—1914年培养和发展了一代法国人的爱国精神。

对外政策　第三共和国主要根据对德国的民族仇恨制定外交政策。只要反对德国的国家，都是法国的朋友。1890年，德国和俄国之间产生了裂痕，法国马上和沙皇结成了亲密的同盟；1904年，德国和英国竞争激烈，法国又同昔日的商业和殖民方面的对手英国达成了友好的协议。

殖民主义的成功　第三共和国在重新组建殖民地问题上，比拿破仑一世和拿破仑三世都要成功。在亚洲，法属的印度支那得到了扩张；在太平洋和印度洋，获得了马达加斯加群岛内的部分岛屿；在非洲，从阿尔及利亚不断向南扩张，越过了撒哈拉和富饶的苏丹，到达了大西洋和刚果河，在突尼斯和摩洛哥成立了保护国。到1914年，法国成为一个面积和人口仅次于英帝国的殖民帝国。

第三共和国的危险 很多年来，第三共和国内部都存在着两个危险：一个是保王党的复兴，另一个是军事专制。正像我们看到的，保王党丧失了对共和国的掌控权，但他们依然希望重新掌握政权，复辟波旁王朝。他们主要得到了教士和贵族家族的拥护。

与教会的冲突 教士们和一些虔诚的天主教徒越反抗共和国，政府的反教会措施也就越强烈。1892年，教皇奉劝法国的天主教教徒们放弃对君主制的期望，转而拥护共和国，只有一小部分人听从了他的劝说。

20世纪初，政府通过了一些主要针对保王党人的严厉法律。天主教教徒不论男女都被驱逐出法国；天主教学校被关闭；教会财产被充公；国家对教会的一切赞助全部取消。保王党的复辟危险减弱了，但宗教自由也遭受重创。

军事专制的恐惧 共和国的拥护者们不仅要担心教会复辟波旁王朝，还担心军事专制。他们不愿回忆拿破仑·波拿巴曾如何利用军队推翻了第一共和国，也不想重演路易·拿破仑给第二共和国那致命的打击。他们迫切地想拥有一支强大的军队对抗德国，但又担心自己的军队不好控制。

布朗热将军 其间有两次政治事件，差点使第三共和国走向独裁。第一次是19世纪80年代，布朗热将军自吹自擂，谈论他如何对抗德国人，很多爱国人士特别是保守党人高呼他是一位时代的英雄。实际上，布朗热将军没有勇气去发动政变。共和国的支持者们联合起来反抗他。他后来被判叛国罪，仓皇出逃。

德雷福斯案件 第二件事是，在19世纪90年代，犹太军官德雷福斯上尉，被指控出卖军事秘密给敌对的德国而被判有罪。一些军官联合起来蒙蔽法庭试图陷害德雷福斯上尉，有地位的共和党人为他辩白，坚持认为他没有获得公平的判决。极端的爱国人士，特别是保王党人，抨击他们包庇犹太人，破坏军队纪律。这件事影响极大，如果当时有一位深得民心的军事指挥官并且他有胆量发动政变的话，很可能就会取得胜利。但是最终共和党人和社会党人联合行动，德雷福斯被判无罪，民心转向了对他有利的一面，那些参与诬陷的军官被免职。

军队的共和主义 在布朗热和德雷福斯案件之后，共和党成员被政府委任军中要职。1914—1918年的第一次世界大战中，再没有出现过军事独裁的危险，这也是法国人忠于第三共和国的最好证明。

教会的忠诚　在第一次世界大战期间，法国的天主教教徒都站到了政府一边，国家和教会之间的关系得到了缓解。法国和教皇恢复了外交关系，政府也不再颁布反对天主教的法律。很多法国天主教教徒停止了反抗共和国的行为。

第三共和国站稳脚跟，且发展壮大起来，1789年革命，最终在法国取得了胜利。

第37章 东欧

一、奥斯曼帝国的衰落

1300—1500年间，奥斯曼突厥人在西亚和东欧建立起强大的奥斯曼土耳其帝国。他们信奉穆斯林教，坚信征服和统治全部非穆斯林地区是一种宗教义务。他们发动的血腥战争把巴尔干半岛上的民族全部收纳到他们的统治之下，震惊了整个欧洲地区。

19世纪初期，土耳其苏丹的首府设在君士坦丁堡，统治着保加利亚人、希腊人、大部分的罗马尼亚人和近一半的南斯拉夫人。后来，苏丹的统治区域还扩大到小亚细亚、阿拉伯、美索不达米亚、巴勒斯坦、埃及、的黎波里和突尼斯。

虚弱和衰落 土耳其政府向来专制，在19世纪中期，它愈发虚弱无能。专制的苏丹对政府的兴趣远远小于他对为数众多的妻子们的兴趣，上行下效，官员贪污渎职现象严重。总而言之，19世纪的土耳其政府腐败到了顶点。在这样的情况下，内忧外患纷至沓来。

内部起义 19世纪到20世纪初期，南斯拉夫、希腊、罗马尼亚和保加利亚人都摆脱了土耳其的统治，获得了自由。土耳其几乎失去了整个巴尔干半岛。

外部攻击 奥斯曼帝国内部起义的成功，也离不开一些国外的同情和帮助；英国、法国、俄国和其他一些国家在援助希腊和其他一些民族赢得自由的同时，也会趁火打劫，掠夺土耳其的领地。例如，土耳其的非洲属地突尼斯割让给法国，意大利拿到了的黎波里，英国获得了埃及。

奥地利也吞并了土耳其的部分领土。欧洲列强中最得寸进尺的算是俄国。若非其他国家制止的话，土耳其恐怕会被俄国瓜分殆尽。或许这是土耳其咎由自取，但邻国却开始支援它，并不是因为喜欢土耳其，而且担心俄国一家独大，不希望君士坦丁堡成为俄国的战利品。

青年土耳其党 不久以后，土耳其人激起了强烈的爱国精神。20世纪初期，人们秘密组建了青年土耳其党，目标是把土耳其变成更加进步和民主的国家。1908年，这些改革者用革命的方法获取了统治权。他们成立议会，罢免苏丹，拥立一位维护自由主义的人为王，颁布了宪法。但事情很快出现了变化，青年土耳其党关心民族主义比自由更甚。他们想要使全部非穆斯林种族"土耳其化"，使帝国完全成为土耳其人的帝国，强制所有人讲土耳其语，那些拒绝成为土耳其人的人，遭遇到了残酷的迫害。

失败和灾难 青年土耳其党这种强迫式的爱国主义是可悲的，他们没有办法阻挡保加利亚在1908年独立，也没法阻挡奥匈帝国在同年侵吞了波斯尼亚和黑塞哥维那两个土耳其省。在1891年土耳其和意大利的战争中，土耳其被迫把的黎波里割让给意大利。第二年土耳其又败给巴尔干联盟国家，1913年被迫放弃了欧洲的大部分领土。

另外，阿拉伯也爆发了起义。青年土耳其党向欧洲军事力量最强大的德国寻求帮助，以期达到改组土耳其帝国的目的。德国军官受聘去帮助改进土耳其军队。蛮横的青年土耳其党领导人开始变得和善。到1914年,由于得到德国的帮助,土耳其时刻准备恢复自己的军事威名。而德国的想法是从土耳其身上获得好处。

二、东南欧诸国

斯拉夫民族的塞尔维亚人 南斯拉夫民族信奉基督教,使用的语言有俄语、波兰语和斯拉夫语。土耳其士兵残忍杀害南斯拉夫人的时候,南斯拉夫仅一个省的农民拿起了手里的武器,战胜了土耳其人。1817年,他们拥护一位当地人成为大公,创建了名叫塞尔维亚的南斯拉夫公国。那时候塞尔维亚还没有完全独立。土耳其苏丹统治着大公,而且土耳其的军队还驻扎在塞尔维亚的各个城镇中。到1878年,土耳其才被俄国逼迫着承认了塞尔维亚的独立地位。几年以后,塞尔维亚大公改称塞尔维亚国王。

塞尔维亚的扩张 1878—1912年,塞尔维亚还是一个非常小的国家,但是在1915年,它和其他几个取得独立的小国——保加利亚、希腊还有黑山联合起来同土耳其作战。这几个小国的战斗实力非常强,把土耳其人赶出了马其顿。在马其顿,土耳其人曾经残暴地对待过基督教徒。战胜土耳其以后,这几个小国为了抢夺赃物,产生了分歧,在1913年发动了第二次战争。塞尔维亚人在这次战争中获得巨大利益,差不多将自己的土地面积扩大1倍。南斯拉夫彻底摆脱了土耳其的统治。

拦路虎奥地利 到1913年,南斯拉夫民族自立的过程还没有完成。占南斯拉夫总人数约一半的700万人口,还在奥匈帝国的西南诸省。想从哈布斯堡皇帝手上攫取这些省,对于塞尔维亚这样的小国来说,无异于火中取栗。南斯拉夫的民族自主道路到此为止了,除非奥匈帝国被摧毁。

历史上的希腊 同属巴尔干民族的希腊人第二个站出来反抗土耳其人。在18世纪末期,他们被唤起了想要独立的愿望,有一些是因为法国革命的思想，另一些则是因学者们的著作让他们感到骄傲，他们幻想复苏荣耀。1821 年，希腊爱国人士召开了国民议会，公布《独立宣言》，草拟了宪法，推选了总统。希腊人因得到了俄国、法国和英国的帮助而获得了自由。1832 年，三大强国坚持新的国家必须实行君主制，而且要选择一位德意志的亲王来当希腊的国王。

希腊人不喜欢他们的德意志国王，于 1862 年把德意志的国王赶下台，然后又选择了一位英国维多利亚女王的儿子出任他们的国王。列强出面进行干预，让一个丹麦人当上了希腊国王。希腊人获准推行一部宪法，使他们的君主体制非常民主，在那个时代，希腊算是欧洲最民主的国家了。

维尼泽洛斯和希腊 1862 年，上百万的希腊人还处于土耳其的统治下。希腊爱国人士有一个"更大的希腊"的梦想，他们把一些小王国看成是"更大希腊"的一部分。20 世纪初，机智英勇的首相维尼泽洛斯让这个梦想变成了现实，他对于希腊的贡献，就像很多年前加富尔为意大利所做的工作一样。

在 1912 年，维尼泽洛斯联合塞尔维亚和保加利亚向土耳其宣战，后来又和塞尔维亚结成联盟，发动了第二次反抗保加利亚的战争，获得了大克里特岛、小亚细亚沿岸的几个岛屿以及大陆上的一些领土，还占领了马其顿和色雷斯很大一部分领土。由于这几次战争和外交上的胜利，到 1913 年，又有 200 多万希腊人加入了王国。

罗马人的罗马尼亚 第三个摆脱土耳其统治的巴尔干民族是罗马尼亚人。罗马尼亚人自称是早期定居在多瑙河北岸地区的罗马殖民者后代。现在的罗马尼亚人可能是混血人，他们的语言跟意大利语很像。

19 世纪初期，罗马尼亚人被划分成以下几个部分：（1）摩尔达维亚和瓦拉几亚作为最重要的领土，臣服于土耳其苏丹；（2）奥地利侵吞了特兰西瓦尼亚和布科维纳，一直到 1918 年仍然是这样；（3）俄国占据着比萨拉比亚，直到 1918 年这里才被收复。

独立的愿望 在摩尔达维亚和瓦拉几亚，民族自主的愿望很大程度是受到了法国的启发。罗马尼亚贵族经常送他们的子弟去往巴黎留学。1848 年法国革命爆发的时候，罗马尼亚发生了起义，但没能取得胜利。1861年，摩尔达维亚和瓦拉几亚联合拥立亚历山大·约翰·库扎为大公。库扎宣布"罗马尼亚国家成立了"，但这个国家在1878年才获得彻底独立的认可。

罗马尼亚王国 库扎大公想让罗马尼亚成为第二个法国。他创办大学，废止封建捐税，将土地归还给农民，还引入了法国的《民法典》。但他的每一项改革都非常仓促，贵族和政客们在1866年的时候罢免了他，邀请普鲁士国王的亲属查理亲王来担任国王，查理隶属于霍亨索伦家族。查理统治了罗马尼亚50年，在他的统治下，罗马尼亚成为巴尔干国家中最强大繁荣的国家。

到1914年，罗马尼亚人口差不多有800万，但还有400多万同族人身处俄国和奥匈帝国统治下。罗马尼亚人的民族统一事业还没有完成。

保加利亚 到1850年，欧洲人还很少有人听说保加利亚人。生活在多瑙河和爱琴海之间的人称为保加利亚人，因为当地的教堂里使用的是希腊语，所以他们常被当作希腊人。但在教堂之外，他们都讲斯拉夫语。19世纪后期，保加利亚人开始创办学校，教授斯拉夫语言。后来，他们脱离希腊正教教会创办了独立的保加利亚正教教会，逐渐期望独立。

争取朋友 不久之后，保加利亚人获得了整个欧洲人民的同情。1874年，他们反抗土耳其人。土耳其人为了报复，残忍地杀害了上万的保加利亚人民。这次残杀，成了俄国在1877年攻打土耳其的借口之一。作为巴尔干诸民族的"老大哥"，俄国逼迫土耳其准许保加利亚在一位基督徒王公的统治下享受自治权利。但因英国和奥匈帝国的干涉，这个计划被否定了。1878年，保加利亚被分成了三部分：第一部分掌控在土耳其的统治下，第二部分成了基督徒省长统治下的一个土耳其省份，第三部分是一个近乎独立的公国，但依然要向苏丹进贡。

获取自由 保加利亚公国通过了一部民主宪法，并且等待撕毁1878年条约的时机。1885年，土耳其省的保加利亚人民把省长赶下了台，并且和公国合并。1908年，土耳其爆发了青年土耳其党革命，保加利亚大公宣布不再向苏丹进贡，并使用保加利亚独立王国的君主称号。

1912—1913年的巴尔干战争 新国王希望把另外三分之一的保加利亚

人从土耳其的统治下解放出来，于是在1912年加入巴尔干战争中，跟希腊和塞尔维亚结成同盟，最终战胜了土耳其人。这些同盟国因如何瓜分征服的领地产生了争议，保加利亚在1913年仓促地发动了第二次战争，这次战争的对象是昔日同盟塞尔维亚和希腊，但这两个国家又同土耳其和罗马尼亚联合起来。保加利亚毫无还手之力，把北部的一小块领土（多布罗加的一部分）给了罗马尼亚；把1912年获得的一部分南部领土送给了土耳其；剩余的大部分领土被塞尔维亚和希腊占领。在1912—1913年这两场巴尔干战争中，保加利亚实际上只得到了1万平方英里土地。

保加利亚人为此感到绝望，因为塞尔维亚人和希腊人夺走了保加利亚民族在马其顿居住的一些省份。

三、奥匈帝国内的民族主义

奥匈帝国和土耳其一样，是一个囊括了多民族的帝国。但跟土耳其不一样的是，至少在1467—1914年这段时间，奥匈帝国有能力阻止民族自主运动。

1867年妥协 匈牙利人（马扎尔人）表现出非常坚毅的民族自主精神。在1848—1849年间，他们曾尝试成立一个独立的共和国。奥匈帝国的武装力量摧毁了这个计划，但没能彻底消灭匈牙利人对自由的热衷。1866年，狡猾的政客德亚克撺掇奥匈帝国同普鲁士开战，匈牙利人并没有叛变。为了报答他们的忠诚，作为皇帝的弗朗西斯·约瑟夫签署了著名的1867年妥协协议。按照这个协议，匈牙利属于一个单独王国，有自己的宪法、国会和内阁，对本国事务享有完整的治理权。但匈牙利的国王只能是奥地利皇帝本人。

二元君主国 1867年，奥地利帝国成为奥匈"二元君主帝国"；统治者变成了共同的皇帝。有一些事务，比如对外关系、战争和一些财赋事务，都由匈牙利和奥地利共同的部长们来处理。这些共同部长要对同一个议会负责。在议会中，奥地利人使用的是德语，匈牙利人使用的是自己的马扎尔语。这样的安排让匈牙利人觉得自己备受尊重。

1867年妥协整体上进行得很顺利,但并不能让所有人都满意,1918年第一次世界大战结束后,那一部分不满的匈牙利人发起起义,宣布彻底独立。

匈牙利的欺压 在匈牙利人自豪于自己珍视的权利时,一些附属于他们的民族却被他们无情压制。匈牙利的东部地区大约有300万罗马尼亚人居住在特兰西瓦尼亚。他们和匈牙利人一样,为自己的语言和风俗感到骄傲。在西南地区,有大约300万南斯拉夫人生活在多瑙河和亚得里亚海之间,他们也期望民族自主。大约有200万捷克斯洛伐克人居住在匈牙利平原的北部边沿,民族自治愿望日益强烈。

骄傲的匈牙利人把这些民族当作附属种族来对待。在公立学校和法庭上,只允许使用匈牙利语。事实上,捷克斯洛伐克和罗马尼亚人都被排挤在选举和政府部门以外。谈论独立的人,都会被抓进监狱。有人恳请给从属民族宽厚的待遇,身份显赫的匈牙利人却说:"不,用剑来解决我们之间的问题吧。"

刀剑确实在1914年爆发的第一次世界大战中替他们做出了决断。

另外的一半 奥地利帝国,也就是二元君主国的另一半,情况比匈牙利好得多。在奥地利大约有1000万的德意志人,占人口总数的35%,但他们却在政府里占据上风。中央政府由皇帝、内阁部长们和议会进行管理。19世纪60年代,这个政府建立之初,是一个自由的政府形态。随着时间流逝,产生了更加民主的倾向。

1907年奥地利制定了一项法律,法律规定全部的成年男性公民享有选举国会下议院议员的权利。法律还规定选民必须使用自己的投票权。虽然进行了一系列改革,但奥地利依然会和它的从属民族产生矛盾与争执:

(1)最麻烦的是居住在波西米亚省和摩拉维亚省的捷克斯洛伐克人。他们经常提醒政府波西米亚在被奥地利统治以前,曾经是一个独立的王国。经常提醒的结果就是发生剧烈争执。

(2)加利西尼亚是18世纪时奥地利占领的波兰地区,约500万波兰人居住在这里。波兰人不太惹麻烦,他们可以在学校中使用波兰语,还可以管理自己的地方政府。但是他们一直希望有朝一日再次获得民族的自由和统一。

（3）在加利西尼亚的波兰省东边，大约居住着350万乌克兰人，也叫罗塞尼亚人，跟俄国南部的乌克兰说一种语言。这些人憎恨波兰人掌控的加利西尼亚政府。维也纳的奥地利政府利用这种怨恨使得加利西尼亚继续分裂和衰弱。

（4）一些意大利民族也被奥地利统治着。主要包括威尼斯北部的塔兰托，重要的海港的里雅斯特，地处的里雅斯特和阜姆之间的伊斯特拉半岛，这些领土使意大利爱国人士夙夜难寐。但这片土地上的一些南斯拉夫人和其他民族跟意大利人混居，意大利的领土主张不那么强烈。

奥匈帝国的对外政策　弗朗西斯·约瑟夫和他的大臣们想扩张他们帝国的版图，为此建立了一支庞大的军队。1878年，他们派遣一支军队去往巴尔干半岛，夺取了波斯尼亚和黑塞哥维那。同年，奥匈帝国和一些强国进攻土耳其和俄国。从此之后，奥匈帝国统治了波斯尼亚和黑塞哥维那，尽管理论上它们还是土耳其帝国的一部分，但掌控权已经在奥匈帝国手上。

这一大胆举措让奥匈帝国迫切需要强大的同盟国。1879年，它同德国结成了同盟。1882年，奥匈帝国、德国和意大利结合成了著名的三国同盟。

武力和恐惧　奥匈帝国为了等待时机，蠢蠢欲动很多年。1908年，青年土耳其党爆发革命之时，奥匈帝国马上并吞了波斯尼亚和黑塞哥维那。被吞并的200万人中一大半是南斯拉夫人，他们并不想被奥匈帝国统治。奥匈帝国的这次吞并，使国内的南斯拉夫人总数达到了700万。

同时，奥地利南部的塞尔维亚，大约有300万的南斯拉夫人，他们惧怕和憎恨强大的奥匈帝国，盼望有一天所有的南斯拉夫人都可以获得解放。

塞尔维亚的扩大　至此，我们终于明白，为什么塞尔维亚人被奥匈帝国当成扎进体内的一根刺。1912—1913年间，塞尔维亚从土耳其手中得到了额外的领土，奥地利人和匈牙利人同样寝食难安，因为这根刺有点儿棘手了。奥匈帝国秘密地向意大利提出意见，要给野心勃勃正在增加力量的塞尔维亚一次打击。

南斯拉夫问题成了第一次世界大战爆发和奥匈帝国倒台的原因之一。

四、俄国的民族主义与专制体制

当 19 世纪西欧的民主和自由不断朝前发展的时候,东方的强大国家俄国,却没能跟上脚步。沙皇的目的不是让人民获得主权,而是开拓疆域。在 18 世纪到 19 世纪期间,俄国进行了至少 33 场战争,而大多数都是扩张战。

彼得大帝在波罗的海和黑海上打开了梦想的窗口,但沙皇的野心却没有得到满足。1848—1914 年,除了很多小规模的战役外,还打了三场大战。其中两场是跟土耳其有关:1854—1856 年克里米亚战争;1877—1878 年俄国土耳其战争。

"病夫" 1853 年,沙皇尼古拉一世向英国建议其从土耳其手中抢夺埃及和克里特,把塞尔维亚、保加利亚和罗马尼亚从土耳其统治下解放出来,纳入俄国的保护之下。俄国还想染指君士坦丁堡。俄国沙皇说,土耳其帝国就是一个病入膏肓的"病夫",快速瓜分掉这个病夫的财产才是明智的。但英国人却有着不同的想法。

克里米亚战争 沙皇向苏丹提出了强硬的条件,被苏丹拒绝。沙皇尼古拉派遣了一支部队挑起了克里米亚战争。战争的结果令沙皇出乎意料。法国和大不列颠因忌妒俄国,出手帮助土耳其。撒丁王国为博取同情,也和英法联合。俄国因为缺少铁路运输,供给补充很难。1856 年,沙皇被迫在巴黎签署了屈辱的条约。遵照条约,他不仅没有得到任何领土,还失去了比萨拉比亚。

坦尼森的诗歌《轻骑旅的冲锋》,让人们熟知了克里米亚战争。美国诗人贝阿德·泰勒在《营中之歌》里也赞颂了一位天使。这场战争中有一位名叫弗洛伦丝·南丁格尔的护士,她因为这场战争名满天下。

俄土战争 1877 年,土耳其残杀了上万的保加利亚人,沙皇亚历山大二世作为巴尔干基督教教徒的保护者向土耳其宣战。很快,俄国人获得了胜利，他们几乎打到君士坦丁堡的城门口，命令土耳其按照俄国开出的条件签订和约。英国和奥匈帝国出面进行干预，坚持通过所有列强国家列席的会议来修改这个和约。1878年列强在柏林召开了国际会议，草拟了新和约。俄国获得了亚美尼亚和比萨拉比亚的一部分。

1878年以后，俄国同土耳其虽然和平相处，但沙皇依然紧盯着君士坦丁堡。他依然装出一副巴尔干诸国特别是南斯拉夫保卫者的模样，其实想让它们脱离土耳其的统治，臣服在自己的统治之下。

1914年，沙皇觉得心愿即将实现。这次他跟在南斯拉夫人后面窃喜不已。那垂涎已久的博斯普鲁斯海峡上著名都市的圆顶与尖塔，好像触手可及。

俄国在亚洲　整个19世纪里，在抢夺君士坦丁堡时，沙俄殖民者们不断涌入西伯利亚，俄国部队也在亚洲进行着新的征服。1907年，俄国将波斯北部划归自己的势力范围中，同时大胆掠夺了中国西部和北部边境几块土地。20世纪初，俄国还把手臂伸向了中国东北和朝鲜。但除了寒冷和距离拖住了沙俄的脚步外，更大的阻碍来自日本。日本也对中国东北和朝鲜虎视眈眈。

日俄战争　1904—1905年的日俄战争，是俄国沙皇参与的第三次大型掠夺战役。

1904年2月，日本对俄国宣战，俄国人乐不可支，仿佛看到一条小秋田犬狂妄地对着大熊狂叫。可这头睡梦中的大熊大吃一惊。俄国三番五次吃败仗，蒙受了巨大的损失。一支绕过好望角的俄国大舰队在驶入远东的时候全军覆没。

寒冷和距离或许是这头大熊的障碍，最让人恼火的是俄国无能的军事制度。

为了制止冲突，美国总统罗斯福邀请俄国和日本进行和谈。在新罕布什尔州的朴茨茅斯，两国的代表举行了会晤。1905年9月5日，双方签订了和约。这个和约对傲慢的俄国来说无疑是当头一棒，夺取朝鲜的全部希望破灭，还把中国东北的南部交给了日本。

"俄罗斯化"　俄罗斯帝国是一个拼凑出的庞大帝国，军事专制是将各地拼接在一起的铁线。这里的人民并没有"宽容"这个概念。所有人都要被"俄罗斯化"。沙皇将俄罗斯语言、俄罗斯教会和俄罗斯法律强加给所有臣民。除俄罗斯民族外,其他任何民族主义都不敢出头。

在残暴的俄罗斯化过程里,波兰人、乌克兰人、立陶宛人、芬兰人、爱沙尼亚人等,都遭遇了沉重和残暴的抑制。居住在俄国的 500 万犹太人,遭遇更加可悲。由于种族导致的语言、宗教、穿着不同,犹太人经常被"集体迫害",反犹太人的动乱和土耳其残杀基督教徒同样恶劣、可憎。

虚无主义 俄罗斯化的野蛮行径,激起了人们对沙皇制度的强烈不满和愤恨。专制压迫在俄国人中间引发了对抗,虚无主义在沙俄盛行。虚无主义是对每种事务都保留怀疑态度的极端自由主义,对任何权威都不接受。虚无主义发展成了无政府主义,无政府主义主张采取暴力手段,用炸弹取代书籍去推翻政府。1881 年,沙皇亚历山大二世死在了无政府主义人士的炸弹下。

革命 长时间的不满和痛苦压抑,酝酿了一场革命。1905 年,日本战胜了俄国军队,引发一场反抗沙皇的起义。沙皇十分恐惧,许下了美丽的诺言。各阶层人民满怀希望地选出了议会(杜马),但是结果却令人失望。在某些方面甚至比之前的形势更加糟糕。俄国的沙皇专制制度一直保留到 1917 年。

五、俄国的饥饿

导致革命和一些极端事件的主要原因之一就是俄国的粮食危机。人们不仅想要面包,还想要土地,想要自由,渴望以"人"的身份真正地享受生活。

农奴制度 1861 年,俄国半数以上的人都是遭受蹂躏的农奴。他们住在阴暗、脏乱和寒冷的茅草屋里。他们没有文化,没钱也没有精力去读书,果腹的食物也只有一点点。农奴没有土地,只能租种贵族的小块土地,每周被迫给贵族们无偿劳动三四天。

农奴没有身体自由,没有经过领主的准许,不能离开领地;如果领地被卖掉，他们会同领地一起被卖掉。贵族们可以抽打他们，甚至可以把他们送到西伯利亚受罚。农奴没有办法获得赔偿，法律禁止农奴埋怨自己的主人。

解放　　大约在美国解放黑奴的同时，沙皇亚历山大二世于1861年签订了解放农奴的法案。这种做法让我们觉得惊讶，但并不是统治者善心大发。一位俄国的政治家说过："自上而下解放农奴，要比农奴自己通过反抗来解放自己要好很多。"

解放的缺点　　虽然贵族解放了农奴，并且放弃了农奴耕种的那一点点土地，但是也获得了补偿。而农奴依然没有自己的土地。以前农奴居住的各个村庄的共有地，属于村庄的集体财产。农奴都没有权利拥有自己的土地，被准许耕种的小块土地也还不到谋生所需的一半。各个村庄还必须平摊政府补偿贵族的钱。

尝试更好的东西　　俄国农民获得了个人自由，不再是别人的财产。1861年，亚历山大二世宣布改革法庭，让所有人得到公正平等的审判，至少是理论上的平等。除了反叛政府罪以外，法庭都采取英式的陪审制度。农民也获得了一些投票选举地方官的权利。

种种改革让俄国人尝到了甜头，他们还期盼着更多的改革。1881年，沙皇亚历山大三世登基，他觉得人民享有太多自由，便改革了选举法，把权力向贵族倾斜，减少了平民的选举权。农民盼望的土地和自由变成了镜花水月。

俄国工业的发展　　19世纪末到20世纪初，俄国专制体制和贵族政治面临的风险增大，城市中不满的工人阶级力量壮大了——俄国正进行工业革命，为数众多的工人很容易组织和联合起来。

俄国的社会主义　　19世纪80年代到90年代，工人的处境艰难——工时很长，工资很低。不久他们接受了马克思的弟子们传授的社会主义理论。1898年，俄国社会民主党组建后，很快在大城市中发展起来。把俄国变成民主共和国是该党派人士的目标，他们想让工厂、铁路、矿山、银行和土地等变成全体人民的集体财产。一些社会主义人士愿意温和地进行改革，但也有一些人想通过革命改变一切。

俄国的资产阶级 俄国的下层阶级渴望财富和权力,中层阶级则主张自由主义政府和自由贸易立法。很多"知识分子"和演讲家都在宣传激进的学说。

废纸空文 1905年革命,沙皇的承诺很动人,但专制体制依然存在,沙皇大部分诺言成了一纸空文。手无寸铁的工人们在沙皇的皇宫前聚集请愿时遭到屠杀。这促使了革命的爆发。

海牙会议 海牙会议是沙皇尼古拉二世的功劳。1898年,他主张世界列强召开会议,促进国际和平。这次会议于1899年5月在荷兰的海牙召开。其时正值1898年美国西班牙战争刚刚结束。可能沙皇早已预见到战争影响有多么糟糕。

第38章 东方与西方

在19世纪初期,欧亚文明之间的融合还很缓慢,罗伯特·克莱武、沃伦·黑斯廷斯等人所在的英国东印度公司掌控了大部分印度地区,西伯利亚被俄国侵占,大批的俄国殖民者进入了那片荒芜之地,但欧洲未探究过的地方仍然有很多,比如中国、日本、朝鲜等。中国闭关锁国,不允许外国人进入。日本也打算对欧洲的"野蛮人"及美洲的"洋鬼子"关上大门。

一、欧洲在亚洲的门口

"野蛮人"终究还是会踏进去的。在1839年,英国敲响了中国的大门,逼迫中国开放部分口岸。广州的一位中国官员想阻止英国商人从印度偷运鸦片进入中国。中国理所应当禁售这种毒品,因为吸食鸦片的恶习危害很大。但英国商人为了赚钱,不想放弃这条捷径。中国官员的态度激怒了他们,英国商人转而寻求政府的帮助,英国政府急切地想要打通中国市场,于是对中国宣战。从1840年开始到1842年,中国输掉了战争,被迫将香港岛割让给英国,并且将五个口岸对英国实行开放,允许他们在口岸和香港自由居住、经商。英国利用他们强大的火器震慑了中国,轻而易举地进入中国市场,获利颇丰。

第二次鸦片战争 即便在五口通商和鸦片战争之后,中国仍然很排外。中国人不允许外国人前往通商口岸以外的地方。第二次鸦片战争迫使中国的国门敞开得更大。1856—1860年间,英法两国发动了对中国的第二次鸦片战争。欧洲的这些"野蛮人"又一次胜利了。中国被迫又开放了六个口岸,并且准许对方进行鸦片贸易,还承诺对基督教的传教士进行保护。经过这两场战争,中国的大门被迫向英法两国的传教士和商人打开。

二、日本的革命

日本在19世纪初期和中国一样排外。当时的日本仅与荷兰人进行通商,而且仅允许他们一年派一只船入境。传教士和旅行者都不允许进入日本。日本人自负地认为不需要学习外来的东西。日本士兵们用长弯剑训练时,他们挥动起来的样子看起来比所有外国人更加勇猛、自如与巧妙;日本的画家和陶器制作者觉得自己在艺术上是无法超越的;日本的神道教更自认为拥有比其他国家更优秀的文化。

佩里在日本 美国带头让日本从这种自以为是的停滞状态中清醒过来。美国船只在北太平洋巡游捕鲸时有时被迫驶入港口,或是在日本沿海出现意外进行修理或获取给养时,日本人给予美国海员的待遇非常恶劣。因此,海军准将M.C.佩里在1853年带领四艘美国战舰闯入日本,要求日本政府提高美国海员们的待遇。佩里出现在日本沿海时,日本政府非常震惊。他们在古老的神社中祈祷,请神给予这些胆大包天的外国人灭顶之灾。可没想到古老的神祇对他们的祈祷竟充耳不闻。次年,佩里返回日本要求给予答复,这次他带了更多的战舰以及一尊大炮。日本终于答应签署了一份对美国的船只开放两个口岸的条约。之后的几年,汤森·哈里斯,又一位美国人，劝服日本开放了长崎与横滨两个口岸让美国人自由居住与贸易往来。其他的殖民国家纷纷赶来，不久之后也拥有了同等的权利。

封建主的恐惧 日本人，特别是封建贵族，仍然把外国人看成野蛮人。他们认为应把野蛮人赶出日本国土。1863年有两个贵族攻击了外国人。这时，欧美的战舰对那些贵族进行了报复，轰炸了日本的城镇，日本那些高傲的军人才发觉到他们已经完全受制于野蛮人强大的炮火。

日本人认识到，需要学习的东西还有很多，然后就开始踏上漫长的求学之路。

伶俐的学生 日本人变成了好学的学生，急切地掌握欧洲人传授的知识，从1860年开始，他们很快便按照欧洲的样子把自己的政府进行了重组，起草了自己的法律以及组建了新式军队，效仿欧洲修筑了铁路。很快日本人便能将自己的制成品出口到别的国家，并在主要的工商业国中得到了认可地位。同时，日本除了保留了一些古老的风俗习惯、宗教信仰及服装样式，其他很多方面很快就被欧化了。

旧的日本政府 到1867年，日本仍然是一个封建国家，有着与欧洲中期相似的制度。嚣张的封建贵族、威猛的武士和贫困低贱的农奴随处可见。只有最高领袖与欧洲是不同的，相传其为日本神话中一女神的后裔，半人半神，因此被称作天皇。几百年间，天皇使得贵族的手中拥有各级地方政府权力，并准许像幕府将军这样的主要贵族管理全国政府。

新的日本政府 1853年以后，幕府将军在与欧洲人和美国人的谈判中表现出胆小懦弱的迹象，引得一些日本爱国人士催促其下台。迫于压力，将军于1867年归大政于天皇，自此天皇开始管理日本的政府。当时的明治天皇（名叫睦仁）正值青春，恰是一位精力旺盛的年轻人，为使日本尽快现代化，他创建了国会，并郑重宣誓要联合所有阶层的人民废除遗留下来的不文明习俗，要走到全世界去学习、引进新的知识。

诺言践行了 与其他的统治者不同，明治天皇履行了他的承诺。在改革过程中，他的做法得到了很多优秀顾问的支持和帮助。后来的几年中，他实行的改革迅速而又彻底。日本引进了一部以法国和德国的模式为基础的法典，学校增加了英语课，欧洲的历法也被纳入日本，推行的宗教信仰自由制度极大地鼓舞了外国人的热情。天皇还派出了考察团去探索西方制度。其中的部分官员更喜欢欧洲的长外套和漆皮鞋,急切地采用欧洲生活方式。

废除封建体制 1871年废除封建体制是日本所有改革中最有意义的一项措施。首先,这意味着封建贵族手中的权力从地方政府转移到了天皇官员的手中。其次,它意味着农奴制彻底结束,对于底层的人民来说意义重大。最后,它为军事改革奠定了基础。1873年,日本效仿普鲁士的征兵制度,组建了一支由现代化枪炮武装起来的军队,取代了每人手中两把利剑的专业武士们。

宪法 1889年日本制定的国家宪法是另一项重大的改革举措。这是一部成文的日本基本法,尽管它的政府仍建立在非民主基础上。此时,日本的内阁不用对国会负责,且穷人没有选举权。

三、中国的觉醒

日本学习欧洲文化活动如火如荼时,中国依然蔑视西方文明,故步自封。这使得中国在很多方面都蒙受了巨大损失。1894—1895年在一场同日本的交锋中,中国节节战败,日本侵占了中国的台湾岛,由于受到俄国、德国以及法国的一致强烈反对,它没能侵占中国的辽东半岛。俄国、德国和法国都害怕日本夺取辽东半岛后变得更加强大,所以进行了干涉。

瓜分中国的计划 紧接着,欧洲"老大哥们"也不客气地对中国动手了:俄国、德国和法国各自占领了一个中国沿海口岸,并把它当作自己的海军基地,英国也没例外。它们都觉得这是合乎情理的举动,并希望将魔爪伸得更远。在中国的领土上,它们拥有了各自的势力范围。直到1898年,欧洲列国瓜分中国的野心已是路人皆知。换句话说,中国的怯弱与富有诱使它们对中国伸出了魔爪。

"门户开放"政策 美国表面上声称自己是中国的朋友,所以站出来为中国说话。美国人到处宣扬实施"门户开放"政策的优势,这意味着中国将以相同的条件对欧洲乃至整个世界的公民开放,外国人可以在中国随意进行贸易与投资。这项政策得到了英国的支持,其余国家也随声附和。然而,九死一生的中国挺住了，没有被列强瓜分。这让那些贪婪的列强很失望。

光绪的失败　这时的中国应该团结振奋起来，并向近邻日本学习。欧洲先进的制度也许会让中国重生，并强大起来。起码当时在位的光绪皇帝是这样想的。彼得大帝能为俄国做到，明治天皇能为日本做到，他一定也可以为中国做到。因此，他试图对中国进行改革，下令创建大学来学习西方的知识，推广铁路修筑，并且将欧洲的很多书籍翻译成中国文字。他还下令重新组建部队。

即便这样，还有很多中国人痛恨外国事物。他们害怕失败，其中就有掌握朝局的光绪的姨妈——"慈禧太后"，她是一位意志坚定的女人，同时也是保守派。很快，光绪被保守派监禁起来。慈禧太后颁布了诏令，废除光绪皇帝，由她亲自管理政府，并公开宣布反抗列强的决心。

1900 年义和团运动　中国人对欧洲列强侵略的反抗行动，声势很快就浩大起来。一个秘密组织"义和团"应运而生，它的目标就是驱逐外国人。之所以称为"义和团"，是因为这个组织是靠义和拳、民间秘密结社和练拳习武的组织发展而来的。义和团残杀了传教士和在中国的皈依者，拆毁了铁路，焚烧外国人的住宅。后来义和团包围了外国人的住宅和各国的公使使馆。但是，义和团也遭受了惨痛的教训，日、俄、英、美等八国联军前往北京施救侨民，最终战胜了义和团。八国联军随后劫掠城市、抢砸皇宫，迫使中国做出尊重在华外国人权利的承诺。此外，还要缴纳几亿两白银的战争赔款。美国政府后来主动提出美国收到的某些赔款可用于抵销美国各高校的中国留学生的费用。其余列国纷纷效仿这一"慷慨"的行为。

日俄战争　中国受到的第二个惨痛教训来自日本。1904—1905 年间，日本同俄国爆发战争，起因是朝鲜与中国东北势力范围的归属问题。这场战争对整个亚洲有着重要的影响：（1）这场战争让日本占据优势，随后，日本开始侵占中国大陆领土。（2）战胜的日本同样巩固了与英国的同盟关系。（3）这场战争对中国来说是痛苦的记忆。这场战争是在中国领土上进行的，中国付出了惨痛的代价，而日本与俄国排除了中国自行处理其在中国东北诸省的权利。另外，俄国被日本打败，足以证明欧洲民主制度的优越性。

1905—1911 年中国的改革　日俄战争后，中国政府积极努力地弥补失去的时间。文官候选人员一定要学习欧洲的历史、科学、地理、经济、国际法及其语言。数万名学生被送到日本、欧洲及美国留学。政府修筑铁路,重组军队,还制订了创建一支庞大海军的计划。

1911年革命 可是很多的中国人希望中国的步子再快再大一些。他们想要一个进步的共和国而不是开明的君主专制国家。1911年,爆发了一场共和革命。基督教教徒、医生孙中山被推选为临时总统。不久袁世凯取代了孙中山,并成为独裁者。他卒于1916年,刚成立没有多久的中华民国被内战弄得分崩离析,衰弱不堪。

相对于日本而言,中国的进步十分缓慢,这也许是由于中国的人口数量太大,据估算当时中国总人口有3亿或4亿。

四、英国国旗下的印度

印度的国土面积要比美国的一半稍微大一些,人口却是美国的3倍之多,从立国之初印度人就跟随着英国人学到了一部分欧洲的文明。英国在18世纪战胜了主要对手法国;英国的东印度公司除了获得商业上的利益,还获得了印度大部分区域的政治掌控权,印度的土著皇帝只是一个傀儡。19世纪中叶以前,印度的大部分土地,都直接或者间接归属于东印度公司管辖。如此看来,东印度公司成了一个比英国还要大很多倍的帝国。这个公司的后盾正是英国政府。

士兵企业 1857年,被东印度公司雇用的印度土著士兵发动了起义。起义的火种逐渐蔓延开来,英国在印度的统治岌岌可危。一番苦战后,英国最终占据了上风。为杜绝发生类似的事情,英国屠杀了几万名的反叛者,土著皇帝也被流放。

这给了印度一个巨大的教训和威慑,让印度人知道,反叛是危险的行为。

印度在英国的统治下 士兵起义的后果之一,就是英国政府决定把印度从东印度公司手里收回来。1858年以后,伦敦委员会将派遣一位英国总督来统治印度的大部分地区。其余地区的土王们若服从英国的掌控,就可以保住性命和王位。为给当地人留下深刻的印象，英国女王维多利亚在1877年启用了"印度女皇"称号。

印度的进步　在英国的统治之下，印度人民学习欧洲文明，有了非常大的进步。他们修建公路和铁路，建造灌溉工程，成立棉花和黄麻工厂。不同人种、不同宗教的民族同时接受教育，并且和平地生活在一起。他们还起草了法律，里面运用了英国有关公平的理论。虽然英国统治印度的本意是为了促进英国的商业发展，但依然在印度创建了几所大学和很多的中小学校。

自治运动　印度的上层阶级学会了一些违抗英国人意志的事情。在欧美学习的青年人，想为印度争取英国人和英语民族重视的自由、自治的权利。他们回国以后创办报纸，还创建了争取自由的会社。

这些自治的倡导者，就是所谓的印度"民族主义认识"，越来越坚决地主张印度自治。英国对他们的请求做出了一些让步，准许当地人推选出咨询委员会的委员。但这个委员会除供总督咨询以外，没有其他任何权力。在其他很多省份，也设立了这样的咨询委员立，其中有一些委员由当地人推选产生，剩余的委员会由英国军官进行指派。

英国的反对　到1914年，印度的上层阶级民族爱国主义和自治的主张更加进步，超过了英国人的心理底线。英国人为了商业利益必须继续管控印度。英国人说印度没有做好自治的准备，说印度人口太多，种族、宗教和各种不同的语言和习俗割裂着印度大地，没有办法实行自治。英国人还说，如果英国放任印度不管，印度会再度陷入无政府的混乱状态里。

民族主义的渴望　印度民族主义人士则宣称，他们不但可以自治，而且会比英国人治理得更好。虽然有的人承认，印度人自己建立政府可能不比英国人帮他们统治效果更好。但是不管如何，他们要争取自治的权利，这也是印度学习欧洲文明的后果。年迈的印度正在成为过去，年轻的印度正在急不可耐地辞退它的"老师"——英国。

五、亚洲的其他部分

法国在印度支那　在印度和中国之间，横跨着广阔的印度支那半岛。它属于热带地区,当地的居民把印度和中国的文明相结合。19世纪后半叶,法国天主教传教士被印度支那当地的一位国王给斩杀了,这为拿破仑三世出征提供了借口。法国的属地不断扩张,直到攫取了印度支那半岛的东半部。法国人在那里引入了法国的法律,建立少数法国学校,其实,法国并不是为了把本地人欧化,而是关心如何在印度销售自己制造出来的食品。

暹罗的进步 独立的暹罗王国,地处法属的印度支那和英属的缅甸之间,位于印度支那半岛中部地区。边境一部分地区虽被英国占领,但暹罗依然是独立的。在国王的统治下,暹罗聘任了欧美顾问,900万橄榄肤色的人民快速地进步,创建了邮局和电报业务,派遣年轻人到外国留学,在本国也新建了学校。暹罗和印度或者是法属印度支那的教育程度不低,按照人口比例计算,读书写字的人更多,儿童入学率更高。

俄国的西伯利亚 在亚洲的北边,情况完全不同。亚洲大陆上唯一被欧洲人殖民的地方就是西伯利亚。在16世纪和17世纪时,俄国的探险家和征服者们占据了这块广阔的区域,19世纪到20世纪,上百万的俄国殖民者来到这里,其中很多是俄国被流放的罪犯。西伯利亚800万总人口中,俄国人占据了大半,和土著部落的人口比例大约是4∶1。大部分的殖民者居住在西伯利亚南部,那里的土地更加肥沃。北部地区的土地大面积荒芜贫瘠,不适合人居住。1891—1905年,俄国政府修建了横穿西伯利亚的大铁路,促进了这片辽阔殖民地的发展。

俄国的扩张被遏止 俄国原本想把中国东北和朝鲜并入西伯利亚,但计划被日本彻底打乱了。英国也阻挡了俄国自西伯利亚向南部的印度和波斯湾的扩张。俄国逐渐挤入中亚、里海和中国之间,英国为了印度的安全夙夜难寐,最后公开宣布,中国西藏和阿富汗作为斗争缓冲区,俄国不能吞并它们。

近代波斯 英国和俄国的野心在伊斯兰王国波斯身上发生了巨大的分歧。波斯古时候辉煌无比,而现在却衰落不堪。英国人担心俄国人掌控了波斯,那与印度的距离就更近了。1907年英国和俄国签署协议,波斯北部地区属于俄国势力范围,波斯东南部地区属于英国,中部地区当作中立或者缓冲地带。

这个协议阻止了英国俄国之间爆发战争，是一件好事。但对波斯人来说是一场灾难。波斯也有一个改革政党，与很多亚洲国家一样，希望采取欧洲的制度，又不能牺牲波斯的独立。这些改革者劝说波斯王颁布宪法，成立国会，并且聘请欧美顾问。但是俄国沙皇希望波斯就这么一直衰落下去，想方设法地阻止波斯改革，甚至还挑起内战——沙皇需要一个理由派遣俄军进驻波斯。结果，波斯依然处在混乱和落后里，北面诸省被俄国掌控，南部被英国控制，而中间大部分地带落在了土匪的手里。作为英国和俄国掠夺的对象，波斯现在的处境比被其中任何一个国家吞并更坏。

亚洲土耳其和巴格达铁路　土耳其帝国在亚洲的部分包括了叙利亚、小亚细亚、美索不达米亚等。

19世纪末，土耳其人管理的这片地区，糟糕程度达到了骇人听闻的地步。除叙利亚和亚美尼亚的基督教教会修建了很短的几条铁路之外，欧洲文明在这里不为人所知。20世纪初期，一家德国公司从土耳其获得了修建穿越小亚细亚和美索不达米亚的铁路的特权，以便将君士坦丁堡、巴格达和波斯湾连接起来。德国人希望用这样的方式建立一条德国到波斯和印度的市场销售道路。而且，一旦与英国开战，这条铁路也将发挥很大的作用。德国人还希望通过灌溉得到美索不达米亚生产的大量粮食和谷物。他们认为丰富的油田和矿山开发可为德国资本家带来丰厚的利益。

反对巴格达铁路　德国的敌人们强烈地反对巴格达铁路计划，但是德国人依然坚持修建这条铁路。俄国人不希望德国掌控土耳其。英国担心这条铁路会威胁自己对印度以及波斯附近油井的控制。实际上，巴格达铁路修建计划所引发的各国仇恨，也是导致1914年第一次世界大战爆发的间接原因之一。

第39章 非洲的征服

非洲的版图看起来特别像由不同大小的补丁组成的样式奇怪的百衲被。这些"补丁"属于不同国家的领地。1880—1914年间,这些领地多半被欧洲列强吞并,成为其殖民地。在当时,7个欧洲国家先后加入了这场瓜分"黑大陆"版图的斗争中来。

到19世纪末,非洲仍被认为是"黑大陆"。这块土地几乎不为外人所知晓,大多数的地方都是还未开发的荒原。居住的人多半是黑人。很多人的头脑闭塞而黑暗,文明之光还没照到这里。

非洲北面的埃及和一些地区历史悠久,但广阔的非洲内陆却不为人知、无人征服。这块地方充斥着丛林、热病和野蛮部落。19世纪以前,只有非洲极南端的开普被荷兰殖民者侵占。

1814年,英国占领了开普殖民地。1830年,法国征服了北面的阿尔及利亚。随后非洲西部海岸建了许多小贸易点,欧洲人在这些地方购买奴隶和象牙。到1880年,土著人还掌握着非洲十分之九的土地,之后,欧洲列强蜂拥而至。

一、善因和恶果

1850—1900年,欧洲人对非洲产生了强烈兴趣,主要有四方面原因:(1)民族主义。1848—1871年,特别在德国和意大利的统"一战"争的刺激下,欧洲各国的爱国精神达到了高潮,法国、英国、德国和意大利热情的国人们,急切地想要扩大自己的属地。(2)教会。天主教教徒和新教教徒中爆发了极大的传教热情以及同情心,他们想去开展取消非洲奴隶贸易和促使土著异教徒皈依基督教的工作。(3)工业革命。工业革命的发展,使各种制成品数量大增,欧洲资本家需要开拓市场销售他们的产品。(4)探险。探险家们在科学的好奇心和刺激感的驱使下,大胆地走遍了整个非洲进行测绘,辗转于森林和吃人族间经历各种冒险。

利文斯通与斯坦利 大卫·利文斯通是一名善良的苏格兰医生,也是最伟大的非洲探险家之一。1841年,他以一名医生和传教士的身份来到了黑大陆,并于1873年长眠非洲。他曾在1869—1871年间音信全无,《纽约先驱报》的记者亨利·M.斯坦利辗转多地,终于找到了他。这是一个漫长但很值得一读的故事,我们就不再详细讲述了。记者亨利·M.斯坦利接过利文斯通的探险工作,继续进行冒险。

斯坦利找到利文斯通后,曾返回欧洲跟那些棉布制造商们说,如果将色彩艳丽的衣服卖给非洲的裸体野人,会得到丰厚的利润。

欧洲在非洲 因为上述种种原因,1880年开始,欧洲列强和各团体争先恐后地去往非洲,掠夺据点和领土。比利时国王利奥波德凭借斯坦利的帮忙,得到一个非常大的非洲王国——刚果自由邦。法国占领了非洲北岸的突尼斯,并在刚果河流域北部竖起标杆,表示这里归法国所有。在红海海岸,意大利吞并了一些土地。埃及被英军所占领。俾斯麦治下的德国占领了4块殖民地。这些只不过是一场领土掠夺盛宴的开端。

获得领土的方法 在非洲很容易就能创建一个帝国。几瓶酒、几杆枪,甚至几件艳俗的小饰品,就可以贿赂非洲酋长签署他们看不懂的条约,将酋长们管辖的土地列入欧洲列强的"保护"之下。有时甚至连转让仪式都不需要。通常,坐在巴黎或者是伦敦的三两个欧洲外交官,在桌子上的地图上画几条线,就把几万平方英里的土地吞并了。

二、帝国的创立者塞西尔·罗德斯

英国在非洲如此活跃,也是意料中的事情,塞西尔·罗德斯就是推动殖民活动的主要人物。

开普到开罗计划 1814 年,英国从荷兰手里夺得了开普殖民地,1882 年控制了埃及,尽管还没获得完全彻底的统治权。有远见的人见微知著,可以从南部的开普一直看到 4000 英里以外的北部开罗。罗德斯就有这样的眼光。

梦想的日子 在这样的时代中,人们脑海里都构想着伟大的计划。1869 年,苏伊士运河使得旧世界东西两方的船只畅行无阻;新世界里,铁路连接了大西洋和太平洋。几年之后,俄国又修建了横穿西伯利亚 5000 英里的铁路。德国皇帝也在计划修建小亚细亚到波斯湾的铁路。

罗德斯很有眼光,英国人也拥有足够的财力和人力,但开普到开罗的铁路计划遭遇到了阻碍,被长期搁置。

葡萄牙的阻碍 葡萄牙是最先跳出来制造麻烦的国家。葡萄牙人对开普殖民地以北,由非洲东岸延伸到西岸的广阔领地提出了掌控权要求。罗德斯修建到埃及的铁路计划受到阻碍,于是成立了一个公司,占据了罗得西亚,也就是今天的津巴布韦。葡萄牙只剩下两边的海岸,缺少了连接两地的内地领土。

德国的阻碍 第二个阻碍来自德属东非。德意志帝国的统治者们想要把这块属地扩张到包括乌干达、利奥波德国王的刚果王国同印度洋之间的全部地方。

罗德斯马上意识到这会成为罗得西亚和埃及之间的一道栅栏,便马上催促英国政府采取行动。他这次努力只成功了一半。按照 1890 年签署的协议，德国主动放弃了乌干达，英国准许德属东非向内陆扩张到刚果邦。这就切断了开普到罗马的道路。英国努力冲破德属刚果邦的阻碍，想从利奥波德国王手中获得一条狭窄的地带，德国发出强烈抗议，阻挠了这次交易。德国对开普到开罗计划的阻碍，直到1914年第一次世界大战爆发才得以消除。

法国的阻碍　法国希望成立属于法国的北非大帝国，这成了第三个阻碍。法国人从北部的突尼斯和阿尔及利亚，还有西海岸的各据点向内陆延伸，没过多久便掌控了撒哈拉和苏丹。苏丹是撒哈拉南部最为肥沃富饶的地区。若得到阿比西尼亚和尼罗河上游，法国的版图就能从西面佛得角直达东面的亚丁湾，横跨东西部海岸。可法国东西帝国和英国南北帝国不可能同时存在，必然有一方需要让路。

在苏丹问题上的争执　争议焦点在于苏丹的东部，包括尼罗河南部的地带。这片地区叫埃属苏丹，因为它之前属于埃及所有。两个帝国的计划在这个地方发生了冲突。1880年土著人起义，使埃及丧失了这片领土。英国作为统治埃及的殖民者，理所当然地把埃属苏丹划分到自己的势力范围里。法国则主张埃属苏丹应属于第一个占领它的国家。

法绍达事件　法国派遣出了几支远征军前去占领埃属苏丹。1898年，其中一支成功到达了埃属苏丹境内、尼罗河边上的法绍达镇，升起了法国的国旗。英国的一名将军马上率领更多的英国军队赶往法绍达，在附近的一个堡垒上升起了英国和埃及的国旗，还命令法国人撤退。一时间，英国和法国几乎进入了战争状态。但经过激烈争论后，法国撤走了远征军，把埃属苏丹让给了英国，让出了横穿非洲帝国的梦想。

布尔人的阻碍　英国人发现了另一项阻碍。在南非的开普和罗得西亚之间，荷兰殖民者布尔人曾创建了两个小的共和国。布尔人的意思是"农民"。布尔人从前居住在开普殖民地，为躲避英国殖民者的统治远走他方。

很多年来，德兰士瓦和奥兰治自由邦这两个布尔共和国一直处于独立的状态。当德兰士瓦发现了世界上最丰富的金矿以后，情况就变得不同了，英国的掠夺者们蜂拥而至，甚至超过了荷兰农民的人数。英国政府派遣军队来到这里，主张布尔政府必须给新来的英国人投票权。布尔人马上意识到这意味着他们失去了独立,如果英国矿工占了选民的大半,通过投票就能轻易夺取布尔人的权利。

1899—1902 年布尔战争 布尔人不愿屈服于英国人,拿起了手中的武器展开反抗。像罗马人一样,布尔人既是农民,也是战士。两年多的时间里,两个小共和国坚持同英帝国进行抗争。但由于力量差距悬殊,布尔人被对方击溃,最终依照英国开出的条件签署了条约,两个共和国被侵占吞并,变成了殖民地。但是英国很快给了他们设立代表会议的权利,也基本算是重获自治权。

过了没几年,战败的布尔领导者采用巧妙的政治行动,得到了南非政府的统治权。布尔人在军事上的失败也造就了政治上的成功。最终,这些颇具影响力的布尔人倒向了英帝国。因为得到布尔人的帮助,1919 年,英国实现了开普到开罗的计划。

三、英法协定

英国和法国长期以来就是对手,甚至可以说是敌人。1898 年法绍达事件,双方几乎兵戎相见。最终法国政府做出让步,为两国的友谊铺平了道路,1904 年,英国和法国达成了协定。

1904 年协定 按照 1904 年协定,英国和法国公开宣称它们不会在非洲挑起任何事端。法国秘密支持英国继续对埃及进行控制,甚至建议英国如果要掌控埃及的话,应该尽快展开行动。作为答谢,英国秘密承认了法国对摩洛哥的控制权。摩洛哥位于非洲西北角,正对面是直布罗陀,是一个独立的半野蛮国家。英国和法国约定,在实施这些殖民计划的过程中,互相给予对方外交上的帮助和支持。

1905 年摩洛哥的第一次危机 法国马上开始实施 1904 年协定。依仗英国的拥护,法国开始对摩洛哥事务进行干预,对摩洛哥的苏丹处理内政外交事务指手画脚。但对摩洛哥有意的德国因被英法晾在一边而感到愤怒。德国皇帝威廉二世于 1905 年访问了摩洛哥,公开表示认可摩洛哥独立国家的地位。

因为德国的鼓励,摩洛哥苏丹拒绝听从法国的"指教",主张列强们召开一个有关摩洛哥事务的会议。法国人清楚,拒绝这个主张,就意味着跟德国产生分歧。法国还没对这种分歧做好充足准备,它的盟国俄国刚刚在战争中被日本打败了。法国只好答应通过国际会议来处理和解决摩洛哥的问题。1906年,这场会议在西班牙的阿尔赫西拉斯召开。

阿尔赫西拉斯会议 会议决定:摩洛哥的武装警察部队由法国和西班牙的军官共同训练,诸强承认摩洛哥是一个独立主权的国家。会议的决定使法国掌控摩洛哥的计划破产了。

1911年阿加迪尔事件 1911年,摩洛哥爆发了第二次危机,法国终于等到一个可以撕毁阿尔赫西拉斯条约的机会。那时,恰巧部分土著部落背叛苏丹,法国声称在摩洛哥的外国人都有危险,派遣了军队进驻摩洛哥。德国出面进行干预,往摩洛哥海岸的阿加迪尔港口派遣了炮舰"豹"号,表面看起来是为了保护德国公民,真实目的是威慑法国:绝不容许忽视德国。德法之间的战争看起来一触即发。这时候,英国公开表明支持法国,而且俄国也成为法国可靠的帮手。

经过长时间扯皮,最终各方达成了协议。德国认同摩洛哥受法国保护的事实。作为撕毁阿尔赫西拉斯条约的补偿,法国将法属刚果约10万平方英里的领土割让给德国。

意大利、法国和英国的交易 意大利算是德国的同盟国,但是它又是法国和英国的亲密伙伴。1881年,法国占领了距离西西里非常近的突尼斯,意大利对此非常愤怒。但到了20世纪初,意大利秘密承诺不再反对英国和法国征服北非。条件是法国和英国支持意大利从土耳其人手里夺取突尼斯和埃及之间的黎波里和昔兰尼加两个大省。1911年,意大利最终占领了这些地方。

四、近代帝国主义意味着什么

文明开化的国家,想统治弱势和"落后"的民族(例如非洲的黑人和印度的各民族),这样的渴望和政策就是帝国主义。在亚洲和非洲的历史中,帝国主义是第一次世界大战前1个世纪,特别是最后几十年历史的主要构成部分。

帝国主义传染病 不论国土大小,欧洲几乎所有国家都染上了帝国主义的狂热症。英国和俄国本来就已经是地域辽阔的帝国——英国囊括了世界陆地面积的四分之一,俄国占据了大约七分之一。法国在非洲和印度支那创建了新的殖民帝国,面积比18世纪送给英国的领土还要大。德国取得了非洲100万平方英里的土地、太平洋上的好几个岛屿还有中国的一些势力范围,还想采用"和平渗透"的方式把整个土耳其帝国也掌控在手里。意大利、葡萄牙、比利时和西班牙都在非洲获得大量的土地和钱财。荷兰在东印度也建立了一个富饶帝国。

日本学习了欧洲的帝国主义后也开始发力,吞并了朝鲜和中国的台湾,而且还把势力范围扩大到了"满洲",开始产生亚历山大那样的野心,渴望征服新世界。到1914年,非洲、亚洲和东印度大部分落后的民族,基本已被帝国主义侵吞。少数幸免于难的,也处于正在被帝国主义征服的境地。

拉丁美洲的例外 若非因为美国,拉丁美洲肯定也会遭受跟亚洲和非洲同样的命运。南美和中美那些怯懦的年轻共和国,拥有着丰富的天然资源,还经常爆发革命,本会成为帝国主义列强相互争夺的绝佳目标。但有美国作为后盾,英国也多少出过一份力,旧世界的列强们不敢将势力范围延伸到拉丁美洲,门罗主义对整个世界都是一次警告。结果,拉丁美洲各共和国都享受了很大程度的自由,可按自己的方式进步;其中几个共和国,特别是阿根廷、巴西和智利,得到了很大的发展。

美国的帝国主义 可是,美国政府也滑向了帝国主义怀抱。1846—1848年与墨西哥的战争中,美国吞并了包括现在的加利福尼亚、内达华、亚利桑那、犹他和新墨西哥诸州在内的领地。1867年,美国又从俄国手上购买了阿拉斯加。1898年,菲律宾群岛、波多黎各和古巴的所有权从西班牙转向美国。菲律宾和波多黎各被吞并,古巴变成了美国的附庸国。

1898—1899年,美国获得了萨摩亚群岛的一部分,以及夏威夷。1903

年,美国租用了巴拿马运河区。从那时候开始,美国控制了尼加拉瓜、海地和多米尼亚共和国,当然这些地方只是被美国控制,而不是被吞并。此外美国还把维尔京群岛从丹麦人手里购买过来。实际上,整个加勒比海域周边地区,都在美国控制的势力范围内。

近代帝国主义的原因 所有强国推行帝国主义政策的原因大都雷同,差不多都是下边的原因:

(1)爱国人士都渴望让自己的国家可以拥有更多的领土。

(2)商人们渴望能够在殖民地倾销制成品、获取廉价原料,还想在自己国家的保护下,对殖民地的矿山等资源进行投资。经济动机是帝国主义最强烈的根源。

(3)列强认为占领其他国家的土地是国防需要。日本出于自己的国家安全考虑,想吞并朝鲜。

(4)传教士希望给落后的种族带来开化的思想。这种动机常被认为是自私、贪婪的借口。比利时的利奥波德国王就说要把基督教文明的幸福带给中非还没有开化的黑人,但他带去的却是当地财富被洗劫的痛苦。

近代帝国主义 这个时期战争频发的主要原因就是帝国主义。1898年,美国和西班牙的战争,1899—1902年英国和布尔人的战争,1904—1905年日本和俄国的战争,1911—1912年意大利和土耳其的战争,都是这个时间段载入史册的大战,小规模的冲突至少还有几十场。另外,必须指出的是:1914—1918年第一次世界大战爆发的主要原因之一也是帝国主义。

第五部分

考验中的近代文明

食鹽正策
×
開元占經中的華

第40章 国际无政府状态

近代史是一部书写各大洲显著进步与发展的历史。例如,在1914年之前的125年中,欧洲与美洲人民无论是在机器制造水平、民主化进程以及探索、掌控其他大洲等方面,都取得了卓越的成就。

然而,未能在国际关系处理中用公理手段取代强权,是近代史最大的悲哀。争端依然不断,杀戮随处可见。科学与技术的发展,使得毁灭性武器面世,令人谈之色变。文明的进步并没有消弭战争,反而将人类推向大规模战争的深渊。工业进步使得海陆军配置的火炮更加巨大,以往组织松散的雇佣兵不见了,取而代之的是民主体制下由公民组建成的强大军队。仅仅在1790—1913年间,欧洲大陆就有大约450万人在战争中罹难。

一、为什么近代国家要打仗

近代国家之间战乱频繁,有很多种影响因

素，罪魁祸首是国际无政府状态。

国际无政府状态 无政府状态指的是一个国家犹如一盘散沙，没有法律约束。国家中没有政府，没有警察，人人都有无上的自由，可以肆意妄为，然而每个人又不得不用枪来保护自己，无政府状态使得社会陷入混乱与不安定之中。

可怕的是，如今的各国之间就处于这种状态，也就是国际无政府状态。每个国家都胆大妄为，只要对本国有利，它们就为所欲为，毫无顾忌。没有一个国际性的组织制定法律去规范各国的行为。这种情况就好像无法无天的人们全副武装，根本不理会什么法律与秩序。

（1）反对无政府状态的努力。无政府主义是可怕的，因而人们一直都尝试着反对无政府主义。在1914年世界大战以前，人们试图用和平或者立法的手段来遏制无政府主义。在中世纪，基督教教会也曾尝试阻止战争，但后来人们发现，特别是中世纪晚期，基督教教会的影响力已不足以制止战争爆发。1815年，俄国沙皇亚历山大创建了维护和平的"神圣同盟"，梅特涅出于相同的目的组成四国同盟，均以失败告终，国际无政府状态依然存在。

为了遏制国际纷争，1848年之后，列强时常召开会议来商讨对策。人们称这种国际合作的方式为"欧洲协调"。

（2）国际会议。比如说，国际会议为了解决土耳其与巴尔干各国的争端，曾在巴黎、柏林、伦敦召开了数次会议；于1884—1885年间召开的柏林会议，规范了争取非洲殖民地的一般准则；国际会议还促成了列强共同帮助清政府镇压1900年的中国的义和团起义。这些国际合作会议，虽能在一定程度上遏制某些战争爆发，但并不是万试万灵的灵丹妙药。

（3）海牙会议。1898—1899年间，俄国沙皇尼古拉二世为结束国际无政府状态而进行了一次著名的尝试行动，他邀请西方主要国家派出代表前往海牙共谋和平。这就是于1899年召开的历史上著名的海牙会议。由于遭到德国等国的反对，会议在削减海陆军军备方面收效甚微。但是，这次大会也有令人欣喜的收获：会议成立了国际仲裁法庭，有领土或其他纷争的国家可以将纷争交给法庭去裁决。海牙会议还起草了一部防止以残忍手段滥杀平民的法典,然而,这部法典所制定的法律从未得到实施,还只是纸上谈兵。

第二次海牙和平会议于 1907 年召开,但是会议实际上并未取得多少实效,也没有能阻止国际政府的无政府主义。比如说,意大利与土耳其于 1911—1912 年间爆发了战争;1912 年与 1913 年,巴尔干各国同土耳其也爆发了两场战争。

领土争端 引发战争的第二个因素就是国家间的领土争端。维也纳会议于 1814—1815 年划定的欧洲疆界线引发了巨大争议。德国、意大利与比利时等国家的人民认为自己的民族感情受到了伤害,于是奋起抗争,采取武力手段争取独立。但是,这些国家独立之后,疆域纷争依然存在。比如说,奥地利占领的一些领土被意大利所觊觎,法国对阿尔萨斯-洛林地区虎视眈眈,在巴尔干半岛以及东欧的其他地方,有许多地方依然是"火药区"。

假如民族自主权能被每个国家所认可,那么就可以让争议地区的人民进行公民投票来决定他们想归属的国家。这样,领土争端或许就不必通过战争方式来解决。但是,公民投票决定归属的现象只在 19 世纪中叶发生过几次,1871 年以后就再也不曾出现。

新重商主义 19 世纪,重商主义思想的复活,也是引发战争的因素之一。重商主义认为应该保护与促进公民在国内外进行商业活动,这也引发了关税保护现象,帝国主义思想也开始抬头。一些有影响力的奸商想要牟取暴利,推动并引发了许多战争。比如说,中国的鸦片战争就是由商业利益纠纷引发的。

这种新的重商主义则被称作"新重商主义"。

民族荣誉 "民族荣誉"理论于 19 世纪盛行于欧洲,这个观念阻碍着人类维系和平的努力。这个理论认为,所有的民族国家都必须具有绝对的主权,不应该受到任何形式的外部掌控。不管国家的立场对错与否,报纸等媒体每天都在大肆宣扬所有爱国人士的责任就是为国家的"民族荣誉"而战。极端爱国人士的格言就是:"不论对错,那都是我的国家"。

战争的"科学"辩护 有人错误地理解了达尔文的进化论学说,关于植物与动物进化的科学理论，他们把进化论运用于战争，因而教导、强化了近代国家的好战精神。政府认为战争的本质就是强大的进步国家击败弱小的落后国家的过程。这种认识当然是大谬不然的，军国主义不停地整军备战，才是战争爆发的重要原因。比如说，普鲁士一直在扩编军队，1866年同奥地利作战，又于1870年同法国作战，并取得大胜。普鲁士的成功，使得这种军事训练的体制得到推广，被奥地利、法国、日本、俄国以及意大利广泛采用。当时，所有国家都认为自己的军队主要用途是自卫，而邻国的军队则是用来入侵。由此可见，国与国之间没有信任，只有怀疑与猜忌。

海军主义 军国主义的强大，促进了"海军主义"的诞生，它们如同双生兄弟。每个强国扩编海军的行为，都会导致其他国家的恐慌。德国于1898—1914年间建立庞大的海军舰队时，英国便开始把德国当成假想敌，认为这是对英国海上霸权的一种威胁。实际上，当时世界上任意两个国家海军力量的总和，都比不上英国海军的强大。英国人实在是过于"风声鹤唳"了。

秘密外交 不同国家的公使们与大使们时常在私底下签订协议，并拒绝公开秘密协议与结盟条款内容，这就是"秘密外交"。这些私底下的协定使得战争的可能性激增，不仅国家内部的纷争会导致战争，有时不少国家还会卷入盟国之间的纷争。普通老百姓毫不知情，随时都有可能被动地扛起枪支参加战争。这是引发战争的最后一个因素。

二、秘密外交与危机

要了解秘密外交如何引发了历史上规模最大的战争，就不得不回顾一下发生于1870—1871年间的普法战争。

俾斯麦的外交 德意志帝国的宰相俾斯麦，派军于1871年从法国手中夺取了阿尔萨斯－洛林地区，这使两国成为生死大敌。由于俾斯麦治下的德国陆军异常强大，只要他还掌握着德国政局，法国发动报复性战争的可能性很小，只能自认倒霉。

三国同盟 法国如此谨小慎微的原因还有一个，它没有同盟国，而德国却有"防御同盟"撑腰。"防御同盟"是俾斯麦于1882年和奥匈帝国、意大利组成的军事联盟。这个同盟比较稳固，一直持续到第一次世界大战。随后，在俾斯麦的努力下，俄国也与德国签订了一个秘密的防御同盟条约。

法俄同盟 但是，德国与沙皇俄国之间的条约没有续签。这是因为，铁血宰相俾斯麦的职务在1890年被年轻的德皇威廉二世解除了。法国窃喜不已，于1892年抢着与俄国结成同盟。条约规定，不管是法国遭到德国的进攻，还是俄国遭到攻击，两国都必须向对方提供支援。

英法协约 法国还在不断地寻求外援。这次，它找到了在非洲殖民地问题上争夺激烈的竞争者——大英帝国。英法两国于1904年签订了协约。法国认可英国对埃及的掌控，同时英国许诺不反对法国在摩洛哥的掌控地位。英法之间的关系开始缓和，这便是"亲密协约"的开端。

英俄协约 随着时局发展，英国与俄国这对冤家之间的关系也开始慢慢解冻。尽管双方在亚洲和波斯地区经常龃龉不断，但在1907年，同样作为法国同盟国的俄国，与英国签订了一份协约。通过这份协约，英法俄结成了稳固的同盟军，它们组成的集团常常被称作"三国协约"。

日本的地位 当然，三国协约并非只有英法俄三家，日本方面也提供了额外帮助。1902年，英国和日本结成防御同盟，并在1904—1905年日俄战争后得到巩固。日本不仅与英国有了协议，与俄国、法国也有相似的协约。

意大利的地位 意大利虽然是德国领导的三国同盟成员之一，但经常与法国眉来眼去，与三个协议国也有着秘密谅解条约。这是因为意大利想征服的黎波里，法国想得到摩洛哥。即使德法战争爆发，意大利也会保持中立。

列强的均势 三国协约与三国同盟，让列强们势均力敌，处在一种微妙的"平衡感"中。然而，这种"平衡感"很脆弱。只要哪一方扩充了军队，或者试水了新战舰，另一方就会感到恐慌，惊惶不已。于是，为了不被对方所超越，双方都在竭尽全力扩充海陆军军备力量。当然，穷兵黩武带来了巨大损耗，双方逐渐开始不堪重负。

国际危机 虽然势均力敌的两个同盟使得欧洲暂时保持了一定的均衡，但这种关系最大的危机是其并不牢靠，每隔一年左右便会出现一次"危机"，甚至陷入临战的状态。1905年、1908年以及1911年，双方在摩洛哥与巴尔干半岛的对抗行为几乎引发国际战争。1912—1913年的巴尔干危机，使得欧洲一度陷入战争边缘。塞尔维亚、黑山、保加利亚与希腊一起出击，大败土耳其。一时间，欧洲战场上硝烟弥漫，多亏英国外相爱德华·格雷爵士从中斡旋，才使情况不至于继续恶化。

愤怒与"备战" 这次战争的结果令德国与奥匈帝国非常不满意，因为它们的友邦土耳其战败，丧失了很多国土，国力变得衰弱了。南斯拉夫的塞尔维亚王国领土扩张了差不多1倍，这令旁边的奥匈帝国骨鲠在喉，深感不安。1913年夏天，奥匈帝国曾主张同盟国采取一些举措来压制塞尔维亚，这个主张因为德国与意大利的拒绝而流产。这时候，欧洲表面上歌舞升平，但战争的导火线却在偷偷地燃烧，危机随时会到来。欧洲大陆的列强们表面相安无事，背地里都在不断地扩充自己的军事力量。

三、第一次世界大战爆发前的国际关系

大公遇刺 1914年6月28日，奥匈帝国大公弗兰茨·斐迪南与他的妻子驾车穿越萨拉热窝的街道时，几颗子弹迎面袭来，大公当场丧命。萨拉热窝是奥匈帝国波斯尼亚省的一个城镇，被刺的大公是奥地利皇帝弗朗西斯·约瑟夫的侄子，也是最有可能继承王位的王室成员，凶手是一位鲁莽的南斯拉夫青年。消息传开后，奥地利群情激愤，认为南斯拉夫的塞尔维亚王国是背后的教唆者，强烈要求对塞尔维亚进行"以牙还牙"的报复。

然而真相却不是这样的，这位刺客虽然会说南斯拉夫语，也有南斯拉夫民族情感，却是不折不扣的波斯尼亚人。而且，没有确凿的证据显示刺杀和塞尔维亚有关联，因而奥地利政府无法在明面上迫使塞尔维亚政府承认谋杀罪。奥地利政府派出的特务虽没有找到直接证据，却查找到些许蛛

丝马迹。他发现一些塞尔维亚官员曾经暗中为反奥地利的阴谋者提供武器。这场阴谋发生在塞尔维亚的首府贝尔格莱德,如果没有得到塞尔维亚政府的暗中准许,这简直是不可能的。

贝希托尔德的最后通牒 作为奥匈帝国的外交大臣,贝希托尔德伯爵认为,奥地利绝对有理由因萨拉热窝暴行对塞尔维亚采取制裁行动。如果奥地利境内的南斯拉夫人继续被煽动的话,奥地利很有可能面临被瓦解的威胁。他认为必须立即采取行动。1914年7月23日,贝希托尔德怒斥塞尔维亚政府,称正是由于他们的不作为,才让仇视奥地利的行为愈演愈烈。他对塞尔维亚发出了最后通牒。

最后通牒的主要内容是:取缔所有塞尔维亚境内反奥的刊物与社团;辞掉全部塞尔维亚学校中有反奥倾向的教师;绝对禁止反奥的教学书籍流通;允许奥地利人协助查处那些反奥行为。

奥匈帝国给塞尔维亚政府最后通牒的期限是两天,要求塞尔维亚政府必须在限期内给出回应。

战争爆发 事实上,这份最后通牒苛刻得不近人情,这是贝希托尔德伯爵有意为之的。他的目的是让塞尔维亚拒绝他所提出的某些要求,这样就可以名正言顺地对其采取行动。不出预料,塞尔维亚果然拒绝了奥匈帝国的某些要求,但提议将这几点呈交国际联盟组织仲裁。

俄国与英国也认为应该再多给塞尔维亚一些时间考虑,可贝希托尔德伯爵一意孤行。1914年7月28日,奥匈帝国正式向塞尔维亚宣战。

俄国拥护塞尔维亚 因为俄国在1908—1909年危机中曾许下保护盟国的诺言,所以沙皇一边警告奥匈帝国不许进攻这个小斯拉夫国家,一方面开始动员自己的部队。

德国拥护奥匈帝国 俄国的军事动作让奥匈帝国和德国都感到了威胁,它们生怕俄国借机在德国与奥匈帝国的边界处采取行动。德国的军事指挥官表示对此不能容忍。如果让俄国攻入那个位置,德国的前景堪忧。于是德国警告俄国必须立即停止军事动员行动,但俄国置若罔闻。1914年8月1日,德国对俄国宣战。

法国参战 由于法国和俄国是军事同盟国,德俄战争爆发后,德国询问法国的态度，法国宣称自己将不会采取中立立场。德国看法国有帮助俄国的意思，于 1914 年 8 月 3 日对法国宣战。

比利时的卷入　此时的比利时却受了池鱼之殃。根据德国将军们的作战计划，必须在拖沓的俄国军队参战前打垮法国。所以他们打算派一支军队快速通过比利时与卢森堡，给法国致命一击。

但是，要实施这计划，挡在德国和法国之间的比利时就成了德国人必须面对的难题。普鲁士曾在一份合约中保证，只要比利时在战争中保持中立，就不能进攻它。若德国想入侵法国，这份合约就成了障碍。当时的德国首相虽然不想违约，却又不敢得罪那些手握军权的将军。8 月 4 日，德国军队开始进攻比利时。

英国的卷入　按理说，作为协约国核心国家之一的英国早该行动起来了，但是，战局发展到现在，英国的态度却不甚明朗。英国政府曾经秘密向法国承诺，如果德国海军进攻法国海岸，英国军舰就会加以阻拦。因此，英国虽迟迟未动，但早晚都会加入战局，因为它无法坐视友邦法国与俄国被德国击败。当德国军队进攻中立国家比利时的时候，英国也正式加入战局。

随着战事向前发展，日本也开始表态支持英国，黑山也宣称成为塞尔维亚的同盟国。

左右为难的意大利　这时候，还有一个国家的态度令人疑惑。表面上意大利是德国的同盟国，但它却是此时欧洲唯一一个还维持中立态度的强国。虽身为同盟国的一员，但它与协约国的成员——法国有合作协议。它不得不表明自己的立场：这场战争是德国和奥匈帝国引发的，意大利不想介入一场盟友挑起的侵略性战争。

原因与责任　导致"一战"爆发的秘密外交协议内容一开始秘而不宣，所以没有人知道哪些国家应对"一战"爆发负责。协约国指责德国挑起战事，特别提到德国皇帝是罪魁祸首；德国人与奥地利人却指责俄国与英国引发了战乱。各国人民依例都愿意相信自己的政府是无辜的，而敌国才是挑起战争的刽子手。

后来随着一些秘密文件的公开，许多真相浮出水面。事实证明，奥地利获得德国的允许后才有步骤、有计划地向塞尔维亚宣战。至于德国的本意是不是要引发一场世界规模的大战,众说纷纭。有些历史学家认为德国有罪,有些人认为俄国与法国难辞其咎,还有人说战争双方都有责任。

想要揭开战争的真相似乎是很困难的,大概很多年后也无法做到这点。无论是德奥同盟还是协约国方面,从未在战争开始时就公开所有真相。但回顾一下1914年7月之前的历史,我们就可以把战争的原因归纳为几点:(1)国际关系处于一种不受约束的无政府状态;(2)各国之间的领土争端;(3)新重商主义的盛行;(4)"民族荣誉"的错误见解;(5)进化论中战争意味着"适者生存"的错误看法; (6)军国主义盛行;(7)海军主义诞生;(8)秘密外交与秘密联盟大行其道。

以上种种原因都把世界推向战争边缘,大战一触即发。萨拉热窝的刺杀事件与奥匈帝国的最后通牒如同压垮骆驼的最后一根稻草,将世界推向战争的深渊。

第41章　第一次世界大战

第一次世界大战中,许多国家被卷入其间,上百万民众被杀,无数妇孺儿童颠沛流离,财产损失价值上亿,诸国负担了前所未有的战争债务。从1914—1918年间,"一战"涉及面之广,令人咂舌。限于篇幅,本书无法综述。在战争中,一些旧政府被推翻,新政府成立,最终,参战诸国签订了公约与协议,战争告一段落。但是,要想达成世界和平的目标,还要面对很多难题。

一、德国在陆地的胜利

"一战"爆发时,德国的陆军训练有素,装备精良,素有"世界第一陆军"之称。所以,对于获得战争的最后胜利,德国信心十足。

另外,德军还有着丰富的作战经验。在1866年与1870—1871年这几次大战中,德国积累了许多"速战速决"的战争经验。同时,德国拥有雄厚的财力和资源,人民的爱国热情高涨,纷纷入伍参战。

德国的计划 俄国虽然也拥有强大的军队和丰富的资源,但其国内铁路系统落后,集结兵力的速度十分缓慢,因而不得不推迟在德国的东部边界采取军事行动。德国的如意算盘是,在俄国军队参战之前,把主力部队部署到西方战线上,先给法国以挫伤性的打击,再与奥匈帝国前后夹击,共同进攻俄国。德军在"一战"初期发动的多次战争,似乎正是按照这样的战略进行的。

德国在西方的胜利 1914年8月初,德军长驱直入,穿越卢森堡与比利时,突袭法国。一切似乎都很顺利,但在占领卢森堡这个小小公国之后,德军遇到了麻烦,他们遭到比利时军队的顽强阻击。虽然最终占领了比利时,但德军的进攻步伐被迫放慢,这使得法国得到了调整和防御的喘息机会,英国也得到了整顿军备和派兵援助法国的时间。德国人自然大光其火。

德国把比利时当作一个被征服的行省,派了一名将军作为总督常驻在布鲁塞尔。德国人放火烧了很多比利时的公共建筑,鲁汶大学无比珍贵的图书馆也化为灰烬。他们还向比利时人征收军费。比利时军队的残余部队加入了英法联军,继续顽强地与德国进行战斗。

德国人的铁血战法将战火一直蔓延到巴黎近郊。里尔、色当与兰斯等法国城市以及成百上千个市镇村庄,一同陷落在德军的铁蹄下。

马恩河之败 9月初,法军固守马恩河一带,东面的防线跨过凡尔登,以此遏制住了德军的攻势。随后,德军遭遇小挫而撤退,巴黎得以保全。双方开始挖战壕、建工事,进行对峙,中间就是那条600英里长,蜿蜒于孚日山脉与北海之间的"无人地带"。

德国在东方的胜利 这时候,姗姗来迟的俄国已开始在东部战线向德国与奥匈帝国发起进攻。面对俄国的攻势,奥匈帝国显得有点儿弱不禁风,这也可能是它还不得不面临和塞尔维亚激战的缘故。然而,俄国军队的许多士兵都是文盲,没有经过严格、专业的作战训练,装备也不够精良。更重要的是,沙皇俄国政府独裁不得民心,官员们腐朽无能,在9月底的坦能堡战役中，德国仅凭一己之力就在东部战线击败了俄国。

俄国的崩溃 1915年春，俄国已经停止了东线的攻势。夏季，兴登堡将军率领一支装备精良的德军，一举征服了俄属波兰全境。1917年春，俄国国内爆发了一场革命，沙皇的统治被推翻，建立了共和国。1918年春，处于严重混乱中的俄国居然单独向德、奥投降，乞求和谈，这让德奥联军信心大振。虽然西线德国人进攻凡尔登的计划失败了，但至少保住了西线的阵地。

土耳其与意大利 土耳其于1914年秋也加入了中欧列强的博弈当中。1915年春，意大利加入了协约国。在试图夺得君士坦丁堡的战役中，协约国损失惨重。在高山地带攻击奥地利的过程中，意大利军队死伤数以万计。

保加利亚与罗马尼亚 1915年秋，保加利亚宣布支持奥、德与土耳其，派军队进攻塞尔维亚、黑山以及阿尔巴尼亚。

1916年8月，罗马尼亚成为协约国成员，并入侵奥匈帝国，但随后被中欧列强的联军击败。希腊在战争中保持中立。虽然希腊国王与德国皇帝的妹妹成婚，但是希腊人大多同情协约国。

新战术的出现 这场世界大战耗时耗费都相当惊人，而且其与历史上其他战争有很大的差别。

以往的战争与"一战"相比有点儿小儿科了。以往参战的士兵人数不过几千，而现在的规模达到了上百万人。欧洲国家几乎是全民武装，全民参战，成千上万的士兵分散在各个战场上的壕沟里。战线十分漫长，西线长达600英里，东线长达900英里。以往的战争中，也有过使用壕沟与隧道的先例，比如在1864—1865年间在弗吉尼亚州的彼得斯堡发生的美国内战中，就有几次使用壕沟与隧道的记载。但在一战中，这些防御工事被广泛应用，而且更深更长。彼此对峙的战壕间还有装着倒刺的铁丝网，如果要跨过对方的战壕，必须首先跨越这些危险的障碍。

炮兵 在第一次世界大战中，以往在战场上不可一世的骑兵没能展现辉煌。相反，炮兵们大出风头。整条战线上都放置着大炮，用来清除"无人地带"的阻碍、毁坏敌人的阵地、掩护步兵的冲锋等。战场上，机关枪也大量使用。最初，德国的大炮火力占据了优势，后期还出现了一些射程达 60 英里之外或是更远的巨炮，所幸的是，法国和英国挺过了炮火的攻击。

除了用大炮发射炮弹之外，战争武器还出现了手投、飞机投放、安放在海里的种种炸弹。协约国不但仿效德国使用了致命的毒气，还制造出了铁坦克。这是坦克第一次出现在战场上，它们有爬山跨沟、喷射烟火与发射子弹的功能。后来飞机开始投入战场，极大地增强了作战能力。

飞机　第一次世界大战中，飞机的出现是一大里程碑。上百架飞机在空中盘旋、追击，在拍摄和侦察敌情方面，它们功不可没。飞机还可以向敌方的某些战略要点投放炸弹。

汽油发动机　汽油发动机的出现，大大改变了战场上的局面。当笨重的坦克安装上汽油发动机时，犹如给它们插上翅膀，使它们能以极快的速度去冲倒树木、柱子以及栅栏。当然，在摩托车、卡车以及高速飞行的飞机身上，都能发现汽油发动机的身影。

二、英国在海上的胜利

海军舰队一直都是英国主要的战斗力，其威力巨大无比。无论是人数还是火力，英国海军都双倍于德国。

英国的海军　（1）英国海军的强大威慑力，迫使德国的军舰与其余船只大部分时间都龟缩在德国的海港内。这样德国就不能将军队运送到海峡彼岸的英国本土。英国没有了后顾之忧，就不会面临如比利时、法国以及波兰那种被入侵的恐慌感。

（2）英国海军占有海上优势，能够对法国进行援助。法国的军火和粮食也是通过英国船只供给的。英国从多条海上线路集结人力抵达法国，和法国以及比利时军队共同作战。其中英国海军运送的兵员、物资不仅来自不列颠群岛，还包括其他各地——加拿大、澳大利亚、新西兰、南非、印度等。

（3）英国军舰与法国以及俄国的舰队紧密配合，切断了德国大部分的对外贸易，重创了德国几乎所有的远洋商业。没有了海上贸易的支撑，德国就无法向海外抛售自己的产品，也无法购买自己所需的商品。

（4）就算在"一战"当中，英国人依然不改其一贯掠夺的本性，四处攻取敌人的殖民地，就像他们在拿破仑战争与更早期战争中的所作所为一样。1914年，在日本、澳大利亚与新西兰的帮助下，英国占领了德国在太平洋上的所有岛屿；同年，在法国殖民地军队的帮助下，英国人征服了非洲的多哥；1914年，自南非开拔的英军镇压了布尔人的暴动；1915年，英军横扫了德属西南非洲；1916年，英国人又征服了喀麦隆。受其影响，1914年，日本窃取了德国在中国胶州湾的商港。

三、海上的损失与悲剧

英国在海上的损失　1915年，土耳其加入中欧列强的争斗行列中后，迅速控制了达达尼尔海峡的堡垒与炮台。达达尼尔海峡是从爱琴海通往马尔马拉海与君士坦丁堡的一条狭长的海峡。后来，一支英法联合舰队打算强渡达达尼尔海峡，但面对土耳其用来控制这条狭窄海峡的堡垒与炮台，联合舰队无计可施，强渡以失败告终，甚至损失了好几条船。协约国的陆军也在此败给土耳其人。尽管如此，这支英国海军还是将土耳其的大军死死拖住，这使得协约国在1915年10月攻占了希腊的萨洛尼卡港，这是一个极具战略意义的军事基地。

德国在海上的损失　英国的海上势力不断扩张，对中欧列强与土耳其产生的威胁处于持续增加中。德国军舰曾奋起直追，寻找与英国舰队作战的机会，多数时候还是落于下风。1914年11月1日，在智利海岸外科罗内尔角附近，德国的远东舰队打败了一支英国舰队。喜悦之情还未散尽，该舰队便被另一支更庞大的英国舰队全歼在马尔维纳斯群岛（福克兰群岛）海面。1916年春，在日德兰战役中，德国的战斗舰队重创英国舰队，但自己也受到严重损伤，被迫退回本国领海。德国的巡洋舰偶尔偷偷摸摸地驶过北海，炮轰英国的临海城镇。但必须打完就跑，否则必定会损失几艘舰艇。

潜艇 在潜艇技术上，德国与英国海军的实力旗鼓相当。潜艇简称为U型船，是一种小型船舶。它可以在水下潜行很远的距离，还可以携带威力极大的鱼雷，在水中瞄准敌人舰艇的两舷发射。可即便是用潜艇交战，德国海军的赢面依然不大。

囚笼方案 德国人对自己的潜艇抱有非常大的信心，大批量进行生产。他们不但用潜艇攻打敌军战舰，还用它去击沉敌国的商船。逐渐地，德军将作战范围扩展到不列颠群岛的周围，甚至还驶入了地中海。德国凭借潜艇的优势，想阻断与英国有关的一切海上贸易往来，企图使英国陷入物资危机。

潜艇的打击目标是所有进出大不列颠的商船，除了英国的本土船只，有些中立国家的船只也会遭遇不幸。因为本国大量船只被德国人击毁，所以这些中立国申请加入协约国，一起对德国的暴行进行报复。因而，潜艇的威胁不单单针对英国，德国也深受其害。

卢西塔尼亚号的悲剧 1915年5月，英国的一艘巨轮卢西塔尼亚号在爱尔兰外海被德国潜艇击沉，死亡人数高达1200人，其中包括100多名美国人。突如其来的噩耗引起了美国政府和民众对德国的强烈憎恶。虽然德美两国进行了长达1年多的外交照会，但依然没有遏止潜艇所引发的严重危机。直到1916年5月，德国才承诺在没有发出明确的警告或救助旅客脱险的前提下，不会对商船发射鱼雷。

几乎在同一年，由于担心惹怒美国，德国停止了潜艇的骚扰行动。英国得到了喘息的机会，开始控制德国的商业与殖民地。

四、动荡中的世界

列强的均势 进入1917年之后，世界大战进入了拉锯战。德国在东线屡战屡胜，但在西线，它的陆军却吃了败仗。更糟糕的是，英国控制了制海权，切断了它的海上运输、贸易路线。德国只能寄希望于通过摧毁英国的海上势力来取得胜利。只有如此，德国才能像战胜塞尔维亚、罗马尼亚与俄国一样，在与意大利和法国的战争中获胜。

潜艇战的再起 为了能够夺回制海权,德军再度启用潜艇战术。1917年1月的最后一天,它违背了对美国许下的承诺,宣布自此以后,英国各岛、法国与意大利周围的一定海域内,德军一旦发现有海上的交通运输工具,将"不再进行警告通知,运用所有武器进行攻击"。从此,只要愿意,德国军舰或者潜艇可以攻击任何敌国或是中立国的船只。

美国被激怒 美国被德国的粗野声明激怒,因为这与美国历来主张的海上自由贸易权相背离。有情报称,德国还打算把墨西哥作为跳板来攻击美国本土,这消息让美国人忍无可忍。

美国参战 1917年4月,美国向德国宣战。1917年12月,美国向奥匈帝国宣战。

美国的参战彻底改变了"一战"的局势。美国可以为协约国提供上亿美金、有用的金属、充足的粮食、不计其数的船坞、庞大的舰队、巨大的人力,还有它那饱满的热忱与胜利的信念。这对协约国来说,无疑是雪中送炭。几乎在美国宣战的同时,俄国爆发了十月革命,人们团结起来打倒了沙皇,成立了共和政府。

1917—1918年间,世界上几乎所有国家都直接或是间接地卷进了战争。古巴与巴拿马跟随美国向中欧列强宣战。1917年后期,希腊、暹罗、利比里亚、中国与巴西加入了对德战争。1918年危地马拉、哥斯达黎加、尼加拉瓜、海地与洪都拉斯对德宣战。此时,世界上的25个国家团结一心,对抗以德国、奥匈帝国、保加利亚与土耳其为中心的中欧同盟。

呼吁和平 1917年8月,因为不忍看到世界的混乱和苦痛,同时看不到战争结束的苗头,教皇本笃十五世本着慈悲之心,发出了一项呼吁和平的特别号召,他请求交战国依据"正义的精神力量",而非强权,创建"公正与长久的和平",期望以此来结束这场世界历史上最可怕的冲突。

对教皇的行为,美国的威尔逊总统代表协约国表示赞同。但是他认为德国政府所持的态度强硬,此时还不是和谈的好时机,战争还会继续进行下去。

德国的乐观主义 此时的中欧列强似乎陷入了巨大的危机当中,但同盟国依然有翻盘的机会。对于战争的前景,德国人依然抱有巨大的信心。

他们觉得，1917—1918 年间出现的三个预兆，似乎预示着他们能够最终取得战争的胜利。

（1）潜艇战的进展。

从 1917 年的 1 月至 6 月间，德国潜艇击沉的敌国船只吨位已经达到 330 万吨。德国人认为，照这样发展下去，潜艇战役早晚会取得全面的胜利，英国国内会因丧失制海权而爆发饥荒，美军也只能望洋兴叹，无法来到欧洲参战。

（2）协约国内部矛盾日益激化。

战争引发了很多社会矛盾，生灵涂炭，百姓生活在水深火热之中。协约国在战争中投入了大量金钱，导致了经济倒退，许多人都祈盼和平早早到来。这种厌战情绪以及"失败主义"思想盛行，使得俄国、意大利与法国国内矛盾日益激化。1917 年 4 月，法国在安纳河以北的战役中失败，随之发生了兵变。紧接着，意大利在卡波雷托吃了败仗。在俄国，信奉布尔什维主义的和平主义人士夺取了政权，然后退出了战争。1918 年 3 月，俄国以屈辱的条件与中欧列强及土耳其达成停战协议。

（3）俄国的退出。

接受了中欧列强与土耳其开出的严苛条件后，俄国退出了战争，这给了中欧列强们以希望。中欧列强忘记了自己曾经吹嘘的"不割地、不赔款"的口号，重新集结军队，去争取"以胜利赢取的和平"。

五、中欧列强困兽犹斗

努力跟随乐观主义的脚步　1917—1918 年的整个冬季，为了对抗驻扎在法国的协约国军队，德国做了许多准备工作。作为德国统一的作战机关——总参谋部，兴登堡元帅与鲁登道夫将军领导着这个机关，极快地整合了德军的实力。在西线，他们集结了大批军队，并准备了大量的巨炮与军火。

德国孤注一掷　1918 年 3 月，在圣康坦附近的索姆河河谷，德军击退了英军，并在亚眠附近开辟了一条通道。4 月，在里尔的西侧，德军击败英军，并向前推进了大约 15 英里。5 月，德军沿着安纳河攻打法军，一直攻到马恩河上的蒂埃里堡。此地距离巴黎只有 40 英里左右的路程。

随着攻击的顺利展开，德军尝到了不少甜头，不但占领很多领土，还获得不少战利品。战线再度推进到了 1914 年马恩河战役前夕曾攻占的阵地。

然而，德国人收获的并不只有胜利，损伤也极其惨重。不管是法国人、英国人还是德国人，损失的士兵人数不可胜数。协约国进行了拼死抵抗，德国的军力和军备同样元气大损。

奥匈帝国的挫败 1918 年 6 月，为了击败盘踞在意大利东北部皮亚韦河的意大利军队，奥匈帝国发动了一次破釜沉舟的攻势。奥匈帝国试图通过多处过河的方式强攻，在某处推进了 5 英里，却被集结起来的意军反扑，遭受了非常惨痛的失败。

形势急转直下，奥匈帝国在皮亚韦河上的惨败，宣告了协约国开始占据战场上的优势。

六、协约国的胜利

即使意大利被迫退至皮亚韦河，法国再度退回马恩河，沙俄已经土崩瓦解，中欧列强也并未能取得这场战争的最终胜利。不管是意大利、法国境内的陆军，还是大英帝国的海上舰队，协约国的力量都在慢慢增强。而德国潜艇战的失败，正式为同盟国的失败敲响了丧钟。

潜艇战的失败 协约国的奋起反击，使德国潜艇在战争中的优势不再，进而遭到惨败。1917 年上半年，德国潜艇击沉的协约国船只吨位达到了 330 万吨，令德国人难以想象的是，这其实只是回光返照。之后，英美海军加强了警戒，德国潜艇就没有那么走运了。1917 年下半年，它们还击沉了 230 万吨敌舰，但 1918 年上半年的击沉数便不足 175 万吨了。德国潜艇的破坏作用正在不断降低。反之，美国与英国的造船能力却在持续稳定地提升，1918 年，新商船的下水吨数已大大地超过了被德军击沉的吨数。

此时，英国没有被德国的囚笼战术所封锁，相反还加强了对德国的封锁。英国的海运开始畅通无阻，在美国人的帮助下，将无数的人力与军火运往到法国和意大利等前线地区。英美威望日渐崛起，于是，在1917—1918年早期，一些对德国潜艇战怀恨在心的国家，相继加入了协约国组织。

快速运输 德国潜艇战遭遇惨败之后，1917—1918年，"一战"战场上还有两个有益于协约国的事件发生。第一个是训练有素的美军参战，第二个是美军以令人吃惊的速度穿越大西洋增援前线。到1918年7月底，已有100万以上训练有素的美国士兵抵达法国，准备对德国发动总攻。

随着战争的发展，各协约国均改组了战时政府，理顺了军事领导体系，这是至为关键的一步。

各协约国的战时政府 1916年12月，在各大政党头目的协力支持下，大卫·劳合·乔治担任了英国首相，为英国注入了新的力量。

1917年11月，乔治·克里孟梭担任法国总理，维托里奥·奥兰多成为意大利首相。他们都是精明能干且极具爱国热忱的政治家，他们通过一系列措施，压制了厌战情绪与"失败主义"论调。当然，不得不提到那位杰出善辩的美国总统伍德罗·威尔逊，他与奥兰多、克里孟梭、劳合·乔治进行了真诚合作。

统一的军事领导 协约国开始对军事指挥制度进行统一改革。1918年3月，法国、英国、意大利与美国一致同意把军队交托给斐迪南·福煦将军来指挥。于是，贝当元帅统领的法军、黑格元帅统领的英军、狄亚斯将军统领的意军与约翰·约瑟夫·潘兴将军统领的美军，尽数归于福煦将军麾下。

不久后，这项计划便显现出巨大的优势。

第二次马恩河战役 1918年春在西线的推进中，德军被机敏的福煦将军设计，军力严重耗损，无法取得决定性的胜利。7月，德军意图在蒂埃里堡与埃佩尔奈之间穿过马恩河，却被率领着锐气十足的美军与身经百战的英法联军的福煦将军击败。

1918年7月，协约国赢得了第二次马恩河战役的胜利。这次胜利，不但遏阻了德军的攻势，法美联军还乘势夺取了蒂埃里堡，把敌军驱赶到了安纳河北岸。

雪上加霜 对德国人来说，第二次马恩河战役的失利，要比在第一次马恩河战役中的损失更为惨重。

1914 年的战场上，德国人还占据着明显的优势：他们有着强劲火力的炮兵部队和充足的军火储备，就算失利，他们还可以凭借安纳河高地的壕沟，坚守住自己在法国与比利时的阵地。到了 1918 年，不管是兵力还是装备，协约国都占据了明显的优势。德军已到了强弩之末，没有外援，只能苟延残喘。

协约国继续胜利 协约国乘胜追击，它们无情地猛攻德军的阵地。1918 年 11 月初，大部分德军已被驱逐出法国，比利时的大多数地区也落入协约国之手。

在巴勒斯坦与美索不达米亚 在法国战场与西线，协约国都取得了决定性的胜利，但是战果远不止这些。1917 年 12 月，艾伦比将军统率一支英军由埃及推进至巴勒斯坦，与一支阿拉伯军队会合后，他们击溃了土耳其军队，还占领了耶路撒冷。1918 年，英军与阿拉伯联军北上攻占了大马士革与阿勒颇。同时，有一支英军从美索不达米亚出发，自巴格达沿着底格里斯河向上游推进。到 1918 年 10 月，土耳其失去了许多占领区，其中包括整个美索不达米亚、阿拉伯、巴勒斯坦与叙利亚等。

在马其顿 1918 年 9 月在萨洛尼卡，协约国军队得到了法军与英军还有塞尔维亚、希腊与意大利军队的支援，兵力上占有绝对优势，保加利亚军队被彻底击垮。协约国军队重新占据了塞尔维亚、阿尔巴尼亚与黑山等地。

奥匈帝国的崩溃 发觉大势已去的奥匈帝国也终于四分五裂。捷克斯洛伐克、波兰、南斯拉夫纷纷宣告本国独立。协约国军队从奥匈帝国的南方经塞尔维亚向匈牙利进攻。罗马尼亚人重新加入战争，从东方威胁奥匈帝国。奥匈帝国的军队被意大利人赶出了皮亚韦河，并遭到持续追击。1918 年 11 月，塔兰托与的里雅斯特被协约国军队占领。

中欧联盟的崩溃 同盟国的军队在战场上节节败退，士气十分消沉。将军们丧失了信心，君王们与政治家们惊慌不已，民众则大声疾呼结束战争、恢复和平。德国主导的中欧联盟已经危机四伏,岌岌可危。

保加利亚最后一个加入中欧联盟,却第一个退出。1918年9月30日,保加利亚向协约国无条件投降。1个月之后,土耳其与奥匈帝国也宣布投降。

停战 1918年11月11日,内忧外患的德国同协约国签署了停战协议。根据协议,协约国占领了位于法国一侧的莱茵河左岸的所有领土:法国不仅收回了阿尔萨斯-洛林地区,还占领了美因茨;美军驻扎在科布伦茨;科隆则被英军驻守。

德国交出了所有的军事武器装备:全部的战舰与潜艇、大批的火车头、摩托运货车与火车车厢。

中欧联盟彻底垮台。德国、奥匈帝国与保加利亚也被解除了武装,不得不臣服于协约国。

十四点原则 1918年1月,美国总统威尔逊提出著名的"十四点原则",在停战协议上签字的德国必须遵守这些原则。这些原则包括:(1)取消秘密外交;(2)给予各国海上自由;(3)清除经济阻碍;(4)缩减各国军备;(5)公平地调整一切对殖民地的主张;(6)从俄国撤兵;(7)重建比利时;(8)将阿尔萨斯-洛林地区还给法国;(9)使意大利完成国家统一;(10)奥匈帝国的诸民族享有自主权;(11)应给予巴尔干半岛诸民族自主权;(12)应给予土耳其自主权;(13)支持波兰独立;(14)建立国际联盟组织。

威尔逊的"十四点原则"几乎全部得到了协约国的一致赞成,除了"给予各国海上自由"这条有所争议。协约国附上了自己对此的理解:"德国从陆、海、空三方面对他国进行侵略,对协约国的百姓及生命财产造成巨大损失,这些损失全部应该由德国赔偿。"

七、悲剧与损失

生命的损失 在这场世界性战争中,协约国出动兵力4000万人,中欧列强出动了2000万人,总兵力数达到惊人的6000万人!这个庞大的数字令人触目惊心！其中 900 万人失去了生命，2000 多万人受伤。对人类来说，这是多么惨痛的经历！

在这场战争中，本应是家庭中最年轻、最干练、最健壮、最具生气以及最有前途的青壮年，却断送在了地狱一般的战场上。上百万的百姓，不管是妇女儿童，还是成年男子，在饥饿、病痛与暴乱中丧失了生命。世界人口增长率急剧下降。

财政上的损失 为了应对战争的巨额费用，各大交战国的债务猛增。各国不得不在国内发行战时公债，向公民筹集巨额债款。仅欧洲协约国向美国所借的款项，就达 100 亿美元之多。

长达 4 年多的战争中，欧洲的主要国家从农场、工厂、商铺中带走了上百万的人力，导致各国的债务快速增长。被带走的人力，有的成了战士，有的在军火工厂当工人。各国债台高筑的同时，财富创造力却不断下降，生活费用日益上涨，民众不堪其苦，有些国家政府甚至已面临破产。

国内百废待举，战争债务增加，对战后的各国来说，无疑是雪上加霜。参战的国家不仅要偿还战争债务和利息，还要重建受到破坏的城市设施，所以贸易水平恢复得极其缓慢，只有小部分恢复到战前水平。为了偿还债务，重启城市建设，一些政府打算发行更多的纸币来填补支出，结果使钞票几乎一文不值，物价飞涨，民不聊生。人们生活在水深火热之中。

第42章 新地图与新法律

一、巴黎和约

1919年1月,和平会议在巴黎召开。这次会议任务艰巨:世界大战的收尾工作;世界版图要重绘;以威尔逊的"十四点原则"为蓝本制定国际条约;草拟国际联盟的宪法……

32个国家 参加巴黎和会的有总统、首相、政治家、外交家、地理学家、银行家、将军等各种人物,其中"三巨头"——法国的"老虎"克里孟梭、干练的英国首相劳合·乔治、美国总统伍德罗·威尔逊几乎掌控了会议方向。与会代表共有70人,代表着曾在战争中反抗德国的32个国家。德国、俄国和一些中欧列强都没有派代表参加会议。协约国准备好了条约,然后逼着战败国全盘接受。

条约 虽然代表们手下有上百个秘书、地理学家、历史学家、金融家及各方面专家协助他们工作，条约的准备工作还是耗费了好几个月的时间。最后，战败国代表们被召集到了巴黎附近的市镇，协约国命令他们在事先拟定好的条约上签字。

1919年6月28日，在凡尔赛宫著名的镜厅，德国签订了战败条约；9月10日，在圣日耳曼，奥地利条约签订；11月27日在讷伊，保加利亚条约签订；1920年6月4日在三角厅（在凡尔赛），匈牙利条约签订；1920年8月10日在色佛尔，土耳其条约签订。1919—1920年间签署的这5个条约与同时签署的其他条约一起，统称为《巴黎和约》，即《凡尔赛和约》。

胜利者的收获 依据《凡尔赛和约》，胜利的西欧列强获得了战争赔偿，以弥补它们在战争中所遭受的人力与财力方面的惨重损失。胜利国一心想把德国降到二等国的地位，不赋予其在工商业方面和自己平等竞争的权利。同时，协约国还解除了德国的武装，剥夺了德国全部的海外殖民地，将所有的海军与大多数商船舰艇充公，强逼德国人放弃全民强制兵役制度，并停止生产军火。同时，德国必须支付几十亿美元的战败赔款，规定可用现金与实物（例如煤）来偿付。在德国偿清赔款以前，协约国军队有权继续占据莱茵河左岸地区。颇具讽刺意味的是，德国发动"一战"的目的就是想得到国际霸权，而战争的结果，却是英法等协约国获取了霸权。

英国的收获 在《凡尔赛和约》中，英国的地位是地球上第一的海上殖民强国。在亚洲，它和阿拉伯国家希贾兹与波斯建立了秘密的从属和保护关系，从土耳其手中夺走了巴勒斯坦与美索不达米亚。在非洲，它对埃及的控制地位得以巩固，还与法国一同瓜分了德国的殖民地——多哥与喀麦隆。英帝国在非洲的盟友兼小弟南非联邦得到了德属西南非洲，还帮英国获得了德属东非的大部分。在太平洋，大英帝国伙同新西兰、澳大利亚瓜分了赤道以南的德属岛屿。

法国的收获 "一战"结束后，法国重新获得了阿尔萨斯-洛林地区的控制权，霸占了萨尔河流域的丰富煤矿。在欧洲之外，它又获得了叙利亚、喀麦隆与多哥各一部分领土的所有权。"一战"中，法国建立了一支庞大的常备军，变成欧洲大陆上的军事强国之一，和比利时、波兰、捷克斯洛伐克订下了盟约。

意大利的收获　奥地利将塔兰托、的里雅斯特、伊斯的利亚半岛以及亚得里亚海的一些岛屿割让给意大利，双方于1924年订下了新条约。意大利占领了阜姆这座城市，收复了领土，完成了国家统一。另外，意大利在利比亚与索马里的非洲殖民地开始急剧扩张。

日本的收获　"一战"后，日本不但利用德国的失败，还趁火打劫地从中国的衰弱与俄国的崩溃中牟利。它不顾中国政府的强烈反对，霸占了胶州湾商埠，直到1922年才还给中国。在远东地区，日本增加了实力与威望，获得了赤道以北的德属岛屿以及德国在中国的经济租让权。

美国　"一战"主要的参战强国中，只有美国在这次世界大战中寸土未获。美国人甚至没有在《凡尔赛和约》中加上任何割占土地的要求。

伟大的希望　经历过1914—1918年可怕的世界战争后，亿万人民深受其害，日夜期盼战争灾难不再上演。

重大的结果　虽然战争为世界人民带来了巨大的伤害，但是在战争中，许多新的法律被制定，很多疆域被重新划定，很多国家的政府和社会也发生了变革。一定程度上，这场战争促进了民主主义与民族主义的进步与发展。

二、民族主义在欧洲的胜利

按照民族主义至上原则制定的《凡尔赛和约》，大部分欧洲国家重新划定了自己的疆域。德国的损失最为惨痛：非日耳曼各省都被夺走；1871年夺取的阿尔萨斯－洛林地区归还给法国；1864年从丹麦手中夺得的石勒苏益格北部又回归丹麦；普鲁士的波兰地区交到了新建立的波兰共和国手里。另外，居住着日耳曼人的但泽变成了"自由市"，因为波兰没有其他的海港，所以对其享有特殊的商业权利。

奥匈帝国的瓦解　战后，战败国奥匈帝国的领土被其疆域上的诸多民族所瓜分，国家分裂成奥地利与匈牙利两个小国。前者的居民都是日耳曼人，后者的居民都是匈牙利人（马扎尔人）。捷克斯洛伐克人组成的各省联合建立捷克斯洛伐克共和国，并宣告独立。波兰接掌了加里西亚省。罗马尼亚接管了特兰西瓦尼亚与其附近的一些地区，意大利兼并了塔兰托、的里雅斯特同其余地区。南斯拉夫人聚居的地方与塞尔维亚合并，成立了"塞尔维亚人、克罗地亚人与斯洛文尼亚人的王国"，就是新国家"南斯拉夫"。

奥斯曼土耳其帝国的瓜分 按照《凡尔赛和约》中的规定，欧洲各国按照民族界线分割了奥斯曼土耳其帝国。埃及与阿拉伯小国希贾兹，脱离土耳其的掌控，成为在英国保护之下的"独立"王国。土耳其的另一个从属国亚美尼亚虽然名义上独立了，但没能获得维护独立所需的援助，亚美尼亚的大多数地区实际上仍然处于土耳其的占领之下。希腊接管了土耳其的色雷斯。

巴勒斯坦地区另外组建了一个国家。英国为想居住在巴勒斯坦的犹太人成立了一个"民族之家"，"民族之家"接受英国的管制。曾在叙利亚当地修建了几条铁路并成立了几个基督教会的法国控制了叙利亚。英国接管了美索不达米亚，并改名为"伊拉克"。虽然由一个阿拉伯国王管理，但实际上还是受到英国的操控。

在凯末尔的带领下，土耳其开展了民族主义复兴运动，避免了进一步被瓜分的命运。

俄罗斯帝国的损失 从严格意义上来说，俄国并不算是"一战"的战败国，却失去了相当一部分欧洲领土。原本归它管辖的波兰各省与普鲁士和奥地利的波兰行省重组，建立了独立国家波兰。芬兰、爱沙尼亚、拉脱维亚与立陶宛也纷纷宣布脱俄独立。比萨拉比亚地区被割给了罗马尼亚。乌克兰（小俄罗斯）在基辅建立了一个半独立政权，但很快又跟俄国合并。在高加索，出现了几个小的民族共和国。

东欧与中欧的民族国家 随着俄国、土耳其、奥匈帝国与德国的分崩离析，东欧与中欧的版图发生了急剧变化。德国、匈牙利、土耳其和一段时间内的俄国，都成了单一民族国家。意大利舍弃了其在奥地利的利益，完成了国家统一。相同的事情发生在罗马尼亚身上，它也舍弃了在俄国与匈牙利的利益，收回了全部领土。塞尔维亚与相关地区建立起一个新的南斯拉夫。波兰收复了18世纪被俄国、普鲁士以及奥地利所占领的领土，以一个自由与独立的民族国家身份出现在欧洲。

民族自主 1919—1920年的巴黎各项条款，在很大程度上承认了1815年维也纳各条款所未认可的民族自主的权利。但民主自主原则并未完全得以实行。比如说，将但泽从德国割裂出去，阻止奥地利的日耳曼地区加入德国，将大量马扎尔人归入罗马尼亚，将部分日耳曼人归入捷克斯洛伐克等行为，都是违背民族自主原则的做法。

公民投票出现在一些存在争议的地区，当地人民想要加入哪个国家，必须由公民投票来决定。那些新建的国家，必须为犹太人与其他少数民族提供宗教宽容与平等的公民权。

三、中欧的共和革命

第一次世界大战的另一个重大意义，就是整个中欧地区创建了民主共和国制。德国失去了全部殖民地与大量的欧洲领土，却因祸得福，获得了政治上的民主。解体后的奥匈帝国，各地区也在政治上实现了民主。

德国专制政体的颠覆 德国的专制政体被推翻绝不是偶然。普鲁士与德意志的霍亨索伦王朝一直实行独裁统治，依靠的是军队的实力与忠诚。但是1918年在第二次马恩河战役中，德军遭遇了致命打击，不能守住在法国与比利时的阵地。因此，国内一些从未彻底接受过俾斯麦计划的团体——社会党、天主教党与民主党，强烈要求和谈，还要求实行民主改革，这大大动摇了德国的专制政体。

1918—1919年的德国革命 巴登的马克西米连亲王被德皇威廉二世委任为帝国的首相，由于新首相是民主党人，所以他许下了要进行民主改革的诺言，并与协约国进行停战谈判。

但是为时已晚。面对一个独裁政府，协约国拒绝谈判。德国国内的民主团体毫不怀疑，只要德皇威廉二世依然掌权，首相根本没有权力实施自由主义改革，这是一个棘手的问题。后来，德军在战场上节节失败，几个军团进行兵谏。失败与叛变的消息接踵而至，德国的专制政体陷入土崩瓦解的境地。

威廉二世逃亡 1918年11月9日，即德国与协约国签署停战协议的前两天，德国皇帝威廉二世出逃荷兰。紧接着，普鲁士皇储与霍亨索伦家族的其余成员也仓皇外逃。仅仅几天之中，巴伐利亚、符腾堡、萨克森的国王相继下台，有的被要求退位，有的直接被废掉。

俾斯麦用铁与血创建起的霍亨索伦帝国，在威廉一世时到达顶峰，此时却淹没在第一次世界大战的血拼中。

德意志共和国 由于皇帝出逃，德国的革命没有流血就胜利了。巴登的马克西米连亲王亲手将帝国首相的职务交到社会党的领导人弗里德里希·埃伯特的手中。这位新首相是工人出身，他授权政府在协约国的停战协议上签字，还进行了国民议会选举。德国年满20岁的公民都参与了投票，民主体制在德国得到了初步认可。

几乎同时，在普鲁士、巴伐利亚以及其余德意志联邦境内，都成立了临时共和政府。

德国的国民议会 1919年2月，德国的国民议会在魏玛召开，议会主要由社会党人、天主教人士与民主党人联合组成。议会宣布德国是"共和国"性质，并推选埃伯特为首届总统。在议会上，通过了一部民主宪法，《凡尔赛和约》也得以通过。

德国新宪法 1919年8月，德国新宪法生效并宣布全部德国人在法律面前都是平等的，废除了出身、阶级或是宗教上的所有特权。新共和国的联邦政府与诸邦政府以共和政体为形式，以民主主义为精神，以人民民主原则为基础。全德国公民，无论男女，都享有全国与地方的选举权。投票公平、公正、不记名。

在新共和国中，代表人民的国民议会与代表诸邦的联邦议院共同制定法律，再由内阁施行。新共和国的总统任期为7年，由人民选出。在共和国的18个联邦中，民主主义宪法得到全面贯彻，1920年11月，普鲁士完成了政治改革。

两面夹攻 德国的新政权任重道远。在国内，新政权首先必须打败敌对的政治团体，然后又面临两面夹击的困境：一方面因与协约国签订了不得民心的和约而备受指责，另一方面要担负起重建工作的重任。起初几年，新政权面临着严峻的考验：容克（普鲁士地主阶层）与一些资本家尝试恢复君主体制，共产党人还想建立一个苏维埃政府。

共和观念深入人心　德国的新共和政府走了一条中间路线，拥护它的大都是民主党人、天主教人士与温和的社会党人。夹在两个极端派系（君主主义者与共产主义者）之间的共和国负重前行，一面与君主主义者的反叛做斗争，一面与共产主义者的革命做斗争。1919年，这个温和的政府以人民的名义，担负起1849年法兰克福议会搁置的"使德意志统一与自由化"的任务。自此，俾斯麦自1866—1871年所获得的成果消失殆尽，他所憎恨的三个政党最终替他敲响了丧钟。1919—1932年这段时间，在温和的民主政府领导下，德国的政治氛围十分轻松自由。然而1931年与1932年间，一场经济危机席卷德国。由于经济危机的影响，人民对于民主政府的不满日益增长，上百万选民投靠阿道夫·希特勒与他的"纳粹"（简称国社党）党。很长时间以来，希特勒标榜反抗政府、反抗和约、反抗裁军、反抗共产党人与犹太人，迎合了民间的不满情绪，逐渐开始在德国获得巨大威望。

希特勒掌权　1933年1月，希特勒出任德国总理，他把国民议会、诸邦政府与总统的权力都抓在了手里，还无情地消灭了全部反对党。1934年兴登堡去世后，希特勒成为德国的独裁操控者，他把报纸、广播、艺术与文学出版等宣传机构，都纳入纳粹的掌控中。

奥匈帝国内的革命　在哈布斯堡王朝治下，国内各民族长期过着朝不保夕的生活。1918年10月，哈布斯堡帝国危机四伏，奥匈军队失败的消息引爆了革命的火种。捷克斯洛伐克人与波兰人建立了各自的共和国；南斯拉夫人与罗马尼亚人分别加入塞尔维亚王国与罗马尼亚王国；奥地利的日耳曼人建立了奥地利共和国；更离奇的是，马扎尔人成立了一个没有国王的匈牙利王国。

奥地利与捷克斯洛伐克共和国　1918年11月12日，日耳曼人在奥地利成立了共和国。1920年，政府仿照德国制定了奥地利民主宪法。同年，捷克斯洛伐克宪法的立法工作也尘埃落定。这部宪法借鉴了法国宪法，充分保障人民的选举权。

希腊的变化　1917年，希腊亲德的国王君士坦丁被协约国罢黜。

1920年，首相维尼泽洛斯被人民打倒，君士坦丁重登王位，协约国对此非常不满。

1922年，君士坦丁被土耳其打败，协约国没有给这位它们所厌恶的希腊国王任何帮助。然后，希腊战败的责任被国人一股脑地推到了君士坦丁身上。君主制度被废除后，希腊人尝试着成立共和国。

但出人意料的是，1935年，希腊人选择让君士坦丁的儿子乔治重登王位。

波兰共和国　1917—1918年，俄国在战场上出现大溃败。一些从俄国、普鲁士与奥地利逃回的波兰籍士兵，依然想为协约国而战，愿意接受约瑟夫·皮苏兹基将军的统领。后来，德国人占领了波兰，返回波兰的皮苏兹基被捕。虽然如此，大部分波兰士兵还是加入了协约国。1918年11月，波兰独立，并再次获得统一。皮苏兹基将军重获自由，担任总统一职。

波罗的海诸共和国　大约同一时间，芬兰、爱沙尼亚、拉脱维亚与立陶宛也纷纷脱离俄罗斯帝国，并分别成立了自己的民主共和国。

民主政治的传播　"一战"结束后，俄国、德国、奥匈帝国的专制体制都被摧毁。罗曼诺夫、霍亨索伦与哈布斯堡等王室失去了统治地位，再也没有往日的荣光。中欧国家基本都成立了共和国。

因而，东欧和中欧伟大的政治革命就是这场世界大战结束的明显标志。除了日本和一些无关紧要的国家依然坚持之外，王权神授的君主专制体制几乎灭绝。

四、西欧的民主主义

战后的英国　在本次世界大战中，英国虽取得了胜利，却也付出了惨重的代价，它背负了比过去高出10倍的巨额国债。商业衰败，工厂倒闭，赋税沉重,经济危机,这一系列因素导致 100 万至 200 万工人长期失业。商业与劳工问题使得英国的民主政体面临着严峻的考验。

第一次世界大战不仅使英国的经济遭受重创,政治方面也发生了巨大变革。战前,自由党非常强大,自由党政治家大卫·劳合·乔治自 1916 年以来一直把持着首相宝座。1922 年,英国政坛风云突变。乔治被保守党轰下台,自由党从此日渐式微,并在战后分裂了。此后,英国的政坛由保守党与工党掌控。工党在 1924 年 1 月首次当政,首相是拉姆齐·麦克唐纳,10 个月后被赶下台去。然而,5 年后他卷土重来,并且自 1929 年一直任职至 1935 年。他在任职期间,为和平与裁军做出了贡献,却因为保守的经济政策丧失民心,最后工党也放弃了对他的拥护。英国的金融危机还未完全解决,又面临着一场国际危机。1935 年,保守党领导人斯坦利·鲍德温重登内阁。1936 年英王乔治五世去世,爱德华八世继位不到 1 年,就被乔治六世取代。

1918 年与 1928 年,英国进行了两次重大的选举变革,加快了迈向民主政治的步伐。1918 年出台了人民代表法案,规定在下院议员的选举过程中,凡是年满 21 岁的男子与年满 30 岁的妇女,只要 1 年内有 6 个月有固定住所或是工作场所,就和 18 岁以上的退伍军人一样,都享有投票权。它还规定每位下院议员所代表的团体的人数应该一样。1928 年的法案将选举权扩大到全部年满 21 岁的妇女,条件与男子一样。这样,妇女就变成了选民中不可忽视的一股力量,参与选举的妇女高达 500 万以上,这是妇女参政运动的胜利。1918 年以后,英国宪法规定妇女可以当选下院议员,但不能当选为上院议员。1929 年,内阁成员中首次出现了女性的身影。

爱尔兰自由邦 1921 年,"爱尔兰自由邦"(The Irish Free State)宣布成立,此邦有充分的内政治理权,并于 1923 年加入国际联盟。依照 1920 年地方自治法案,阿尔斯特的奥兰治党人另外组建了一个"北爱尔兰政府"。根据 1922 年宪法来看,爱尔兰自由邦享有和加拿大、一些不列颠自治领同样的自由权,具有共和国的性质。不仅如此,"爱尔兰自由邦"带头为其他地区的独立做出真正的努力。1937 年,"爱尔兰自由邦"更名为"爱尔兰"(Eire)。

战后的法国　和大部分欧洲国家一样，战后的法国也暴露出财政与经济问题。政府昏庸无能，党派内耗严重却不能获得真正的统治地位。1919年，议会通过了八小时工作制以及其他保护劳工利益的法律。教会和国家之间的关系慢慢缓和。

战后的西班牙　1931年，西班牙人民把国王阿方索十三世赶跑，成立了新的共和国，并颁布了一部民主宪法，教会与国家也终于分开。

五、俄国的革命与共产主义

第一次世界大战后的中欧，代议制民主体制替代了专制体制。然而在东欧，情况却有所不同，布尔什维克取得了最后的胜利。

沙皇的政策　在之前，我们曾提到俄国沙皇所推行的三项政策：（1）用战争或征服的手段扩张帝国；（2）使臣属民族"俄罗斯化"；（3）保持贵族统治与专制体制。

1905—1906年，俄国曾进行过一次革命，收效却微乎其微。唯一流传下来的革命成果是国家杜马——由某些阶级推选出、实际上受沙皇掌控的伪议会。

激进的政党　1914年世界大战爆发以前，杜马内外都出现了激进的政党，企图对抗沙俄专制体制。其中最激进的就是布尔什维克，该政党由共产主义人士组成，一直希望俄国能成为社会主义共和国。

世界大战前的机会　起初，俄国内部拥护沙皇对德、奥作战决议的民众占大多数，只有布尔什维主义者例外。斯拉夫族俄国人拥护开战的原因是他们惧怕日耳曼人；秉持自由主义思想的俄国人对协约国的民主政府抱以期望；俄国内部的波兰人、芬兰人、犹太人与立陶宛人则认为只有协约国取得最后的胜利，才能实现他们的民族权利与理想。

情况似乎对俄国非常有利，只要沙皇能倾听人们的声音，就能获得巨大的声望。然而沙皇尼古拉二世不仅心胸狭窄，还冥顽不灵。他不但不给予臣属民族任何权利，更不听取自由主义领导人们的任何忠告，坚决反对扩大杜马的选举权与内阁向杜马负责的提议。

1917 年的二月革命　若沙皇的军队战胜了德国,他的地位有可能维持下去,然而战场上的失败让他的期望成为镜花水月。严寒恶劣的天气、饥饿、战争,上百万穷人挣扎在死亡线上。民众的不满如同野火蔓延,越烧越烈,1917 年 3 月(俄历 2 月),俄国爆发了革命,沙皇下台,倡导自由主义、主张立宪的民主党员——格奥尔基·李沃夫公爵组成了临时共和政府。

李沃夫与克伦斯基　李沃夫公爵上台后着手建立民主政府,继续推行积极备战的工作。然而俄国民众需要的是和平,想看到积极的社会、经济改革。在这点上,李沃夫的做法与民众的愿望背道而驰。

李沃夫感受到了威胁,恳求激进的领导人亚历山大·克伦斯基出面帮他支撑摇摇欲坠的政府。1917 年 8 月,克伦斯基进行了一系列的尝试,但是,山雨欲来风满楼,他所做的一切都于事无补。

1917 年的十月革命　1917 年 11 月 7 日(俄历 10 月 25 日),俄国彼得格勒爆发了武装起义,布尔什维主义人士掌控了政权,推翻了克伦斯基政府。如果说二月革命摧毁了俄国的专制体制,十月革命则使布尔什维主义人士登上了历史舞台,他们对俄国的统治一直维持到 1991 年苏联解体。

无产阶级专政　尼古拉·列宁与列甫·托洛茨基是新政权的主要领导人。布尔什维主义人士有四个重大的目标:(1) 与德国和谈;(2) 使工人阶级掌控政权;(3) 实施积极的经济政策与社会改革;(4) 防止列强入侵、干预俄国。

1918 年初,俄国与德国进行和谈,随后被迫割让了芬兰、波兰、乌克兰以及沙俄帝国时期的部分领土。这段历史有些屈辱,然而,随着德国崩溃,布尔什维主义人士领导的苏维埃政权最终收复了乌克兰。

布尔什维主义者的宪法　布尔什维主义人士通过苏维埃政权开展工作。1918 年 7 月,全国苏维埃代表大会制定了一部宪法。宪法的主要内容是维护信仰、言论、出版与集会的自由,还帮工人阶级专政规定了明确的组织形式,确定国家的性质是"工农兵代表苏维埃联邦共和国"。宪法规定,参加社会生产且年满 18 岁的男女公民和革命士兵、水兵都享有选举权,僧侣、贵族以及大部分中产阶级却不享有这一权利。

经济与社会变革　苏维埃政权坚持向社会主义方向推动经济与社会改革，废除了一切王公贵族的特权。全国公民都必须强制性地参加社会生产劳动。全面废除土地私有制，且不给土地所有人任何补偿，农民只准许使用自己所分到的土地。土地收为国有，矿山、森林、铁路，也为国家所有。全部的私营银行被充公，俄国政府所欠下的公债一律取消，国家不再资助俄国正教教会。国家还规划了国办学校体制，严禁开设私人学校。

苏维埃政权把首都从彼得格勒迁到莫斯科，用寓意社会主义的红旗取代了旧的俄国国旗。布尔什维主义人士还派出大量代理人奔赴国外，向世界宣传布尔什维克式的社会主义。通常，人们把布尔什维主义人士称为共产主义人士，或者"红色党人"。

反对外国干涉的成功　布尔什维主义人士向世界宣讲他们的思维方式与做法的同时还面临着别国干涉俄国内政的威胁。在苏维埃政权成立的前3年内，协约国与部分国家试图颠覆这个政权，但没能撼动布尔什维主义人士对俄国的掌控。到了1921年，布尔什维主义在俄国已经深入人心。

1922年，为了商讨相关的经济问题，欧洲各大国在热那亚召开国际会议，这次会议也邀请了俄国参加。但布尔什维主义人士的政府拒绝接受协约国提出的有关偿还俄国旧政府欠下的债务与处理在俄外国人财产的条款。俄国的态度使得协约国不想认可布尔什维主义人士的政府，也不想借给它钱使它解决经济危机。然而，俄国人民的共产主义实验依然在进行着，到了1924年，苏维埃政权终于得到了国际社会的认可。

新经济政策与五年计划　1924年，全苏联人民都沉浸在列宁去世的哀痛中，他们把彼得格勒改名为列宁格勒，以示缅怀。此时，苏联国内极端的共产主义倾向已改成实施较温和的纲领，也就是"新经济政策"。1928年，约瑟夫·斯大林发出号召，苏联开始进行经济建设，实施迅速发展工农业水平的首个五年计划。为了发展工业，苏联还聘用了外国工程师，开设了发电厂、炼钢厂与各种工厂。由于措施得力，从1928—1932年，苏联的工业产值增长了1倍多，第一个五年计划任务圆满完成，并于1933年通过了第二个五年计划。

教育　虽然苏联的工业发展迅速，但教育水平却相对滞后。人民的文化教育水平普遍不高。在战前,俄国四分之三的民众都是文盲,所以必须普及教育。共产党人开始创办公办学校,一方面宣传共产主义理论,一方面培训技术工人。

反对基督教　布尔什维主义人士封闭了教会学校,将教会的土地与房屋全部充公,并在公办学校中传授无神论,禁止基督教的传播。这些极端做法,并未使教徒们失去自己的信仰。在一些罗马天主教教徒与各派新教徒的不懈努力下,苏联准许他们在租借于政府的教堂中做礼拜。

外交政策　起初,布尔什维主义人士公开鼓动发动世界性革命,将共产主义的红旗插到世界各地。但是,苏联经济的发展需要外援,尤其需要外国的机器与资本,所以他们开始同一些国家有了生意上的往来。尽管如此,仍有不少俄国人在国外各地开展推行共产主义的活动。为了让别国安心,1918—1929年间担当外交人民委员职务的契切林,不得不向其他国家许下诺言:俄国绝对无意颠覆其他政府!

六、意大利的法西斯独裁统治

所谓世事无常,谁也不知道历史的动乱会对每个国家产生怎样的影响。第一次世界大战后,俄国的布尔什维克主义夺得了政权。而在意大利,法西斯主义盛行一时,人们对此报以观望的态度。

意大利在民主上的进步　1871年,意大利取得解放与统一。

1914年,意大利政府成为民主政府。

经历了第一次世界大战洗礼的意大利也成立了民主政府,制定了很多法律法规来提升人民的社会福利与经济幸福感。

民族爱国主义　民族主义并未因为意大利成为民主政府而削减。相反,渴望收复塔兰托地区、的里雅斯特地区的民族爱国主义思潮始终存在。1915年,意大利切断了三国同盟之间的联系,加入英法俄的协约国阵营,并与它们一起对抗德国与奥匈帝国。在战争中,意大利获利颇丰,不但获得了塔兰托、的里雅斯特,还有其他一些领土。

一个失望的成功者　可意大利对此并不满足,它期望着巨额战利品。

爱国者们抱怨其他国家夺走了意大利的胜利果实。在意大利国内，生活费用上涨，经济萧条，国家债务繁重，这些状况使得意大利的发展举步维艰。战争结束后，退伍的士兵无法安置，农民们无地可种，民怨沸腾，工人们经常罢工，以示内心的不满。

对于国内的纷乱局面，意大利政府心有余而力不足。经过战争洗礼的意大利已经千疮百孔，国力衰弱。议会中任何政党都没有足够的力量带领国家走出困境。

法西斯党徒的崛起 本尼托·墨索里尼曾是一位新闻编辑，又是一位参加过战争的退伍军人，以前还曾经是一位激进的社会党人。他带领一帮支持者组建了法西斯党，在意大利语中，法西斯党应解释为"战斗的结合"，主要是由曾在世界大战中参战的青年人组成的。法西斯党徒用黑色衬衫作为制服，采用了古罗马军团的敬礼姿势与形象象征，试图恢复罗马时代崇尚武力的精神。他们自称是意大利的救星。在国家混乱不堪，民怨沸腾的局面下，各种各样的意大利人——不安的爱国人士、战争中的退伍军人、农民与工厂工人纷纷加入法西斯军团。起初法西斯党没有受到重视，但在1922年10月，迅速壮大的法西斯党宣称进攻罗马，要夺取政权。

墨索里尼当政 随着法西斯党的壮大，意大利国王开始畏惧，不得不任命法西斯党头目墨索里尼担任首相，懦弱的议会则给予了墨索里尼独裁的权力。墨索里尼俨然成为一位"领袖"（il duce），用武力统治意大利。墨索里尼深谙伪装之道，时而是健壮的运动员模样，时而化身无所畏惧的英雄，时而表现得像爱国者或超人。他身上有股独特的吸引力，使民众相信他完全可以胜任首相一职，甚至同时兼任7个内阁成员的工作也轻而易举。很多人拿他和恺撒、拿破仑相比。

墨索里尼的纲领 为了维护自己的独裁统治，墨索里尼禁止一切不利于他的言论存在。报纸若不歌颂他就会停办，大学教授若想反抗就会被解职，一切言论自由、出版自由、集会自由都不复存在。反对党派被彻底清除，领导人只能逃往国外。墨索里尼用国家法律限制个人自由，所有公民都得顺从国家的意志，而墨索里尼的个人意志就代表了国家意志。

经济改革 墨索里尼的头号任务就是消除意大利的经济贫困。为此，他采取了不少手段减少支出，以平衡国家预算和稳定币值；他命令排放掉沼泽地区的积水，来扩大耕地，增加粮食产量；他还推行水力发电技术，用电力来取代价格高昂的进口煤炭。

劳工与资本 墨索里尼上台后，以社会主义者与共产主义者为主的工会遭到了破坏，1926年劳工关系法中规定的官方工会组织取而代之。墨索里尼充分使用了自己的最高权力：雇主被归集在官方工会中，工资、工时与劳动条件等问题用适合的契约来解决，禁止罢工与关闭工厂，劳工纷争呈交专属法庭判决。

这些是实现法西斯理想的初步步骤，需要建立在一个以经济组织而不是政治党派为基础的民族国家基础上。

议会中的代表 也许法西斯党徒也察觉到了这一点，1928—1929年，意大利的法西斯党徒进行了以经济集团取代政治党派的试验。13个大的经济集团为新国民议会推荐了800名候选人，法西斯主义者的全国理事再从这些人中挑选出400名。随后，选民们被准许在选票上标上"同意"或是"不同意"的记号来进行投票。

850万选票几乎都标上了"同意"的记号，但令人意外的是，仍有13.6万人投了反对票。人们可以从颜色上辨认出反对票，这是对全国理事会的一种挑战行为。

罗马问题 罗马问题是墨索里尼要解决的最大难题之一。1870年，意军夺得了罗马，但教皇拒绝答应给予意大利失去领土的赔偿金，这使教会与国家之间的关系日益紧张。为化解矛盾，1929年2月11日，墨索里尼与教皇达成了一份协定。意大利认可教皇是一个小独立王国的首脑，拥有罗马境内的梵蒂冈城的主权，作为回报，教皇也放弃了一些领土的主权要求。

梵蒂冈城共有约100亩土地，居民仅有千人，范围只包括梵蒂冈的一些建筑物、圣保罗教堂和相邻的花园。但是，对梵蒂冈拥有主权，就代表教皇不受意大利政府支配。根据教廷条约，双方在教会与国家间的关系、教育、婚姻法与任命主教权等事情上，达成了友好的协议。

外交政策 墨索里尼具有极大的野心,他对外交关系不甚看重,一心想向外扩张疆域,以实现古罗马时的荣光。为此,他展开一系列行动。与英法谈判后,他在非洲获得了一些领土。1924 年,与南斯拉夫签署条约,获得了有争议的亚得里亚海的阜姆港。另外,阿尔巴尼亚实际上已经变成意大利的附属国。

七、其他独裁统治

"一战"后,欧洲除了意大利的法西斯独裁统治引人注目外,在其他地方,也存在着一些独裁统治。

在波兰 经过"一战"洗礼,波兰这个民族国家得到了自由和统一。起初,它与邻国曾有过争端,战火在 1921 年平息。波兰还仿照法国制定了一部宪法,但并未得到有效实施。1923 年,以波兰需要一个更加强有力的政府为借口,毕苏斯基将军进攻华沙并夺得了政权。毕苏斯基将军是一个独裁者,以共和的形式来达到独裁统治。1935 年,毕苏斯基去世,但共和形式的独裁统治还在延续。除了波兰以外,立陶宛也实行独裁统治。

在匈牙利 1919 年,"一战"结束时建立的匈牙利共和国被推翻。后来,独裁者、海军上将霍尔蒂主宰了匈牙利。后者统治期间,虽然建立了一个议会一个内阁,但议会并不民主,内阁也趋于保守。

在南欧的各独裁者 1924 年,希腊自称共和国,却在独裁统治与民主主义间摇摆不定。11 年以后的 1935 年,希腊把流放的国王召回,让其重登王位。保加利亚曾被一位农民出身的总理所统治,他镇压反对派和所有独裁者,后被打倒,并被枪毙。阿尔巴尼亚有人窃用国王尊号进行独裁统治。在南斯拉夫,国王亚历山大曾独掌大权,1934 年被暗杀后,一个年仅 11 岁的孩子登上了王位。

在西班牙 1923 年,普里莫·德·里维拉将军废除了立宪政府,开始了长达 6 年的军事独裁统治。虽得到官商的拥护,国王也很看重他,却遭到大学生、劳工领导人与自由主义政客们的反对,他不得不在 1930 年 1 月宣布下台，另一位将军接替了他的首相位置。1931年，西班牙革命爆发，共和国成立。

八、民主主义的表面胜利

世界大战使各地的民主主义都有所进步，可是，包括美国总统威尔逊在内的很多人，依然为独裁主义者的威胁感到不安。尽管如此，民主主义还是民心所向，大势所趋。

政治上的民主　对于民主，人们可能有很多种不同的理解，我们必须知道民主是什么以及民主可以做什么，才能用它解决问题。有一位英国作家说得好："真正意义上的民主政治，是让所有民众用他们的选票来表达其身为主权者的意志。"

近年来，对政治体制进行全民公投还处于试验阶段。一个世纪之前，没有任何国家准许"全民公投"。直到1865年，美国的投票权还只有白种人才能享受。在美国的某些州，一些成年公民至今也没有投票权。1918年，英国的成年男子才全部拥有选举权。每个男子都应该参与投票是近代才有的观念，妇女参选的历史更短。目前，有一些国家思想比较进步，甚至强制性规定公民必须参与投票。

代议制政府　直到1860年，大部分国家处于君主的统治之下，有的君主权力无限，有的只拥有小部分的权力。美国是唯一一个废除了君主政体，把所有的权力交给选民与代表的大国。在大国的日常事务中，全民直接投票根本是不可能的，政治民主一定要通过被推选出的代表体现出来，人民最关心的是自己所选出的代表能够行使多大的权力。

共和政体渐受欢迎　1870年法兰西第三共和国建立之后，美国与法国之外的很多国家也都成为共和国。"一战"后，很多国家都宣布成为共和国，最近一个就是历史悠久的西班牙。共和政体由人民选出的代表制定法律并实施，属于一种间接民主制度，这和王权制度完全不同。

共和国政府和立宪君主国一样，都是立宪政府。在共和政府中，所有法律的制定和执行，都以一个根本法或是宪法为基准。宪法体现了人民专政的意志，也能保障人民的自由和民主。所有的共和政府中，都有一个国会或是议会，行政官员或部长也不可或缺。

民主政治与公开宣传 在国家的内政处理方式上，民主政府通常会公开正在商议或实行的国家事务。但一般情况下，外交事务必须保密。外交关系是否要完全向民众公开，暂时还没有定论。

共和国的增加 世界大战后，世界上共有21个共和国，共和国政体盛行于欧洲的大多数地区，尽管俄国为代表的几个国家的共和国政权寿命很短。

1875年，法国第三共和国制定了宪法。

1910年，葡萄牙建立了共和国。

1912年，中华民国成立。

1917年，德国、奥地利、捷克斯洛伐克、波兰、立陶宛、拉脱维亚、爱沙尼亚、芬兰、土耳其以及希腊都成立了共和国。

其中，中国与土耳其是亚洲的共和国。

虽然这一时期内成立的共和国很多，但是很多并未完全实现民主。中国、土耳其与有些拉丁美洲的共和国实际上还被军事独裁者统治。欧洲的这种军事独裁统治也比比皆是。另外，虽然有些国家依然维护它们的皇帝、国王或女王的地位，但君主的大部分权力都被剥夺，这些政府看起来更像共和国政体。

第43章 战后问题,远东与近东

"一战"后,亚非人民已不像从前那般埋头于建设自己的文明,开始与欧美人民紧密联系起来,开创新的历史时期。

日本通过"一战"加强了对中国的掌控。1919—1920年举行的巴黎和会上,作为战胜国的中国并没有获得帮助,反而遭受了比1839—1842年的鸦片战争更深的屈辱。

一、中国的混乱

"一战"后,中国的形势更加混乱。北京政府名存实亡,国内内战爆发,南北军阀混战。军队和匪徒猖獗,无恶不作。这让列强十分担忧自己国家在中国的侨民的安危,时刻准备武装干涉。这些混乱使中国面临被瓜分或亡国的危险。

青年中国 此时,像马志尼时期的青年意大利那样,青年中国开始觉醒。在广州,主要由大学生拥护的国民政府成立了。以孙中山为领袖的国民党控制着国民政府。

孙中山的国民政府奉行三大主义：

（1）民族主义——使中国脱离外国的掌控；

（2）民主主义——给予广大人民主权；

（3）民生主义——社会与经济情况的改善。

1921年以后，北京政府与广州政府各据一方，都声称自己是中国的合法执政者。

在北京 北京是中国各大政治势力争夺的中心。它历史悠久，拥有政府运行所需的建筑与设施，还是重要的税收来源地。北京也是中国的外交中心，各个国家的使馆、列强代表的处所都设在此地，是与世界各国交往的中心所在。它重要的地理位置与外交位置，让各派军阀不惜打得头破血流。这段时间内，北京城频频易主。所有人都认为，北京掌控在谁手中，谁就对中国有着名正言顺的统治权。

在广州 被逐出北京的国民党党员与其他一些人在广州集结，成立了自己的政府。1921年，孙中山被推举为"中华民国临时大总统"。孙中山成为领袖后，苏联开始帮助中国。为此，国民党内部还产生了不小的分歧。1925年，孙中山去世，但是广州政府依然充满了活力。

地方上的首领 除了北京和广州由名义上的政府控制着，其余地方皆由地方军阀们掌控。军阀混战的胜利者们分别割据着一到两个省，或者更多的地方。

早在1912年间，有的军阀就开始了军事独裁统治，也有刚登上历史舞台的地方独裁者。由于军阀之间纷争不断，中国经常会出现"朝秦暮楚"的局面。

排外的骚动 1925年，上海与广州发生的骚乱，使中国人对外国人极度憎恶，产生了同仇敌忾的情绪，这与广州政府的民族主义纲领不谋而合。

驻扎在中国的外国军队 看到中国日益混乱，考虑到自己国家侨民在中国的安全，许多国家在中国的港口驻扎了部队。中国军队不得进入外国军队驻扎的港口。

国民党的胜利 孙中山去世后,蒋介石继承了他的伟业。蒋介石十分精干,到1927年夏天时,就控制了长江以南的整个华东地区。1928年年底之前,他攻到了北平(现名北京),基本统一了中国。由于国民政府在北方根基薄弱,他把首都自北平迁往南京,并担任了总统。此时,国民政府成为中国唯一的合法政权。各地方事务开始朝民主主义方向发展。

社会与经济的进步 蒋介石政府成立后,开始采取兴建水利、改革农业等举措来帮助农民,还鼓励制造业的发展,草拟了保护雇佣劳动者的法律,聘用美国专家帮助革新财政。此外,蒋介石政府统一铁路系统,修筑公路,开通主要城市之间的航空邮政业务,还大力推广现代教育。

与日本的冲突 蒋介石政府在中国东北与日本爆发了冲突,这是一片广阔而富饶的地区,自古以来都为中国所有,日本军队守卫的几条铁路位于此处。1931年,日本军队开始入侵中国东北。中国向以美国为首的国际联盟申诉,却无法阻止日本的行动。日本不敢直接将其吞并,便给它起了一个新名字——"满洲国",把中国的末代皇帝溥仪扶上宝座。日本人控制了"满洲国",把势力扩大到蒙古与华北。

二、日本的改革

日本为国家独立与民族统一进行了长期不懈的斗争。1889年通过的日本宪法,规定选举权只给少数财产达到标准要求的富人。经过长时间的争取,1925年通过的法律取消了选举权的贫富要求,将选举者的范围扩大到全部男子。议会内阁的多数通过制也得以实行。但是,1931年政府大权落入军阀手中,日本的民主议会制戛然而止。

三、印度的动乱

印度一直在为民族主义与民族自主而战。"一战"期间,印度完全有可能通过武装起义获得独立的机会,但印度人愿意效忠英国。作为回报,也为了满足印度民族主义者的请求,1919年,英国通过了印度政府法案。这是介于英帝国直接统治与印度地方自治之间的一个折中法案。英国决定创建一个由印度富人组成的、能制定并通过法律的中央立法机关,并根据投票来决定税收等各项政策。各省也分别选举出一个立法机关,负责管理教育与公共卫生等事务。但是印度的大权依然掌握在英帝国的总督手中。

刺激性的甜头　印度人民尝到了自治的甜头,却依然心有不甘,民族主义思潮得到了更广泛的坚持。温和派在英帝国的庇护下谋求自治,极端民族主义者却开始酝酿革命。

莫汉达斯·甘地　莫汉达斯·甘地,也被称为圣雄甘地,是印度民族主义运动中的杰出领袖。"圣雄"的意思为"伟大的灵魂",或是圣者。他的一言一行都引起世界的广泛关注。

甘地希望通过"非暴力不合作"的主张来对抗英国。他不赞成武装起义的革命手段,也反对外国人领导印度。他拒绝与英属印度政府的合作,认为印度人民不但应该拒绝担当官职,还要拒绝上公办学校、交税、购买英国货物以及列席法庭。在甘地的影响下,许多印度人开始用这种沉默消极的抵抗方式对抗英国,期待英国驻印度政府陷入瘫痪,最终还给印度自由。为此,一些人甚至以卧轨的方式展示自己的决心。

有些人却站出来大唱反调,认为印度还未达到自治的条件,极大地挫伤了印度人民的斗争积极性。甘地狠狠驳斥了这种说法,认为连外国主子都觉得不能管理自己国家的走狗,不配也不可能管理好印度。

1935年的新宪法　1935年,英国议会通过新印度政府法案,给予了更多印度人民(尽管还是少数)选举权,又赋予了选出来的立法机关更大的权力。它还规定设立一个代表整个印度的联邦立法机关。尽管如此,英帝国还是掌控着印度的军事与财政方面。英帝国一方面宣称将来会给印度自治的自由,一方面又以条件不成熟为由继续控制印度。

四、近东的民族自主

土耳其帝国的瓦解　"一战"导致了耳其或奥斯曼帝国土崩瓦解。脱离了土耳其统治的土耳其人和其他民族，不同程度地促进了民族主义与民族自主的发展。

按照《巴黎和约》的规定，土麦拿与色雷斯将被希腊占领。但土耳其的民族主义者不认可这结果，凯末尔与他的政党在小亚细亚建立了一个共和政府。英国反对这个政府，法国与意大利却不然。凯末尔借此机会，把希腊人从土麦拿与色雷斯驱赶出去，然后率军占领了君士坦丁堡，将苏丹废黜，而且要求修改《巴黎和约》条款。

土耳其共和国 1922—1923年在瑞士洛桑召开的国际会议，正式承认土麦拿与色雷斯东部归属土耳其。随后，土耳其共和国宣布成立，把小亚细亚的安卡拉定为首都，凯末尔将军担任第一届总统。1924年，土耳其制定了一部宪法，规定由全部男性公民投票选举出一院制议会。

在土耳其，议会选举出的总统与内阁是共和国的最高行政机构，这一点和法国相似。宪法规定，不分种族和宗教，每个土耳其公民在法律面前都是平等的。虽然事实上土耳其仍然处于凯末尔的独裁统治下，但与以前相比已是相当大的进步。

显著的改革 土耳其的执政者开始借鉴西方的理念与方法。他们废除了将《古兰经》作为基础的法律体系，用罗马字母取代了阿拉伯字母，将政教分离，甚至放弃了土耳其传统的服装样式。君士坦丁堡改名为伊斯坦布尔。

波斯的独立 1917—1918年，随着沙俄解体，俄国放弃了对波斯领土的所有权。这个所有权是由1907年沙皇与英国瓜分波斯的条约规定的。但是，波斯没有走上独立的道路。觊觎已久的英国迫使波斯签署了一份新条约，摇身一变，成为波斯的保护国。波斯人民起来抗议。1921年，得到俄国支持的波斯宣布这份新条约无效，还采取了一系列措施。在这种情况下，英国颇有风度地从波斯撤军。

礼萨汗的纲领 波斯获得自由，领导人礼萨汗·巴列维功不可没。他是一位陆军军官，原本可以像凯末尔在土耳其那样自立为共和国的总统和独裁者，但他害怕人民不接受这种政体。于是，1925年，他罢黜了执政的国王，自己坐上了王位。登上王位的礼萨汗制定了一个进步的纲领，革新了财政制度，修缮了公路，还开始修建一条自里海至波斯湾的铁路。此外他还创建了无线电站，建设了飞机场并开通了飞机航线。他所做的一切，让国家在获得解放的同时，还能实现现代化。1935年之后，礼萨汗把波斯更名为伊朗。

埃及的不安　埃及民众的民族主义独立精神和波斯等国一样高涨，但是英国对埃及的控制更加牢固。埃及的民族主义者采用了串联、滋扰、暗杀与抵抗等方式迫使英国撤军。英国十分震惊，1922年被迫准许埃及"独立"。埃及有了一个自己的国王和议会，但仍要受到不少限制。英军依然驻扎在埃及，英帝国的海军基地建立在埃及的亚历山大港，并且唆使国王去镇压埃及的民族主义者。

五、委任统治地

非洲与亚洲殖民地的那些"落后"国家，"一战"时仍是德国与土耳其的奴仆或臣属。一战结束后，它们被协约国里的英、日、法等国瓜分。国联的盟约为此寻找这样的借口：这些殖民地由于战争而放任自流，无法凭借自身的力量建立独立国家。在最终独立之前，必须有强国去保护、指引它们。

受到保护与指引的殖民地被称为"委任统治地"，而担当监护者的强国称为"受委任统治国"。

非洲的委任统治地　英国接管了大多数原德属东非的领地，并改名为坦噶尼喀领地。比利时获得东非的一部分领地。英帝国从属国南非联邦成了原德属西南非洲的受委任统治国。英国与法国成为多哥的两个受委任统治国，喀麦隆也在这个委任统治地之列。

亚洲的委任统治地　英国统治了旧土耳其帝国的美索不达米亚与巴勒斯坦，法国征服了叙利亚，并让叙利亚变成了共和国。巴勒斯坦的犹太人千方百计地获得英国的保护，成立了一个"民族之家"。美索不达米亚成为独立的伊拉克王国。然而这些独立的国家并没有获得真正的自由。

太平洋的委任统治地　日本受委任统治了赤道以北原德属岛屿，新西兰则接管了赤道以南的德属萨摩亚群岛，英帝国统治了瑙鲁岛，澳大利亚接管了新几内亚岛。

按照国联盟约的规定，委任统治地的性质必须符合本地人民的发展阶段、领土的地理位置、经济状况与其他一些因素。受委任统治国必须提交年度报告，汇报它的委任统治地的情况。

第44章 国际联盟与国际法庭

一、联盟的各种方案

协约国的通力协作是"一战"胜利的重要因素。为保护胜利果实与确保《巴黎和约》有效实行,它们必须继续合作下去。意识到这一点,协约国决心在1919年建立世界性联盟组织。此外,它们告诉自己的人民,这次冲突是一场"结束战争的战争"。

各种方案 如何组建一个维持世界和平、推进世界发展的国际联盟,各国集思广益。英国政府曾经让一个专门委员会来草拟联盟的计划,法国在"一战"期间就曾提出一些方案。所以,国际联盟的盟约综合了很多方案才最终定稿。其中国际联盟最优秀、最坚毅的支持者是美国的威尔逊总统。

威尔逊总统的声明 1916年,再度被提名为美国总统候选人的伍德罗·威尔逊发出了声明:"世界诸国必须联合起来,保证所有破坏世界生活的行为在萌芽状态就要在全世界舆论的法庭上接受审判。"

1917年,在游说美国人民加入"一战"时,他再次声明:"我们会为一直最心爱的东西而战——为了民主……为了小国的权利与自由,为了真理压倒一切而战。我们要与自由的诸国人民一同努力,保证所有国家的和平与安全。"

1918年,伍德罗·威尔逊在国会演讲中提出了著名的"十四点原则",其中一点为:"诸国必须遵照指定的盟约建立一个国际总联盟,目的是为各国提供政治独立与领土完整的互相保证,不论大国小国,一视同仁。"

威尔逊在欧洲 1919年,威尔逊总统前往欧洲并积极参与了巴黎和会,目的就是建立这样的"国际总联盟"。功夫不负有心人,"国际联盟"组织最终成立,国联的盟约囊括了1919—1920年间所签署的5个和约。

二、国联盟约

《国际联盟盟约》(简称《国联盟约》)声称,它的目标是推进所有国家间的合作,并实现和平与安全。这个目标将会通过拟订反对战争的协议,鼓励国家间的平等合作,普及国际法与忠实遵循所有条约来达成。

执行机关 国联的机构包括:

(1)大会。大会由国联所有成员国的代表组成。每个国家在大会中最多可以有3个代表,但只有1个投票权。

(2)理事会。理事会是一个小型日常事务处理机构,由5个大国以及9个(最初只有4个)小国的代表组成。

(3)常设秘书处。实践证明这是一个非常重要的机构。最初,秘书处设有1位秘书长与几位助理。其后秘书处迅速发展,很快便汇集了51个国家的六七百名工作人员。

地址与人员 虽然理事会会议可以在其他地方召开,但是瑞士的日内瓦被定为国联的总部。国联的所有职位都没有性别规定。

和平的计划 根据《国联盟约》第十条的规定,国联尊重与保护一切国联成员国的领土完整与现存的政治独立,以抵抗外来的入侵。成员国许诺将彼此之间的争端呈交仲裁或调查,在判决以后的3个月之内不许发动战争。

如果国联某个成员国违背诺言而发动了战争,将会被国联除名。随后,国联其他成员国将会切断与它的贸易关系,理事会也会对该国采取一定的制裁措施。如果某个非国联成员国试图对国联成员国发动战争,理事会也会建议国联各成员国对其采取同样的制裁措施。

国联与条约　此前国联成员国间单独缔结的条款条约,如果与《国联盟约》冲突的话都必须撤销,但是一些仲裁条约却被认可,比如门罗主义那样的地区性谅解。同时,国联还规定,成员国间的所有条约应该向国联秘书处备案,以便各国周知。

国联与委任统治地　国联对受监护的殖民地或领地有监护的责任,受委托直接行使管治权的诸国(即受委任统治国),每年必须向理事会提交报告。一些国际共管地区也要受国联监管。例如但泽自由港、达达尼尔海峡与萨尔河流域等。

卫生与劳工　为了改善成员国工人的生活,国联还出资帮助红十字会。另外,国联也积极同疾病做斗争,倡导卫生习惯,禁止毒品鸦片,推进商业与运输的发展。《国联盟约》特别指出,不管在本国还是贸易往来国,都要让自己雇用的男工、女工获得人道的劳动条件,保证他们身心的健康发展。

国联成员国　1919年的巴黎和会上草拟的《国联盟约》,被美国在内的32个成员国的代表接受与批准。1920年1月10日,刚开始运作的国联拥有24个成员国。到1920年11月第一次大会举办时,已发展到42个成员国。该次大会上,又有6个新成员国加入。

国联的成长　到1924年,国联的作用开始为各国所重视,这使得国联更有信心去履行职责。1925年,希腊以保加利亚边境士兵开枪射击希腊哨兵为借口,派军进攻保加利亚。国联理事会严令两国撤军,并公平地调查冲突起因。希腊不得不认错,向保加利亚赔偿21万美元,以弥补保加利亚的损失。但在1931年,日本与中国间的冲突加剧,国联虽然进行了协调,日本仍然一意孤行地占领了"满洲"。对此，国联在 1933 年发布公告谴责日本的行径，拒不认可日本在"满洲"的新政府。1935 年，意大利入侵埃塞俄比亚，国联谴责并制裁了意大利。

1935 年，国联成员国已经增至 60 个，连以前对国联冷嘲热讽的苏联，也于 1934 年加入了国联组织。可是，政权逐渐被军国主义掌握的日本和德国却在 1935 年退出国联。1936 年，国联组织只剩下了 58 个成员国。

尽管缺乏强制执行自己决议的手段，但在解决金融问题、控制疾病的蔓延、促进科学发展与禁止贩运鸦片等方面，国联功不可没。

美国的反对 但令人意外的是，积极组建国联的美国人没有批准盟约。美国政客认为参加国联会危害到美国的国家主权与国会的权力，有些人担心这会进一步让美国卷进国外事务中，甚至有人因为对日本和英国的让步而感到失望和不满。基于个人或政治方面的理由，有的人（或许为数很多）提出反对意见。因而美国参议院拒绝批准包括《国联盟约》在内的和平条约。从参议院的投票情况来看，反对国联的只有少数参议员，大部分都同意加入。对于加入国联组织是否还应有所保留，政客产生了争论与分歧，最终因为票数未达到三分之二，表决遭到了否决。

分别订立的条约 美国在维护世界和平方面发挥着重要的作用，很多举措与国联的目标相同，但美国对国联的态度仍然冷漠。威尔逊总统辞职后，1921 年 3 月，美国新政府与德国、奥地利、匈牙利都签署了和约，但对国联依然敬而远之。不过，美国加入了国联创建的一些会议与委员会。

三、国际法庭

1920 年，为了解决世界各国的可能提交的各项争端，国联组织决定成立一个国际法庭（正式的名字叫常设国际法庭）。1922 年海牙法庭正式建立。国联大会与理事会选出 11 名法官（1930 年增加到 15 人）常驻海牙，最初 10 年发展了 45 个成员国。多半国家在关于法律争端方面都愿意接受国际法庭的判决。成立 10 周年时，有 55 个国家在法庭草拟的和约（非正式的协议草案）上签字，但其中有 10 个国家未被批准。1929 年，国际法庭为美国的加入开了绿灯,却被美国参议院否决。国际法庭的效果非常显著,最初10年间判决了16起案件,还向国联提交了22起案件的咨询建议。

四、争端与赔款

边界冲突 "一战"虽然结束了,边界领土方面的冲突却余波未了。在1919—1920年间,为了扩大东面的领土,波兰与俄国发生了冲突。为了上西里西亚的富有矿区,波兰与德国几乎爆发战争,1921年,国联劝阻了它们,最终按照公民投票的结果进行分割。1924年阜姆的海港被墨索里尼吞并,结束了此前意大利与南斯拉夫间的争执。为了自己的利益,捷克斯洛伐克、南斯拉夫与罗马尼亚还结合成一个联盟,称为小协约国,目的是阻止匈牙利收回它失去的领土。这一阶段,领土争端在欧洲随处可见。

边界争端不只在欧洲出现 由于塔克纳与阿里卡地区,南美洲的秘鲁和智利产生了争执,1928年智利才把塔克纳送还给秘鲁。由于格兰查科地区的所有权,玻利维亚与巴拉圭爆发了战争。日本侵占中国东北后,使中国、日本与俄国产生了矛盾。1931年,中国东北地区还爆发了军事冲突。1922年,小亚细亚的希腊与土耳其发生了摩擦,英国差点也被卷进去。1925年,土耳其对摩苏尔石油地区虎视眈眈,国联裁决英国拥有对摩苏尔的控制权,差点又引起一场新的战争。

赔款 为什么会产生这么多冲突呢?"一战"赔款的后续处理问题可能是另一个原因,许多国家都不认可对自己的赔款裁定。1921年,经多国斡旋,德国支付的赔款数额减到320亿美元。1923年,法国与比利时夺得了鲁尔地区的德国煤矿,德国因此破产,法国和比利时并未从赔款中获得多少纯利益。

为了获得更多的好处,1924年,以查尔斯·G.道威斯为主席的委员会制订了计划,允许德国分期支付赔款。德国接受了这个计划,在这以后的5年里,德国共支付了20亿美元的赔款。协约国将军队撤出了鲁尔地区。

由于道威斯计划并没有阐明赔款的年限,所以德国觉得自己的负担过重。于是，以欧文·D.杨格为主席的委员会另外制订了一份计划，规定德国一共要支付90亿美元（含利息）的赔款，可以分59年还清（1988年结束）。1930年，这个计划被采用。法国的驻军撤出了德国的莱茵地区，德国人心头那一块大石终于落地。

协约国的算盘打得很巧妙，它们把从德国获得的大量赔款，拿来偿还"一战"中欠下美国的巨额债务。但在1931年，经济危机席卷德国，德国无力继续偿还协约国的赔款。

1932年，协约国和德国在瑞士洛桑签署协议，终结了杨格计划，并规定德国应再赔付30亿马克。但德国再也不愿意支付赔款，这份协议无法生效。

1922—1932年这10年，被称为"许愿的十年"，世界各国都在推动国际合作工作，签订了很多维护和平、推进贸易与限制军备的计划与公约。

华盛顿军备会议　1921—1922年，华盛顿军备会议召开，与会各国达成了全面削减海军的协议，不但能省下数十亿军费，而且大大降低了战争的危险。会上，日本答应归还胶州湾，还将胶济铁路卖给了中国。英、美、日、法、意大利、葡萄牙、比利时、荷兰这九大强国再次与中国确认"门户开放"政策。在《四国条约》中，美、英、法、日做出承诺，若在太平洋或远东发生争端，将以和平商谈的方式代替战争手段，各国都尊重彼此在太平洋的势力范围，绝不轻易起衅。

洛迦诺公约与其他谈判　1925年在瑞士洛迦诺召开的会议中，德国、法国、比利时、意大利与英国的代表承诺严格遵守《巴黎和约》中关于德国西部边界与莱茵河沿岸非武装区域的规定。该会议的相关代表让德国、法国与比利时做出"绝不采取军事手段进犯对方"的保证。

1926年，德国加入了国联组织，还与法国、比利时、波兰以及捷克斯洛伐克签订了仲裁条约。同年，德国、法国与若干个相邻国家的钢铁工业组织合作，以推进经济合作为目标，建立了一个"钢铁卡特尔"的联盟。

1927年，旨在降低关税、推动国际贸易的日内瓦世界经济会议召开。1933年在伦敦举行的第二次会议却因为各国意见不合匆匆散场。1929年，法国总理白里安在日内瓦会议上提出了建立一个"欧洲联邦"的主张，目的也是推动各国的经济合作。

巴黎公约 1928 年，各国在巴黎签署了旨在废除战争的原则性条约，得到广泛拥护。到 1932 年，有 60 个国家批准了该合约。阿根廷与巴西直到 1933 年才做出了签字的承诺。

伦敦海军会议 1930 年，美、英、法、意大利与日本在伦敦签署了调整与限制海军的新条约。其中美英两国态度最为积极，在促成《五国条约》的过程中，美国总统胡佛与英国首相麦克唐纳发挥了重要作用。

世界会议 1932 年，国联为削减军备、使世界的和平更有保障，邀请几乎所有的国家齐聚日内瓦。德国坚持本国在军备方面必须拥有和其他强国平等的权利。经过几个月的艰苦谈判，德国因未能如愿而退出。虽然过程并不顺利，但是会议继续进行。这次日内瓦会议，是国联为达成目标的另一次努力尝试。

第45章 和平的岁月

"许愿的时期"算是一个难能可贵的和平时期。和平会激发人们的责任感,使人们反思并去鉴定艺术的成就,发现并证明自己在物质世界中的创造能力。事实上,世界的问题就是人类自身的问题,但是人和人之间错综复杂的关系往往让人望而却步。时光不停流转,不管人类经过了什么,脚下的路还在不断向前。我们必须用客观而积极的态度,为探索人类更多的福利与更先进的文明做出自己的努力和贡献。

一、地球的缩小

受地域所限,古时希腊人与罗马人眼中的世界只有地中海四周的一圈之地。中世纪的基督教教徒眼中的世界只包括欧洲与另外一小部分地方。每个洲的人基本上都是画地为牢,坐井观天,很少有人会去主动接触自己之外的世界。随着时代发展,人类的眼界比起自己的祖先开阔了不少,对于地球也有了更多了解。

孤立已成过去　从16世纪的商业革命开始,各大洲的人民之间有了相互往来,他们的眼界不再局限于一个单独的国家或大洲,对于整个地球都充满了好奇心。车轮、汽船、飞机的出现,缩短了人们之间的距离。我们甚至还可以利用无线电波,向空中传递讯息。曾经是"举步之间皆距离",现在是远亲如近邻,即使是遥远的国度,也能成为我们的友邦。

贸易与旅行　工业革命解放了很多劳动者,机器取代了人,开始应用于纺纱、织布与其他一些工艺中。工业革命还促进了贸易、旅行与交通的发展,让人们的生活变得便捷许多。

斯蒂芬孙的机车、富尔顿的汽船,开始时只是冒着浓烟、声音巨大的丑八怪,随着历史发展,它们已经变成了优雅快捷的庞然大物与金碧辉煌的浮动宫殿。1840年,英国的铁路还很落后,只有1331英里。但是到1936年已超过了2万英里。1830年,美国的铁路只有23英里,到1939年已将近25万英里了。这是惊人的对比!

交通与通信　海运的发展也一日千里,蒸汽机的出现大大地推进了旅行与贸易。历史上的第一艘远洋轮船是木制轮翼帆船。后来,螺旋桨出现了,造船的原料变成了铁板。但直到1870年,英国制造的轮船仍少于帆船,铁船则少于轮船。到了1900年,大多数巨轮都用钢材做原料,还使用了蒸汽发动机和螺旋桨。1910年制造的"泰坦尼克号"体积巨大,相当于哥伦布第一次横渡大西洋使用船只大小的435倍。体积更大的是"利维坦号",它有6万吨重。法国的邮船"诺曼底号"与英国的"玛丽女王号",载重量都超过了8万吨。此时速度最快的船是德国轮船"不来梅号"与"欧罗巴号"。

作为交通工具,使用汽油发动机的汽车与飞机无疑是最快捷的,后面还会提到它们。

1844年,莫尔斯发明了电报机。1876年,贝尔发明了电话机,这是科学与发明史上的创举。1897年,意大利青年马可尼发明了无线电报,又一次改写了人类历史,1901年,马可尼发射的无线电信息成功地穿越大西洋，从英格兰传到加拿大的纽芬兰省。现在几乎每家都有无线电收音机，既可以传递声音，还可以传送图像。

自然资源的保护 人类的发展必须依靠世界上的资源。随着人口增长，提供给人们衣、食、住、行的资源越来越有限，所以节省与合理利用自然资源就显得尤为重要。如果肆意乱砍滥伐，美好的世界将会变成荒漠，可耕种土地会急剧减少，我们的后代将生活在一个资源匮乏的世界里。所以必须合理利用资源，还有很多荒地等待开垦，可耕种的土地要精耕细作，提高收成。只有谨慎地利用自然财富，我们的隐忧才不会那么巨大。

经济联系 由于勘探、旅行、远洋轮船与世界商业、政治及移民所造成的种族混合等因素，我们所接触的世界更加丰富多彩，眼界也得以开阔。随着人类交往的密切，贸易与商业得到越来越快的发展，政治与社会价值体系开始逐步建立。人们之间形成了有益沟通的纽带。法国的白里安主张建立一个欧洲联邦，希望将政治和谐与商业合作完美结合起来。实际上，各国已在无形中创建了一个世界范围的经济结构。每个洲每个国家的粮食与各种日常工业用品供应，都不再局限于自给自足，可以从别洲别国得到帮助。世界贸易增幅明显，1850年只有40亿美元，1900年已增至200亿美元，到了1929年，已接近700亿美元！

随着经济的增长，人口也逐渐增多，城市化进程加快。有调查数据表明：1790年的美国，10个人里有9个都居住在市镇以外；到1920年，10个人里只剩不足5人是乡村居民了。英国亦然，一个世纪之前，10个人里只有2个居住在城市中，如今却已经增加到8个。

世界文明呈现这样的倾向：人民争先恐后地涌入城市里。也许是工厂增多、商业发达使然，也许因为城市中生活水平较高，不管哪种原因，城市人口越来越多却是不争的事实。

城市生活的问题 城市中的贫民窟或许是疾病与邪恶的深渊所在。由于过度拥挤，儿童们没有适合活动和游戏的场所，许多疾病和犯罪行为在此滋生。因此，城市的地方卫生系统与警察系统的改进工作，是刻不容缓的事情。

改良家们认为，一定要采取有力的举措，使得世界上所有人都有一个真正意义上的家。要保证每个人都可以呼吸新鲜的空气，有时间去体验田园生活。这是个美好的理想，也是日后必须面对的问题。

二、社会平等的问题

封建势力的衰微 旧的封建贵族统治随着城市化进程开始没落，特别是乡间地主的贵族统治一去不复返。由于人民集中到城市里，居住在城市中的资产阶级的势力得到了发展。

社会平等的理想 伴随着封建贵族的没落，民主主义理想家们开始蠢蠢欲动，想创建一种真正的社会平等。其实早在1789年，法国革命家就阐述过这个理想，它也是1829年美国"杰克逊式民主主义"的目标。民主主义的理想是想让所有人都有机会平等。这里所说的平等，指的是社会地位必须靠自己的头脑和品格去争取，而不是由出身的种族或阶级来决定。

妇女在政治中 近代的平等思想对提升妇女的地位有很大影响。虽然基督教为了提升妇女地位做出了很多努力，直到19世纪初，妇女仍然没有选举权，也不能担任大部分的政治职务。甚至，在很多国家的法庭上，妇女的权利也比男子少得可怜。1850年，人们开展了争取妇女权利的运动，英国著名哲学家约翰·斯图尔特·穆勒，在自己的著作《妇女的屈从》一书中就争取妇女权利问题做出了阐释。1867年，约翰向议会提交了请愿书，为妇女赢得政治权利而大声疾呼。

1867—1914年，无论是美国西部的一些州，还是新西兰与澳大利亚，甚至在芬兰与挪威，妇女们都已经争取到了选举权。但英国始终不肯在妇女权利问题上让步。

1914年以后的妇女运动发展迅速。1917年，墨西哥的妇女有了选举权，1918年，英国给了大约一半的妇女选举权。1919—1920年，美国的《联邦宪法》中增加了一项修正案，允许妇女参选。1918年，俄国认可男女享有绝对平等的政治权利。1919年，荷兰与德国实现了男女平等。在1919年左右，实现男女平等的国家名单上又增加了捷克斯洛伐克、波兰、拉脱维亚和立陶宛等。

妇女参加工作 除了政治权利，很多妇女在就业方面也争取到了权利。很多妇女外出工作，有的担任了律师、医生或其他专业的职务。国家还建立了女子大学，并聘用妇女担任小学老师。妇女们不再在经济上依赖父亲或丈夫，获得了不少经济平等权利。

妇女走出了家庭 妇女社会地位的转变引发了深刻的家庭变化。很多妇女不再守在家中，像烤面包、洗涤与缝纫等家务活儿，妇女们不再亲力而为，而是交给面包房、洗衣店、裁缝铺去打理。电气化设备的出现，也减少了妇女们做家务的精力。由于儿童们白天由学校照看，所以妇女们有了自己的时间，很多已婚妇女集中在商店、办公室或俱乐部中。

社会制度中，家庭是最小的基本单位。家庭产生了变化，会对社会文明产生巨大影响。这种情况为现在和将来都带来了一些问题。

三、资本主义的加强

在当代，资本主义具有相当的重要性和很大的权力。纵观历史的发展，资本主义萌芽可以追溯到中世纪，从工业革命开始，资本主义的发展呈现了五个方面的显著特征：

（1）资本的大量增加。

1880年，美国在制造业方面投入了27.5亿美元，到1915年这个数字变为227.5亿美元。100多年前，百万富翁还是凤毛麟角，现在却如雨后春笋。另外，不少人手里掌握着小额资本或是拥有部分公司的少量股票。

（2）公司的发展。

银行与股份公司、集团在19世纪后半期都得到了飞速发展。1910年的英国资本总额达到90亿美元，约有4万家公司。1927年的德国资本总额超过了50亿美元，拥有1.2万家公司。1929年的美国总收入达到1300亿美元，有50多万家公司。

过去的工厂模式一般由一两个人提供资金，其中的一个人亲自管理。理查德·阿克赖特爵士就是典型的例子。现在，绝大多数企业由有限公司或者股份公司提供资金,并向银行与个人发售债券和股票,但是这些出资者并不直接参与经营。比如说,伦敦的金融家可以拥有威尔士的煤矿。工厂和公司转型的结果就是,旧式"工业巨头"的权力转到了银行家与金融家的手中。欧洲的工业开始掌控在伦敦、巴黎、柏林、布鲁塞尔、阿姆斯特丹与罗马这些大金融中心手中。

(3)"托拉斯"。

过去50年里,庞大的工业与金融业联合形成垄断组织,美国人称这些垄断组织为"托拉斯"。无独有偶,欧洲的很多国家也出现了相同的组织。自1904年开始,在极短的时间内,德国钢铁工业联盟就把整个德国的钢铁工业垄断了。

(4)国外投资。

近代商业另一种发展手段——资本输出,就是把本国的剩余资本投资在殖民地和外国。1914年,英国资本家在英国以外的投资高达500亿美元。"一战"以后的1930年,美国在国外的投资达到了250亿美元(不包括100亿美元的战时贷款)。

(5)国债。

国债促进了资本主义的发展。为了给付战争经费,政府想到了发行债券的方法。"一战"后多国债务缠身。美国独立战争时,英国的债务不足6.4亿美元,到1914年也只有30亿美元左右,到了1920年,英国的国债已经高达约400亿美元。战前,法国国债是340亿法郎,战后猛增到2380亿法郎。国债的债主基本都是大小资本家,资本主义扩张已经愈演愈烈。

四、劳工运动

工业革命造成了劳工问题的出现。在19世纪和20世纪,劳工问题已经迫在眉睫。要想在政治上夺取民主胜利,就必须先把这个问题解决好。

工会的发展 工会的发展和工人罢工的增多,使得劳工问题越来越严重。1920年,德国的工会已有850万成员,英国的人数也差不多,在意大利、法国、波兰、美国与一些国家,工会人数稍微少点。这表明工会主义已经变成世界范围内强有力的力量。工人们涨工资与减工时依靠的是工会主义,但是和资本家对抗的有效方式,只有罢工。罢工会对社会和个人造成很大影响,参加罢工的人一般也会痛苦不堪。

社会主义的发展 1914 年以前,各种社会政党要求用集体(国家)所有制取代私人或者资本主义所有制,把工厂、铁路、矿山与土地收归国有。1917 年,在俄国获得政权的布尔什维主义者,就废除了土地与工厂的私人所有制。和信奉民主主义的马克思的弟子们不同的是,布尔什维主义者提倡共产主义。共产主义实行无产阶级专政,由穷苦的工人阶级领导。很快地,布尔什维主义在欧洲各地获得了很多拥护,共产主义者先是控制了俄国,接着,在英国、德国、奥地利、瑞典等议会中,各种社会主义人士与共产主义人士已经占据半数左右。多数地方都出现了强有力的少数派,法西斯控制的意大利除外。

其他社会运动 除了社会主义,还有几种影响较大的工人运动。在美国,有世界产业工人同盟会,法国则有工团主义者。这些人都要求罢工与"破坏"(包括损坏机器与一些财产),想颠覆资本主义制度,罢黜政府,让工人掌权。

还有一些不赞成用暴力进行改革的温和运动。欧洲的社会天主教运动最厉害,除了一般目的外,还想达成获取养老金、健康保险与禁止雇用童工等目标。各国都有一些激进派(与其说激进派,不如说自由主义组织),对工会、社会主义者与一些劳工团体所提出的某些改革主张表示赞成,却抵制社会革命。英国的激进派最终争取到了一些权益,比如在养老金、疾病保险和一些社会公平问题上的举措。

总结一下,战后的趋势是抛弃 19 世纪的自由放任主义,政府采取举措消除失业的弊端与贫穷导致的不公平。至于什么样的措施才是解决这些难题的灵丹妙药,这是一战后民主主义面临的最大困难。

五、应用科学的进步

工业革命的另一大成果是机器、发明与应用科学取得了进步。

铁与钢 工业革命使铁的用量激增。最初的工业材料是不纯的"猪铁",质地很脆,要想冶炼成更纯与更坚韧的钢几乎不现实。1856年,亨利·贝塞麦爵士发明了一种优秀的冶钢方法。从此"贝塞麦炼钢法"与"贝塞麦钢"名声大振。英国与德国采用了此法大量炼钢。法国和美国发明了"开炉法",就是使用电炉冶钢,但成本相当高。炼钢法经过多次改良后,钢时代取代了铁时代。

运输 科技的进步,除了引发工业革命外,还使交通运输业出现惊人变化。瓦特、特里维西克与一些人改良的蒸汽发动机,后来被斯蒂芬孙用在了火车上,富尔顿在轮船上也安装了蒸汽发动机。19世纪后期,石油开始作为工厂的燃料,很多轮船也开始用石油代替煤,因为石油比煤轻捷,也不需太多工人加火。后来,很多火车头也开始把石油作为燃料。

1885年,德国人发明了汽油发动机。1887年,法国人利用汽油发动机来带动一辆四轮车,这就是汽车的雏形。法国人原先在汽车制造方面占优势,但美国后来居上。1929年,美国汽车总数达到2500万辆。此时,拖拉机、公共汽车、卡车与轿车等现代化交通工具已被广泛应用。这对人类现在乃至将来的文明发展,都产生了重要的影响。

相对于汽车,飞机的出现是一次质的飞跃。19世纪人们开始研制飞机。19世纪末,美国的科学家兰利把蒸汽发动机安装在飞机上,终于飞行了半英里。后来的实验证明,蒸汽发动机不适合飞机。20世纪初,法国人改用汽油发动机,终于解决了问题。

研制出世界上第一部真正飞机的人,是美国的莱特兄弟。1908年,他们研制的第一架飞机飞行了45英里,用时1小时15分钟。这让人们感到惊喜和鼓舞。

19世纪的五六十年代,美国石油工业诞生。相比之下,俄国、波兰、罗马尼亚、墨西哥、委内瑞拉、波斯与美索不达米亚这些地方,石油工业出现得较晚。石油使汽车和飞机使用汽油发动机成为可能,还可以为燃油蒸汽机提供燃料。

电 第三波科学发明使电开始为人类服务。英国科学天才迈克尔·法拉第在电学方面有许多重大发现,为发电机面世创造了条件。1867年,法拉第去世，这是电学史上的巨大损失。1870 年，发电机研制成功。起初，发电机只用于小规模照明。1873 年电力发动机制造成功。从此，街上与地下的电车有了电力供给，为人们的出行创造了便利。最近这些年，无论是工厂还是铁路，电力已完全取代了蒸汽力。

电的出现，让世界从此从黑暗走向了光明。莫尔斯的电报，贝尔的电话，马可尼的无线电，都让人们的生活变得便捷而轻松。电动机器，把旅客们和他们的行李带到世界的各地。电的出现，还让语言文字可以瞬间传送，使人们有能力支配这个世界。

电的其他用途 电在我们的生活中无处不在：电能使缝纫机与打字机运转；电能够和面、洗衣服、烧熨斗、烘烤面包、冻冰块、烹饪食物、带动真空吸尘器、运转风扇；电还可以启动无线电收音机与钢琴自奏器等娱乐设施。今天的孩子们可能会感到疑惑：过去的人们是怎样生活在没有电气设施、没有电话、没有电灯的世界中的呢？

科学的其他应用 以上种种，只是工业革命推广的千万种发明中的少数几个。人类的发明能力异常惊人：1831 年麦考密克发明的收割机、照相机，1877 年爱迪生的留声机和 1890 年左右面世的潜艇、电影、电视⋯⋯这些都是应当青史留名的工业革命成果。

科学的世纪 所有的科学发明，都离不开数学、物理学、化学和其他学科的支撑。有人说科学进步是 19 世纪最显著的特征，并非夸夸其谈。前几个世纪中，虽然伽利略与牛顿为物理学的发展做出了不可磨灭的贡献，但物理学的鼎盛时期是在 19 世纪，1800 年以前，人们对电的了解少得可怜。近代化学的进步源于以前 150 年里的积累。生物学方面的研究在 19 世纪取得了巨大进步。化学揭示了构成有生命物质的种种要素；巴斯德用实验证明所有生命都是生物的产物；通过显微镜，其他生物学家也发现所有的生命机体都由微小的细胞构成。19 世纪，查理·达尔文提出了著名的"进化论"。在他的著作《物种起源》中，解释了植物与动物的品种并非是永远固定与分离的，而是变化、发展的，并会逐渐进化成新品种。虽然这并非新学说，但影响巨大。后来人们把达尔文的名字与他的学说融为一体，称为"达尔文进化论"。

医学上的内科与外科　在医学上，内科与外科开始分家，并对人们的生活产生重要影响。1850—1895年间，首倡"内外科分离"的法国科学家路易·巴斯德对医学进行了深入研究，并取得了重大成果。他发现了一种微小的有生命的机体，后来被人们称为"细菌"，这个发现具有划时代的意义，对酿酒业具有重大价值。

法国的纺织业曾遭蚕瘟肆虐，巴斯德猜测是细菌引发的。事实证明，他的猜测是对的。后来他还找到了医治牛瘟的方法，获得的收益极其可观，甚至可以超过普法战争后法国支付的赔款。

巴斯德最著名的成果是医治狂犬病，他认为，狂犬病跟发酵一样，都是由细菌引起的。

防腐剂、抗生素与环境卫生　细菌学说的出现，使得内科、外科与卫生学都获得了迅速发展。1860年左右，外科医生、英国人利斯特勋爵利用细菌学说，以石碳酸来防止细菌引发伤口化脓，这就是防腐剂的雏形。后来，内科医生们利用细菌说发明了抗生素，可用来治疗白喉、肺炎与许多其他疾病。

随着细菌学说的出现，人们慢慢意识到环境卫生的重要性，在城市里安装了排污管道。人们认为，利用优化环境来减少疾病，总比用药物治疗方便有效。

麻醉剂　为了减少人们的疼痛，麻醉剂应运而生。在牙科与外科手术上，人们利用笑气（氧化亚氮）、乙醚、氯仿等麻醉剂来减轻患者的疼痛。1842年，美国佐治亚州的外科大夫克劳福德·W.朗率先使用乙醚。1844年，康涅狄格州哈特福德的牙科大夫霍勒斯·韦尔斯最先使用笑气。1847年，苏格兰的詹姆斯·辛普森爵士使用了氯。这些发现，极大地减轻了人们的痛苦。

伦琴射线　在科学发展史上，X光的发现必须大书特书。1896年，德国科学家威廉·伦琴在实验中发现，电火花通过一个真空玻璃管的时候，能够产生一种能穿透人的皮肉、衣服甚至是骨骼的强烈光线。他称之为"X光线"，由于他的贡献，人们也把这种光线称为"伦琴射线"。外科大夫们可以用X光线对人体进行透视，观察骨头的位置或是受伤的情况。现在，X光线的医学贡献妇孺皆知。

维生素　在1900年，科学家就发现，每种食物中都包含了特定物质，能保证人类的健康并产生活力。这种特定物质被称为"维生素"。但是维生素究竟会对人类的后代产生怎样的影响，还不得而知。

死亡率的下降　随着医药、卫生与外科手术水平不断发展，人类死亡率大大下降。1881年，英国的死亡率是21.2‰，1914年下降到不足14‰。其他国家的情况也类似。生活在1914年的人的寿命可能要超过生活在1881年的人。

当然有人会有异议，因为战争可能会导致死亡率升高，一个活在1914年的人很可能在一战中殒命。另外，科学的发展具有两面性，它一方面被应用在医疗技术上，另一方面，它被用在了战争武器上，使得杀伤力和死亡率增加。

六、教会

近代生活中，宗教的地位不可忽视，却也有很大争议。

新教的新形式　16世纪新教革命以来，出现了不少新教派，比如争议不断的新教会，德国与斯堪的纳维亚的路德教，瑞士、尼德兰与苏格兰的加尔文教，英国的安立甘教或者圣公会。16世纪至18世纪，也出现了各种各样的宗派，例如公理会、公谊会、浸礼会、循道宗与一位论派等。

到了19世纪，宗派就更多了。"耶稣基督末日圣徒教会"（它的成员常常称为摩门教徒），是1830年小约瑟夫·史密斯在纽约州创建的。1879年，美国的玛丽·贝克·G.艾迪夫人创建了一个"基督教科学派"。20世纪初，美国就出现了300至400种新教教派。

新教徒间的合作　新教会派别增加，必然导致了新派别之间的争辩与隔阂。为消除这些隔阂，19世纪创建、20世纪兴起的基督教青年会做出了不少努力。1880年左右在英国创建的救世军，也致力于帮助贫民与慈善事业。新派别的努力，让人们暂时忘却了宗派之争。

在世界各地，还有不少教会同盟。"一战"结束后，很多教徒觉得宗派之争不再重要，因而出现了很多新教会同盟和联合的趋势。

天主教会　传统的天主教却更趋保守。1870 年，天主教全体主教举行了一次会议，认为教皇的信仰是正确的，他所做的一切努力和决定都受神的教义的指引，他做的任何决定都是正确的。这当然遭到了许多非天主教教徒的反对，并引发了针对天主教会的政治进攻行动。非天主教会和天主教会的矛盾一直存在。

1870 年，教皇失去了他在意大利的最后领土，只保留了梵蒂冈。但教皇的精神权威却增强了。依据 1929 年的《梵蒂冈条约》，教皇恢复了某些世俗权力。相比 18 世纪，虽然反教权主义思想盛行，但 20 世纪的天主教却显得更加强大，更加团结。

反教权主义　1850 年以后，反教权主义在部分国家取得了成就，它的中心主题是反对教士与教会。法国和其他几个国家废除了天主教会的国立教会地位，还制定了反对宗教教团与宗教学校的法律。1918 年，普鲁士新教的国立教会也被废除。在英国，反对安立甘教会特权的运动如火如荼，最后以失败告终。另外一些国家的国立教会依然存在，但宗教自由的呼声越来越高。

七、学校与它们日增的任务

在近代社会中，因为没有什么比教育事业的意义更为重要。虽然全民教育与民主主义同样都属于新鲜事物，但普及教育事业是一个安全有效的民主政体必须推进的工作。

免费的初等学校　免费的初等学校诞生于 19 世纪后期，那时的受众是普通民众。直到今天，在许多"文明"国家中，还有不少的文盲，但最近这些年，教育的步伐在加快，并慢慢地对政治和文化产生重要影响。

书报的力量　因为蒸汽与电力印刷机、排字机与赉纳排铸机的出现，书籍、小册子、杂志与报纸的成本非常低廉，几乎所有人都能买得起。印刷机变成了教育的有力载体，书报的普及，对政治产生了巨大的推动作用。

虽然书报的普及具有一定的积极意义，但是传媒的拥有者们却利用报纸将自己的政治或其他方面的观点强加给读者，把一些错误的思想灌输给他们，这的确是一个严峻的问题。

相对于一般文化，普及教育犹如双刃剑，有的影响是积极的，有的则不然。由于印刷成本低廉，书报的数量越来越大，这有利于文学和科学作品的增长，当然也刺激了一些捏造事实的刊物和劣质小说的繁荣。

银幕的影响 无声与有声电影成为教育工具中的新宠，在学校或剧院中授课时，常见它们的身影。广播在教育中所起的作用也不容忽视。当然，银幕也是一把双刃剑，市面上出现了一些低俗的、哗众取宠的"电影"与"台词"，起到了消极影响。

教育的根本问题 如果人们可以有效地使用自己的选票、金钱、机器、印刷机与电影，就会减少很多可怕的灾祸和影响。所以对于文明的新的特征，人们必须有足够的认识和理解。教育的手段和途径很多，但如何扬长避短，还得仔细思考。

道德的动机 道德具有重要的意义，它会引起人们敏锐的正义感和强烈的责任感。只有知识而没有道德的人无法获得真正的快乐，也无法感受到自身真正的价值。监狱中不乏受过高等教育的罪犯，如果不用道德来引导，后果是可怕的。

当今社会需要既有知识又有道德的公民。只有这样，我们国家和世界的前途才会美好和光明，我们才会更有底气地期待未来。

第46章 危机的年头

我们的书已经接近结尾,但时间依然在飞速行进着。历史从一个目标迈向另一个目标,甚至比过去更加快速、猛烈。"一战"后,世界上的大部分国家都已经迈向了民主、繁荣、裁军与和平。但是,一场金融危机摧毁了这短暂的繁荣局面。利用了人民恐慌的独裁者们开始挑战民主,掌握权力。各国裁军的努力戛然而止,战争又将取代和平。世界上的每一个地方都面临着包括经济危机、政治危机以及战争危机在内的多重挑战。

一、商业危机

恐慌与贫穷 1929年的冬天,华尔街的股价如同气温一般急剧下跌,损失高达几十亿美元。然而,这仅仅是金融危机的序幕。1931年,金融恐慌蔓延了整个欧洲,接着又加倍返回了美洲。随着金融危机加深,工厂关门,银行倒闭，工人失业，对外贸易锁紧，农民们贱卖自己的农产品。到1933年，全球失业的工人已经高达3000万。

恢复与衰退 1932—1933年，随着各处商业状况好转，人们误以为经济萧条期已经过去。但是1937—1938年的冬天，经济危机卷土重来。资本家们认为是"一战"与政府的蹩脚政策引发了经济恶化。经济危机期间，很多国家开始考虑对商业与金融进行调整，改善失业工人境况，扶持农业。但在如何调整这个问题上，很多国家内部的意见并不统一。

二、政府危机

独裁还是民主 危机中的人们翘首以待，希望能得到政府的商业援助。他们又考虑那个古老的问题：什么样的政府才是最好的政府？当然有的国家支持独裁，但大部分国家赞成民主。战后，民主确实得到了很大的发展。1935年，代议制政府扩大至印度。同年，为了使菲律宾得到更多的自治权，美国制定了一个使菲律宾获得彻底独立的十年计划。1937年，印度的自治权又扩大了。另一方面，许多国家在一战以后纷纷建立了独裁政权，有俄国、意大利、波兰、匈牙利、南斯拉夫、土耳其、波斯和中国，后来德国与奥地利也加入了这个行列中。

希特勒的纳粹独裁政权 1933年1月，阿道夫·希特勒被总统委任为德意志共和国的总理。1934年，总统兴登堡去世，希特勒掌握了实权，自称为"元首"（Fuhrer），将德意志共和国改名为"第三帝国"。尽管希特勒没有废除1919年的共和国宪法，却架空了众议院，不断地扩大自己的权力，凌驾于诸邦政府之上。他只允许纳粹党和国家社会党的存在，对其他政党进行疯狂镇压。纳粹党徒大肆杀害犹太人，对基督教的宗教自由进行威胁。政府对财政、工业与农业进行调整，取消工会，禁止罢工。虽然纳粹统治并没有让德国的经济迅速赶上其他国家，可希特勒却名声大噪。纳粹党控制了全国的报纸、广播、剧院、电影和学校，全力鼓吹希特勒的伟大。希特勒在德国民众间树立了强硬的爱国者形象：他不接受《凡尔赛和约》的束缚，不再偿还协约国的赔款，还退出国际联盟，收回了萨尔盆地。希特勒向德国人们保证：独裁会令德国拥有世界上最强大的海陆空部队，"一战"后德国人战败者的形象将一去不复返。

奥地利的基督教独裁政权 1933年，希特勒吞并奥地利的意图已是"司马昭之心"。为了挽救奥地利，奥地利总理多尔夫斯宣布实行独裁统治，努力让奥地利变成基督教的"社团"国家。他颁布新法禁止纳粹党活动，组建协会或者"社团"来保持社会的安定与和平，促进工农业的发展。1934年纳粹党徒暗杀了多尔夫斯。尽管如此，奥地利的执政党依然坚持这些政策。

虽然奥地利人一直在努力，但是无法阻止希特勒力量的迅速发展。1938年春，希特勒打败了总理库特·舒施尼格博士领导的奥地利政府，吞并了整个奥地利，开始了纳粹党的统治时期。不久后，希特勒政府举行了一场公民投票，以证明奥地利被德国兼并的合法性。

德国和意大利的关系很友好，双方致力于推动两国间的贸易发展，满足某些政治需求。但是仍然有人看出德国"醉翁之意不在酒"，吞并奥地利只是德国建立罗马—柏林轴心的第一步棋。

捷克斯洛伐克国内的纳粹党主张与德国合作，希特勒决定援助他们夺取政权，这比德国吞并奥地利更加令人吃惊，引起了英法等国的高度警惕。幸好捷克斯洛伐克政府发现了危险，异常坚决地取缔了国内的纳粹党。希特勒不得不终止了此项计划，和平局面得以延续。

民主国家的恢复 商业的复苏让很多民主国家的人们对政府有了更多的信心。比如英国，不仅经济迅速繁荣，还成立了一个保守党内阁。法国面临的经济危险小得多，但在货币问题、财政舞弊与内阁频繁变动方面遇到不少挫折。美国就没有那么幸运了，它的经济危机最为严重。1932年，胡佛总统的共和党政府没有被外力颠覆，却被本国选民们赶下台去。1933年，新总统富兰克林·罗斯福上任。此时的美国金融局面一塌糊涂。罗斯福政府开始管理银行，将美元贬值到原来的60%，限制农产品价格上涨，建设公共工程来提供就业机会，准许雇主利用规章来调节竞争力，还对劳工试行涨工资、缩工时与改善工作条件等举措。这些经济改革政策被称作"新政"，虽然被最高法院宣告为违宪行为，但是很大程度上缓和了美国的经济危机，美国避开了法西斯独裁统治的危险，靠自己挺过了艰难的一关。

三、国际危机

渴望和平 渴望和平已成为世界上所有国家的迫切愿望，很多国家都付诸行动，有的在《巴黎和约》上签字，有的加入了国际联盟，有的签订了其他和平公约。1932年的世界裁军会议，得到了世界上绝大多数国家的拥护，和平与裁军的舆论运动越来越高涨，可有些国家依然在扩充军备，准备征服其他国家或者挑起新的战争。

扩充军备 1932年，裁军行动遭受了巨大挫折。1933年，德国退出裁军会议，开始组建自己的海陆空部队，人数突破了50万。1936年，日本大力扩充海军。各国在华盛顿与伦敦签订的海军条约期满后，多国开始扩充海军规格。墨索里尼制造了2艘巨型战舰，法国制造了4艘，美国与英国也准备制造更多的小型战舰。苏联的陆军增加到近100万人，还要在1936年继续扩军，理由是遭到了德国与日本的武力威胁。为加强自己的势力，苏联与邻国签署和平公约，于1934年参加国联，在1935年和法国、捷克斯洛伐克结盟。法国也在扩军，还加强了边界的防御工事，并努力寻找军事同盟。同时，列强还在发展空军力量。整个世界都在积极扩军备战，战争一触即发。

领土扩张热 发动战争的目的就是获得更多的领土。日本、意大利和德国丝毫不掩饰自己对别国领土的渴望。但是只有侵略战争才能满足它们的野心。

日本侵略中国 地狭人满的日本对中国觊觎已久，因为它必须通过获得领土来减轻自己人口"过剩"的负担。所以想侵略中国东北以外的地方。1935—1936年间，日本民众的反对使侵略行动暂时搁浅。到了1937年，日本终于发动了全面侵华战争。北平和天津相继被占领，满目疮痍的上海也被日本攻陷。1938年，广州守军不战而降。中国政府向国联申诉，可单凭抗议阻挡不了日本的铁蹄。

如果日本军队再强大一些,它也许可以在短时间内征服中国。但战争被拖进了持久战,中国人缓过气来,开始了全面抗战。

埃塞俄比亚的战争 拓展疆土的欲望和独裁政治将意大利拖入了战争深渊。墨索里尼上台后,经济发展缓慢,1934年,意大利遭遇了一场严重的金融危机。为了改善局面,1935年,墨索里尼计划征服东非广阔多山的埃塞俄比亚帝国,以缓解国内矛盾。埃塞俄比亚信仰基督教的皇帝海尔·塞拉西向国联申诉,英法也试图调解,但墨索里尼依然一意孤行。他在埃塞俄比亚边境集结了大量军队,部署了大量坦克与飞机。1935年10月,雨季刚结束,他就发布了进攻的命令。几十万赤脚的埃塞俄比亚士兵在山势复杂、天气严酷的环境下抵抗意军。装备精良的意大利军队在这个冬天有所斩获。各国都开始谴责意大利破坏盟约,对它采取了制裁,53个成员国拒绝向意大利销售军火或者提供贷款,并暂停了与意大利的经济往来。这是历史上首次有50个国家同时用经济制裁手段来抵制战争。然而经济制裁并未奏效,战争依然继续。意大利长驱直入,占领了一个接一个的市镇。首府亚的斯亚贝巴被攻陷了,海尔·塞拉西逃亡到英国。1936年,墨索里尼宣布埃塞俄比亚成为意大利帝国的一部分,扶持维克托·伊曼纽尔三世成为意大利皇帝。到1938年,许多国家最终默许了墨索里尼吞并埃塞俄比亚这个事实。

西班牙内战 西班牙在建立民主政府的过程中,遭遇了不少阻力。虽然1931年普里莫·德·里维拉所创建的独裁体制被颠覆,但是保守党与激进党还进行着激烈的争斗。1936年,两党公然决裂。左派占据了胜利,并实施了实际上是社会主义的激进纲领。1936年内战发生,弗朗西斯科·佛朗哥将军成为反政府势力的首领。经过长达3年艰苦卓绝的内战,佛朗哥在意大利和德国的大力帮助下,获得了西班牙掌控权。他上台后,杀掉了很多前政府的拥护者(保王党领导人),仿效意大利,成立了一个法西斯国家。

第47章 第二次世界大战

第二次世界大战事实上是阿道夫·希特勒对德国在"一战"中的失败所展开的报复行动,也是试图使德国问鼎欧洲乃至世界的结果。他与俾斯麦志同道合,崇尚铁血政策。从另一个角度来说,国联没有实际权力,是这场战争打响的另一个因素。

一、希特勒在国内

将德国人纠合起来 多年以前,希特勒在狱中写下了《我的奋斗》一书,这本书被传得神乎其神,加上希特勒有良好的演讲才能,群众都被他的花言巧语打动。希特勒在国内宣扬富有的犹太人有罪,他用武装党徒来巩固自身统治,强迫群众遵从他的意志。他训练了一支"冲锋队",全都身穿褐色衬衫、戴有纳粹标志,又成立了一个小团队——"党卫军",成员身穿黑色衬衫、佩戴骷髅徽章。

纲领与宣传　希特勒把所有的精力都投放在训练士兵、制造武器与准备军需上。他消灭了所有的反抗者，将权力全都集中在纳粹党手里。他严酷镇压共产党人与和平主义者，解散工会，没收基金。对于纳粹党内的温和派与可疑分子，他也绝不手软。

他把信奉天主教与新教的德国人、犹太人和共产党人一起关到了集中营，严刑拷打。许多犹太人和被迫害者不得不到外国避难。在国内，所有人都得听从全国教化和宣传部部长约瑟夫·戈培尔的指令，尊敬首脑，顺从希特勒，不能有任何别的舆论与思想。在纳粹的宣传中，德国人只为国家而活，不允许有个人思想，德国人是世界上得天独厚、高人一等的种族。

为了完成希特勒的野心，需要对所有德国人进行洗脑。为此，戈培尔在报纸、杂志、电影与广播节目中无休止地鼓吹军国主义思想。街上，男女老少聚集起来欢呼、呐喊，甚至举行狂热的游行。教育成为强化纳粹统治的工具。纲领规定，青年男子需要入伍参战，青年女人负责后勤工作。

反基督教运动　纳粹党徒掠夺教会财产、监禁天主教公职人员、封闭天主教学校，这些野蛮行径，引起了教皇的强烈不满。比起19世纪70年代，纳粹党和教会之间的矛盾进一步深化。几个新教教会表面上只能服从于纳粹帝国的主教。纳粹分子还想把基督打造成一个纳粹战士的形象，妄图用一种"日耳曼经"取代《圣经》。保守一点的基督徒们表示反对，结果很多牧师被关入大牢或是直接被杀害。

纳粹的经济　政府的控制开始慢慢渗透到生产、贸易与银行各个领域。要建立强大的军备就必须有经济的配合。为了减少对外贸易，努力不让德国依赖外国供给，科学家们使出了浑身解数，创造出了橡胶、石油等主要原料和种种食物的替代品。尽管如此，仍需要一些必要的进口货物，就只从附近地区获取，比如说巴尔干半岛地区。希特勒所希望的经济改革目标并未真正达成。1933年以后，大百货商店仍然存在，大地主也保住了自己的资产，非犹太资本家在政府的管控下保住了自己对工厂、矿山与银行的所有权。

战争机器　"一战"中的飞行英雄赫尔曼·戈林扩大了德国空军的规

模。1935年，纳粹党徒公开撕毁了《凡尔赛和约》，无视限制德国军备的规定，实施全民兵役制，并倍增飞机与坦克数量。

二、希特勒在国外

侵略性的外交政策　德国收回萨尔河流域和意大利吞并埃塞俄比亚，使得希特勒的野心继续膨胀。他不但号召奥地利人，还号召居住在但泽、默麦尔、石勒苏益格与捷克斯洛伐克苏台德地区的德意志人，让他们全都集中到第三帝国，以壮大他的侵略队伍。1936年，德国军队在莱茵地区布防，对法国进行挑衅。1936年，纳粹党徒资助西班牙的佛朗哥夺取政权，并拉拢日本建立了柏林—东京轴心，意大利随后加入轴心国的行列。1938年，德国将奥地利并入第三帝国。1939年，德国攻占了捷克斯洛伐克，打败了立陶宛，占领了德意志人所居住的默麦尔镇。1939年9月，德国借口但泽地区发生冲突，气势汹汹地进攻波兰。英国和法国早就声明，德军入侵波兰就是向它们宣战。至此，第二次世界大战爆发。

波兰又被瓜分　经过激烈的战斗，德国占领了波兰的西半部，苏联吞并了东半部。英法两国在救助波兰方面有些力不从心。虽然法军曾向萨尔河流域的德军发动了攻势，但是希特勒惯用"闪电战"，打败了波兰后立即转身对付法国。法国人只好撤回兵力，在边境的马其诺防线布防，等待英军支援。虽然英法两国想打一场持久战，但是空军力量和军事装备远远落后于德国。更糟糕的是，纳粹的策反宣传策略奏效，法国国内不满情绪激增，实力大打折扣。

苏联的侵略　目睹德国胜利的苏联心生警惕，开始强迫爱沙尼亚、拉脱维亚与立陶宛为自己提供部队驻地、空军机场与海军基地。芬兰拒绝与苏联结盟，苏联在1939年11月大举侵略芬兰。弱小的芬兰军队不畏强权，从英法处获得军火，又向美国借款，顽强地抵抗苏军入侵。经过艰苦卓绝的战斗，可力量悬殊，4个月后，苏联占据了芬兰大部分领土。国联指责苏联，将它从国联中除名。但苏联又夺取了爱沙尼亚、拉脱维亚与立陶宛。后来，得到了希特勒帮助的苏联，把罗马尼亚的一部分领土也吞并了。

1940年春,英国在挪威海域布雷,阻拦运往德国的铁砂。德国趁此良机迅速占领了丹麦与挪威的主要城市。虽然英国想支援丹麦和挪威,但心有余而力不足。5月初,纳粹完全统治了整个挪威,瑞典也落到了德苏两国手中。

法国被侧面包围 1940年5月,德国绕过重兵把守的马其诺防线,从西北方突袭法国,沿途的荷兰、卢森堡与比利时等小国虽然进行了抵抗,但还是被德国击败。德国顺利进入法国境内,沿着英吉利海峡向西推进,沿海的几十万法军与英军毫无防备,掉入了德国精心布置的陷阱。英国动员了全国的船只,付出了高昂的代价,将一部分联军经法国的敦刻尔克海港撤退到英国本土,保存了一部分实力。

法国被奴役 剩下的法军一直和纳粹进行着斗争,可寡不敌众。1940年6月14日,纳粹军团轻而易举地攻占了巴黎,法国政府解散。曾参加过"一战"凡尔登战役的老英雄贝当,和德国签订了停战协议,协议规定德国占据法国的北部与西部。贝当领导的新政府,则保有法国其他地区的表面控制权。贝当拒绝了英国让他撤退到法属非洲殖民地(一部分法军已撤到非洲)的建议,坚持留在法国充当德国的傀儡。

意大利的掠夺 法国瓦解后,墨索里尼喜上心头,急于同希特勒分赃。德军在巴黎势如破竹的时候,墨索里尼夺取了尼斯和一些靠近意大利的法国海岸地区,这都是意大利人垂涎已久的领土。

三、拦路的狮子

严阵以待的英国 法国沦陷后,英国却并不妥协,发誓将战争进行到底。德军在法国沿岸架设大炮,隔海轰炸英国沿岸城市,德国空军突袭伦敦,海军发射鱼雷攻击英国船只。但是英国人依然坚持战斗。温斯顿·丘吉尔取代张伯伦担任英国首相,英王乔治与王后伊丽莎白也一直给英国人打气。

波兰、捷克斯洛伐克、挪威、荷兰与比利时的流亡政府,带着自己对殖民地的掌控权和一些钱财、船只辗转到了英国，受到了英国的热情欢迎。法国因为与德国签署了停战协议而备受谴责。大家非常担心，如果强大的法国舰队被德国与意大利掌握，无疑是为虎作伥，助纣为虐。

武装起来的英帝国 和"一战"一样，英国获得了领地和属地的许多帮助。澳大利亚、新西兰、印度、南非与加拿大都为英军提供了有力的援助。加拿大迅速发展成为一个大兵工厂，不仅提供船只、飞机与军火，还帮助空军训练飞行员。战争中空军的重要性越发彰显出来，这是前所未有的情况。

西方民主国家 虽然法国沦陷了，但由于拥有西半球众多强大共和国的支援，特别是美国在道义上和物质上的援助，英国对抗纳粹德国、法西斯意大利的战争才得以坚持下去。法国垮台的时候，罗斯福总统对独裁政权的侵略扩张行为进行了强烈抨击，还提议"全力帮助英国"。8月，美国向英国提供了50艘军舰，助英国夺得纽芬兰、百慕大与英属西印度群岛的防御基地的使用权。美国加快了生产飞机与军火的速度，不仅满足自己的需要，还计划支援英国。意识到英帝国面临的严重威胁将会影响到世界各地的民主政治和自由制度，美国国会通过了军训、扩充陆军、强化海军等法案。德国和意大利毫不掩饰对民主政体的敌意，日本则严重威胁着太平洋地区的安全。

四、遍布世界的战场

巴尔干半岛的闪电战 1940年8月，德国与苏联联手征服了罗马尼亚，随后保加利亚占据了多布罗加南部，特兰西瓦尼亚的一半领土划给了匈牙利。同月，意大利人占领了英属索马里。9月，意大利人在北非以利比亚边界为跳板，进入了埃及。10月，意大利人通过阿尔巴尼亚，开始向拒绝对英宣战的希腊展开攻击。

"希腊的光荣" 意大利人并没有在希腊尝到甜头，反而遭遇了惨败，被希腊人民驱逐出去。英军帮助希腊人乘胜追击，希腊人民占领了阿尔巴尼亚的重要根据地。1941年，希特勒从北面越过保加利亚与南斯拉夫，开始向希腊和它的盟国逼近。希特勒诱使保加利亚加入轴心国，南斯拉夫却拒不合作，被希特勒击败。因为寡不敌众，希腊与英国援军投降。残余部队在希腊国王的带领下退到了克里特岛，历史上著名的"温泉关战役"就发生在此地。

非洲的作战　不幸的意大利人，刚在希腊吃了败仗，又在埃及战场被英军击溃。英军征服了意属索马里与厄立特里亚，收回了英属索马里，抓获了上千俘虏。埃塞俄比亚的皇帝重登帝位。

在远东　1941年4月，列强们签署了一份公约，默许了苏联对蒙古以及日本对中国东北的所有权。日本深受鼓舞，加快了侵略中国的步伐，在太平洋上对英美两国采取挑衅的姿态。占领1939年更名的泰国后，德日站稳了脚跟，后来控制了英国在东南亚的根据地新加坡。

在地中海东部　1941年5月下旬，为了攻击埃及与苏伊士运河，纳粹党徒和英军交战，最终占领了战略要地克里特岛。当时，叙利亚地区被法国傀儡军掌握，战局对埃及与波斯湾一带的英军非常不利。

"胡德号"与"俾斯麦号"　1941年5月24日，英国的巡洋舰"胡德号"被德国的"俾斯麦号"击沉在北大西洋。不过"胡德号"的大仇很快得报，几天以后，已是强弩之末的"俾斯麦号"在抵达布勒斯特海港时也被击沉。

五、决定性的夏天

希特勒入侵苏联　东边朝向博斯普鲁斯海峡的巴尔干半岛，撕裂了希特勒与斯大林脆弱的友谊。斯大林觉察到了希特勒进攻巴尔干半岛的野心，在当地集结了大批军队。希特勒因为担心斯大林在东线对其采取军事行动，所以不敢贸然在西线展开对英军的进攻，另外他还觊觎乌克兰的小麦与石油。所以，希特勒把进攻的重心悄悄转移到了东线。1941年6月的一天，希特勒突袭苏联，"墙倒众人推"，罗马尼亚、匈牙利与芬兰这些仇恨苏联的国家，开始对苏联落井下石。自黑海至波的尼亚湾长达1000英里的战线上，战机轰鸣，大炮轰隆隆作响，斯大林猝不及防，带领苏联仓皇应战。战争刚开始的3周,苏联一败涂地。不过苏军缓过劲儿之后,通过顽强抵抗遏制了德军的"闪电战"。

日本的侵略 而在远东地区,日本的强大越发威胁到英美两国。为了保障英美在大西洋上的航运安全,美国特地派了一支军队去冰岛承担护送任务。日本强迫早已无暇他顾的法国将法属印度支那割让给日本,以达到援助德国与自己的图谋。美英两国联合对日本展开了毫不留情的经济制裁。

英国的活跃 希特勒忙着进攻苏联,英国得以喘息,趁机发动对德国、傀儡法国与荷兰的空袭。英军进入伊拉克,将当地亲轴心国政府推翻。他们从傀儡法国的魔掌中把叙利亚救了出来,并加强了埃及的防御力量。在伊朗,英国和苏联击退了德国势力。英苏两国还获得了美国政府源源不断的帮助。

珍珠港 1941年12月7日,日本大耍两面派手段,一边派"和平"使节访问华盛顿,一边暗地里偷袭了夏威夷群岛珍珠港的美国军舰。毫无防备的美军伤亡惨重。第二天,义愤填膺的美国向日本宣战。3天后,美国又向德国和意大利下了战书。

不太平的太平洋 日本蓄谋已久,美军还在整顿军备的时候,日军已经攻占了菲律宾群岛与附近很多岛屿,并在白雪皑皑的阿留申群岛创建了军事基地,兵锋直指美国的阿拉斯加地区。相比之下,美国则显得有些措手不及。即使如此,在菲律宾的美国士兵,还是依靠菲律宾人的帮助,进行着力量悬殊却不屈不挠的反抗斗争,太平洋战场的情况大多如此。澳大利亚与新西兰的士兵为荣誉而战,多灾多难的中国顽强地拖住日军铁蹄。日本以本土为核心伺机向周围出击。为了迎战,美军必须远征,不断地将兵力投向大洋洲与北非战场,后来转至欧洲战场。美国还对它的盟国进行帮助,源源不断地送上战备物资。

潮流的扭转 1942年11月,美军在北非登陆,协助英军抗击纳粹党徒。1943年初的斯大林格勒战役中,德军惨败。5月中旬,德军被迫撤出非洲。随后,经历多次战争的洗礼,美军和英军放弃了久攻不下的马耳他岛,横渡地中海,在西西里岛和意大利的南部位置登陆,将纳粹党徒驱赶到北方。1943年9月，意大利投降，墨索里尼下台，意大利掉头加入盟国。11月，丘吉尔、罗斯福和斯大林等几个首脑在伊朗的德黑兰进行会晤。

钳形合围 1944年初，斯大林格勒摆脱了德军的威胁，苏军开始向西反攻。1944年6月，盟军自诺曼底登陆，一路向东攻击。8月，盟军向法国的北部和东部进发。同月，罗马尼亚和保加利亚被收复，巴黎获得解放。虽然已是强弩之末，德军依旧垂死挣扎，开始制造新式武器。6月，德军向英国发射具有强大破坏力的飞弹，12月，德军在阿登地区展开了小规模突袭。在这种局势下，法国爱国者们处处援助盟军。

决定之年 1945年3月，英、美和加拿大军队渡过莱茵河。5月初，三国军队与苏军在柏林周围会师。5月7日，德国宣布无条件投降，希特勒自杀。墨索里尼也在几天前被杀。太平洋上的硝烟还在弥漫。德国战败后，英国开始帮助攻击日本。8月6日与9日，美国分别在广岛与长崎扔下了两颗原子弹；在远东，苏联对日宣战，日本人开始求和。9月2日，道格拉斯·麦克阿瑟将军在"密苏里号"战舰上主持了受降仪式，日本签了投降书。

1945年4月12日，罗斯福总统去世，哈里·S.杜鲁门继任。1945年7月，英国首相由温斯顿·丘吉尔变为克莱门特·艾德礼。

前景展望 "二战"虽已结束，但仍有许多问题急需解决。一方面，要保证全球的安全，对德国和日本进行监督。另一方面，要进行战后重建，给遭受战乱的国家提供粮食。虽然"二战"结束了，中国内战却如火如荼，巴勒斯坦、印度以及很多东南亚国家的局势也不稳定。纵观世界，最大也是最迫切的问题，就是要创建和平友好的世界新秩序。

第 48 章 第二次工业革命：全球性影响

安全问题依然是当今社会的首要问题。为了增强安全感，1985 年，全世界投入了 1 万亿美元的资金用于军备。尽管如此，像美国和苏联这样的超级大国，即使拥有了世界上规模最大的武器储备，也和瑞士或斯里兰卡这样的小国一样缺乏安全感。很多第三世界国家处于失业和贫穷状态，急需得到发展和帮助。不仅亚洲、非洲和拉丁美洲是这样，西欧和北美也是一样，成千上万的贫困人口挣扎在死亡线上。

由于第三世界国家推行随意砍伐的政策，只顾眼前利益，导致了严重的沙漠化，耕地在迅速地减少，导致生态环境恶化。发达国家也存在这样的问题。美国中西部的土地受到侵蚀，导致沙尘暴不断发生；加利福尼亚的中央盆地，有一部分肥沃的土壤正变成含盐的沙漠；在美国东北部、加拿大东部和欧洲北部，酸雨经常出现，森林变成褐色，湖泊变成深蓝色，变得毫无生机。由于环境污染，伦敦、巴黎和科隆的建筑和纪念碑早已没了当初的焕然色彩。

是什么给世界带来了这些悲剧和苦难？原因各式各样，但最根本的原因应该是"二战"期间的第二次工业革命的影响。第一次工业革命改变了世界，第二次工业革命的影响力更加巨大。这一章中，我们要详细探讨一下这场工业革命的起源、特征，和它对人们的生活带来的众多影响。

一、第二次工业革命：起源和特征

"二战"推动了很多尖端科技的发展，这些科研成果影响力巨大，人们把这些重大技术和对世界产生的影响归到"第二次工业革命"中。

核能 由于第一次工业革命中出现的蒸汽机、发电机和汽油发动机等，人们慢慢地获得了更多的能源。"二战"期间，新墨西哥沙漠里发出了一声巨响，标志着人们又获得了一种新能源——核能源。

投放在日本广岛和长崎的原子弹，标志着核能已经被运用到军事方面。当然，现今社会核能的利用范围更加广泛，人们开始使用核动力船只，在生物学、医学上用核能帮助诊断和治疗，还建立核动力工厂。

机器取代劳动力 第一次工业革命中制造的大机器，大大降低了人们的劳动压力。并不满足的人们尝试用机器彻底取代劳动力。"二战"期间，英国的一些高射炮台就开始采用计算机技术，电子存储器、指令机器，还有对储存资料进行分析的程序等技术，让射击变得更加精准。微型半导体（即计算机芯片）出现后，原本笨重的计算机体积变得越来越小，运算速度却越来越快。在现代经济和商业活动中，计算机发挥了巨大作用，发电站、办公楼、超市收银台、纺织机器、电话交换机和工厂生产线，都有计算机的身影。现代计算机功能更加完善，也更为多样化，能承担焊接、油漆、搬运等繁重或危险的工作。在未来的家庭中，家务机器人，能把人从家务中解放出来。

航天科技 航天科技在"二战"中原本用于军事方面，比如德国人就曾用V-2火箭轰炸了伦敦。随着时代发展，这些杀伤性极强的武器却引领人类进入了航天时代。1957年10月4日，苏联发射了人造卫星1号，人造卫星1号顺利地环绕地球1周。这是人类首次进入太空，具有特别重要的历史意义。

当时没有人能预测未来究竟会怎样。随着宇宙空间计划的实施，制造商们发现了商机，创建了许多新型产业。比如如何调控失重现象，如何适应真空状态，如何应对超高温和超低温，组织培养液，计划建造全自动化太空制药厂等。为了在生产线路时获得更多的晶体软件，人们计划建造全自动化太空晶体工厂，还想建造巨大的太阳能收集器，以便利用微波技术使地球从太空中获得能量。美国的物理学家杰拉德·K.奥尼尔和苏联的天体物理学家I.S.什克洛夫斯基都是有识之士，他们预测未来会有人类登上太空，会在宇宙中建造巨大的空间平台或岛屿，然后有人移民到宇宙空间中，而且太空旅行的人类数量会超过留在地球上的人数。

基因工程 1953年，科学家们在人体中发现了一种奇妙的化学结构——DNA（脱氧核糖核酸），它是遗传物质的生命密码。为了获得更多关于基因的信息，科学家们开始尝试研究基因切断和基因拼接，将动物或人类的基因放入细菌体内进行繁殖，在试管中通过基因组合编写全新的基因信息，合成全新的人造基因。目前，许多基因密码已经能被科学家们读懂并修改，科学家们还能破解更多的新基因密码。大约1万年前，人类开始了文明的进化，驯化动物，栽培植物，利用外力来改变动植物的基因。今天，科学发展日新月异，改变基因的手段更加直接、明显、迅速。现在的科学家早已没有耐心等待动植物自然进化，开始着手选择一些物种，对它们的基因进行挑选和处理。基因工程的发展为新型农业革命提供了更美妙的前景。医学上，科学家们已经利用基因技术创造了许多激素和新疫苗，胰岛素、生长激素，还有防止牛感染口蹄疫的疫苗，能够更好地为人们的生命财产保驾护航。

信息革命 信息革命包括信息积累和信息传播两个方面。在知识爆炸性传播的当今社会，它的速度绝对是空前的。打个比方，世界各地每天公布的科学信息，集中起来大概可以写满7套24卷的《不列颠百科全书》。计算机储存检索信息和卫星传递信息，都以光速传播，并日新月异。现在，即使人们足不出户，也可以在家中通过报纸、杂志、广播、电视机或电脑获取信息。

新农业革命　第一次工业革命中诞生的农业革命，主要以圈地、种子改良、科学饲养、新农业机械为主要特征。第二次工业革命引起了一场新农业革命，这次革命的主要目的是解决"二战"期间的市场需要，是一场绿色革命。战争导致了物资匮乏，各种农产品的需求激增，农产品的价格也越来越高。粮食方面，"二战"后出现了各种杂交作物，而且由于灌溉、肥料和农药的广泛运用，农作物的产量也得到了前所未有的提高。农业的繁荣必将导致农业革命的爆发。

20世纪90年代，继农业革命之后，基因技术也再一次蓬勃发展。科学家们尝试着把不同生物的基因片段进行混合和配对。医学领域上，科学家们合成了对人体意义重大的人工胰岛素和干扰素。基因技术还被用于农业，它可以让植物的生命力更加顽强，可以让植物适应含盐或干燥土壤等恶劣自然条件。这类植物自带氨肥，不易感染病毒、细菌、真菌和蠕虫，极少受病，产量和营养价值更高。由于农业革命的推动，二战后世界上的人口虽迅速增长，但粮食的产量却大大超过了人口增幅，人们的温饱问题已得到解决。

第一次工业革命对欧洲乃至世界各地都产生了巨大的影响，第二次工业革命亦然。而且，不管是强度、力度还是影响力，第二次工业革命都远远超过了前一次工业革命。当然，除了积极的一面，它也具有破坏性的一面。

二、对第一世界国家的影响

战争后的繁荣与衰败　"二战"后的25年是资本主义发展的黄金时期。世界工业和世界贸易增长迅速，年增长率分别达到了5.6%和7.3%，创下令人鼓舞的历史新高度。产生这种局面的原因很多：有补偿战时损失的心理驱使，有对战争期间被忽略被压制的商品和劳务的强烈需要，有军事技术如电子学及喷气式飞机运输普及到民间的因素，有朝鲜战争、越南战争的因素，还有冷战时期内的巨大军事需求等因素，这些都导致了战后经济繁荣。

第二次工业革命带来了集装箱运输、卫星通信及电脑现金管理等方面的新技术，促使全球经济迅速扩张，特别是一部分跨国公司，充当了全球扩张的急先锋。有些中等跨国公司凭借革新技术，可以在11个不同的国家生产出22种产品。跨国公司不仅向第三世界国家输出制成品，还把工厂建立在那里，以低廉的成本获得更多的收益。在这些落后的第三世界国家，工人们每天的工作时间很长，但是工资却比跨国公司本国的工人低很多。就这么发展了25年，跨国公司每年的增长速度是10%，非跨国公司的增长却异常缓慢，只有4%。

随着全球化趋势的发展，工业化国家中的工人阶级受益匪浅。工资大幅度提升，使他们有资金进行周末短途旅行、假期旅游及分期购买个人住房、汽车以及其他耐用消费品。购买力的提高，让经济没有重蹈历史上繁荣—衰退的可悲循环。这使得许多经济学家以为是他们制定的货币政策和财政政策起了作用。他们太乐观了，正如同1929年经济大衰退前的经济学家所犯过的错误一样。

20世纪70年代中期，出现了人们颇感意外的结果：市场繁荣的景象不复存在，经济停滞，通货膨胀。战争损失的生产力已得到补充，人们的消费需求也得到了满足，于是出现了生产过剩的情况。但第三世界国家中的大部分人并没有获得所需的生产资料，他们的消费水平依然没有提高。跨国公司建立的海外工厂中工人的低收入，和当地人民的购买力之间产生了严重冲突，过度生产让社会上出现了更多的剩余物资。

世界银行曾对人们的人均收入进行了调查：1950年，工业国家的人均收入是经济不发达国家的10倍，到了1965年，差距变得更大，变成了15倍。"二战"后的繁荣依靠的是全球一体化生产，但是全球消费市场却无法支持。另外，第三世界国家原材料价格低迷，以及它们本身沉重的债务因素，都使它们与第一世界国家的差距越拉越大。

由于债务问题，很多国家不得不把国民收入用来偿付外债。1986年，第三世界国家的外债接近1万亿美元，所以各个国家都降低了社会支出和进口额度。但工业国家出口的工业产品大都销往第三世界国家,购买力下降使得第一世界国家的失业率倍增。1973年,经合组织15个成员国的平均失业率是3.4%,1979年失业率达到了5%,1983年达到8.3%,1995年达到了11.3%。失业率的激增,导致每个国家都想用关税保护政策来调整经济。这种做法不由得让人回忆起那段历史:20世纪20年代,正是由于贸易保护主义作祟,最终导致了经济大萧条。

原以为经济已经由衰转盛的经济学家们,没有了不久前的自信和愉悦。1983年6月,国际高级研究协会联合会召开会议,来自15个不同国家的学者们都对资本主义经济与社会主义经济的运行表示满意。他们表示:"我们生活的星球是一个正常秩序被打乱的星球,它以一些与当代现实脱节的经济概念为基础……我们不同意那些基本信条,要试着去修正或调整。"1996年,联合国国际劳工组织正式在报告中指出,世界上有30%的劳动力正在或已经失业。这说明,调整经济结构的脚步还不能停下,许多问题亟待解决。

社会影响　20世纪70年代中期,经济上的挫败,让经济学家们感到困惑。经济倒退极大地影响了那些养尊处优的富人阶层。为了消减贸易逆差的不断增长,美国开始鼓励农民出口农产品。农民们自然欢欣鼓舞,积极响应。1971年,美国的农业出口额还相当低,到了1981年就已达到438亿美元。苏联侵略阿富汗后,华盛顿禁止向苏联出口农产品。再加上美元定价过高(1984年时相当于向美国出口商品征收32%的附加税),很多第三世界国家财政上吃紧,于是减少从美国进口商品的数量,这严重冲击了美国的国外市场。仅在1981—1983年间,美国的出口商品的价格就下调了21%,出口量也降低了20%。

在这种紧张的经济状况下,美国的农民开始自救。为此,他们不惜借高利贷来购买更多的土地和设备。这种"杀鸡取卵"的做法让许多的农民破产,血本无归。

20世纪30年代,家庭农场的数量达到顶峰,有680万座,1980年下降到280万,1994年又下降到190万。美国人口调查局发现,农场的利润很低,到1985年时,也只能占非农场家庭收入的四分之三。经营农场的人贫困率达到24%，不经营农场的居民的贫困率仅为15%。农民们的负面情绪越来越高涨，社会动乱增多，自杀率也不断上升。1984年艾奥瓦州农业县的自杀率，比全国的平均水平高出1倍。

失业率居高不下，同样在都市社区造成了混乱的局面。同经济大萧条时期相比，20世纪80年代和90年代的失业率已降低不少，然而很多工人还是认为自己比以前更穷了。20世纪30年代，人们还普遍认为失业也有周期性，且会随着经济好转而结束。但以下几点理由迫使人们正视现实。

第一，为了获取更多的剩余价值，工厂已经从成本费用较高的国家搬迁到相对费用较低的国家，西方的工人想继续获得高薪酬的期待似乎不太现实。第二，不管是体力劳动者还是脑力劳动者，都感到了来自机器的威胁，并慢慢被普及的自动装置和机器人取代。1970年1月，西方的失业人数有1000万，到1983年1月已经上升到3100万。工厂里可以提供的就业机会越来越少，但是服务行业却慢慢变得热门，像银行收银员、快餐服务员、旅馆接待人员、娱乐和健康方面的服务人员，变得非常急缺。虽然服务行业可以缓解一部分就业压力，但是工资相对来说少得可怜。

1985年，特别工作组提交的一份统计资料报告，对人道主义进行了详细阐释。这个工作组有22名成员，由哈佛大学的公共卫生学院院长J.拉里·布朗担任负责人，主要对美国的饥饿问题进行调查研究。他们采访了不同职业、不同地位的人，其中有忍受饥饿的流浪汉，也有州长、市长、教师和社会工作者。调查显示，大约2000万的美国人还在忍饥挨饿，他们没钱购买食物，家中的余粮也不足。博士们为此表示了忧虑："饥饿是一场影响健康的全国性流行疾病。我们断定，未来10—15年，饥饿问题比以往更加普遍、严重……我们确信，饥饿和营养不良如今在全美各地都是严重的问题。事实上，我们无论去哪座城市、哪个州，都会发现饥饿普遍存在。"

1993年10月，福特汉姆大学的社会学家以一份年度社会健康报告的形式，反映了美国的饥饿问题。根据美国人口调查局所提供的社会问题目录,报告对社会福利问题进行了评估。报告称,美国人民面对着失业、青少年自杀、辍学率居高不下、住房负担沉重等16个重要社会问题。1973年,社会满意度达到77.5%,到本年度却已经下滑到38.8%,这让调查者们震惊不已。

三、对第三世界的影响

"二战"后,第三世界的普遍形态是:政治获胜,经济受挫。当许多殖民地国家变成独立国家时,世界政治进步高潮到达顶峰。但是,第三世界国家的经济情况不容乐观,人们的生活水平急剧下降,国家的经济也极度衰弱,经济恶化影响人们的正常生活。导致这种结果的主要原因是第二次工业革命的影响。

农业生产力因为绿色革命的新种子和新技术得到提升。参加绿色革命的却只有大中型农场的农场主,很多农民没有资金,买不起杂交种子、肥料和灌溉机器。大中型农场主却不种植粮食作物,只种高利润的出口作物。加上他们采用机器大规模作业,使那些无地可种的农民不得不搬到贫民区,成了"边缘人"。在墨西哥,这种现象特别突出。美国冬季食用的水果和蔬菜大多来自墨西哥农场,但是墨西哥的玉米和豆类等粮食作物,却得从美国进口。很多农民背井离乡,去别的国家寻找工作。首都墨西哥人口数量的增长却很快,1980年就达到了1400万,远远超过了承受能力,但是有人预计,在未来20年内,人口还要增长1400万。

都市化在各大洲飞速发展 2000年,第三世界近40个大都市的人口超过500万,个别城市甚至突破千万。而第一世界同等规模的城市只有12个。按人口数量排列,1990年全球的大都市排位依次是:伦敦、纽约、巴黎、柏林、芝加哥、维也纳、东京、纽约、上海、北京、里约热内卢、孟买、加尔各答、雅加达。第三世界国家城市化的重要原因是工业化还未普及。为了生存,即使是收入非常微薄的工作,人们也要接受。像在路边叫卖杂货、擦皮鞋、跑腿、推车和蹬人力车这些低等的活儿，只要能活命，人们都不会拒绝。这种工作只能养家糊口，不能提升国家经济水平。

四、对全球的影响

第二次工业革命，对世界所有国家的社会和人民的生活都产生了深远的影响。由古到今，技术变革深刻地影响到人们的生活。从狩猎采集到农业的出现，人们从游牧生活变成稳定的农村生活。第二次工业革命中出现的新技术影响更加广泛，且带有分裂性。其对全球最大的影响主要有四点：生态、种族关系、性别关系、战争。

对生态的影响 第二次工业革命不但对人们的生活造成了巨大的影响，还给地球的生态环境刻下了深深的印记。很早以前，人们一直都在努力改变自己的生存环境。因为需求，人类慢慢掌握了不少技术，学会了利用工具，哪怕起初的工具只是简单的石器、火。第二次工业革命对环境的影响力非常大，造成了前所未有的技术爆炸和人口爆炸。

马来西亚有一个游牧民族叫西芒族，人数在 2000—3000 人。西芒人的生活状态接近于原始，刀耕火种的生活方式让周围的生态环境比较稳定。他们在河水中洗澡、洗衣服、如厕、钓鱼，饮用水也取自这里。他们用火清理地上的植物，进行游牧生活。

按照这种简单的方式进行生活，西芒人日均消耗热量不足 5000 千卡（1 卡 = 4.12 焦耳）（40% 源自人力，60% 来自木柴），对周围的河流、森林很少造成影响。相比之下，美国人日均消耗热量 25 万千卡。而且随着机器工业的发展，人口数量从最初的几千迅速增加到几十亿，这种变化必然在全世界产生恶果。

机器生产的扩大和人口的激增，导致了生态环境的进一步恶化。农业生产力和工业效率提高，能够养活更多的人口。医学技术的进步，公共健康事业的发展，大大降低了死亡率，世界上的人口越来越多。在人类进化的几百万年间，1830 年世界人口总数是 10 亿人，100 年后增长了 10 亿，接下来的 30 年增长了 10 亿，之后的 15 年增长了 10 亿，再经过 11 年又增长了 10 亿。数字滚雪球似的越来越大!

如果地球新近增加的几十亿人同时使用第一、第二次工业革命中的机器,地球必然会遭受巨大且持续增加的压力,这种压力远远大于先辈们遗留下的其他问题。即使在地广人稀的美国,这种压力的迹象也随处可见。内布拉斯加到得克萨斯潘汉多之间灌溉大草原的奥格拉拉大蓄水层已日益枯竭;加利福尼亚的牧场和长岛的马铃薯耕地已变成高楼大厦;西北本已不多的原始森林被砍伐殆尽;99%的有毒垃圾无法及时处理,时刻都在污染水源。

生态困境并不是美国独有的问题,随着第二次工业革命的传播,已经成为一个世界性的问题。一些环保主义者已经开始将生态问题的矛头指向那些发展迅猛的第三世界国家,认为生态问题是他们日益增长的消费需求造成的。但是,挪威前首相布伦特兰却一针见血地指出,西欧人自己制造了工业革命,才引发了日益严重的生态问题,对第三世界国家的指责毫无道理。

对种族关系的影响 从历史上看,人口增长和人口迁移变化严重地影响到了种族关系。举个例子:我们的祖先把技术传到非洲热带地区,像生火、制衣、建房等,接着非洲又把这些传播到欧洲,最后到达美洲和澳大利亚。第一次工业革命使工农业日益进步,欧洲的人口猛增,从 1650 年的 1 亿上升到 1914 年的 4.63 亿。所以他们开始迁移到不发达地区。到 18 世纪和 19 世纪时,连西伯利亚和美洲这样人烟稀少的地方,也有大批欧洲人移居。第二次工业革命又导致了一波移民浪潮,民众们的迁徙方向与从前正好相反——从欠发达地区向发达地区移居。粮食产量增加,健康科技进步,如大众免疫、DDT、口腔再水化疗法等,不发达国家的死亡率降低了,出生率却依旧高速增长。1950—1970 年间,发达国家的人口增长率是 1.1%,不发达国家竟然达到了 2.2%。这使第三世界国家未来数十年内的成员以青年人为主,这种人口模式必将影响到世界的未来。

第三世界国家经济不景气,人口却在迅猛增长,很多人迫于生计只好到国外谋生。二战后,发达国家开始使用外国劳工,所以大批的移民者都向西北欧——德国、英国、法国和北欧国家集中,人数达到 1500 万到

2000万。其中的大多数移民者来自西班牙、葡萄牙、意大利、希腊、南斯拉夫和土耳其，其他则从北非、巴基斯坦、印度和西印度群岛等地汇集过来。

对于这些移民，欧洲的当地人起初以礼相待，把他们称为"客工"，以为他们赚钱后就会衣锦还乡。然而这些移民却讨厌了四处漂泊的生活，千方百计留在当地，他们的孩子把自己当作德国人、法国人或瑞典人，再也不认为自己是土耳其人、巴基斯坦人或西印度群岛人。战后经济繁荣时期过后，失业潮再度出现。这些外来人和当地人争抢着为数不多的工作岗位，受到当地人的仇视。当地政府也想给这些外来移民少量津贴，让他们赶紧返回自己的国家。然而，很少有人接受这条件。

欧洲人被迫正视这一事实：他们必须接受自己的国家变为一个多种族、多文化、多宗教的局面。洁身自好的欧洲人遭受了很多尴尬和不快：城市里出现了清真寺的尖塔，教徒们在那里大声祷告；电视和广播频道上全天都会出现外语节目；在公立学校里，穆斯林的孩子抵制学习"向上的基督士兵"歌曲。

欧洲之外的美国也发生过这种情况。1995年，美国进行了人口调查：占美国人口8.7%的2260万人都出生在国外，加利福尼亚25%的人口是在外地出生的，纽约则有16%的人出生在外地。专家们做出了分析，按照美国多种族混合发展的趋势，几代以后，美国人的肤色将发生改变，从白色变为棕色。1970年，肤色混合的美国孩子只有50万，但若是到了1990年就可能增加到200万。种族肤色的改变，对美国之外的国家也产生了影响。

1994年，美国的路易斯·哈里斯对人口情况进行了调查，有色人种认为他们受到比白人更多的歧视。有色人种内部虽然也有歧视和分裂，但是他们却一致反对白人。通过调查得出令人触目惊心的结论："如果拥有了更多少数民族团体，美国人必须克服的偏见和歧视就更多。"

这种结论令人不寒而栗，世界上的大规模移民不仅产生了许多少数民族团体，还产生了偏见和冲突。但我认为不必如此恐慌，有色人种移民并非洪水猛兽。高尔夫球场的王者——老虎泰格·伍兹就是一个混血儿，他融合了泰国、美国黑人、高加索美国人和印度美国人多种血统，如今深受大众喜爱。

对性别关系的影响 技术发展不仅对种族关系产生了影响，对性别关系也产生了深刻影响。原始时代，女人和男人为家庭提供了等量的食物，所以男女关系是平等的。农业革命使得人们结束流浪生活和村舍生活，女人们地位下降，必须待在家里养育孩子，从事家务。第一次工业革命使得很多妇女的生活方式发生了改变，她们除了做家务，还有机会走出家庭，进入工厂工作，获得薪水。

后来建立的公共学校，使妇女和男子可以接受相同的教育，这让她们受益匪浅。20世纪初，妇女们争取到了选举权。1900年时，仅有一个国家的妇女有这种权利；1950年时，有69个国家的妇女争取到了选举权；1975年时，妇女有选举权的国家已达129个。现在，除了阿曼、卡塔尔、沙特阿拉伯和阿拉伯联合酋长国这些阿拉伯国家，全世界妇女普遍具有选举权。

第二次工业革命对妇女的生活产生了深刻的影响。医学的发展产生了避孕药，让妇女们有可能摆脱那些计划外怀孕。她们不再受限于传统思想对自身角色的设定。对于母亲角色，妇女可以接受也可以拒绝。利用避孕药控制怀孕时间，生养过孩子的妇女可以继续工作或者谋求新职。但是，当今社会只有半数的妇女使用避孕药，其中一些人不会正确地使用避孕药。导致这种现状有多种可能，或是政府和教会的反对，或是丈夫的阻止。有些男人想生儿子以继承家业，有些男人想以生育孩子来展示自己的男性魅力。

现在，教育事业也提升了妇女地位。全球妇女文盲迅速减少，减少率已经超过男性。1960年时，世界上有59%的妇女摘掉了"文盲"帽子，到1985年，这个数字上升到68%。妇女教育的现状依然有很大的局限性，主要体现在教育内容和教育质量上。女孩子早期的学校教育内容基本都是学习厨房和起居室里的相关技能和知识，比如艺术、文学、家政和缝纫，对社会科学的了解却非常有限。男孩子相对学习的范围就很广泛了，工程、数学、物理学以及机械。

教育内容的差异导致男女收入上的巨大差距。这些年来，世界上有大量妇女走出厨房步入工厂，这是一个巨大转变。1890年，美国成年妇女的就业率只有18.9%，到了1940年达到25.8%，"二战"结束时期的1945年达到35%，到了1984年已经增长到54%。

参加劳动使妇女们获益颇丰——她们变得更加独立，眼界更加开阔，也能极大限度地发掘自己的潜能。国家经济中有了妇女们增砖添瓦，财富增加不少。在美国，夫妇都参加工作的情况下，家庭收入倍增，有足够的能力购置汽车、房屋，还可以定期休假，为孩子创造更多更好的教育机会。

但是，参加工作使妇女们压力倍增，一方面她们得面对家庭的压力，另一方面她们得面对工作上的压力。美国的妇女除了工作外，每周处理家务的时间已达24.2小时，相比之下，男人们做家务的时间只有12.6小时。苏联时期的男女家务时间差别更大，妇女们每周花在家务上的时间有25~28小时，男人们只有4~6小时。在日本，情况更甚，即使妻子是职业女性，男人们也不会花时间协助妻子做家务，他们每天做家务的时间不足半小时。

世界上的妇女们不仅在经济上只处于从属地位，还要遭受很多暴力和威胁。男人们经常会对女人们施暴，由于对妇女地位的错误认识，几乎所有文化对这个现象都采取了宽容的默认态度。男人若为了维护自己的政治观点不幸被杀，人们就会谴责这种行径侵犯了人权。如果这事发生在女人身上，人们却认为这只是"文化传统"导致的意外结果。这个问题不仅发生在落后地区，发达地区亦然。在美国，每过15秒钟，就会有妇女被殴打的案例，每5分钟内就可能有妇女被强奸。

很多文化传统中都存在着不同程度的女性暴力问题，有些甚至出现在女孩出生之前。过去在印度，在孩子出生之前，常常会采用羊膜穿刺术来判断婴儿的性别。这项技术本用来检测遗传缺陷问题，却被人们用来检测性别。如果是女孩，就常被停止妊娠。孟买的一家诊所，8000例人工流产手术中的7999个婴儿都是女孩。这家诊所的广告就很鲜明地说明问题："花38元流掉一个女孩，总好过以后花3800元为她置嫁妆。"

女婴被扼杀导致了严重后果，全世界减少了大约1亿女性。这些女婴或是被药物流产，或是出生后被扼杀，或是被饿死，或是因为疾病而死亡。

非洲和中东的一些地方，有一种残酷迫害女性的暴力手术——割礼，这种简单粗暴的手术去除了女孩的部分或全部外生殖器官，为女孩带来了巨大痛苦，残酷地剥夺了她们在性行为时的愉悦感觉，使她们未来在生产时面临巨大的生命危险，而其目的仅是确保她们在婚前仍是处女之身。世界各阶层为了废止这一陋俗做出了巨大的努力，却被当地人百般阻挠，认为侵犯了所谓的"非洲的重要传统"。肯尼亚的女性杂志《VIA》这样讽刺道："好一个'非洲特色'。无论有没有虐待妻子、母亲或贫民，无论有没有对她们实行割礼，那些西装笔挺、皮鞋锃亮的男人，只要打着'非洲特色'的旗号，就可以对女人做出任何不公正行为。"

1997年12月，埃及国家高级法庭宣布制止割礼行为，认为它不被《古兰经》规定的伊斯兰宗教所允许，至此，埃及妇女终于从割礼的魔爪中被解救出来。每年非洲有200万妇女遭受割礼的残害，埃及妇女的解放，无疑让她们看到了反割礼运动胜利的希望。

对于战争的影响 第二次工业革命对军事领域的影响最大。英国发明了雷达，德国出现了弹道导弹，美国出现了原子弹及电子计算机。可以这样说，第二次工业革命中的许多先进技术都是战争的附属品，这一点毋庸置疑。

与技术进步具有同等意义的是，军队、科研工作者和企业经营者们开始了一体化实验。他们要建立一个高度有效的联合体，"按需发明"。根据实战中的经验，他们迫切地想对武器进行更新换代。"一战"中的坦克、毒气和潜水艇，都是因战争需求而面世的新武器。如果科研工作者、军队、企业经营者的一体化联系能够构成，那前景一定很美妙。也是这个原因，两次世界大战期间的军事科技日新月异。

艾森豪威尔总统在"二战"后深受"军工综合体"所害，于是建立了科研工作者-军队-企业经营者一体化模式。当时，有一项策略防御计划（即"星球大战"）就是一体化的集中体现，1983年国会的授权拨款，足见当局者对此的重视程度。到1987年，80所大学和460家企业参加了这次计划，麻省理工学院是表现最突出的学校，涉及金额 3.5 亿美元，企业中为首的 Lockheed（洛克希德·马丁）公司，总金额有 10 亿美元。

军事技术竞争的脚步在"二战"后越来越快，一直持续到冷战结束。世界上第一颗原子弹爆炸时，爱因斯坦就发出了警告："人类已经濒临灾难的边缘了，未来将无法收拾。"但人们置若罔闻。随着军事技术进步，军备竞赛越来越厉害，每一项军事发明出现，就会有防御性或针对性武器诞生。军备竞赛造成了恶果，全球似乎已经变成一个巨型火药库，各国合计拥有 5 万颗核武器。

科学家通过努力，终于使人们看到了核武器的隐患。1983 年 11 月，来自不同国家的科学家们一致认为，即使只引爆一小部分核武器，也会给世界造成严重的后果：爆炸产生许多的油烟和灰尘，把太阳包围起来，整个地球都将变得寒冷和黑暗，这样的情况至少会维持 3 个月或 1 年，甚至更久。不仅会导致部分动植物灭绝，更会殃及人类。

以这个论断为基础，多个国家的科学家立即开始了一项新研究。有人乐观地认为，地球变冷还不至于直接步入"冬天"，提出了"核秋天"的概念。但他们也认为核战争将毁灭臭氧层，将人类直接曝露于太阳紫外线的辐射下。他们同时也发出警告，如果直接摧毁核武器，造成的辐射会造成上百万人死亡。此外，世界人口的五分之一到五分之四会死于饥荒。印度这样的国家，即便没有遭受原子弹袭击，人们也会死于粮食进口不足所造成的饥荒中。

一直以来，梦魇般的感觉严重地威胁着人类安全，那就是全球每年花在军备竞争中的 6500 亿美元。各国平均每分钟的军备花销是 100 万美元。然而就算花费了天文数字，也不能给人们带来所需要的安全感，相反，人们感到了"核秋天"的寒冷——应该庆幸，还不到"核冬天"的程度。

对人类毁灭进行预估，很多人认为罪魁祸首是生态环境和核爆炸，这只限于想象，甚至有些荒谬，但和我们对人类进化的审视相符，因为"人类的暴力行径之所以会从个人恩怨发展成为大规模的战争，正是因为过去各项技术发明和进步"。在原始时代，人们和平相处，没有战争动机，也没有战争的手段。后来伴随着科学的进步和人类财富的积累，战争风险持续升高。这些变化和农业以及工业革命息息相关。工农业革命促进了生产力的发展并缔造了富裕文明。对野心家来说，肥沃的耕地、殷实的谷仓，还有集聚财富的城市，都是他们觊觎的对象。为了获得更多的战利品，战争一触即发且愈演愈烈。罗马的独裁者们不断地开辟新的疆土，将游牧民族赶进不毛之地；殖民者们用洋枪大炮和十字架横扫世界；后来野心家们又利用炮舰和机械武器以及直升机或电脑等为他们的帝国扫清障碍。

但是，我们所处的时代又有很大的不确定性。虽然工农业革命让战争成为获得利益的必然手段，但第二次工业革命却可能让战争无利可图，甚至最终让战争走上死路。

爱因斯坦曾经警告人类正面临着新"思维方式"和"无法平衡的灾难"之间的抉择，有不少别的种群也面临过这种威胁，有的种群适应环境的能力很差，因环境骤变而灭绝。但人类却可以利用自己的智慧，创造出适合自己需求的环境。比如用火、制衣、建造掩体等行为，这让人类有别于其他种群。第二次工业革命迅速发展，给人类带来无限的活力，也带来强大的技术，人类必须快速建造出一个可供生存的环境。人类最迫切的事情就是要利用智慧，来适应我们发明创造的新世界。面临这样的挑战，我们具有一定的优势，因为人类面临的威胁并不像冰川时代那样神秘莫测，是可以预知的。如果我们的能力不足以控制这个可供生存的世界，就必须努力创造出更好的环境。

如今，核能科学家委员会在午夜之前把进行倒计时的"世界末日之钟"的分针从 3 分钟调到了 14 分钟，这让人们看到了希望。也许伯特兰·罗素所说的"人们将会比预想中灭绝得更快"这种说法太悲观了。但回望历史，过去百年间已有几百万人死于非命，历史学家们依然相信罗素的说法有一定的道理。但谁也不能预知"世界末日之钟"的分针走向，21世纪它的指针会不会静止在某一刻？就像广岛的原子弹废墟中发掘出的时钟那样，安静地永远地定格在 8∶15。

历史对今天的启示 对人类历史的回顾已经接近尾声。我们把所有研究的项目整理了一遍，扪心自问："时至今日，历史对我们还有着何种意义？"本书每一章节将其作为思考的中心。随着研究的深入，我们的思考更加深刻，得到的答案也更深刻。今时不同于以往，事件发生的频率更快，以史为鉴，可知兴衰，可为21世纪社会进步做好准备。

本书建立在大量调查基础上，让笔者印象最为深刻的是人类在漫长历史中所取得的突出成就。最初的人类，是一个渺小、脆弱不堪的种群，对这个复杂的世界几乎无力应对，面临巨大的生存挑战。我们的体积不如大象，力量不及狮子，速度远逊羚羊，甚至没有臭鼬、野猪或乌龟那样的自我保护手段。但今天的人类已经超越了一切高等种族，位于生物链的顶层，依靠的当然是人类的智慧。虽然我们没有像其他动物有那么强的适应性，但是我们人类有主观能动性，懂得改变环境，使其为人类服务。

人类是命运的创造者，而不是衍生物，改造环境是人类独有的智慧。卡尔·萨根也秉持这种观点。这位已故的空间科学家曾说过，当前社会拥有的高科技，可以使人类免于灾祸，如果地球周围的小行星发生爆炸，人类也能存活下去。即使冰山时代再次出现，我们也可以应对。目前，人类能用原子弹将小行星爆炸的碎片击破，也可以把即将爆炸的小行星送到别的星球轨道上。人类还可以利用镜子的原理反射阳光，避免冰山时代的来临。这些尖端科学技术能保护人类从灭顶之灾中逃脱，延续自己的传承。宇宙物理学的进步，还让人类看到移民外星的可能性，即便有一天出现了令人束手无策的灾祸，也可迁徙到外星生活。

所以，人类的第一要务就是生存问题。很多科学家提出了乌托邦式的幻想。

斯坦福大学的威利斯·哈曼是一位伟大的工程学教授和系统理论专家，他认为："地球上正在发生着很多活力无穷、美妙无比的事情。人们致力于创造千奇百怪的事情，创造各式各样的经济，崭新的发展模式，仪态万千的居民区。社会变革在日积月累中形成，它不是任何共产主义运动，更不属于其他任何形式，这种社会温和无害，是一种有机的世界……眼下的时代是人类历史上最美好的时代之一。我对人类的未来有绝对的信心。"还有一位德高望重的地球化学家叫哈里森·布朗，他认为："毫不夸张地说，如今的人类远远低估了自己所拥有的力量。我相信人类已经有足够的能力去建造一个完美世界。在这个世界里，人们会拥有自由、富裕、创意无限的生活……我知道人类一定能够创造出那个完美的世界，即便是伯里克利统治的黄金时代，在它面前也自惭形秽。"

然而，世界上某些畅销书的观点，却表现出截然相反的态度，单看这些书的名字就很消极，例如"世界末日""历史结束"或者"未来终结"等。国际组织前不久做出的调查发现，不仅书中存在着悲观情绪，普通人的消极心理也极其严重。被调查的20万参与者分别来自美国、加拿大、意大利、法国、德国、中国台湾、黎巴嫩、新西兰等不同的地方，其中持有消极心理的人数比他们的祖父母时代调查的数据多出3倍。

我们这个时代不再纯真简约。现代人能征服喜马拉雅山这样的世界之巅，却恐惧丧命于"死亡之谷"。报刊电视中出现种种的天灾人祸与哈曼、布朗憧憬的美好世界并存，结果导致人们对未来产生自我怀疑。福特汉姆大学的年报曾依据《社会健康指数》对自我怀疑与现实之间的差距进行详细描述。《社会健康指数》报告有大量调查数据，对青少年自杀、吸毒、失业、高中辍学率进行了调查，甚至统计了供房能力的数据。然后根据这些数据对美国社会的健康状况进行了分析。1970年和1991年的指数对比表明，美国社会健康的情况在急剧下降，指数从75跌到36。这个结果令人触目惊心。

为什么科学家预测的世界那么完美，而现实世界如此糟糕，而且情况还在进一步恶化呢？其中，文化是最主要的因素。几乎所有的民族文明和文化，都受到一定的约束机制的规范。文化必须用来引导人们的行为，在发展过程中深受社会生存机制的影响。不管什么样的文化价值观，都是为了最大限度地服务社会团结和社会生存目标。要保证种族的繁衍、物质的生产和军事的自卫，就需要保持一定的民族价值观。

经过几千年的发展演变，文化已成为社会的基石。文化指导人们进行社会活动，任何危害到文化价值的行为都会被敌视，就像威胁到人类生活需要的水和食物会引起恐慌一样，人们不愿接受时代的巨大变革，对文化变革持有抵触情绪。从历史上看，文化的变革必然会带来敌对和反抗两种情绪。即使是在今天，科技的发展也会对文化传统产生冲击作用，引发一些抵制的不和谐音符。一般来说，科技的进步深受人们喜爱，因为它能提高人们的生活水平。但是如果文化的变革冲击了传统的实践和价值观,就会在社会上引起恐慌感。

在历史长河中,这样的矛盾一直存在。科技使得我们的生存环境日新月异,毫不留情地改变着人们的生存方式和生存状态,但是社会的发展却异常缓慢。这种矛盾到了一定程度就必然导致暴力革命和血腥厮杀。当今社会这种观念上的差异,还在影响着人们的生活。只要用心看一下新闻,就能感觉到那直接或间接的影响。

工作 人类学家们普遍认同的一点是,远古时代的人类比现代人更加悠闲。原始人采集完食物后,剩下大把时间自我分配。现在澳大利亚的土著和南非卡拉哈里沙漠中的"功人",依然是靠食物采集生存的族群。他们每周花在食物采集上的时间只有15~20个小时。这种生活方式让他们有更多时间进行人际沟通,也可以慢慢地制定准备和分配食物的规则。人类历史大部分时间都是这么度过的。但到了大约1万年前,农业革命发展起来的时候,人们的生活方式开始发生巨变。

可以这样认为,农业革命导致了很多变化,科学技术的更新,使冶金业、轮胎业、纺织业、造瓷业、造币业迅速发展。在工业革命和"二战"后,科技成为社会发展的先驱。科技革命促进了人类的生产力发展,但也使人们的劳动时间令人费解地延长了。例如:农业方面进行耕种、施肥、收获农作物和养殖牲畜方面的劳动,需要花费很多时间。工业革命使工人们的劳动时间延长,平均每个工人每周工作6天,每天劳动大约10~16个小时。这种不合理的制度后来得到调整,工人们的劳动时间慢慢地缩短了一些,1900年一个美国人每周平均要工作60个小时,到了1935年减少到每周40个小时。

"二战"以后,机器设备可以代替一些人工劳动,于是人们希望借此减少劳动时间。1992年,美国的劳联前任主席威廉姆·格林说:"如今我们面临的唯一选择就是失业或者休息。"现在看来,失业是我们的唯一选择。很多公司的管理者认为缩短劳动时间会增加劳动成本,削弱企业的竞争能力,所以他们不愿缩短工人的劳动时间。于是一本叫《过于劳累的美国人》的书应运而生。这本书指出,在机器和计算机时代,过度劳累这个

585

问题必须得到重视。日本人发明了一个名词——"过劳死",指的是因劳动强度过大造成的死亡。日本国家公众健康学院指出,人体过劳会造成高血压,引起病变或恶化,最终导致死亡。这绝不是危言耸听,现在,日本的"过劳死"致死率仅次于癌症,已经上升到致死疾病排行榜的第二名。

不公正 现代社会生活不但面临"过劳死"的问题,还面临着因技术和社会变革的不一致导致的社会不公的问题。现在全球经济富足,但还有许多地区存在着严重的贫困和营养问题。很长时间内,人们把这归咎为人类本身所具有的贪婪性和侵略性,但是心理学家们不这么认为。最新研究表明,人的合作性和贪婪性并不是与生俱来的,具有很强的后天可塑性,生活中的文化形态会影响到人们的价值观。比如,旧石器时代,游牧文化盛行,那时的人们就很少有贪欲之心。生存状态决定了他们的行为,游牧生活中如果掠夺和积累了太多财富,不利于轻装疾进的迁徙活动。

农业革命爆发后,人们开始从游牧生活转为聚集定居生活。村落生活中,物质收集变得简单,人们逐渐对财物产生了更多欲望。定居生活就造成了农民和贵族之间、世袭贵族和普通民众之间的阶级分裂。有位社会学家说过:"技术和经济的发达,会使社会越来越趋向不公平。"如今看来,这看法非常准确。

随着科学技术和生产力的发展,现代社会产生了更多不公平现象。1994年联合国的《人权发展报告》就曾指出,在过去50年里,世界收入大幅度增长,已经翻了几番,人均收入增长了大约3倍。但从国内和国际社会的现状来分析,收入的分配制度很不合理。报告中是这么说的:"1960—1991年之间,占了世界人口20%的富人们,拥有的财富比例从之前的70%增加到85%,而世界人口中最贫穷的20%所拥有的财富比例,从之前的2.3%下降到1.4%。"

这种不公的情况不仅在世界范围内有所体现,各国国内也有更细致的体现。拉瑞·布朗是哈佛公共卫生学院的主席,同时也是"美国医生反饥饿任务力量"组织的领袖。1985年,该组织对许多州长、教师、部长、社会工作者和贫穷人群做了调查,了解到一个事实:美国的饥民已有2000万左右,他们不能解决温饱问题,无力购买食物。该组织的调查研究表明,和过去 10 年至 20 年相比，饥饿问题更加严重，波及的范围更广。该组织里的医生认为饥饿和营养不良问题，已是美国的全国性问题，再也不容忽视。

认真研究了日本的"过劳死"问题和美国的广泛性饥饿问题后，哲学家罗素得出了一个惊人的结论："人类将会比预想中更快地消失。"回顾 20 世纪，大量的人死去，是不是证明了这一点？由于人类站在食物链的顶端，我们不得不忧虑地球所面对的未来。地球上现存的动植物大约有 4000 万种，但回溯历史就会知道，世界上动植物繁荣时期的种类竟达 50 亿到 400 亿。那么也就是说，在世界历史的发展中，地球上已消失了 99.9% 的物种，仅存千分之一的生物。

人类仍然是地球的主宰，但看到这么多物种的消失，我们必须开始担心自己的命运了！在历史上的某个时期，某种生物在地球上处于主导位置，但是随着冰川时代的来临，它没能适应就消亡了。与地球上 99.9% 的物种不同，人类具有独一无二的智慧，不必像其他物种一样，非得逼着自己来适应环境。但拥有智慧，并不代表我们解决事情所采用的方式十全十美。如果我们合理地运用了智慧，为何迄今为止我们还没有创造出一个值得自豪的世界呢？严肃一点讲，有些环境学家已经发出过严重警告：我们的努力似乎正在背道而驰，正在创造一个不适合人类生存的世界。

如果真是这样，那么就和星象学家米奇奥·卡库所总结的一样。他说人类正在复制一个自我毁灭的银河系。卡库认为，在 2000 亿星球组成的银河系中，说不准还有更高级生物的存在。地球人却对这些 100 光年之外的星球一无所知，更别谈什么探索和研究了。

有些科学家认为，这些有智慧的高级生物已经进化到非常高的阶段。如同地球人所面临的"核冬天"的威胁一样，这些高级生物也有能进行自我毁灭的类似"铀"的武器。卡库认为，外星球的文明不同于地球文明，有些可能也正在趋向于自我毁灭。但是银河系中的我们的地球文明这么落后，也许我们也要走上自我毁灭的道路了……也许在地球文明死亡以后，其他星球会对我们这死去的文明产生兴趣。

虽然人类依然蠢事不断，虽然上面的推测没有什么依据，但是比起祖先，我们拥有更大的优势，能看到希望和光明。科技发展和生产力的提高使人类慢慢步入了第一次经济繁荣期。过去我们的祖先只能依靠贫瘠的自然资源，所以长期困顿不堪。现在，我们的资源供应不再是主要问题，我们不必再为生存而进行残酷斗争，不必一切都为了政治而忽视了人类的精神文明建设，只需要合理利用科学技术和知识，让它们更好地为人类服务。但是，传统的政治问题依然突出，就像全球的不公平问题依然存在一样。

通信革命也是人类所具有的优势之一，人类的成果通过它迅速地得以传播，迅速得到运用。由于古代环境堵塞，农业技术和冶金术传播缓慢，新技术可能经过千年时间才能被广泛使用。人类所取得的成就，往往局限于某一个很小的区域。从石器时代到青铜器时代，莫不如此。

现在，我们不再为自然资源所局限，不必花大成本从岩石中去提取宝石、矿物质和铜铁等物质。科技的进步，使得科学家们可以根据需要设计需要的物质，然后大量制造替代品。过去流行石器、青铜器和铁器等，如今它们已被以合成物质和塑料制品为基础产生的大量人造物质取代。

新时代建立在科学的基础上，科学家们根据需要用分子分析来构造特制的东西，既可以制造出坚硬、便宜的物质，还可以制造出用于机械上的东西。飞机、摩托以及各种合成物（生物物质）中、人体的骨头移植和心脏移植中，都利用到这种分子制造类的产品。

在救死扶伤方面，科技也发挥着重要作用。以天花病毒为例，大约2000年前，天花出现在远东地区，在公元8世纪左右肆虐欧洲。随着哥伦布的探险，美洲也出现了天花病毒，并随着殖民地的扩张开始迅速传播，很多海外居民因此丧生。美洲印第安人、澳大利亚土著、波利尼西亚和加勒比群岛居民等原住民也不堪其忧。天花病毒引起的瘟疫，使得欧洲失去了三分之二的人口。1796年，爱德华·詹纳用接种牛痘的方式预防天花，这才驯服了天花病毒。除了美国和俄罗斯实验室里的病毒样本外，1977年索马里的天花成为已知的最后的天然天花病毒案例。在全球范围内，天然天花病毒在1980年已经被消灭。

虽然科学家担心天花病毒外泄，也曾打算把样本毁掉，但最后还是决定把它当作样本来研究而保存。随着现代科学的发展，科学家们已经研制出对人体没有害处的天花病毒模型，只要 DNA 和完整的基因图谱存在，即使没有样本，依然可以进行研究。1996 年 6 月 30 日，保留的天花病毒也被销毁。天花病毒彻底告别地球，人类再一次在地球上取得了统治的权力。

物理学家维纳·汉森伯格曾经这样总结："在时间推进的长河中，人类在地球上碰到的对手只有自己，他们没能发现其他的同伴或者敌人。"具有讽刺意味的是，正是人类的自以为是才导致了全球的精神压抑。排除了所有的潜在对手后，人类只有自己这个对手了。人类必须在内在上战胜自己，而不仅仅去战胜外部的生存环境。这种任务很艰巨，需要我们用更多的理论和知识来武装自己。其实人类在这方面已经取得了不少成就，只要明确了前进的方向，未来的道路上一定可以所向披靡。

17 世纪科技革命出现时，英国的哲学家弗兰西斯·培根曾善意地提醒人们，既要挖掘它无限量的潜能，又要预防它可能带来的危害。对于科学追求"知识与技能"的态度，他表示了赞同，但是他又强调，必须保有"谦虚和慈善"之心，不能"为了喜悦的心情，或为了争论，又或为了和别人的优越比较，更不能为了名利和权力，即使是这些东西的内在物质，是为了更好的生活，更多的生活利益"。福特汉姆大学的《社会健康指数》报告和电视荧屏上的新闻里，都鲜明地表明了这种态度。今天，我们都知晓培根的警告是对的，因为他的整篇分析里都出现了一个关键词——"直到现在"。这不由得让我们思考：我们的处境还是和以前一样，只是面临暂时的困难吗？如果导致这种困境的是人类的掠夺性和贪婪性，那人类的困境是不是会一直存在下去？

如果这个决定因素一直存在，就不难理解人类的悲观情绪了。是不是人类已经默认了命运的安排？对此，最近的一些研究提出了怀疑。生物学家玛利·克拉克是这项研究的主导者，她否定了以基因为基础的人类掠夺性和贪婪欲的说法，想以"人类需要理论"的说法来取而代之。她认为生物需要合作关系，然而有很多其他社会因素扰乱了它，因而导致社会中发生了很多冲突。对于人类的本质中"合作比冲突更突出"这点她举出一个实例来证明。

1992年美国中西部发生洪水，被判刑的西班牙裔黑人毒贩被派去完成加固堤坝的任务，因而驻扎在了周围的新兵营中。刚到小镇的时候，有个犯人忧心忡忡地说：“走着瞧吧，要不了多久我们就会被他们叫黑鬼的。”几个月后，他不但没被侮辱，还赢得了尊重。在堤坝上没日没夜工作的9天中，居民们一直在感谢和称赞这些犯人。"他们还给我们送来了百事可乐，"一个犯人这样回忆，"他们让我们在阴凉的地方休息，我们可以从他们的水龙头上喝水。大家都十分善良，我们获得了烤牛肉和鸡肉，还有无限量的夹肉面包和苹果派。每天晚上，他们都向我们表示感谢。"虽然媒体的报道中没有提及这些，但是当时的参与者都有着深刻的记忆。犯人们在大堤扔沙袋时甚至还唱了一首歌，后来被记录了下来：

> 在尼奥塔，他们说
> 食物很美味
> 他们每天给我们提供两顿饭
> 现在，我们都是好朋友
> 哦，上帝，不要再发洪水了
> 在尼奥塔，他们说
> 人们十分慈善
> 肤色虽然不相同
> 但他们毫不介意

如果让思维的某些方面发生转变，很多事就会被自然地过滤掉。对于监狱里的人，市民们会无形中达成一致，他们不会害怕和恐慌，短期内会互相尊重，相互爱护，不会因为种族不同而大动干戈。对此持不同观点的人认为是局势的压力才让人们能暂时合作。但是，正是大胆的行为突破了固有的观念，出现了质的飞跃。自然，这一切都是真实发生的，但是另一方面就是，越来越大的社会压力，让全球人民突破偏见和恐慌，并自然地联合起来。世界上始终处于主体地位的大机体的快速衰落加快了这种转变，让人们也能慢慢坦然面对日益趋下的环境。虽然职权和责任的掌握不稳定，但是无论是在美国的哪个地方，甚至全球范围内，所有的人都为建设地球这座美丽的大厦而付出自己的努力。